汉译世界学术名著丛书

历史主义的兴起

〔德〕弗里德里希·迈内克 著

陆月洪 译

商务印书馆
The Commercial Press

Friedrich Meinecke

DIE ENTSTEHUNG DES HISTORISMUS

据 R. Oldenbourg 出版社 1959 年版译出

汉译世界学术[名著]
出 版 说[明]

我馆历来重视移译世界各国学术名著[，⋯]起，更致力于翻译出版马克思主义诞生以前的[⋯]适当介绍当代具有定评的各派代表作品。我们[⋯]造的全部知识财富来丰富自己的头脑，才能够建[⋯]主义社会。这些书籍所蕴藏的思想财富和学术价[值⋯]悉，毋需赘述。这些译本过去以单行本印行，难见[⋯]书，才能相得益彰，蔚为大观，既便于研读查考，又利[⋯]为此，我们从 1981 年着手分辑刊行，至 2020 年已先后[刊]行名著 800 种。现继续编印第十九辑，到 2021 年出版[⋯]今后在积累单本著作的基础上仍将陆续以名著版印行[。⋯]内外读书界、著译界给我们批评、建议，帮助我们把这套[书出得]更好。

商务印书馆[编辑部]

202[1年]

目 录

1959 年版导言 ·· 1
前　言 ··· 59

第一部分　预备阶段与启蒙运动史

第一章　先驱者 ·· 73
　沙夫茨伯里 ··· 76
　莱布尼茨 ·· 89
　阿诺尔德 ·· 109
　维柯、拉菲陶 ·· 118
第二章　伏尔泰 ·· 141
第三章　孟德斯鸠 ··· 189
第四章　伏尔泰和孟德斯鸠时期及其后的其他法国历史思想 ······ 260
第五章　英国的启蒙历史学 ·· 276
　休谟 ·· 277
　吉本 ·· 316
　罗伯逊 ··· 325
第六章　英国前浪漫派、弗格森和柏克 ································ 333
　英国前浪漫派 ·· 333

弗格森 ··· 354

柏克 ··· 361

第二部分　德国运动

第七章　对德意志运动的初步考察：莱辛和温克尔曼 ············ 381
第八章　默泽尔 ·· 401
第九章　赫尔德 ·· 461
　　导言 ·· 461
　　早期岁月 ·· 466
　　1774年的《历史哲学》 ·· 498
　　18世纪80年代的观念作品 ···································· 527
　　晚年岁月 ·· 552
第十章　歌德 ·· 568
　　导言 ·· 568
　　起源部分 ·· 572
　　　1　至1775年为止的早期阶段 ······························ 572
　　　2　第一次魏玛时期和意大利之行 ·························· 593
　　　3　从法国大革命至其结束 ·································· 616
　　系统部分 ·· 630
　　　1　基本前提 ··· 630
　　　2　与历史之间的消极关系 ·································· 639
　　　3　与历史之间的积极关系 ·································· 663
　　　4　概述与结论 ··· 726

目录

附 录 利奥波德·冯·兰克纪念演说 …………………………… 731
人名索引 ………………………………………………………… 751
内容索引 ………………………………………………………… 768

附 迈内克与历史主义的命运 ………………………… 陆月洪 775
译后记 …………………………………………………………… 823

1959年版导言

关于他最后的著作《历史主义的兴起》，弗里德里希·迈内克曾坦承道，他在这其中探讨的是几十年来所关注的问题。这不仅是出于他的职业能力，而且"是在一种淋漓尽致地表达出来的主导性生命原理的意义上"。①历史主义这种现代历史观不仅是一种科学原理及其应用，更是一种生命原则，一种"对人类生命的全新审视，由此之中才能产生科学原理"。②因为"历史的科学只是运用一种早就在现代人的内在生命中作为原理和指南、认知工具和观念产生作用的东西，从而持续产生了一种影响，这种影响远远超出了纯粹专业性的科学领域"。③因此，历史主义发展的问题包含了一场极其普遍性的知识和精神上的革命，涉及往昔相当陌生的思想方式和感受方式的发展。对于历史意识和现代的科学历史的发展而言，这些是一种前奏，形成了必不可少的历史基础——对于其他的发展同样是一种基础。这种用新颖明确的生命原理突破迄今为止被作为一种绝对

---

① 《论历史主义的兴起史与施莱尔马赫的个体观念》（"Zur Entstehungsgeschichte des Historismus und des Schleiermacherschen Individualitätsgedankens"），见《论历史意义与历史的意义》（*Vom geschichtlichen Sinn und vom Sinn der Geschichte*），第2版，1939年，第95页。
② 同上书，第96页。
③ 同上书，第95页。

真理的人类思想和感受的古旧且相反的层面的历史事实,用迈内克自己的话来说,在他面前再次呈现出了一个"最高意义上的生命问题"。换言之,他早年的及其终其一生对于这个问题的关注,与他个人和他所处时代的问题紧密交织在一起。这就产生了关于《历史主义的兴起》传记性的基础这个深入的问题。当我们考虑到迈内克自己曾反复地指出过,他关于思想史的三部伟大著作——《世界主义与民族国家》(Weltbürgertum und Nationalstaat)、《近代史中的国家理性观念》(Die Idee der Staatsräson in der neueren Geschichte)和《历史主义的兴起》——产生于一个共同的源泉时,这个问题看起来就变得更加宽广了。在1932年研究《历史主义》期间,迈内克庆祝了70岁的生日,朋友们为他献上了汉斯·托马斯的一幅原画,描绘了"靠近塞京根平稳柔和地流淌着的上莱茵河,在这里,它在拥有茂密树林的河谷之间穿越了宽阔的草地"。在致谢词①中,迈内克说道:

  正是在上莱茵河地区,我初次遇到了所有那些历史问题,那些我随后的整个生命的工作都将献身于此的历史问题。我不知道,对其中那些最接近我心灵而成长起来的,然而又是最困难的问题,我是否终有一天不得不在残缺的答案前止步。

在关于斯特拉斯堡岁月(1901—1906年)的回忆录的第二卷中,他表达了同样的思想:

---

① 付梓通函,柏林–达勒姆,1932年11月底。

> 我在1907年和1936年之间的三十年中得以出版的三部研究思想史的著作,其根源都可以追溯到在这个地方萦绕于我心头的观念。它们一部分是已然牢固地扎根于我心灵中的主导性思想,一部分表示了一种朝向崭新的和迷人的历史世界现象的兴趣的转移,而对于这个历史世界,我迄今为止都是一个陌生者。①

正是在斯特拉斯堡,他构思了《世界主义与民族国家》的第一卷。它包含了一个命题——我们将会回到这个命题——迈内克后来在这中间洞悉到了《历史主义的兴起》的萌芽。②在愉快的1905年,在复活节访问佛罗伦萨时,他被马基雅维里的思想抓住了,"在一个充满了曼妙美丽事物的世界中被沉重的权力政治问题吸引住了"。也正是这次旅行,为他后来的《国家理性观念》形成了一个出发点。③同样在1905年,《德国崛起的时代》与《世界主义与民族国家》中业已萌生的问题联系在了一起④;正是在这一年,他似乎向着在《历

---

① 《斯特拉斯堡、弗赖堡、柏林,1901—1919年回忆》(*Strassburg, Freiburg, Berlin 1901—1919. Erinnerungen*),1949年,第40页。类似的见于《历史主义的兴起》,参看该书下文第9页(原书页码,即本书边码,此后不再另作说明。——译者):"这三本书中共同具有的一切事物都得回溯到我在一个世代之前在斯特拉斯堡大学所度过的快乐岁月中的早期观念。我把这本书献给这些日子,以志纪念。我向一些在那个时期生活过的幸存者们致意,他们知道在上莱茵文化圈中有着怎样丰富的知识才能。"

② 《斯特拉斯堡、弗赖堡、柏林》,第191页。

③ 同上书,第43页。

④ 参看《世界主义与民族国家》,第3版,1915年,第20页,注释1中对《德国崛起的时代》(*Das Zeitalter der deutschen Erhebung*)的提及。

史主义的兴起》中所研究的伟大问题迈出了最初的直接步伐。在他的研究班上，他安排了一次小型的席勒逝世一百周年纪念会，在其中，他把席勒在耶拿大学所做的关于普遍历史本质的就职演说作为主题。

> 席勒的精神与我们既近又远。他用以看待世界历史的进步的和启蒙的乐观主义，不能与我们的历史现实主义同等看待——自那时以来，我在心里一直反复思考着在我们今天的历史观中那些将我们和他分离的东西，与那些将我们和他联系在一起的东西。①

那么显而易见的是，在《历史主义的兴起》背后，在迈内克的思想中有一个"最高意义上的生命问题"。而且也清楚的是，就像他早先的两部观念史著作一样，《历史主义的兴起》也起源于同样的知识根源。在这所有三部著作中的主题都是，崭新的、具体的和个体化的思想方式与陈旧的、抽象的和绝对的方法之间的冲突——因此现在产生的是一个一般而言具有支配性的迈内克-生命问题，而这三部伟大的著作就是分别地同时又内在联系地描述这个问题的。但是，这个问题仍然只有通过对迈内克内在思想变化的追询，以历史思想的方式来予以回答。我们在此注意到，这些历史主义著作的基本问题的源泉，得远远地回溯到他的自传性叙述中，而不仅仅是上莱茵岁月中。

---

① 《斯特拉斯堡、弗赖堡、柏林》，第46页及以下诸页。

迈内克曾经说起过，终其一生，在他与北德意志-普鲁士家乡世界的内在联系中有一个持续进行着的松动过程。[①]在父母和家乡世界中的互有差异却又内在联系在一起的因素中——正统的虔敬主义、忠于王权的保守主义、基督教-社会服务信念——在他心中最先陷落的是宗教支柱。迈内克讲述了艰难的世界观斗争，他不得不在大约1878年行坚信礼的时候进行这场斗争。后来在与关切儿子的灵魂得救的父亲之间进行的这场斗争中，他父亲想尽一切办法向他灌输使自己获得灵感和幸福的正统虔敬主义。[②]正如通常所发生的，这种过分的宗教压力在这里也走向了其孜孜以求的结果的反面：与父母家乡的宗教联系永远地断裂了[③]，而普鲁士-保守主义-君主制的精神基础和为基督教-社会服务激发起来的社会责任感却长期或持久地经受住了考验。

但是，这个脱离了宗教-正统世界观的年轻人，在19世纪70年代末期的思想世界中又看到了什么呢？自从这个世纪中叶以来，思想舞台的前沿部分就受到了一种唯物主义的、实证主义的或者泛神论的自然科学的支配，这种自然科学"把宇宙看作束缚于机械因果法则的铁制锁链中"。[④]年轻的迈内克首先在诗歌领域遇到了这种时髦的自然科学精神，在威廉·延森（Wilhelm Jensen）和威廉·约尔丹（Wilhelm Jordan）的诗歌中遇到了这种精神。他们两位都是彻头彻尾的思想模仿者，更为特别的是约尔丹，他呼吁用现代的"具

[①] 《经历，1862—1901年》（*Erlebtes 1862—1901*），1941年，第95页。
[②] 同上书，第74页。
[③] 同上书，第80页。
[④] 同上书，第75页。

有科学知识的诗歌"来取代神话时代的诗歌。由此产生的是一种教育诗,将唯物主义和达尔文主义与民族的尼伯龙根浪漫主义结合起来,以形成一种反基督教的"德意志信仰"。这些思想人物对于青年迈内克来说,宛如精神催化剂那样地起着作用,"犹如一颗火星掉进了火药中"[1],他们在他的基督教–宗教精神未能成功生长的地方唤醒了哲学意识。[2] 他从中吸取了一种"极为模糊不清的和青涩的泛神论"[3],不过他却没有从中推理出,就像真正的诗人凯勒(G. Keller)和施托姆(Th. Storm)也曾要求的那样,人类精神顶礼膜拜于取神而代之的自然法则的王位。青年迈内克虽然丧失了对于《圣经》中所记载的施行奇迹并且干预自然和历史进程的人格化上帝的信仰,但他依然信仰一种在"理念世界"中自我彰显出来的神圣的世界背景。[4] 从这种辩证的开端出发,他经由普雷格(Preger)的《中世纪德国神秘主义史》(*Geschichte der deutschen Mystik im Mittelalter*)走向了"表现出相互联系的内容"[5]的历史现象,走向了中世纪的泛神论派别,并由此走向了诺斯替教派学说,质询了它们与新柏拉图主义哲学之间的联系。[6] 事物的两面性显然也被他深刻地体验到了:一面是自然科学所教导的自然或物质的坚固的因果联系,另一面是在永恒的源泉中被体验为神圣之物的火花,它和世界都来自于同一个神圣源泉,而理念世界也是源出于此的。不过自然和理念、自然和

---

[1] 《经历,1862—1901年》,第75页。
[2] 同上书,第76页。
[3] 同上书,第75页。
[4] 同上书,第76页。
[5] 同上。
[6] 同上书,第76页及以下诸页。

精神还是通过一种隐隐约约的泛神论结合在了一起。迈内克在离开学校时是一个自由思想者，不过他"渴望在理念上解释世界"，同时执着于并自豪于他的具有严格自我负责精神的良知权利，这种自我负责精神乃是新教的遗产，是他的父亲出于拳拳爱心而不顾他成长时的反抗压力而传递给他的。①

德罗伊森（Droysen）关于"历史学的方法论和百科全书式研究方法"的讲座使得年轻的大学生迈内克进入了下一个阶段，在这个讲座中，这位声名远扬的教师两次对这个学生产生了"风驰电掣般的"唤醒作用，唤醒了迄今为止在他身上已然萌发却尚未清晰形成的思想。②第一次发生在德罗伊森的如下论述中：

> 倘若人们把某个人所是、所有和所产生的一切东西称之为 A，那么这个 A 就是由 a+x 组成的，其中 a 包括了一切来自外部环境诸如国家、民族、时代等等的东西，而剩下的微量的 x 则是他独特的作为，是他自由意志的作品。无论这个 x 始终显得那么的微小以至趋向于消失，但它却拥有无限的价值，从道德和人类的角度来看是仅有的价值。拉斐尔使用的颜料、画笔和画布来自于他无法创造的材料，而运用材料的方法则是他从这样那样的大师那里学来的，他关于圣母、圣徒和天使的观念是在教会传统中得到的。而这样那样的修道院以一定的酬金向他订购绘画作品。但是，西斯廷教堂壁画就是在这样的场合、

---

① 《经历，1862—1901年》，第81页。
② 同上书，第86页及以下诸页。

以这样的材料和工艺条件，在这样的传统和艺术直觉的基础上产生出来的，正是公式 A=a+x 中的微小而几不可辨的 x 为此奇迹做出了贡献。①

"就是它，"迈内克在回顾往事中曾这样写道，它曾经使他衷心喜悦，"人格的秘密是一切历史行动和作为的基础。"②这是作为迈内克思想中的历史思想之关键概念的个体观念的最初闪耀，这种个体观念将会远远地超越德罗伊森更多从道德角度加以理解的个体观念。在青年迈内克心中点燃火焰的德罗伊森讲座中的另一个地方，则是他的结论：

> ……我们不像拥有实验手段的自然科学，我们只能探索，除了探索还是探索。因此：最彻底的探索也只能获得关于过去的片断现象，历史和我们关于历史的知识之间的区别极大……它本将使我们沮丧气馁，但是，我们毕竟可以凭着片断零碎的材料来追寻历史中思想的发展……我们由此获得的不是一幅如其所是的历史画卷，而是我们对它的理解和思想上的重构。③

德罗伊森在历史中看到了一种道德化个体的意志行为之间的联系，

---

① 德罗伊森，《历史学：关于历史百科全书和历史方法的演讲》(*Historik: Vorlesungen über Enzyklopädie und Methodologie der Geschichte*)，许布纳（R. Hübner）编，第 2 版，1943 年，第 397 页及以下诸页。

② 《经历，1862—1901 年》，第 87 页。

③ 德罗伊森，见前引书，第 316 页。这段见于许布纳所编版本的《历史学》的表述来自迈内克的大学听课笔记本。

但认为它只有通过有意识地采纳了一定立场的历史学家的道德决定，才能产生出来：不过青年迈内克在对德罗伊森的这些话语的创造性误读中，聆听到了认识观念史和思想史的重要性，以至于他在晚年还把这种思想史倾向称之为与生俱来的"原罪"。① 最终，思想史被作为问题史加以理解——这是德罗伊森赠予青年迈内克的一种继续对他的科学研究产生作用的思想驱动力："强烈地渴望为这个压迫人和折磨人的问题寻求答案。"② 就像德罗伊森阐释的，这个真正的历史问题，

> 包含的内容比我所学到的更多，它是一种预感，是从我迄今为止内在体验过和经验过的事物整体中喷薄而出的。这就是我能够并确实地这样发问的原因。

德罗伊森在这里为迈内克指出了历史学家的个体问题和时代问题之间的内在联系，这个问题压迫着他，要求他以历史方式来加以研究。因此可以理解的是，这份德罗伊森向听众分发的小小的历史学纲要，对于青年迈内克却成为了一个"思想百宝箱"，在"钟爱的默里克（Mörike）诗歌"之旁陪伴着他。③

按照迈内克的说法，在德罗伊森讲座中，伟大时代的德国唯心主义为科学事业投下了最后一抹温暖明亮的光辉。而且，由于支配性的实证主义，当时的科学事业有蜕变为"苍白暗淡的"事业

---

① 《经历，1862—1901年》，第77页。
② 同上书，第88页。
③ 同上书，第91页。

的危险。[①]时代的这种实证主义特征,"力图为精神科学提供一种尽可能精确的和经验性保障的特点",对迈内克的研究道路也产生了作用[②]。

> 这种创造性精神的理念,在历史和生命中个体化为千万种奇迹,在当时对我产生作用的大量影响中还依稀可辨,不过它并没有生气勃勃地渗透进我所接受的整体学说中去。德高望重的德罗伊森在我身上点燃的微弱火星,虽然在我宁静淡泊的岁月中继续燃烧着,不过却被学术研究的要求所模糊。[③]

能够最出色地继续滋养这团火焰,并引导思想道路从康德研究向着后康德形而上学研究推进的狄尔泰,却被搁置一旁,因为他"当时被普遍地当作晦涩难懂和难以理解的人物"。[④]

在此,需要另一次短暂的危机,以便成功地进一步澄清唯心主义的基本立场。这次危机发生在迈内克在波美拉尼亚的厄尔岑大庄园中做家庭老师的时期,他在这里目睹了"迄今为止受到严厉拒绝的从父母那里接受的基督教",再次成为了"一种奇妙的走向神圣的生命力量",以至于一夜之间就唤醒了思想,使他有可能将研究转向神学。[⑤]但是一两天后,这种心血来潮的转变就被克服了:迈内

[①] 《经历,1862—1901年》,第87页。
[②] 同上书,第119页。
[③] 同上。
[④] 同上。
[⑤] 同上书,第129页。

克的"自由唯心主义"从这种与教条基督教的最后争辩中凯旋,并且同时澄清了思想,采取了一种新颖的立场:他抛弃了"最初的泛神论外壳",因为他"用一个简单的回答搁置了世界中的神圣原则是怎样的问题,即存在这样一种事物,它自身与世界的联系难以察觉,它自身不是神圣的,而仅仅是与神圣有所联系"。[①] 迈内克思想的一个基本问题就在这里出现了:自发产生的、道德的和创造性的自由精神与具有生物的和机械的因果关系的世界结构的彼此交织、共生共长的关系。它是一个超越整体的二重性现象的问题,是在创造文化的历史个体中 a 与 x 之间更为详细的关系的问题。在1925年,思想业已成熟的迈内克关于这个问题还写下了如下的话:

> 文化与自然,我们也可以说上帝与自然,当然是一个统一体,不过却是一个自身中带有分裂的统一体。上帝带着叹息和呻吟、承受着罪性,而从自然中绽露出来,因而每时每刻都陷于坠落回自然的危险之中。对于毫无顾忌的和诚实的观察者来说,这是最后的话——不过它毕竟还不是纯然的盖棺论定之语。唯有信仰,一种在内容上变得越来越普遍并与持存的怀疑倾向进行着搏斗的信仰,才能提供慰藉,为对于我们来说殊难解决的生命问题和文化问题奉献一种超验论的解决方案。但是,我们已不再相信,有某种哲学提供了或者还能够提供这种

[①] 《经历,1862—1901年》,第119页。

超验论解决方案。①

不过,纯粹历史自身尚未成为青年迈内克解决这个问题的领域。这个问题始终在他的个人世界和过去的世界中追问着永恒的东西。迈内克在自己的专业领域中是一个勃兰登堡-普鲁士历史的专家,持有显而易见的普鲁士主义立场,虽然他已经倾向于把学术研究的重点从德罗伊森和科泽(Koser)所阐释过的君主制时代——他在相当物质化的行动中没有看到单个政治人物的精神在心理学上进行深刻解释的可能性②——转向解放时期、基督教-德意志文化圈和弗里德里希·威廉四世。这些,在迈内克的家乡世界依然是一种余韵悠长的精神力量。青年迈内克试图在当时思想中的时代问题上澄清自己的立场。它涉及正在进行中的发生在历史科学和自然科学的世界观和生命解释之间的争辩,用文德尔班(Wilhelm Windelband)的话来说就是:

> 在这里争论最激烈的是,个人的生命价值内容受惠于自身或者受惠于对整体压倒性的依赖最终到了何种程度。正如文艺复兴时期一样,普遍主义和个人主义之间再次发生了激烈的冲突。③

---

① 《历史中的因果性和价值》(〔"Kausalitäten und Werte in der Geschichte"〕1925年),见《创造之镜:德国的历史著述和历史解释研究》(*Schaffender Spiegel: Studien zur deutschen Geschichtsschreibung und Geschichtsauffassung*),1948年,第82页。

② 《经历,1862—1901年》,第69页。

③ 文德尔班,《哲学史教程》(*Lehrbuch der Geschichte der Philosophie*),此处引用的是第9版和第10版,1921年,第528页。

这种矛盾对立在这个问题中达到了顶峰,"**精神生命**"(Seelenleben)在何种意义上和在何种限度内能够服从于自然科学的认识方式:因为在这里,首先要决定的是这些思想方式在哲学上的唯一有效性方面的权利。这是唯物主义和实证主义思想家的努力方向,"按照自然科学的观点来思考人类的社会生活、历史发展和精神存在之间的普遍关系"。迈内克1887年的国家考试论文的论题是《自然科学与精神科学在方法上的比较》①这似乎是狄尔泰提出来的,不过却是迈内克自己所要求的。自从德罗伊森的讲座以来,这个问题就一直浮现在青年迈内克眼前。②他通过阐述关于自然科学方法对于研究精神生命是否有效的方式引进了这个问题,认为它产生于"时代的运动",不过他的评论却表明,对于他而言,在这个问题的背后却存在着一个生命问题,"最深刻的人类生命问题……为表面无关痛痒的和毫不引人怀疑的争论"所提及。迈内克洞察到这个问题的核心是意志自由,因为倘若自然科学意义上的严格的因果法则也在历史领域中天衣无缝地支配着,那么自发产生的事件就必须被清除出去。即使人们承认道德和历史世界至少部分地服从于因果法则,但是困难还是会以这样的问题展现出来,"在影响了我们行动的总体条件之旁,是否还存在着一个微小的甚至是极少量的个人的和真正自发产生的行动x引导着我们的行动"。迈内克在这里求助于德罗伊

---

① 柏林总档案馆的迈内克文献。《福斯报》(*Vossische Zeitung*)重刊了修订过的简缩版,1887年,周日增刊第48和49期,至11月27日和12月4日的第555期和第567期。凯塞尔(E. Kessel)将在这个版本《文集》的包含了迈内克历史哲学论文的第五卷中首次出版这部作品,在某些方面也将考虑到报纸刊登的版本。

② 《经历,1862—1901年》,第132页。

森，引用了他的西斯廷圣母像的例子，指出 x "具有无限的力量"，包括了人类整个的道德价值、人类整体的和独特的价值。在迈内克看来，肯定这样一种自然产生的 x 存在的基础，正在于道德意识的行为。

一种谜样的感受。环绕在我们的观察精神立场周围的是因果结构，只有在崇高的自我意识这里，在栖居着一切感知和思想的自我意识这里，才能驳斥决定着下面的一切事物的法则……这种直接感受的要求并不屈从于理性的统辖之下。这里不是诉讼一方面对法官的关系，而是彼此对立的两方，每一方都像另一方那样热烈地宣称着生命权利……它们是同母的不同儿子，双方都扎根于人类内在的精神生命中——情感和道德意识对峙着而毫不退让地贯彻理性一往无前的因果法则……

这些话极其重要，不仅因为它们是迈内克历史理论中最初表达出来的一部分，以一以贯之的方式直接通向他1925年总结性的论文《历史中的因果性和价值》和1933年的《历史与当代》("Geschichte und Gegenwart")；而且因为它们直接通向了迈内克最重要的生命问题和思想问题。人类内在的精神生命是两个不同的、彼此敌对却又具有同样权利的儿子的共同母亲：一方是理性，另一方则是直接的情感和道德意识。一方声称普遍的法则性，另一方则要求自由、自发性和个体性。这种在人性中被极为强烈地感受到和得到强调的二重性，在遵循法则的智性力量与个体-直觉的精神力量之间的二重性，或许也得追溯到迈内克的人格气质，这种人格气质既为理性主义遗产又为他生命中具有的浪漫主义–后浪漫主义倾向塑造而成。①因此,迈内克早期的个体观念由于德罗伊森和康德的影响而具有浓郁的道德意味,但我们必须探究他的个体观念逐渐发生的变化、深化和拓展。但是对于迈内克来说,核心问题是普遍法则和个体自发性之间的矛盾,这种矛盾最初在这里表现为意志自由问题,自由和必然的问题,以一种为时代决定的科学史上的方法争论的外观出现。这个问题可以找到形形色色的表达形式,而在迈内克的思想中,它最普遍的表达形式是自然与文化之间的矛盾。

在撰写最早的历史理论论文时,迈内克读到了狄尔泰在1883年问世的《精神科学导论》(*Einleitung in die Geisteswissenschaften*)第一卷,由此,他一劳永逸地赢得了进入伟大的文化哲学和精神哲学的通道。人们在《精神科学导论》读到像下面这样对迈内克来说成为基本命题的话②时,就会理解,德罗伊森和狄尔泰同时为迈内克最初的理论作品提供了思想灵感③:

> 由于习以为常的观念认为作为一个整体的科学(也就是说精神科学)是与自然科学判然有别的,所以这种动机就引起了对于人类自我意识的深化和总体化。人们在尚未被审察思想起源的行为触及时,就在自我意识中发现了意志的自主性和行动的责任感,发现了一种把一切归属于思想并在人格内部建立自由堡垒对抗一切,借此将自身与整个自然隔离开来的

---

① 《经历,1862—1901年》,第12,44,77页。
② 同上书,第132页。
③ 《精神科学导论》,第6页。

能力。用斯宾诺莎的话来说就是,他在自然中发现了国中之国(*imperium in imperio*)。对于他来说,唯一坚实存在的事实是意识,这种在他之中独立运转的精神世界构成了生命中所有的价值和目的,他的每个行动的目标都在于创造精神事实。因此,他从自然王国中分离出了一个历史王国,在这里,在建构了自然的客观必然性织体的中间,自由在整体的无数个点上播撒开来。正是在这里,意志行动与机械过程产生了矛盾,后者一开始就已然包含了在其过程中发展着的一切自然变化。意志能够产生力量和做出牺牲,这是个体甚至在当下经验中都大为叹赏的。这些意志行动确实产生了结果,促成了个人和人类中的发展。它们远远超越了人类意识中自然序列的空洞和单调的重复出现,而后者看来正是那些狂热崇拜知识发展的人所推崇的历史进步的理想。

但是,迈内克在狄尔泰那里发现了两种对于他的思想发展而言至关重要的基本观点:一是把德罗伊森进行了主要为道德化解释的个体观念,拓展为一个更加宽泛的精神–物质整体的个体观念,它代表了一个无限的世界,"最终在自身中包含了无限的自然领域"①,建构了一种生物学的、机械的和精神的三位一体的因果关系。② 也许就是在这里,迈内克初次遇到了狄尔泰的格言"个体是不可言说的"。③ 狄尔泰在这里谈到了"每一个这样的单独个体的独特性质,

---

① 《精神科学导论》,第29页。
② 同上书,尤其是第14,17,19页。
③ 同上书,第29页。

这样的个体在深不可测的精神宇宙中到处活跃着"。① 这种对个体观念的强化和深化,是狄尔泰传递给青年迈内克的一个基本观点,而另一个基本观点的重要性也并不逊色于它。这就是精神科学的"自然体系"观念,在狄尔泰的这部著作中第一次出现。狄尔泰在此显示了,中世纪对于历史进程与国家学说和社会学说的形而上学解释,在近代是如何被奠基于自然法观念的"自然体系"所取代的。这种变化发生在人们意识到老形而上学和新自然科学及其方法之间的矛盾之后。② 正如狄尔泰在那时所解释的,"自然体系"尚未意识到新斯多亚主义的影响,其产生仅仅是通过把自然科学的机械式因果观念应用到人类个体、心理学、社会和国家中。"这种方法,"狄尔泰说道,

> "自然体系"用以研究宗教、法律、道德和国家的这种方法是**不完善的**。它为数学方法所支配,这种数学方法在机械的自然解释中曾产生过卓越非凡的成果……这些方法的基础是一种**抽象的人性方案**,致力于根据少量的和普遍性的心理成分来解释人类历史生命的事实……③

在这个狄尔泰引介给他的支配着思想史的"自然体系"观念中,迈内克在自然科学–机械式的因果关系观念之旁遇到了思想科学史上与之相关的另一个方案。它与他业已采纳的个体化思想方案形成了

---

① 《精神科学导论》,第29页。
② 同上书,第373页及以下诸页。
③ 同上书,第379页,粗体强调为狄尔泰所加。

强烈的对照：这就是自然法观念，狄尔泰为此曾如是说道："老式自然法学派的基本错误在于，用孤立化个体然后机械式地将个体联系起来的方法来建构社会。"① 在精神科学自身中的自然法思想和个体化思想的矛盾中，自然科学和精神科学、因果性和自发性、自然和文化之间的矛盾得到了进一步的强调。

我们现在在这里必须将目光投入这种矛盾的另一种变形。我们再次回忆文德尔班的话，即自然科学的和历史的世界观之间的斗争在下述地方极其激烈地爆发了出来，

> 亦即在哪个地方可以最终决定，个人的生命价值内容受惠于自身或者受惠于对整体压倒性的依赖最终到了何种程度。正如文艺复兴时期一样，普遍主义和个人主义再次产生了激烈的冲突。

这种关于个体是支配着还是服从于普遍法则的问题，也是强烈地令迈内克魂牵梦绕的关于个体力量与超个体法则之间矛盾的一种表现形式。迄今为止，迈内克是作为形而上学家、历史理论家和历史学家卷入其中的，而现在它成为了一个涉及历史学家和政治家的问题。因为迈内克不满足于成为一个纯粹的专业学者，而希望成为一个丰富的、充满了各方面人性意义的个体。个人与国家之间的关系以及与独特的个体发展的联系中对国家的研究也属于这样的一种个体全面发展的方案。它是"所有生命价值彼此联系在一起的社会精

---

① 《精神科学导论》，第31页。

神……而最终是宗教的文化观念",正如迈内克自己在回忆录中曾说过的。①

在德罗伊森和狄尔泰的影响之下,并与年轻时的友人奥托·欣策(Otto Hintze)和奥托·克劳斯科(Otto Krauske)争论之中产生的最初思想成果是1895年问世的《陆军元帅赫尔曼·冯·博延传》(Das Leben des Generalfeldmarschalls Hermann von Boyen,以下简称《博延传》)第一卷。迈内克在前言中直截了当地指出,他为历史科学在文化整体中分配了一个崇高的和无所不包的位置。他着迷于这种可能性,亦即"描述博延的一切军事思想与民族的普遍文化和政治生活之间持续的内在联系"。这确实是最好的贡献,

> 是历史科学所能向我们的各个文化领域提供的最好贡献,如果它能够强化对于这些联系的意识,倘若它能够揭示出,所有的专业化和卓越技术是无能为力的,除非它们持续地受到了普遍精神力量和道德冲动的滋养。②

就形式来说,迈内克的《博延传》处在新旧之间,处在他从启蒙运动向唯心主义和浪漫主义的思想阶段的独特转变过程之中。《博延传》表现出了一种过渡形态。它已然提出了相当现代的要求,却用采自老朽不堪的思想世界的证据来捍卫它们。③这样的一种处于两个时代之间的二重性,处在理性主义、唯心主义和浪漫主义之间,

---

① 《经历,1862—1901年》,第154页。
② 《博延传》,第1卷,第V页。
③ 同上书,第122页。

处在普遍主义、个人主义和民族主义之间的思想形态，想必深深地吸引了迈内克，使他有机会放手阐明自己的基本观点。

因此，我们实际上在《博延传》中遇到了一种关于个体观念深刻的和精确的解释，并借此在这里初次获得了这样的结果，亦即不再把自然科学的因果观念作为对手，而是把理性主义和自然法观念作为思想对手。个体观念由此穿上了一件"历史"外衣，表现为历史发展和历史争辩的产物。他把康德看作启蒙时代的表达和最高峰。[①]康德有关道德自由的唯心主义，在德罗伊森的受到道德化理解的个体观念中产生了进一步作用，对于现代个体观念来说，被感受为"自然法"的限制。因此，他关于康德的绝对命令是这样说的：

> 但是，这种极其强制性的原则是难得不带有崇高的片面性的，对内在生命更为精妙的部分具有一种暴力的冲击。因此，由于从道德法则中抹去了一切经验成分，康德也粗暴地对待了人类本能中的"温柔情感"。因为在经验领域中存在着完全丰富的决定行动的个体感受，对于行动的有价值和无价值的感受，对于高贵的和应受谴责的行动的感受——这种个体感受是无限多样的，因为毕竟在我们每个人内心深处都存在着一种特殊的声音，向他指示着行动的独特方式。比起普遍道德法则提供的方式，这种方式通常是更为艰难险峻和充满自我克制的。在为道德行动寻找一种统一和必然的原理的渴望中，康德把整个经验领域轻蔑地看作偶然的和不稳定的，从而牺牲了人

[①]《博延传》，第1卷，第83页。

类的内在统一性,因为他无法发现在倾向和情感为一方与形式化的道德法则为另一方之间的详尽联系……①正如康德未能发现理解人类本能的内在有机统一的道路一样,理性的国家解释与关于民族的有机统一的思想之间依然暌隔甚远。与开明专制主义频繁而直率地压制各民族表面上显得非理性的习俗和观点,而致力于根据尽可能理性的标准来规范他们的生活一样,康德也力图发现这些具有严格必然性特征的理性原理。这种从道德法则中清除一切经验给予物的做法,乍一看堪称异常独特的大胆行为,却丝毫不差地伴随着这样一种行动的结果,亦即强制性地把捉摸不定的情感和想象运动置于启蒙理性的支配之下……②

迈内克在《博延传》中业已谈到了

> 同时代人自然法的思考方式,他们相信普鲁士在理性和开明的统治之下将轻而易举地赢得民族对立(德意志和波兰)的胜利。不过博延与此同时也在一定程度上意识到了这种思考方式的重要性,意识到了它深扎于情感生命中的根基……③

作为理性主义的"解毒剂",迈内克指向了

---

① 《博延传》,第1卷,第82页。
② 同上书,第83页。
③ 同上书,第57页。

同样深深地扎根于灵魂中的新精神的辉煌苏醒，这种精神存在于歌德的创作和赫尔德的思想中……人们对从他（也就是人类）之中奔涌而出的自由和自然的东西充满了炽热的激情……歌德、赫尔德及其追随者们重新发现了将人类联系于自然的根基，因为他们把人类看作整个洋溢着创造力量的宇宙的最高花朵。因此产生出了关于自由的有机发展的观念，将它的果实从一代人手中传递到另一代人手中，但是在当前，它首先需要一种个体的自由生长。

迈内克在这里坦率地谈到了与理性主义和自然法思想相对的"新近释放出来的个体力量"。①他在这里也受惠于狄尔泰，尤其是他在其中引用了狄尔泰的《施莱尔马赫传》（*Leben Schleiermachers*）中关于沙夫茨伯里和斯宾诺莎的章节。关于将人类作为在宇宙中到处活跃着的创造力量的最高产物的观念，迈内克是通过狄尔泰的介绍，从沙夫茨伯里的思想中产生出来的。通过狄尔泰的解释，斯多亚学派和罗马道德主义者关于人类道德自主权的命题，被提升到了一种原理水平，并直接通向了卢梭、康德、赫尔德、席勒，以及歌德的论文《自然》（"Natur"）所阐述的：

在人性中有一种建构性力量，在其中道德能力和艺术能力并不存在分裂，它在人类本能生命的目的论特征中发现了最终的意义，因此，单个的人作为宇宙的一部分而趋向整体……个

---

① 《博延传》，第1卷，第89页。

体受整体吸引的自然法则，通过一种活生生的个体经验给出了关系，按照这种关系，部分的内在力量和内在目的与整个宇宙联系在了一起。把我的生命塑造为理念的在我之中的创造性力量，通过普遍性感受与使宇宙活跃起来的精神联系了起来……我们的知识把自然的具有同一律的机械特征作为对象。在牛顿时代，它首先被设想为遵循重力法则的天体之间的相互关系。但是，我们也必须把每个有机体看作一个系统，其中的部分通过目的上的一致性而服从于整体。这个有机体世界在植物和动物中，在有机体从细胞开始的生长中，和在自然早在出现任何教育之前就教给我们的本能中，显示出了活跃于其中的创造性力量。因此，对我们来说，这个自然中可以认识的机械的统一性指示出了一种内在于它的圆满作用着的创造性力量。[①]

沙夫茨伯里把个体看作一个为创造性力量所形成的有目的统一体的观点，其中塑造性力量就像在世界整体中一样作用着，对迈内克来说必然成为一把理解德国运动的个体观念的钥匙，不过他并没有采纳沙夫茨伯里所赞许的一元论和泛神论。然而尤为特别的是，与追求圆满实现的个体观念一道，迈内克接受了有机发展观念，他在《博延传》第一卷中初次将其描述为"代代相传的成果"。在《博延传》第一卷和第二卷记载的他与兰普雷希特（Lamprecht）进行的关于集体和个体的历史观念的争论（1896年）中，迈内克表明了他把个体及其精神世界构想为由一种本质上不可分解的塑造性和有机的

[①] 狄尔泰，《施莱尔马赫传》，第1卷，第2版，1922年，第178页及以下诸页。

精神力量、将所有其他的因果关系和影响融合为一种独特的和特殊的综合体精神力量所形成和塑造的东西:

> 兰普雷希特确实谈到了通过经验给出的个体核心,但他对此的理解不同于我们的理解。他清楚地表明,在原则上,虽说不是实际上,可以分解它。但在我们看来,它就其本性而言最终是不可分解的和一致性的,是内在的精神圣殿,世界观的根基也是扎根于此的。它的组成元素也许是从形形色色的源泉中汇聚起来的;但是它们彼此联系起来的事实和方式,在很大程度上是人类中先验的 x 自发行动的结果。①

在《博延传》第二卷(1899年)中,引人注目的是,在这里初次宣告了历史问题研究的从自然法思想向历史思想的一种逐渐转变。博延年轻时受到的教育扎根于理性主义,然而部分地由于康德的影响,部分地"由于自身内在的气质",他奋力地趋向于

> 一种强大的自主的内在生命。这种结果的出现确实更多地凭借他的持续稳定的内在生命的炽热感情,而不是凭借有意识的克服离散化的理性主义理论。②

新的人格不是通过理论上的克服,而是通过生命感受的转变产生

---

① 《历史期刊》(*Hist. Zeitschrift*),第77期,1896年,第165页。
② 《博延传》,第2卷,第406页。

的。因此,正如迈内克所说的:

> 甚至生命感受,这种内在生命最直截了当的、无法分解的和原初的表达,也服从于历史变化。也许它本质上在所有阶段中都是同一的,但我们却始终只是在变化着的形式中才能观察到它。它从18世纪向19世纪的发展被三个,如果人们愿意的话也可以说是四个伟大的阶段刻画了出来,从理性主义,通过古典时代的唯心主义哲学,通向最近几十年的历史–直觉世界观,它不可避免地很快就与一种纯粹的自然主义争论了起来。①

世界观的变化得回溯到"生命感受"中发生的普遍变化,而这样的一种普遍变化也为"历史–直觉世界观"的兴起奠定了基础。在另一个地方,迈内克力图解释从时代体验中是如何产生从自然法的进步观念向历史发展观念的转变的。关于博延,他这样说道:

> 如果说他试图通过一种自上而下的教育,通过开明立法者制定的形式在国家和社会中唤起一种道德–爱国的生活方式的话,那么可以说,这是他那认为最终还存在着一种自然的、理性的生活理想的老式理性主义观点在无意识地继续发生作用。但是,它已然前后不一致地却又相当强烈地与一种新颖的重要原理联系了起来。自然法世界观确实已早早地将进步观念和世

---

① 《博延传》,第2卷,第406页。

界持续完善的观念采纳于自身中了。博延急切地从哥尼斯堡的克劳斯（Kraus）的表述中将它接受了过来。由此出发不难认识到，历史发展道路是紧密而步步相随的，不过每个历史阶段对于自身来说和在自身中也受到特殊限定和彼此依赖。当代历史的伟大经验直接把人们的精神引向了这个方向。各地的可变性和发展，单个人的、社会的和国家的发展和日趋强大，新旧之间的斗争，不顾压力而在自身中不停顿的和具有胜利意识的精神运动——所有这些都是人们能够想象的历史发展观念的最丰饶的滋养物。①

按照迈内克的说法，博延的思想世界结合了目的观念和发展观念②，结合了自然法思想方式和历史思想方式。③

> 他（博延）曾经说过，理性为立法者给出了目标；文化教育、民族性格、道路的长度、存在的权利甚至偏见，决定了发展阶段及其选择的形式。④

国家、民族和统治者都具有它们可能予以实现或失之交臂的特定的历史目的、特殊的生命任务。但是，当博延力图在历史事实中揭示出这样的目的和理念的实现或失败时，在他的思想中交织了理性目

---

① 《博延传》，第2卷，第410页及以下诸页。
② 同上书，第411页。
③ 同上书，第412页。
④ 同上书，第411页。

的论和历史理念学说。① "但是它结合了，"迈内克详尽地阐述道②，

> 正如我们在博延这里进一步看到的，自然法的和历史的思想模式，尽管在这两种原理之间有着强烈的矛盾和分歧，这种结合能够产生有价值的科学成果，产生可以血肉丰满地传递给后代的正确和重要的认识，而它们在自然法中的部分起源却几乎遭到了遗忘。他的理性主义的目的论观念在不小的程度上有助于清楚地阐明民族观念和民族国家观念……③然后加上博延生动鲜活的政治经验和强有力的个体的内在生命，使他得以在异常清晰明亮的光线中观察历史的过去。

从自然法根基发展而来的民族观念，在这里与政治经验主义和个体观念结合了起来，阐明了博延的历史意识的起源。在这里可以远远地聆听到以和谐一致的音调、从迈内克的三部伟大的思想史著作的三个主题发出来的声音。但是，《博延传》的第二卷认识到一条从自然法思想向历史主义转变的进一步道路，在这条道路上，从自然法思想和历史思想的结合与分裂中产生了作为最终胜利者的历史思想。迈内克揭示出，博延

---

① 《博延传》，第2卷，第411, 413页。
② 同上书，第412页及以下诸页。
③ 迈内克在这里引用了博延的手稿《论民族的发展过程》(Über den Entwicklungsgang der Völker) 中的话，以阐明思想进程："这种情形是我们的思想力量的一个特点，亦即在所有被认为独立的客体中假定一个目的，并致力于发现这个目的赖以实现出来的法则。"

力图通过目的论的思想方式来展示出历史中观念的实现，在此理念和现实之间各种各样的矛盾无处隐藏，从而能够突破性地收获一种更为历史化的解释。在逐渐意识到模糊暗淡了理念的神圣光辉的同时代环境的力量时，博延不得不承认，在这些事务中并不存在任何绝对的判断标准，必须在其自身的特殊性中理解每个时代。这种目的论思想越是积极地和归纳地将历史作为一个理性目的王国来加以掌握，可以说它就越迅速地侵蚀了自己的根基，为一种更加经验化的和客观化的解释敞开了道路。①

因此对我们来说，博延成为了我们遇到的在具有同一精神的人格中自然法思想和历史思想彼此争论的第一个例子，预告指示了在《历史主义的兴起》中活跃着的具有同样思想主题形态的人物。

但是，所有这一切都仅仅从属于宽阔的历史描述，并不应该通过孤立的处理而受到夸大。迈内克自己说过，他在《博延传》中流露出了思想史的倾向，并与如今开始大行其道的其他倾向结合了起来；但是，他在《博延传》中还是注意到了太多的历史材料，按照他的判断，他还未能自由地高居于历史戏剧之上。②这种自由并借此向着纯粹思想史的完全突破，是他在斯特拉斯堡时期才实现的。这里还不是产生《世界主义与民族国家》（1907年）的起源史的地方。这里只是对于指出这本书对于迈内克的历史主义问题发展所具

---

① 《博延传》，第2卷，第415页。
② 《经历，1862—1901年》，第221页。

有的意义才是重要的。

我们由此就进入了对于迈内克的创造活动具有决定性的岁月。他的活动舞台是"上莱茵文化圈",拥有分别位于莱茵河右岸和左岸的斯特拉斯堡和弗赖堡,而阿尔萨斯和巴登则组成了西南德意志文化圈:

> 当时对我们全神贯注的眼睛来说,同时也对理性、心灵、历史思想、政治思想、文化思想和文化感受来说,它都是一个沐浴于阳光中的熠熠生辉的乡村地区,充满了无穷无尽的历史财富,受到了最清新的全方位思想运动的滋养。[①]

关于对他产生了极大促进的崭新的思想运动,迈内克在这里一方面特别地想到了文德尔班和李凯尔特的"西南德意志哲学学派",另一方面想到了"深化历史问题,尤其是大胆探索了历史背景"的"海德堡的两位思想巨人":马克斯·韦伯(Max Weber)和恩斯特·特勒尔奇(Ernst Troeltsch)。[②] 直接引向文德尔班和李凯尔特的是一个二元化问题,是在迈内克的学术研究中已然呈露出来的自然科学和历史科学之间的关系问题。文德尔班1894年在斯特拉斯堡发表的关于"历史学和自然科学"[③]的院长演讲中,已然按照它们

---

① 《斯特拉斯堡、弗赖堡、柏林,1901—1919年回忆》,第55页。
② 同上书,第51页。
③ 文德尔班,《序曲,关于哲学及其历史的论文与演讲》(*Präludien, Aufsätze und Reden zur Philosophie und ihrer Geschichte*),第9版,第2卷,1924年,第136页及以下诸页。

不同的方法努力对它们进行了区分。一个是个体化–图像符号解释概念（idiographisch）的方法，另一个是规则推理（nomothetisch）的方法；这种区别传递给了研究者的认识主体：自然科学家"价值中立"地思考，而历史学家则根据"价值"、根据文化价值进行判断。接着，李凯尔特初次在他的两部著作《文化科学和自然科学》（[*Kulturwissenschaft und Naturwissenschaft*] 1899年）和《自然科学概念构造的边界》（[*Grenzen der naturwissenschaftlichen Begriffsbildung*] 1902年）中，把价值中立的普遍性的自然科学方法与价值化的和个体化的文化科学方法理论发展为一种浑然一体的科学理论体系。迈内克首先在他的历史理论中采纳了李凯尔特的价值哲学，不过他后来对此进行了修改。对迈内克来说，价值意味着"最高意义上的文化……也就是内在于自然因果联系中的精神的突破性迸发和启示"。① 他赞同李凯尔特的说法，亦即"从浩如烟海的历史材料中，我们根据事物与伟大的文化价值的联系，选择出具有研究价值的微小部分"。② 另一方面，他拒绝了李凯尔特关于历史学家应该仅仅探究和描述与价值有关的事实，但自己不能进行价值判断的要求：因为没有价值判断，就无法选择价值相关的事实；而且与历史事实相关的价值，并不像李凯尔特指出的存在于诸如宗教、国家和法律等等极其普遍化的范畴中，而历史学家对于这些范畴的个体化具体内容已然或多或少地进行了价值性理解，也就是价值性判断。"没有对于在其中敞露出来的价值生动鲜活的感受，是不可能描述和阐明

---

① 《历史中的因果性和价值》，见《创造之镜》，第66页。
② 同上。

在文化上重要的事实的。"① 正是在价值中，迈内克目睹了历史中的神圣启示，在历史学家对价值的寻找中，他看到了在历史中发现神的可能性。然而首先，迈内克发展出了一种自己的文化价值体系，在其中区分了"有目的"地创造出来的宗教、哲学、艺术、科学、政治和社会的思想和形象，与出于具体的实际生活必然性而产生出来的、间接地繁荣起来而不是事先有目的地发展起来的文化价值。② 在第一个有目的的文化价值创造中，人们力图最快捷地和最陡峻地从自然向着文化攀升；在第二个无目的的文化价值创造中，人们活动于自然的平面上，却仰望着引导性的高耸入云的价值之峰。国家就是这样的一个卓越领域，价值在这里从幽暗的和通常卑微的源头，仿佛通过一把转轴被从自然转向文化一样地发展了起来。最后，属于这里的还有深刻作用于迈内克的价值相对性问题，我们在接下来的场合还会折回到这个问题。

从李凯尔特出发，韦伯在自1903年出版的为社会科学领域所作研究的关于文化科学逻辑的文章③中，与类似于迈内克遇到的问题进行了搏斗，同样注意到了存在于自然和精神边界处的行动。与迈内克相反，他在用来判断某一现象是否具有科学的研究价值的理论上的"价值关联"，与以个人兴趣或理想为导向的研究者意愿在其中产生作用并易于模糊对客观真理的认识的实际的"价值判断"之间，进行了严格的区分。在承认沉思的价值关联和拒绝实际的价值判断的

---

① 《历史中的因果性和价值》，见《创造之镜》，第66页及以下诸页。
② 同上书，第83页。
③ 马克斯·韦伯，《科学理论论文全集》（[*Gesammelte Aufsätze zur Wissenschaftslehre*]1922年）。

意义上，韦伯也宣称了文化科学的"价值中立"，这是一条迈内克没有予以追随的思想道路。迈内克此外还指出了这种情形，亦即作为一种在研究中不知不觉起着作用的价值判断，韦伯的气质事实上为他辉煌的历史研究和描述赋予了色彩和生命力。① 到头来，迈内克并不相信历史科学中的价值中立，因为他不愿意也不能够把宗教从自身中清除出去，因为对他来说，历史是一种认识神的器官："人们想要在世界的启示中为他感受为自身精神生命目标的东西寻求肯定。"② 尽管存在着差异，韦伯在弗赖堡拜访迈内克时还是肯定了他的希望："尽管我们采取了不同的方式和力量，但我们抓住的是同一条绳子。"③ 而且迈内克在撰写《世界主义与民族国家》时，也把韦伯关于资本主义与加尔文主义之间的联系的思想史研究记在了心里。④

在迈内克的上莱茵岁月中，特勒尔奇在《社会科学和社会政治年鉴》(*Archiv für Sozialwissenschaft und Sozialpolitik*)上出版了研究手稿，这些手稿形成了 1911 年面世的《基督教教会和群体社会学说》(*Soziallehren der christlichen Kirchen und Gruppen*)中的大部分。从 1918 年起，他也开始出版了对迈内克而言甚至更为重要的著作《历史主义及其问题》([*Der Historismus und seine Probleme*] 1922 年)第二卷的个别部分。在特勒尔奇的人格中，迈内克迎面碰上了以一种强烈个体化的体现方式产生出来的深刻的历史主义问题，他注意到

---

① 《创造之镜》，第 230 页，注释 4。
② 《历史中的因果性和价值》，出处同上，第 67 页。
③ 《斯特拉斯堡、弗赖堡、柏林，1901—1919 年回忆》，第 102 页。
④ 同上。

特勒尔奇积极生动的主要观念和目标，在一定程度上总是与具有丰富现象的高贵的历史观难以相称，因此他的重要声言通常未能在一种辉煌地重新展现陌生生命和思想的结尾发展出清晰的和毫不含糊的独特的意愿和思想。①

不过这种情形属于自1915年以来他们在柏林度过的共同岁月。因此，特勒尔奇提出的问题本质上属于后来的世界大战的岁月，而对迈内克产生了深刻作用的西欧思想和德意志思想之间的矛盾问题也属于这段岁月。但是，与这种矛盾联系在一起的还有一个科学问题，是早在上莱茵时期特勒尔奇就引起迈内克注意的一个问题，而它又与迈内克已在自然法思想和个体–历史思想之间感受到的矛盾联系了起来：这就是直至18世纪把欧洲各民族联系在一起的自然法观念，及其从基督教那里开始产生的转变，通过起源于自然法的斯多亚伦理学的接纳而演变为现代的世俗自然法。②这些把狄尔泰肇端的自然法思想继续向前推进的特勒尔奇观点，在《国家理性观念》和《历史主义的兴起》中是直接辨别得出来的。

　　关于在普泛的欧洲自然法基础之上德国思想发展的旁枝斜出，是一个在《世界主义与民族国家》中已然提出来的思想主题。这是迈内克的第一部伟大的思想史作品，首次运用了他的典型的思想史

---

① 《特勒尔奇与历史主义问题》(1923年)，见《创造之镜》，第212页。
② 见于特勒尔奇《基督教教会和群体社会学说》(1911年)中的好几处地方，同样见于《斯多亚学派–基督教的自然法与现代的世俗自然法》("*Das stoisch-christliche Naturrecht und das moderne profane Naturrecht*")，《历史期刊》，第106期，1911年。

研究方法"山脊踏勘法"(Gratwanderung),亦即通过专题性地研究特定的代表性思想家的方式来阐明特定观念的历史。该作描述民族建构过程的德国形式,将其看作为现代个人主义的产物。在特勒尔奇的影响之下,或者说在与特勒尔奇不谋而合的情形中,迈内克认为现代个人主义从一开始就在自身中分成了两股:一个分支起源于自然法并朝向民主;另一个分支,他在这里还是将其称之为"精神意义上的贵族主义",致力于"解放和增强人类中最精华的东西"①:他在这里指的是德国运动中以人格完善为目标的个体观念。他在注释中引用了特勒尔奇对理性和非理性个人主义所做的区分,它来自于特勒尔奇关于《现代思想的本质》(Das Wesen des modernen Geistes)的文章。虽然在研究德国的民族国家观念时——特别是在第二部著作中——自由和民主主义分支是受到注意的,但是重点还是落在了浪漫主义-保守主义的分支上。这意味着从自然法思想中而来的发展并与自然法思想所进行的争论,意味着形成民族的过程与现代历史思想的诞生深入地交织在了一起,而这种现代历史思想奠基于德国的一种新颖的"非自然法"的个体观念。迈内克在这本书中一度谈到了"德国精神以炽热的激情在个体领域中所从事的发现之旅",也谈到了德国精神"在由个体形成的一切人类群体中开始揭示个体性"。②在这里,与迈内克可能指出过的论点也有所联系。这个论点是他在《回忆录》中宣称过的,即他如今认为在《世界主义与民族国家》中的一个句子,是他相当晚期的著作《历史主义的兴起》的

---

① 《世界主义与民族国家》,这里引用的是第3版,1915年,第9页。
② 同上书,第295页。

思想雏形：

> 一般而言，我们的历史–政治思想方式、我们对于超个体组织的个体意识是从何而来的？确实，它本质上来自于个人主义，这种个人主义在诸多世纪的过程中拓深了关于个体本质的最初肤浅的观点，直至深入到其根基为止，从而揭示出了将个体的独特生命联结于更高级的人类组织和等级的独特生命的联系。个体、自发性、朝向自我决定的冲动和力量向四面八方的拓展，在国家和民族中也是如此。①

这些句子中的最后总结性的句子也可以通向《国家理性观念》：国家作为一个具有独特生命理念的有机的和个体的组织，"只有当它还能以某种方法获得发展时，才能获得饱满的力量"。②但是，最清晰地揭示了迈内克三部伟大的思想史著作之间基本联系的地方，是在《世界主义与民族国家》中"1808—1813年的亚当·穆勒"这一章节，在其中，迈内克关于柏克是这样说的：柏克

> 最早对18世纪自然法的国家解释产生了一种决定性的冲击，贡献了永远不能再遭斩草除根的关于国家因素的思想。他教诲了人们要深深地尊敬和理解国家生命中非理性的因素，包括传统的力量、风俗习惯的力量、本能的力量和无意识的感

---

① 《世界主义与民族国家》，第190页及以下诸页。
② 《著作集》，第1卷，第1页。

受。但人们不能说是他发现了这些非理性因素，因为自从马基雅维里以来的近代世纪中，每个实际的政治家都熟悉和运用了它们。但是迄今为止，它们对于实践家来说只不过是依据便利性要加以利用或予以体谅的人性弱点，而对于理性主义的理论家来说更是一种羞耻之物（Pudendum）。倘若思想家承认了它们，那么他也是在感喟着谈论真正的理性理想时承认它们的。孟德斯鸠是这样做的，正如我们看到的，洪堡也是这样做的。但是，这些18世纪的启蒙思想家中最明智的，人们也许会说，最开明的思想家已然获得的纯粹消极的历史思想方式，欠缺对于历史发自肺腑的**喜悦**与和历史之间内在的心心相印的关系。谁最先获得这样的喜悦和心心相印的关系，谁就能揭示出历史真正的价值。在国家和社会制度的领域中，也许最先开启了新颖的喜悦源泉的人是默泽尔。但是，柏克在政治理解的深度和影响的广度上超过了默泽尔，因为他那时受到了时代的宠爱，而在法国发生的纯粹理性轰然崩溃的戏剧来临得对他是如此有利……①

但是，正如他在这里已然说过的②，在《世界主义与民族国家》中洋溢着的不仅是自然法和个体观念之间的矛盾、"历史思想和绝对思想"之间的矛盾，而且也包含了区别于进步观念或纯粹演化观念的历史主义的发展观念，这种发展观念更多地强调了自发性和可塑

---

① 《世界主义与民族国家》，第132页及以下诸页。
② 同上书，第143页。

1959年版导言

的转变能力。① 在开始几页,迈内克自己就有意识地揭示了不同的历史发展观念的属性。他谈到了,正如一切历史结构一样,民族和民族国家具有一种最高程度的特殊特征。

> 它是特殊的,绝对不是在受到浪漫主义影响的历史解释长期以来指出的那种意义上,亦即所有特殊的民族特征仅来自于根深蒂固的民族精神;而是在这种意义上,亦即一个民族的本质特征就像个人一样,也是通过与邻居的摩擦和交流而形成的。因此,民族和民族国家的相互接触能够对它们的发展产生最深刻的影响。因此,彼此影响的民族生命中的单个历史时刻、单个伟大事件,可能会将某个民族和某个民族国家的独特生命引至从它们以前的实际发展趋势中无法预测出来的道路。很可能的是,这些外来影响就它们所涉及的民族的独特性而言具有局限性,也许它们确实只能把在自身中已然具有的潜在种子繁育出结果来和进行改造而已。然而人们也会质疑,是否这些潜在的种子和可能性对于所有民族都是独特的,或者只是对于在其中(是这样吗!)产生发展的民族才是独特的,也就是说,是否存在着具有独特性质的类属,或者是否仅仅存在着对于单个民族而言的独一无二的属性。不过,毋庸置疑地存在着这样的事实,亦即来自外部的特殊因素能够根本性地决定一个民族和民族国家的发展道路。②

---

① 《历史主义的兴起》,第5页。
② 《世界主义与民族国家》,第15页及以下诸页。

但是,《世界主义与民族国家》不仅预先指向了《历史主义的兴起》,而且超越了它,因为它将浪漫主义流派,包括诺瓦利斯、施莱格尔、费希特和亚当·穆勒等人,伸展到了兰克,获得了对兰克与费希特和浪漫主义之间渊源的重要洞见,这些联系后来获得了其他人①更为完整的阐述。因此在许多方面,《世界主义与民族国家》看起来就像是《历史主义的兴起》的一种预先进行的延续。

关于《国家理性观念》,我们知道,它从一开始就是用来处理现代历史主义的史前史的,曾被冠以"治国才能和历史理解"的标题。②在《回忆录》中和在关于"国家理性"③的著作中,迈内克提出了如下观点:自从马基雅维里时代以来,为现代治国才能理论家发展起来的国家利益学说,阐述了和集中关注了国家的个体性,正如迈内克早就认识到的,这种个体性是现代历史意识的"主根"(Herzwurzel)。④然而由于第一次世界大战的"大灾难"⑤,产生了一种问题转换,正如我们也将在《历史主义》中所能看到的。迈内克也将他的发展观念运用到了关于"国家理性"的著作中,当时他这样

---

① 参看欣里希斯(Carl Hinrichs),《兰克与歌德时代的历史神学》([*Ranke und die Geschichtstheologie der Goethezeit*] 1954 年)。这本著作绝不像个别的判断所认为的不过是对迈内克的观点的一种纯粹的扩展及进行新材料的补充,而是涉及被迈内克排除在外的历史思想兴起中的神学方面。也就是说,它涉及历史思想与基督教启示的绝对性之间的冲突,而在迈内克那里,历史主义的"对手"是完全处在前台的绝对的自然法。此外,这本著作将兰克联系于特定的唯心主义和浪漫主义的历史神学的基本思想,并由此以非常具体的方式揭示了新柏拉图主义思想的影响,而迈内克则只是相当含混不清地暗示了这种影响。
② 《斯特拉斯堡、弗赖堡、柏林,1901—1919 年回忆》,第 191 页。
③ 《著作集》,第 1 卷,第 25 页及以下诸页。
④ 《斯特拉斯堡、弗赖堡、柏林,1901—1919 年回忆》,第 191 页。
⑤ 《著作集》,第 1 卷,第 482 页。

说道:"一棵树,如果由于日晒雨淋而在一定程度上被迫偏离了最初的生长道路,人们就应该对此予以谅解。人们也应该宽恕这部著作,如果它总体上仅仅指出了生长的迹象而没有就此完成生长的话。"[1]问题的转换在"因为崩溃的震动……以越来越丰富的具体性将国家理性的独特的核心问题展现在人们眼前"[2]时产生。因此,在确证政治和历史之间的、国家理性观念和历史主义观念之间的联系之旁和之前,出现了国家理性的真正问题,亦即政治与道德之间的关系、权力(Kratos)和习俗(Ethos)之间的关系问题。尽管如此,把《国家理性观念》带到历史主义的本质和发展中的新洞见是尤为重要的,它们揭示出了《历史主义的兴起》在一定程度上通过与以前著作中的问题的搏斗,可以被看作为他一生作品中的皇冠之作。

我们试图简明扼要地指出,在迈内克的《国家理性观念》中对历史主义问题的进一步发展而言最重要的因素是什么。我们在这里首先发现的是与《历史主义的兴起》的开篇字面一致的理解,亦即历史主义的兴起奠基于并联系于欧洲的一般人类思想的世俗化转变:

> 这也许是西方所曾经历过的最伟大的思想革命。因为迄今为止对于一种可理解的统一性和齐一性与对于理性的普遍有效性及其格言的支配性信仰受到了震动和瓦解,这是由于认识到理性无法为生命提供普遍信条,而只能提供一种具有显然个

---

[1] 《著作集》,第1卷,第26页。
[2] 同上。

体化特征的无限多样的形式,而它们的最终统一性只能在一种不可见的形而上学的世界根基中才能找到。如今,一切历史事物呈现出了与从前别样的形态,它不再是平面化的简单和一览无余的东西,而是带有深不可测的背景的要予以透视的东西;不再如人们迄今为止所猜想的那样是同一之物的永恒复归,而是独特的、不可比较之物的永恒新生。这幅日益成长中的德国历史主义所创造的更加成熟和更加深刻的世界图像,吁求着一种更加柔韧可塑的思想,一种更加复杂的、想象力丰富的、引向神秘幽暗之处的概念语言……[①]这种新颖的个体意识宛如一团火焰,不是一下子燃烧起来,而是逐渐地掌握了一切生命领域,一开始几乎只是进入最轻盈和最易燃烧的材料,例如独特的个体生命、艺术世界和诗歌世界,接着才是较为沉重的材料,尤其是国家……[②]

他在较前的段落曾经说过:

从这种个体生命的深化的个人主义出发,从现在开始在德国到处出现了个体性,在这里是这样的形式,在那里是那样的形式,一种新颖的更加生气勃勃的国家景观,尤为重要的是,一种崭新的世界图像。整个世界被认为充满了个体性。在每种个体性中,在个人的或超个人的个体性中,人们看到了一种特

---

① 《著作集》,第1卷,第425页及以下诸页。
② 同上书,第426页。

殊的、独特的生命法则在起着作用，就像施莱格尔所说的，自然和历史被共同地理解为一个"个体性的深渊"。①因为一切个体性来自于共同的神圣自然的子宫。到处出现了个体性，自然和精神的同一性，而通过这种同一性展现了一种不可见的却强有力的纽带，将否则要分崩离析的丰富的个体联结了起来——这是一种崭新的重要思想，如今在德国以这种或那种形式爆发了出来。②

在个体观念之旁，迈内克将同一观念③称为时代的两个伟大的主导性观念中的第二个观念。同一观念首先在黑格尔的思想中体现了出来，通过同一观念，一切个体有助于实现唯一的理性，"理性的狡计在于，使得恶与善、自然与精神都服从于它"。④"所谓理性狡计的学说无非是同一哲学的逻辑结果，这种同一哲学需要工具来展示整个世界构造的统一性和合理性。"⑤迈内克认为较早的历史主义依然受到了同一哲学和自然法观念的支配，这种自然法虽然本质上已被克服，却还是产生着后续性作用。"这两种思想虽然以不同方式出现，却满足了人类对于绝对价值、对紧密地收束否则会分崩离析的生命元素的深刻需要。"⑥在一元化的同一哲学——并非没有遗留下

---

① 这些话也可见于《世界主义与民族国家》，第250页；另参看上引出处，第143页。
② 《著作集》，第1卷，第425页。
③ 同上书，第427页。
④ 同上。
⑤ 同上书，第432页。
⑥ 同上书，第443页。

一些妨碍性的后续作用——作为钳制个体的最后束缚瓦解时，按照迈内克的说法，还留下了历史的个体观念，它继续证明了它是理解精神-自然现象的必不可少的钥匙。① 我们至此才在迈内克的意义上获得了纯粹的和成熟的历史主义，它奠基于两个相应的观念，亦即个体观念和发展观念，而《历史主义的兴起》也只有在其思想史的形成上才能得到理解。我们由此也到达了重要的历史主义的内在问题，这个问题是迈内克在《国家理性观念》中才首次真正清晰地理解到的。我们也在这里遇到了一种由于第一次世界大战而产生的问题转换，一种与《世界主义与民族国家》相对而言的转换。

在他的第一部观念史著作中，迈内克就此谈到了，世界公民观念和普遍观念就其内容而言都既是道德的又是宗教的观念。② 但是，道德观念一般而言在普遍性之旁还有着个体性的方面，从这种个体性出发，甚至可以对显得非道德的国家利己主义的权力政治进行道德化的辩护……"因为来自于生命最深刻的个体性本性的东西不可能是非道德的"。③ 这些令人惊讶的句子首先表明了，迈内克的国家理性观念深深地扎根于个体观念；其次，他在上莱茵岁月的文化乐观主义的民族情绪中，依然彻底地肯定了国家理性是适合于每个民族的个体性生命法则；第三，在彻底地激进地肯定个体观念的背后，甚至表现出了对于个体化道德的承认。然而在《国家理性观念》中，这种承认呈现出了某种"斯芬克斯式的面貌"④，属于"在

---

① 《著作集》，第1卷，第501页。
② 《世界主义与民族国家》，第89页。
③ 同上。
④ 《著作集》，第1卷，第510页。

太多事物中"出现的"上帝与魔鬼交织共长"的情形。同样地,迈内克避免了为个体观念赋予绝对积极价值的危险。在《国家理性观念》中,迈内克不仅谈到了同一观念的危险,而且也谈到了个体观念的危险。同一观念在黑格尔解释中的危险在于,"看上去不公正的现实会被美化为理性";而从恶中创造出善的理性狡计学说的危险在于,忘却了国家理性自然性的和黑暗的一面,把"泛滥的权力政治放在了稚嫩的肩膀上"。① 迈内克现在也在新的个体学说中洞察到了隐蔽的同样的危险。他曾经阐述过,从生命最深层的个体性本性中源出的东西不可能是非道德的,而如今他用这种说法取而代之:

> 它(新的个体学说)能够轻易地对个人道德表现为一种诱惑,如果个体自我生命表现的权利被当作是无限的,相对于普遍道德而被当作更高的道德的话。如果它被应用于国家的超个人的个体性,就有可能把权力政治中的一切滥用作为其本质不可避免的和有机的副产品而进行合法化……因此,同一观念和个体观念,当时德国思想中两个最崇高和最丰饶多产的观念,表现出了所有伟大的历史观念和力量的内在悲剧性的双刃性(Zweischneidigkeit)。②

由此,这些怀疑却也敞开了与历史主义联系在一起的相对主义

---

① 《著作集》,第1卷,第432页及以下诸页。
② 同上书,第433页。

问题。迈内克在《世界主义与民族国家》中还谈到了研究历史的**喜悦**，谈到了历史主义是"喜悦之源"。默泽尔首次在德国，在一个特殊的领域中开启了这片"喜悦之源"。这种新的历史态度及其开端首先出现于《国家理性观念》出版的一年之前，亦即出现于1923年的《特勒尔奇与历史主义问题》[①]一文中。迈内克在这里谈到了，"即使我们有着对于特殊的德国国家观念的自豪感，为此我们甚至愿与世界开战"，也是与个体学说休戚相关的。

我们想要与其余的现代进步世界不同，因为他们相信事物中的普遍理性而非个体理性，这种思维方式必定使我们抱怨不已。但是，我们想要与众不同的愿望却使我们陷入了悲剧。迄今为止，我们所有的个体化历史主义对我们魔幻般地展现出了一幅愉悦温暖的世界图像，其中充满了虽然不断斗争着的，却始终具有创造性的力量。然而如今，我们却在其中察觉出了深刻的悲剧性问题，看到了我们的世界图像是多么的阴霾密布。这主要不是由于它将我们带入精神孤立的处境。我们能够忍受这种孤立，只要历史主义继续赋予我们一种内在的优越感，为我们面对一切生命的基本问题时提供一块浑整坚固的碇泊地。它为我们慷慨地提供了思想财富，以某种方式理解过去和它之中所有的伟大之处，教诲我们要去热爱它们和体验它们，从而产生了神话般的美妙气息。但是，现在与开始时的观点再次联系起来看的话，正是我们到处可发现的个体价值的无限多元

[①] 见《创造之镜》，第211页及以下诸页。

化,再度使我们陷入了迷惑和手足无措之境,特别是在现在使我们陷入了阴云四布的处境。一切都是遵循自身法则的个体,一切都拥有自己的生命权利,一切都是相对的,一切都在流动着——那么请赐予我一个可以站立的支点吧。我们如何才能从这种价值的无政府状态中摆脱出来呢?我们如何才能从历史主义重回价值学说呢?[①]

而《国家理性观念》是这样阐述的:

> 这种新个体原理伸展得越来越远,从一种发现向另一种发现推进,到处追踪着个体法则和个体运动,从而处于最终滑入相对主义的危险,不再承认历史中坚固的和绝对的东西,而是在它的思想游戏空间中赞许地宽容一切思想生命和一切个体的生命倾向,理解一切,宽宥一切,但结果就像老狄尔泰所说的,一切都将陷入一种"信念的无政府状态"。[②]

然而迈内克"秉持肯定的态度"描述了历史主义的兴起史[③],正如他已然在《国家理性观念》中就历史个体观念所说的:"我们不被允许也不能放弃这个观念……"[④] 这是由于迈内克认识到"在相对化

---

① 《创造之镜》,第223页及以下诸页。
② 《著作集》,第1卷,第442页及以下诸页。
③ 参看本书前言,第1页。
④ 《国家理性观念》,第501页。

一切事物的历史主义中必然存在着某种腐蚀性的毒药"[①]，乍一看，这是一个令人惊讶的事实，然而它是借由迈内克在以前的将认识推向可能性边界的多部著述中，与幽暗的历史主义问题进行了争论，并为自己赢得了一个坚固的立场后才成为可能的。它绝不是简单明了的、轻而易举的、具有普遍阐释性的和革命性的立场，不是万灵药，而是一种摇摆不定的、混合了顺从和信念的立场，这种立场极其接近于一种"真诚的不可知论"[②]，然而却并不满足于此。这种立场是德国历史主义传统中最优秀的教父级人物——兰克和德罗伊森——所持有的。我们在此也可确定，迈内克对歌德日益紧密的接近在《历史主义的兴起》中达到了顶峰。我们可以在三篇解释性文章的第一篇，亦即写于1923年论特勒尔奇的文章中读到迈内克回答的方式，一种具有自身独特特征的方式：

> 然而属于个体化历史主义的最深刻本质是，它虽然没有设定任何形而上学的前提，却被强迫性地推向形而上学的结果。对于个体生命实体毫无偏见的观察，和仅仅按照因果思想方式无法理解它们的洞见，迫使历史学家采纳了形而上学的背景。同时他相信，这种方法比起实证主义对手来说具有更多的科学性。但是正因为历史主义处在科学的界限之内并且从不愿离开经验领域，所以他不愿更坚决地涉足形而上学领域，却满足于

[①] 《历史与当代》(1933年)，见于《论历史意义与历史的意义》，第13页。
[②] 《对兰克的一句箴言的解释》，见《关于历史的箴言与纲要》（[*Aphorismen und Skizzen zur Geschichte*]1942年），第157页。

普遍性的预见和解释。从科学角度来看，这种情形是一个优点；而从道德和实践角度来看，却是一个弱点。历史学家不能谈论坚固的和可把握的东西，尤其不能谈论普遍有效之物和对大众具有吸引力的最高的生命价值……他把形而上学的世界性慰藉只保留给具有至高才能的精选的文化精英。①

在第二篇发表于1925年的基础性的阐释文章《历史中的因果性和价值》中，他这样说道：

> 只有虚弱的和信心不足的心灵，才会在这种相对的历史主义负担之下气馁和委弃（versagen）。对于不可知的绝对者的**信仰**，是不会由于这种相对主义而动摇的。但是，要求以可触摸的方式揭示不可知的绝对者，这样的愿望是人神同形论的上帝观念的一种残余。②

正如我们看到的，迈内克在他的"历史学"中除了李凯尔特之外，主要还受惠于特勒尔奇。他从特勒尔奇那里接受了价值相对性概念，并与老式的相对主义进行了比较：

> 价值相对性不是相对主义、无政府状态、偶然性和任意性，而被解释为持续的运动和新鲜的创造，彼此交织着实事性

---

① 《创造之镜》，第120页。
② 同上书，第233页。

和理想性（Seinsollenden），因而无法用永恒的和普遍的语言来加以确定。①

或者用迈内克的话来说：

> 价值相对性无非是历史意义上的个体性，始终是独特的、对于不可知的绝对者的一种充满价值性的表达——因为对于信仰来说，这样的绝对者是一切价值的创造性基础——是相对的和束缚于时代-自然的表达。②

相对主义奠基于如下事实，亦即具有精神-道德自发性的创造价值的个人把自然转变为文化，这种相对主义源于绝对者的创造性根基，以一种迷幻的历史学家无法彻底理解的方式，与生物学类型的和机械类型的因果性紧密地联系在一起。这种精神，这种永恒的心灵，以万古常新的个体性方式与自然、与短暂之物进行着搏斗，而正是从这种搏斗中创制了价值的整体，创制了人类的思想文化。因此，历史个体只是这样的一种现象，在自身中拥有朝向善、真和美，也即永垂不朽之物的倾向，并由此向我们表现出丰富的意味和价值。在价值的个体性表述中，历史学家洞察到了稍纵即逝的历史中的绝对之物、神圣之物和永恒之物。"我们在历史中看不到神，而只能在萦绕在他周围的云雾中预感到他。"迈内克在《国家理性观

---

① 特勒尔奇，《历史主义及其问题》，1922年，第211页。
② 《创造之镜》，第84页及以下诸页。

念》①的最后一页上这样说道。他在这里同时也谈到了，绝对者在两个地方毫无伪装地向现代人进行了自我启示："一方面在纯粹的道德法则中，另一方面在炉火纯青的艺术成就中。"

由此就与已然考虑到的第三篇论文即1933年的《历史与当代》明显地联系了起来。②迈内克在此再次恳请人们注意历史主义的成功之处和危险之处，"历史主义为我们开启了一个新颖的历史理解的奇妙世界，理解一切烙下了人类面貌的事物"，然而它也"逐渐地动摇了特定的绝对理念的坚实基础"，"而这些理念是人类迄今为止的信仰的信托所在"③，因此他继续询问道："……历史主义和作为它的特殊产物的相对主义的力量能否治愈自己造成的创伤？"④迈内克区分出了三种寻找"治疗相对主义毒药的解毒剂"的努力。⑤一种是将特定的过去绝对化为经典的浪漫主义努力：但是，这种"把任一个过去的阶段抬升为整个历史过程和当代的模范和价值准绳的"努力，"在相对主义尖酸刻薄的批判之下"必然会轰然崩溃。在此之后，方案指向了未来：历史的目的不是放在过去，而是放在了未来，这个目的能够为无意义的历史变化过程赋予意义。但是，这种进步观念和至善论观念却在"现代文明问题的阴影"之下黯然失色了。⑥相对化一切的历史变化的河流，同样相对化了浪漫化过去和进步乐观主义这两种尝试方案。"它们自身中的弱点是，不管是顺流而

---

① 《著作集》，第1卷，第510页。
② 《论历史意义与历史的意义》，第7页及以下诸页。
③ 同上书，第10页及以下诸页。
④ 同上书，第13页。
⑤ 同上书，第14页及以下诸页。
⑥ 同上书，第17页。

行还是逆流而行,都得在河流中扑腾。"它们在一定程度上都是平面化的解决方案。但是人们必须垂直地观察事物。这就是第三种也就是迈内克的解决方案。与歌德和兰克一道,迈内克垂直地看待每一个时代,认为一切个体形式都与更高的世界联系在一起"直接面对着上帝"。按照迈内克的说法,历史个体,也就是说创造价值的个体必定渴望着"在短暂中、在个体形成的生命星群中寻找和发现永恒"。① 在这里,指路的北极星是历史理论也必定会谈到的良知,"因为一种不具备坚实的道德基础的历史理解只是随波逐流之举而已"。② 迈内克在这里把兰克的关于历史现象直接面对上帝的思想与德罗伊森道德化的个人主义良知结合了起来。他从德罗伊森的历史学著述中援引了这些话:"只有良知才是绝对的确然性,是对他而言的真理和世界中心。"他为此铸造了一个让人回想起德罗伊森的句子:"历史中所有永恒的价值最终都来源于行动者的良知决断。"③ 因此,迈内克关于相对主义问题所说的盖棺论定之语是这样的,"在良知的呼声中……所有形式上流动的和相对的一切事物就突然之间成为了坚固的和绝对的事物"。④ "在良知中,个别与绝对、历史与当前交织在了一起。"良知是"我们之中最亲近神的能力",是"我们能够承纳的和再次体验的人性中可理解的神性之物的启示",是历史所能为我们提供的意义,然而它在宇宙整体中的绝对意义却是

---

① 《论历史意义与历史的意义》,第19页。
② 同上书,第20页。
③ 同上书,第21页。
④ 同上书,第20页。

我们无法知道的。① 最终，良知在迈内克的历史学说中的地位通过他在《历史主义的兴起》之后撰写的《对兰克的一句箴言的解释》（*Deutung eines Rankewortes*）——也许是他对历史理论所做出的意义最深刻的贡献——得到了补充和深化，在这里，他在良知中同样看到了超越他尽其一生研究的神圣的内在论和超越论之间的矛盾的可能性：

> 人类良知告诉我们什么是善的，什么是恶的。虽然不是以像这里这样的如此直接的方式，它也参与了产生和滋养所有其他崇高价值的活动。在良知中，我们刹那之间就看到了一种能力，一种我们可以同时称之为内在的和超越的能力。它只是内在于我们之中，然而也告诉我们在我们之外和我们之上存在着什么事物，告诉我们远方的宇宙性的力量游戏，这些力量游戏就其自身来说从未能得到阐释……②

通过良知，我们得以"假定和猜度世界中的某种神圣之物（ϑεῖον）。甚至历史学家也得把历史世界的现象放在作为人类认识神圣之物的器官的良知判断之前……"③

我们在这里得打住了，虽然尚未穷尽老年迈内克的历史神学遗产中全部的宗教–哲学内容。在此重要的是，揭示出在撰写最后的著作《历史主义的兴起》之前和之中时，面对着历史主义和相对主

---

① 《论历史意义与历史的意义》，第21页及以下诸页。
② 《关于历史的箴言与纲要》，第154页。
③ 同上书，第157页。

义问题的阴暗面,他是如何自我保护的。这部著作,作为他的著作中普遍性最少和承载的时代问题最少的著作,能够完全地投入将科学问题建构为研究对象的活动中去。他在频繁的思想搏斗中肯定了这样的信念,即确信了西方思想中的伟大革命之一,德国精神在宗教改革之后的第二次壮举的最终积极的特征,从而能够"以肯定的态度"撰写这次精神革命中的大部分历史,完全地关注于新历史世界观如何形成的问题,着迷于在眼前展开的思想戏剧,而不再需要痛苦万分地凝视可能存在的深渊,因为他已然双眼大睁地探究过它们,并力图架桥跨越它们。

提供对迈内克最后一部伟大的观念史著作的分析,现在不再是我们的任务。这篇导言的目的在于揭示登堂入室的方式,在于揭示它是如何从迈内克整个的研究中产生出来的,揭示它在其中的位置。它把我们带到了成熟的历史主义的门槛边。只是在作为附录的1936年1月23日在普鲁士科学学院所作的关于兰克的纪念性演讲中,才达到了成熟的历史主义。但是,我们也知道,他已然在《世界主义与民族国家》和《国家理性观念》中,为历史主义的进一步发展,为浪漫主义研究,为亚当·穆勒、费希特、施泰因、洪堡、黑格尔和兰克研究奠定了基础。① 作为历史主义的史前史,迈内克在

---

① 作为《历史主义的兴起》的补遗与补充,我们尤其要注意论文《18世纪的古典主义、浪漫主义与历史思想》("Klassizismus, Romantizismus und historisches Denken im 18. Jahrhundert"),《历史主义的兴起史与施莱尔马赫的个体观念》,见《论历史意义与历史的意义》,第46页及以下诸页,第95页及以下诸页;《席勒与个体观念——一项关于历史主义兴起史的研究》("Schiller und der Individualitätsgedanke. Eine Studie zur Entstehungsgeschichte des Historismus"),见《科学与时代精神》,(转下页)

《国家理性观念》中研究利益学说时，仅仅涉及了一个分支，他一开始把它错误地当成了主干。在这里，历史主义的兴起依然呈现为独特的欧洲发展的一种反射现象，这种独特的欧洲发展在重要的思想人物中引起了错综复杂的自由独立的国家模式，在他们之中唤起了利益学说，及其关于单个国家的个体意识。①在《历史主义的兴起》中，这场运动被表现为一种纯粹的、独立的和革命性的大多数为非政治的思想家所拥有的体验过程和思想过程的产物，它从"先驱者"沙夫茨伯里、莱布尼茨、阿诺尔德、维柯和拉菲陶开始，经过法国和英国的启蒙思想史与英国前浪漫派，直至德国运动，及对于历史主义的兴起具有决定性影响的巅峰人物默泽尔、赫尔德和歌德。

  在这个新版本中所要解决的出版方面的和批评性的问题，与《国家理性观念》一样少。这个版本奠基于1946年的第二版。印刷在出版社人员的监督之下进行，并承惠于弗里德里希-迈内克研究所（Friedrich-Meinecke-Institut）、彼得·鲍姆加特（Peter Baumgart）博士和韦尔纳·珀尔斯（Werner Pöls）先生的帮助。鲍姆加特博士不辞辛劳地进行了重新编纂索引的工作。感谢联邦总理府司长扬茨

（接上页）第8卷，1937年，部分内容刊于《法兰克福报》，1937年11月14日第581—582期；也可参看《关于历史主义兴起史的箴言和纲要》("Die Aphorismen und Skizzen zur Entstehungsgeschichte des Historismus"），见《论历史意义与历史的意义》，第120页及下页，和《关于历史的箴言和纲要》。迈内克在撰写《历史主义的兴起》时，在普鲁士科学学院会议报告和《历史期刊》上发表的大量的个别思想和个别问题，已经被吸纳进这部作品中，这一点可参看赖诺尔德（Anne-Marie Reinold）的《迈内克传》(1952年)，第157页。

  ① 《著作集》，第1卷，第287页。

（Janz）博士、联邦内政部司长许宾格（Hübinger）教授和柏林彩票公司。对他们为这个版本的准备和进行所提供的帮助致以谢忱，是出版者应尽的义务。

卡尔·欣里希斯

献给"一战"前的斯特拉斯堡大学生涯

以志纪念

我可曾告诉过你这个词语,
"个体是不可言说的"?
从中,我推演出了整个世界。

歌德致拉瓦特尔,1780年

前　言

在听到多年以来响起的历史主义必须予以克服的呐喊之后，还要撰写一部秉持肯定态度的关于历史主义的兴起史，可能颇为冒险。但是曾经发生过的精神革命，不应该处理得它们仿佛没有出现过那样，不应该否认它们进一步的作用。每一场这样的革命在深层继续起着作用，即使它们为一场新的革命所代替，正如我们看到在今天所发生的那样。同时，正如我们将在这本书中所看到的，历史主义的兴起是西方思想中所曾发生过的最伟大的精神革命之一。

如果人们读过我的书，也许就会承认这场革命的真实性。但是，人们并没有欣然接受历史主义这个表明这场革命内容的术语。因为它是一个新近出现的词语，实际上要比我们所理解的历史主义的起源晚一个世纪。它很快就遭到了责备，认为它包含着夸张或扭曲的意味。我注意到它最初毫无贬损意味地应用在韦尔纳（K. Werner）1879年论维柯的著作中，其中谈到了"维柯的哲学历史主义"（第 XI 和 283 页）。它接着出现于门格尔（Carl Menger）1884 年对于施莫勒（Schmoller）富有争议性的回应《德国国家经济中的历史主义迷误》（*Die Irrtümer des Historismus in der deutschen Nationalökonomie*）中，这里已经有了批评意味。作者将该词理解为在国家经济中对历史的夸大评价，他认为施莫勒在此是犯有过失的。任何想要深入了解这个词语的历史的人，可以参考霍伊西（Karl Heussi）的《历史主义的危机》（[*Die Krisis des Historismus*] 1932 年）。因此情况就表现为，正是经由这个术语最初时大多表达出来的指责，唤醒了一种意识，亦即在应受谴责的放纵和软弱的后面隐藏着一种伟大的和有力的知识历史现象，它需要一个名字，却还没有一个名字。人们认识到，受到攻击和被认为有害的东西，事实上是从同样的土壤中生长出来的，这种土壤滋养了自从19世纪初以来重新繁荣起来的精神科学。当人们因为不知何故意识到他们所批判的东西与他们所能获得的最好东西紧密联系在一起而批判性地接受它们，辱骂之词有时就会转变为赞美的标签。他必须充分注意无可非议的批判，但要保持其中一切最好的东西。这是在特勒尔奇身上发生的事情。在1897年，他还赞同普遍的遗憾之情，遗憾如今在学问世界中出现了一种"历史主义"，"认为它命定的任务是在于理解而非重塑现实"（《文集》[*Schriften*]，第4卷，第374页）。在1922年去世前不久，他出版了关于历史主义及其问题的伟大著作。他在其中将一种对于其弱点的诚实批评与一种对于其内在必然性和成果的深刻评价结合在了一起。

历史主义所做的首先是把崭新的生命原则应用于历史世界。这种生命原则是从莱布尼茨直至歌德去世为止的伟大的德国运动所获得的。这场运动是一场普遍的西方运动的延续，但是西方运动的巅峰在伟大的德国思想家中才能找到。这是他们继宗教改革之后做出的第二伟大的成就。但是作为一项相当新颖的生命原则被发现时，历史主义所代表的就不仅仅是一种精神科学的方法了。一旦人们习惯于按照这些新的方式来进行观察，世界及生命就呈现出了一个新的方面，表现出了一种更加深邃的背景。这里只简洁指出其中最必要之处，在本书后文将会加以展开。历史主义的核心是用个体化的观察来代替对历史–人类力量的普遍化的观察。这并不意味着历史方法就完全排除了任何在人类生命中寻找普遍法则和类型的努力。它必须运用这种方法，并与一种对于个体的感受结合起来。这种个体意识是某种它所创造的新事物。这也并不意味着，直到那时为止，人类与人类所创造的社会和文化结构中的个体因素遭到了彻底的忽视。但恰恰是这最深刻地运动着的历史力量，人类的精神和灵魂，曾经受到了一种局限于普遍方式的判断的俘虏。人们声称，人类，连同他的理性和激情，美德和邪恶，在我们所知道的所有时期中基本上都是一样的。这个观点包含一个正确的核心，不过却无法理解个人和人类共同体的精神和知识生命所经历的深刻变迁和林林总总的形式，尽管存在着一种具有基本的人类特质的稳定基础。尤为特别的是，正是从古代流传下来的占据支配地位的自然法观念，肯定了这个对于人性的并首先是人类理性的稳定性的信念。与此相应的是，人们坚信，理性的判断，虽然会必然地受到激情和无知的遮蔽，然而却能够从这些阻碍中解放出来，以同样的声音讲话，发表同样的永恒和绝对有效的真理，这些真理总体上来说与那些在宇宙中支配性的东西融洽一致。

这种对于自然法的信念，通过特勒尔奇所揭示的改造，能够与基督教结合起来。我们很难想象这种自然法观念在最近的近两千年中对于西方人意味着什么，不管是以基督教的形式出现，还是以自文艺复兴以来再次兴起的世俗形式出现。在世界历史所有的狂风暴雨中，它是一颗坚定不移的北极星。它为沉思的人们提供了一种绝对的生命原则,当它通过基督教对于启示的信仰而被拔高时,就变得更加坚定了。它可以被应用于极为多样的意识形态中,甚至可以应用于那些强烈冲突中的意识形态。被当作永恒的和万古常新的人类理性可用来为它们全体辩护,却没有意识到,在这个过程中,理性自身也丧失了永恒的性质,并显示出真实的样子,一种像历史一样多变的力量,始终呈现出新颖的个体化形式。如果人们倾向沉溺于浪漫的意见中,那么就有可能嫉妒这种虚幻的观点,并把它当作青年人欢快的和创造性的天真无邪。因为它与被人羡慕的行为和生命方式的确定性联系在一起,与属于较早世纪的绝对的信仰能力联系在一起。人们也许会认为,比起自然法来,宗教与此更加相关。但是事实上,长期以来两者一直交融在一起,在实践中对人们产生了一种共同的影响。我们在这里只需关注直接先行于历史主义的特殊的自然法阶段就行了。我们并不关注于解决这个问题,亦即尽管有着种种的非议,自然法是否并且在何种程度上包含着一种要求的核心,这种要求因为回应着某些永远有效的人类需要而不断迸发出新的生命。人们承认,它作为一种历史观念和力量今天依然发挥着作用,既在新的个体化思想方法兴起的同时,也在这种兴起之后发挥着作用。因此,19世纪对于这两种思想方式的相互交融来说,确实是至关重要的。同时,起源于18世纪下半期的历史主义的发生史——我们将要加以描述——很大程度上依然以混杂和片断的方式在兴起的新思想之旁产生了古老思想方式的积淀物。

自那时以来,历史主义确实成为了现代思想的一种稳定的成分,以至于思想敏锐的人能够在几乎每个对人类结构所发表的重要判断中追溯其影响。因为以清晰或不那么清晰的方式反复回响着的观念是，这种结构的特殊性质不仅依赖于外在的环境，而且依赖于个体中的条件。但是，历史主义唯有在一种罕见的宏伟现象中才能成功地发展出其充分的深度和饱满的力量。迄今为止伴随它的危险是陌生的粗糙成分侵入其思想世界以及自身的肤浅化。这种肤浅化会使得人们认为它将导致一种漫无节制的相对主义，可能会使得人类的创造性力量瘫痪无力。我们知道，历史主义只有一小部分人才聆听得到，却无法吸引大众。不过我们可以在其中辨别出迄今为止在理解人类事物中所达到的最高阶段，能够确信它将充分地发展起来，以便解决我们仍然面临着的人类历史的问题。我们相信，倘若它能够找到人把这个"主义"转化为真实生活的语言，它就能够治愈由于它相对化所有价值所导致的伤口。

因此，我们的意图也就在于把历史主义兴起的进程描绘为西方精神发展的阶段。因为在进化的和个体的思想形式之间有着一种亲密的联系。个体性，包括单个人物的个体性与观念和实际世界的集体性结构的个体性，其本质就在于，它只有通过一种发展的过程才能显示出来。确实存在着各种各样的发展观念。李凯尔特就曾经区分出七种发展观念。我们将揭示出，在历史主义的起源中，一些不同的观念曾彼此冲突。我们并没有先行行动，而只是通过建议表明，为了纯粹历史观察的目的起见，必须做出一个必要的定义。在关于历史主义的进化观念，连同其深刻的自发性，可塑的弹性和不可预测性，与一种纯粹展开一个现存蓓蕾的更为狭隘的观念之间，有着一种差异，而后者也不同于启蒙运动的至善论观念，这种观念后来变成或庸俗或精致的进步观念。

发展观念超越了迄今为止研究历史变迁的支配性方法，即人们称之为实用主义的方法。它与自然法观念紧密地联系在一起，因为它基于一种有关不变人性的假定，把历史看作一种有益于教育目的的范例的集合体，用表面上的原因来解释历史变化，不管是个人的原因还是物质类型的原因。因此，可以在个人的实用主义与物质化的实用主义之间做出区别。在这里，我们也将在随后的解释中弄清楚这个问题。因为总的来说，它是这样一个问题，它不仅要以概念语言理解这个新观念的主要特征，并把它们概括于特定的主义，而且要认识到，我们正在研究一个生机勃勃的生命整体，连同其由个体构成的精神整体，例如历史主义将会予以认可的共同体和世代。

这种认识也决定了应该采取什么形式，应该如何选择和组织材料。看来有两种可能的方法。一种是将可以普遍进行抽象理解的问题作为重点，把一些思想家的贡献编织为一部纯粹的问题与观念史。这是一种对于哲学家，或对于从系统性的各单个学科接近事物的思想家特别具有吸引力的方法。它确实直接阐明了观念之间的联系，但它未能以其个体性的生动背景和根本的基础来阐明这些观念之间的联系，同时陷于把历史生命转变为概念本质的危险。因此，纯粹的历史学家为自己的方法找到了正当的理由，这就是集中关注生机勃勃的人物，并把他们作为研究变化着的观念的材料。他接着必须加以选择的是，是把尽可能多的人物还是把尽可能少的人物放到历史舞台上去。精神变化，尤其是那些18世纪的精神变化，总有无数不是非常伟大的人物在追随着。他们对于这些变化的参与不应该遭到低估，他们能够为有益的专题著作提供足够的材料。不过倘若目标在于在普遍的发展过程与对于其起源和进步所做的个体贡献之间建立一种清晰的联系，那么唯一实际可行的方案就是，沿着山脊进行山地旅行，努力地从一座高峰翻越到下一座高峰，而在这中间，也有可能到处瞥见实际上无法造访的山脉和山谷。我在关于思想史的早期著作中运用了这种方法，在这部著作中也做出了这样的选择。

因此，材料的选择集中于三位伟大的德国思想家，在他们身上，18世纪较早的历史主义实现了重大突破，从而为深入的发展打下了基础。首先，必须就他们个体的思想结构加以研究。为了理解他们，只要个体结构还允许的话，就有必要从18世纪早期开始追溯通向他们最重要的阶段，与此同时，重要的是，不要忽略了与普遍的思想史之间的重要联系，要回溯到古代，至少要给出一些关于它们的暗示。自然法，新柏拉图主义，基督教，新教，虔敬主义，自然科学，17世纪和18世纪对于旅行和发现的渴望，各民族中间崭新的自由感受和民族感情的最初激荡，所有这些都是要予以考虑的。最后还要考虑到18世纪新绽放的创作运动，这种力量和所有其他的力量都需要与它们的社会和政治背景联系起来。正是所有这些力量在才华卓越非凡的人物的精神中综合的作用才产生了历史主义，正是这些力量，虽然只是以影响和修正的方式，对这条思想路线中的创造者和先驱做出了贡献。

可以轻而易举地增加这三位思想家的先驱，不过这几乎不会增加实质性的和必不可少的材料。与法国和英国伟大的启蒙运动历史学家一道，我们也得包括这两个国家中的前浪漫派，并且不能不包括柏克，将其作为准备性的阶段，这尤其是因为他们对于赫尔德的重要影响，虽然他们只是在这三位思想家之后的历史主义的后继发展中才变得重要起来。

我的初衷是也要包括,并且结束于青年兰克的发展故事中。现在,我只能把1936年1月23日发表于普鲁士科学学会弗里德里希国王周年纪念大会上的纪念兰克的演讲作为本书的附录。岁月不饶人,我如今只能希望从19世纪早期的德国历史浩如烟海的织体中撷取一两条线索,而无法希望涵盖整个织体。我深信,更为年轻的历史学家将接过并完成这项任务。

在19世纪早期,进入本书的唯一人物是成熟时期的歌德。在我致力于描绘他时,我清楚地知道,他的历史思想的顶点产生于19世纪早期的环境中,我认识到,愈益兴起的浪漫主义运动,黑格尔所代表的德国古典唯心主义极其深奥的历史哲学的推动力,最重要的是这些年所发生的令人印象深刻的历史事件,也对歌德的思想成长产生了影响,因为歌德看来拥有一种别具一格的以天才方式吸收其时代的这些影响的才能。但是,这三位如今硕果累累的思想家,其根基是扎在18世纪的世界中的,比起18世纪早期和中期,其晚期的历史思想虽然在本质上并非迥然不同,却发展得更加深刻和全面了,因此在这个领域中,它必须被认为是18世纪最卓越的成就。世纪精神及特殊的世纪成果,彼此相互重叠,宛如狭窄街道上高高挑出的飘窗和阳台,几乎可以彼此触摸,可以轻易地汇聚在一起一样。因此,歌德突入19世纪的情形,可以相应地包括在一个其他情形下只能涵盖18世纪的框架中。

我选定的这个主题以前从未被作为一个整体处置过。狄尔泰关于18世纪和历史世界的宏伟纲要(《文集》,第3卷),确实是我的研究奠基于其上的最重要的准备工作。但是它止步于黑格尔,意味着它并没有致力于任何对于历史主义的起源和兴起的直接叙述,而仅仅表述了在它之前的启蒙运动的成就。我也没有像富埃特（Fueter）和里特尔（Moriz Ritter）那样提供一份历史著述的历史，而是关注作为历史著述和历史思想之基础的价值标准和形式原则的历史。有两部富有价值的晚近的著作也尝试了这样的主题，它们对18世纪思想家的选择与我在相当程度上不谋而合：本茨（Trude Benz）1932年在波恩撰写的关于18世纪历史著述中的人类学的论文，和布赖西格（Kurt Breysig）的著作《日益发展的历史研究中的大师》（[Die Meister der entwickelnden Geschichtsforschung] 1936年），在我完成自己的著作之后不久就问世了。不过他们提出的特殊问题从一开始就截然不同于我自己的问题。尤为特别的是，布赖西格的科学理想是一种精致的实证主义，这是他用来判断18世纪的伟人的标准，与我所运用的历史主义的标准判然有别。

但是，有一些我得加以考虑的早期著作，既包括关于个别的历史作家和思想家的专著，也包括那些考察了关于特殊的历史对象和问题的不断变化的解释并按照思想史来加以解释、因而遭遇了我们共同关注着的问题的专著。施普兰格尔（Spranger）对文明循环理论史和文明衰落问题进行了精湛的研究（《普鲁士科学学会会议报告》[Sitzungsberichte d. Preuß. Akad. d. Wiss.]，1926年）。雷姆（Walther Rehm）的《西方思想中的罗马衰落》（[Der Untergang Roms im abendländischen Denken] 1930年）也研究了这个同样的关于文明衰落和转换解释的问题。施塔德尔曼（Stadelmann），我们业已受惠于他的一部论赫尔德的历史意识的绝妙专著（1928年），也撰写了《从赫尔德到兰克的中世纪观的基本形式》（["Die Grundformen der Mittelalterauffassung von Herder bis Ranke"]《德国文学研究和思想史季刊》[Deutsche Vierteljahrsschr. f. Literaturwiss. usw.] 等，1931 年）。穆勒（Bertha Moeller）的论文《中世纪的再发现》（["Die Wiederendeckung des Mittelalters"] 科隆大学，论文，1932 年）和法尔科（Giorgio Falco）的著作《关于中世纪的争议》（[La polemica sul medio evo] 第 1 卷，1933 年），还有席布利希（W. Schieblich）的《从莱布尼茨到吉泽布雷希特的德国历史学中对中世纪帝国的理解》（[Die Auffassung des mittelalterlichen Kaisertums in der deutschen Geschichtschreibung von Leibniz bis Giesebrecht] 1932 年）都服务于这同一个主题。我自己在二十多年前就接触到了这些单项和纵向研究的成果，对德国历史不断变化的解释中的德国和罗马的精神进行了研究（《历史期刊》，第 115 期；《19 世纪和 20 世纪的普鲁士和德国》["Preußen und Deutschland im 19. und 20. Jahrhundert"]，1918 年）；在我的鼓动之下，赫尔茨勒（Erwin Hölzle）紧接着在《孟德斯鸠之前的关于古日耳曼自由的观念》（[Die Idee einer altgermanischen Freiheit vor Montesquieu] 1925 年）中对此进行了追溯。我现在要思考的是，在我目前的任务中在多大程度上去利用这类探询。我最终决定，既不要全然忽略它们，也不要让它们操纵舞台，以至于对我选择和安排材料产生一种决定性的影响。因为我的目的是深入到更深邃的知识和精神生命中去，而关于个体历史问题的思想变化就是从中产生出来的。这只有通过亲自沉浸到伟大的独特人物的生命中去才能达到。我的任务是挑选出人物，而不是特殊的历史问题，不管这些问题在范围上多么广阔。因此，任何我所做出的发现都必须编织进属于这些独特思想家的精神结构的景观中去。

最后，为了更充分地理解在本书中仅仅是触及的许多方面，可以参考我的早期著作《世界主义与民族国家》(1908年；第7版，1928年)和《近代史中的国家理性观念》(1924年；第3版，1929年)，这两部著作都含蓄地包含了我目前正在探讨的主题。这三本书中共同具有的一切事物都得回溯到我在一个世代之前在斯特拉斯堡大学所度过的快乐岁月中的早期观念。我把这本书献给这些日子，以志纪念；我向一些在那个时期生活过的幸存者们致意，他们知道在上莱茵文化圈中有着怎样丰富的知识才能。我怀着晚年的泰然任之的心情，进行了第三次也是最后一次的翻越高峰峻岭的朝圣之旅，我更加清醒地认识到了这项任务中的诸多困难，因而也提高了对它的要求。但是，我也意识到了我只能提供对于这个如此迷人地耸立于我眼前的问题的理想解决方案的一个片断。

第一部分

预备阶段与启蒙运动史

第一章　先驱者

我们将致力于在历史主义的起源中给出关键点。所有的一切端赖于打破僵硬的自然法思想及其对于长存不变的至高人类理念和对于所有时代都存在的人性齐一性的信念，并将生命的流动性注入其间。为此所需的第一步是通过哲学思维中的一种普遍性转变跨出的，这种转变业已在17世纪的笛卡儿哲学中首先被辨别出来。至那时为止，人们朴素地相信人类理性的力量，孜孜不倦地用理性来把握客观世界，而如今来临的突出问题是，关于认识主体和在主体自身中寻找法则的合法性的问题。在这种向着主体性问题的转变中，人们触及了我们将予以描述的即将来临的思想革命的最初迹象。但是在革命的前史中并非鲜见的是，正是这些在深层中已秘密做着准备的转变，在当前和很长一段时间中强化着迄今为止的陈旧状况。萦回于笛卡儿及受其后续影响的法国启蒙运动眼前的认识主体，还不是处于多元性历史现象中的个体性主体，而是普遍的主体，是自然法所谓的抽象人。因而人们在这种主体中发现的普遍法则，首先只是加强了自然法思维的自信和确信，亦即自信握有了认识人类事物的钥匙。人们相信这把钥匙如今存在于一种上升为数学清晰性和论证力的思维中，首先存在于对因果法则的严格应用中。自然科学中划时代的发现在难以想象的程度上强化了自然法思想，甚至对历史领域产生了作用。因此，历史生命中发生的变化如今也受到了机械因果法则的支配，以至于人性内部的变化也仅仅表现为始终同一的一再复归的基本元素符合于因果法则的重组。但是，为理想鸣锣开道的理性，就像出现在自古以来的自然法思想面前时一样，对努力追求数学确定性的思想也保持为固定不变的东西。所以，只要是在法国启蒙运动占据支配地位的地方，历史主义就不是削弱，而是加强了自然法思想。诚如我们所说的，在这其中隐藏的衰落种子已在潜滋暗长。我们在法国启蒙运动史中将看到这一点。

在洛克已然动摇了对于天赋观念的信仰之后，我们可以在松动历史世界的任务上对英国经验主义和感觉主义抱以更大的期望。对于理性真理的绝对特征的信仰，如今开始融化了。想要冷静地和无偏无私地研究人类现象，并且研究它的历史变化的愿望苏醒了。人们因此更加确切地认识到了自豪于理性的自然法迄今所忽视的世界，这个世界充满了非理性的精神力量、情感、冲动和热情。人们更高地评价了这个世界的因果性意义，及其对于人类目的的有用性。但是，精神在此过程中成为了一块白板，它通过来自观念的经验才能得以充满，从而丧失了活跃性和自觉性。而且，人们把这种新方法更多地应用于认识精神的部分，而非它的内在联系。因为人们在这种研究中依然束缚于机械因果法则，这种机械因果法则如今将它的疆域从自然科学向精神科学进一步推进了。这种本质上是理性法则和信仰理性的古老的自然法，如今成为了一种具有互不连贯的折中倾向的新型自然主义。我们也将在英国启蒙运动史中揭示出这一情形。

只有凭借对于人类精神的深刻理解，我们才能有朝一日克服古老的自然法和新型的自然主义，从而赢得崭新的历史意识。第一个开辟了这种深刻理解的人，自身却不能够当即大声呐喊出来而将这种理解彻底地应用于历史世界。思想生命中的变化并不会进行得这么快，尤其是在它要突破自古代以来就在生长着的绵延千年的思想硬壳时就更是如此。但是值得纪念的是，正是在17和18世纪之交，发端于英国的启蒙运动开始获得优势，同时在英国和德国，紧接着在意大利的思想世界中孕育了超越这种启蒙运动——不管是英国经验主义，还是法国理性主义——的思想种子。莱布尼茨、沙夫茨伯里和维柯彼此独立地、分别地从特殊的个体性前提和环境中创造出了这种思想种子。但是，西方文化的内在统一性在这些几乎同时出现的创造中显示了出来。沙夫茨伯里（1671—1713年）逝世于那不勒斯，而他的同时代人维柯（1668—1744年）就生活在这同一个城市里，因此有理由推测他们曾经接触过（参看尼科利尼［Nicolini］《维柯的青年时代》[*La Giovinezza di G. B. Vico*]，1932年，第92页）。而较年长的莱布尼茨（1646—1716年）和更年轻的沙夫茨伯里在后者去世前有过思想交流。莱布尼茨欣喜若狂地阅读了沙夫茨伯里的《道德主义者》（[*Moralists*] 面世于1709年），在其中再次发现了《神正论》（[*Theodizee*] 面世于1710年）的几乎所有观点。维柯的著作在我们将要予以描述的思想努力中几乎没有得到注意。我们在维柯之前也将插入一个不那么重要的同时代的德国思想家阿诺尔德，作为思想活跃圈子的代表，他也属于新历史思想的先驱。但是，莱布尼茨和沙夫茨伯里站在思想巨人们的前列，在已过去半世纪的七年战争之后促生了新的德国运动。他们宛如苍穹中的双子星座，在与此同时冉冉上升的法国启蒙运动的伟大群星之上播洒光辉。也许比起莱布尼茨来，沙夫茨伯里对他们的影响更加直接并更加具有亲和力，因为他不那么知性化，而是更加热情洋溢，审美、想象力和感情更加丰富饱满，从而把整个灵魂带入了激动的状态中。[①]我们因此将首先研究他。

沙夫茨伯里

在英国，人们可以时不时地察觉到此种现象，即在占支配地位的实际经验与冷静的实事求是的精神的旁边，经常会表现出一种洋溢着灵性的美的精细与温柔的旋律，一种在栩栩如生的艺术品和抒情诗之中立即就能认识到的审美与浪漫的渴求。为此，种族理论家会带着不确定的根据追溯于英国民族性中凯尔特人的元素。代表了此种类型的沙夫茨伯里，由于其出生与当时时代的教育，成长为自由塑造其生命的贵族。他生活的时代是这样的一个时代，即当时他的民族和国家凭借着可靠的内部和平，带着倍感自豪的振奋的翅膀在欧洲和全世界的地位正节节攀升。诚如魏泽尔（Weiser）(《沙夫茨伯里与德国的精神生活》[*Schaftesbury und das deutsche Geistesleben*]，1916年）所正确指出的，在勋爵的政治自由理念与思想家心胸开阔的世界愉悦感和世界虔敬感之间存在着一种内在的相互联系。只有在一个持久地享有稳定的自由国家中，他才能思考一种高度发展了的精神文化，并且认为艺术与科学的兴衰与一种内在的政治自由

[①] 赫尔德既认识到了莱布尼茨的作用，也认识到了沙夫茨伯里的作用。他在1770年致默克的信（《赫尔德生平画像》[*Lebensbild*]，第3卷，第1部分，第110页）中谈到了沙夫茨伯里，认为他"首先以一种直通心灵的方式提出了乐观主义，而莱布尼茨却仅仅向理智诉说乐观主义"。

的兴衰休戚相关。《自由与文学》(Liberty and Letters)是他对于此问题虽说不是最深刻的但却是最先驱性的答案。一种从古代直至帝国的早期始终起着作用的思想（尤其是伪朗吉努斯的《论崇高》[Περὶ ὕψους]，第44章），通过他，在英国光荣革命的气氛中苏醒并获得了新生，并且在整个18世纪屡屡发出其黄钟大吕般的声音。

对于思想史，尤其对于历史主义的起源来说，相当重要的是另一种联系，一种同样地要追溯到古代的民族与时代的联系，一种摆在眼前有待于理解的联系。从古代，不仅产生了由于它的理智主义与理性主义而妨碍了其对人类灵魂深处进行洞察的自然法思想，而且也产生了从人类灵魂中更深地汲取力量的柏拉图主义与新柏拉图主义——在英国，它在沙夫茨伯里之前通过剑桥大学的哲学流派传承了下来。大概是通过柏拉图主义–新柏拉图主义与文艺复兴时期乔达尔诺·布鲁诺的哲学，沙夫茨伯里接受了这一黄金的器皿。在此器皿中，盛放着柏拉图主义–新柏拉图主义的理念，在此器皿中，一种神秘主义的或泛神论的心灵的链条，从丢尼修大法官开始，在千百年中代代相传。此种理念始终显示出为个人所创造与为时代所限制的常新的形式或应用。即使在没有出现理念的完全重构的新颖形式的地方，它的应用也经常会对特定的生存领域产生巨大的鲜活而富有创造性的影响，就像——为了使用新柏拉图主义所偏爱的比喻起见——一束光，虽然自身是隐匿不可见的，却能够照亮远处的墙壁。因此在这里，我们不必关注沙夫茨伯里全部的哲学这种最终结束于一种融合了伦理学与美学的思想。我们所要摆出来加以理解的特性，后来在历史主义最初的先驱那里，以一种有据可查的与明显的方式一再地被听到或一再地音韵缭绕。

我们试图说的并不是，相比于自然法思想而言，柏拉图主义–新柏拉图主义对人类的灵魂能够洞察得更深，而是说，它能够从人类的灵魂中汲取更深的力量。这种对人类灵魂朦胧隐蔽的深处与神秘性的强烈关注，并不源自于具有浓厚知识主义倾向的与更多地感兴趣于客观世界的古代思想。但是努力攀升以达到世界的真实本质、以达到原型与理念王国的柏拉图主义的爱若斯，却来源于人类灵魂冥不可知的深处。处于古代开端的基督教信仰与人类的心境增强了人类灵魂的此种倾向，即更完全地与更衷心地向神敞开自身。这种情形也发生于柏罗丁的哲学之中。最重要的联系是，人类灵魂与神之间的联系，而非人类灵魂与历史之间的联系。这种联系在柏拉图主义–新柏拉图主义的运动中超越了理解与理性，获得了活泼新鲜的内容。在此，人们从一度赢得的存在于人类灵魂与神之间的基础联系出发，仰望宇宙的整体与它斑驳杂陈的内容，探察自身和宇宙的各个角落，将它们看作来自于神之渊源的流溢，看作来自于神圣光源的反光与折射，并且洞察到了所有部分之间的相互联系，正是这种联系，将它们形成一个活的运动着的巨大整体，这种整体是如此美好，就像存在于一种超时间的、自身超历史的思想中。如果人们观察历史，就会注意到，这样的思想在其中居于主宰地位——变化之中的持存，一切宇宙事变之中的永在的核心与一再回复的范型，神–宇宙这一相互关联的永恒的一再肯定，所有千变万化的事物均来自于一种超越了宇宙与思想的围浸着与养育着它们的神圣渊源。借助于这些思想，人们得以驾驭世界进程中眼花缭乱的展示与现象，不过仅仅是在这个意义上，即人们让这些展示与现象如其自身地存在，而并不勉力于探究历史发生的秘密。就此而言，可以一起被提及的是斯多亚学派与自然法有关人的自然本性的超时间的同一性与人类无时间的绝对理想和理性内容，因为它们也证实了宇宙变化中的持存。这样一来，本质上非历史的和稳固的自然法思想，与生机勃勃的但对历史并不具有浓厚兴趣的新柏拉图主义，这两者可以一再相安无事地共同存在着。

倘若我们没有弄错的话，沙夫茨伯里也是属于这种混合类型的思想家，虽说他是主要倾向于新柏拉图主义的。使他的伦理学达至高峰的美德概念，就如斯多亚的自然法一样，是如此绝对，如此超越时间，如此独立于外在的条例章程、变动不居的意见或习俗，并且是牢牢地奠基于宇宙的自然本性之上的。他相信"诚实与价值的自然统治"（《诸多反思》[*Misc. Refl.*]，第5卷，第3页）。关于美德，他敢于说出如下的话，诚如自然法的新奠基者格劳秀斯关于法所曾说过的，即它甚至独立于神自身（《道德主义者》，第2卷，第3页），因为神必定是善的。①

他的思想中进步性的与在历史世界中持续性地产生作用的力量，并不有赖于自然法，而是以其思想中的新柏拉图主义的因素为根据的。决定性的因素在于，他虔诚地相信，万事万物自神流溢出来，确信原始灵魂栖居在靠近神的我们心中，而这些并不来自于一种对于灵魂与神的统一的神秘主义的渴求，并不产生于一种存在于此两者之间的单独的对话，而是来自于在他周围的所有生命活动

---

① 他的这一判断完全是自然法的，即某一宗教的信徒基于他的信仰，将其宗教上的反对者当成敌人对待，却将猫、鳄鱼和类似的有害的或低下的动物尊崇为圣物时，他的做法在道德上是很糟糕的。《论美德或德性》（*An Inquiry Concerning Virtue or Merit*），第1卷，第3页。

中可以观察到的向着宇宙的敞开性与对美的渴慕。这种并不受制于教条-教会主义的对生命热情洋溢的与澄澈的观照，使他接近于启蒙主义，并使他成为启蒙主义的同情者。使得他与启蒙主义分开的特殊之处乃在于，他的不被知识主义倾向的思想所矮化的审美意识。正如他所看到的，宇宙中的一切事物都指向着相互关联、统一与整体，不管是在大的事物中还是在小的事物中均是如此，而所有部分之间的鲜活联系与同情共感，又将彼此带向一个共同的目的。物质通过机械的自身运动是不可能从中产生植物、树木、动物和人类的。他认为，我们自身人格中的统一性，不可能产生于物质之中——这种物质在经过漫长的岁月之后将会耗尽自身——而是产生于一种内在的构成着的精神力量之中，他将这种精神力量命名为内在形式。"内在形式和结构、内在的构造、内在的秩序、内在的特征、内在的价值和自由、内在的情感和原则"，是他偏爱的词汇。起初，精神统治着身体，而非身体统治着精神。精神单独地给出了形式。美从不存在于物质中，而是存在于形式、赋形的力量与理念之中。他用以统一精神、形式和赋形的力量的能量，与在每一种活跃着的受造物中可寻找到的内在的、运动着的核心，是其学说富有创造性的核心。这一学说后来在德国年轻一代身上产生了富于启迪性的与激动人心的影响。他将创造的力量看得无与伦比地高居于受造物之上，将仅由人类或自然构造起来而不能自主运作的造物的王国作为死的形式区别于"赋予形式的形式"，后者一再地回溯于所有美与善的源头与源泉、回溯于原初的灵魂，在这一意义上，他的思想被认为是真正的柏罗丁主义的。对他来说，处于圆满的和谐之中的具有环环相扣的构造、统一性与多重性的宇宙，是一个令人狂

第一章　先驱者

喜出神的宇宙。诚如狄尔泰所指出的（《文集》，第2卷，第400页），他在《道德主义者》中所诵唱的自然赞美诗，回响于1782年歌德关于自然的灵感沛然的文章中，并且为赫尔德所意译（《全集》，第27卷，第397页）。

不过对于我们的问题而言，重要的是，在沙夫茨伯里的学说中同时出现了对于个人主义原则最早的承认。所有特殊的形式，虽说它们最终为一个普遍的单一的原则统一起来，但仍然拥有自身的独特性和内在的天赋。这些仅仅通过行动、生活与实际的作用才能表现出来，并且同时展现出它们的美。一种无法安息的、渗透一切的、无穷无尽的塑造着的、从死物中始终不渝地产生着新生之物的运动出现在他的眼前，这种运动不可遏止，源出于终极的庄严崇高的寂静，以规律、守恒与持存作为至高无上的法则。那些彻底意识到了这幅辉煌灿烂的宇宙画卷的人，那些将沙夫茨伯里所发展起来的思想纳入其灵魂深处的人，将能够得以分享一种特殊类型的力量源泉。不管个人是从事于实际的生命活动，还是汲汲于理解生命的理论特征，他都会到处感觉到自身受召于独特的自动的行动，作为神的一个自由的器官依赖于一种更高的力量，同时感受到自豪与谦卑。所有人类创造的或人类看到的创造出来的东西，均承载着构造与形式——只要从中并没有形成一种纯粹的物质——就是一种能够继续产生作用同时能够一再地进行塑造的形式。它是有朝一日能够带来对历史更深理解的思想。在一切领域，从一种内在的核心、一种塑形着的理念中，生长出了自由与必然性的结合，生长出了不断地重新产生自身的独特形式的财富。这种自然法的一般的思想方式——在沙夫茨伯里的学说中仍是一种本质性的特征——并没有被以一种有意识的革命性的方式获得了克服，而是以一种近乎游戏的天真方式获得了克服。

21　　但是在其中，生命与宇宙不是处于从现象中挥发出来变成一种机智而优美的游戏的危险吗？沙夫茨伯里不愿也不能回避此类神正论的问题，关于宇宙中的罪恶与败坏的起源、存在的要求与作用的问题，关于万物虽源出于神却仍不完善的问题。我们在这里并不是想询问他的回答中哲学上的弱点或优点，而是想要询问，它能否有所贡献于未来的历史思考。

他通过两种主导性的思想确实有所贡献。一种是为沙夫茨伯里体验为原初而深邃的普世的基督教与新柏拉图主义，它们是不应该被历史学家遗忘的；另一种产生于沙夫茨伯里独特的审美才能，同时与新柏拉图主义的宇宙构想和谐一致，它开启了历史观照的新的可能性。

他在《道德主义者》中让菲洛克莱斯如是说道："我应该通过一面魔镜来观照大千世界吗？如此一来就会看到，恶转变成了善，并且能够赞赏一切事物吗？"对此，西奥克莱斯答道："一种无法观人无限的精神，将不能完美地进行观照，因此对于他而言，会呈现出诸多不完善的事物，而这些事物就其本身而言确确实实是完美无缺的。"他在另一段中这样阐述道：①

　　不要让你自己被历史上的不幸和痛苦的景象与发生的灾

---

① 论"必然性"的文章，载于兰德（Rand），《沙夫茨伯里的生平及……》（[The Life, etc., of Shaftesbury]1900 年），第 90 页及下页；参看魏泽尔，前引文，第 362 页。

难所压倒。你要想一想在我们之前与之后的深渊，世代的更新，海洋的波浪，叶子与草，永恒的变化与万事万物彼此之间的变动不居。这些是必然的，而不可能是另一种样子，何况不仅是必然，而且最好的情况也发生于此，"宇宙的精神或理智不可能自身反对自身，它必定清楚地知道，对于它而言什么是最好的"。你现在也许在忧虑，法国迅速上升着的力量是否会导致普世的君主制。但在事实上，它难道不可能是阻止此种情况出现的最好工具吗？

这产生了第二种慰藉性的思想，即从这种景象观入无限之中，伴随着它对宗教虔诚的要求；观入有限性之中，伴随着它的混合了迷幻与显而易见的景物的面貌。沙夫茨伯里在《道德主义者》中如是而言：喜悦与痛苦、美与丑在我之前显现出来，它们在一切领域相互交织，犹如一张用不规范的手工制作而成的五色斑驳的地毯，却仍然呈现出了一种总体上的美丽效果。宇宙的美丽完全以矛盾为根据，普遍的和谐来自于多样性与矛盾的法则。沙漠与荒野，虽然令人害怕和引发恐怖的感受，却也拥有自身独特的美丽与神秘的魅力。同样地，蛇与野兽，虽说令我们深感厌恶，但就其自身观照而言也是美丽的。毒药亦能表现出治病疗伤的作用。欺诈与宗教热情——正如一再地表现出来的——能够以一种相同的特征鲜活地存在，在此，相较于人类世界中的有意识的欺骗，它们表现为更为天真无邪的错觉。

还有一个引人深思的例子来自于另一部作品。沙夫茨伯里在《论机智与幽默的自由》（*Essay on the Freedom of Wit and Humour*）中说道，英雄主义与博爱主义几乎是别无二致的。但只要对这些情感加以小小的误导，英雄与解放者就会摇身一变为压迫者与破坏者。

人们注意到，他的思想在这里业已触及了历史世界，并走上了对它进行解释的道路，此种解释有别于理性的启蒙主义所做出的解释。欺诈与宗教虔诚、英雄主义与独裁彼此之间普遍地表现为水火不容，因为它们——囿于知识主义与稳固的自然法——在逻辑与道德的分水岭上无法在彼此交织成长的生存中得以想象。沙夫茨伯里仅仅在伦理学思想领域中进行思考时，也无法避免理智主义的倾向（例如在他的《论美德或德性》一书中）。不过当他仰望作为整体的宇宙与生命时，他意识到，单独通过理智与理性的观念是无法理解生命的。他的审美感受力，在新柏拉图主义宇宙图景的和谐圆满的形而上学的促进下，创造出了新的历史认识工具，凭借着学会对整体、形式、构架、内在的核心与有生命之物的作用着的力量的尊敬，它得以驾驭对立面与矛盾——这种对立面与矛盾不仅存在于事物彼此之间，而且存在于它们自身之中。尽管存在这种对立面，或更确切地说正是因为这种对立面，万事万物才呈现为美与善的，因为最终，所有的一切事物，无论是大的还是小的，均隆起而形成为宇宙的和谐圆满的整体。

在他的学说中，沙夫茨伯里所教诲的最后一个词是热情，它对于更深刻地观察与理解历史事件是必不可少的。作为对于观看者来说是一种活跃流转的力量的热情，必须被加上对美的感受与形而上学的需要。他在《道德主义者》一书中如是说道，所有真正的爱与赞赏是热情，同样地，纯粹的科学、探险旅行、勇武、战争、英雄主义等等，所有的一切，所有的一切全都是热情！而那些扎根于自

第一章 先驱者

然法的理性主义者,却仅仅将热情看作一团需要加以小心翼翼地监护与限制、在有些地方起着有益作用的火焰。对于一些同时代人来说,热情所意味的东西与宗教狂热几无二致,而宗教狂热却正是人们应该骄傲地退避三舍的。这样的想法在沙夫茨伯里自由开放的灵魂中也发出声音。他评论道(《关于热情的通信》[*A Letter Concerning Enthusiasm*]),在我们的民族中从没有过这样一个时代,在其中,各种类型的愚行与夸张均受到了比今日更尖刻的审视与更机智的嘲笑。可是,恰如其分的热情与不知分寸的热情的界线又在何处呢?同时人们又如何去判断其在历史生活中的影响呢?沙夫茨伯里对此问题所做出的回答,虽说在一些方面受限于他所在的时代,但确实再一次为更深刻地理解历史中的非理性现象铺平了道路。他在引证伊壁鸠鲁教派学说时曾如是阐述,尽管它有一种朝向奇迹与超自然的倾向,却立足于一种深刻的人性的、天生的立场,它所涉及的事物——真的或是假的——在其背后显现的特征是同一的。宗教狂热与真正的先知,在外表上是无法区别开来的。他说,只有通过这种方式,即我们运用**善–幽默**来节制与理解自身,我们才能找到治疗变得不知分寸的热情的解毒剂。他曾深思熟虑地说道,只有神才知道,是否正是这样的热情促使我们抛弃了罗马教皇的羁勒。

由于他的学说认为热情是一切高级的精神–道德生活的氛围,他就动摇了这样一些隔离墙,而这些隔离墙的作用正在于阻止对精神与历史生活的总体的窥探。诚然,他尚未能够推倒它们,尚未能够将新的观察方式作为基础原则并且大规模地应用于历史世界。完成此种任务的时机还没有成熟。新的观察方式正在从教条–教会主义的束缚之中摆脱出来,走向生命的一种更为自由的与更为内在的观点。为此它得进行论战,在论战之中很难做到公平合理地对待对手,并在对手那里——正如沙夫茨伯里的理论原本所要求的那样——发现作用着的赋形的力量与从对立面中生长出来的和谐。在人们想冲出去的教条-教会主义的精神的后面,对于对立面的意识来说,一直是教士阶层——人们可以直接察觉到他们的权力欲望和缺乏宽容的品格——被人们根据实用主义的方法转嫁了自身的过错,成为了此种过错具体的承担者。因此,沙夫茨伯里也或多或少地公开抨击英国国教狂热的知识阶层。作为更自由开放与更少偏见的人,他带着他的审美感受接近了罗马教会。他在意大利看到了拥有古典精致的文化外观的教会。他观察到,教会不仅用通常的外在手段对大众的迷信施加着影响,而且为皈依者指示了"沉思与圣爱的内在之道"。他因而判断,在罗马教会面前惊奇莫名的观察者,要么恐惧万分地反对所有的教士制度,要么对之拍手激赏并要求与古老的母亲教会再一次统一起来(《诸多反思》,第2卷,第2页)。这尚不是完全的历史理解,而是它的一种预备阶段。无论他是多么深地确信于人类灵魂中宗教的原初气质,无论他是多么深地感受到所有精神提升中的宗教崇拜的因素,甚至感受到崇拜向恐惧与敬畏的转化(《诸多反思》,第2卷,第1页),但就像所有的启蒙主义者一样,在他身上仍然存在着"固执的精神"——它是西方人的一种劣根性。他在解释历史中值得注意的尝试是,将启蒙主义的探究方法引入了宗教史之中。这就是说,他带上了实用主义的特征。他追溯于享有世袭制与占有土地财富的埃及祭司阶层,也没有忘记,从气候的自然性等等方面来给出迷信的次要原因,但他确信,最主要的原因在于"统治必定自然而然地追随着财富"(《诸多反思》,第2卷,第

1页），同时他冷静地反思了英国国教始终通过对土地的占有来行使的权力。政治算术的一个原则就是，在每一个民族中，迷信者的数量几乎等同于教士、占卜者等等的数量。他因此说道，埃及的宗教设施以一种更为大胆的结构"变成"了在古代晚期与基督教时代继续起着作用的"固执的精神"（《诸多反思》，第2卷，第2页）。

值得注意的是，正如他在思考关于国家的问题时反复出现的情况，对于某一造物的历史根基，虽然他从人类灵魂深处比起从历史经验之中汲取了更深的天才的认识，但可以判断出，是在启蒙主义者典型的思考方式中才进一步产生了标准的历史构造。他无情地嘲笑占据主导地位的有关通过契约产生国家的机械论学说，因为如此一来，国家——他以其英国式的感觉将其命名为"民事政府与社会"——就会变成一种发明物与工艺制品，而事实上存在于人类与他们的伦理倾向之间的社会联系，是某种原初的与自然给予的东西。由此，他沿着启蒙主义者思考的方向对当代的国家进行了探讨，这一主题在整个18世纪被一再地加以变化地提出来，这就是说，自然的与合理的国家是小的国家。"而庞大的帝国在许多方面却是不自然的。"（《论机智与幽默的自由》）

最后，在最贴近于他的心脏之脉动的人类创造的领域中，沙夫茨伯里仍然无法克服自然法思考方式的一般精神。希腊和从希腊学习的罗马，以及一些从这两者学习的文艺复兴时期的大师，为他提供了艺术与科学的永恒与超时间的"完善典范"（在《独白》[*Soliloquy*] 中到处可见）。在"古今之争"（[*Querelle des anciens et des modernes*] 它在当时激励了法国人的精神）中，他与古典的意识形态站在了一起。① 他赞扬"古代人优雅的方式与妥帖的简朴性"(《诸多反思》,第5卷,第2页),人们可由此发现他是温克尔曼的先驱。由此出发,对他而言,哥特式-中世纪的趣味,就像富于异国情调的印度和日本的艺术的趣味一样——他看到这两者在当时的英国风靡一时,他宣称它们其实都是不自然的。同样的,对他而言,要理解伟大的莎士比亚也是不可能的。他关于莎士比亚的评价(《独白》)过分地集中于细节,责备多于赞赏,从而忽略了对于生命表现的内在核心的感受,而这种感受本将使他的哲学拥有更丰富多彩的未来。

但是这种感受的深层源泉并不完全在于一种对于个体性的热烈需求,而是在于在每一种有机结构中主宰一切的对于和谐、均衡与对称的美学的需求,这种需求上升至宗教之中。他也注意到,自然自身通过赋予每一种由它形成的事物特别的与原初的特性,来将它们互相区分开来。不过他呼求艺术家,如果他模仿大自然的话,要磨平棱角、降低"个别性",以便在外观的表现上不至于显得反复无常(《论机智与幽默的自由》)。也由于此,他在艺术领域中更感兴趣于典型性而非纯粹的个别性。人们也可以这样说,他在这里修正了其原本更正确的自然概念——因为他感到这对于他而言是太经验化了——而使用一种更高层的、将所有一切带入和谐圆满之中的自然概念。② 这种新的自然法——他在柏拉图-新柏拉图主义的思想土壤中将其建构起来——比起知识主义-道德主义上的旧的自然法,

---

① 关于它可参看魏斯巴赫(Weisbach)在《德国文学研究和思想史季刊》中的文章,第11卷,第4页。

② 我因此也不能赞同魏泽尔(见前引文,第58页)把沙夫茨伯里的古典主义因素视作"人为的"。

具有无可比拟的情感性,因为它对于内在生命具有一种精细的与辨幽入微的卓越听觉。不过它也像旧的自然法一样,奋力寻求一种超越时间的永恒有效的原理。在早期,他清楚地察觉到,一切领域中的艺术趣味的发展——正如在孩子身上可以看到的——起源于惊异、美妙与离奇之情。但是正如在古希腊,当它达到了浑然天成与简朴性、达到了正确地模仿自然之后,对于它而言,从此之后,要提升成为更高的或沿着另一种方向的发展以达至新的价值,则是绝无可能之事(《独白》,第4卷,第2页)。故此,这种关于发展的思想的活动也在绝对理念之墙的面前停顿了下来。

人们不应该为此对他进行谴责,而是必须将此限制看作思想史内在的必然性。在所有的自由精神论者中,沙夫茨伯里是一个彻底的实证主义者,是一个与破坏性的怀疑主义格格不入的人。他想做的,是用新的更深刻的价值来取代旧的绝对的价值。因此为了充分地满足于此,它必须如旧的价值一样绝对地有效。它从属于思想发展的连续性,这种发展只能缓慢地、一步一步地从旧的思想方式中摆脱出来。同样地,他的思想世界中崭新的与强有力的因素,只是在半个世纪后,并在一个新的民族与时代的基础上才能得到一次新的孕育。

莱布尼茨

沙夫茨伯里对欧洲思想的后期影响与莱布尼茨的哲学承受了同样的命运。伟大思想家所表达的某种特定思想是否会结出饱满的果实,这有赖于特定的时间和世代,倘若情况属此,它们通常会产生出一种远远超过其作者的原初意图的影响，并有助于创造出崭新之物。就莱布尼茨于1716年逝世之前所发表的基本哲学思想而言，它们在早期的德国启蒙思想运动的内部产生了这样的一种哲学雏形，它由于其对精神自主性的某种更充分的理解而有别于英国和法国的启蒙运动。但它尚未能够缓和自然法–理智主义僵硬的思想形式。然而当1765年他的《人类理智新论》(*Nouveaux essais sur l'entendement humain*)刊行于世时，不仅是对其体系的更充分的新颖把握，而且首先和更重要的是新成长起来的一代变化了的思想倾向，给他的思想世界带来了焕然一新的光芒与力量。也许人们可以说，他比半个世纪之前得到了更好的理解。但他自己是否会承认现在他获得了更正确的理解呢？同样可疑的是，难道他的体系中如今黯然失色的数学–理性的一面，不是像现在大放异彩的能动–个体的一面一样，是同样切近于其思想之心脏的吗？若诚如是，我们也可以如对沙夫茨伯里所做的那样，为了研究的目的而允许自己在其哲学的这一部分予以逗留。只是我们能够不用早期的历史主义而是后期的历史主义的眼光来对之进行观察。

　　莱布尼茨很好地例证了一件事实，即在宗教战争结束之后松动了的教条主义–教会思想，以及在17世纪晚期发展了的自然科学，为将来的历史主义作了准备。这个不同教义之间的和平主义者和协调者窥见了唯一的基督教真理，他深切地感受到它，带着教条的信仰接受了它，认为它以不能妄加指责的林林总总的个体形式实际存在着。理性的自然之光（lumen naturale）非但没有与信仰相冲突，反而为他证实了基督教原初性真理的统一性。借着理性的帮助将各种形式的教义带回到这里是他最深切的愿望："精神，就是在多中挚爱着一。"这句话是其《人类理智新论》中最富个性的表述。不过,他没有能够以对于个体价值的饱满感情来表达相反的话,即在统一中对多样性的挚爱。但是他勇敢地承认了多样性,并从中听出了统一性的和谐,这已是伟大之举,且其组织表达的方式亦颇具创造性。

通过借助自然科学之眼所看到的崭新的宇宙景象,统一性与多样性之间的相同关系在他面前呈献出来。在这里,他感受到了彻底的现代性,被用不同于古代的方式装备了起来。如今,宇宙的统一性和规律联系是与内容的丰富性结合在一起的,而这种丰富的内容对于那些古代人来说是相当陌生的。他在《神正论》中告诉我们,他们还尚未看到宇宙的新景观,其中充满了无数的星球,它们同样拥有为理性存在物居住的可能性,虽说并不一定要是人类。我们的地球也不过是某一个太阳的附属物而已。但整个巨大无匹的苍穹却很可能充满了祝祷和幸福!——他也猜测说,在宇宙中到处存在着理性的生命,只不过它们是以无数不同的形式出现的,而一切都是由神的"超世俗的理智"创造的内在一贯而意义丰富的作品。

正如在沙夫茨伯里那里一样,在莱布尼茨这里,我们也窥见了来源于古代的新柏拉图主义世界观,根据这种世界观,所有各不相同的存在物都从一个它们依赖于其中的独一无二的最高和普遍的第一因那里获得其特定的性质。在《神正论》的序言中,他以彻底柏罗丁主义的态度表示,所有的美只不过是源于神的光辉的反映。不过,相比于新柏拉图主义神秘的和超逻辑的观念来说,他关于神的观念不仅是更加基督教一神论的,而且也许可以这样说,是更加实用主义的,是与其时代的理智主义更为紧密联系的。他试图在其关于神的设想中避免神人同形同性论的努力并无成效。他的神以卓越的智慧考虑到所有的后果，将所有可能的世界中最好的世界实现了出来，虽说这个最好的世界也带有不完美的地方，这样的神，就像他自己曾说过的，不如说是被提升到不可企及的高度的和拥有最崇高君主的品质和最伟大的建筑师品质的最完美的人（《神正论》）。在莱布尼茨这里，我们可以肯定这样一个观点，亦即关于神的观念中常包含着某种历史思想的因素。也因为他是一位创造出远远超越纯粹几何学的新方法的天才数学家，他的"前定和谐"体系提供了次要因和终极因之间的完美相合，提供了在整个物质世界中严格执行的机械化解释，并且使得单子的非机械运动与其和睦共处，它的连续性原理使每事每物紧密地联系在一起——这个体系类似于一种巨大的数学世界模型，它致力于在精神和自然、被决定者和决定者、自由和必然之间产生最密切的统一。在今天，大体上认为这种整体方案是失败的。但它在这一方面对我们是特别重要的：即它包含着可能产生划时代发展的远远超过所有自然法思想的种子，并命定将来会在历史主义中开花结果：这就是有关特定个体的观念，这种个体根据其自身的法则而自发地运动和发展着，是某一普遍规律的变形物。这样，一幅鲜活的宇宙图像出现了，它最终要驱散宇宙的数学模型的特征。即通过回溯于新柏拉图主义的基本观念，看到运动和紧密地相互作用着的能量的无限多样性，这些运动和能量均来自终极的和至高无上的源泉。因此，他的时代的宗教和科学情境给他提出的关于统一性和多样性的问题获得了一种形而上学的解决方案，它并非纯粹形而上学的，但在未来将被历史经验的直接证据所证实。

为了理解个体观念在莱布尼茨的心灵中是如何产生的，我们最好追溯由其时代中的宗教和自然科学情境所给予他的动机，追溯其本质性的人格因素，看看一个哲学家的核心观念到底是如何一直植根于其本性和精神的原初状态之深层的。诚然，我们不应该将现代主体的崛起归因于莱布尼茨，因为正如同时代人一样，他的心中充满了要与生命和宇宙的规律模型和谐一致的责任感。但是令人惊讶的是，他1663年在莱比锡作为一个16岁的年轻人，在一篇名为《个体性原则》(de principio individui) 的学术论文中就接触到了这个问题（古劳尔1837年出版，另载格哈特编《哲学文集》[Philos. Schriften]，第4卷，第15页及下诸页）。在此，他依然与经院派的方法和提问方式脱不了关系，但是人们看到了一句对于未来意味深长的话："个体通过其本性的完整无缺而成为个体"。而且，莱布尼茨的独特个性使其特别容易受到其他人见解的影响，并且承认隐藏于其他人之中的优秀东西。"听起来奇怪的是，"他说道，"我赞赏大多数我所读到的东西。"（狄尔泰，《文集》，第3卷，第25页）因此，虽然人们也许会谈论莱布尼茨身上内在的个性，不过正是那宽厚的个体主义使得他迅速地承认和赋予了其他人的思想以有效性，但他也立刻在其他人形形色色的思想元素之中寻找统一与和谐。

他的个体观念促使他走向了单子学说。他宣称，在物体的背后，在与它们密不可分的地方，存在着简单的个体物质。它们没有空间的广延，像生命能量那样运行并组成了物质的形式，这样的个体他称之为单子，他认为人类的灵魂也存在于单子之中。他的体系认为还不能够以任何其他的方式来实现宇宙的前定的和谐——在承认了笛卡儿主义之后，也许是有些过分地认可了一个纯粹机械运动着的世界，然而与此同时，他又矢口否认心灵和精神的行动为外在事件所限制。相反，正如他所解释的，灵魂单独地依赖于神和它自身。进一步的反思将揭示出，万事万物，甚至包括想象和激情，完全自发地源于其自身。有关神和灵魂之间无条件的和直接的关系的思想，充满了基督教新教的基本感受。他的心智倾向使他通过纯粹的数学方法来追随这种观念，并由此将个体的观念奠基于神。他认为，无穷无尽的神在无穷无尽的不同个体中表现其自身。在《人类理智新论》（第3卷，第3页）中，他说道，个体在自身中就包含着无限性，只有能够把握无限性的人才能够认识到展示于这个或那个对象中的个体原理，这正是宇宙中万事万物相互依赖的结果。

他从其学说中引申出来的进一步的相对主义结论，对于未来的历史思想而言也是非常重要的。正如他借用新柏拉图主义所强调的，既然每一个单子都是宇宙活生生的镜子，那么通过每一个单子不同的角度，就存在着表现独一宇宙景观的无数不同的图像（《单子论》[Monadologie]，第56和57节）。正像我们看到的，这种相对主义与他自身的人格特质是相一致的。

在莱布尼茨看来，正是在个体性这块巨石上，每一种运用原子的机械式运动来解释世界的努力都必将遭到重创。他把机械原理限制于物质世界，虽然甚至在这里，他也看到了个体原理在起着作用，因为他甚至赋予植物以灵魂，或者按照在这种情形中他所称呼的隐德来希，在植物中观察到了一种源于自身的塑形力量。所以，如果我们正确地解释了《人类理智新论》中的那段话（第2卷，第27页），那么我们就会明白，在夏洛特堡王宫花园上演的那一幕，在思想史中具有相当的重要性。一位拥有超群心智的高贵公主——他也许想起了索菲·夏洛特（Sophie Charlotte）——在一次在自家花园散步的过程中，宣称她不相信存在着两片完全相同的叶子。一位儒雅的贵族表示很容易找到两片完全相同的叶子，然而尽管他在花园中找了个够，却还是无法找到。莱布尼茨正确地指出，这样的观察迄今为止一直受到了忽略，导致哲学偏离了最自然的观念。莱布尼茨因此超前于其时代，是那种触摸到了新大陆轮廓的人物。

但是，正如我们业已暗示过的，莱布尼茨意识到这种发展的进程必然包含于个体和单子中，他在那个方向上设置了一个进一步的指示物。根据其学说，单子和宇宙、个体和无限是相互归属的。因此，每个单子和每个灵魂，虽然并不敞开于物质的影响，但却是整个宇宙的一面镜子。这面镜子从不曾达到彻底无垢的清晰性，但呈现出了不同程度的清晰性，包括从模糊不清的和难以察觉的微小"感觉"（Perveptionen），它们在我们之中每时每刻都以浩瀚的数量存在着，到通过"统觉"（Apperzeption）和反思获得的理性洞察。灵魂在其深处具有一些它没有清楚地意识到的东西，这样，一条存在于难以察觉的世界和清晰的意识行为之间的断然区分的界线确实是某种奇迹。这样的景象也许在高度智性的光辉之中还能看得到，但是，它只不过在感觉的较不清晰的程度和较清晰的程度之间做出了区别，却没有意识到整体的内在力量，尤其是想象力所表现出来的部分和经历的发展（参看克罗齐，《维柯的哲学》，第52页）。然而，尽管存在着这种局限性，莱布尼茨的思想仍然具有划时代的推进作用，因为它使灵魂的无意识生命领域向科学的观察和研究敞开了大门，并在无意识生命领域与知性和理性之间架设了桥梁。它将后者从它们曾在为自然法所塑造的思想形式中占据的孤立位置上拯救了出来，同时自下而上地显示出灵魂的内在生命中的能动和发展。人们也许还记得,柏罗丁(《六部九章集》,第4卷,第4页)曾赋予人类以非意识的能力。

莱布尼茨则进一步解释说,我们不仅通过理性的自然之光,而且也通过直觉来发现天生的真理,即道德类型的真理。正如我们的味觉有赖于微小隐约的感觉,我们在观察整体上清晰的图片时,却会发现某些模糊不清的细微部分。在后文考察默泽尔富有历史意义的有关"总体印象"的学说时,我们将会发现这种观念的又一次突然爆发,而这种观念,我们在沙夫茨伯里那里已经碰到过了,只不过它是以一种不同的方式被应用而已。莱布尼茨在《人类理智新论》的导论中,以极为周到开阔的和高瞻远瞩的视野说过,通过细微的感觉,"当前孕育着未来,同时洋溢着过去,万事万物由此休戚与共——一切都在协同并发(σύμπνοια πάντα),正如希波克拉底所说的"。① 这个关于宇宙呼吸的词语,激发了所有的个体,将各个时代连接在一起,在后来也赋予年轻的赫尔德以灵感。

但是正如对沙夫茨伯里的相关思想所做的那样,这里必须再次回忆莱布尼茨学说中的局限性。因为人们差不多可以说,在应用他的学说时,虽然他无意识地在关键地方自下而上地突破了自然法的思想,但有意识地保留了自然法教义最高的层面,而没有完全运用其新的洞见。作为心智和精神进化的最高产物,他所发现的灵魂的发展过程被他引导着去产生中庸的绝对有效的真理,而非个体思想的产物。他的一个由自然法决定的观点指出必然的、永恒的和内在

---

① 正如布特鲁(Boutroux)在他的版本的《单子论》第177页所指出的,希波克拉底事实上说的是"协调一致"(σύμπνοια μῖα)。

的真理最终只有通过理性之光才能得到阐明，虽说这样的真理部分而言是从直觉而产生的。他非常清楚，也经常强调，甚至那通过人类的理性之光而获得的对永恒真理的可能感知，也绝不是完全的和决定性的。在我们之上存在着能够通向更高知识的精神领域，虽说最高的知识只有神才能通达。但正如那些属于自然法真理的情形一样，甚至人类所能达到的对更高真理的不完全占有也仍然具有一种绝对的特征，一种确定的和稳固的性质。的确，莱布尼茨在逻辑和数学意义上完全有理由宣称永恒有效的真理的存在。但在道德观念和所谓自然神学的世界中，这种真理的位置又在哪里呢？他宣称，这些真理通过永恒理性的光辉来自于公理，这些公理的彻底确定性也仅仅只是为这同样的理性所担保。

因此，莱布尼茨所发现的人类灵魂的发展，从模糊不清和隐隐约约地感觉到理性清晰的统觉，直到永恒真理的标准的规律，更多的是一种完善过程，而非真实的历史演化过程。而历史演化必然在每一个阶段上产生出个体形式，即使这些形式也许会在一定程度上混杂着典型的和普遍的形式。"万事万物均追求着完美，"莱布尼茨在《有关自然的新系统》（*Système nouveau de la nature*）中如是说道，"不仅整个宇宙是这样，而且特定的创造物也是这样。"对于接下来的研究重要的是，我们要紧紧地掌握住历史主义意义上的发展观念与具有启蒙运动特征的完善性思想之间的根本区别。正如我们看到的，甚至沙夫茨伯里的发展概念也束缚于完善性的观念之中。

在莱布尼茨的思想体系中，发展观念还存在着另一种局限。他认为单个的单子既是不可毁灭的又是永恒的。确实，这些单子在世界进程的时间长河中能够呈现出一系列或低或高的存在形式，同时在一定程度上能够自己向上发展。但它们无法转变成其他的单子，因为虽然一个单子作为宇宙活动的一面不完整的镜子而与宇宙之间保持着持存的联系，但它只能够根据神赋予它的自身法则而排他性地活动。由此带来的影响是以发展观念为代价提升了个体观念。因为活泼的个体力量从内部相互作用以便富有成效地产生出新形式，对于历史的发展来说是本质性的。用沙夫茨伯里的话来说，它们就是"塑形的形式"。需要加以反对的情形是，莱布尼茨的单子学说可能被认为对于超验性领域是有效的，而不能不加思考地转用于历史的经验世界。不过人们可以说，单子学说在历史最深沉的活动力量中竖立了内部的分离之墙。因为单子们好像是一捆由无数单个的线条组成的东西，它只是在末端才由神握在一起。正是这种强制性的数学世界模型相信，统一性和多样性的问题只能以这种方式来加以解决。不过，它对萌芽状态中的历史主义的发展观念的影响也许赋予了它一种单子论逻辑的独特封闭性，将它压缩为一种单纯的演化观念。我们还会进一步关注这条思想线索。

  不管怎么说，莱布尼茨的伟大之处在于，他是追随于其后的德国启蒙运动的开路人，又是作为其思想后裔的德国古典唯心主义和历史主义的引路人。他通过极具独创性的哲学理念，而不是通过关于历史的观念或自己的历史作品来做到这一点。这些理念通过产生于无法穷竭的思想的作品和信件四处传播，它们从不曾被编辑为一种完整的学说，只有其中的一小部分曾发表于世。他的《西部帝国的不伦瑞克家族编年史》（*Annales imperii occidentis Brunsvicenses*）——768—1005年——从不曾完成，直到19世纪才由佩尔茨（Pertz）编辑出版（1843年起），却早就过了它们本该能对学者产生重要影响的时

第一章 先驱者

期。法国人达维尔（Davillé）以忘我的勤奋和巨大的激情从所有这些材料中勾勒出历史学家莱布尼茨的形象（《历史学家莱布尼茨》[Leibniz historien]，1909 年，第 798 页），将他描述为所有时代中最伟大的历史学家之一。不过达维尔的资料使用情况并不完全是可靠的。但我们当然不能同意这个判断。"历史世界，"狄尔泰如此评判道（《文集》，第 3 卷，第 36 页），"没有被莱布尼茨整合于其哲学体系中。"总的来说，这样讲是对的，但我们仍然好奇的是，这种哲学和历史之间巨大的混合情形是怎样的，想要知道两个世界之间是否在哪里存在着桥梁。事实上，这位卓越无双的思想家不仅提供了在那个时代业已达到的历史思想发展阶段的典型特征，而且显示了一位天才对其自身和其时代固有的局限性的反叛。这两者，在莱布尼茨的思想中既是典型的又是独创性的，它们都属于历史主义先行阶段的景观。

莱布尼茨典型的做法是赋予历史知识以功利性和道德性目的。在《神正论》（第 2 卷，第 148 页）中，他坦率地说道，历史的终极目的正如诗歌一样，是通过例子来教导智慧和美德，是通过能引起人们憎恶的形象来描绘邪恶。在这里，他的作品中道德的–宗教的倾向使他突破了自身内在的动机。在他的《历史附录》（[Accessiones historicae] 1700 年）前言中提出来的历史研究计划指出了其他的动机和目的，例如从独特性（res singulares）中获得的直接满足，从当前的事件向其起因的追溯。接下来，我们将会看到这个目的是多么的重要。在内心深处，它也许是莱布尼茨最强烈的动机，但在意识中，功利的道德主义是占压倒优势的。

更为典型的情形是，在欧洲思想逐渐的世俗化进程中，在转而关注不再是纯粹由教会和神学决定的新目标的过程中，一种对获得所有时代的历史材料的巨大需求觉醒了。虽然这种兴趣主要地还是集中于基督教的绝对价值,但它也渴求着历史世界所有可获得的方面。在所有时代中在那些天才人物身上或多或少地表现出来的古文物研究的热情冲动,如今已成为了时代热潮。17世纪下半叶以来颇有分量的历史文献和宏伟的百科全书的数量的增长就证明了这一点,例如培尔的《历史与批判辞典》(*Dictionnaire*)已经显示出对神学基本前提的突破。

1700年前后的第三个典型情形是日益觉醒的对更精确和更批判地对待新近收集来的历史材料的需求。处理历史文献的批评方法的开端,可以追溯到很早以前,可以追溯到伟大的荷兰和法国哲学家与近代的人文主义者,甚至可以追溯到早期的人文主义者的成果。历史的过去如今在更大范围内变得情趣盎然,而自然科学通过展示出只有经由更为严格的精确方法才能获得更为准确的现实图像的情形,为历史研究树立了伟大的榜样,因此,人们感到必须追随此条道路。本笃会修士马比荣以其划时代的文献批评方法成为了开路先锋。耶稣会修士帕佩布洛赫致力于通过一种只限制于文献领域的怀疑论来超越他。但是现在,伴随着古文物研究的兴趣,产生了宗教和哲学的怀疑主义。它体现于培尔的《辞典》,人们夸大地认为他是历史精确性的真正创造者(卡西尔[Cassirer],《启蒙哲学》[*Philosophie der Aufklärung*],第276页)。与此同时,莱布尼茨正在他的所有历史作品中致力于满足新的批判标准[①],比起培尔来,他对运

[①] 关于他对马比荣和帕佩布洛赫的认识,参看泽贝格(Seeberg)的《阿诺尔德》(*Gottfried Arnold*),第339页。

用不完全的和含糊不清的原始材料来建构真实的困难也许是更为敏感的。在那个时期，人们已经开始感觉到了在材料批评主义之上增加事实批评主义的必要。可是在后者中又很快侵入了用容易掌握的东西来匆匆忙忙地解释难以理解的东西这种时代的实用主义倾向。但莱布尼茨有一种重要的预感，即必须更深入地探索，以便详尽阐述将"历史作为信条"这一主题（《人类理智新论》，第4卷，第16页）。我们在这里除了给出这些指点之外无法做得更多，因为批评方法的发展，虽然总是与历史意识的发展联系在一起，但需要特殊的处理。只有个体意识的彻底突破和由康德哲学提供的认识论阐释才能给予批评方法一种内在的确信，这种确信将在武断的实用主义的想象面前捍卫它。

人们把那段时期称作多维历史时期，但我们有理由说，莱布尼茨与其说是一位多维历史学家，倒不如说是一位泛历史学家。因为他的终极目标是寻找这样的精神纽带，这条纽带将把他全部的古物研究知识与他的哲学统一起来——虽然他在这种追求中从不曾获得真正的成功。"那些依赖于哲学和论证的人们，"他在1700年致伯内特的信（达维尔，第355页；《哲学文集》，格哈特编，第3卷，第270页）中写道，"通常对所有研究古代的工作表示轻视，而古物研究者站在自己的立场上则又经常奚落他们所宣称的哲学家的梦想。但是，力图公正地对待两者的功绩，这种做法是妥当的。"这些话同时表明了，他仍然将这两个世界看作是相互并列的，而不是相互作用入内部的。对他来说，"永恒真理"的世界在等级上始终高于"事实真理"的世界。

但在这两个世界之间并不缺少细微的联系。例如，他的哲学中所谓连续性原理的基本思想，就号召人们注意带来宏大影响的细小原因，我们甚至想起了他的个体学说，他的古物研究的热情作用于各个方面。他殷切地追随着所有为各个时代和各个地方的人们遗留下来的遗迹，包括在他家乡下萨克森所发现的古墓、骨灰瓮和骨架，意大利的伊特拉斯坎铭文和古罗马铭文，直到由那个时代的天主教传教士报道的在中国所发现的奇迹和在他自身成长于其间的时代中对 17 世纪政治家的回忆。他的《原始地球》(*Protogaea*)（出版于 1749 年；初稿收录于《学者报告》[*Acta Eruditorum*], 1693 年）被认为是其编年史著作的一部导言，它研究的是下萨克森的地理学、地质学和最早的人类遗迹。它是后来赫尔德类似努力的一种更小而更具体的前奏，即让人类的历史在宇宙的和地球的前提下诞生发展。几乎没有一种现代有关历史的经验科学不能在莱布尼茨的某个兴趣里找到前奏。

他寻求的一种具有因果联系的知识时常给他的兴趣染上一种现代色彩。他认为人们运用地理学可以推断出每个民族和每个政府的真实利益（达维尔，第 436 页）——这是一个 17 世纪早期在国家利益学说中就出现过的观念（《国家理性的观念》，第 196 页）。作为韦尔夫王朝的历史编纂学家，他一直为了王朝的任务而深入研究系谱学，他明白它的重要性，因为它照亮了人与人之间的自然联系（connection naturelle des hommes），因此是属于历史的神经和肌腱的（达维尔，第 441 页）。在这点上，对于连续性和因果联系的要求变成了对于遗传的因果联系的要求，这种情形在他著名的语言学上的努力中更为辉煌地展示了出来，他致力于确定各种语言之间的亲缘联系，以更接近一种原始语言。因为他在语言中看到"人类最古老的纪念碑"(《人类理智新论》,第3卷,第2页;达维尔,第403页)。语言是各民族相互联系和迁移的起源的证据,是他们的智性和个性的镜子,两者之间的关系正如月亮与大海之间的关系。为了从思想史角度贴切理解有关原始语言和原初世界的生物起源学问题,就不能忘记,此类问题在《圣经》热衷冥思的读者心中也已升起。莱布尼茨自己也想到了这一点,他推想德语中尤其保留了相当多的原始因素,正如雅各布·波墨所称呼的,亚当的因素(《人类理智新论》,见上述引文)。在17世纪古物研究的学者中间,流行着通常与《圣经》材料联系在一起的大胆假设,亦即关于在天南地北的民族之间存在着亲缘关系的假设。从莱布尼茨的个体学说中产生的新启示为这些兴趣赋予了更加灿烂的光辉。因为莱布尼茨声称,一种对宇宙中所有语言的研究将不仅阐明实际的情形和不同民族的起源,而且会有助于认识我们的精神及其奇妙的形形色色成就。古希腊罗马和现代法语的例子,以及德意志民族与之难堪的比较,使他生动地认识到民族与其语言始终是共荣共生的。

我相信,这样的事情不可能是偶然发生的。
我相信,就像月亮和海洋的关系一样,在民族与其语言的兴衰起伏中也存在着这样一种关系。①

---

① 《劝请德国人更好地运用其理智和语言》(*Ermahnung an die Teutsche, ihren Verstand und Sprache besser zu üben*),皮奇(P. Pietsch)编,第307页及以下诸页。对于莱布尼茨文集的编者里特尔教授提供的这些和其他一些富有价值的评注,我要深表谢忱。

对于词语不可转译的性质，他具有一种细腻的个人感觉，例如希腊词语"Ostrakismos"（贝壳放逐法，放逐，排斥）和罗马人的"Proskription"（剥夺人权，放逐，排斥），他从古希腊、古罗马并且更多地从现代民族的文学语言和大众语言的二重性存在中推演出了富有独创性的结论（《人类理智新论》，第3卷，第9页）。他的有关特定词语含义变化的研究业已产生了一种发展史的色彩。

所有这些思想兴趣都来源于一场普遍的运动，来源于那个世纪里对历史素材的渴求，它在莱布尼茨的思想中发展成了未来历史研究的实际问题。他以一种鹰隼般的锐利眼光凝视着历史世界。他的历史评判中引人注目的是，在对于整个时代的伟大转折点、对于可被兰克称为"历史时刻"的东西的激赏中表现出多么坚定不移的看法。在对伟大的民族命运中的实质性因素的感受中，他要超过后继者伏尔泰。这一点通过他的大作《韦尔夫家族简史》（*Brevis Synopsis historiae Guelficae*）（佩尔茨［Pertz］，《莱布尼茨作品集》（*L.s. gesammelte Werke*），第1辑，第4卷，第277页及以下诸页）鲜明地表现了出来，这部著作概述了中世纪早期的发展。莱布尼茨不再采用将世界历史划分为四大世界帝国的古老的划分方式，而是划分为古代史、中世纪史和近代史，这种划分方法一直通行至今。他的视域从人类的原始开端一直伸展到远东民族和他自己时代中内阁的秘密，同时有意识地希望以历史发现来润色他的不伦瑞克史，"从我们的特殊历史中所诞生的一切都将催生出普遍的概念"（达维尔，第558页，《著作集》，克洛普［Klopp］编，第6卷，第371页）。但正是这些编年史也显示了，那个时代的历史著作在形式上是多么地含混不清和不完备，而莱布尼茨当时不得不选择这种形式。这种编年史的形式犹如一座庞大的监狱,他必须把数量巨大的知识内容(超过2000张紧密印刷页)塞入其中,却只能以一种相当肤浅和粗糙的方式来加以划分。作为官方的国家历史编纂,该作偏好人物史、国家和战争事件,以及教会史,但这些内容却很少用任何内在的线索联系起来,大多数情况中它们是以时间顺序来安排的。在诸多的光辉洞见中,在具有普遍的重要性的具体判断中,在对于值得加以进一步研究的重要问题的强调中,在为数众多的回溯或展望中,在深情强调对精神文化产生启发的任何事物中,这位伟大的思想家毕竟表现出了本色,如此一来,在其著作中就不时地出现一种名副其实的中世纪色彩。但他的著作作为整体来说保留了学者的历史写作的习惯,它属于中世纪研究或历史-批评方法的历史,而较少地属于历史主义的兴起史。

人们也想将莱布尼茨描绘为西欧人乐称的"文明史"研究的先驱者,这种"文明史"在伏尔泰的历史著作中初次开花结果。但在这里,我们也必须做出一定的限制,注意到他的历史纲要中个体的和时代的因素。所有后来有意识地浓缩了政治-军事事件的文化和文明史著作,都扎根于解放的市民阶层的自我意识之中。在莱布尼茨历史研究的努力中尚未出现这种底基。他是君主和国家的仆人,是1700年前后德意志虔诚的基督徒与卓越的学者和思想家,而那时的德意志,就像他自己曾发人深省地指出过的,还尚未如英国和法国那样拥有伟大的首都。这位君主的仆人在内心深处时刻准备着退却,以适合于德意志帝国的和人道主义的感情。对于一位1700年的德意志君主的仆人和爱国者、一位富有远见的新教徒和学者来说,他所认为的实用的和有价值的人类任务毕竟限制了从他的零散评论中可见的文化史兴趣领域的选择。这些历史著作不仅包括政治、法律和军事事务，还包括经济，按照商业主义的方式将其解释为政治的一部分的经济。不仅是狭隘意义上的教会史，而且从基督教的渊源处产生出来的有关仪式、风俗、教派和大众信仰的一切事物，所有这一切无不吸引着他的注意力。总而言之，我们能够在他称为和推荐从事的历史文学（Historia litteraria）中辨别出一种未来的文化史研究的前奏曲。因为为了感谢之前的创造者和激励后人，他的研究展现了从最古老的时代一直到当代的科学和发明的起源和进展，其中没有忘记运动和游戏也是人类精神的表达。而且正如他在哲学史中所要求的，不应像迄今为止所做的那样过多地强调个人传记的因素，而是要强调物质的因素，强调知识的起源和进展（达维尔，第348页及下页）。这是对人类历史的又一次深入挖掘，同时照亮了启蒙运动乐观的发展信念。因此在这里，正如我们在他的有关精神生命的学说中所看到的，发展观念也依然在一定程度上为至善论观念所束缚。

但是这颗伟大的心灵做出的这些尽责的和几乎学究式的研究工作，在服务于17世纪君主世界的典型利益，乃至深入仪式细节之类的琐碎事物的同时，却依然在自身中具有一种自由的和广阔的人性观念，这的确始终是一种奇妙辉煌的景观。关于通过不断增长的知识获得进步的人类的一致任务的意识在他心中生长着，这正是启蒙运动的核心观念。与从浩浩荡荡的民族潮流中喷涌而出的西欧启蒙运动相反的是，德国的特殊命运是保持一种将零碎小事和自由的普遍精神紧密相连的双重生活。正是这种张力使得这颗心灵上升到了比起那些为西方的民族文化所能达到的阶段更高的地方。莱布尼茨深信，整个人类将上升到一个更完善的阶段。不过正是在这里，与包含于其哲学中的有关无限运动的观念相一致的是，他的思想呈现出伟大的和能动的色彩。他所设想的人类进步并不是朝向天堂般的终极状态，而是朝向无限的过程。"相应地，不存在唯一的和终极的进步状态"（达维尔，第709页；《哲学文集》，格哈特编，第7卷，第308页）。在他逝世的那一年（1716年），他写道，宇宙自始至终在朝着新的完美状态而变化着和运动着，虽然它在同时也扬弃着旧的完美状态（达维尔，第709页；《哲学文集》，格哈特编，第3卷，第589页）。在描绘这幅永恒变形和连续不断的兴衰起伏的景象中，莱布尼茨一度超越了他自己的完美观念所带来的局限性。① 在他的发展信念中，他不允许自己被预感引向歧途。他天才地预感到伟大的革命正威胁着18世纪，预言这是四处传播的将个人利益置于大众和国家利益之上的破坏性观念的后果（《人类理智新论》，第4卷，第16页）。因为他混合了基督教一神论的天意信仰来看待这种新颖而世俗的进步信念，所以他安慰自己，同样的天意将帮助人类承受和度过这次革命。虽然在他的这种思想中，他的关于神的实用主义观念再次出现，但他仍然设法将这种实用主义编织进他的进步观念中，这种实用主义过高地评价了个体有目的的活动，与绝对主义时代的习惯保持了一致。因为他期盼着非凡的事情将在人类的进步运

---

① 不过，这种局限性在另一段话中还是显而易见的："截至目前，与植物或动物相同的是，宇宙也是在不断趋于成熟。但区别在于，它永远不能到达成熟的最高阶段，且永远不能退化或衰老。"博德曼（Bodemann），《莱布尼茨手稿》，收于汉诺威公共图书馆，第121页。

动中发生，也许甚至在相当短的时间中发生，他寄望于伟大君主的作用，这些君主将像第二个所罗门那样享有长期的和平统治，将致力于使人民在社会生活中更幸福，更和平，同时能更有力地控制自然（《人类理智新论》，第4卷，第3页及结尾）。

任何有关他的历史思想和哲学的思考都不禁使我们同时想起了德国思想史上的1700年和1800年。他没有能彻底完成他最伟大的任务，也就是充分地提出个体观念，它被传承给未来的世纪。他的道路为陈旧的基督教自然法框架所妨碍，被为自然科学提出的新要求所妨碍，这种自然科学要求在人类事务中也寻找到永恒法则。因此就像我们所看到的，他关于永恒真理优先于事实真理的理解，依然是自然法意义上的。在他的《神正论》中，他沉溺于与培尔空洞的怀疑论之间频繁的争论，大谈特谈人类生活的道路与其中的不幸和罪。但他始终是在普遍有效的原理基础上，而非基于每一行动的特有规律来论证的。他追溯往昔考察原始民族，赞扬了印第安人在悲伤和不幸中表现出来的精神力量（第3卷，第256页）。不过他不是以印第安人自己的生活方式为基础的，而是根据理性人类的标准理念来判断他们的。但是我们看到，他关于个体的感觉早已活跃于他的历史兴趣之中。虽然他无法在逻辑上研究整个的人类生活，但内在于他的单子学说中的生机勃勃的力量却使他走向了至少在原则上极其重要的知识。这种单子学说中决定性的特征使他能够深入洞察人类个体的命运。"关于个体存在的概念，"他在《形而上学谈话》(Discours de métaphysique)(《哲学文集》，格哈特编，第4卷，第436页；达维尔，第696页）中写道，"彻底包含所有它经历的东西。"亚历山大大帝和恺撒的命运取决于他们的本性，因为"所有我们经历的事情只不过是我们的本质存在的结果"（见上述出处第433，438，439页）。这条思想道路从这里通向了歌德的"活生生发展着的被铭刻的形式"。

莱布尼茨的伟大思想为历史主义做着准备，但它直到那时为止尚未能够产生出以崭新的目光来看待所有人类事物的任何激动人心的经验，这一点，后来的狂飙突进运动是做到了的。但这些伟大的思想不仅仅是一种敏锐的与勇敢地将数学天才和进步思想结合起来的产物。他和沙夫茨伯里一样，只有在世俗的新柏拉图主义传统的框架中才能够得到理解，即把每个独特的生命看作神圣本源的一种反映，将人类看作大宇宙中的小宇宙。莱布尼茨敞开一个德国新教信仰者的内心世界采纳了这种思想，默默地拓深了它，扩展了它。然而他用理智主义灿烂的外衣遮蔽了它，因为理智主义仍然顺应那个时代。

阿诺尔德

在莱布尼茨时代，通过一场与理智主义之间有意识的战斗，是否有可能突破自然法的思想形式？如果有可能，那么它将达到何种程度？阿诺尔德的《公正的教会史和异端史》（[*Unparteiische Kirchen- und Ketzerhistorie*]1699—1700年，这里使用的是1729年第2版的两卷本）对此做出了回答。

阿诺尔德（1666—1714年）为真正的热情所激励，发动了一场不仅反对同时代人的，而且反对所有早先世纪的"敏锐的和过度聪明的理性"的战斗。但是，他只是依赖于一种激进的和神秘的唯灵论在战斗。他是从虔敬主义转向这种唯灵论的。大约在世纪之交时，他深深地依附于这种唯灵论，返回到了虔敬主义，并接受了教会的职务。他的这本著作是在这最后的转变之前产生的，表现出了激进的态度。但甚至这种当时在德国盛行的虔敬主义，也吸收了神秘主义的遗产，被称为某种温和的教会或教派的神秘主义。不管怎么说，作为一个整体来看，虔敬主义者、神秘主义者和唯灵论者都继续发展了新柏拉图主义的精神传统。他们以不同于沙夫茨伯里的方式做到了这一点。从美学上来看，他们并不像后者那般豁达和拥有普世的虔敬心，倒不如说在主观上是虔诚的，是渴求着神的。这种新柏拉图主义的思想传统源起于《圣经》记载的丢尼修大法官，与基督教相混合，自从文艺复兴、人文主义运动和宗教改革以来，不仅为整个宗派所接受，而且更为重要的是，它受到了超然的和创造性的大思想家的推进。正如泽贝格在他关于阿诺尔德的一部充满激情、深刻思想和宽阔的学者视野的研究（1923 年）①中所指出的，阿诺尔德伟大的历史著作对于这些观念来说成为了一个汇聚之盆。我们这里并不像泽贝格可能做过的那样，向过去追溯他的历史著述中的各根源分支，而是要向前看，要去问，当他的历史研究本身被看作未来的历史主义可能的源泉时能具有什么意义，它对历史主义能够贡献什么和不能够贡献什么。他对于这个世纪的影响诚然巨大，但却无法与沙夫茨伯里和莱布尼茨相提并论，因此，概览一下

---

① 一篇较早的概括性文章，《阿诺尔德的历史观》("G. Arnolds Anschaunng von der Geschichte")，刊于《教会史期刊》(*Zeitschr. f. Kirchengesch.*)，第 38 卷。另有泽贝格的《阿诺尔德著作选集》("G. Arnold, in Auswahl herausgegeben")，1934 年。

他的思想就足够了。

正如我们在沙夫茨伯里和莱布尼茨那里所观察到的，在阿诺尔德这里也出现了同样的现象，将来我们还会屡次遇到它，亦即唯心主义的过程松动了自然法思想，然而该过程中包含着自然法的本质印记。自然法思想的核心从古代起就是一种理智主义，它相信被理智地理解的理性力量能够获得真理。这个信赖是如此巨大，以至于被理性所发现的真理被认为具有普遍的有效性和永恒性，并被前后一致化和绝对化。正如我们已经讲过的，只有从内在出发，从日益成长的意识出发，才能摧毁这种思想方式，这种意识认为，被理智地理解的理性不足以发现历史思想也依赖于此的决定性的生命真理。不过在开始的时候，这场非理性反对理性的革命自身还披着理性的外衣。它为所发现的精神价值赋予绝对、永恒和一致等特征，就像自然法思想的理性真理具有的特征那样。正如在沙夫茨伯里那里存在按照柏拉图主义–新柏拉图主义思想建构起来的新自然法一样，从思维方式上看，阿诺尔德的世界观和历史观可说是某种"灵魂的自然法"。

根据阿诺尔德的说法，存在着一种独一无二的、永恒的和永远循环的精神过程，这种精神过程充溢于人类的生活和历史之中，从亚当一直到一个复兴万事万物（ἀποκατάστασις πάντων）的时刻。他认为这个时刻即将来临，在这个时刻"所有的造物将返回原初的和受到至高祝福的唯一……就像返回充满了永恒之爱的汪洋无际的大海之中"（第1卷，第1202页）。这种基本的过程是在善恶之间的非此即彼（Entweder-Oder），是在自私和罪孽的世界、"罪孽深重的人类和老亚当"的世界与一个远离了这种罪孽世界的光明世界之间的选择。这个光明世界拒绝了自私，使灵魂向上帝敞开，接受神的启示之光，追随神而脱胎换骨，是一个神秘的世界。从历史中人们只知悉了一件事情，也就是在历史中存在着少数拥有精神生命的天才的信仰者反对生活中层出不穷的罪恶的世俗的事件，他们甚至存在于基督教产生之前，也许现在还生活于基督教会之外。我们可以暂时搁置这个神学问题，即阿诺尔德是如何将宗教的普救说与热情的基督教信仰，将经由神的话语传达的启示与唯灵论思想结合起来的，这种唯灵论认为虔诚者通过圣灵达到永远更新的直接顿悟。但对于我们的思考来说决定性的是，从他的原则出发，除了用迄今为止的自然法的实用术语来解释之外，在理解世界历史的方面并不存在新的和直接的方法。总体而言，任何这样的新的和直接的方法被认为是无用的，甚或有害的，"因为人类的错误、愚蠢和罪孽始终形成了大部分的人类历史"（第1卷，第453页）。所以他仅仅以巨大的材料堆积描述了教会史，因为教会史有助于儆戒邪恶。他描述了后使徒时代起教会的衰落及在其内部出现的败坏的教士。他有时激动、有时冷静地追溯了中世纪的腐败情形，一直追溯到宗教改革运动的众多先驱者和年轻的路德，在他们那里，永恒之光重又产生了较多的光辉——然而在路德晚年的争论和不宽容的经院神学中，在路德主义中，可以看到一种新的败坏情形。不过他声称，即使在最糟糕的时代，在教会自身之中和在常被不公正地划为异端的教派之中还存在着虔诚的信徒，虽说他并不热爱宗派世界，也能够区分各异端。在他看来，所有异端中最坏的莫过于官方教会中的异端制造者。

他相当独特地将关于理解整体历史的一种非常古老的观念，亦即从黄金时代、随之而来的衰落到接下来对更新的未来世界的希望

第一章 先驱者

的模式，与关于这个世界中始终重复着巨大黑暗和微弱光明并存的局面的一种二元的和非历史的观念结合起来。对于那一小部分光明之子来讲，也存在着神秘的慰藉。但在这种方法中，历史世界将遭遇类似于启蒙历史学所带来的那种命运。正如启蒙运动抬高了自然法的地位，将理性树立为评判历史及其整个过程（主要是非理性的，虽然它不时地也会表现出理性发展的迹象）的绝对标准一样，阿诺尔德的唯灵论使经由神启示出来的灵魂的绝对价值成为了世界历史的奠基石。在这里，就像我们业已看到的，同样的东西重复着自身。因为对阿诺尔德来说，基本人性正如奠基于自然法的思想一样是永恒不变的。"在地球上演出的只有一出悲剧和喜剧，唯一的差别是不同的人在此演出而已。"（泽贝格，第143页）相应地，他完全像实用主义所做的那样，从为历史现象占有的同样不变的历史材料中获取历史事件，在他看来，那些历史现象大多是极其败坏的。所有这一切显示出，在阿诺尔德的思想中竟然并不存在任何的发展观念。甚至他所指出的使徒时代末期的衰落也不能归因于发展，而只能归因于始终呼之即来的邪恶法则的突然侵入，就像在另一方面他也能够谈论善良法则在宗教改革运动早期的一种短暂的"突然产生"（第1卷，第494页）。

但正如泽贝格正确指出的（第147页），他毕竟是第一位将人类灵魂置于历史舞台中心的历史学家。不管在他的历史叙述中灵魂所做的善良或邪恶的决定显得多么单调，他依然将灵魂设想为总体上不是被理智和理性所决定，而是为意志所决定，也就是说，是由灵魂的基本方向所决定的。根据他的一个主要论点，一个人变成真正的异端和无信仰者，不是由于错误的观点，而是由于堕落的意志，

"它立刻使得理智误入歧途了"（第1卷，第38页）。对他的神秘要求来说，理智行为和"敏锐理性"大多是邪恶的。因此，他呼吁人类远离文字、概念、经院神学和亚里士多德，呼吁他们回到神之怀抱中的灵魂生命最幽深的源泉中去。而且，正如我们业已发现的，他在历史中所要寻找和加以致敬的人正是那孤独地寻找上帝的人。在这里，是否存在着一些在历史主义所高举的个体观念意义上的个体主义的隐约暗示？或者至少有没有向此方向跨出一步？

从人类灵魂的个体性出发，这种个体性的思想方式将由它创造的人类形式和共同体看作个体性的造物，尽管它们看起来几乎是同一个模子里出来的；也依然认为每个单独的人为这些形式和更大的共同体围浸着，并处在与它们的相互作用之中。阿诺尔德尚缺乏这种关于个体嵌入共同生活之中的感觉，而这种共同生活本身就是一个个体性的构造物。泽贝格正确地说道（第146页）："就像在启蒙运动的史学中，单个的人生存在孤立状态之中，而与他生活于其中的社会却没有任何内在的联系。"

但是最基础的是，阿诺尔德有没有用个体的术语来设想个别的人类灵魂？他为了使灵魂成为神圣光源的镜子而宣扬灵魂的深化和内在化，却很少涉及个体的区别。按照他的说法，重生经验在哪儿都是一样的，倘若我们再次引用泽贝格的评价的话（第218页）。阿诺尔德宣称，这种重生对于实际生活具有一种禁欲主义的影响，以致会摒弃所有妨碍与神之间神秘统一的活动，可以说它将导致对文化世界的敌意。阿诺尔德抨击了路德在欢快的歌唱和舞蹈中感到的喜悦（第1卷，第505页），抨击了梅兰希通对荷马的热情（第1卷，第563页及下页）；他感到正是反基督的敌人在教堂中使用管风琴。

第一章　先驱者

所有这一切让我们立刻想起了虔敬主义施加于个体之上的严苛限制。这种灵魂生活是够狭窄和够贫乏的，却因此对那亟需的东西保持深深的敏悟。纯粹的"自我"却被怀疑为邪恶之根。阿诺尔德写道（泽贝格，第174页）：

弃绝你的自身和你的特性，
这样，你虽在此世却又出世而自由。

但这种情形再一次让我们遇到了18世纪德国思想史上最奇特和最重要的现象。因为虔敬主义——我们在这一点上可以以阿诺尔德为代表人物——致力于在个体上施加限制，然而与此同时在灵魂的最幽深处却强烈地激荡起了生命活力。在这样做的同时，它就引起了生命活力的一种内在紧张，这种紧张最终滋养了个体的苏醒。尽管虔敬主义和神秘主义创造了绝对的和正统的精神价值，但它们却属于新个体主义最富有活力的先驱者行列，而新个体主义又成为了历史主义的温床。因此，发展的一条主要的道路，虽说不是一条唯一的道路，就是从虔敬主义经由狂飙突进运动而走向历史主义。在社会心理上，德国虔敬主义对于狂飙突进运动来说是必要的前提，它最终有助于激活所有的精神活力，这点在今天的思想史上已成定论。[①]

[①] 参看1912年柏林科学院会议报告中的布尔达赫（Burdach）、福斯特（Faust）和穆泽（Moses）；翁格尔（Unger），《哈曼和启蒙运动》（*Hamann und die Aufklärung*），1925年；科尔夫（Korff），《歌德时代的精神》（*Geist der Goethezeit*），第1卷，1923年；平森（Koppel S. Pinson），《德国民族主义崛起中的虔敬主义因素》（*Pietism as a Factor in the Rise of German Nationalism*），1934年（我在《历史期刊》，第151期，第116页中曾评述过）。

的确，我们甚至有过高强调了虔敬主义的作用，而忽视了活跃于18世纪的整体的思想运动的危险。但正是虔敬主义及在其中适度发展的神秘主义成为了德国的重要精神力量，它首先使得一小部分各社会阶层中的精英分子走出了他们生活于其中的沉闷僵化的社会环境，赋予他们以力量，将安分守己的外部生活与激情洋溢的内在生活结合了起来。他们学会了凌驾于枯燥乏味的和无所思想的日常生活之上，学会了将他们在琐碎事务中体验到的喜悦与痛苦提升到伟大的境界。他们学会了如何倾听内在的情感，并辨别出它们的价值或无价值；学会了如何发现自身之中的秘密，从而越来越充分地领悟他们先前力图加以压制的"自我"。在这里，我们的目的不是去谈论虔敬主义特定的宗教内容和价值，而仅仅是要注意到这个事实，即正是宗教价值通常能够被卓有成效地转向相当不同的生命领域。从克洛普施托克以来，新的德语诗歌最早经验到了这种情形。正如布尔达赫指出的，它的用词和形象化的语言就证明了虔敬主义和先行于它的神秘主义的影响。在赫尔德和歌德的青年时期，我们将会再一次遇到这种情形。

同样，歌德提供了关于阿诺尔德的《教会史和异端史》[①]所产生的特殊影响的重要证明，提供了它们与我们的研究主题之间的联系的重要证明。他在1768年之后朝气蓬勃的青春岁月中读到了这部

[①] 关于这一点，进一步的证据参看泽贝格前引文。那里关于阿诺尔德与托马修斯和启蒙运动的精神联系的详细情形，对我们的主题来说是可以搁置一边的。在我手中的阿诺尔德的这本书中，有来自18世纪的一则手写的评语："福斯特在《哈勒大学史》第87页指出，托马修斯曾一再说道，谁拥有两件袍服，谁就会卖掉一件而购买阿诺尔德的这部著作"；参看《阿诺尔德》，第2卷，第1363页。

第一章 先驱者

著作，当时他刚从莱比锡返回法兰克福，正在收集素材以准备新的精神生活（《诗与真》[Dicht. u. Wahrh]，第2部分，第8章）。"这个人物并不仅仅是一位反思的历史学家，他也是虔诚的和敏于感受的。"他相应地注意到了，阿诺尔德运用其崭新的认识器官灵魂，冲破了迄今为止实用主义在真正的历史领域的边界所设置的藩篱。或许由于此，他应运而生了一种预感，预感到历史在其自身中不仅包含着实用的可说明的事实，而且也包含着精神元素。进而，歌德自身通过阿诺尔德无意识地经验了虔敬主义和神秘主义的影响。阿诺尔德无意识地提供了一连串宗教人物的肖像，尤其是自宗教改革运动晚期以来的宗教人物肖像。这些人物展示了各种各样激动人心的非凡个性，他们是寻找上帝的孤独之人，陷入了与他们时代的正统神学之间的冲突。他经常引用这些人物自己的话。他的目的不是要描述他们非常奇特和独特的个性，而是那些经常重复出现的特征。他意图通过他们的例子来阐述一种基础性的神秘经验，也时常将自己关于纯然虔诚的理念切换进那些温和的革命者的生活中。但在青年歌德心中，这一连串肖像激起了"矛盾的精神和悖论带来的喜悦"。用他自己的话（第1卷，第638页）来说，阿诺尔德对于正统习俗的大胆反叛，换言之就是"对于权威性的偏见（präjudicium autoritatis），尤其对于形形色色（pluralitatis）偏见的抨击"，使他倍感欢欣。"我孜孜不倦地研究了不同的观点，当我一再地看到他说最终每个人都会拥有自己的宗教时，对我最自然不过的事情就是，我也将形成自己的宗教。"因此随之而来的就是，歌德用富有想象力的新柏拉图主义色彩阐述青年时期的宗教，在这种他那时梦想中的宗教里，某些基本思想与他最深层的固有本性是融合在一起的。

因此在这一点上，阿诺尔德的基督教神秘主义就返回到了它在新柏拉图主义中自身的源泉，依此而行，它与从这个世纪中汲取的其他精神因素一道，能够为历史思想准备一条崭新的道路。然而甚至基督教神秘主义和虔敬主义的基本观点，即单个灵魂和神的直接交流——当此之时，外部世界化为了乌有——就足以能够产生新的个体生命了，并为对人性和历史世界的新颖洞察做好了准备。在此不该忘记的是，这种基本理念是新教特别是德国路德宗最深刻的精神命脉，虽然它通常是默默不语的。沙夫茨伯里、莱布尼茨和阿诺尔德这些人都在一种独立于世俗权威的精神环境中生活和思考，并在信仰上忠诚于上帝。这正是他们为历史主义做出开拓性贡献的基础所在。现在，我们将在维柯那里展示出，在天主教世界更为严苛的环境中可以为历史主义做些什么。

维柯、拉菲陶

并非偶然的是，这样一些思想家来自德意志、英国和意大利。这些思想家在18世纪最初的三十年岁月中为一种新型的历史思想铺就着道路，而这种新型的历史思想将能够克服那时正蒸蒸日上的启蒙运动。因为尽管存在着为宗教信仰的分歧所加深的精神差异，这些民族却由于一种特殊的思想亲和力而相互携手。这种思想亲和力的力量比法国思想更为强劲，能够克服理智主义的限制，能够从内在运用所有精神的活力来思考，所以它能够造就精神上生机勃勃的个体。在文艺复兴时期，意大利就为此而筚路蓝缕。后来的反宗教改革运动和异族统治抑制了这条发展的道路，但从不能彻底地关

第一章　先驱者

闭它。尤为明显的是，南意大利的科学生活萎缩为一种干枯抽象的经院哲学，甚至从法国吹来的笛卡儿哲学和机械论思想的清新暖风也不能使它重新活跃起来。就在这时，宛如奇迹般的绿洲景观，在这片思想的沙漠中出现了维柯（1668—1744年）。他表现出了丰富的不可穷竭的和创造性的精神力量。这位谦和的思想家是那不勒斯大学的修辞学教授，从外部环境来说，他是相当不幸的，遭到了同时代人的忽视，单枪匹马地进行了反对笛卡儿主义和机械主义的战斗，也进行了反对17世纪伟大的自然法导师们的偏见的战斗。在《新科学》(*Scienza nuova*)（三个版本，1725、1730、1744年）中，他为历史思想创造了一种全然新颖的推理工具。①

在这里，不像沙夫茨伯里和莱布尼茨那样从自然法中悄悄地和缓慢地摆脱出来，而是一种剧烈的突破，一种由一位旗帜鲜明的思想家所进行的突破。他拥有卓越的想象才能和直觉气质，虽然具有

---

① 根据1744年版本及其1730年异本等出版的校勘版《新科学》，尼科利尼，三卷本，1911—1916年；可进一步参看克罗齐《维柯传》(*Bibliografia Vichiana*, 1904年）和《维柯的哲学》([*La Filosofia di G. Vico*] 1911年）；这里利用了奥尔巴赫—吕克（Auerbach-Lücke）的德语译本，《维柯的哲学》（1928年）。这里还参考了彼得斯（R. Peters），《维柯的世界历史构造》([*Der Aufbau der Weltgeschichte bei G. Vico*] 1929年）。进一步的参考文献有：较早的但更为直译的《新科学》德译本，韦伯（W. E. Weber），1822年；一个优秀却相当简缩的新译本，奥尔巴赫（E. Auerbach），1924年。关于维柯的富有价值的评论有施普兰格尔的《文明循环理论与文化衰落问题》("Die Kulturzyklentheorie und das Problem des Kulturverfalls")，见于《普鲁士科学院大会会议记录》，1926年1月28日大会。另参看格明根（O. Frhr.v. Gemmingen），《维柯、哈曼和赫尔德》（慕尼黑，论文，1919年）；奥尔巴赫，《维柯和赫尔德》，《德国文学研究和思想史季刊》，第10期，1932年；迈尔（G. Mayer），《维柯和孟德斯鸠的历史》("Die Geschichte bei Vico und bei Montesquieu")，见于《奥本海默纪念文集》；尼科利尼，《维柯的青年时代》(*La Giovinezza di G. B. Vico*)，1932年。

强大的逻辑力量，但他的思想却是从其灵魂的幽深处喷涌而出的，刺穿了理智主义的藩篱，最终到达了自身真实的本质，从而获得了崭新的知识。自从柏拉图、柏罗丁和奥古斯丁以来，在天才人物身上一再地产生了这样的思想突破，但他们从未能够改变整个知识气候，甚至其成就自身也未能完成彻底突破。维柯同样也没有实现这两者中的任何一个目标，正如我们将展示的，他在一个本质性的方面落后于沙夫茨伯里和莱布尼茨，虽然在另一个方面远远地超越了他们。沙夫茨伯里和莱布尼茨这两位思想家获得了成为随他们而来的更成功的一代人的导师的荣誉，是思想链的最初环节。对于我们将要考察的那些思想家来说，维柯只留下了非常轻微的影响，因此他被看作是 18 世纪知识生活中的一位孤独的和不被承认的局外人。孟德斯鸠拥有他的著作，但似乎没有利用它。① 哈曼在 1777 年得到了《新科学》，但却大失所望，因为他没有找到他当时正期盼的对于经济研究目的而言有用的内容，所以就将此书束之高阁了（《文集》，第 5 卷，第 267 页）。赫尔德在描述他所感兴趣的作者时是不吝言词的，然而直到相当晚的 1797 年的《人道信札》（*Humanitätsbriefe*）（《全集》，第 18 卷，第 246 页）中，才花了一页篇幅对维柯进行了温和的评价，没有迹象显示，他在自己思想多产的岁月中是读过维柯著作的。歌德在意大利旅行中才注意到维柯，并且感受到了其天才的呼吸，但他似乎把维柯更多地看成是通向未来的一根指针，而不是一位历史的阐释者，从而不再对他作进一步的研究。

---

① 参看克罗齐，第 243 页。关于维柯循环学说可能产生的影响的一个小小的痕迹，接下来在探讨孟德斯鸠时将会涉及。

第一章 先驱者

也许，在18世纪就已存在着对维柯思想没有指名道姓的借用。但是，关于这种设想，直到今天尚未发现充分的证据。[①] 与维柯相联系的思想情形，除了少数例外之外，并不具有一种能够较确定地追溯到维柯的明显特征，它们也可以用一时的新创造来解释。在他对古代、对古代诗歌和荷马的新观点中，这种情形就是特别明显的，就像我们将看到的，这种新观点在一定程度上是与英国前浪漫派一致的。但他的一些——虽说不是所有的——伟大的和新颖的思想也能够在其他地方开花结果，甚至在他的已刊著作受到忽视的情形之下，这种现象显示了当时对于这些思想精神的一种更普遍的渴求。直到19世纪，他的其他思想才起了点作用，或者至少是激起了世人的惊奇，只是他所获得的比以往高一些的承认绝不是充分的承认。实际上直到20世纪早期，克罗齐才率先逐步深入地挖掘了维柯的思想财富。也许因为他那搏斗着的和探索着的精神的幽深模糊，这种精神始终在探索着，却从不能获得圆满；或者借用克罗齐的话，因为富有灵感的模糊不清或模糊不清的灵感，他的思想财富深不可测，在每一代人面前都能表现出新颖的方面。进入他的著作，就仿佛一个人在充满了奇妙的和天马行空般的奇思异想的瓦砾堆中漫游，然而却处处能够看到隐藏于其下的思想宝藏的闪光。

我们必须强制性地穿越其思想中众多的问题和含混不清之处，以便用简洁的形式指出哪些观念表现出了与即将来临的历史主义之间的联系，不管是通过预感或亲缘关系，还是与之对立的关系。我

[①] 也可参看罗伯逊（Robertson）《十八世纪浪漫主义理论的起源研究》（*Studies in the Genesis of Romantic Theories in the 18. Cent.*），1923年，第287页及以下诸页，假定了维柯对于德国运动尤其是对赫尔德的强烈影响，但没有提供证据。

们至少得涉及克罗齐仔细研究过的维柯的认识论和形而上学哲学。他的思想类型使他成为了广义上的柏拉图主义者,正如他在年轻时急切地吸收意大利文艺复兴时期的新柏拉图主义者的思想一样(尼科利尼,《维柯的青年时代》,第103页)。他吸收了历史环境中的思想,就像植物吸收土壤中的养分那么自然和深刻,以至于在他的新思想要悄悄地将极力把握的对世界的神圣超验转变成世界中无处不在的神性时,他也没有丧失一种严格的天主教信仰的意识。在他有关"形而上学的点"(metaphysischen Punkten)的学说中,新柏拉图主义的世界观依然是显而易见的,所谓"形而上学的点",也就是说,神通过一种内在的非物质力量使生命和运动诞生,在这里,机械的因果联系仅仅描述了事物的表面。尽管存在着差别,但我们在这里禁不住想起了沙夫茨伯里的**内在形式**和莱布尼茨的单子学说。不过维柯更为深刻的基本原理是:人们只能理解他们自己创造的东西,这已然让我们隐隐约约地想到了康德。这条原理,与他关于自然的具有反机械主义倾向的想象丰富的观念一起,与他对于现代机械论自然科学和笛卡儿主义的反感一起,使他获得了一种远远超前于其时代的巨大信心。他认为,人类最能卓有成效地认识的领域不是物质的自然,因为正是神创造了物质的自然,也只有神才能充分地认识它。人最能认识的是历史,是人所创造的"民族的世界",在这个领域中,虽然关于事物的圆满真理也仍然只有神才能认识,但人类毕竟可以获得概然性的真理。从主观上来看,当他的发现工作向前推进,当他越来越深入地进入事物的心脏时,他的期望值也越来越高,从而相信通过历史能够完全地认识神圣的天意。

现在要研究的是他历史见解的基本观念。

第一章　先驱者

他以基督教教义和新近获得的历史洞见之间一种引人注目的和问题重重的折中来开始历史思考。上帝赐予人类以善，给予其自由意志，人类则因为自身的过失而犯罪，然后遭到了大洪水的惩罚，并几乎遭到毁灭。幸存者一部分成为了选民犹太人，他们接受了神圣的启示，在神圣先知的带领下开始了一种异乎寻常的生活方式；一部分成为异教民族的祖先，陷入了一种几乎动物般的生活状态之中，再由此出发极其缓慢地向上攀升，这些人被异想天开地描绘成"巨人"。宗教，即使是朦胧含混的宗教，都起源于极为原始的心灵，起源于对表现为闪电和打雷的更高力量的恐惧，也是归化野蛮的巨人族的工具，逐渐地促生社会机构和制度，最终产生民族共同体。随之而来的是，每一个民族被相继划分为神的时代、英雄的时代和人的时代。在这里，我们不能在陈旧的理想化意义上理解神的或黄金的时代。神的时代是这样的一个时代，在那时，世界最初的黄金，也就是它最早的谷物，被播撒开来，在初民的想象中诸神在大地上漫步游走。所有的民族，犹太人除外，都经历了同样的演化过程。与此类似的是个人精神的演化过程，个人始终从最原始的生存阶段开始，走向成熟的理性人性，它构成了真正的人类本性。在这里，最重要的观点是人类精神和心智的构成总是随着时代而变化。起初，它几乎处在动物的水平；然后一步步地，它变得更为人性化了一些；正是这些不断变化的人性状态在每个阶段创造了相应水平的道德与社会和政治制度，从巨人的无国家的孤独存在一直到人民共和国和完全的君主制。当创造性想象力丧失其活力的时候，反思和抽象就走上了舞台。正义和自然的平等，人的理性——"只有它才是人类真正的本性"——就大行其道了。但人性的弱点从不能够实现或保持完美状态。当圆满的成功在望时,人类却被内心道德的败坏侵袭,从而又陷入了他们早期的野蛮状态,并重新开始了同样的生命过程:过程与复归(Corso e ricorso)。

因此首先,这种学说是古典世界和文艺复兴时期的古老历史循环论的一种华丽辉煌的重生和深化。按照波利比乌斯的教诲,不仅政体形式以一种循环方式依次演变着,而且创造了这些政体形式的民族的心智构成也如此演变着。并不仅仅民族的美德,如马基雅维里深入补充的,在兴衰起伏,且在各个民族里有所不同。他没有假定单个心智力量的变迁,而是设想了同一个民族内部整个的心智力量体系也在规律地转变,在民族中,这些体系中的每一个都具有自己特殊的心智能力,又具有特殊的美德和缺陷。这样一来,就从人类心智和灵魂的如此一步步的特殊发展中产生了各民族的命运起伏。

从来没有人给出过如此深入历史根基而又涵盖广泛的叙述,其中人类的历史被按照不同民族加以划分。但是,虽然这幅历史景观看起来是如此富有革命性和富有成果,却没有道尽维柯著作中所包含的重要内容和最深刻的思想。在这里,我们显然又遇到了传统的素材,但它们却被转化成了新颖的和创造性的素材,这些新颖的和创造性的素材后来,不管是否处在维柯的影响之下,都成为了现代历史思想的基础。

正是维柯的天意观念把我们带到了一个问题意识丰富的幽深处。他与从圣奥古斯丁到波舒哀的所有基督教的历史哲学家一道,持有坚定的信念,即认为上帝按照他的目的统治着世界,根据他的意志安排着各民族的命运。但他的统治是如何进行的呢?他是如何、在何时何地将他的意志启示给各民族的呢？在基督教徒的圈子中直到那时为止，以及在维柯时代过去很久之后，都存在着将上帝拟人化的解释，认为在各种族和各民族遇到的不幸或幸运中可以直接感受到上帝愤怒的惩罚或恩典。在可能的地方，人们甚至认为上帝会通过奇迹或异乎寻常的行为来加以干预。但在维柯的思想中，没有关于这一切见解的蛛丝马迹。他实施了一个决定性的转变，借此，基督教能够在一定程度上与主观唯心主义哲学相容，也就是说在历史世界中，上帝只有通过自然行动着，通过他自己所创造的人性行动着——不过自始至终，选民犹太人是除外的。唯有人的本性才让人想到其自身的优点。圣灵允许人类的激情自由运行，因为他曾给予了人类以意志自由的礼物，但与此同时，圣灵又从容地和智慧地引导着事情的进程，从中产生和发展市民秩序，从对野蛮状态缓慢的克服直到最终达到人性。上帝，就像维柯自己所说的，"使这些有限的人类目标服务于他自己崇高的目标，同时始终指引着人类，以便使他们持存于大地之上"。这让我们不由得想起了黑格尔的理性的狡计和冯特关于目的的多样性学说。接下来，在我们会加以描述的发展过程中较高的阶段碰到赫尔德时，我们将返回到这个问题上来。一个长期以来的基督教观念，认为上帝也运用恶作为实现意志的工具，但通常而言，人们在此是人格化地思考个别情形的。维柯深入到了历史的幽深处，把整个历史生命看作受人性限制的激情的自然过程，尽管如此，因为人类中的崇高理性凌驾于非理性之上，仍然产生了富有意义的和富有价值的结果。就是这样，维柯将上帝之手撤回到了稍微远离历史的地方，不过并没有削弱上帝的控制，同时赋予了历史运动以自然的自由。在世俗化历史的方向上，这是一个决定性行动，是现代历史思想的基础。维柯不是作为一个像启蒙运动思想家那样的怀疑主义者，而是作为一个信仰者采取这项步骤的。他仅仅做出了一个开端，因为从永恒的视角（sub specie aeterni）来看，历史在他眼里依然是遵循于上帝的直接意志的。但是，在他看待历史事物的新方法之中，存在着一种对他来说隐蔽的急迫要求，要求将历史全然地解释为无处不在的力量和法则的作用结果。人们甚至批评他，从《新科学》第一卷进展到第二卷的过程中存在着一种日益增长的倾向，倾向于在上帝领导世界的超验方面越来越多地强调内在的原则（彼得斯，第18页，见上述引文）。这也许过于笼统了，他有意识的愿望肯定不是朝着这个方向的。这一点表现在，他赋予了宗教以伟大的重要性，把它当作逐步改善原始人性的主要工具。哪怕它只不过是一种朦胧含混和错误丛生的宗教，通过在雷暴中启示给他们的闪闪发光的神，通过神在他们心中激起的恐惧，也创造性地在巨人们原始混沌的心智中燃起了光明。"唯有通过宗教，"他总结说，"各民族才能在感性冲动的推动下去做善事。"这项判断甚至将异教也当作了神的工具——在朝向历史的世俗化道路上走出了另一步——因为直到那时，基督教思想家还只能承认它们作为启示的工具而带有卑贱的和歪曲的特征。但是根据维柯的说法，宗教现在不容置疑地成为了历史中最有价值的力量。

维柯的观点，亦即当人们在创造公民秩序和文化时，他们自己并不知道他们在做什么，而只不过是在追随着他们狭隘、自私、感性的眼前利益，对历史思想来说，具有又一种解放性的影响。关于国家是通过生活于其中的人类签署的理性契约而形成的自然法学说因此丧失了其根基。由此，可以说它摧毁了与之相联系的实用主义，及在其之后仍继续统治了很长时间的习惯，它设想到处存在着有意识的目的，从而在伟大的历史机制中也看出了个体有计划的作为。维柯赞成关于"人通过理解一切事物来变成一切事物"（homo intelligendo fit omnia）的理性形而上学的判断，反对关于"人凭不了解一切事物而变成了一切事物"（homo non intelligendo fit omnia）的源于想象的形而上学的判断。他解释说，假设米诺斯、忒修斯、吕库尔戈斯、罗慕路斯和其他的古罗马国王颁布了普遍的法律，是一种错误。这项洞见使他勇气倍增，从而在这点上抛弃了基督教传统，而返回到了其天性中更深的层次中去。他不仅通过实践经验探索着它，认识着它，而且在二十年不辞辛劳的研究工作中，更是带着热烈的心灵和跃动的脉搏体验着它——他体验到了原初人类、远古时代和原始诗歌的经验，这是诗性的、想象的和情感勃发的原初人类的思想，这些原始人类是令人恐怖和极端残忍的，然而也是心胸豁达、善于发明和富有创造性的，他们巨大的想象力是现代人无法设想的。在年轻的时候，他阅读了卢克莱修的教诲诗《物性论》（de rerum natura），其中关于远古时代的宏大景观在很多细节方面对他产生了经久不衰的影响（尼科利尼，《维柯的青年时代》，第 121 页及下页）。但是，他增加了新颖的和创造性的认识方法。他深入到了荷马的人性世界之中，其中的伦理与现代的伦理观念相对立，深入到了早期严格的和残酷的古罗马法之中，深入到了塔西佗的《日耳曼尼亚志》之中，而且洞悉了那些拥有富于表达渴望和具有激发力的思想的儿童心灵。然后，带着所有这些知识，他将注意力转向了他自己国家的下层人民的行为和习惯；最后，他极其恰当地运用了关于美洲土著的心智构成的知识，这种知识在当时还是稀少的。在

61

以天才的能力将所有这些知识来源结合在一起之后，他明白了，人类在从前一定迥然不同于后来的哲学家和作家在教科书上所描绘的景象，也不同于现代伟大的自然法导师所宣称的景象。因为这些后来人从未能够超越对国家产生之前处于自然状态之中的人类景象的一种以标准的人类为导向的模式化的设想。①

由此，来源于古典世界的认为人类本性相同的自然法观念被打开了一个具有决定性意义的缺口。人们也许会猜测，正是从这里开始，他产生了急切的渴望，渴望重新思考流传下来的关于天意的基督教教义，并像上面所指出的那样赋予天意以新的方向。以某种奇特的方式，神圣的意志使得从前的人类截然不同于人类当前的样子，使得他们不知不觉地通过盲目的然而事实上又创造性的非理性过程演化着。

对于历史发展的观念来说，如今这条道路就变得畅通了，还不曾有人像他这样严格和逻辑地思考过它。但在我们估量它的本质和局限性之前，我们必须迅速地考察一下这种新的普遍发现带来的一些特殊的结果。维柯感到自豪的是，通过这种方法，他开启了通向真实的荷马的一条通道。产生于古代的观念模糊了真正荷马的样子，把他当成了秘密智慧的教师与古希腊习俗和文明的创造者。维柯捅破了这层观念的窗户纸，把荷马当成诗意地反映了奇丽魔幻的野蛮生活的一面辉煌瑰丽的镜子。他不是以人格化的方式来看待荷马，而是把他当作整个民族的反映，就荷马史诗中颂扬的历史而

---

① 参看耶利内克（Jellinek），《国家学说中的亚当》（*Adam in der Staatslehre*）（《著述和演讲选集》，第2卷，第40页）。"自然法概念中的所谓的原始人业已拥有了一种得到完美发展的理性。"

言，整个民族才是真正的创造者。原初人类所有的思想和语言都是彻底的诗意和富有想象力的。对他来说，神话表现的不是别的，而正是诗化的历史叙述，这种历史叙述通过奇妙的类概念表达了来自于人类无际无涯的幻想的观念，例如，赫拉克勒斯虽不是一个真正的历史人物，但是具有"从人类勤奋努力的角度来看的民族创立者们的英雄性格"，反映了真实的历史生活。神话和语言是那些时代流传下来的最真实可靠的遗产，在他看来，是历史知识真正的源泉，而那些后来的历史学家和哲学家的历史描述，由于其时代偏见而丧失了价值。虽然他自己也时常受到这些原始时代精神的影响，而用一种夸大其词的奇特瑰丽的方式来解释他们的神话，但从心理学上来说，这对于他探索着的洞察力是一种必要的思想伴奏。他怀着一种几乎恶魔般的激情逃离了我们自己枯燥无味的反思性的时代思想中虚假的范畴，而一头扎进了恐怖野蛮的真实远古世界。他丝毫没有表现出浪漫的渴望或理想化的倾向，在这个世纪日益增长的感伤中，这种浪漫的渴望或理想化经常在探索原始时代和初民的时候表现出来。因为他对原初人类诗意力量的渴慕自始至终为对他们那非人性的野蛮的恐惧所抑制。他更多的是继承了某些为巴洛克时期最卓越的人物所采纳过的感受方式，继承了某些渴慕和恐惧混合在一起的矛盾感觉，早在一个世纪之前，博卡利尼就以这样的方式凝望过国家理性的深渊。但后来兰克的理想，即彻底地淡化自我以便获知历史现象的压倒性力量，已被维柯以一定的方式实现了。

维柯对于真实的和真正的古代的感觉，使他致力于恢复古罗马历史尤其是他曾深入研究过的古代法律的原始面貌。他认识到原始法律结合了形式的严厉和诗意、感性力量的奇特特征，认识到了贵族和平民之间的阶级斗争与一般意义上的阶级斗争在政治发展中的重要性①，认识到了在政体和罗马制度史中连续性和变化的混合，在一大堆奇异的大胆观念中，他触及了社会变化的原因，这种原因从社会自然的利益中以巨大的影响播撒开来。在这里，就像在其他地方一样，他的社会分层观点是重要的，植入晚近时代的古代政体和风俗习惯的残余，后来被称为历史的积淀（survivals），它对于历史学家来说，就像地质化石对地质学家那样重要。维柯经常以一种灿烂辉煌的画面来将它们比作奔腾而下的淡水，这种浩浩荡荡的奔腾所带来的冲击力将它直送入海洋。他认为没有什么是稳定的，一切都由变化而来而又继续演化着。"事物的本质不是别的，而是它们在特定时期和特定环境中的形成（nascimento）。"

但是，当我们注意到，在他新近获得的关于古罗马国家和民族发展的景象中，领袖人物或外部的战争和权力斗争在其中没有表现出任何意义重大的作用时，就接触到了他的发展观念的局限性。有理由说，他让历史的钟摆过度地摆向了集体主义的方向（彼得斯，第19页）。的确，他由此克服了人格化的实用主义倾向，但没有克服一种错误和短视的直觉，这种直觉认识到了历史中人格的力量，却将它称之为实用主义。这种人格的力量虽然紧紧地扎根于大众历史之中，却能够赠予它崭新的动力和道路。历史发展观念与国家和民族命运也不能拒绝战争和权力政治作为内在生命的决定性因素，和作为在它们的兴衰起伏中难以估算的因素。正是领袖人

---

① 在这里，马基雅维里的《君主论》对他也许有所影响。参看尼科利尼，《维柯的青年时代》，第107页。

物和战争最明显地赋予了历史进程以奇特的和无法预知的特征,确保了历史的进程从不会遵循一个普遍的法则。但维柯是如此地沉溺于新发现,以至于他坚持要寻找这样一个普遍的法则,即他一再称呼的理想的永恒历史(storia ideal eterna)。"过去必须如此,现在必定如此,在未来这也将命定如此",这是他先知式的呐喊,以一种几乎冷峻的激情向世界历史的过去和未来进军。因为正如我们业已看到的,他认为所有的民族在心智、风俗习惯和宪法形式上必定要经历同样的发展过程,他主要以古罗马的例子表现了这个过程。关于这种历史模式的众所周知的例外,不管它是迦太基人还是美洲的土著,他都认为要归因于次要的偶然原因。但是就像克罗齐恰如其分地评价的,他并没有把古罗马仅仅作为古罗马来研究,而是把它作为民族的合乎规范的榜样来加以研究的。同样,在维柯著作中寻找本义上的世界历史是毫无意义的,因为他忽略了世界规模的民族间的相互作用,以及这些相互关联是如何首要地通过战争和文化的接纳而产生的。他的一个主要论点是,每个民族从自身自然地产生同样的发展阶段。他首先亲自设想出这个论点,因为在较早的一篇文章中(参看克罗齐,第169页),他仍然把罗马人看作更古老的意大利人和古希腊人的学生。他这样做并不是全然错误的,因为现代的历史研究也允许在从原始民族向有高度文化的民族的提升中与类似的和可比较的发展阶段看齐。但是,典型总是与完全的个体混合在一起,维柯仅仅对典型而不是对各民族的个体化表现出兴趣。也许他看到了一些个体因素通过气候和其他地域性的因素在历史中起着作用,但他将这些搁置一边,认为它们的作用是微不足道的。

的确,也许他更偏爱古希腊、古罗马和古代世界衰落以来在西方崛起的其他民族，这不仅是因为比起远东和新大陆的民族及原则上包含于其中的周边民族来说，他无比地熟悉它们，也因为他感到自己的命运不由自主地与它们更紧密地联系在一起，我们可以说，与它们更个性化地休戚与共。但他与每个民族通过其种族的构成和其特殊的历史经验所获得的非常个性化的特征却统统失之交臂。他也没有赋予各民族任何特殊的个性化的"民族精神"。

世界历史被看作是一连串的各民族同样的发展过程，宛如一串成熟的葡萄，其中每一颗葡萄看起来都与其他的葡萄非常相似。他教导了典型民族的发展，却没有教导个体的发展。因此，这种发展观念被严格地束缚于纯粹的进化观念。他是现代实证主义和集体主义的先驱，但对历史主义来说，只有当它将典型的发展也纳入它更丰富和更复杂的发展景观时，才承认维柯为先驱。维柯留给历史主义和实证主义的共同遗产是，他将历史领域拓展到了世界上所有的民族，以及他探索历史时所使用的归纳法，这种方法在细节上有些武断，但在原则性层面上却是伟大的。只要他没有固守归纳法，而是陷入了敢于使用具冒险性的演绎法的话（例如，他大胆地宣称，对于想象中的其他世界的诞生情形而言，他所发现的法则是同样有效的），他就必定在形而上学的层面上超出了历史主义和实证主义的界线。我们甚至可以更公正地批评他对上帝的选民犹太人的豁免，他认为犹太人是最先接受神圣启示的。

歌德是深刻地理解到类型和个体之间关系的第一人，这个历史生命的神秘问题从不可能获得一种完全逻辑性的答案。人类精神在国家、社会、宗教、经济甚至在人性上总是产生着一系列重复出现的生命形式的类型，在一定程度上，这些类型带有个体的性质。它

第一章　先驱者

们只有通过发展才能表现自身，它们不是稳定不变的，而是始终在变化着，或者上升，或者衰落。维柯在突破奠基于自然法的僵硬思想的战斗中表现出了强大的力量，对类型的起源、成长和衰落的过程具有相当深刻的和透彻的理解，这样的一位思想家，显然也应该具有内在的思想背景和能力来理解历史中的个体。为什么他没有展示出来呢？

克罗齐为此给出了一个富有见地的回答（第126页及以下诸页和第183页）。在将犹太人从历史发展的一般法则中豁免出去的引人注目的做法中，他看到了一种有意为之的视而不见，这种情况在许多有文化的和博学的信徒那里发生过。如果维柯深入到了各民族不同的独特生命中，那么他要么追随波舒哀非科学的榜样，处处追踪上帝的干预之手，要么彻底地世俗化历史。他不想效仿前者，又不敢走后一条道路，因此，在他面前只有唯一一个选择，就是从他的哲学允许他的立场出发来看待历史事实，把历史视为一种精神的永恒过程，但这种过程只包括一般的共同性，而不包括个体。

人们可能会抗议，认为在后来赫尔德和兰克的例子里就证明了将历史中神圣天意的观念与一种关于个体的充分意识结合起来的可能性。但这些例子产生于一种变化了的思想氛围中。与此相对，维柯是第一个冲出自然法藩篱的思想家，他的思想中携带着这种突破的痕迹。因此，我们将努力扩展克罗齐的思想线索。我们相信在这里有一道裂缝，不但区分出了他身上思想家和基督教信徒这两种角色，而且使自然法静态思想中的一些残余继续存在并在其新颖的生机勃勃的发展观念中起着作用。他还表现出17世纪伟大的体系创造者们综合精神的迹象，不过在这之中没有启蒙思想家在分析和解剖事实时的那种喜悦，这种综合精神结合了对于繁多的和色彩斑斓的历史生命的无限好奇心，我们将会发现，它也是个体考察的一种准备阶段。不仅如此，他还缺乏主观性因素，缺乏对个体灵魂的需要和谜题的关注，通过对自身的个体性的日益增长的意识在未来必将通向对于历史个体的赞赏。他深入研究的是一般意义上的人类，而不是作为个体的人。不管怎么说，这一直以来也是自然法的态度，维柯仅仅是通过他对人类对象更为深刻的和更为全神贯注的研究，才与这种立场区别开来。17世纪的自然法为人类寻找的是永恒的、万古长新的和简单明了的真理，维柯也同样如此，只是存在着这样一项伟大的差别，亦即他不再寻找存在的和永久不变的法则，而是发现了关于发展的法则。他并不主张人性的本质是不断重复出现的和基本上不变的，相反，他引入了这样一个命题，即决定人类变化的普遍有效的形式是不断重复出现的和基本上不变的。他将一种生动活跃的内容注入了固定不变的容器中。他在思想史上提供了一个关于发展之连续性的最伟大的例子，通过这种发展的连续性，溃败者奇妙地依赖于获胜者而继续存在。而在他自己看来，容器似乎比内容具有更大的价值。

　　但我们不应该用一种过分固定的和外在的方式来解释我们关于容器和内容的意象。这种思想中固定和运动最奇特的混合通过他最大胆的学说表现了出来，即复归（ricorso）必然在一个民族的一段历史过去后再继续下去，再一次地从野蛮状态走向文明状态。他所面对的这种历史进程是，西方民族从一片废墟的古罗马帝国和野蛮民族的大迁移时期的低下水平向上的发展。他将这段历史称为复归，从而犯下了回复性的错误。因为如他自己所认识到的，新的西方民族并不和没落的民族同一，甚至意大利民族也不是。因此确切地说，他们现在开始的是一种过程（corso），而不是复归。至于其余他加以研究的或接触到的民族，他甚至没有尝试去阐述是否存在着复归。他清醒地意识到在古典世界的终结和西方文化的复兴之间存在着一道深深的鸿沟，尽管如此，他认为在它们两者之间仍然存在着世界历史的连续性。即使再次崛起的不是同样的民族，它们无论如何是作为古典世界的文化财富和传统的继承者而兴起的。不管维柯的重建工作在细节上显得是多么的大胆勇敢，它仍然不过是一种伟大的和富有成果的理解行为。它在古罗马和西方中世纪的社会发展之间辨别相似之处，在两种情形之中，核心都是土地所有权的演变及由此而来的所有影响。认识到产生于人类反思时代的道德破产的复归的野蛮状态要比演变过程中的原始的野蛮状态更为糟糕，这也的确是一个深刻的洞见。他确实没有声称民族的演变和复归在这方面是绝对一致的，因为不是异教，而是基督教进入了西方文化假定的复归中，为西方文化带来了一种崭新的特性，如果我们正确解释他的思想的话，甚至有一种比在古典世界的发展中更高的人性在其中成长出来。但这些都是维柯自己最终也无法加以彻底解决的问题，因为在这里并非不存在矛盾和含混之处，大体上来说，一道朦胧不清的帷幔遮蔽了有关复归的学说。它是一个宏观的预言，因此在本质上不同于通过归纳和直觉的方法获得的关于原始时代的知识。

　　这种学说中的又一个显著特点是它超越了存在于文化乐观主义和文化悲观主义之间的矛盾。引人注目的是，他在对各个历史时期的描述中迅速地带过了人文主义时期，而根据他的观点，这个时期将会展示出真实的人性。虽然他赞赏人文主义时期，但他把它看作注定要悲剧性地衰亡的,这是因为人性中根深蒂固的弱点。然而从这种衰落出发,经过最糟糕的野蛮时期,它必定会从文明的灰烬中像凤凰涅槃般崛起,并再次向新的顶峰奋进。作为天主教信徒,他把这种生长、衰落和复兴的历史节奏视作上帝保存人类的方式。关于纯粹衰落的机械观念威胁着要从历史中根除所有的意义,在此被关于一种不可穷竭的再生力量的更高观念超越了,这种再生属于总体上的人类,而不是个体。这是"永恒的洋溢着诞生和死亡的大海",后来得到正确理解的历史主义不再能够运用维柯严格的循环模式。但是,维柯曾感受到的"死亡和再生"的节奏,在它之中再次活跃了起来。

因此,从沙夫茨伯里和莱布尼茨那儿通向历史主义的道路,与维柯的道路是多么不同。前者综合了新柏拉图主义和新教的思想,努力地接近了个体观念,但由于至善论理念而在通向发展观念的道路上却步不前,这种至善论理念在18世纪仍然是支配性的。维柯运用巴洛克的和天主教的感受方式在思想史上获得了发展观念,他能够深刻地理解奇特的人类精神,却没有获得个体观念。他教导了发展学说,而不是个体学说,以至于他的发展观念也束缚于单纯的进化,但他后来通过有关再生的观念,通过每个发展阶段的重要性和独特价值的见解而赋予了发展观念以更为深刻丰富的维度。甚至莱布尼茨,正如我们会想到的,认为无限的进步不但不会被所面临的革命中断,反而会被它促进,他的这种观点与维柯关于宏观历史的观点相隔并不遥远。他的依赖于上帝的众多单子束,奇特地类似于维柯的众多依赖于上帝的民族。这两位思想家对人类远古和早期历史的兴趣,正如我们将要看到的,作为转变历史思想的推动力,将在 18 世纪开花结果。在维柯那里，这种兴趣上升为一种对于原始时期的真挚的深刻感受，但莱布尼茨冷静的、博学的仔细研究却只能够辨认出这种新的历史对象的重要性，而没有更深地加以体验。在这两位思想家对作为历史生命的表达和源泉的语言领域中所进行的探索中，或许也出现了同样的情形。所有维柯的著作具有更深的感觉和灵魂的渗透力，与此同时又更内在地与人类精神的整体生命水乳交融。

为了充分领会维柯在探索原始时代精神及其发展法则的方面做出的伟大贡献，我们可以将他与另一位当时对立面上的思想家作个比较。在维柯的《新科学》第一卷出版前一年，耶稣会士拉菲陶出版了伟大的著作《美洲野人风俗与原始风俗之比较》（[*Mœurs Sauvages Amériquains comparées aux mœurs des premiers temps*] 两卷本，巴黎，1724 年）。在这部著作中，他在掌握了关于原始美洲土著的第一手资料的基础上，试图将他们的宗教观念、风俗习惯和一般制度与古典时代作者提供的关于希腊和小亚细亚人民原始的社会面貌的描述进行比较。他曾经作为传教士在加拿大的易洛魁人和休伦人中间生活过五年，对他们所有生活的仔细观察使他确信，他们的文化水平并不像欧洲人普遍认为的那样落后。他感到吃惊的是，他们的文化水平与从希罗多德起关于色雷斯和小亚细亚野蛮社会及原始风俗习惯的描述、与《圣经》中的相关记载存在诸多相似。尤为特别的是，卑贱如斯的印第安人的宗教看起来包含着过去更纯粹的对上帝信仰的痕迹。在拉菲陶之前，经常存在着大量对于原始美洲土著的起源的迷惑。在他看来，最可能的情形是，他们是从亚洲东北部迁移过来的，而这种迁移一定在大洪水之后逐渐完成。他的求知欲和宗教热情结合在一起，使他提出了大胆的假设，假设美洲印第安人是在古希腊人和殖民小亚细亚之前占据着希腊的野蛮人的血亲，所以他们保存了更纯粹信仰的遗迹，这种信仰是从从前上帝给予初民的最初启示中流传下来的。这是一个他相信会解除无神论者武装的论据。

最初在我们看来，这只不过是那些过分大胆的谱系假设之一，通常被17世纪的古物研究者（通常建立在非常浅薄的证据之上）用来联系相隔甚远的民族。甚至格劳秀斯也大胆地认为印第安人中的尤卡坦人起源于信仰基督教的阿比西尼亚人（拉菲陶，第1卷，第412页）。但在对于原始人类真实的生活处境和思想模式的非常精确的、至今仍有其价值的理解方面，以及在对各民族中的制度因素的敏锐洞察上，拉菲陶要远远地高于其先行者。也许他是第一位发现在已知世界的各个地方广泛存在着母权制的思想家，即他所称的ginécocratie，这种母权制远远地分布到非洲，甚至在今天巴斯克人的继承法中还存在着。他甚至曾经试探性地提出了一个他钟爱的假设，即易洛魁人和休伦人与吕基亚*人之间存在着关系。

拉菲陶和维柯都具有大胆设想的勇气。但维柯凭着天才的直觉发现了所有民族中真正的发展和类似的发展倾向，而拉菲陶仅通过关于族谱假设的、机械的、以《圣经》常识为基础的方法来解释原始文化阶段之间的相似性。他没有看到发展，而只看到衰落中的

---

* 古地名，位于小亚细亚西南部，靠爱琴海。早期为独立国家，后为波斯和塞琉古所统治，于公元前2世纪被罗马兼并。——译者

传统。他用聪明的和受过知识教育的观察者目光来描述这些原始民族的观念、风俗习惯和制度，他甚至理解人性，在判断中能够做到不偏不倚。相反，维柯亲身深入到了令人畏惧的原始时代的黑暗之中，运用创造性的想象力将原始人内在的生命与其制度联系起来。但这两位思想家在一个伟大的和富有成果的基本思想上是一致的，这就是说，在原始人的生活中，宗教是最强有力的因素，渗透和参与构成了他们整个的生活。"宗教在人类以往的一切行为中都发挥着作用。"拉菲陶如是说道（第1卷，第453页）。我们甚至发现他试图撰写一部比较宗教史的著作，虽然他那教条化的前提和无法摆脱的自然法思想方式导致他又返回到了关于传统和衰落的观念，以及关于人性中持存不变的善与恶的观念（参看第1卷，第484页）。

他试图通过显示原初神圣启示的广泛迹象来使无神论者缴械投降的努力，是利弊皆有的。因为对于18世纪的自然主义者和自然神论者来说，将这种迹象转变成为普遍存在的自然宗教的证明，是毫不困难的。但他的经常被运用的著作，在这个世纪对于关于自然状态人类的更为精确的知识、对于探询与他们的内在联系的日益增长的需要来说，是一种更大的帮助。拉菲陶不像后来的卢梭那样去描绘一个失去了的天堂，对于这个天堂来说，他是过于客观和冷静了。但是通过他的著作，原始人类在公众意见中的地位上升了，显得拥有独特的美德，而这些美德在欧洲的人性化过程中却被削弱了（第2卷，第281页）。他拯救了比较各民族特征和人类制度的热情，将之从充满着任意观念的原始阶段——尽管还存在着这类倾向的一些痕迹——提升到了更高的阶段，看到了必要的要求，亦即广泛地收集丰富的经验性资料。因此，这位耶稣会士的著作既有益于启蒙运动历史学，也有益于即将来临的历史主义。只需要添加一些想象和感受，就能点燃他所描绘的景象，为它注入真正的活力。赫尔德赞赏这部著作，将其称为"一部关于野蛮人的伦理和诗歌的纲要"（《全集》，第9卷，第542页；也可参看第5卷，第167页）。因为他在其中发现了关于自然状态中的民族的可信知识，尤其是发现了对他们浓烈的宗教气质与他们诗歌和舞蹈中的迷人力量的描述和理解。拉菲陶关于所有民族中存在着原始启示的痕迹的假设，也吸引了赫尔德。

因此，在一定意义上，拉菲陶占据了维柯在18世纪本来可以占据的位置，而维柯在那时还默默无闻。虽然他不如维柯那么卓越，但他绝不是一个无足轻重的人物。这四位我们正在研究的来自18世纪早期的杰出思想家——沙夫茨伯里、莱布尼茨、阿诺尔德和维柯——共同表达了即将来临的历史主义将奠基于其上的基本因素：新柏拉图主义、虔敬主义和新教，一种新颖的审美感受能力，探索与原始人类的联系的崭新和更深刻的需要，而在所有这些思想因素之后激荡着的是一种新的精神生命。所以，当这个世纪的历史思想首先关注于征服历史世界，关注用启蒙运动方法向历史世界注入新生命时，这种历史思想初看起来是一种非常不同的历史思想，但这不是绕道而行，而是通过一系列极富成效的张力内在地丰富了发展的道路。

第二章　伏尔泰

　　我们可以在伏尔泰的作品中初次看到启蒙运动在历史领域中的巅峰成就。在有些方面，休谟、罗伯逊和吉本在历史领域中的成就也许比伏尔泰更高。但在整个历史思想的发展过程中，这几位没有一个人拥有一种如此广泛的、显而易见的和最重要的是富有影响力的地位。甚至对当代人来说，在他的《风俗论》（未完稿版本1745和1750年，接着是1753—1754, 1756和1769年版本）于1740年初次诞生于世时，他就成为了新的历史思想道路的开拓者。在书中，他提供了一部自查理大帝时代以来的普遍历史，甚至以一种简略的方式（从1756年起）从人类文明的开端开始描述，开辟了崭新的历史视域。他的《路易十四时代》（于1735年开始撰写，最早的两章出版于1739年，全书出版于1751年，最终的版本则出版于1766年）显示了如何运用新工具和新材料撰写断代史①。但是，现在世界正要

---

① 我们的分析基本上可以局限于这两部著作，因为它们包含了伏尔泰的历史解释中的所有本质性的和有影响的内容。至于文本的变迁和材料运用，可参看布儒瓦（E. Bourgeois）的《路易十四时代》版本；朗松（G. Lanson）的《伏尔泰》及其《〈路易十四时代〉评注》（"Notes sur le siècle de Louis XIV"），见于《致敬查尔斯·安德莱》（*Mélanges Ch. Andler*）1924年和伏尔泰的《未刊作品》，F.科西（F. Caussy）编，第1卷，1914年。——人们有时会声称，博林布鲁克的《历史研究与历史应用书简》（[*Letters on the Study and Use of History*]1735年）对伏尔泰（转下页）

见证一场极其激动人心的壮丽事件,这场事件不久后将发生在德意志,这个邻国产生的更加划时代的历史观念将超过这些历史思想领域中的新成就。伏尔泰的《风俗论》以最终版本出版于1769年,同年,赫尔德在去里加的旅行日记中写下了崭新的革命性思想,这些思想最终将在狂飙突进运动中爆发出来。对于整个的知识和精神生活,它们注定要像酵母一样发挥作用,受到最深刻影响的是文学、艺术和哲学,而整个的历史思想也受到了相当重要的改变。启蒙运动退化成了背景,而历史主义时期的黎明则降临了。但正是在赫尔德的历史解释中,尽管它在许多方面与启蒙运动判然有别,却依然存在着来自伏尔泰的经久不衰的影响的痕迹。在这里,关于相互对立的精神运动之间关系的一再重复出现的和具有不可穷竭的迷人魅力的问题,再一次出现了。这样的运动是相互冲突的,是要彼此争夺优势地位的,然而在它们之间始终存在着一种内在的连续性。在这种情形之下,我们不仅必须向前看,而且也要向后看,以便充分掌握伏尔泰的历史成就,因为伏尔泰的历史作品,就像整个的启蒙运动思想一样,是更早期思想的产物。伏尔泰的作品必须既被看作原创性的创造,同时也被当作思想传承河流中的浪花来理解。

伏尔泰历史思想中的新颖和创造性的因素,与法国和西欧的一连串事件所产生的历史情境之间具有不可分割的联系。伏尔泰的作品堪称这种历史情境在思想上最清晰的镜子。伏尔泰以那个时代所

(接上页)产生了一种本质性的影响,但我没有发现此种迹象。博林布鲁克的意图首先在于教育开明政治家。关于伏尔泰和博林布鲁克的历史研究之间的区别,可参看路德维希(W. Ludwig)的《博林布鲁克勋爵和启蒙运动》([*Lord Bolingbroke und die Aufklärung*]1928年),第35页及下页。

第二章 伏尔泰

钟爱的精确性，在作品中反映了时代的政治、社会和知识因素。一种无与伦比的坚定而又带有巨大弹性的特质，以十足的确信感，使整个历史景观服从于其自身的标准。还从来没有一个时代以如此独立自主的态度和如此的自信来看待历史。

有三个因素表现出了这种历史情境的特征，伏尔泰的主要观念就是由它所规定的。首先也许最重要的倾向是满意于当下世俗生活的新感受，这种生活产生于法国资产阶级，在西班牙王位继承战争之后的几十年中获得了迅速的发展。的确，与此同时也存在着一种强烈的政治骚动，一种对专制政权的不满，对它所发动的战争中的流血牺牲的不满。但路易十四也在他身后留下了光荣的和日益高涨的民族自信的遗产。这比起他所留下的财政赤字来说，也许是更加让人印象深刻的，后者的后果，国家比资产阶级市民个人承受得更多。对于市民阶层快速致富的热望来说，摄政时期的经济危机更多地被认为是一种特征，而非对他们的阻碍。这些经济危机是因为海外事务而引起的，然而这些事务却扩大了前景展望中的精神视野，其后果是在物质兴趣之外带来了一种新颖的好奇。但是繁荣和财富首先被用来精致化生活，已经出现了大量的商业计划和投机，但尚未达到现代资本主义那样引人注目的和让人屏息的强度。首要的事情，是对那些通常以可疑手段获得的东西进行富有品位的巧妙享受，在这里，人们可能会想到伏尔泰自己在社会事务中的实践。尽管如此，享受的精美花朵是在社交界、沙龙、剧院及与妇女的关系中发现的，所有这些色彩缤纷的和奢侈豪华的冒险活动，我们在阅读伏尔泰年轻时期的故事中是非常熟悉的。伏尔泰自己曾经说过，"餐桌上的自由"（liberté de table）在法国被称为一个人在世界上所能享受到的所有自由中最珍贵的自由(《天真汉》,第19页)。这也是从"生活的艺术"(art de vivre)和"精神的培养"(culture de l'esprit)中涌现出来的"生活中的温文尔雅"(douceurs de la vie)和"社会中的温文尔雅"(douceurs de la société),伏尔泰一再心满意足地谈到过这些。他认为,在他的时代,巴黎已经超过了全盛时期的罗马和雅典。他在《风俗论》(第50页)中问道,为什么东方人不具有良好的趣味?这是因为他们从不曾生活在与女性自由交往的社会中,不像古希腊人和古罗马人那样拥有同样的机会来培育他们的精神。最初构思这部作品是为了满足他的女友夏特莱侯爵夫人(der Marquise du Châtelet)的需要,他当时与她生活在锡雷。这位才华横溢的女士想要一本囊括了查理大帝时代以来的世界历史的书籍,像波舒哀所简述的直到那个时代的普遍历史那样富有教益性。但并不是一种单纯的对历史知识的渴望使她产生这种想法。而是她希望拥有以一种特定的选择标准和形式提供的历史材料,以便帮助她克服迄今为止对现代历史所感到的"憎恶"(Degoût)。伏尔泰把她的愿望概括为对于哲学式的历史的渴望[①],他认为她并不想读到发生过的一切事情,而仅仅想学习其中有用的真理,她希望获得关于在地球上居住过和荒废过的各民族的一种一般性景观,了解主要民族的思想精神、行为方式和风俗习惯,为此只需要对人们必须知道的主要事实进行概述就够了。了解那些改善了人民生活和赐予其福祉的统治者的伟大事迹,是有必要的;但研究那些对于今天不再具有任何意义的形形色色的权力斗争和利益斗争的细节,则是不需要的。

---

① 《风俗论》的"导言"或"前言"和结尾的"评注"。

第二章 伏尔泰

因此，他想要作为一位哲学家来阅读历史和提供"历史哲学"——他首先铸造了这个表达，后来把它作为出版于1756年的《风俗论》的导言标题。这个愉快地铸造出来的新名词成为了新知识创造的起源，而伏尔泰对此还没有任何预感。对于未来来说它成为了一个挑战，要求以他从不曾理解的内容来充实它。这位启蒙运动思想家的历史哲学并不想达到一位真正的哲学家将尝试攀登的高度，他也没有像直到那时的历史学家所做的那样深入到历史材料中去。伏尔泰的意图是密切关注生活，从而掌握实际生活的方式。因此，对他来说，历史哲学不外乎是从过去的事件中抽绎出"有用的真理"。

如果人们比较他的计划和这两部著作中的历史叙述，如果人们询问在他努力的背后最核心的和简单的目的是什么，那么答案只能是：他力图撰写法国资产阶级一般的前史。这个文明化的、雅致的、富于理解力的、勤奋的和轻松自在的阶级，是他的挚爱。他们的知识立场和生活方式形成了他比较所有历史现象的基础，记录下与他们一致或不一致的事物。以这种标准，他评价着他想要探究的各民族的命运、精神、风俗习惯和行为方式。其结果是，历史的天平迅速地有利于他自己时代的完美处境。但即使这样他还认为是不够完全的，在过去的野蛮力量面前还无法充分地保卫它们，而这些野蛮力量在这个世界上仍旧起着作用。几乎可以说，他把所有这些生命享受中的骚乱看作受债主催逼的暴民，要么以愤怒对待之，要么如他的小说《老实人》描写的以高卢人的幽默和顺从听任之。他对于盲信和迷信保持着饱满真诚的战斗热情，这种热情为一种个人的憎恨所增强，而他感觉这些盲信和迷信受到了宗教和教会的支持。随着岁月的流逝,以"消灭败类"(écrasez l'infâme)的战斗呐喊反对这些盲信和迷信的斗争,日益成为了他的生活内容;而这也是他的历史著作的特殊任务。但人们仅由此出发还很难理解他为了揭露过去人类的野蛮、痛苦和不幸所付出的巨大努力。例如,他声称王侯们参与的可鄙的权力斗争是不值得哲学家注意的说法,与他几乎可和传统的历史编纂学家相提并论的对他们详尽的描述之间存在矛盾,即使在这些描述中伴随着无穷无尽的憎恶的呐喊。但这种对历史生命中阴暗面的沉迷,又提供给他一种美妙的享受,对生逢一个更好的和更完美的世界的幸运感。

这种幸运感又为第二个决定了其历史思想的因素所增强,也就是自然科学和数学发现带来的强烈印象,它们产生于那之前的半个世纪,特别是牛顿的重力理论让人印象尤为深刻。伏尔泰和启蒙运动的思想形式是纯粹从这些自然科学和数学发现中演绎出来的,这种说法有些夸大其词。因为早在这些发现出现之前就存在着一种自由思想运动,存在着一些富有叛逆精神的人物,他们感性的和自然主义的思想反抗着基督教教会所施加的束缚。但现在出现了胜利的证据,证明这种束缚是人为的构造物,证明宇宙遵循着截然不同于教会教导的法则。这就像突然之间一束光线射入了宇宙的深处,人们认识到了总体上来说天体运动遵循着明显的数学法则。人们由此得出结论,这样的情形在每个地方都是如此。"显而易见的是,"伏尔泰写道(《哲学辞典》,"观念"[Idée]条),"一种普遍的数学控制着整个自然,产生着所有的结果。"世界表现得像是"永恒的几何学家"所制造的一部机器;一切事情都是永恒的和不可改变的法则的必然结果(《风俗论》,评注9)。宇宙中所有的事件必然联系在一起(《风俗论》,第124章)。对这些自然法则来说,不可能存在奇迹,不可能存在例外;上帝是其自己法则的仆人。基督教奇迹般的大厦因此也就轰然倒塌了。确实,在那些官方权威的压力之下,伏尔泰还不敢彻底地否认或忽视基督教,但他为了时不时要对教会当局表示的屈服而进行了报复,他通过幸灾乐祸的讽刺和面对它们时表现出来的闪光机智进行了报复。在他感觉到从它们的束缚中摆脱出来时,他感到了一种内在的解脱;在他如今效忠的占优势地位的数学法则中,他看到了真实的自由。他也顺理成章地认为这些法则统治着道德生活。"物质统治着道德。"①(《哲学辞典》,"女人" [Femme]条)

但是,我们必须进一步追问,为什么关于一位君临于宇宙之上的神的假设竟然是绝不可少的,如果这位神只不过是他自己所创造的法则的仆人的话?为什么不让法则本身成为所有事物的君王和造物主,从而跳过超验论的世界观而进入一种具有严格的机械因果观念的内在论世界观?为什么不以一种毫不妥协的无神论来代替有神论呢?其他的启蒙运动思想家大胆地迈出了这一步,但伏尔泰却没有这样做。他没有这样做是因为受制于古老的思想习惯,这种思想习惯只能将一个有意义的整体设想为一个有意识的理性的产物,而不能想象一部缺少了制造它的工程师的机器,现在人们正是把宇

---

① 梅尔滕(G. Merten)指出,伏尔泰的这种严格的决定论仅仅发展于1740—1755年,《伏尔泰的意志自由问题》("Das Problem der Willensfreiheit bei Voltaire"),耶拿,论文,1901年。也可参看巴赫(Bach),《十八世纪法国历史理解的发展》("Entwicklung der französischen Geschichtsauffassung im 18. Jahrhundert"),弗赖堡,论文,1932年,第52页。

宙看作一部机器的。在这一点上，我们就更多地看到影响伏尔泰历史思想的第三种因素——他的道德主义。① 在谈到伏尔泰的道德主义时，我们不应该首先想到他自己的表现，因为在他自己的生活中，他屈从于赤裸裸的冲动，经常荒唐地混合着自发的善良、沸腾的正义感与各种充满着邪恶和肮脏的狂妄的行为方式。但是，他认为社会需要以一种特定的普遍道德作为基础，尤其是作为更雅致社会的一种支柱和前提。在这种雅致社会中，他有一种宾至如归之感，享受它是他至高无上的生命价值。但就像他以商人市民的审慎所看到的，如果没有普遍接受的最简单和最自然的道德戒律，即他所追溯到的怜悯和正义这两种基本感情，这种享受就不会是稳如泰山的（《风俗论》，导言）。在更加以自我为中心的和实用的解释中，他通常返回到这句箴言："如你自己所愿意被对待的方式来对待他人。"（《风俗论》，评注18；《哲学辞典》，"无神论者"［Athée］条等等）一种较晚的和同样功利的实证主义，寻求从内在于生命的自我保存和自我适应的自然冲动来推演道德。但在伏尔泰看来，这种自然冲动作为基础来说是太不稳定和太难理解的东西。他难以理解生命中固有的因素在发展过程中也许会产生新颖的东西，一些在自然中前所未有的东西。他的思想更多地扎根于古老的自然法传统之中，这种传统对理性真理的发展一无所知，而赋予了真理以永恒和绝对的特征。他新的机械论世界观强化了这种感觉，要求道德法则也应该具有

---

① 关于他的思想中使得他接近泛神论边缘的进一步的细微变化和动机，可参看萨克曼（Sakmann），《伏尔泰的精神类型与思想世界》（*Voltaires Geistesart und Gedankenwelt*），第152页及以下诸页。我们必须在这里集中关注他思想中对历史理解产生作用的部分。

机械法则的特点。他通过使道德成为社会不可缺少的纽带，通过宣布它是"基本的和不可更改的法则"而做到了这一点。"只有一种道德，正如只有一种几何学。"（《哲学辞典》，"道德"［Morale］条）但这还不足以赋予道德以最高的权威和尊严，必须求助于基督教的把上帝作为道德法则颁布者的观念，而它立刻与他的观点不谋而合，将整个宇宙的结构都追溯到"自然的创造者"之手。因此，通过新机械主义思想，古老的一神论被转换成了自然神论。但是，停留在这种思想水平上的主要动机，是关于上帝必不可少的实用观点。"倘若上帝不存在，"伏尔泰的一首声名狼藉的诗中这样说，"我们就必须把他创造出来。"①他的上帝乃是确保资产阶级安全的上帝。

　　所谓要造出一个上帝来的说法，并不是伏尔泰从他所憎恨的基督教中借用过来的唯一东西。他以有意识的深思熟虑借用了上帝观念，但在一种无意识的和未加深思熟虑的情形中，他不仅从自然法中，而且还从基督教思想中借用了宇宙和生命的整个图像，即使他借用的基督教思想在某些方面，就像克罗齐所说的，只不过是一种颠覆的基督教，一种亵渎的神学。②伏尔泰相信一种永恒的"普遍理性"（raison universelle），正如正统的基督教相信一种超自然理性启示出来的永恒有效的教义一样。天堂和地狱之间的战斗被理性和非理性之间的战斗取代。这种新的教条化的二元主义，如今贯穿到他的

---

　　① "我们怀疑，"歌德在《色彩学·历史卷》中说道（周年纪念版，第40卷，第279页），"他处处如此强调自然神论，纯粹是为了消除无神论的嫌疑。"歌德的怀疑也许有些走得过远。

　　② 《论历史编纂学的理论与历史》（Zur Theorie und Geschichte der Historiographie），第204和214页。

历史思想的最深处，但基本而言，它比古老的基督教二元主义更为缺乏统一性。因为后者引证了一切人类智慧和理性的明显局限性，因此在唤醒对超人类的智慧之信仰时不存在任何逻辑缺口。而伏尔泰对于无限和独立的人类理性的呼吁，注定要首先和确定地从中引导出对绝对有效的机械主义因果法则的确信。但一种严格的机械主义思想无论如何是不可能最终表现为二元主义的，而只能表现为一元论的世界观。只有一种逻辑上的突变才能将它变成二元论的，我们已经看到了实现这种情形的内在动机。

这也是一种本质上前后不连贯的世界观，只不过是由两种根本不同的基本观点拼凑而成。存在于机械主义和道德主义之间的鸿沟，只有在紧要关头通过使道德机械化才能获得填补。伏尔泰不厌其烦地教导说，道德法则在所有时代和所有民族中间都是一样的，从不可能被从人类的心脏中撕裂出来。我们不能否认这种人性的温暖，他以这种人性的温暖在历史生命中的每一处来寻找和证明它的踪迹。但更多的是，他必须指出道德法则所受到的侵犯和错误对待。他注意到在所有的法则中间，道德法则是最少获得遵守的。

> 然而，道德法则自始至终抗议着不遵守它的人；看起来似乎是上帝在人类心中播下了道德的种子，用来抵制最强者的法则，并防止人类通过战斗、欺诈和经院神学毁灭自己。（《风俗论》，评注18）

因此，历史世界现在表现为一种理性和非理性同时并列着却又相互反对着的二元景象。在理性这一边，我们不仅发现了深植于人类心中稳固的和永恒的道德法则，而且发现了判断的纯粹力量，这种判断将通向真实的、有用的和美丽的事物，也由此创造了生命中所有令伏尔泰心灵陶醉的良善事物。但是它也必须与非理性力量进行持续不断的斗争，并且承受着非理性带来的痛苦，结果是，尤其是那些古老民族表现出了一种"极端愚蠢而尚有智慧"的混合情形（《风俗论》，导言）。对于同样的理性来说，假如它们充分清除了非理性污点的话，它们关于什么是真实有用和美丽的命题将具有永远一致的内容。理性是珍稀昂贵的黄金，非理性包含了大量上帝随之附送给人类的所有其他劣质的事物，人类现在必须一步一步地涤除它们。人类必须自力更生地进行这项清洁工作，正如我们已经看到的，人类无法期待来自上帝的任何进一步的直接帮助。因为曾经为上帝所创造的机器，现在必须按照支配它的法则来进行其自身不受干扰的过程。为什么工程师上帝以那种方式建造了宇宙机器，却使得人类生命中充满了如此多的痛苦和罪恶，这是一个伏尔泰认为超出了人类理解能力的问题。既然他的整个哲学是缺乏精神深度的，那么他也只能以一种优雅的不可知论方式耸耸肩膀而不置可否。

我们将略过他的关于这些事物方面的思想中其他的不适宜和不确定的地方，尤其是那些通过洛克感觉主义的影响所引起的地方。对于伏尔泰来说，他的奠基于机械-道德主义和理性主义观念的宇宙景观能够为他提供符合实际需要的帮助和标准就足够了，为的是从他的历史理解为形成他的文化理想铸造武器。在他所有历史著述背后的决定性动机是，使整个世界历史服务于代表了人类利益的启蒙运动，同时揭示出启蒙运动是如何扎根于历史之中的。

这是一场崭新的、伟大的和开辟时代的事业。虽然它不是绝对新颖的，但就当时的时代而言是新的。倘若我们询问，在他通过一幅根据普遍文化哲学来解释的普遍历史景观来支持普遍文化哲学时，在他的这种努力中拥有哪些先驱者，那么我们必须追溯到古代晚期和中世纪致力于建构普遍历史的基督教思想家，追溯到奥泽比乌斯、奥古斯丁、奥托·冯·弗赖辛及他们的所有后继者。他们最先引进了为一种普遍理念紧紧联系在一起的统一的普遍历史。① 正如伏尔泰从基督教思想世界中接受了二元论原则并将其世俗化一样，他也接受了通过一种普遍历史来支撑它的要求。上一次是波舒哀接受了这项任务，正是从波舒哀和他1681年的《论普遍历史》（*Discours sur l'histoire universelle*）中，伏尔泰获得了倒转和世俗化基督教历史景观的思想动力。

因此，新颖的是伏尔泰历史著述的内容，是历史学家为了新东西而进行野心勃勃的战斗和征服的精神。的确，文艺复兴时期和人文主义时期的历史学家，尤其是马基雅维里和圭恰迪尼，业已引入了新颖的思想材料，但这是以一种天真的不假思索的方式发生的，并没有产生任何特别的论战来反对传统。确实也还存在着一些开端，它们走得更远一些，有意识地借用历史来支撑某些生活理想（例如弗兰克和阿诺尔德的作品），但它们没有引起任何普遍的革命。但是，伏尔泰将一种崭新的普遍文化观念奠基于一种新颖的普遍历史解释之上的努力，却在西方思想史上标志着一个新时代的开始。因为它将历史世界从迄今为止相对寂静的气氛中迅猛地撤离了出来，而拉入当今时代的潮流。这意味着历史始终在运动着，始终

---

① 参看《论历史编纂学的理论与历史》，第163页。

被赋予新的时事性。从此以后，解释过去的世界历史的斗争，将始终与如何塑造未来事物的所有争论携手前进，人们将不可能摒弃一个而单单进行另一个。因此可以说，伏尔泰对历史世界的贡献就在于使西方人确信每一个伟大的新观念必须广泛地奠定在历史的基础上，互为对手的新观念和老观念的支持者必须在历史天平上公开审查他们的观点。从现在起，在不同的意识形态之间展开的配备了历史武器的争论之间，将存在着一个挥之不去的危险，即这些意识形态所引起的倾向性思想将遮蔽历史的真理。但即使如此，历史真理也能够用这个事实来安慰自己，即在独立的思想者那里找到了一块休憩之地，通过发生于相继而起的历史解释学派之间的批判性讨论和争论，它确实能够获得进展。不过，伏尔泰是第一位开辟了世界历史争论新舞台的历史学家。无论人们如何求全责备地评价其历史思想的不完全，但确实是他以一种驱动性力量，运用与生俱来的辩证法而进入了思想的新大陆。

但是，在历史生命的不完善现象中始终能够观察到创造性的事物，这对于历史思想来说是重要的安慰和辩护。虽然在看待历史的创造性因素时，伏尔泰束缚于其世界观，然而到处存在着一种朝向更有生命力的方法运动的迹象。最重要的是，对于伏尔泰的历史著作所产生的真实的和客观的创造性效果，我们理应怀有感佩之情。

他的思想方法使他能够创造的最伟大成就，是他按照自己精心设想的计划而对历史世界的构造。在此他表现出了历史判断的独立自主，表现了一种从陈规陋习中摆脱出来的完全自由——这是他的精神的高贵成就，对此歌德曾讲道，它并不仅仅是一种崇高的观念，而是从会当凌绝顶处俯瞰到的景观（致施泰因夫人，1784年6

月7日)。除了上面提到过的几个开端外,以前从来没有出现过这样一种深思熟虑的和坚定的努力,要在大量的历史事件中辨别出有价值和无价值的事物。直到那时为止,历史学家都受制于纯朴的现实主义。他们深深地沉浸于传承给他们的历史材料的魔力之中,感到必须要以一种顺从的态度来大量复制它们,而不使这些历史材料服从于任何内在的评价。这对于离开历史学家的当前较远时期的历史材料是尤其正确的。某个主题在时间和内容上越接近他们自己的世界,他们就越能够在能力允许的范围内顺畅地把自己的精神注入历史材料中去。也许,在审视遥远时代的历史材料,和对被认为是典范的和重要的历史材料进行雅致的安排方面,最成功的是波舒哀,他在《论普遍历史》中的第三部分做到了这两点。但是,尽管他已经越来越强烈地感受到所有历史事件之间的因果关系,感受到了宇宙之链(enchaînement de l'univers)(第3卷,第2章),他最终还是将世界历史的材料局限于对于上帝选民和教会生活的命运重要的方面。伏尔泰有意识地勇敢打破了这种局限于犹太人和基督教世界的选材原则,在历史学家富有探索精神的和敏锐的判断面前打开了人类历史的整体生命。他鼓舞人们处处发挥建筑才能,按照自己的计划来塑造历史的宇宙。

  从思想史发展的整体来看,很可能是主体的一种早熟的突破进入了一个迄今为止仅仅为纯朴的现实主义所支配着的领域。人们曾认为,只要历史学家能够摆脱激情和偏见,并且热爱真理,他就有望成为一面历史真理和真相的清晰明了的镜子。然而人们还没有意识到,历史真理并不是一开始就给定的东西,只要从偶然的遮蔽面纱中摆脱出来就行了,而是必须通过持续的新努力来创造的东西,这种努力依赖于富有探索精神的心灵，其主体可能是认知的力量源泉，也同样可能是障碍。第一个认识这种复杂过程的是康德的批判主义，即使它没有立刻掌握该过程，却使这个认知成为可能并为此开路。① 然而伏尔泰还没有意识到主体的局限性，没有意识到主体可能也是错误的源泉，而是天真地相信主体是普遍有效的和完美无瑕的理性器官，凭着这种信念，主体按照自身的要求着手塑造历史世界。因此，它以这种方式做出了伟大的发现，但也以这种方式陷入了严重的错误中。

伏尔泰历史思想中所有的这三种因素，机械主义、道德主义和文明的满足感，始终共同作用产生效果。它们在历史兴趣和历史视域普遍化的扩展中都起了作用，这些又是伏尔泰的历史著述所做出的又一项光荣业绩。机械论思想在一定程度上是开路先锋，进行了准备性的繁重劳动。通过它自己的思想分量，机械论奋力获得了一种对于所有时代和民族的普遍理解，将所有刻上了人类印记的东西都卷入了他所称的"所有宇宙事件之间必然的联系"中，这是一项继续推进并超越了波舒哀的研究的工作。同样，他毫无顾忌地粉碎了迄今的历史景观中所有的基督教教义成分，尤其是破坏了基督教和非基督教民族之间的分界线，从而世俗化了整个历史。现在，一切都处在同样的水平上了，一切都配得上同样的兴趣了，一切都向同样的批判开放了。波舒哀那里正是极度缺乏这种批判的。不管这种批判多么肤浅和草率，然而它依然是一个带来了大量成果的步

---

① 参看翁格尔，《迄至黑格尔为止的客观性问题的发展》("Zur Entwicklung des Problems der Objektivität bis Hegel")，见《论原理学说与文学史》(*Aufsätze zur Prinzipienlehre und Literaturgeschichte*)，1929年。

骤，这些大量的成果毕竟只有一种普遍适用的批判方法才能获得。接着，这种方法显而易见的欠缺将迫使人们用更优良和更精致的认知工具来取代它。这就是伏尔泰所运用的极端概括性的事实批判方法，其依据是被机械的自然法则和机械阐释的生活经验认为是可能的东西。甚至他在材料来源批判方面的大量努力，大体来说也不过是这种类型的实际推理。尽管如此，总体上来说，伏尔泰的著作强烈地激励了奠基于严格因果关系之上的批判需要，激励了对于历史事件过程的可靠的有根有据的理解。[1]

尤为特别的是，历史学家的兴趣被激发了起来，去寻找在人类文化的开端和原始人类的生活中起着作用的原因。的确，并不是只有伏尔泰才激发了这种兴趣。我们已经看到这种兴趣在莱布尼茨、维柯和拉菲陶那里也同样激荡着。1750年和1754年，卢梭出版了两篇著名的论文，描绘了一幅无欲无求又天真无邪的自然人类的理想化景观，他将其与自己时代中的文明对立，宣称后者是违反自然的。但重要的和更为普遍的是，在英国，正如我们将会看到的，大约在这个世纪中期或甚至稍早一些的时期，一种新颖的对于原始时代和人类自然状态的兴趣也正在蒸蒸日上，不过它不是纯然的对古物研究的兴趣。在这里，有两种根本不同的主要动机起着作用，一种是启蒙运动思想家对因果性知识的渴求，一种是愉快的参与感。

---

[1] 详细地揭示批判的研究方法的发展，超出了我们的主题，在这里或许可进一步推荐参考萨克曼，《历史期刊》，第97期，第366页及以下诸页；布莱克(Black)，《历史艺术》(*The Art of History*)，第51页及以下诸页；里特尔，《历史学的发展》(*Entwicklung der Geschichtswissenschaft*)，第248页及以下诸页，他合理地指出了，早先的和同时代的学术研究（马比荣，博福尔等等）很大地超越了伏尔泰的研究。

第二章 伏尔泰

接下来我们将会看到，第二种思想动机还会在历史思想中带来多么巨大的革命。但即使是前者，只是一个单独影响了伏尔泰的思想动机，就在知识领域中证明了其成效。

不管伏尔泰多么辛辣地嘲讽了卢梭的思想主题，但对从他（1754年的论文中）提出来的一个论题却完全赞同，即，被应用于远古时期计算年代的数量级单位必须被扩展为以千年计，而不是像直到现在为止那样以百年来计数。在他撰写《风俗论》导言时，很可能已受到了来源于卢梭的思想刺激，或者他独立地得出了这些结论。至少，这种新方式在评价更古老的文化时被证明是富有成效的。例如，关于迦勒底人的科学成就和中国最早期的国家状况所知道的东西，就清楚地指向了极其漫长的预备阶段。"知识的进步是如此缓慢，我们的眼睛所屈从的幻觉是如此强大，流传下来的观念的束缚是如此专制"，因此将迦勒底人仅仅放在我们时代之前约1900年，是不可思议的。因此，他预见了最近的美索不达米亚和印度的考古发掘将会包含令人惊叹的成果。作为他判断依据的关于迦勒底人高度文化水平的报道是可疑的，但他对于观察自然状态的方法论洞察，对最初的主要文化成就的世俗化的前提条件的洞察，则是划时代的。

现代进化论和史前史研究教导人们更深刻地理解人类文化开端的缓慢步伐。最起码，伏尔泰有勇气承认和宣告，人类是过着群居生活的动物之首，创造性地生活在一种与动物相似的环境中。他完全赞同亚里士多德关于政治动物（ζῷον πολιτικόν）学说的核心思想，强调指出早期人类的社会性，拒绝了卢梭错误的观点，后者认为在人受到任何类型的文明腐蚀之前，孤独生活是其真实的状态。

有助于达到这个认识的机械论思想,在伏尔泰看来,是一种工具,而不是目的本身。他运用机械论思想,但它却无法满足他。他如此陶醉地享受生活,不可能仅仅追求纯粹的和严格的知识。的确,对于一位永不满足的生命享受者的心情来说,他过于经常地从所有事件的机械特征中得出令人厌恶的结论,即盲目的偶然性统治着一切。但如果因此把这个观念看作他的历史解释中的主导性主题,那就大错特错了。历史所能为他提供的远远不止盲目力量的无意义作用;一旦他在世界中辨别出相似于或平行于他自己开明文化的观念或要素及其被普遍历史证明的自然合理性,他就会感到心花怒放。又因为他的道德主义和开明的文化理想携带着对于基督教对手最辛辣的嘲讽,所以他很乐意去发现迄今为止还处于一团漆黑之中的异教世界的文化成就,并为此把拥有特殊启示的选民犹太人归于野蛮人范畴,经常猛烈地批评他们。他通过不断从旧约中选择片面性的例子毫不困难地做到了这一点。他对中国的兴趣尤为浓厚。自从17世纪中期以来,耶稣会士提供的相关描述吸引了西方人的注意,甚至莱布尼茨也以一种燃烧般的兴趣要求获得更多关于中国的详细信息。① 如今当这些非欧洲的陌生文化民族进入视野时,这种认为人性在哪儿都是一样的古老的自然法观点,就注定要走向一个崭新的阶段。接着,人们就必须努力在异国的面纱之下,也就是被机械因果论归因为自然条件的面纱之下辨别出人们始终信仰的同

---

① 弗朗克(O. Franke),《作为文化大国的中国》("China als Kulturmacht")与《莱布尼茨与中国》,见于《德国东方协会会刊》(*Zeitschrift der Deutschen Morgenländ, Gesellschaft*),第2和7卷;赖希魏因(Reichwein),《中国与欧洲》(*China und Europa*),1923年;恩格曼(W. Engemann),《伏尔泰与中国》("Voltaire und China"),莱比锡,论文,1932年。

样的人性，由此来确认同样的自然理性。如今，启蒙运动在中国看到了最有力的证据之一。因为在这里，自从远远早于基督教的孔夫子时代以来，就存在着一种清晰的和朴素的理性宗教和高度发达的道德体系，它以完备的法律和温文尔雅的行为方式和风俗习惯为特征。伏尔泰所兴高采烈地加以宣扬的孔夫子，仅仅推介道德，而没有传播任何神秘主义。他教导说，上苍亲自在人类心灵中播下了美德的种子，因此人类不是天生邪恶的，而仅仅是因为错误的腐蚀才变得邪恶（《风俗论》，导言）。伏尔泰冷峻的批判意识阻止了他过于热情地理想化这个民族典范，这种批判感一直伴随着他所有的同情性理解。他甚至在中国人那里证实了这样一种事实，亦即普通人只需要较为粗糙的迷信，同时开明的官方不得不妥协于这种情形，而容忍这些迷信的流派。此外，他的批判性反思注意到了一个引人注目的事实，即中国人在道德这个"所有科学中最重要的科学"方面确实远远领先于所有其他的民族，甚至在相当早的时期就达到了一种成熟的水平。与此相对，在所有其他的知识上，在工艺、艺术趣味等等上，他们虽然也发展较早，却尚未尽善尽美。他为此没有提供非常深入的解释。然而，由一种相当不同的和相对发达的文化向启蒙运动思想家所提出来的问题，并不是他们所能解决的，因为他们只能够根据他们自己文化的不完善的标准在这些文化孤立的部分和特点之间进行机械式比较。甚至伏尔泰也提出，为了理解一种外国的知识和精神文化，人们也许必须亲身深入到它的文化情境中去。别具一格的是，启蒙运动者充满歉意的兴趣对使他接近这种洞见是十分必要的。在这一点上，他要反驳的是基督教的指责，其教徒一会儿批判他常常仰慕的中国制度中所谓的无神论，一会儿批判其中似是而非的偶像崇拜。"关于中国仪式的严重误解之所以产生，是因为我们总是按照自己的眼光来判断那里的习俗；因为我们始终随身携带着来源于我们好争论精神的偏见"（《风俗论》，第2章）。在《风俗论》（第6章）描述穆罕默德的那一章中，他也说到了我们必须警惕按照我们自己的习俗来判断一切事物的习惯。①

对于思想史来说重要的是要辨认出这些理解外国个体的障碍，而并不一定要达到一种真正的对它们的理解。在这个方面，伏尔泰在他对奇异的和特殊的世界与事物的探索方面，是无与伦比的。②他提供了对东方世界色彩斑斓的描写，他关于日本文化奇异的和迷人的叙述堪称艺术大师的手笔，其中业已包含了真正的个体性气息（《风俗论》，第142章）。在对西方历史的叙述中，他经常停顿下来，惊讶于此种现象：它结合了极端矛盾的特征，然而却组成了一个非常生动的整体。例如，他描写了圣巴托罗缪大屠杀之时法国人的行为方式："英勇和狂暴，强烈的性欲和屠杀混合起来，形成了有史以来所描述过的人类精神的矛盾中最奇特怪诞的画面。"（《风俗论》，第171章）并且，他再度描写了曼特农侯爵夫人，提到她那"交织着宗教和勇气、尊严和软弱的性格，这种性格在人类心灵中经常能被发现，也存在于路易十四心中"（《路易十四时代》，第27章）。此外，他还着迷于荷兰生活的景象，面对它那交错了海洋、

---

① 也可参看萨克曼，《伏尔泰思想光辉中的普遍历史》（"Universalgeschichte in Voltaires Beleuchtung"），见于《法国语言与文学期刊》，第30期，第3页。同样可参看《伏尔泰的思想方式与思想世界》（*Voltaires Geistesart und Gedankenwelt*），第106页。

② 人们在他的《风俗论》之外也必须想到《哲学辞典》中诸多的散见历史条目，想到其中丰富多彩的引人注目的对于古代的提及，必须承认这也许在大多数情况下仅仅是为了拒斥基督教。

城市和风景的奇异画面，外国人总是仰慕不已（《风俗论》，第187章）。"但是邪恶，"他继续说道，"总是与正义混合在一起，人类总是几次三番地离开他们的原则。所以当这个共和国镇压阿米尼乌斯派教徒时，它就差不多是在毁灭它曾奋力争取的自由。"他对于英国及其宪法的钦慕之情是众所周知的。他认为（《哲学辞典》，"政府"[Gouvernement]条），与英国及其宪法比较起来，柏拉图的理想国就仅仅只是一个荒诞不经的迷梦了。然而他也注意到了，从这部了不起的宪法中也曾产生过使人性战栗不已的骇人听闻的滥用。他指的是克伦威尔时期，当时一种荒唐怪异的狂热主义像一把暴乱的大火，席卷了这座伟大和美丽的房屋，而不幸的是，这座房屋是用木头建造的。后来，在奥伦治的威廉时期，用石头重建了这座房屋，现在，它已能承受人类所能承受的任何冲击。接下来的观察对于他的思想方式来说是富有教益的：虽然他将英国宪法的卓越非凡归因于一种以其岛国环境为基础的奇特的"矛盾性质的混合"，几乎可以说，归因于个性化的特征，但他不仅表达了移植这种宪法的愿望，而且抱着这种移植是完全可能的信念。他顺带问了自己一个棘手的两难问题，即为什么椰子在印度开花结果，却无法在罗马做到呢？但他用戏谑的回答来安慰自己，亦即在英国明智立法这棵椰子树也并不总是成熟的，无论如何它诞生出来才一小段时间。

然而在另一个场合，他以一种与后来的实证主义的环境决定论完全一致的方式说道："一切依赖于它所出生的时间和地点与它所处的环境。"（《哲学辞典》，"格列高利七世"[Grégoire VII]条）因此，在他心中进行着解释历史现象的机械主义观点和道德主义观点之间的长期斗争。但他没有意识到这场斗争，他以天真的信心一会儿把自己交给一方，一会儿又把自己交给另一方。在他看来，道德法则自身确实拥有机械主义的稳定特征。因此，在最终的分析中，各时代和各民族整个巨大的舞台，伴随着它们奇特的混合和变形，以一种令人惊奇的单纯和清晰性展现于他眼前。与气候和土壤一道，混合着各种不同激情再加上一定量的"普遍理性"的人性是一个基本因素，他相当奇怪地从人性的倾向中区别开来的习惯则是另一个因素。

从宇宙的一端到另一端，一切紧密地与人性联系在一起的东西都是相似的；而依赖于习惯的一切东西则是不同的，如果有时它们相似，那纯粹是一种巧合。习惯的领域比起人性来说要宽广得多，它包括所有的行为方式和风俗习惯，以形形色色的样子在世界舞台上传播开来。而（人类的）本性则以特定的一致性扩展，它在每个地方建立起一小部分不可更改的原则……自然将激情放置进了人类的心灵……习惯则导致（它所造成的）邪恶以不同的方式到处产生出来。（《风俗论》，第197章，也可参看第143章）

孟德斯鸠把气候看作导致人类差异的最强大因素，从而进入了一条可疑的歧途，它首先是根据物质条件来理解历史生命的。伏尔泰更为简单易行的方法并不受这样严格的因果限制，站在启蒙运动的批判立场，他能够观察到其他更强烈作用的因素。"气候，"他针对孟德斯鸠评论道（《哲学辞典》，"气候"［Climat］条），"具有一些力量，但政府拥有比它多一百倍的力量，而宗教与政府联合起来则拥有更多的力量。"这种关于国家和宗教是历史中最强有力因果力量的判断，引起了人们的注意。我们还将揭示它在伏尔泰历史解释的细节中是如何起作用的。在我们目前对它的一般性特征的研究中，只要注意它没有与上面的观点，即习惯拥有产生所有不同种类的行为方式的力量，相矛盾就足够了。因为在他看来，甚至国家和宗教，只要它们表现出不同的历史形式，只要它们不追随纯粹理性的一般模式，那么也是属于习惯的巨大领域的。

面对在习惯领域产生的大量形形色色的事物，伏尔泰这位启蒙思想家，是能够运用也许可以被称为相对主义的观点的，这种相对主义观点在成长中的历史主义中表现出了对于历史结构中特殊的个体生命的尊重。真正说来，启蒙运动的相对主义只能是外在的和机械因果式的，而不是内在地运作的。一种拥有内在基础的相对主义将会与自然法信念矛盾，这种信念认为存在着永恒和不可变更的生命标准。但是，启蒙运动同样强烈的普遍渴望，在所有形形色色的表现中抓住人性的渴望，如今由于现象的多样性也将通向相对主义的观点。以这种方式，启蒙运动的历史好奇心毫无疑问是对于一种更加深刻的历史相对主义的准备。不过一般而言，伏尔泰的相对主义是一位老于世故的和蔼思想家对于奇特的不同信念和风俗习惯的尊重。他以一种反思看待它们，因为他相信，至少在一般的方式上他知道它们是如何产生的。对他来说，假如人们手头拥有所有必要的资料的话，它们都是部分稳定的和部分变化的因素作用下的可推算的产物。按照他的看法，事实上只有一小部分可靠的资料是可以获得的，以用来理解事物之间的因果联系。因此，历史从不可能达到自然科学中可以获得的数学精确性（《哲学辞典》，"历史"

条［Histoire］，和《帝国编年史》［Annales de l'Empire］，亨利一世条目下）。所以，对像伏尔泰这样的历史学家来说，首先要做的就只有像观看万花筒里的变幻画面一样观察历史的多样性，在这里显而易见的是，它们也受到机械原理的制约，即使无须也不可能在每一幅个别的画面中预测或控制变化。伏尔泰仅仅在这种意义上应用了"个体是不可言说的"（individuum est ineffabile）这个表达，即在事实上，而不是在原则上，是不可能把一个个体作为一个可计算的实体来探讨其构成的。

激情就是激情，罪恶就是罪恶，而理性就是理性。伏尔泰的历史心理学奠基于这种对自然形成的不同心理因素和它们之间相互作用的简洁的考虑之上。然而，他在历史人物画廊中进行不知疲倦的漫游时，还获得了一些很难与对人类心灵的基本力量的单一解释和谐一致的印象。例如加尔文，他具有骇人听闻的严酷和毫无怜悯的性格，然而却是一个极其无私的人（《风俗论》，第134章）。这是僧侣的生活，"既做出大量的善事，又做出了罄竹难书的坏事"（《风俗论》，第139章）；又如征服者，拥有如此英雄般的勇气，和如此令人恐怖的野蛮——"从同样的根源，就是说从野心勃勃的根源，产生了如此多的善和如此多的恶"。他补充道，我们对这种混合了伟大和残忍的人物感到惊讶和激愤（《风俗论》，第148章起）。在另一处，他更加深入地认为人类的错误通常与其美德联系在一起（《风俗论》，第134章）。但是，他无法超越这些隐藏在人类灵魂背后的善和恶之间的引人注目的联系，只能有时耸耸肩膀不置可否，有时进入道德主义的面纱中。"在自身中包含着最好和最糟糕的东西的统一，是人性的一项特征。"（《风俗论》，第147章）灵魂所具有的非理性根源，对他来说是隐而不现的。

但是，如果伏尔泰永远简单地满足于展示各时代、人类和各民族万花筒般的现象，那么他就不是伏尔泰了。正是他的机械论思想推动他去超越那些对个体现象的嘲弄人的、令人厌恶的、让人深为激动或惊讶的观察，至少是推动他去发现因果关联"永恒的链条"中的大部分环节，他看到这种因果关联把过去、现在和未来联系在了一起。倘若他作为享受者的一面不是比探询精神更强大的话，这种动机也许将是更富有成效的，也许早已经使他实践了严格的实证主义发展观了。但是，这种探询精神自然就是在眼前的，是到处能够在事件之间建立起相当广泛的因果联系的。人们必须归功于他的是，他并不单纯地满足于用耸人听闻的中世纪画面来使同时代人作呕，而是寻求那支配着混乱的历史材料的基本的因果联系。因此他说道（《历史怀疑论》[Pyrrhonisme de l'histoire]，第25章），他在从查理大帝到查理五世期间皇帝和教皇为争夺罗马所进行的斗争中发现了时代"巨大迷宫中的线索"。以这种判断，他在通向按照普遍历史理解中世纪的道路上迈出了第一步。

在他死后，他获得了恰如其分的荣誉，因为他几乎运用了现代历史的方法掌握了一个民族内部的思想变迁。通过对旧约孜孜不倦的研究，伏尔泰发现了区分不同层面的传统，并由此区分以色列宗教的不同阶段的大致方法。① 他也对埃及、波斯和希腊等异国宗教对犹太信仰产生的影响做了大量研究，然而这些富有成果的研究

―――――――――
① 萨克曼，《伏尔泰的思想方式与思想世界》，第235页及下页。也可参看《哲学辞典》中的不同条目，在这里让人再次想到，伏尔泰研究基督教教义和制度的历史的思想倾向是去提示其中的诸多变化和矛盾。

是与片面的抨击混合在一起的，因为他的主要目的只是要摧毁环绕在选民头上的圣光。在其中不存在去理解各民族缓慢的生长和发展的内在渴望。他痛快地满足于对老犹太教信仰的碎片（disjecta membra）进行赤裸裸的讽刺嘲笑，揭露出他们从未能够构成一部关于神圣启示的统一文本。以此，他指出了各民族之间的界线是多么微小，而在其中，憎恨能够开辟历史的洞察力。

如果我们想要发现他最内在地接近发展观念的地方，就必须回溯他对人类文化最初开端的研究。关于早期文化的发展需要比迄今所认为的漫长得多的时期的重要洞见，首先通过机械主义和经验主义的思想方式确确实实地达到了。文明和野蛮的比较，对人性中构造性弱点的考虑，使他不可能相信关于传统的天真质朴的描述。然而在此之后，立刻就产生了人类如何从原始的动物状态变迁到文化肇始状态的问题。在这一点上，启蒙运动僵硬的心理学，他曾机械地应用于历史世界的理性和非理性二元主义的心理学，显然就捉襟见肘了。对他来说，谈论原始的"理性"是不恰当的和冒险的。所以，他从动物世界攫取了一种类比，声称本能曾是人类最早的向导，把本能定义为"对器官的安排，以便它们的作用随着时机发挥出来"。自然，他进一步评论道（《风俗论》，导言），在我们心灵中激发起了有用的想法，这些想法尤在我们所有的反应之前。因此，一定程度上也存在着一种前理性。现在对于历史生命的理解来说，似乎有一条道路变得清楚了，这条道路更少遵循有意识的理性，而更多地关注在理性之旁和之前涌动于人类心中的东西——简而言之，更能够发现在生命的非理性侧面起作用的重要历史力量。休谟的英国感觉主义和经验主义，将沿着这条道路推进得更远。人

第二章 伏尔泰

们也许会设想，伏尔泰也是受到了英国影响的推动而往这个方向前进的，但他不过是做了些尝试，为的是获得关于人类初始状态的理解。在这一点上，他也可以说是器官"自我展开了"（se déployer, se développer）。但是，对于人类借助于反思理性的帮助在历史中已取得的其他一切成果和尚在进行的事情，伏尔泰反复使用了关键词"完美"（perfection）和"完美者"（perfectionner），这种反思理性如今已具有了自觉性。道德通过中国人达到了"完美状态"；有时更加强调塑形，有时更多强调言语的精美艺术，在人类的四个黄金时期中达到了"完美状态"，他仰慕的这四个黄金时期分别是伯里克利-亚历山大时期、奥古斯都时期、美迪奇时期和路易十四时期。不过对伏尔泰来说，达到完美状态总是意味着接近于一种确定不移的、不可改变的和永恒的理想状态，它由人的纯粹理性以内在必要性为基础建立起来。世界上只存在着一种极为简单却普遍有效的道德，只存在着一项良好品位的标准，它是所有民族的艺术成就的准绳。①因此他在道德方面给了中国人一级的评价，而在艺术方面，正如我们看到的，只能打上三或四级。在这里，我们只需回顾一下他在审美判断方面的不宽容和傲慢就够了。他责备莎士比亚野蛮，虽然他自己在过去也曾带着真挚的惊愕和勉强介绍了他；他宁要塔索而不要《伊利亚特》，宁要阿里奥斯托的《疯狂的罗兰》而不要《奥德赛》(《风俗论》，第121章）——类似的判断数不胜数。

---

① 参看《哲学辞典》，"趣味"（Goût）条；关于伏尔泰半途而废的揭示品位相对性的努力，可参看萨克曼，《伏尔泰的思想方式与思想世界》，第118页及下页；梅里安-热纳（Merian-Genast），《伏尔泰与世界文学观念的发展》（"Voltaire und die Entwicklung der Idee der Weltliteratur"），见《浪漫主义研究》，第40期，第1页。

这是因为机械主义也侵入了他的美学之中。整个完美观念是机械主义的,在这样的思想框架中,他的历史景观中一切超越了纯粹万花筒式变化的人类事物在运动着。甚至我们在他关于理性问题的学说中注意到的对人性的初级生物学解释,也包含着一种机械论特征。他教导说,法则是自然赋予存在的每一个方面的,是要不变地加以遵循的。鸟儿筑巢,星星沿着轨道运行,而人类生来就是社会性的,在自然为其设置的完美限度内是完美的(《风俗论》,导言)。对于人类的进步来说,也许存在着坚固的和无法逾越的障碍。但谁敢赋予它们以固定的样式呢?但是伏尔泰,手里拿着尺子和粉笔,随时准备着在人类各个时期说出完美的目标和限度在什么地方。同样不幸的是,他以可怜可叹的满足感赞颂一种特殊文化领域中的特殊完美状态是不可逾越的(non plus ultra)。这样的说法几乎是多此一举,即这些完美状态始终处处是他自己的时代和法国社会的文化理想,在其中他看到了对整个世界历史而言完美状态的顶峰和限度。伏尔泰在《路易十四时代》(第34章)中声称,人类在刚刚过去的那个世纪中取得了比所有前面的时代更多的光辉成就。

有时,伏尔泰不说"完美",而说"人类精神的进步"。但是,如果我们认为他对进步具有一种乐观主义信念,就像之前的培尔所代表的,与后继的启蒙运动思想家和欧洲自由主义者普遍地加以增强的乐观主义信念,那就是一种糟糕透顶的误解①。这绝不是莱布尼茨意义上的必然包含于历史本质中的无限进步,而只是一种对属于

---

① 参看在第四章中关于杜尔哥和孔多塞的内容,与德尔瓦耶(Delvaille)的《进步观念史》([Hist. de l'idée de progrès] 1910 年)。

他自己时代的理性和文化理想的接近；它只不过是关于"完美"的另一种表达。按照伏尔泰的说法，既然人性的组成，即理性和非理性总是一成不变的，那么它们之间的冲突就始终只能是一种忽上忽下的摇摆，而从未能导致一种决定性的结果。在进步和完美时期之后，随之而来的可能是向野蛮状态的复归。然而甚至这个观点也带有机械主义特征而不是进化论特征。这就是为什么伏尔泰无法像后来的启蒙运动思想家那样，怀有彻底的乐观主义和对未来的信念，在他的观念中，属于17世纪末期的朴实的现实感觉依然是一种极其有力的因素。更有甚者，他关于启蒙运动的理想过于以自我为中心，与法国和欧洲的上层社会利益过度地纠缠在一起，从而无法产生普遍的思想推动力，只有这种思想推动力才能产生后来的席卷一切的人类进步信念。在他的思想构成中，怀疑论的现实主义和对启蒙的喜悦感始终猛烈碰撞，虽然它们从未能够排挤对方。正是它们之间的碰撞使他时不时迸发出机智火花，那种难以模仿的伏尔泰式机智，他甚至以扮鬼脸和恶作剧来面对死亡时刻。在这样一种生活态度中，当前时刻的享受就成为了至善。伏尔泰通过普遍历史来辩护它，从而崇高化了这种个人的喜悦。但是，凭借普遍历史的经验和他自己对于舒适的渴望都不足以使他相信，在遥远未来的启蒙运动的所有喜悦将会延续或甚至增长。"这样的时刻将会来临，那时，野蛮人会演起歌剧，我们将会重跳印第安人的舞蹈。"[①] 在这样的思想情绪中，有时会产生一种对于所有人类文化价值的悲剧性无常的听天由命但并不真正深刻的感受，但很难产生对以任何形式出现的

---

① 《文学杂纂》(*Mélanges littéraires*)；德尔瓦耶，见前引作品，第311页。

发展观念的欣赏。最终说来，世界和历史只不过是一个交错着光明和黑暗景象的万花筒。①

真正的历史发展从不可能"完成"，它奔涌向前，在人性所设置的最终限度允许的范围内产生着无数的新事物。历史从不可能盖棺定论。但是，伏尔泰擅自钉上了这样的盖棺之板。确实，甚至他也不相信完美状态在他所处时代的法国就已经在每个方面都达到了。可耻卑鄙的力量，迷信和狂热的力量，在法国仍然是过于强大了。但是在他看来，启蒙运动的道德理想、文化理想、社会理想和政治理想绝对是完美的和无法逾越的，它们正在向这种至高无上的地位迈进。对他的思想模式具有特别意义的是，正是在那些他独特地展示出了思想才能的领域中，他认为完美的顶峰业已达到，从而在这一方面封闭了后来的世界。他声称（《路易十四时代》，第32章），史诗、悲剧和高雅喜剧都已经耗尽了确定的和有限的可能性。迪博声称，天才人物虽然还能够发明大量的新事物②，但其必要前提仍是自然创造了它们。一旦道德真理与关于人类的不幸和弱点等等的艺术表现形式已然为天才之手炉火纯青地创造出来，那么剩下来的事就只有去模仿他们，或者偏离这条正确的道路。"因此，天才只拥有一个世纪；随之而来的必然是衰退。"

---

① 萨克曼（《伏尔泰的思想方式与思想世界》，第309页，和《伏尔泰思想光辉中的普遍历史》，见《法国语言与文学期刊》，第30期，第15页）在伏尔泰对于进步观念的态度问题上的总体判断相当正确，而马丁（Martin）在《历史期刊》（第118期，第12页）上却错误地反对了他的观点。也可参看德尔瓦耶，见前引作品，第323页。巴赫对于这个问题的处理是动摇不定的，见前引作品，第54页。

② 迪博（Dubos），《关于诗歌与美术的批判思考》（*Réflexions critiques sur la poésie et la peinture*），1719年（1740年版，第2卷，第55页）。

第二章 伏尔泰

天才概念后来被用来界定历史思想的分期。伏尔泰问道,天才是否在本质上与天赋不同?比起在艺术中胜任的气质来说,天赋是另外的什么东西吗?(《哲学辞典》,"天才"[Génie]条)然而在受到伏尔泰批判的迪博那里已经出现了关于天才的新观点,他把天才看作某种耗之不尽的和无法预知的东西,后来,他也在纵观整个历史世界时感受到了这种耗之不尽的和无法预知的东西,从而聆听到了真正的历史发展咆哮着的滚滚激流。

毫无疑问,在这个方面,伏尔泰自己也有天才。不是诗意的天才,而是一种强有力的和创造性的生命活力。相比于理论,他的精神生活总体说来拥有更多的天才,更加用之不竭和深不可测。这就是为什么他能够偶尔承认,艺术存在着少许神秘的和超民族的特征。① 但是,即使启蒙运动最伟大的天才,包括卢梭,也遭到了责备,因为他们还仍然是一种理论的奴隶,这种理论只能不彻底地表现他们的天才,甚或完全不能表现他们的天才。

因此大体上来说,伏尔泰只能够在一种特定的和可计算的程度上认识到人类中特定的因素和思想品质的完美性。如果命运笑脸以对,那么人类将能保持在这一完美水平上;或者再次衰落,退回到早先的状态中去。因此,人类从本能活动的原始阶段通过原始理性(raison commencée)向文明理性(raison cultivée)的攀升,原则上追随的是一条几何直线;只是在实际的世界历史中,这条直线成千上万次地受到了渗透着人类非理性力量的干扰。但是,在这幅完全机械

---

① 布朗德斯(Brandes),《伏尔泰》,第2卷,第49页;热尔比(Gerbi),《十八世纪政治》(*La Politica del Settecento*),第54页及以下诸页;《哲学辞典》,"热情"(Enthousiasme)条。

和数学模式的历史景观中,产生了一种不可避免的内在矛盾。人类被想象为某种钟表,自然为他们提供了特殊的齿轮和发条,部分是善,部分是恶,然后使他们发动起来运行起来;在此之后,人类就得自我负责。现在,一件奇妙的事情应运而生了:这只钟表变成它自己的制造者,它得对自己的运转进行必要的改善,直至达到为它设计的完美极限为止。在这里,伏尔泰不知不觉地对历史人物能创造新事物的品质做出了巨大承认。但是,他并没有亲身认识到这种创造性的力量。① 在他看来,历史所有的可能性都受到了限定和限制,因为他满足于自己时代的文明,而机械主义的思想模式又使他不可能也不愿去超越自己所在的历史阶段。因此,伏尔泰进行解释的各时代精神,本质上只能是统治阶级的精神。

时代精神,民族精神,总体而言的历史形式背后的精神——所有这些,都是伏尔泰反复强调的主题。他的历史思想的基本研究方式是,将某个特定的时期、民族或历史形式中引起他特别注意的个别特征压缩为一种共同的特征,他将其称之为精神(esprit,有时也称之为 génie)。《风俗论》的副标题"各民族的道德与精神",成为了伏尔泰的主题,他甚至将其作品描述为一部"人类精神史"。② 对他而言,受到如此解释的历史实际上是撰写历史的独特的哲学方式。这是一个有力的和划时代的观念,还没有因已经认识到的实际

---

① 这些晚年所说的话见于1773年的一封信(布朗德斯,《伏尔泰》,第2卷,第49页):"必须承认,在天才的艺术作品中,一切都是出于本性的。"它们也许只能被当作一种对于现代思想方式的姗姗来迟的承认,而不能被当作自己获得的暮年智慧。

② 参看马丁,《历史期刊》,第118期,第25页。

不力而失去其历史重要性。它的意义也没有为这个事实所削弱，即早在他的时代之前，人们就从大量的单体细节中抽取统领性的、依赖于一个特定原则的历史单元，可以谈论它们的精神、天才或者天赋、灵魂。其中的思想源头要远远地回溯到古代，回溯到柏拉图、斯多亚和新柏拉图主义，这些需要分别加以研究。① 至少在17世纪晚期和18世纪早期，就存在着一种谈论民族精神、国家精神和其他实体的精神的倾向。正是在波舒哀那里产生了这种表达（大部分情况下是esprit，少数是génie），他的《论普遍历史》是伏尔泰渴望加以超越的典范之作。波舒哀也时常试图勾勒民族的特征，他甚至在某个段落中谈到了"时代的特征"（第2卷，第27页）。17世纪的威尼斯外交官在他们的公务报告中已经谈到了民族精神（genio della nazione）。② 在圣埃夫勒蒙、莱布尼茨、沙夫茨伯里、布兰维利耶和迪博那里，谈论民族精神（génie和esprit）的情形已变得越来越普遍，他们有时也谈到了时代精神。迪博1720年在巴黎科学院所做的就职演讲中，涉及了一个颇具前景的主题，这就是语言的精神（génie）。他指出在每一个民族的表达甚至语言的措辞中可以感受到

---

① 施滕策尔（Stenzel）的关于古希腊哲学及其他哲学中的精神概念的论文（《古典时代》[*Die Antike*]，第1，2，4章）为此可资引用。参见穆勒，《关于法源起于民族精神的教条的发端》，见于《奥地利历史研究所学报》，第30期，它仅仅包含了与此有关的极少信息。在这里也可能与基督教的圣灵说和普纽玛学说存在着联系。可进一步参看魏泽尔的《沙夫茨伯里及其他》，第210页及以下诸页，尤其是参看希尔德布兰特（Hildebrand）的《格林辞典》（*Grimm's Wörterbuch*）中的"精神"（Geist）条目。

② 施莱尼茨（Schleinitz），《威尼斯人在17世纪的关系中对国家的观念和对人的描绘》（"Staatsauffassung und Menschendarstellung der Venezianer in den Relationen des 17. Jahrhunderts"），罗斯托克，未刊论文，1921年。

民族特征。① 引人深思的是，正是启蒙运动使人们更渴望认识人类构造物所具有的"精神"，作为一种推动力，这种精神无法贴切地用理性语言加以描述；在此处，以往的人们只要有可能就更愿从中发掘机械运动法则。但是，这实在是不可能的。因此，关于人类构造物的精神学说所展示出来的思想位置，显示了启蒙运动几乎要超出理性化和机械主义的思想方式，而正在通向一种超理性的领域。这类时刻在思想史中是具有特别意义的，因为它们揭示了在仍处于上升阶段的事物中出现了未来将会来临的思想胚芽，从而表现出了所有发展的深刻连续性。

一开始，人们是以一种相当外在的方式来理解人类"精神"的。伏尔泰在《哲学辞典》"精神"（Esprit）条目中这样说道：

> 人们谈论团体的精神，或者社会的精神，为的是说明它的风俗习惯、谈话方式、行为方式及偏见；谈论法律的精神，为的是辨别出它的意图；谈论一部著作的精神，为的是理解它的特点和目的。人们能够谈论复仇精神、乱党精神等等，但不能够谈论政治精神（esprit de politesse），因为政治不是一种被强烈的主导动机所控制的激情，这种主导动机可以被形而上学地称为精神。

然而有时，他也补充说，精神标志了事物中最精微的部分，表现了正是不可见的部分给出了生命和运动。在这里，伏尔泰再次延续了

---

① 莫雷尔（Morel），《迪博研究》（*Étude sur l'Abbé Dubos*），1850年，第102页。

古代世界的观念,这种观念认为灵魂的本质是最精微的和最不可见的物质。但同时人们也看到,就像在道德主义那里所发生的一样,他也试图将精神机械化和对它进行浮于表面的理解。他在条目"天才"(Génie)中把民族天性类似地定义为用以区别于其他民族的特点、风俗习惯、主要才能甚至罪恶。他也做出了有趣的判断,认为没有哪一个民族像法国民族这样频繁地运用精神(spiritus)这个词语。伏尔泰和孟德斯鸠确实都为反思人类创造活动中的"精神"的本质给予了最强有力的思想刺激。

伏尔泰在《风俗论》中谈到过的民族精神(esprit 和 génie),总体上来说是一种持久稳定的东西,很少表现出变化;而且,人们总是在那些统治着平民大众和安排其工作的一小部分人中发现这种民族精神。第二个判断带有实用主义色彩,虽然不是一点道理都没有,但表现出他很少公正地对待民族精神的构成,因为民族精神来源于更加深沉的民族生命。这种实用主义也妨碍了他运用深思熟虑和栩栩如生的细节更深入地描述民族精神的作用[①]。他的时代精神学说显得更加富有创造性和富有成果一些。正如我们已经看到的,他在这里也有个别先行者。但是,没有一个人,也许莱布尼茨除外,曾像他这样大胆地以如此生机勃勃的语言来谈论一个时代富有特征的精神。"我的目的始终是考察时代精神;正是它导演着伟大的世界事件。"(《风俗论》,第80章)他的《路易十四时代》以一段著名的话开篇,表明他并不想要为子孙后代描述某个伟大人物的事迹,而是要描述"在这个有史以来最开明的世纪中人类的精神"。虽然

---

① 参看里特尔,《历史科学的发展》,第242页。

实际情形并不符合作者的意图,虽然著作的政治部分的叙述经常沦落为对行动和事件的单纯枚举,但是它确实具有一种深远的和成果丰富的影响。它激起了历史著述家对关于"英雄、国家和人类生活"的单纯故事的不满,激起了一种想要掌握连接了一个时代所有现象的精神纽带的野心,激发他们去揭示所有个别生命和个别事件是如何依赖于这条纽带的。"每一个人,"我们在《风俗论》(第82章)中还可以读到,"为他自己的世纪所塑造,极少有人超越于他们所在时代的风俗习惯之上。"然而如果人们质询伏尔泰宏伟的计划后面最终的思想动机是什么,那么他的历史思想的局限性就再次变得一目了然了。他对于认识时代精神的渴望并不简单地是一种求知欲,而是对精神享受的渴望。他在其中感到愉悦舒适的文明化的文化理想需要较黑暗的时代来衬托,以便更充分地享受文化理想的滋味。我们已经指出过、在这里也不必再加以详细阐述的是,《风俗论》倾向于把中世纪描绘为一个充斥着野蛮行为和黑暗迷信的时期。"一种在这些世纪与我们的世纪之间的比较,无论我们必须忍受多少反常错乱和不幸,但一定能够使我们对自己的好运感到如沐春风,而不是屈服于几乎难以克服的以当前为代价而赞美过去的倾向。"(《风俗论》,第82章)因此,最终而言,他所描绘的时代精神在其一系列的展示中不外乎是根据启蒙运动时代通行的理由,对于理性和非理性账目的清算而已。这在他对亚洲文化的描述中清楚地显示了出来。伏尔泰对基督教的怨恨使他乐意于勾画这样一部历史,它从中世纪黑暗的景象开始,经过文艺复兴较为开明的时期和重新产生的黑暗的宗教战争时期,直到现代西欧文明的黎明时期。伏尔泰也许可以被称为启蒙运动的历史银行家,为世界历史的群体管理着和计算着世界历史银行的资金。

尽管如此,我们已经屡次看到这样的迹象,亦即他那生机勃勃的和活跃的精神虽然无法突破他僵硬理论的藩篱,但却能够导致松动。我们已经看到过他对于历史中的神秘"混合现象"的惊讶,这很容易在更为敏感的读者心中激起远远超越于他的新观念。一般而言,他对于历史奇迹、人类复杂深奥的变化和最后对于"世界之谜"产生惊讶的能力(《风俗论》,摘要),有时会引人注目地突破启蒙运动的自豪感和自信心所设置的思想偏见。这种能力是一些几乎可作为启蒙运动最高成就的对于人类的独立自主性的意识,是一些对于人类卷入于超越了所有民族限制和宗教限制的命运的感觉。伏尔泰说道(《风俗论》,第83章),在这里,我们要关注人类的命运,而不是朝代更替。每一个历史学家都应该去谈论人性,但是大多数历史学家却只是描写战争。

因此,虽然伏尔泰并不总是成功的,但至少在他的启蒙理想遇到与之内部关联,又与外国史料相交织的现象时,他最起码努力描绘了具有一定历史能动力的时代精神的图景,《风俗论》中简短的第118章,标题为"16世纪的普遍观念",以历史编纂学方式为已经一再做出的无数历史研究的努力开列了一张清单,它们包括了关于这个时期令人惊讶的整体,包括权力斗争、卓越的人物、知识革命、骚动和发现、艺术、财富和工业,这些都是他从一种普遍观点出发加以考察的。在对宗教斗争的简短提及中,伏尔泰轻蔑地和不指名道姓地带过了路德,甚至在接下来的章节中仅仅把他表现为漫画式的人物。但是接着在涉及胡格诺战争和他所偏爱的亨利四世的章节中,他恢复了一些真实的历史景观。我们看到,他是如何把人类的行为看作是直接受制于当下环境的，也看到了他在涉及亨利四世时是多么强烈地表现了他的人格力量。伏尔泰提出了一个反命题，即路易十四所在的世纪比起亨利四世所在的那个世纪要伟大得多，但亨利四世却是比路易十四要伟大得多的人物。因此，不管现代批判主义对之发出了多少公平的抨击，但是《路易十四时代》却保有无法磨灭的魅力，这是因为他对所有与其理想一致的事物的衷心热爱，因为他那妙笔生花的描写，他那生机盎然的历史兴趣，这种兴趣甚至使他对他所反对的事物也进行了考察，因为他通过广泛的和丰富多彩的叙述再现了那个时代的风俗习惯、社会环境和思想。甚至于今天，如果人们忘记了路易十四时代对成长于其中的历史学家伏尔泰产生的影响的话，那么就不可能完全理解这个时代。

人们通常习惯于把伏尔泰对于历史著述的主要贡献看作是他为历史撰述取得了所谓文化史的材料，在过去，文化史常常只是一本关于社会风俗习惯和社会组织、技术发明和进步、人类外部生活的物质因素、甚至琐碎到饮食的彩色画册。事实上可以说，伏尔泰决定性地激发起了所谓小资产阶级对于历史的兴趣。他作为一个法国上层资产阶级市民，充分意识到了，自从骑士制度和封建主义瓦解以来资产阶级在知识、经济和技术领域所取得的成就。他给予了法国第一个上等资产阶级的市民克尔，一位15世纪的银行家，比圣女贞德更高的历史地位。尽管如此，在《风俗论》（第80章）中，她的英雄业绩受到了不同于在讽刺作品《圣女贞德》（*La Pucelle*）中受到的那种对待，至少算是一种勉勉强强的尊重。在瑞典的克里斯蒂娜女王放弃王位的举动中，他庆贺了城市生活的胜利，给予了该举动以沾沾自喜的赞同。他评判道（《风俗论》，第188章），这种举动提供了关于真正卓越的艺术、政治和成熟社会最雅致的例子，认为它们比那些单纯来自地位的伟大要更加伟大。他把法国的第三等级解释为国家的根基（fonds de la nation），认为它不带有个别的利益（《风俗论》，第175页）。他是在阐述1614年法国召开的最后一次立法会议时谈论这个观点的，由此他隐隐约约地，但不带有任何革命意图地预告了中产阶级可能的政治要求。他当下关注的，仅仅是在强有力的君主制统治的庇护下资产阶级平静的享受和无阻碍的文明发展。对他来说，这种文明在有用和典雅这两种价值中达到了顶峰。后者，包括了一种精致的社会生活所拥有的魅力和公认的艺术标准，在他看来是更高的价值。但是作为经济和技术活动与随之而来的繁荣所体现的有用，是朝向精致趣味的必要前提。因此可以说，伏尔泰已经预见到了在19世纪注定要成为最勤勉的方法研究的对象，它正是现代文化实际的和物质的基础；然而他不是通过科学的经济史学家和社会史学家的眼光，而仅仅是以一个安稳就位的资产阶级的愉快凝视发现这一点的。在他周围，人们早就出于实际利益而忙于这些事情了，但他是第一个大胆地在历史阐述中接纳它们的历史学家，把它们宣称为历史真正重要的部分。他通过广泛的阅读做到了这一点，虽说他的阅读通常是极不充分和极不系统的。但他懂得如何提问，如何探索因果联系。在对帖木儿的描述中，他震惊于这样一个事实，亦即东方城市的建立与毁灭一样轻而易举。他假设这种情况之所以可能是因为晒干的砖头（《风俗论》，第88章）。他清楚地表明了，阿姆斯特丹的鲱鱼贸易在世界历史中是一个重要的因素（《风俗论》，第164章）。他热切地关注铸币制度的变迁和人口问题，也追踪新式战争武器的发明、城市街道建设中的变化以及良好社会中的马术和旅行习惯。他的历史好奇心甚至注意到了胡子的式样，企图得到关于一切事物的确切知识。① 我们不应该忽略他是从剧院走向历史的，这有助于解释他对戏剧性的和异乎寻常的历史场面的偏爱，对绚丽多彩的历史生活外部形态的偏爱。但在历史人物华丽的外衣之下活跃着的仍只是启蒙运动思想家用来称之为理性或非理性、精致或野蛮的东西。

这种对于过去栩栩如生的细节的感情，反衬了启蒙运动的基本主题的贫乏，宛如一段布匹中华丽鲜艳的纬纱相对于暗淡乏味的经纱一样。伏尔泰缺乏古物研究者对具体事物的热爱和尊敬。没有这些品质，这些事物就只是单纯的外壳，而不能成为历史人物真实的衣着。然而意味深长的重要结果是，他激发起了对于所有与过去相关的事物无边的好奇心。因此在这里，伏尔泰确实再次来到了历史主义的门槛上，而在这些他收集的大量历史素材中注入生命，就成为历史主义的任务了。

同样的情况也发生在他的历史兴趣取得的另一项成就中，它也许要比他的文化史成就高得多。可以说，他是启蒙运动中最早发现了意见（Meinung）在历史中的力量的思想家之一——休谟比他更早，在1742年。毫无疑问，他认为意见属于一个习惯领域，正如我们已提到过的，他将其视作历史中所有多样性的源头活水。他提出

---

① "这是理性的不间断练习，理性需要洞察一切。"朗松在《伏尔泰》（第120页）中值得一读的"作为历史学家的伏尔泰"一章中如是说道。不过他把大量19世纪的实证主义归入了伏尔泰的思想中。

(《风俗论》，评注2），人们必须撰写意见史。这样一来，喧嚣沸腾的事件、事实、革命和犯罪将配得上吸引智者的凝视。我们已经看到，他是如何把宗教也作为历史的主要因果元素的，对他的知识观念来说，宗教就是不折不扣的意见。根据他的说法，这个意见也导致了十字军东征。虽然他带着一点个人的实用主义色彩补充认为，教皇们只是为了自己的利益才激励了宗教战争的热情，但他脑海中也闪现了一个想法，即单单神职人员的算计还不足以将各民族送往东方，除非他们自己也受到了极其热烈的和得到普遍宣告的观念的鼓励——虽然在伏尔泰看来这些观念是完全错误的。他声称意见的错误理应得到描述，正如医生描述了马赛的瘟疫一样，虽然描述时瘟疫已被治愈。在伊斯兰教中，他看到了意见的力量为地球带来的最伟大的变化。意见也常使得法律在地域上彼此相隔并不遥远的地方变得迥然不同，以至于在一个国家被认为是真实的和美好的东西，在另一个国家却被认为是错误的和糟糕的。在面对所有这些杂乱无章的强大意见时，伏尔泰感觉到，在历史中观念的强大力量面前，自豪和自信的启蒙运动也许会变得软弱无力。他补充道，在法律非理性的多样性中他观察到处处都有着矛盾，我们是坐在一条始终为相逆的风暴所困扰的船中航行着。因此，他确实能够发现历史中意见的力量，但却无法把握它。因为就像他解释的，意见几乎只属于历史的病理学现象。

伏尔泰为启蒙运动的新意见本身的力量需求推动着才获得了这个发现，因为他们认为强大的对手支配着错误的和非理性的意见。然而，在时常袭上心头的对这种对手的怀疑中，有着一种起作用的力量，它在伏尔泰的心中产生了也许可以被看作17世纪遗产的东西：这是一种现实主义的清醒，对世界和人类的生命不抱幻想；这种观念确实不是所有17世纪人物都具有的，而是更多和更典型地为政治家所拥有的，为他们在政治领域中的后继者所继承。弗里德里希大帝不可能成为伏尔泰的朋友，倘若他们两人在这一点上不能彼此理解的话。他们共同具有的启蒙理想都摆脱了乌托邦主义和任何对人性的过度评价。他们都以彻底赤裸裸的眼光看待人性，弗里德里希大帝甚至比伏尔泰更加冷峻和怀疑。正如这种怀疑在弗里德里希大帝的生活中产生了一种存在于政治现实主义和人道主义理想之间的难以调和的分裂一样，在伏尔泰的历史解释中也产生了分裂。因为存在于巨大的非理性领域和微小的理性王国之间的鸿沟，是他们的机械主义心理学开启的，他们对现实冷峻的感受和常常升级成的对人类自身的蔑视，恰好使这道鸿沟加深变宽了。

因此，在伏尔泰对这样一个领域的理解中也存在着一道鸿沟：这个领域与意见的力量相伴随，在他看来也在普遍历史中产生了最强烈的因果影响和决定——这就是国家、权力政治和战争。他在其赤裸裸的和令人反感的丑恶中观察到它们的真实外部；正如我们即将展示的，他在一定程度上进入了对政治行动动机的理性理解。然而，他不能理解国家生活的内部，因为他的机械主义和自我中心的思想没有提供理解人类精神的客观创造物的特殊存在的钥匙。

他当然希望国家是强大的和独立的，尤其要摆脱任何教会的影响，将教会仅仅作为文明的一个工具，或者如启蒙运动的语言所表达的，仅仅服务于民族的"福祉"。他蔑视愚蠢迟钝和迷信的大众，认为他们奴隶般的工作对于任何高尚生活的可能性来说都是一种给定的和不可更改的必要条件，这种蔑视有时会被一阵突然爆发的天性的仁慈或社会情感所融化。但是，在所谓民族"福祉"的背后，只不过异常明显地流露出了他自己个人的幸福和舒适感。因此，他据以判断大多数政治事务的一般标准表现为这个问题：国家能够为我和为我珍爱的开明社会做些什么？

一般来说，如此自我中心的个人主义只能人格化地来理解国家的生命。伏尔泰无法如其本身地来理解伟大的政治人物，他只能够根据智慧或愚蠢、和平或贪婪来看待统治者的人格，来判断他们在世界历史中是带来繁荣还是灾难——大部分是灾难。以这种人格化的方式，他最起码肤浅地意识到了文化生活对国家的依赖。①当时的历史著述中的实用主义已体现了人格化，倾向于把所有政治生活中重要的事件归因于行动的有意识的动机和目标。伏尔泰还增加了一种对微不足道的和太人性化的动机的探索，增加了一种为伟大事件寻找浪漫的和富有诗意的原因的倾向，这就再次暴露了他的剧院出身。

但是大多数情况下，伏尔泰在政治事务中探讨的还是力量。他在《风俗论》（第33章）中曾经说过，力量创造了世界上的万事万物。正是以道德主义形式，他那精明的现实主义承认了历史生活中政治力量的重要性。各个国家超人格的背景、特殊的结构和生命倾向，相应地被搁置一边了。一如法国戏剧中的英雄，伏尔泰把各统治者和政治人物描写为直接来源于普遍的人性。任何一个这样的英

---

① 诚然，他也认为意大利和德意志城邦的自由政体是文化繁荣昌盛的始因（萨克曼，《伏尔泰的思想方式与思想世界》，第336页），不过他这样想主要是出于对文化贫乏落后的专制国家的憎恨，而不是出自对文化与国家之间联系的反思。

雄完全可以生活在另一个拥有相似的理性发展水平的时代。仅仅是他对于活泼鲜艳的色彩，对于令人愉快的形形色色的行为方式和风俗习惯的偏爱，才使得他在政治人物狂暴的事迹周围散布了某种个体化的历史情调。人们还会注意到，他深刻的非英雄与和平主义者的基本态度不时地为一种对于法国人的高贵事迹的天真自豪感所打断。但是，这种伏尔泰业已表现出来的、激发他创作了《路易十四时代》的世界公民和民族感情的结合，极其深刻地扎根于法国民族的文化中，而不是政治中。

然而，存在着一种获得历史知识的方法，使他能够在判断国家事务时超越道德化的人格方式。这就是国家理性学说，关于特定国家利益的学说，是马基雅维里创立的，在17世纪获得了很大的发展，到了18世纪，对于所有的政治家和那些对时代政治感兴趣的人就变得众所周知了。罗昂（Rohan）公爵所说的"王侯统治人民，但利益统治王侯"就是这种学说的本质。这句箴言向历史学家建议，在寻找国家行为背后的动机时，他不应该首先寻找人格品质，寻找道德或不道德的品质，而应该寻找那些对保持一个国家的生存事实上必要的东西。后来的历史主义，开始于兰克，能够把这种学说作为一种理所当然的因素纳入对宏大的客观历史景象的考察中去，在这些景象中包括和限制了对细节的处理。但是，在过去的世纪中，这种学说忍受着思想上的孤立。它固然影响了政治实践，激励了对于其技巧的思考；但它从未彻底地突破自然法思想形式的藩篱。如今，它依赖于启蒙运动历史学家对它采取的态度。在他们眼前的，正是奠基于它的欧洲内阁政治的实践；但在心中，他们珍视的是人类的幸福。在这种两难困境中，他们追随了一条典型的折中道路。

他们通过强调掌权者在保持自己的力量和地位时的自私利益，赋予为国家理性激励起来的行动以人格色彩，这些行动他们无法从历史中抹去。如果出现了这样一种情况，即在历史观察者眼中该自私利益让位于国家理性做出的伟大决定的权衡，这可能会获得一定程度的尊敬，但它不会被归因于比特定的国家生命更深刻的原因。根据这种观点，国家理性在历史生活中要么以一种机械论的方式起作用，就像（古希腊戏剧中用舞台机关送出来的）解围之神（deus ex machina）；要么作为通常以自我为中心的利益的一种特殊变体起作用。当然，这种情形是与现代国家发展在那时所达到的阶段紧密相关的。对于当时的人来说，专制主义国家依然过分地以一种孤立的权力机器的面目出现，它的理想朝向普遍的福利，但在实际上，福利是统治者根据他们善良的或败坏的人格动机按照严格的理性方式加以管理的财产。

我们已经简述了伏尔泰在历史著述中对国家理性学说的一般应用。他经常充分地应用这种学说，从而再一次展示了17世纪精神的持续性影响，这种精神是清醒实际和尖锐严酷的。"国家利益是国王的至高理由。"（《风俗论》，第174章）"当国家利益说话时，君王们就会忘却凌辱和恩惠。"（《风俗论》，第125章）"政治在枢密院中克服了激情。"（《风俗论》，第176章）"一切都得让位于国家利益。"（《风俗论》，第184章）对于那些了解自博特罗以来关于国家政体（ragione di stato）文献的人来说，所有这些话都具有一种熟悉的回响。它们存在于弗朗索瓦一世、亨利四世、黎塞留和教皇等人的行动的背后。但是，伏尔泰甚至将这种学说转移到了文艺复兴之前的时代，在与基督教教会的争辩中运用了它。他声称，德西乌斯、马克西米努斯、戴克里先都仅仅是出于国家理性而迫害基督徒的，因为他们站到了反对皇帝的一边；戴克里先绝不是宗教不宽容的（《风俗论》，第8章）。甚至日本的迫害基督教事件，在他看来也是被国家理性激发起来的（《风俗论》，第196章）。毫不奇怪的是，他也说出了刺耳的马基雅维里式格言："在君王们看来，宗教几乎总是关乎他们的利益的。"（《风俗论》，第173章，类似的还有第178章）

伏尔泰将这种关于强制性的国家必然性学说最贴切地和富有意义地应用于所有法国统治者中最切合他心意的那一位，也就是亨利四世。他同意，照常理来说，一种如此明显地出于自己的利益而发动的宗教变革将为其声誉带来污点。然而在亨利四世的情形中，利益如此巨大地和紧密地与王国的繁荣休戚相关，以至于他的最优秀的加尔文宗顾问们自己就建议他接受他们憎恨的宗教。那时更多的政治家认为，亨利四世一旦大权在握，将像英国的伊丽莎白女王那样行动，将法国的天主教从罗马摆脱出来，仅仅将其作为提升她的政治和经济状况的工具。但是，伏尔泰正确地指出了，亨利四世并没有处在和伊丽莎白女王"同样的处境中"；他没有她所拥有的与她分享利益的国家议会，也没有足够的金钱和军队，而他还必须继续进行与菲利普二世和反法联盟之间的战争（《风俗论》，第174章）。

这个例子也许证实了这一说法，亦即人们只能理解所热爱的东西。伏尔泰热爱亨利四世，而憎恨菲利普二世。因此，他的判断是对于道德化个人主义的一种贴切的对应物。伏尔泰声称，宗教只不过是一张面具，菲利普二世对尼德兰的战争不折不扣地是血腥的镇压（《风俗论》，第163章）。因此，虽然国家理性学说能够说明一些个别政治行动的情形，但无法阐明国家之间整个的错综复杂的活跃关系。孕育了这种学说的政治家的现实主义和启蒙运动家的道德主义并不能有机地融合起来。

让我们作个回顾。总的说来，伏尔泰开明的思想能够把由于习俗而变得僵硬的大量历史现象放到坩埚中去，使它们彻底地激动起来。由此，他赢得了历史思想的独立和自主。他将历史兴趣的视域扩展到了普遍的水平，涵盖了一切与人类有关的事物。他激励人们去比较、去类比和去沉思多样性的原因，而不管所比较的事物之间明显的相似性；他至少到处唤起了一种对于每种历史创造物的特殊结构的感觉，激发起了对于不同的文化现象之间联系的认识。更有甚者，他通过理性完美的观念，成功地唤起了一种对于世界历史统一的总体感受，它超越了对于个别表现的感知。诚如他所展示的，这种观念使我们有可能将西方历史的进程看作向着一种更高文化水平的缓慢攀升，这种攀升在晚近的阶段已加快了速度，但它最终的成功还不是一件确定不移的事情。历史被看作向着获得至高无上的利益的一种奋斗，它尤其受到了国家和人们意见的力量的因果性制约，这个观念与他历史兴趣的普遍化一道，形成了包含于伏尔泰的历史方法中最有前景的研究开端。但是，总体上说来，他的历史感知是狭隘和有缺陷的，局限于同时代的哲学机械论的观念，局限于法国资产阶级社交圈自私的需要；随之而来的结果就是，以形形色色的丰富性格出现的真正的历史人物，从不能充分地进入视野。因此，他的思想坩埚没有能够把一个时代的相互并置的历史现象，通过统领性的观念融合为一个活生生的整体。因此，对普遍化的感知来说是获得了一场胜利，也获得了对历史生命的一个精神上的整体感受。但是，对于在大大小小的层面上表现出的深不可测的个体问题来说，还没有找到令人满意的解决办法。伏尔泰没有提供一个生气勃勃的个体发展观念，而仅仅提供了关于完美状态的机械论替代品。

伏尔泰的历史描画由于其自身辩证法的作用将被超越，然而它恰恰在看起来要被替代的地方继续产生着影响。伏尔泰成功地唤起了人们对历史生命中的非理性特征的敏锐意识，而他的先行者们几乎做不到这一点。但是对于突然涌上心头的对历史奇迹的惊讶，他却滞留于耸耸肩膀听天由命而已。世界就是这个样子，他会对自己这样说，它由矛盾构成，而从不可能是其他的任何东西（《哲学辞典》，"矛盾"［Contradictions］条）。但是，他用以探索这些矛盾的充沛精力，注定会引发寻求更深刻地理解矛盾现象的努力。

此外，我们在伏尔泰的思想中看到了一种无法解决的矛盾。一方面，存在着他对于所有发展阶段上的所有人类事物的活跃兴趣，对于他所谓的人性活泼力量的兴趣；另一方面，他的一个关于固定理性的机械主义化的价值标准，将历史生命区分为数量巨大的垃圾物和一小部分珍贵的金属。或者，就像伏尔泰自己在他的一部最为单调乏味的、却还始终带有所有类型的怨恨气息的著作《帝国编年史》的结尾处所表达的：在蜿蜒起伏的岩石和悬崖之中，总有一些看得见的肥沃山谷。这种在历史中把事物联结起来的倾向，和那些看起来要把它们彼此分开的倾向之间的矛盾，推动着启蒙运动去寻找更高水平的统一。只有一种崭新的精神生命，通过对反思着的人类的所有内在精神力量的激励和搅动，才能产生这种统一。

第三章 孟德斯鸠

若想阐明启蒙运动思想是如何一步步地转化进历史思想的，就不得不考虑应该在伏尔泰之前还是之后来论述孟德斯鸠。说到年龄和活动的时间，孟德斯鸠（1689—1755年）自然在伏尔泰（生于1694年）之前。如果我们仅仅比较两位作者直接对那个时期和随后岁月中的历史解释产生影响的文献作品的话，那么孟德斯鸠必须被看作第一位，这是由于他1734年的《罗马盛衰原因论》。因为伏尔泰早在1731年就出版的大受欢迎的《查理十二史》，虽然是一部极其强有力的文学作品，对一位引人注目的当代英雄的生活作了别具一格的描述，但其中并没有包含对历史研究所能做出的新颖和独特的贡献。这种新颖和独特的东西也许在18世纪30年代和40年代就已经产生出来了。《路易十四时代》的初版出现于1735—1739年，《风俗论》的第一部分出版于1745年。但是，在伏尔泰将这两部巨著完整地出版于世之前，孟德斯鸠已经在构思后来极为成功的作品了，并在准备了将近二十年后，于1748年出版了《论法的精神》。

尽管如此，我们还是决定把孟德斯鸠放在伏尔泰之后。这是由于从观念史立场，而不是从严格的编年史立场来看，孟德斯鸠是在伏尔泰之后的。后者从启蒙运动的思想宝库中获得了新奇的洞见，将其贡献给了历史思想和知识。而孟德斯鸠，不管是从政治思想还是从历史思想来看，人们通常把他当作一位雅奴斯神*。他是那种边缘性的人物，比起伏尔泰来是更加难以掌握和理解的。人们可能会为他争辩不休，怀疑他究竟应该被放在18世纪——由于他的思想方法看起来是属于启蒙运动学派的，还是应该被放在一个与之相反的保守世界——由于他的政治、社会兴趣和观念看起来是属于这样的世界的。或者，他也许会被看作超越了启蒙运动思想的人物，几乎是哥特艺术也就是说浪漫艺术无意识的实践者，是关于自由和宪法理论的现代思想先驱。有时，人们会承认，对他的作品阅读得越多，就越搞不清他真正想达到的目标是什么。① 既然在孟德斯鸠具有卓越的思想力量和精神才能方面，人们是毫无异议的，那么所有这些说法无非就是揭示了在他所有思考的背后非同寻常的思想张力和或许不稳定的但却丰富多产的思想主题，这是一笔在伏尔泰那里发现不了的思想财富。有一件事情是确定不移的，即在随后的岁月中，人们在孟德斯鸠那里将比在伏尔泰那里继续发现更多的精神食粮。伏尔泰的著述和思想凭着其形式的魅力在今天依然能够找到读者，但是这种魅力来自于过去时代难以模仿的艺术。另一方面，孟德斯鸠的判断尽管穿戴着老式外套，今天仍旧能够由于其内容激发思考。伏尔泰的问题，不管在读者身上产生了多么多变的和古怪的影响，通常都由他自己清清楚楚地给予了回答，他的答案在当前所能吸引我们的只是其历史性。然而，孟德斯鸠的问题一再地被提出

---

* 古罗马门神，被描绘为有朝着相反方向的两个面孔。——译者

① 见莫尔夫（Morf）在黑特纳（Hettner）的《十八世纪文学史》（*Literaturgeschichte des 18. Jahrhunderts*）第5版（1894年）的前言，第2部分。他提到，维尔曼（Villemain）和博纳捷（Bonnetière）也做出了同样的判断。

和得到讨论,对于今天探索历史联系的研究者来说,他的许多有分量的命题仍然是具有意义的。

对两人的人格和人生道路匆匆的一瞥,就足以解释他们的历史影响之间的差异。尽管拥有一个风云激荡的青年时期和一个相当平顺宁静的晚年,伏尔泰的生活自始至终是一出混合着享乐、精神工作和奋斗的交响乐,甚至在这个时代高度发达的文明中,工作和奋斗已经成为欢乐必不可少的部分。孟德斯鸠也品尝到了这些快乐,特别是在青年时代,他1721年发表的《波斯人信札》和活泼有趣的早年创作,讽刺、幽默和善感兼备地反映了他在洛可可时期的放荡世界中的经历。但是,早在《波斯人信札》中,深沉的音符已然响起,堪称其后期思想和讽刺作品的前奏曲;以一种截然不同于伏尔泰的方式,享受、工作和奋斗占据了他生活中不同的时期。孟德斯鸠在他的内在生活和世界上川流不息的外部生活之间设置了一段比伏尔泰大得多的距离。他的私人生活更为简朴,他以充沛的精神力量和深刻的实事求是的严肃态度从事一项反思着的和寻找主导性原则的任务。在1716年,他作为一位穿袍贵族(noblesse de robe)*的孩子成为了波尔多立法主席,但这个职位很快就让他厌烦了;他在1726年放弃了这个职位,但是作为拉布兰德城堡的主人,他忠诚地保持了立法院贵族共同拥有的观点。他代表了某种已然变得愈益稀少的法国贵族,他们拒绝屈从于宫廷的诱惑,而以一种高贵的独立精神成为了学者。他在1728—1731年进行的漫长的欧洲旅行,具

---

* 通过一定官职而得到爵位的官僚贵族,泛指与世袭贵族相对的近代贵族。——译注

有严肃的科研旅行的特征,在我们时代才发现的旅行笔记和材料汇编证实了这一点。① 接下来的许多年里,他一直埋头于自己最独特的毕生巨著,其中《罗马盛衰原因论》仅仅是《论法的精神》的一个初步漫笔。他连续不断地收集着和阅读着,费尽心血地把所有他已经读过、看过和经验过的东西综合进他的思想,时常在写作中废寝忘食地研究最难啃的材料,直到最后登上顶峰,才能长舒一口气,说道:"现在一切都与我的原则协调一致了。"(28,6② 和前言)这是一个现代学者最杰出的例子,即将思想家和研究者的角色结合起来以彻底地投入任务中。伏尔泰也许读得像他一样广泛,但他把读的东西转化为自己思想的过程进行得太快太草率,以至于他只能汲取一部分的思想营养而已。人们也责备了孟德斯鸠,因为他过快地从观察转向了解释性的原理。从现代方法论研究的角度来看,也许确实如此。但他远远地高于自己的时代,尤其远远地超出法国启蒙运动的活动,他通过归纳研究的程序不屈不挠地推进了演绎性的思想。

为了不仅更充分地理解这种方法,而且理解其最终的目标和超出伏尔泰的历史解释之上的独到之处和指引未来的东西,我们将考察他投身于其中的思想潮流,同时与伏尔泰进行比较。

启蒙运动根据一种永恒有效的理性标准来判断历史世界,这种理性摆脱了宗教和形而上学的思想因素。启蒙运动来自于17世纪的思想运动,来自于日益高涨的古老的自然法思想,这种自然法思

---

① 《旅行》(*Voyages*),两卷本,1894—1896 年。
② 本章所有接下来的引文中仅给出数字的出处指的是《论法的精神》中的章、节。

想通过笛卡儿主义，通过消灭忏悔狂热，通过寻找和发现简单的一般法则的自然科学的崛起而高涨。但是，还有另一种17世纪独特的思想线索，我们在与伏尔泰相关的情形下业已提到过这一点，亦即清醒的和严酷的现实感。这尤其是支配政治家实践的原则；当它转换到历史研究领域中来时，就变成了对于事实的殷切渴望和一种收集巨大数量的历史材料的倾向。在自然法形式化的和简单化的精神与大量的经验材料之间存在着一道鸿沟，而17世纪相当呆板和笨重的思想方式至今尚未能够在这道鸿沟之上架设桥梁。甚至莱布尼茨的思想，以其宽广的含义也终究无法彻底进入他浩如烟海的事实知识材料。而且，在实际政治活动极为清醒和经验的观点与奠基于自然法之上普遍的国家理论之间类似的鸿沟之上，也无法架设桥梁。而这种实际的政治精神为了自己的目的已经创作了一种务实的文献，在其中，国家事务以一种截然不同于那个时代的一般政治理论的方式展现了出来。我们指的是关于国家理性的文献和关于国家利益的学说，它们的意义在我的《国家理性观念》中已得到了研究。根据自然法前提设想的国家在这儿遭遇了真正的国家和真正的政治活动，它们致力于保持权力，计算所需要的手段，计算对手的目的和策略，冷酷无情，毫无良心上的顾虑，狡猾，诡计多端。当然，一些实际的政治考虑也找到了进入理论观点的道路，正如自然法的一些因素也被吸收进了实际的治国艺术手册一样。这是可能的，因为在每一方，不管是自然法还是实际的政治，都到处有着高度功利主义的精神，它一会儿使用这一种武器，一会儿使用另一种武器，还可能突然从一种思想模式转变到另一种。但是，在这两种思想模式之间并不存在内在融合的可能性。

在历史著述中，尤其在当代的历史著述中，国家理性学说和关于具体国家利益的学说也到处出现。在他伟大的当代史著作中，普芬多夫以一定程度的粗糙和片面性，从主要行动者的文献中汲取了材料，把这种学说设定为理解政治行动的原则。博林布鲁克较浅薄的作品《历史研究及应用书简》（1735年）中最突出的地方，就是从国家利益学说的精神出发对最近的政治历史的概览。正如我们业已看到的，伏尔泰也熟悉和运用过这种学说，但大部分是以一种外在的方式进行的，并伴随着其他判断的标准。在那个时期，这种学说是家喻户晓的。在伏尔泰和孟德斯鸠开始着手伟大历史研究的同一年里，出版了关于国家利益学说最伟大的包罗万象的著作，即鲁塞（Rousset）的《欧洲列强的当前利益与意图》（[Les Intérêts présents et les prétentions des puissances de l'Europe] 初版于1733年，第3版1741年）。

我们能够轻易地证明孟德斯鸠熟悉这部文献。[①] 但对他来说可

[①] 关于他与马基雅维里之间特殊的、强烈的关系，莱维–马尔瓦诺（Levi-Malvano）在《孟德斯鸠与马基雅维里》（1912年）中做了富有教益的研究，不过没有彻底穷尽这一论题。尤其具有价值的是，他揭示了《君主论》中的诸多思想对《罗马盛衰原因论》和《论法的精神》所产生的影响。17世纪早期的一部最享有盛誉的研究治国才能学说的著作是博卡利尼的《政治平衡》（Bilancia politica），孟德斯鸠在《〈随想录〉与断篇》（[Pensées et fragments] 第2卷，第357页）中对此作了援引。在他的书籍阅读清单中还有罗昂公爵1638年的《论基督教王侯与国家的利益》（Interest des Princes et Estats de la Chrestienté）（《〈随想录〉与断篇》，第1卷，第31页）。《论法的精神》（21, 30）中关于马基雅维里主义和国家行为的论述，使我们窥见了诺代论马基雅维里的治国才能学说的小册子《国家行为中的政治沉思》（[Considérations politiques sur les coups d'état] 1639年）。具有共和意识的英国人戈登是17世纪根据塔西佗的方式研究治国才能的"塔西佗主义者"的追随者，他的塔西佗译本及其附录的论述面世于1728年。德迪厄（Dédieu）在《孟德斯鸠和法国的英国政治传统》（[Montesquieu et la tradition politique（转下页）

以得到比文献更多的东西，比如路易十四和摄政王时期的内阁政治和治国艺术生动的当代景观。这些对他的思想世界的形成产生了最强烈的影响。因为西班牙王位继承战争带来的普遍经历，它所留下的严重的精疲力竭状态，路易十四最后的悲剧性岁月，摄政王时期多灾多难的年份，这一切强烈地激荡了法国人的精神，促成了新思想的产生。在不小的意义上，现在蒸蒸日上的启蒙运动乃是对于继承自17世纪的权力政治的一种抗议。培尔关于永久和平的论文出版于1713年。"我不再感兴趣于战争，而感兴趣于人。"孟德斯鸠曾这样说过(《〈随想录〉与断篇》，第1卷，第301页)。他的第一部历史哲学，虽然不够成熟，却充满了大有前途的思想，被有意识地用来反对他在眼前所看到的以治国艺术和权力政治面目出现的东西。1721年的《波斯人信札》已然处处暗示了这一点，但直到《论政治》才找到了充分的表达。它在这之后不久就撰写了，但直到1892年才为人所知。①

因此，"政治"一词在这个时期受到了怀疑，孟德斯鸠把它等同于毫无诚信和信仰的治国艺术。他一开头这样说道："直接抨击政治，说它是多么严重地违反道德、理性和正义，是毫无用处的。"因为政治将会继续存在，只要存在着将政治独立于法律约束之外的激情。应该采用不同的方法，必须向政治家证明他们卑劣的策略和邪

(接上页) anglaise en France] 1909年)中揭示了孟德斯鸠利用这本著作的可能性(第287页)。此外，孟德斯鸠的著述还运用了研究治国术的文献中的口号(国家的当务之急，国家理性，国家利益，国家准则，仪节)。最后，还有他对普芬多夫的《大选侯传》的评判(《旅行》，第2卷，第202页)："他是德意志的塔西佗，他将柏林宫廷的各种利益分辨得清清楚楚。"

① 《孟德斯鸠未刊文集》，1892年，第157页及下页。

恶的实践在普遍的事件趋向面前是毫无意义的。是这个还是那个人物掌权，采取的是这个还是那个决定，对于最终的结果来说都是无所谓的。因为在人类社会生活中所有个人的不同行动之上有一种崇高的权力在统治着，一种共同性格（caractère commun），一种普遍的精神（âme universelle），它以无限的因果链条在世纪之间伸展着，自始至终产生着新的分支。

只要这种基调被给定着和接受着，那么就只有它在统治着，统治者、权威当局和民族所做的或所想象的一切，不管是反对还是赞同它，都总是与它严格相关的；它将继续统治，直到自身完全毁灭为止。

——这种毁灭何时发生是从来无法预料或计算的，这是由于相互作用和分叉的原因的繁复性。今天，服从的精神支配着一切。王侯们并不需要雄才大略，因为这种精神按照他们的利益在统治着；不管他们做的是邪恶的、模棱两可的或正义的，结果最终总是一样的。

这是一种真正年轻人的哲学，情感激越和片面，看不到自己的论题所导致的可疑后果。孟德斯鸠想要解除政治人物流氓行为的武装，想通过超越了善和恶的方式为道德工作。但是，这种极端集体主义的和宿命论的历史解释，甚至只可能导致一种道德上的无动于衷。这样摇摆不定的思想在他身上高涨着，从他存在的深处涌现出来，将影响他的终生。一方面，他有着一种热情洋溢的道德主义，抨击马基雅维里和现代政治人物所创造的思想世界和政治活动领域中最肮脏的地方。再者，他身上具有一种对因果性思想非同寻常的急切要求，想要将一种对于宏大的普遍因果关系的知觉与对不可计数的和无法穿透的起作用的多样性原因的感知结合起来，既理解浩瀚无际的大海，又把握大海之中主要的潮流。这两种倾向，及其对权力和征服政治的道德主义憎恨，与把新发现的自然法则应用于人类生活的因果决定主义吁求，都属于启蒙运动的实质，尤其是属于法国启蒙运动。然而在每一个思想家那里，这种典型的二元主义都呈现出了独特的形式。在孟德斯鸠这里，它的根扎得要比伏尔泰深。他年轻时的作品显示出他具有感情的力量，虽然这种感情还相当简单质朴。但如今，他与"政治家"世界的斗争使他的思想极大丰富。他对政治家世界所抨击的是日常权力政治可憎的和屡见不鲜的卑劣伎俩——在特殊的意义上这可以被称为马基雅维里主义。但马基雅维里也曾教导过，政治人物应该对实际的人类和在国家生活中普遍起作用的原因进行经验性研究。他经常对最复杂深奥的原因进行探索，本质上不是为了发现一幅新的世界景象——虽然作为其学说的一种次要成果这种情况确实出现了——而是要从实际的国家功利主义的目的出发去发现什么，在这种目的后面确实也存在着一种特别的人格化的国家理念。因为孟德斯鸠的道德主义无论如何不是单纯地来自他作为个人的需要，就像启蒙运动中其他一些思想家所做的那样，而是深深地关切伟大社会共同体的灾难和幸福。因此就出现了这种情况，亦即他也准备学习马基雅维里的国家功利主义和经验主义，并且把马基雅维里赞颂为"一位伟人"。[①] 对我们的研

---

① 在《孟德斯鸠通信集》（第2卷，第369页）中还存在着一个证明马基雅维里对于孟德斯鸠具有非同寻常的重要性的证据。他在1751年6月15日表达了对埃诺（Hénault）的敬意："像美慧三女神一样触动我，像马基雅维里一样教化我。"

究任务来说，没必要追踪马基雅维里的思想对孟德斯鸠所产生的所有影响，我们的目的是理解主要反映在这两人的伟大著作中的历史解释。但是为了这个目的，我们如今已是时候去比较孟德斯鸠的方法与马基雅维里所奠基的思想线索，并且是从一个据我们所知尚未受到过注意的角度去比较。

如果我们将《论法的精神》和从它之中推演出来的《罗马盛衰原因论》提出的一般性问题，与马基雅维里的《君主论》和《论李维》进行比较的话，那么它们之间的内在关系马上就变得跃然眼前了。马基雅维里按照政府形式区分国家，并且提出了下列关于共和国和公国的问题：为了保持它们的生存需要什么特殊的手段？什么法律对这个目标是有用的？它们必须避免犯什么样的错误？它们的衰落和崩溃的原因是什么？确实，在《原因论》中隐约套用了一个同样的模式，在《论法的精神》的主要部分中也是如此。顺便说说，我们也许可以浏览在17世纪大为流行的、处于马基雅维里和孟德斯鸠之间的关于国家理性和国家奥秘（arcana imperii）的文献。在这里，普遍居于支配地位的问题也是什么是最适合于保存国家特定的地位和形式的手段。尤其是，自从祖科利和塞塔拉以来，一直存在着关于应用于君主制、贵族制和民主制，或者应用于当它们变成独裁时的败坏形式的特殊的国家理性的讨论，为这每一种国家类型设想了一种机械主义的统治原则和行为标准。最终，这种看待事物的方式得回溯到亚里士多德和他的《政治学》第5卷。

在我们接下来将深入考查的《原因论》中，孟德斯鸠仅仅关注罗马人。比起马基雅维里的《论李维》，它的目标设定更加深远，虽然他在书中从未提到过，但是该书确实对他产生了影响。马基雅维里在他原先想要提出的治国艺术学说中仅仅实际地置入了一种历史哲学,而孟德斯鸠却有意识地力图按照哲学线索来解释罗马人整个的历史命运。但是,他把马基雅维里所阐述的治国艺术学说当作他的方法。因为他贯穿这部著作的首要考虑就是支配着罗马人行动的政治格言,对此,波利比乌斯是他的主要来源。他关注他们那始终如一的原则(principes toujours constants),关注共和国的智者会做和不会做什么,关注什么对它是有害的。一些对于征服者最佳方法的反思也编织进了该作。

那么,什么是《论法的精神》的主导性思想呢?孟德斯鸠在前言中说道,他的探询结果是承认了人类并不是简单地通过包围着他们的无数不同法律和习俗而受到其反复无常的情绪所左右的。① 恰如我们随后将会揭示的,这的确是一个远远超出了任何治国才能学说之狭隘限制的结果,并通向了思想的新大陆。然而它的基础仍然是陈旧的技术性问题,亦即政治活动中的理性的目的性。他继续说道,他著书立说并不是为了审查任何存在于某个国家的制度。每一个民族都将在他的著作中找到其准则的理由(les raisons de ses maximes),而唯有那个能以天才的灵光一现(coup de génie)来纵览一个国家的整体制度的人才能提出改革的建议。我们再次拥有了一种伟大的思想,其中孕育着新颖的观念。但是它还是扎根于从古代

---

① 在《波斯人信札》(第129封信)中他进一步说道:"大多数立法者都是目光狭隘短浅的人,他们之所以身居高位,不过是因为偶然,而且基本上只会考虑自己的偏见和幻想。"人们在这里可以估量孟德斯鸠的思想自青年时代以来所经历的重要发展。这封《波斯人信札》中的信以一种内在的自由精神,确实表达出了孟德斯鸠晚期的基本思想,尤其是这个观点,亦即如果有朝一日必须改变现存的法则,那么这种改变"只能以颤抖恐惧的手"做出。

政体的治国才能中继承而来的洞见，扎根于对个别国家特定的具体利益的考察，也就是扎根于其准则的理由。正如我们说过的，伴随着这种个体化的国家利益学说，这种学说考察每一个处于特殊的历史特性之中的国家，一种公式化的教义也在17世纪繁荣昌盛了起来。它压制了个别化的特征，仅仅询问什么政治手段有助于保存特定的宪法形式，不管这种宪法形式是君主制、贵族制或者是民主制的。现在众所周知的是，孟德斯鸠著作的一大部分内容是，为每一个涉及的国家形式设想出，为了保存自身需要什么样的思想信念、习俗、制度和统治箴言。① 他反复强调，同样的基本原则，在民主制中也许非常有害，而在贵族制中却运作良好。他说道，防御工事将会捍卫君主制，但是专制政府却会害怕防御工事（9，5）。在人民中进行利益分配在民主制中是有害的，但在贵族制中却可能有用（5，8）。

论述英国宪法的著名的第11卷第6章特别阐明了这种联系。这种联系并不属于书中以公式化和普遍形式考察的关于国家形式的生命原则的部分，而是作者从国家利益学说角度个体化地审查了具体国家的特殊任务和必要的手段。因为他从这样一个假定出发，亦即每一个国家，除却普遍的自我保存任务（马基雅维里意义上的自我保存）之外，还具有另一项特殊的独有任务——对于英国民族来

---

① 德迪厄在《孟德斯鸠和法国的英国政治传统》（1908年，第132页）和《孟德斯鸠》（1913年，第50页及下页）中使人们注意到，多里亚（Doria）的《公民生活》（[*Vita civile*] 1710年）是孟德斯鸠思想的一种可能来源。例如，多里亚教诲说，公民的美德是共和国的原则，野心是君主制的原则等等。但是，多里亚仅仅探究了老式治国才能理论传统中的原则。

说就是实现政治自由。但是随后,人所共知的是,他的模式化倾向歪曲了和历史性地损毁了对于英国宪法的想象。我们暂且把这个争论不休的问题搁置一边,即在这一章中孟德斯鸠是否确实正如人们长期相信的那样描述了他那独特的国家理念,是否表白了个人的信念。但我们必须注意到,在这里涉及两个传统的问题,它们是有关治国才能和国家利益的文献特有的:首先,一个特定的国家拥有什么样特定的利益;随后,需要什么样的策略安排来实现这样一种特定的政治价值,也就是说政治自由。在更早一些的文献中,对这样的问题的处理就像在现代的参谋总部中,为可能发生的不测之事设想出稳定的秩序和行动的计划。马基雅维里就很乐意以这种形式来展示他的治国才能学说。在这里,恰如他通常所做的,孟德斯鸠很明显地与这种传统的治国才能学说联系了起来。然而从中推出的结论是,孟德斯鸠对于英国宪法的赞赏不应该被立刻当成一种个人的、字面上的或者绝对的意思。首先,他仅仅是说,在假定政治自由是国家最高目标的情形中,英国宪法理应被奉为典范,就对法律的依赖来说,英国确实已经达到了这项目标。不可否认的是,在这一章中流露出了个人的挚爱。但是它也带有政治相对主义的特征,这种政治相对主义是由马基雅维里奠定的思想道路所代表的,具有思入(Sich-hinein-Denken)以掌握各种场景和任务的力量。

  孟德斯鸠想要提供的是那个时代可能达到的最高水平的治国才能,它是治国才能手册,是对肇始于马基雅维里的思想道路的继续;它代表了马基雅维里之后这种发展的第二个高峰,从本质上来说也是终点。因此对于在孟德斯鸠之后出现的类似的文献,比如比尔费尔德(Bielfeld)的《政治制度》(*Institutions politiques*)[①],在思想史上已不复具有重要性。

但是,孟德斯鸠的伟大成就在于,他使当时的整体科学成就服务于他的研究计划,为政治人物提供关于国家生活最彻底的知识,提供奠基于这些知识之上最好和最可靠的格言。较老的治国才能学说通常只是从实际政治最引人注目的经验中引出这些格言的,而孟德斯鸠想要从深广的背景中、从所能认识的历史生命的最终规律中得出它们。他利用了历史学和自然科学、地理学和民族学,使用了已经成为普遍知识的当代哲学和心理学学说,相当重要的是,他运用了自身的经验。他利用所有这一切,犹如一位管风琴演奏家利用乐器中不同的音栓和琴键一样。他从人文主义传统中获得了大量关于古代作者的知识,对于古代世界堪称典范的现象产生了古典主义式的尊敬。从他自己时代的游记文学中,他思考和比较了异国的民族和国家环境,从他自己的旅行中获得了关于现代欧洲的知识。他年轻时代对自然科学所做的研究使他熟悉了这个领域中的研究成果。在摄政王时期,复兴那种受到专制主义压制的古代法国制度的政治兴趣日益高涨,使他全神贯注于它们最古老的根基和野蛮世纪中的原始文献。最后,法国社会的影响,沙龙,他对蒙田与其他理解这个世界和人性的天才人物的作品的阅读,最重要的是他自身的气质赋予了他精神上的多才多艺和温文尔雅的豁达大度,使他对人类心智做出的各种奇特诡计宽容以待。

---

① 请参看我的短篇论文《作为治国艺术传授者的比尔费尔德》("Bielfeld als Lehrer der Staatskunst"),见《公法学刊》(*Zeitschrift für öffentliches Recht*),第6期,第4页。

像孟德斯鸠一样，伏尔泰也广泛地，虽然不那么彻底地，熟悉其时代的知识材料，但他以一种完全不同的方式来运用它们。对他来说，它们是运用于一场伟大和唯一的斗争的武器，这场斗争在永恒有效的理性和形形色色的人类非理性力量之间展开。在这种景观中，原因性的因素例如时间和地点、气候、土壤、政治制度的形式、习俗等等虽然没有遭到遗忘，但在主要的二元论主题面前就退避三舍了。在伏尔泰的思想中，关于历史生命的自然法解释欢庆着胜利，其中理性在所有变动不居的生命中是坚定不移的指路明星。① 但是在孟德斯鸠的思想中，过去世纪的两种强大的主要思潮，自然法–理性思潮和经验–现实思潮统一了起来。

因此可以说，孟德斯鸠的著作不仅是肇始于马基雅维里的思想模式和政治著作的最高峰和最后阶段，它们在经验分析的基础上，试图为实际的国家提供治国学说；而且也是扎根于普遍的自然法理念中的思想模式和政治文献的最高峰，它们致力于发现最好的国家。因为孟德斯鸠著作的最高指路明星是正义与在政治和道德之间保持和谐，因此它不仅从上面用政治人物的眼光来审查国家，而且也从下面、从被统治者的个人需要来看待国家。但是政治人物的立场是支配性的，从而出现了引人深思的景观，即孟德斯鸠从马基雅维里那儿学来的政治现实主义通过他转移了轴线。它偏离了纯粹权力政治的领域，虽然它从没有完全地避开其中的问题，而凝神关注于正义、公民自由和秩序的新领域，关注政治和个人生活之间的交

---

① "伏尔泰永远不会写出优秀的历史作品，"他在《〈随想录〉与断篇》（第2卷，第59页）中如是说道，"他就像个僧侣，他不是为了对象而进行研究，而是为了自己修会的荣誉著书立说。伏尔泰为他自己的修道院而挥笔写作。"

界地带。资产阶级的启蒙运动精神奔涌而出,占据了最早由马基雅维里所开拓的疆土。他创造的治国才能观念被拓展成为立法者的艺术,包括了所有与国家相联系的社会需要和人类需要。

评估这种新颖的治国才能及其问题,在我们的研究任务之外。我们也不拟考察这里所揭示的孟德斯鸠个人所进行的思想斗争[①],除非它们有助于阐明我们的主要问题,即孟德斯鸠所实现的两种思潮之间的融会贯通对于更深刻和新颖地理解历史世界能产生怎样的作用。

现在得更清晰地展示出,自然法–理性思想方式和经验–现实思想方式之间的差异。在回溯到斯多亚学派的自然法思想内部早就存在着一种对立,即来源于上帝赋予的人类理性的绝对自然法,它认为自己的有效性是万古不易的,与一种相对的和差别化的自然法,它虽然没有在原则上否认绝对的标准,却考虑到人性实际的不完美和社会生活中各种各样的差异性,在这两者之间存在着对立。[②]因此在这种思想进一步的发展中,可能会有时强调绝对的方面,有时强调相对的方面。在伏尔泰和以他为代表的法国启蒙运动中,绝对的方面是获胜了。在与理性的要求相比之下,人类的不完美和独特看起来只不过是或多或少令人遗憾的障碍。它们虽然从不能被彻底地清除掉,因为它们受到了实际人性中优势力量的支持,但通过

[①] 在克伦佩雷尔(Klemperer)论述孟德斯鸠的作品(2卷本,1914/1915年)中,这个主题以极大的兴趣和通常相当得体的方式得到了描述,不过他的文笔却在一定程度上带有表现主义的活跃风格。

[②] 特勒尔奇,《斯多亚主义–基督教的自然法与现代的世俗自然法》(*Das stoisch-christliche Naturrecht und das moderne profane Naturrecht*),见《历史期刊》,第106期与《全集》,第4卷,第166页及以下诸页。

理性理念的"完善"，它们能够全面地更加接近于真实的和更高级的人性理想。

而经验–现实思想方式肇端于马基雅维里，坚定地沿着相对和差异化的自然法思想业已踏勘过的道路向前推进。它如其所是地自然地看待人和事，以一种冷静的目的论方式为生活问题提供实际的解决办法。在它忠实于自己的同时，也如马基雅维里及其追随者所做的那样，对关于自然和理性的绝对主义理论礼貌地鞠躬如仪。然而，大多数思想家试图在自然主义洞见和绝对有效的理性法则思想之间进行协调。霍布斯和斯宾诺莎也同样如此。但只要绝对的自然法思想保持固定和不变特征，那么这些协调注定在本质上将是不完全的。而且"自然"观念自身注定将持续地摇摆于两股力量之间——一股是关于所有现实的生命力量和生命源泉的非理性或者说超理性的力量，另一股是关于在人类心灵中起作用的理性力量。从现在开始，我们将把这两个极端分别称为自然主义和理性主义。

甚至孟德斯鸠最终也没有超越这样的妥协和犹豫不决。他对现实强烈的感受始终使他拒绝一种奠基于自然法的主要思想教义，也就是关于国家通过某种社会契约而产生的假设。但存在着充分的、虽然不是非常频繁的证据，证明他信仰一种绝对的自然法。他在《原因论》（第22章结尾）中说过，宗教和世俗力量之间的伟大区分，奠定了民族之间和平的基础，它不仅扎根于宗教，而且也扎根于理性和自然。在《论法的精神》（25, 7）中他评论道，柏拉图关于诸神的话题曾说过，"自然之光"能够以一种极其理智的方式谈论宗教事务。他在第26卷开始研究所有统治人类的法律的组成，自然之光也被勉强推至先行位置。例如，从自然之光可以引申出，既然所有人生而平等，那么奴隶制就是"违反自然"的（15，7）。

但孟德斯鸠立即补充说道，在一些具有炎热气候的国家，奴隶制却奠基于自然理性。这就把我们带到了关于自然主义的自然概念面前，这种概念承认非理性的和物质的力量对人类生活所产生的强制性影响，从而能够宣称顺从这些力量是合乎理性的。由此，在绝对理性旁边，一种相对的理性也得到了承认。从我们今天的观点来看，奠基于绝对理性之上的法律无非是人类思想和行动的标准和理想。但是，相对主义理性所提供的或承认的法则，即使在它们具有标准的特征而不是单纯的因果推理的地方，也奠基于自然的因果联系之上，对于这种因果联系，人类理性也必须加以适应。现在变得显而易见的是，孟德斯鸠思想的含混不清之处是由于自然主义和理性主义的相互并置而引起的，它在关于一般法律的伟大讨论中最明显地表现了出来，他正是借此讨论开始其著作的。

法则，作者在这里声称，是从事物的本性中涌现出来的必然关联。① 所有的存在者就像神自身一样具有法则，物质世界同样如此；动物拥有它们的法则，人类也拥有他们的法则。

这看起来就宣布了最严格的因果性原理，因为甚至神也不变地遵循着他自己所设定的法则。而孟德斯鸠立即气势汹汹地抨击那些声称世界中的所有行动都能够追溯于盲目命运的人。因为他身上的理性主义者成分信仰万古不易的理性真理，这种真理远离事物平常的因果链条，与他的前提所带来的决定主义结果处于冲突之中。法

---

① 关于孟德斯鸠思想中的"关联"与"法则"之间的关系，可参看里特尔的《历史科学的发展》，第211页。

则,或者正如我们将称呼的理性标准,必须像物质世界中的运动法则和数学定理一样始终如一,倘若它们想要满足这些理性要求的话。孟德斯鸠只能通过混淆作为标准的法则与因果关系和数学意义上的法则来证明其论题。① 今天,比如,我们将会把关于正确与错误的概念看作标准,认为它们的内容通过从低级阶段到高级阶段的人类生活的发展而产生,并倾向于进一步的发展和变化。然而对孟德斯鸠来说,它们与数学真理一样,被认为是永恒有效的。因此他这样写道:"说不存在其他的正确与错误,除非它们受到了实证法则的规定或禁止,这就好像是在说,在人们画出一个圆之前,不存在同样长度的半径一样。"因此,他把他在实证法则和所谓的自然法之间发现的矛盾,解释为变易世界和不变的规范世界之间的尖锐和明显的对立(26,3和4)。②

因为束缚于自然法思想,孟德斯鸠也无法认识到由于混淆了不

---

① 在这里也可参看巴克豪森(Barckhausen)的《孟德斯鸠,他的思想与作品》([*Montesquieu, ses idées et ses œuvres*]1907年),第40页。

② 此种情形属于孟德斯鸠的一个细微的前后不一致之处,亦即他在前面第26章第2节中清楚地对"神圣法"指派了不可更改的特征;但在接下来的第26章第14节,他却毫不含糊地如是说道:"对自然法则的捍卫是不变的,因为它取决于一种不变的东西。"巴克豪森从拉布雷德(La Brède)的文献中给出了一个奇妙的例子,表明孟德斯鸠在撰述时甚至还困扰于这样的问题,亦即协调从自然法角度进行理解的理性与丰富的历史多样性之间的关系(《孟德斯鸠,他的思想与作品》,1907年,第233页)。第1章第3节的第11段最初是这样说的:"人类理性赋予地球上的一切居民以政治法则和民法……"后来却被改变为:"就它统领着地球上的所有民族而言,法律通常即人类的理性……"理性主义由此得到了缓和,不过却没有根除。——也可参看《〈随想录〉与断篇》(第1卷,第381页)关于法的不变性和根本性所说的话,亦即法在国家生活中应该是支配性的,虽然无可否认地并不总是如此。

同含义的法则而产生的含混不清现象。他甚至没有对此感到迷惑，正如他自己后来所说的，人们到处冒犯着理性的法则，而他的物质自然却服从于牢不可破的法则。他解释说，这种现象的理由在于，人类作为不受束缚的智性生命屈服于无知和错误，而作为一种感性的造物则屈服于上千种激情。

现在，我们必须承认，孟德斯鸠的一个最伟大的成就，是他对历史生活中存在于无知、错误和激情之间的相互作用能够给出一种比起伏尔泰来迥然不同的和深刻得多的解释。相比于伏尔泰，他发现因果联系的科学渴望更加真实并更有创造性。在伏尔泰以启蒙运动者自鸣得意的傲慢通常只看到意义和无意义并置的地方，以一声叹息和耸耸肩膀将历史中的非理性现象看作天生祸患的地方，孟德斯鸠却做出了不懈的努力，甚至到非理性中去揭示意义。首先，他力图证明甚至在与理性法则冲突着的历史现象中也存在着不顾一切地自我实现的理性的迹象。我们可以再次回想他在前言中说过的伟大格言，亦即并不是只有想象力在引导人类形成无穷无尽的不同的法律和习俗。他一再到处发现理性和非理性动机是相互联系在一起的。甚至吃俘虏的易洛魁人，孟德斯鸠在书的开头（1，3）说道，也拥有一种国际法。他们派遣和接受使节，承认战争与和平的权利；不过他在理性法则的意义上补充说，不幸的是，这种国际法没有建立在真实的原则之上。正如存在着许多以非常愚蠢的方式做出来的智慧之事一样，也存在着以伟大的智慧产生出来的愚蠢事情（28，25）。他思想中的一些最有名的特点，是他所表现出来的对于以它们目前形式那样展示出来的不同民族习俗的尊重，是在它们不是直接有害的地方保护它们的建议，是他反对任何通过法律强迫性改变它们的警告。因为一个民族,他说道,熟悉、热爱和捍卫他们的习俗更甚于他们的法律(10,11)。虽然他主要按照实用主义思想解释法律的起源和成长——他在这里显然不同于萨维尼后来的民族精神学说——把法律回溯到立法者有意识的意志,同时承认具体环境的影响;在他思考习俗和行为方式的起源时,他已经按集体主义方式来思考了。[①]他声称,总体上来说它们是民族的作品(19,14)。在另外的地方,他说习俗是由自然形成的,自然的音调是所有声音中最甜美的(26,4)。在这里,他心中想到的例子显示出自然观念仍然带有自然法的含义,因为他提到的习俗符合于可以被称为自然道德的东西。但是,这种对所有声音中最甜美声音的指涉已然具有了弦外之音和情感价值,在进入与历史焕然一新和更加紧密的关系时超出了理性主义。

这是一种新颖的生命感受的最初胚芽,是对于自然观念更加深刻和更有感情的理解。甚至在他年轻时代的《波斯人信札》(第53封信)中,他就已经在呼吁反对社会中的墨守成规和奴从精神,而呼唤"自然",它以如此的多样性表达着自身,以如此多的形式出现着。[②]但是,彻底献身于这种新感情的时机还没有成熟。虽然他已经进入了这种感情的深处,但在表面的意识中,它却被通过实用的

---

① 当然也存在例外。"莱库古……造就了风俗。"他如是说道(19,16)。不过在这里,正如接下来我们还会再次予以强调的那样,他以古典主义的方式依赖于古代传统。他也以类似于实用主义的方式在同一段落中分析中国立法者,依赖的是旅行者的文献。

② 也可参看他先行于卢梭的儿童教育学思想(《〈随想录〉与断篇》,第2卷,第307页)。"您的艺术扰乱了自然的过程……还是让自然来养育身体和精神吧!"

和理性的论据来证实他对于历史非理性现象的尊重的需要压倒了。总体而言，启蒙运动思想家们对于非理性的实际力量并不是一无所知的。伏尔泰确实已注意到了同一历史现象中矛盾性质混合在一起的引人注目的情形，已经观察到善与恶能够从同一个源泉中奔流出来。孟德斯鸠在揭示非理性因素也能够对国家起作用的研究中，比伏尔泰走得更深入。因为，肇始于马基雅维里的、为古代世界所养育的治国才能学说的整个伟大传统，在这里呈现出一种极其现代的形态。这种学说总是教导，要考虑到人类的激情、愚蠢和弱点。孟德斯鸠在他1716年探讨罗马人的宗教政策、受到过马基雅维里强烈影响的青年时期的论文①中写道："波利比乌斯把迷信当作罗马人高于其他民族的一个优点。在智者看来显得荒唐的事，通常对于愚夫愚妇来说却是必不可少的。"②在《原因论》（第4章）中我们读到："没有一个共和国像罗马或斯巴达那样强大，我们观察到，它们的法律不是源于恐惧，不是源于理性，而是来自于激情的力量。"③或者，他在《论法的精神》（19，27）中以类似的语调谈论他仰慕的英国："这个民族，总是处于炽热的情绪中，相比于理性来说，能够更加轻易地通过激情来引导他们，而理性对人类的心灵从未有过非常强烈的

---

① 参看莱维–马尔瓦诺，《孟德斯鸠与马基雅维里》，第67页。
② 治国才能学说与启蒙意识如何在他身上并存的情形，在《〈随想录〉与断篇》（第1卷，第390页）另一个关于迷信的段落中非常典型地表现了出来："没有什么东西比迷信更适合制造有害的偏见了，如果有时发生了贤达的立法者运用它以服务于自己的利益的情况，那么人类历史在此所损失的将千倍于所获得的。"
③ 为此也可参看《〈随想录〉与断篇》，第2卷，第225页。

影响。"①

看起来，孟德斯鸠以此承认了理性明显的无能。但是，他的评论应该以这种直截了当的方式来加以解释吗？他的理性主义在这里走到了尽头，而要在历史中的非理性心灵力量面前屈膝投降吗？②在这里，已经能够跨越分离了启蒙运动视域与历史主义视域的狭窄高耸的山脊了吗？我们当然不能严肃地宣称这些主张。孟德斯鸠的思想与古老的治国才能学说之间的密切联系，倒不如说会导致对他关于激情力量的话语的另一种解释。这种激情力量很早以前就为那些通常被称为"政治家"的人所熟悉，甚至马基雅维里已经和他们一道教导人们的工作。对他们来说，人类和民族的激情不折不扣地就是狂野的战马，而理性作为驭手必须引导它们，有时候要控制它们，有时候则要允许它们自由驰骋。但是，驭手的理性并不完全等同于启蒙运动设想的理性。倒不如说，它首先是国家理性，是国家利益和权力利益，它明智合理地运用所有手段甚至非理性手段来获得和保持权力。但是完全可能的是，从马基雅维里那里开始，国家理性内在化，充满伦理内容，其理想变成一种健康而朝气蓬勃的国家生活和人民生活，一种作为至高目标而设置的更完美的社会制

---

① 还在他的英国之行之前，他已然在《波斯人信札》第136封信中发表了一个类似的对英国的评判："这是一个不安于现状的民族，但即使盛怒之时也保持着理智。"这说明英国之行对他的思想发展的影响不应该被夸大。

② 在《〈随想录〉与断篇》（第2卷，第133页）中，我们发现了这样一句惊叹："引人注目的事情！产生理性事物的却几乎从不是理性，人们几乎从未能通过理性来达到理性。"但是，他接下来给出的例子（两位罗马女士的虚荣成为了一个有益的政体变化的始因）却表现出了一种近乎原始的实用主义。

度。在此，启蒙理性可以参与进来，把人道主义和幸福论的目标编织进这种国家理想中。这种情况在弗里德里希大帝那里就发生过。但是在他的情形中，实际的权力政治目标和幸福论的最终目标严重分裂，以至于后者最后面临消失在无法达到的期望中的威胁。因为对弗里德里希大帝而言，外交政策和权力政治"由于其明显的偏好"（κατ' ἐξοχήν）而占据着优先位置。但是对于法理学家孟德斯鸠来说，恰恰相反，国内政策占据着优先的位置。他的话语有着一种独特的音调，认为仅次于基督教，人类所能给予和接受的最好礼物是最美好的政治和公民法律（24，1）。

因此，孟德斯鸠首先不是把政治人物看作权力政治家，而是看作一位明智的立法者，他从当时的非理性的实际材料中设想出环境所能允许的最好的宪法。正如我们所说的，骏马是非理性，而驭手必须是理性。因此，我们已经从《原因论》中引用过的评论，表明是罗马和斯巴达的激情而非理性才是民族内部坚强政治纽带的真正基础，富有意义的补充是："因为接着，小集团的整个权力参与到好政府的智慧中来了。"他关于英国民族的描述同样如此，这个民族为其强烈的激情推动着。因此他进一步指出，如果不是拜所有激情，包括憎恨、羡慕、嫉妒、对利益的贪婪和对个人成功的强烈渴望等作用之赐，那么国家就会像一个百病缠身的病人，因为精疲力竭而失去了激情。然而这幅他以如此充沛的激情提出来的几乎带上后来的历史主义色彩的非理性景观，也最终栖息于一种理性的，或者也可以说理性主义的原则之上。因为他在这里想要揭示出（19，27），"法律是如何有助于形成一个民族的习俗、行为方式和性格的"。在他所解释的英国宪法中，法律是相互分离的权力组成的机械主义系统,他如此才华横溢地同时却又以老谋深算的理性主义展示了这种法律,认为这种机械主义系统使所有民族的力量——无论贵贱——的发展成为了可能,最终将确保一切事物为最好的未来而奋斗。甚至这些不同力量的活动也被设想为环环相扣机器的奇妙片断,从而缺乏属于真实历史的生命呼吸。

然而尽管孟德斯鸠对于贤达立法者的形式化力量通常具有单纯的信念,但他却远离同时代理性主义的陈腐观念,这些观念总在每起历史事件的背后寻找有意识的发动者。他的诸多深刻洞见的基础是他认识到,普遍和个人、环境和个体总是存在于相互作用的状态中。他不仅熟悉立法者,而且熟悉制度的塑形力量。但是,他平衡这两种彼此相对的原则事物的努力却是天真的机械主义。在《原因论》的第一章中我们读到,共和国成立时是共和国的领导者们创建了制度;但在后来,却是制度塑造了共和国的领导者。

人们因此可以发现,他的历史解释的一个本质性特征是,将个人的实用主义(关于带着有意识的目的行动着的人类之重要性的观念)和制度的实用主义结合起来,不仅如此,而且要和所有个人以外的原因结合起来。但是,这种实用主义仍然笼罩在一种既是机械主义的又是功利主义的思想魔力之下。历史的原因被机械地彼此划分开来,每一种原因被纯粹就其自身地受到考察。作为一个聪明绝顶的机械主义者,他清楚地知道现实并不总是吻合于计算出来的结果。"恰如在机器世界中有着摩擦一样,这些摩擦经常改变或阻止着理论的作用,政治世界也同样有着摩擦。"(17,8)作为一位活跃的和意志坚强的政治家,他并不满足于为了纯粹的观察和知识来研究历史世界。因此完全可以理解的是,他能够成功地描绘出关于历史因果关系如此丰富多彩和包罗万象的画卷，然而至少在其著作中的主要部分却未能从内部出发把这幅画卷融会贯通成一个活泼生动的发展整体。对古代政体的政治人物的研究肇始于马基雅维里，假如他仅仅熟悉对于政治人物的行动而言重要的所有关系，那么他们在生命的最隐秘的联系方面会关心什么呢？孟德斯鸠的巨大成就在于，把这种关于历史因果关系的知识推进到了当时可能的极限上。他的著作中支配性的精神是某种奠基于最广泛的经验基础上的政治功利主义。他一再地表现为起始于马基雅维里的思想运动中的顶峰，这种运动的目的是设想一种扎根于经验基础之上的理性的治国才能。然而我们必须再次强调，这就像一座山丘因为塌方失去了一半，现在只有一半山丘才是可见的。这个启蒙运动中具有和平主义倾向的年轻人，怀着对其时代的大规模军队和军备竞赛的憎恨（13，17），是不可能以饱满的兴趣和理解参与到外交政策或者权力和战争问题中来的，而没有这一点，甚至对一个国家的国内生活也不可能得到充分的理解。

　　激励着他的研究的政治功利主义本质就在于，它既可能是他的历史洞见的源泉，又可能是限制。这种政治功利主义驱使着他越来越深地挖掘事实的基础，立法者正是在此基础上进行立法的——他必须考虑心理学的、历史学的和自然的因素。但它同时也误导了他，使他赋予了这些因素以某种机械主义的便于操作的特征，对于实际行动的目的是足够了，但对于充分的历史理解和对于历史事件的重新体验却是不够的。众所周知的是，他的一个主要观点，即如何印证气候对不同民族的不同性格、机构设施和习俗惯例产生影响的观点，同样受到了这样一种机械主义研究方式的伤害。确实，结

第三章 孟德斯鸠

合那个时代更广博的地理知识再次系统地提出这个气候影响问题，是一项伟大的功绩，博丹和其他人曾经联系古代的尝试工作提出了这个问题，但却仅仅做出了相当粗糙的回答。[①]但是，如今孟德斯鸠的兴趣首先集中在气候、民族性格和立法之间直接的零散关系之上，这些关系经常受到非常不成熟的解释。他没有将它们嵌入历史演化的普遍河流，所以他走向了教条化的概括和奇怪的夸大其词。例如，他把英国人的自杀癖好归因于气候（14，12及其后）。[②]他相信他在欧亚气候上的差异中发现了"导致亚洲的软弱和欧洲的强大、欧洲的自由和亚洲的奴役状态的主要原因"（17，3）。在这里，孟德斯鸠气候学说中的自然主义使伏尔泰深为烦恼，因为这种学说对他的一个更令人愉悦的历史观点，即开明意志学说是一种严重的威胁。他坚持与孟德斯鸠相反的观点，认为不是气候，而是希腊人的成就给予了欧洲人相比于地球上其他人类的优势。"如果薛西斯一世在萨拉米斯岛获胜的话，那么也许我们还是野蛮人。"

孟德斯鸠的气候学说导致了一些决定论的后果，它们与他的政治功利主义和启蒙思想陷入了明显的紧张关系之中。"如果这是真的，"他在首次专门讨论气候学说的第十四章开篇处写道，"即在世界不同的气候区域中，人的精神特征和心灵激情是极其不同的，那么法律必须既吻合于这些不同的激情，又合乎于这些不同的特

[①] 在我看来，德迪厄的《孟德斯鸠和法国的英国政治传统》（1909年，第212页及以下诸页）显示出了孟德斯鸠学说中的生理学基础来自于英国医生阿巴思诺特1733年问世的关于空气对健康的影响的文章，不过孟德斯鸠的成就在于将这种学说广泛地运用到了国家生活和社会生活中。

[②] 迪博先于他论述了这一点。隆巴尔（Lombard），《迪博》，第250页和327页。

性（应该是相对的 [doivent être relatives]）。"让我们注意这段话的含混不清之处。它既能够被解释为一个单纯的关于因果关系的历史命题，又能够被解释为立法者的格言。这种含混不清事实上贯穿了所有接下来的部分，有时决定论的学说占据着支配地位。① "在气候中精神的因素是如此强大，以至于道德因素实际上在它面前就变得软弱无力了。"（16，8）然而再一次地，他呼吁理性立法者不仅要注意气候的特性，而且甚至要在任何它们对自然道德有害的地方与它们战斗。"只要特定气候的物理影响违背了支配着性别和有思想的人类的自然法则，那么立法者就要创立能够克服气候影响资产阶级的法律，恢复自然法则的力量。"（16，12）人们很少能在孟德斯鸠彼此分歧的判断中如此清晰地看到一道存在于他的两种思想倾向之间的鸿沟，亦即自然主义-经验倾向和理性-自然法倾向之间的鸿沟。我们很难指望用这种思想程序来获得一个毫不含糊的关于"自然"的概念，或者自然与历史之间清晰的关系。他自己的心灵深深地关注于作为理性的自然和作为强制性的决定力量的自然之间的分歧，关注当时世界景观中光明面和黑暗面之间的分歧，以至于这个关于道德原因（causes morales）和物质原因（causes physiques）之间斗争

---

① 在第16章第2节结尾有一句话，初看起来显示出了气候是决定所有人类理性的一种主要原因。克伦佩雷尔在他的《孟德斯鸠》（第2卷，第157页）中也是如此解释的。但是在他之前，德迪厄已然在《孟德斯鸠》（1913年，第309页）中做出了猜测，认为在这个仅仅补充了1753年版本的段落中，这个主要原因更可能是指世界的神圣引导者。这段补充添加得相当不合情理，在措辞上是含糊不清的。也许孟德斯鸠是蓄意这样做的，为的是安抚教会对他的气候学说的批判并同时愚弄他们？

的问题成为了他的一个基本的思想主题。① 他没有能够解决这个冲突，没有能够以一种逻辑的和有机的方式贯彻气候学说。难道不正是在这里暴露出来的这条裂缝迫使所有后来的历史思想有朝一日开拓新的道路吗？和对伏尔泰的说法一样，对孟德斯鸠也可以说，与启蒙运动未能解决的问题联系在一起的内在辩证法传递给了历史主义，驱使历史主义做出努力去获得解决之道。

但是，孟德斯鸠伟大地展示了，通过结合自然主义和理性主义的思想方式并将其应用于历史，在启蒙运动阶段可以获得什么。这两种思想方式都包含了认识因果联系的需要，这正是整个启蒙运动的独特特征。当时法国启蒙运动内部更有力的思想模式仍然是理性主义的。在伏尔泰那里，这种理性主义使得历史多样化的丰富运动成为了一种纯粹的万花筒式过程。孟德斯鸠的成就在于，除却我们业已注意到的他的两种思想模式之间的断口外，他力图张开双臂把两种思想模式联系在一起，努力地将它们融会贯通——他致力于把对人类事务及其不可计数的特定原因的多样性的经验感受，与一种统辖着多样性的理性统一的理解综合起来，最终来解释它。他寻找至高无上的法则，从中人们可以看到所有多样性的源泉。最后的结果，就像他在《论法的精神》开头所说的，是每一种差异变成了齐一，每一种变易变成了持存。人们能够感觉得到，在这种思想展望中流露出所有哲学渴望中最大胆的渴望，渴望同时公正地对待存在和变易。但是它依然受缚于那个时代的机械主义思想。

---

① 参看克伦佩雷尔《孟德斯鸠》，第1卷，第30页；德迪厄，《孟德斯鸠和法国的英国政治传统》（1909年），第197页及以下诸页。

以上的思想方式是《原因论》的伟大历史概述的基础,他在其中力图把握整部关于罗马兴衰起伏的恢宏戏剧,把它作为由普遍法则主宰着的统一过程。这个思想主题适合于激励历史思想,推动人们去探索原因。这种探索的历史从比翁多和马基雅维里一直到圣埃夫勒蒙写于1664年的《论在共和国的不同时期罗马民族的不同精神》,进而到1681年波舒哀的《论普遍历史》,揭示了从文艺复兴时期以来在因果性历史思想中发生的变化。①毫无疑问,孟德斯鸠从中受益匪浅。虽然仅仅拥有一种相当粗略的心理学,圣埃夫勒蒙却能够追踪罗马民族"精神"的变迁,从一种粗犷却又强烈的对国家的献身精神,一直到特殊的自我利益的兴起,在此,他能够原则上把所有的传统细节融入他的一般问题之中。"与其说我是想描写斗争,不如说我是试图让人们了解精神。"(《著作集》,1714年,第1卷,第287页。)在探索原因方面,波舒哀走得更远,同样彻底地认为追问普遍原因要比通常的追问历史人物性格的个人化实用重要得多(第3卷,第7页,结论)。这两位历史学家也在方法上为整体地思考罗马人命运开拓了道路。他们的创新之处是,不仅要达到政治功利主义目的,这一点在马基雅维里那里是很明显的意图,而且要获得历史知识,获得与古典传统更为自由和更为独立的关系,即使它尚未是真正批判性的,他们能够由自己反思的主体来归类历史材料。圣埃夫勒蒙已经开始对李维的权威产生了批判性的怀疑。孟德斯鸠

---

① 参看雷姆(Rehm),《西方思想中的罗马衰落》([*Der Untergang Roms im abendländischen Denken*]1930年),他为考察原因甚至回溯到了古代。

由于对历史素材的轻信,在这方面并没有萧规曹随,不过他致力于发现普遍原因时所具有的强烈激情则要高于两位先行者。①

> 并不是运气统治着世界;你可以在罗马人那儿看到这一点,当他们追随一项特定的计划时,就拥有了一大段时期的好运,但当他们转向一项不同的计划时,却遭受了连绵不断的灾难。

马基雅维里在他的《论李维》(第2卷,第1页)中也看到了罗马人之所以伟大的真正原因不在于命运(fortuna),而在于美德(virtù),他接下来(第2卷,第29页)却把一种恶魔般的力量划归给命运;在《君主论》(第25章)中,他把支配着人类行动的力量区分为命运和美德。然而他尚未能够获得一种关于因果关系的普遍和连贯的理论。但是,自从文艺复兴时期以来,对原因的考察需求、对人类精神解释生命的能力的自信日益增长,这在孟德斯鸠接下来的一段话中体现了出来,这些话曾经抓住了年轻的弗里德里希大帝的注意力:

> 在每一个君主制国家中都有一些普遍的原因起着作用,不是物质的原因就是道德的原因,或者使它兴旺昌盛,或者保持它,或者使它衰落;所有偶然的事件都服膺于这些原因,如果一场战争的灾难,也就是说一种特殊的原因就摧毁了一个国

---

① 在《孟德斯鸠、波舒哀和波利比乌斯》(*Montesquieu, Bossuet et Polybe*)(见于《致敬查尔斯·安德莱》,1924 年)中,迪拉富尔(Duraffours)详细描述了孟德斯鸠反对波舒哀的教权主义的论辩,同时也涉及了波利比乌斯的历史解释对两者所具有的影响。

家，那么总是必定有一个起作用的普遍原因得为这个国家由于单场战争就崩溃的情况负责。总之，事物的主要运动带动了所有的特殊事件。(第18章)

这是他的历史因果关系理论最成熟的表达，我们早在他年轻时的文章《论政治》中就遇到过了。

这项原则在应用于罗马历史时，就产生了如下的景象：通过应用一种统一的和前后一致的伟大格言系统，所有这些格言都被用来增强国家的力量，罗马共和国成为了一个世界霸权。这就是"罗马精神"如何在行动中展示自己的情形。我们将不得不回到他关于人类精神的学说中来；在这里，我们注意到，为了为他有关普遍原因和主要运动(allure principale)的学说提供最强有力的和最简单明了的表达，他把"罗马精神"看作一种包含了各种令人惊愕的属性的造物，它几乎从一开始就存在了。与圣埃夫勒蒙的观察方式比较起来，这种观点确实是一种倒退，前者认为罗马精神在不同的时期经历了不同的阶段。然而孟德斯鸠急切地渴望压缩复杂的原因以获得最初的原因。总体上来说，正是这种最初的原因导致了罗马精神作为一个自由国家的精神的衰落。"帝国辽阔的疆域毁灭了共和国"，"正是共和国的辽阔疆域引起了灾难"(第9章)。[①]当罗马成为了世界帝国，紧迫的统治任务的要求就压在了罗马身上，迫使它放弃古老的格言。而别具一格的情形是，孟德斯鸠从中引出政治生活中的一条一般性运动法则，不仅对罗马有效，而且普遍有效。"人们一再

[①] 我们在这里将孟德斯鸠在另一个段落中引证过的原因搁置一边。

发觉，使一个小共和国变得伟大的优良法律，只要共和国一开疆拓土就变成了负担，因为这些法律的自然效力适合于创造一个伟大的民族，却并不适合于统治它。"（第9章）因此有必要产生新的政府形式来统治世界帝国。但是，用于这种新的政府形式的格言是与最初的格言相反的，最终导致了伟大帝国的衰落（第18章）。因此也可以说，罗马毁于自身的伟大。

他仅有一次在这条因果关系的铁链中塞进了一片比较柔软的金属。"罗马，"他在第9章结尾处说，"注定要进行扩张——它失去了自由是因为过快地完成了扩张。"那么如果征服的速度放慢下来，有没有可能在没有失去自由的前提下获得充分的伟大呢？但是孟德斯鸠没有进一步追随这个在他心中隐约升腾着的愿望，因此，他所留下的主要印象就是，这个过程是一种无法逃避的命运。

尽管他具有机械主义简化的倾向，但这种历史宏伟进程的强有力景象还是具有长期有效的特征。能够推动历史的首先是，总体上而言一种普遍原因的强力作用压制了个人实用主义，虽然孟德斯鸠有时在细节上会让步于后者；与普遍原因相比，个人偶然的特性或错误是次要的。因此他在论述共和国的衰落时说道：把衰落归咎于任何特殊人物的野心都是不合情理的，而应该控诉普遍的人类，他拥有的权力越多，就越贪婪地渴求更多的权力（第11章）。现在，孟德斯鸠在人类普遍的权力渴求的毁灭性力量之外进一步补充了环境的破坏性影响，是环境造成了对权力的渴求，从而通过罗马的所作所为的后果毁灭了它。"政治人物所犯的错误并不总是自愿选择的结果，它们通常是他们生活于其中的环境的必然产物，此种麻烦不断产生着彼种麻烦。"（第18章）

他寻求越来越广泛的原因的努力使他站得越来越高，直到可以直观到伟大的历史命运。我们不应该像一些人①所做的那样用过于现代的方式来解释他的命运感。因为孟德斯鸠仍然深深地处于机械式因果论的影响之下，它从笛卡儿以来就统治着科学思想；也继续深深地束缚于古老的历史循环理论，它首先由波利比乌斯创立，而马基雅维里则更新了它。它相信国家和民族的命运经历着永无止境的复归序列：崛起，必然的衰落和崩溃。②它也仍然极深地与孟德斯鸠对于大帝国和征服政策的政治厌恶交织在一起。③但他的一个伟大特点在于，他并没有把这种厌恶的态度变成一种对于罗马精神的普遍的和道德化的憎恨，而罗马精神是天生要去进行征服的。他对罗马最初的美德具有一种继承而来的同时也有根有据的仰慕，因而阻止了自己采取这样一种憎恨的态度。再者，这些罗马美德在一种审慎、均衡和有效的权力运作系统中有着它们必不可少的位置，这吸引了他心灵中理性主义者的倾向——因为，罗马生活中的这一面让启蒙运动思想家感到满意。因此，孟德斯鸠同时怀着仰慕和憎

---

① 克伦佩雷尔。

② 循环理论在《〈随想录〉与断篇》(第1卷，第114页；也可参看第1卷，第278页) 中得到了清晰表述。这种在一定程度上让人想起维柯的学说的循环运动，孟德斯鸠相信能"在世界上几乎所有的民族中"辨别出它来。这种运动包括野蛮阶段、征服阶段、国家政治化阶段，在此基础上的力量扩张，随之而来的文明精致化和内部的衰弱过程，接着就被征服并复归野蛮。在另一个段落中(《〈随想录〉与断篇》，第2卷，第201页)，他却抨击了另一种循环理论，也就是开始于快乐和天真无邪的阶段的循环理论。不过根据这些稿子的发现地，第一个段落在时间上要晚些，也许成形于《原因论》完成之后。

③ 这个由巴克豪森提出来的动机是正确的，只不过有些片面。见他的《孟德斯鸠》(1907年)，第200页及下诸页。

第三章 孟德斯鸠

恨考察了罗马历史的总过程。在他非公开的记述(《〈随想录〉与断篇》,第2卷,第234页,也可参看第1卷,第133页)中,他表达了这样的观点,即罗马帝国的建立是有史以来最漫长的反宇宙阴谋。这种设想通过虽未明说,但意有所指的思想,获得了更加深刻的情感背景,这就是将来某一天法国的命运将如罗马最后的命运一样。也许这甚至是他寻找原因的强烈驱动力背后所隐藏的最终动机,因为他憎恨当时法国君主制的专制统治。① 总体上来说,孟德斯鸠的思想也许代表了这个阶段的启蒙运动所可能获得的最高程度的历史意识。

更有甚者,他的思想使我们再次想起了马基雅维里和由他奠定基础的国家理性学说。人们从他的思想中可以学习到,明智的格言和法则能够引导人类的权力渴求获得成功。如果环境改变了,那么格言也必须变化,假如人们不想陷入厄运的话。因此在极大的程度上,政治人物的行动也得接受环境必然性的支配。然而马基雅维里尚未把它提升为一般性思想,亦即指出罗马膨胀的权力本身正是其衰落的原因。② 孟德斯鸠是第一个增加了这种重要设想③的人,他天才地和富有成果地把启蒙运动对征服的厌恶与对于充分原因的需求融合了起来。借此,孟德斯鸠赋予了马基雅维里的思想一种高度历史哲学的意义。

上面对于马基雅维里和孟德斯鸠思想的比较把我们带回到了

---

① 参看雷姆,《西方思想中的罗马衰落》(1930年),第99页。
② 受到了克伦佩雷尔正确的强调,第1卷,第175页。
③ 有一个来自中世纪的类似判断(阿德蒙特的恩格尔贝特[Engelbert von Admont]),参看雷姆,第40页和第103页。

相对主义问题，我们在另一处业已接触过这个问题。我们看到，适合于此一环境的法律在彼一环境中却可能是有害的。这就产生了一个实际的政治命题，即政治人物的目标不应该是达到绝对的和永久不变的最好状态，而应该是相对的、在当时当地实际情况下的最好。孟德斯鸠引用了普鲁塔克的话（19，21），大意是有人曾经问梭伦他给予雅典人的法律是否是最好的。他回答说：它们是雅典人所能容忍的最好的法律。一个妙不可言的回答，孟德斯鸠评论道，所有的立法者应该对此洗耳恭听。人们对法律也唯有期待相对的良善（bonté relative）。

这种政治相对主义对即将来临的历史主义而言是一块里程碑。然而正因为这种相对主义是政治的，是满足于实际解决方案的，所以它无法完全打破国家生活和历史观中自然法绝对标准的权势。但是在所有具体的个别情形中，它能够给出答案，这些答案必将逐渐地动摇对于那些绝对标准的信念。孟德斯鸠仍然在思想的绝对倾向和相对倾向的中间占据了一个位置，有时是这一种、有时是另一种倾向占据优势。在他的思想中有一些尖锐得令人惊讶的普遍的相对主义自白。早在《波斯人信札》（第75封信）中，他就说在一个时代是正确的东西，在另一个时代却也许是错误的。

> 诸如善良、美丽、高贵和完美这样的表达是客观对象的性质，但对注视着它们的人来说总是相对的。有必要把这条原理牢牢地记在脑子里，因为它对于大多数的偏见来说是一块过滤海绵。(《〈随想录〉与断篇》，第2卷，第476页，和《著作集》，

拉布莱［Laboulaye］编,第7卷,第160页。)①

但是,在他把这条原理应用于美学领域中时,他就正如我们在他对自然法的态度中已经看到过的,再次自相矛盾了。他在艺术领域中崇拜古典主义的素朴性理想,认为艺术的"完美"是古希腊人和与他们有一定距离的文艺复兴时期大师们的成就,这些大师从古希腊人那里学会了很多。他也不时地赞赏一些哥特式建筑。他自己就住在一座哥特式城堡中,正如他曾经抱歉地说过的。也许在这里已经存在着一些混合了传统主义者的骄傲和我们随后将称之为"前浪漫派"的东西。但他以相对主义方式给予哥特式艺术的普遍赞许,却被局限于这样的观点,亦即哥特式艺术代表了"无知的趣味",因此是艺术领域中原始时代的与衰落和末世时代的艺术类型。②在这里,他对于历史事物循环的信念再次参与进来。

另一方面,他的相对主义在宗教领域中获得了自由得多的发展。从一开始,教条思想的松动和自由思想的崛起就与政治相对主义极为紧密地联系在一起,早在马基雅维里那里就是如此。他显然是给予这种相对主义运动以强烈刺激的第一人。自从16世纪以来,国家理性观念就一直削弱着对于任何特殊信条的绝对价值的信念。这是因为它引起了一种倾向,亦即按照事物对于政治目的的价值,

---

① 关于孟德斯鸠的相对主义与马勒伯朗士对他的可能影响的进一步探讨,见克伦佩雷尔,第1卷,第91页及下页。

② 参看《旅行》,第1卷,第43,97,156,158,169,229及以下诸页;第2卷,第6,185(科隆大教堂),303及以下诸页,351,367及以下诸页等等。《孟德斯鸠通信集》,第1卷,第403页(拉布雷德城堡)。他据此甚至认为埃及和衰落中的罗马的艺术也是"哥特式"的。

对于国家"相对的益处"来判断它们。这在特定的环境中甚至会导致人们返回教会,如果他一开始具有自由思想的话——虽不是回到一种内在的信仰,但是开明地承认教会对于国家和社会的作用。在欧洲更晚近的历史中,积极的基督教的存在要大大归功于国家理性的支持,这种国家理性在内在精神上问题重重,但就其本性来说却是非常强有力的。孟德斯鸠一开始就是自由思想家,而且从来都是,然而作为政治人物,他学会了肯定基督教和教会的价值。他甚至声称黎塞留与新教结盟的政策已经过时了,因为在他看来法国再不会有比他们更不共戴天的敌人了(《旅行》,第2卷,第206页)。这个判断依据于政治相对主义,看到了自黎塞留时代以来通过英法冲突的加剧,世界局势已经发生的变化。但在这种特殊的政治相对主义旁边也有一种特殊的宗教相对主义在他的思想中起着作用,它让人想到莱辛式宽容的宗教态度。在《论法的精神》(25,9)的初稿中有一段话表现出了这种情形,他在付印之前为了提防审查而将其删除了。"我们可以把神看作一位在其王国中拥有许多民族的国王;这些民族都上前献上他们的赞颂,都以他们自己的语言对他诉说。"①在付梓出版的版本中有着许多段落也回响着同样的思想。在他看来(24,24),蒙特祖马的格言,亦即西班牙人的宗教对他们的国家来讲是好的,而墨西哥人的宗教对墨西哥人的国家来说同样是好的,

---

① 巴克豪森,《孟德斯鸠,他的思想与作品》,1907年,第244页;《〈随想录〉与断篇》,第1卷,第186页和第2卷,第498页。也可参看他1754年致沃伯顿的信中关于博林布鲁克的反宗教作品所说的话(《孟德斯鸠通信集》,第2卷,第528页):"抨击天启宗教的人,只不过是抨击了天启宗教;但是抨击自然宗教的人,就等于抨击了世界上所有的宗教。"

这句话并非荒唐之言。因为立法者不能不考虑到在他们之前自然已经创造的东西。在另一段话（19，18）中，他声称基督教几乎不可能在中国建立起来。因为在那个国家中，行为方式、风俗习惯、法律和宗教已经被立法者高度融合成一个整体，以至于任何新的征服者都将会处于它们的影响之下。

在这里，孟德斯鸠也发现了他正在寻找的一个重要的普遍原因。在寻找过程中，采纳和加强了长期以来就在广泛传播着的思想，他注定会在历史事件的背后假设某种"精神"，恰如我们在伏尔泰的例子中所看到的。在此，对神秘莫测的原始自然力的神秘预感与他是无缘的。他始终受到实用学科滋养的理性主义的清澈目光虽然足以察觉各个地方的现象之间内在的联系，但他也试图尽可能清晰明了地来解释这种联系，与自然的事实保持严格的一致。他对书名《论法的精神》的理解，就是相当典型的。①"这种精神包括不同的联系（rapports），这些联系存在于法律和各种事物之间。"（1，3）换言之，这种精神对他意味着立法和生活之间因果关系的总体。他对于因果关系的寻找并没有从可触摸的东西回到不可触摸的幕后事物，而是从可触摸的东西向前推进到一种通过可触摸因素的各种不同的共同作用产生出来的事物，推进到他称之为一个民族普遍精神（esprit général）的东西。"众多的事物，"在他书中关于这个主题的、承袭了他所钟爱的言简意赅风格的章节（19，4）中，他说道，"主宰着人类、气候、宗教、法律、统治的格言、过去时代的事

---

① 多里亚在他的《公民生活》（1710年）中已经运用了"法的精神"这一口号，关于来自他的可能影响参看德迪厄，《孟德斯鸠》，1913年，第67页。

物中的典范、习俗和行为方式；从这些因素中就产生了一种普遍的精神，是它们共同作用的结果。"① 他继续指出，各民族的普遍精神之所以彼此不同，是由于这些因素不同的混合比例。例如，野蛮人就几乎完全处在自然和气候的支配之下，习俗的影响在斯巴达是决定性的，而统治格言和习俗则在罗马共同决定了普遍精神。因此，我们可以得出结论说，每种民族精神都具有其支配性的特征，然而该特征只不过形成了一种典型，它也许在个别的情形中尤为明显，但并不是彻底个体的和独一无二的特性。不同的民族精神中不同的成分被设想成典型的东西，就像道德范畴中的美德、荣誉和恐惧，孟德斯鸠就是据此创立关于共和国、君主制和专制主义这三种国家形式的心理学的。当人们阅读《原因论》并被他对古罗马"精神"的阐述所吸引时，会感到他眼前出现了相当个体化的和生机勃勃的景象。但是他在历史解释中运用的理论方法却尚未能够使他达到这种个体性。

不过它们最起码足以使他向这条后来的民族精神学说所走上的道路迈出了第一步，该学说总体而言带来了丰富的成果，虽然并不是不伴随着错误的。这就是说，他有可能不仅把普遍精神当作这样那样因素的产物，而且也当作民族生活中对特定现象起作用的

---

① 在《〈随想录〉与断篇》(第2卷，第170页)中有一条关于民族精神的更狭隘的定义："在同一个宫廷和同一个首都的引导下的人们形形色色的习俗和思想特点，我将其称为一个民族的精神。"他非常生动地观察到了，一个像巴黎这样的大城市对法国民族的一般精神所产生的影响。"是巴黎造就了法国：没有巴黎的话，诺曼底、皮卡第和阿尔萨斯将会比德意志更德意志；没有巴黎，勃艮第和弗兰什-孔代将会比瑞士更瑞士；等等。"《〈随想录〉与断篇》，第1卷，第154页。

原因来研究。他在这个方向上也做出了一些努力，最显著的就是在《原因论》中。①我们进一步注意到，他把习俗和行为方式总体上看作是来源于民族生活的。我们可以回想他在《论法的精神》(19，27)中对英国民族性格宏富的描述，其中既注意大的方面又注意小的方面，甚至深入到了日常生活的细节，同时又充分认识到了精神创造。但在描述中他没有努力去揭示民族精神对民族生活所产生的强烈影响，而仅仅揭示了法律对民族性格的形成所产生的影响，这完全是他典型的实用主义观点。

再者，他基本上不是以历史眼光而是以政治眼光来看待民族精神问题的。国家功利主义的基本观点贯穿了他的思想。他认为，立法者必须了解民族精神，必须尊重和保护它。他在《原因论》中就这样写道："每个民族都具有普遍精神，（政府的）权力自身就是奠基于其上的；倘若权力伤害了这种普遍精神，那么就是伤害了自己。"（第22章）"法律被设定，"他在《论法的精神》(19，12)中这样说道，"习俗则受到鼓舞；后者更加依赖于普遍精神，前者则更多依赖于特殊的制度；因此，颠覆普遍精神比起改变一种特殊的制度来说，是危险的，坦率地说，是更加危险的。"如果用暴力夺去一

---

① 参看第14章的结尾，罗马民族为日耳曼尼库斯之死而流露的哀悼之情有助于刻画罗马民族精神；在第15章，皇帝可怕的暴政被认为来自罗马人的普遍精神。特雷舍尔（Hildegard Trescher）的评论（《孟德斯鸠对黑格尔国家理论的哲学基础的影响》["Montesquieus Einfluß auf die philosophischen Grundlagen der Staatslehre Hegels"]，莱比锡，论文，1917年，第83页），认为孟德斯鸠**从未将单个的历史现象回溯于文化整体……**"，在一定程度上走得太远了。关于截至目前对于孟德斯鸠的民族精神学说的解释，可参看罗森茨魏格（Rosenzweig）的《黑格尔和国家》(Hegel und der Staat)，1920年，第1卷，第224及以下诸页。

个民族的习俗，就会使它遭受不幸（19，14）。这种深入到民族生命的非理性力量的温柔和敏感的品质之中的深刻的政治洞见，与开明专制初生的理性主义立法热情处于尖锐的对立之中。孟德斯鸠批评了俄国彼得大帝的暴烈行为（19，17），由此提前批评了约瑟夫二世和法国大革命的立法者们。但这些政治洞见来源于治国艺术学说的传统，这些学说早就善于在政治领域中尊重非理性力量。无论如何，他并没有放弃这个观点，即如果民族精神具有有害政治的特征，就应该通过立法重铸它；他仅仅拒绝使用不适当的法律手段来达成目的。他认为有必要的话，人民自己必须行动起来改变习俗（19，14）。"立法者，"他概括地判断道，"必须追随民族精神，如果它并不违背统治原则的话。"（19，5）在二者冲突的情形中，优先权将让给统治原则。但是，这些原则是什么呢？确实，这些原则并不属于晚近历史时期中的政治学说意义上的个体国家，而是三种政府形式的公式化的原则，这正是他的著作的主要意图。然而正是在这里，我们注意到了一种以前曾经发觉过的新颖精神，为上述原则他又说了如下的话："在我们遵循自己的自然天性（génie naturel）时，我们无拘无束，才会做得最好。"也许在整本书中，这句话对于未来是最意味深长的评论了。它来自于直接的体验，来自于法兰西民族的民族精神，其时该民族精神正开始意识到自身。他问道，如果把一种学究气的精神带到一个天性快乐的民族中去，那么这对国家又有什么益处呢？让人们严肃地对待不重要的事情，而快乐地完成严肃的事情吧。

如果说伏尔泰比起民族精神更经常地谈论时代精神，那么在孟德斯鸠这里恰好相反。这是与他们基本目标之间的差别有关的。伏尔泰更多地以时间维度来看待历史事物，因为他所关注的是理性观念,是它的奋斗、失败和胜利经历了各个时代直到他自己时代的命运。只有在这个非常局限的方面才可以说伏尔泰的思想和观点比起孟德斯鸠来是更加历史性的,因为孟德斯鸠更多地从空间维度来看待事物,将它们在辽阔的平台上伸展开来。这是因为他想要从中获得政治上实用的学说,从历史中推演一种政治系统出来。只是在个别的场合中(例如31,13),他才清楚地谈论"时代精神",这表明他完全能够公正地对待特定时代所产生的影响,他的著作中纯粹的历史部分,《原因论》和《论法的精神》中描述封建制度历史的总结性章节,甚至更加确切地证明了这一点。在他全部著作中最奇妙精彩的历史观察之一是,他揭示出一种特殊的制度很可能会如何在时间的流逝中销声匿迹,但是它所包含的生机盎然的精神却依然继续产生着作用。例如他解释道,民族大迁移时期的民法由于封建制度使它们变得不合时宜而消失了,但是这些法的"精神"(也就是通过罚金处理大多数事务)却持存着。"人们应该遵从法的精神,而不是遵从法本身。"(28,9)

如果每个世纪,正如他曾经说过的,都拥有自己的特殊天性(génie particulier)(《〈随想录〉与断篇》,第2卷,第141页),那么就会从这个认识中产生一个重要的方法论原则,即为了能够正确地理解过去,必须压制心中自己所在时代的通行观念。对启蒙历史学最频繁的批评莫过于认为它没有能够达到这种超然的公平。他也没有做到。不过重要的是要明确这一点,即通过对历史世界多样性的发现,对不同时代、民族和事物的不同"精神"的发现,启蒙运动的历史学家至少建立起一条基本的原理,即人们不能按照自己所在时代和环境的标准来衡量陌生的历史材料。我们在伏尔泰那里已经注意到这种思想的激荡（见上文第 96 页*）。孟德斯鸠为之给出了更为确定的表达："把所有你正生活于其中的世纪的观念转译为遥远世纪中的观念，是所有错误的源头中产生错误最多的源头。"（30，14）

总体上来看，孟德斯鸠在拓深民族精神、时代精神和制度精神等的学说方面，比起伏尔泰来要成功得多，尽管他具有格式化心理学的局限，也能够更强烈地关注个体性。他不像伏尔泰那样首先要挖掘愚钝黑暗时期和文明时期的对立、非理性现象和理性现象的对立，从而沾沾自喜地享受自己时代的好运。相反，他的主导意图是，探索历史世界奇特的和形形色色的现象背后更加严密的原因；他尊重错综复杂的原因，它们在历史中已造成且必定造成繁复斑驳的多样性，虽然他尚未能够整体地和原原本本地评价个体。他接受历史舞台上各式各样的和通常非理性的现象，但并不像伏尔泰那样对此遗憾地耸耸肩膀，把它当作不完善人性的结果；而是让人们在他的著作中体会到一种未加言说的敬畏感，对历史宇宙的敬畏，对被伟大的和单纯的基本法则主宰着的历史戏剧的敬畏，这些法则产生了所有这些多样性，甚至与其中最怪诞离奇和异类的变体也没有互相矛盾。恰如我们猜测过的，这种敬畏虽然源自深沉的情感和一种初生的新颖的生命情感，但是他作为一个理性政治家只能从有意识的责任感出发来评判这种敬畏感，他站在高贵的理性立场上关切和利用非理性现象。

以上业已暗示出孟德斯鸠对于未来历史主义的两个基本观念——个体观念和发展观念——的态度。理解历史中个体观念最自

---

* 原书页码，即本书边码，此后不再另做说明。——译者

然的方式是审美感受，它发现繁复多样的人类现象本身就是美丽的和充满魅力的事物，即使它们与传统的审美经典相冲突。在每个古物研究者和每个热爱旅行的人那里所自然而然具有的知识渴望，始终包含着这种真正历史感性的萌芽，且能够自行设想历史舞台上人类生命简单的景象，它们忠实地反映了个体。从希罗多德时代以来就产生着这样的景象。然而只要自然法思想对通过经验产生的事物和人类的个体多样性加以责难，只要它洋洋得意于人们相信在永恒理性中能找到统一和普遍有效的标准，那么这个萌芽就得不到充分发展。历史和生命中的个体因素仅仅被承认为一个事实，这儿那儿也许会受到无意识的或三心二意的赞许，但没有获得人们内心的肯定并被放到世界观思想的核心位置上。没有人会否认个体事实上存在着，但它最内在的生存权利却遭到了怀疑或漠视。甚至有关治国才能的学说，自从马基雅维里教导人们要尊重个体因素以来，也从未设法超出一种与个体之间实用的关系，正如我们看到的。

一般而言，孟德斯鸠也没有成功地超越这些限制。他身上的政治思想家和立法者出于理性立法的实用目的，研究了民族、时代和制度的个体特征，考虑到了真实差异的存在。再者，他身上的理性主义者倾向于把他遭遇到的鲜明活跃的生命多样性进行概念化的简化，把它们归类于诸如宗教、荣誉、贸易和农业等等的范畴之下。里特尔早就注意到这种情形了。"不是个人的生机勃勃的力量，而是抽象概念由此被表现为真实的活跃力量。"① 孟德斯鸠出于发现原因的兴趣，对简化具有难以遏止的激情。他在《原因论》（第1章）中说过，人类在所有时代中都拥有同样的激情。引起伟大变化的机

---

① 《历史科学的发展》，第227页。

会确实是不同的,但是原因却总是一样的。

在对那些始终占据主要位置的古老历史人物进行如此这般解释的情形之下,孟德斯鸠无法窥探到他们的个体心灵,这种个体性能够把统一性带到彼此分裂的行动和思想中去。在他与马基雅维里的关系中看得到这种情形。孟德斯鸠对待马基雅维里,就像人们对待一般历史人物的思想世界一样,处于自然法思想模式的影响之下。人们不是把它们看作已形成的结构,而是抓取其中的部分,称许此一片断,批评彼一片断,然后圈起它们使之适合于自然法的道德和世界观。实际上,孟德斯鸠也能够栩栩如生地描绘历史人物。他的《对一些君主性格的思考》(*Réflexions sur le caractèr de quelques princes*)是他未刊著述中最吸引人的,仅仅在最近才为人所知(《未刊文集》,第171页及以下诸页)。但这些文章几乎是万古常新的心理学杰作,从政治观点出发,品评了各种混杂离奇的人物性格,以解决他面临的任务,它们或成功,或失败。个体人物仅仅作为某个特殊结构的钟表零件出现。这种情形没有削弱他对各种包含了优秀和败坏品质的"混合物"的意义的敏锐理解。这些描写更多是其批判才能的产物,而非重新体验的直觉的产物。

在这里,我们在思想史中发现了某种情形,亦即一个时代的知识环境抵制或转移了天生的才能和强烈愿望的发展,而它们在另一个时代却可能开花结果繁荣昌盛起来。在孟德斯鸠支配性的理性主义的思想覆盖之下,正在生长着一种新的生命感受的胚芽,它从感性中汲取着营养。相比于正式出版的著作,这种情况通常在他的私人记述中得到更加清晰的表达。并非精神,而是心灵产生了意见(Meinungen):这是一句人们在他著作中发现的对未来具有丰富意

第三章 孟德斯鸠

义的箴言。[①]因此可以说，在他的思想中由传统和时代精神赋予的有意识的功利主义和抽象倾向背后，在他身上更深刻地活跃着一种原始的历史感受因素，一种对于繁复的多样性和个体性的欢欣。人们在他对于掌握历史领域中日日更新的多样性的无穷兴趣中，就能够感觉到这一点。不过他自己就此也给出了极为清晰的表达。当他1729年在意大利之旅中停留于热那亚时，听到了一位外国人对热那亚女士们粗俗举止的辱骂，他对此评论道："如果所有的人类都像我一样或者都彼此相像，那我将会多么烦恼不堪啊。人们旅行是为了观看不同的风俗习惯和行为方式，而不是为了批评它们。"（《旅行》，第1卷，第138页，也可参看第2卷，第78页）他对于现代房屋结构过度的千篇一律会感到痛心，甚至对于花园布置的单调重复也会感到沮丧，他在这些花园中看到了勒诺特纯粹的翻版。他长叹一声感慨道，屋如其人（《〈随想录〉与断篇》，第2卷，第78页）。在停留于英国的时候，他熟悉了英式花园的崭新趣味，之后，他就按英国方式重新布置了他在拉布雷德的花园（维奥［Viau］，《孟德斯鸠传》，第131页及下页）。一位具有强烈个性的作家通过一种合乎于自己作品和风格的感受力，能够极为容易地认识个体的价值和创造性力量。这对于孟德斯鸠来说确实如此。他意识到了他的文风的严肃峻厉，这种文风高估了平淡的时代趣味，他拒绝为这种时代趣味所评判。他注意到，一位才华横溢的人物就是一位善于表达的**创造**

[①] 《未刊文集》，第145页。也可参看《〈随想录〉与断篇》，第1卷，第29页："指引我们的，不是我们的思想，而是心灵。"他在另一个地方以相当理性主义的反思将此限制为："心灵指引着思想，思想也反过来指引着心灵，因此要完善自己的思想。"（《〈随想录〉与断篇》，第1卷，第158页）

者，能够运用**自己**的风格来表达自己的思想。一位善于写作的作家不会像其他人那样写作，而是自有其风格，而且通常，一种糟糕的谈话方式却说出了优秀的话语（《〈随想录〉与断篇》，第2卷，第7页）。

然而他没有充分感觉到历史中的个体结构真正的创造性。在这一点上，他仍旧处在笛卡儿和17世纪晚期所施加的机械因果论的影响之下。但是再一次地，在他心中完成了一个历史辩证法过程，经由此，一种达到了最高强度的思想挣破了外壳而播撒出了全新的思想种子。因为孟德斯鸠，凭着他在各式各样的物质和精神因素中寻求因果解释的努力中所表现出来的无与伦比的力量，能够给予历史的个体创造物以一种比以往更高的评价。在此，他偏好在次要的特殊原因之上突出主要的普遍原因，从而通常能够赋予各类景象以一种相当鲜明独特的轮廓。从伏尔泰以来，所有针对这些巧妙鲜明的轮廓和孟德斯鸠在因果性解释中的草率马虎的批评，就从不曾削弱他在思想史中取得的巨大成就。是他驱使着历史研究进行了新的探索，使之前所未有地更彻底地进入到了历史的个体现象之中。他迫使历史学家猜测这些现象建立在一系列错综复杂的原因之上，由此着手研究它们①，从而当各方面的原因被揭示出来时，表面上荒谬悖理的和反常的现象就开始表现出意义来了。

在历史思想中，个体观念和发展观念紧密地联系在一起。更确切地说，关于个体的历史概念要求从所有可能的发展观念中，撷取

---

① "世界上很少有什么事不取决于如此多的状况，因此要让这些事能有第二次发生的机会，这个世界就必须是永恒的。"他在《〈随想录〉与断篇》（第2卷，第309页）中如是说道。

一个特定的发展观念来作为其补充。它必须是给纯粹生物的和植物式发展（即一种源自本能倾向的成长）的特征中加入精神自发性的信号，具有这种自发性的发展者还拥有在特殊因素的影响下改变形式的富有弹性的能力，由此，必然性和自由到处难解难分地交融了起来。我们要询问的是，孟德斯鸠在接近这个历史主义所创造的发展观念方面获得了多大的成功？

孟德斯鸠的任务是为自己澄清政治制度与和它联系在一起的社会制度的本质和变化。他用以理解它们的本质的思想方式也规定了他如何解释它们的变化，或者用现代语言来说，它们的发展。然而，一种制度的本质存在于其个体性中。它也表现出一定的典型性、可比性和普遍的重复出现的特征，但也是非常个体化的和无可比拟的。总体来说，正如我们已经看到的，孟德斯鸠尽管对历史现象无穷无尽的繁复多样性具有敏锐的感受，但他从未成功地完全理解个体。他的目光专注于类型和可比较的事物，以至于他只能把自己研究过的国体评价为统领其他一切的最高级的制度，国体对他来说是某种自我平衡的机械装置。他曾经就君主制谈论过这种情形，把它比作"最精妙的机器"，因为它能够以最少的美德受到治理，恰如一部优良的机械装置能够以最少的驱动力和轮子进行工作一样（3，5）。在国体机器中，他看到了从一开始就存在着一个起作用的变动不居的因素。他区别了国体的本性和原则，将本性理解为它们的"特殊结构"，即它们可见的外在形式，而将原则理解为它们借此运作和变动的特殊的人类冲动——在共和国是美德（vertu）（一种对马基雅维里的美德［virtù］的进一步发展），在君主制是荣誉，在专制统治中则是恐惧（3，1及以下）。这些驱动力易于变化，要么增长要么减弱，从而改变着它们栖居于其中的当前国家的结构——不过人们还不能把这个受到孟德斯鸠细心观察的过程称之为"发展"。因为他在此还未突破单纯的机械主义态度。但正如我们在另一处地方业已注意到的，他虽未完全但已在相当高的程度上用一种客观实用主义替换了启蒙运动常见的个人实用主义，从而向着发展观念走出了重要的一步。这就是说，他将政治和社会的状况和变化更少地解释为个人理性的或非理性行动的结果，而是更多地解释为物质必然性的产物，解释为客观因素例如气候、土壤和地域差异性等等影响的结果。法律和其他的制度由此会拥有无法预测的影响，从而无法适合于现存体制并急切地要求新的制度。然后就会出现孟德斯鸠曾经强调过的一个表达：事物本身的力量（force de la chose）（28，43）。他也一再敏锐地注意到，通常情况下这种改变只是以难以察觉的变迁形式缓慢发生的。"有时需要几个世纪的时间来准备这些变化；当时机成熟，革命也就随之爆发了。"（28，39）我们在这里嗅到了真正发展的气息。①

但是如果我们正确地解释他的思想的话，那么可以看到，他很少有意识地仔细观察制度的缓慢变化、成长或自我更新，而更多地把这些变化解释为某些复杂的原因综合体变化的结果，其中他特别钟爱的普遍因素——国体及其拥有的特殊原则、气候、土壤等

---

① 也可参看《〈随想录〉与断篇》（第1卷，第307页），他在这里嘲笑了庸俗的实用主义，后者认为远古时期的国王是实用技艺的发明者，而实际上得到最广泛传播的技艺仅仅通过默默无闻的发明者的"难以觉察的推进"而得以繁荣起来。我们在这里可以再次推想维柯（参看上面第156页注释2）对孟德斯鸠所产生的影响。

等——位于前列。他所关注的是可触摸的可测量的因果关系。因此，他所描述的事件过程最好解释为改变或调整，而不是解释为发展。我们来举几个例子。

孟德斯鸠认为（8，17），君主制国家应该是中等大小的。如果太小，它就会变成共和国。疆域太辽阔，国家中的高官显贵将无法处于君王的监视之下，由此他们就会在（他所认为的君主国自己的）法律和习俗保护下避免受到迅速惩处，也不再听从君主。他以查理曼帝国、亚历山大帝国和阿提拉帝国为例，为了防止如此这般的大帝国分崩离析，人们就会建议立即建立一种无限制的专制统治。确实，这些例子描绘了一种典型的历史过程，然而不是以流畅的发展形式，而是以坚硬的转变方式，这种转变能够用机械式术语加以评价。

他进一步说道（11，13），一个国家能够以两种方式转变，或者通过宪法的改善，或者通过它的腐化堕落。如果国家保存了原则（他指的是那些国体特有的原则），宪法改变了，那么宪法就进步了；如果在宪法变化的过程中国家丧失了原则，那么宪法就腐化了——他再次用直线形的过程代替了流畅自然的川流不息的发展过程。

正如马基雅维里曾经做过的那样，孟德斯鸠在这些过程中强调了类型和始终重复出现的东西，因为他也一样关注于从历史中抽取对政治行动有益的格言。这种政治功利主义动机已经足以使他紧紧束缚于古老的解释中，根据这种从高高在上的观点出发观察世界的解释，每个伟大的政治结构总是处在一种要么上升要么衰落的循环运动之中。我们在对《原因论》的考察中看到过这种情况。确实，通过他所发现的趣味十足的无穷多样性，孟德斯鸠避免了过度公式化地看待这种循环的危险。同时循环理论自身使他避开了另一个障碍，它很可能埋伏在通向发展史思想的路上，也就是说避免去建构一种有关人类文化始终稳定进步的一般方案。虽然像伏尔泰一样，他在进步论方面实际上是一个先行者，然而他对从属于晚期启蒙运动的进步观念还是一无所知的。[①] 他出于一种不同于伏尔泰的复杂动机，而无缘于此种进步观念。但是这两位思想家都呼吸着18世纪早期的思想气息，在其中，尽管人类相信他们取得了很多进步，然而作为历史哲学观一部分的普遍的进步信念还未能全面地开花结果。人们依然生活在一个在结构和见解上彻底贵族化的社会中。但是贵族思考的是如何保存或重建地位，而不是持续的进步，这种进步也许会把他们甩在后面。他们更多地思考他们自己没落的危险，这种想法易于强化对所有人类事物循环运动的信念。最后，我们在伏尔泰和孟德斯鸠那里发现的作为17世纪共同思想遗产的清醒的现实感，轻易地与贵族观点交织在了一起，成为了通向进步信仰的一个障碍。

总而言之，关于孟德斯鸠对待发展观念的态度，我们还未说出盖棺论定之语。特殊的心理动机很可能导致他在面对某个历史事件进程时，放弃他对原因的理智主义探询，而全神贯注于真正的历史变化和发展。因此，我们必须进行更深入的研究，在新的关联中考察一些我们已经思考过的东西。

---

① 甚至德尔瓦耶在他的《进步观念史》(1910年)中，尽管做出了种种努力想要在孟德斯鸠的思想中寻找进步观念的踪迹，最终还是承认了这一点。也可参看巴赫，《十八世纪法国历史解释的发展》，1932年，第45页。

第三章 孟德斯鸠

在孟德斯鸠的著作中，有三个伟大的历史世界矗立在特别明亮和温暖的光辉中，乃是他的最爱：罗马共和国，立宪制的英国和中世纪的日耳曼-法兰西。在他对这些世界中的每一个进行研究时，我们通过更仔细的观察可以看到，他分别运用了一种特别的态度和判断标准，同时他思想的其他方面也参与了进来。

他以古典主义者的热情考察了罗马世界。他以之作为这个共和国原则的美德并不是通常道德意义上的美德，而是政治美德，或者说公民美德，"放弃自我，而转向对法律和祖国的热爱"（4，5）。古代人在他们自己的黄金时代中所取得的成就"使我们渺小的灵魂咋舌不已"（4，4）。在另一处，他说当他感到罗马人站在他这一边时，他坚定地感觉到了他的箴言的有效性（6，15）。人们从不可能遗忘罗马人；甚至今天，在他们的城市里，新的宫殿受到忽略，而古代的废墟却正在被挖掘出来（11，13）。当人们考察他在《原因论》中描绘的有关罗马兴衰起伏的恢宏壮观的历史画卷时，将到处感受到真正的古典主义者的气息，即使他运用了新时代的认知方法，也能感受到一种对于古典传统的依赖。他所引进的新因素是他探索因果关系的独特方法，是他把法律、制度和政治事件的细节带入到彼此之间受制于政治目的的精确联系中的策略。他在持续的权力扩张目的之上抽绎出一条普遍原因，即罗马日益扩大的疆域注定会动摇它扩张的前提，亦即共和国国体的原则。但在这张因果网中也有着一些已被古代作者尤其是孟德斯鸠偏爱的弗洛鲁斯注意到的关于罗马的伟大和衰落的原因，它们被忠实地保存了下来。除却对孟德斯鸠非常重要的波利比乌斯的实用主义思想，这些古代作者运用的是一种高度道德化的方式，它在权力和荣誉的道德意义上来看待历史。

他把全盛时期的罗马与公民美德的英雄主义和元老院的智慧联系了起来,把罗马的衰落与富裕和奢侈带来的腐化作用、与政客的勃勃野心和放纵不羁的党派联系了起来。在所有这些表象后面的原因,只能慢慢地揭示出来。孟德斯鸠经常由于对叙述材料不加批判的轻信而受到恰如其分的批评。在他用对材料的政治理解贯通了它们时,他确实能够超越它们,在《原因论》中他开始往这个方向前进,在其中指出了注意制度间联系的重要性;然而他在很大的程度上保持着言过其实的风格,人们通过人文主义传统已经习惯于此了。他曾对此发动过猛烈的批判,责备李维对古代强大的巨人任意夸大(《原因论》,第5页)。但他并没有彻底突破传统的方式。尼布尔是这样做的第一人,教会了人们更深刻地去理解历史事物中逐渐的成长和变化以及潜移默化的转变。

　　孟德斯鸠以一种更为独立的方式来考察英国,而没有笼罩在人文主义传统的影响之下。在这里,他用自己的眼睛看到了在当下实实在在进行着的精神饱满的生活,带着矛盾,然而却在总体上非凡地共同作用着,从而产生了一种伟大鲜明的民族精神和宪法精神,其影响在一切大大小小的事物上都可以察觉得到。他能够栩栩如生且个体化地再现这些,虽然还强烈地渗透着关于普遍因果关系(气候)的理论色彩。但是,当他依赖于洛克和其他作家而概述英国宪法时,他的机械式解释的倾向就彻底地占了上风。他沉迷于这项任务,亦即通过精确的计算,为治国理政者和谋士揭示出为造就政治自由(liberté politique)需要怎样的权力制衡。这一次,不是古典主义传统阻碍了历史思想的突破,而是治国才能学说的传统以其过于算计的、过于着眼于最终目的的功利主义观点而无法允许包含于其中的历史个体主义理解从开端走向自由的发展。

但是,在孟德斯鸠身上还活跃着第三种传统,它帮助他以清新的目光来看待第三个偏爱的主题,也就是中世纪的日耳曼-法兰西。它是法国的贵族传统,在摄政王时期获得了新生命。孟德斯鸠既作为一个还算古老的贵族家庭的后裔(参看《〈随想录〉与断篇》,第1卷,第9页),又作为穿袍贵族的成员,他倾向于把这种传统看作他政治观念最直接的源头。我们不应该在他对于罗马美德的热情中去寻找这样一种直接的理想。也许他所建构的英国自由的理想化景观才更加近似地表现了他自己的倾向。然而甚至这种观念,正如我们看到过的,也带着一些人工化的和思考出来的东西。再者,在他著作的一开始,他就声明,如果给一个民族量身定做的法律,被发现也适合于另一个民族的话,那么这是一种很大的幸运(1,3;也可参看29,13,关于市民法律所说的话)。这种情形妨碍了一个老观点,即他所钟爱的英国宪法的理想化景象代表了他自己个人的偏爱。①正如莫尔夫②正确指出的,他自己偏爱的东西倒不如说存在于法国上升中的历史状况的框架中,伴随着所有现实的历史环境。他

---

① 为此也可参看他在描述英国宪法的章节(11,6)结尾时所做的保留。他说:第一,他不拟考察英国人实际上是否享受他所描绘的自由,而仅仅想要揭示出这种自由是由他们的法律建立起来的;第二,人们也可以采纳一种更加温和的政治自由,而"过度的理性并不总是令人渴慕的"。也可参看克伦佩雷尔的《孟德斯鸠》,第2卷,第98页。但是,特雷舍尔出色的作品(第39页)仍дадут大其词地说孟德斯鸠把英国宪法"推崇为所有国家的典范"。人们也许会猜测,如果他的相对主义良知没有阻止他的话,他可能会乐意这样做。他明白如何顺从政治,"所有宪法中最好的宪法通常是你生活在其下的那部,一位明智之人将会热爱它,"他在《〈随想录〉与断篇》中如是说道,第1卷,第416页。

② 《近代语言研究档案》,第113期,第391页。

直接关注的是保存贵族中介性的权力，以作为抵抗现代专制主义的保卫自由的堡垒（2，4；8，6；也可参看23，24）。同时要保持共和国的美德与通过精确地分配权力来确保自由，此外还有一种柏拉图式的挚爱。但是，他甚至把英国自由的源头追溯到了日耳曼的森林；这种倾向不仅应该归因于一种长久存在的传统和政治思想家尤其是英国的政治思想家偏爱的观念①，而且也得归因于他的个人需要。他希望通过追根溯源来为在他的时代所有可能的自由——英国的自由和法国自由的残余——提供历史基础。这种要求回响于经常重复出现的短语"我们的祖先，日耳曼人"中，这条短语为伏尔泰所诟病。不是来自血统的声音使他这样说的，他自己是加斯科涅人；也不是浪漫的渴望，或一种对于日耳曼事物的偏爱，在他1729年的旅行日记中，德意志人被刻画为相当可怜贫乏的人物。但他对于知识的渴望驱使他重构欧洲事物过去的样子。因此他在旅程中也想去访问匈牙利，因为他认为（《〈随想录〉与断篇》，第1卷，第22页）所有的欧洲国家都曾经像匈牙利现在这样，"因为我想去看看我们祖先的习俗"。这已是一种对于生于斯长于斯的土地的历史感受，一种对于过去和当前的联系、对整个西方文化织体的历史感受。他不以野蛮人祖先为耻，也拒绝神化他们。

他对于中世纪非浪漫的态度，与他现代趣味的优越感，在他的抱怨中展示了出来，他抱怨的是中世纪"冷冰冰的、干枯的、平淡乏味的和生硬的"著述，他必须奋力工作才能进入它们；他说，人

---

① 赫尔茨勒（Hölzle），《孟德斯鸠之前的一种古日耳曼自由观》(*Idee einer altgermanischen Freiheit vor Montesquieu*)，1925年。

们不得不生吞活剥它们，就像神话中的农神萨图恩吞咽石头一样（30，11）。在这里，在来自中世纪的历史材料中，为了获得必要的知识，他得啃最坚硬的木头。这其实是好事。因为在这里没有像古代世界里那样现成的形象，它们在受到人文主义教育的读者身上施加着强迫性的力量；也不像在英国，历史材料属于一个现代国家，易于套入清晰的概念中去；而是整堆的历史事件必须第一次被构造起来。通过17世纪晚期本笃会修士和其他研究者出版和编纂的博学作品，关于这个时期的知识，尤其是关于法兰克时期和中世纪法国的知识获得了显著的增长。对于这种传统的批判感觉醒了，它给予这些工作一种对于欧洲历史学来说具有开拓性的重要意义。当孟德斯鸠开始其研究时，塑形过程已经启动，也做出了把过去的中世纪历史和当前的法国政治生活结合成某种清晰的共同景象的努力。人类正处于发展史思想的前夜。必须确定的是，到处，包括孟德斯鸠自己及其先驱者们那里，政治的标准和要求都不再局限于对历史纯粹的古物研究或细节上的批评。过去需要被注入来自当前的、独特意志和愿望的鲜活血液，以便使它对当前变得重要起来，以便能够为发展史思想做好准备。

尽管已铸造了很多中间环节，但在过去和现在之间仍有一个预备阶段。我们必须熟悉它，以便对孟德斯鸠影响深远的显著成就有一种贴切的评价，甚至得以看到这些成就与发展史思想之间的联系。

我们在这里所关注的是一个伟大的、在今天依然活生生存在的问题，它聚焦于法国社会和政治生活中法兰克-日耳曼源头和高卢-罗马源头之间的关系,审察应该归属于这两者的因果意义和持久价值。在孟德斯鸠时代,任何倾心于中央集权和专制君主制的人自然会受到罗马源头的吸引;而任何在君主制面前倍感压抑的人,例如法国贵族中拥有远大抱负的那一部分,必定会倾慕日耳曼源头。胡格诺战争时期的奥特芒(《法兰克高卢》[Francogallia] 1573年),将这场历史争议以原始的形式展现了出来。他倾向于神化法兰克人,认为他们为罗马奴役下的高卢人带来了自由,倾向于从这段历史中引出奠基于民众主权的对君主制的需求。现在,当孟德斯鸠开始他的研究时,有两位截然不同的历史学家——仅仅选择与他的思想具有最直接联系的历史学家——已经提出了这个问题,一位以法兰克-日耳曼方式做出了回答,另一位以罗马方式给予了答复。他们分别是布兰维利耶和迪博。布兰维利耶的《法国古代政府史》(Histoire de l'ancien gouvernement de la France)在他逝世五年后,即1727年出版(三卷本);迪博的《高卢时期法国君主政体确立的历史考证》(Histoire critique de l'établissement de la monarchie française dans les Gaules)出版于1734年(我们在这里使用的是1742年出版的两卷本)。

　　我们在这里较少关注它们的内容,而更多地关注它们作为朝向一种充分的发展史思想的初步阶段的意义。这样就足以让我们注意到,布兰维利耶以顽固的挑衅姿态声称,他直接来源于法兰克人,在他们中不仅看到了高卢的征服者、创建者和仅仅由合法占领者组成的带有选举君主制的自由政体,而且看到了真正法国贵族的祖先。他接着追溯了这个历史过程,亦即后来的王朝统治者们——除却被理想化了的查理大帝——开始日益压迫贵族,侵蚀他们的权利,代之以建立他们自己的专制权力,通过刻意创立新的诏书贵族(Briefadel)以稀释贵族制,这些新贵族从从前的社会底层补充而来,这些高卢人从前曾为法兰克人所奴役。一个巨大的世俗化进程起初缓慢地展开,但是随后不断地加快速度,最后在这里作为一个完整的统一体得到理解。作者声称(第3卷,第135页),黎塞留和路易十四在30年中完成了以前的国王在1200年中没有实现的任务。就这方面来说,人们在这里可以谈论发展观念的一个初步阶段。但是,这里所描绘的事件中并不存在真正历史发展的标准。因为这里完全缺乏从内部起作用的实质力量,这种力量能够结合必然和自由,能够作为连接此一情形和彼一情形之间的桥梁。相反,所描述的景象是一个理想化的值得仿效的原始状况——至少在政治方面是可仿效的,因为它的承担者是彻头彻尾的无知和野蛮的(第3卷,第137页)。这种情形通过野心勃勃的君主出于权力渴望而采取的有意识行动而遭到了改变,君主能够成功是因为贵族的漫不经心和懒散(第1卷,第179,327页等)。这是不折不扣的个人实用主义。它与传承自古代的关于黄金时代由于人性的罪恶和错误而毁灭的陈旧的程式化思想结合在了一起。然而这里仍然有可能引起一种从目中无人的传统主义到相对主义化的历史思想的转变。他到处将败坏的现在与美好的过去进行对比,由此谴责了同时代的历史著述——尤其是达尼埃尔的《法国史》(1703年)——责备它们"将远古的最风马牛不相及的事物应用于当前",而所有的时代都拥有自身特殊的卓越之处,这些卓越之处是无法传递给以后的世代的(第1卷,第322页)。接着,他更接近了孟德斯鸠在其前言的话语中所采取的立场,即并不是所有类型的法律对所有的民族都是善的。他声称,雅典或斯巴达的法律虽然被公认为人类精神最杰出的作品，但在我们的国家将会是怪诞离奇的，而我们所习惯的法律在英国和波兰也是难以容忍的。那么，最稳妥的统治也必须是追随在我们自己社会中以前产生的和得到成功实行的例子。因此他不无痛苦地考察了自己糟糕的时代，不过并没有带着任何深恶痛绝的感情，因为他承认，这个时代也拥有其自身特殊的卓越之处（第3卷，第205页）。他被某种英雄般的命运感抓住了，这种命运感看到了辉煌事物不可避免的衰落。"关于法国荣誉——他指的是古代法兰克高贵的血统——的一种甚至更严重的衰落征兆，对于未来而言是显而易见的。"（第3卷，第205页）在另一个段落（第2卷，第270页）中，他说所有国家都具有自身无可逃避的命运，就像个人一样。恰如一个生而自由的人由于暴力环境很可能陷于受奴役状态一样，一个国家也会陷入这样的命运，不管它最初的法律是多么健康。在这一点上，他通过提醒读者注意罗马人的命运而抢在孟德斯鸠之前说出，罗马人用自己的武器毁掉了自由，并且再也没能摆脱可悲的奴役状态。

这部带有种族优越感和顽固的贵族气派的著作包含着更广泛历史思想的其他迹象。[①]因为戈比诺确实把他看作他自己的种族理论的先驱，虽然是以非常不彻底的形式出现的先驱。[②]但是布兰维利耶历史解释中的基本观念，最初征服者的正当的先占权（droit

---

[①] 参看赫尔茨勒，第57页，论述了他所呈现的和采纳自英国思想的一种包罗万象的日耳曼公共自由的观念，他接着从这里引出了英国和德国政体制度的共同的广泛特征。至于他的历史思想中的其他成分（民族精神、一个世纪共同的思维方式、对于道德史的兴趣），可参看前文关于伏尔泰的评论，第107页及下页。

[②] 舍曼，《戈比诺的人种学著作》(Gobineaus Rassenwerk)，第475页及以下诸页。

primordial），和它由于国王们的支配欲而遭受的毁灭，对于未来的历史主义来说是粗糙的和不合时宜的。在设想这种观念时，他甚至做不到完全的逻辑化。因为他既然承认了最初征服者的权利，他也就承认了这种观点同样能够被用来为无限王权的兴起的正当性进行辩护，而他却极为憎恨这种无限的王权。因此，他不时地从传统自然法中借用一点思想资源，不时返回到"人类的天赋自由"（第1卷，第255页）。但这种做法恰恰使他陷入了与他鼓吹的征服者权利之间的显而易见的矛盾。尽管如此，总体上来说，他的著作虽然有着传统的感受，却表现出了相当自然的清新鲜活的气息，成为了某种思想酵母，它将会产生一种与历史世界之间崭新的关系。孟德斯鸠愉快地让这种思想酵母在他身上产生作用，欣然承认了通过布兰维利耶的著述表述出来的古代贵族的单纯和才智（30，10）。布兰维利耶公正地对待一段中世纪历史的历史研究的努力，激励了孟德斯鸠在这个方向上继续做得更好。

当他把布兰维利耶的著作看作是反对第三等级的阴谋时，却把迪博的著作看作是反对贵族等级的阴谋。比起布兰维利耶，迪博在研究时具有更良好的学者素养。他竭尽全力地想要应付所有博学批评的要求，这些要求是17世纪晚期的学者提出来的。但是无论他如何赋予导致法兰克君主制王朝建立的一系列事件以事实上的基础，无论他的方法是多么的敏锐和富于魅力[①]，但我们业已注意到的先入为主的支配性倾向还是强烈地渗透进了他的著作中，正如在布兰维

---

① 蒂埃里对此作了相当漂亮的处理，《墨洛温时代的叙事》（*Récits des temps Mérovingiens*），第1卷，第68页。

利耶那里所发生的，甚至导致了他丰富的学识也为这些先入之见所扭曲，甚至在原始材料不符的地方，就用想象来补充。他所关注的是批驳布兰维利耶关于法兰克征服者领主权的论题。这些领主权，令人深恶痛绝的庄园主的权利和世袭的裁判权，在他看来开始是9世纪和10世纪专制霸主的一种非法篡夺（"引言"，第1卷，第39页和第2卷，第608页）。他声称，直到那时为止，属于罗马时代的社会结构和政治制度本质上还一成不变地持续着，除了法兰克人所享受的特权之外，而这些法兰克人的数量并不是非常多的。现在他更关注的是，在罗马帝国和法兰克国王们之间揭示出一种精确的合法的传承性，揭示出他们完全不是作为征服性的君主获得高卢统治权的，而是作为罗马帝国的官员（第2卷，第76页），最终从东罗马帝国皇帝查士丁尼之手接受正式的权力转让而获得这种统治权的。因此，现在的法兰西国王是奥古斯都和提比略的合法继承者，而耶稣基督自己也曾承认后两者是合法的统治者。他们因此是仅有的能够吹嘘自己的权力直接来源于古罗马皇帝的现代君主（第2卷，第370页及下页）。为了建立这种联系和把野蛮的克洛维刻画成一个文明人，需要进行多少非法的掩饰和涂改。另一方面，在这种有关罗马制度连续性的主题中也有着部分的真理；多普施（Dopsch）最近再一次采纳了这个论题，也可以把迪博看作他在这个领域的先驱。

这种揭示历史生命中伟大连续性的努力，运用了广博的学识才能，已经接近了现代历史。菲泰（Fueter）在他《近代史志学的历史》（［Geschichte der neueren Historiographie］第329页）中，把迪博的成就与默泽尔的成就进行了对比。至于他的有关法国君主制的著作，正如我们马上会揭示的那样，这项判断只能做有保留的宣称。不过迪博在早期法国启蒙运动中公认的地位确实在一定程度上让人想起默泽尔在这方面的形象,因为他是一个寻找新方法的独立思想家,这些新方法注定将会远远地超出启蒙运动的限制。在这点上,我们首先必须想到他的《关于诗歌和绘画的批判性反思》(*Réflexions critiques sur la poésie et la peinture*)(初版于1719年,这里使用的是1740年的三卷版),这部著作后来甚至影响到了莱辛。在这里,他已经打破了法国古典主义的戒律,为艺术领域中感性、激情和天赋才能的重要性进行了辩护。他这样做,是为了有意识地反对在当时的思想世界中占据重要统治地位的笛卡儿式的、数学–演绎的精神,是深思熟虑地与自然科学的经验归纳法和英国思想家的感觉哲学结盟的。其结果是赋予了他的天才学说以一种彻底的自然主义特征,而所有关注文化兴衰原因的推论都是从这种天才学说中推理出来的。因为他单纯地通过不断变化的因素如气候、空气或土壤等物质原因来解释富于天才的时期或乏于天才的时期的存在。因此可以说,他由于气候理论而成为了孟德斯鸠的直接先驱。总体上来说,他更多是后来的实证主义的先驱[1]而不是历史主义的先驱。虽然他通过对他作为美学家而拥有的非理性力量的崭新生命感受预言了历史主义,但人们几乎可以说他甚至理性化了非理性,停留在自然法思想的框架之内,他用同样永恒有效的"感性"替换了永恒有效的理性作为审美价值的裁判官。[2] 他的力量和意

---

[1] 他的热情洋溢、学识丰富的传记作者隆巴尔(《迪博神甫,现代思想的先驱》[*L'Abbé Dubos, un initiateur de la pensée moderne*],1913年)以巨大的赞同指出了这一点。

[2] "情感在我们的作者那里占据的地位就如同理性在布瓦洛(Boileau)那里所占据的,这一点引人注目。"(施泰因,《近代美学的兴起》[*Entstehung der neueren Ästhetik*],第238页)

志并不足以让他运用新的思想模式来穿透整个历史世界。因此他的关于法国君主制的历史思想与他关于美学理论的著作的视角是非常不同的。

一开始,他在法国政府的外交事务中处理一些小事情。他了解国家理性和国家利益意味着什么,作为官方的国际法专家,他与此有着密切的实际关系。他对进行征服活动的贸易共和国进行了匆匆的政治考察,在西班牙王位继承战争中撰写了一部关于康布雷联盟的著作,并且充分熟悉了治国才能学说。他也特别感兴趣于当时被称为国家政体(état)的事物,它的官僚体系结构、行政体系、税收政策等等问题。所有这些对他的著作都是很有帮助的,它以特别的彻底性和清晰性研究了这些事情,在许多方面对这段罗马–日耳曼民族的过渡时期而言,是一部先锋性著作,并已经带有了后来的默泽尔的特点。然而迪博与默泽尔最大的区别,是他不可抗拒的在内心对过去现代化的倾向。① 这些生活于民族大迁移时期的人民,被他描绘成穿戴着17世纪和18世纪政治和社会外衣的人民。他当然承认了一定程度的野蛮,但他把法兰克人描绘成在受教化的能力上要比其他的日耳曼部落高得多,因此可以说,他们被罗马民族"收养"了(第2卷,第227页)。晚期罗马时期的高卢看起来就像是现代的法国,处在高度文明的状态,但由于内部战争和糟糕的政府而

---

① 隆巴尔也注意到了这一点(第399页),却相当引人注目地(第401页)将他归类为一个"具有不同时代气质"的哲学类型。然而,在他的美学作品中可以发现更多的相关迹象。也可参看卡西尔的《启蒙哲学》(*Philosophie der Aufklärung*),第397页;与费斯勒(Finsler)的《近代中的荷马》(*Homer in der Neuzeit*),第233页及以下诸页。

变得失控，直至最后他们在法兰克国王那里找到了"庇护者"。他经常假定存在着各民族永久有效的法律和政体，而一部关于大迁移时期的政治历书就像迪博时代中的任何现代历法那样可以被条理清楚地草拟出来。这种现代的办公厅精神（Kanzleigeist）试图通过大量采纳与新的欧洲国家系统的精巧独特的类比，来解释那个时代的战争和权力政治。例如，他把假定的克洛维的二元化地位——公认的法兰克国王和罗马帝国官员——与英国的威廉三世国王进行了比较，因为威廉三世同时还是荷兰执政。为了说明法兰克王国不同的民间法（Volksrecht）共同存在的情形，他灵机一动想起了自己时代中的土耳其这个令人愉快的类比，在土耳其，苏丹的政策保持着类似情形。他完全以当代治国才能学说的精神追问道，为什么我们最早的国王们不能出于政策的理由把他们的臣民以不同的民族来区分呢（第 2 卷，第 385 页）？

这种为了理解当代情境而通过专业的政治知识对类比的运用，可以说，在迪博的历史思考中是一种主要的认识手段。它依赖于不变的前提，亦即所有并不完全野蛮的时代的政治生活都具有相当典型和始终重复出现的特征。他的注意力也关注于典型的特征，而不是完全个别的特征。为此，迪博富有成果的追踪诸多世纪之间伟大连续性的行为失去了一些真正的历史价值。因为对他来说，就像对孟德斯鸠来说一样，思想背景仍然是古老的循环学说①，一种对于同样的或非常类似的事件重复出现的信念。这是一种易于与个人实用

---

① 参看他的《批判性反思》，1740 年版，第 2 卷，第 319 页；隆巴尔，第 255 页。

主义和物质实用主义结合在一起的学说。迪博的著作具有这两种实用主义的特点。如果不是他确信古代与近代政治生活的内在一致性，他也不会为了填补历史记载中的空白、为了建立罗马帝国与法兰克君主制之间政治和法律上的顺畅联系，而确信不移地提出大胆的假设。对于他来说，就像对于孟德斯鸠一样，一种物质的实用主义支配着更为原始的和纯粹个人类型的实用主义。我们必须感谢迪博，因为他将历史兴趣有价值地伸展到了制度的组成及其变化中去。在他著作中付之阙如的批判性谨慎，只有当一种真正个体的意识在历史思考中占上风时，才能产生。

让我们现在回到孟德斯鸠。迪博的作品是一首颂歌，赞美了从罗马皇帝传递给法兰克国王的不可分割的政治权力，因此注定会与孟德斯鸠偏爱的政治观念产生激烈的冲突，孟德斯鸠认为在国家中分立的权力才是真正健康的。① 在通常情况下，孟德斯鸠对与他主要的思想趋向相反的迪博的进一步的观点进行了嘲弄奚落，也许其中最使他愤怒的是这样一个假定，亦即领主权和世袭裁判权最初产生于9世纪和10世纪的篡位者。因为正是在这个地方，他设想了领主权和世袭裁判权起源于居中进行调解的贵族权力，对此他曾给予了高度评价。如果这些贵族权力在他自己的时代依然还具有一些意义和价值的话，那么它们也许在封建制度中的起源和早期阶段就不是完全无意义的或野蛮的。这是他向自己提出来的问题，毫无疑问有着政治利益的考虑，但也产生了具有高度价值的历史结果。这名

---

① 参看德迪厄，《孟德斯鸠与法国的英国政治传统》，1909年，第158页。

求知欲旺盛的法学家接下来的问题是法国法律和立法总体上的起源,以及法国法律分裂为两个区域的原因,一个是习惯法区域,一个是罗马法区域。他的《论法的精神》最后三卷就是致力于研究这些问题的,它们的纯粹历史研究的特征使它们显然不同于本书系统安排的其余部分,显得比较独特。但是从行文构思的角度来说,它是一个有助于他的历史思想声誉的缺点。它挣脱了政治手册的束缚,而这类政治手册总是为事实上始终处于历史流变之中的东西假设一种相当稳定的特征。但是在这里,孟德斯鸠感受到了戏剧性的事件之流的吸引力,因为它们,只有它们,隐藏着他正在寻找的理性意义和目的。他在寻找过程中三三两两地犯下的错误和过失,在这里并不是关键所在。他的方法自身就已经是一项思想史的贡献了。

孟德斯鸠声称(30,19),除非人们彻底理解了日耳曼民族的法律和习俗,否则是不可能深入理解我们的法律的。他特别严肃地自问道,今天的领主祖传的裁判权源自何方?为此,他追溯到了日耳曼部落逐步发展起来的精细复杂的刑事裁判权,并且对这种制度的进一步发展进行了耐心的考察。在这项考察任务的中间,他欣喜地宣告了一项发现:如今我终于看到领主裁判权起初的起源了(30,20)——这使他得出结论认为:这些裁判权并不起源于任何的篡夺,而是来源于最初的制度,而不是它的变体(30,22)。对于这种关于庄园裁判权的起源的叙述正确性,有许多可能产生的异议。而且,我们也可以猜测在他对于迪博的实用的和道德化的解释的拒绝背后存在着某种政治偏见。但是,做出这样深思熟虑的拒绝,将一种依然活跃的遗迹通过其内在的推动力量从原初制度的变迁中勾勒出来，无疑是一种天才的成就。他以一种公正的自豪感说道，通过运用这些方法，可以研究大多数的民族的"世代更替""法律的诞生"。通过这些方法，他超越了自己以前的成就，超越了他在其他地方使用的实用主义方法。在这样做的时候，他把民族与个体作比较，就像以前布兰维利耶和一些其他人所做的那样。但是他以一种如此这般的方式进行比较，使得个体在类型之旁如今也拥有了正当的权利。他说，因为正如个体一样，民族也具有一整套观念（suite d'idées），总体的思想方式（manière de penser totale），具有它们的起源、过程和终结（《〈随想录〉与断篇》，第1卷，第193页）。

而且，在中世纪还有关于格斗审判的进一步问题，这个事实就是"我们的祖先"把他们的荣誉、命运和生活自身更轻易地交托于偶然性，而不是依靠于理性的行动（28，17及其后）。他再次从历史观点出发，在他们的思想方式中发现了解释，亦即在他们把战争置于一些法则的控制之下、把战争结果看作天意的作品，在他们作为尚武民族对荣誉特殊的感受中发现了解释。"在通过一次性的格斗进行审判的行为中存在着理性，因为它是依赖于经验的。"尚武民族中的怯懦行为自然而然地被认为是进行怀疑的根据，因为在怯懦者身上很可能还有着其他的过失。他也在单次格斗审判法的广泛传播中为书写的法律权威的消失找到了一条理由，因为格斗审判法从此以后被认为是获得审判证据的充分手段。关于"荣誉观念"（point d'honneur）的起源和传播，他提出了意味深长的观点。他继续把"奇特的骑士制度"追溯到格斗审判法，追溯到认为神奇的药草能被用来影响结果的信念。这里当然有一些不容忽视的简化和实用主义在起着作用，使得他从如此稀少的历史材料中引申出了整个系统，包括魔幻般的骑兵、骑士和小精灵等等。他也进一步把它与中世纪特殊的骑士精神的兴起联系了起来，这种骑士精神创造了一种古典世界闻所未闻的两性关系。不过总的来说，他的目的是"追溯荒诞离奇的格斗审判法背后的原则，以便在一种如此独特的法律体系之中发现可靠可信的内容"。因为"人类基本上是理性的，甚至把他们的偏见置于特定的规则之下"（28，23）。这依然是一种理性主义的反应，但是这种理性主义为对于非理性的和个体现象的理解铺平了道路。

伏尔泰教导过，在理性和非理性之间始终存在着斗争，在这个斗争过程中中世纪乃是非理性现象的承载者。孟德斯鸠倒是关注于在历史进程中理性是如何适应于非理性的，以至于中世纪看上去不是一个丧失了所有理性成分的纯粹的野蛮时期。伏尔泰认为每个地方都应该具有其自身独特法律的说法是荒谬可笑的。但是孟德斯鸠运用令人兴奋的地方性主权观念解释了这一现象，这种观念在那个时期抓住了每一个人，他认为为一个人类见解如此歧异的时代创造一部单一的法律是不明智的（28，37）。再一次地，这种观点仍然不是历史主义，而是一种政治功利主义，是马基雅维里所教导的最精致的政治功利主义，它如其所是地看待人类，而不是把他们当作应该是的样子。这种理性对于历史中非理性现象的适应，确实没有使稳固的自然法理性降格为一种真正流变的状态，但它的确使它变得更有伸缩性了。理性的流动不居意味着成为更加个体化的，意味着承认它以成千上万种不同的形式出现，意味着在纯粹个体性的每一种独特的和不可替代的情形中看到它。这种创造性的以清新目光和惊奇看待事物的方式，好像每种事物都是精神–自然的独特的显示，是某种孟德斯鸠尚未具备的东西。或者他至少已经在这个方向上做出了试探性的努力?

在这些探询过程中,孟德斯鸠一度为真正的历史感抓住,他感觉到在中世纪的封建制度中有一种现象,这种现象在以前的世界中从未存在过,以后也不会出现(30,1)。今天,可以说,我们应该通过参考其他民族和其他文化中类似的封建制度及其发展阶段来证实这个命题。然而西方中世纪的封建制度具有一种相当个体化的特征。这种对于普遍的独特个体性的感受是一种伟大的成就。因为它使孟德斯鸠尖锐地意识到,个体的历史影响并不总是确定不移地好的或糟糕的,而通常是这两者的一种混合。因此他甚至油然而生一种对于伟大的历史现象的更高贵的敬畏感,这些现象中活跃着一种精神。

> 封建制度的戏剧犹如这种情形:一棵古代的橡树矗立着,人们的眼睛可以远远地看到树叶,当他接近时,就看到了树干,但是人们却看不到树根。为了找到它,你必须向地下挖掘。

孟德斯鸠身上的特点可以说是,他未能普遍地和彻底地超出政治功利主义和理性主义与历史之间的关系,除却一个特殊的历史世界领域之外。在这个特殊领域中,个体观念和发展观念正在苏醒。虽然理性主义的气息尚未彻底销声匿迹,这是由于甚至在非理性现象中进行的寻找意义的行动,虽然通常是极为流动不居的和功利主义的,但仍然处于实用主义的影响之下。或许可以把孟德斯鸠的思想世界比喻为群山之中的一个引人注目的小山村,于它而言,崇山峻岭虽是天然的障碍，但并没有形成绝对的障碍。他们的出身、他们的利益和他们的贸易联系统统指向山脉的另一面。这是他们面对生活的方向。但是他们在群山的远方也拥有草场，每年适宜的时间里他们就把畜群赶到那儿去；他们使用的道路可以用来开辟他们未来与远方世界的联系。

赫尔德后来感受到了这个将被开拓出来的新世界，他察觉到了孟氏的二元精神，对于《论法的精神》，他经典地判断道，这部高贵的巨著就像一栋哥特式建筑那样带着自己的哲学世纪的气息高高矗立着（1774年；《全集》，第5卷，第565页）。

孟德斯鸠的著作比他所希望的或所能料想到的要有影响得多。他对历史思想产生的最强有力的影响，是使人们产生了对于历史创造物新的尊敬，产生了一种新颖的意识，亦即到处都有迄今为止未曾注意到的意义和关联可以去发现。至少在这个时期，在他自己的国家中出现了一些这些影响的迹象。他当然备受赞美，但在根本上，人们宁愿把他作为一个通向未来的路标，继续追随启蒙运动的康庄大道。[①]然而正如接下来的章节将会揭示的，他所代表的朝向历史主义的倾向在法国思想界并不是完全孤立的。

[①] 此种情形的与众不同之处在于，他的著作就表现来说在其亲密的朋友圈子中找到了回音，在《孟德斯鸠通信集》第2卷（1914年）中包含了大量富有教益的内容。他的中世纪研究的成果收获了相当多的惊讶，不过却没有得到深刻的领会（也参看拉布莱关于［30，1］的注释：《著作集》，第5卷，第415页）。主要的兴趣集中于他的政治箴言。他的追求纯粹的启蒙观念的方法中的危险被爱尔维修极其敏锐地感受到了（《孟德斯鸠通信集》，第2卷，第16页及其后诸页和第565页及以下诸页："他的方式具有迷惑性。他用最大的天赋将真理和偏见结合了起来"）。关于爱尔维修的批评，参看瓦尔（Wahl），《作为作用和反作用理论的先行者的孟德斯鸠》("Montesquieu als Vorläufer von Aktion und Reaktion")，《历史期刊》，第109期，第144页及以下诸页。

第四章　伏尔泰和孟德斯鸠时期及其后的其他法国历史思想

在孟德斯鸠那里，法国精神为历史主义的起源做出了不可缺少的贡献。在随后出现的法国思想家和学者当中，卢梭是仅有的一位其著作后来在那些德国人思想生命中产生了也许不可替代的影响的思想家，而那些德国人注定在他们自己的国家将激励新历史意识的产生。

但我们不能在这个转折点上完全地对其后的法国思想家弃而不顾。这个世纪下半期的伟大的法国历史哲学，开始于杜尔哥1750年的《论人类精神的持续进步》(*Discours sur les progrès successifs de l'esprit humain*)，在孔多塞的《人类精神进步史表纲要》(［*Esquisse d'un tableau historique des progrès de l'espirt humain*］1794年）达到顶峰，它更多地属于实证主义的早期历史，而不是历史主义的早期历史。因为它普遍关注的不是个体而是类型的和普遍的有效性，它的一个信条，亦即朝向人类伟大的完美状态的进步，更多地被设想为一种依赖于普遍法则的进步。比起伏尔泰，他们更为敏锐地和反思性地观察了进步的此一阶段与下一阶段之间的联系，从而毫无疑问根本性地推动了发展的历史思想。① 但他们过于狭隘地把它编织进了一种程式化

---

① 更加详细的研究见布赖西格（Breysig），《发展中的历史研究的大师们》(［*Die Meister der entwickelnden Geschichtsforschung*］1936年），第84页及下页。

的进步思想框架中,这种思想框架在这个世纪的下半期更普遍地被接受。人们普遍地将此看作是这个时期关于开明专制的活跃发展所带给哲学家们的景象的后果。当政府自己在几个世纪非理性的统治之后,如今终于开始倾听理性的声音时,自然就开启了对于未来理性获得进一步胜利的毫不怀疑的希望。通过法国大革命,这种心情成为了一种心醉神迷,在这种状态中,理性看起来自己担负起了形成政府权力的任务。从而出现了这样一种情况,亦即孔多塞所开辟的普遍历史方面的解释道路,比起他的老师杜尔哥以前所追随的思想路线,更严重地偏离了我们正在追踪的历史思想的道路。因为在杜尔哥那里,尽管他有朝向"道德原因的机械系统"的倾向(《著作集》,第 2 卷,第 213 页),仍然还存在着一定程度的对于自马基雅维里以来一直延续着的关于国家利益的现实主义关注,以形态学的方式把错综复杂的政治利益看作自然的成长。他的《政治地理学纲要》(《著作集》,第 2 卷,第 166 页及以下诸页),堪称现代地缘政治学的先声,充满了意味深长的问题,例如领土大小与其内部行政和政府形式的关系,或者关于宗教按照它们与政治和它们的宣传或反宣传方面的主要关系而分裂为不同类型的假设。由此,杜尔哥有意识地推进了孟德斯鸠的方法,并对之加以深化,因为他察觉到了孟德斯鸠气候学说的片面性。正如狄尔泰所揭示的,他的侦探式的思想眼光在一定程度上让人想到了赫尔德。在他仍然信仰神圣天意在整个历史过程中起着作用的方面——他甚至更加让人禁不住想起了赫尔德,虽然他以一种比起赫尔德来显然更为机械化和规则化的形式对天意进行了解释,他更多地用一支由一位强有力的天才引导的巨大军队的行军形象来描绘它(《著作集》，第 2 卷，第 225 页）。

　　在反教会的孔多塞这里，神圣天意消失了，取而代之的是关于进步的纯粹自然法则——"几乎，"他依然用比较谨慎的语言表达，"像那些自然科学一样。"（第 244 页和 327 页）——引起了一种对于人类无限完美状态的欣喜若狂的信念。虽然历史创造中的具体事物的意义没有完全消失，但它变得黯然失色了。杜尔哥也展示出了这种情形，不过仅仅是以一种类型化的方式而不是一种个体化的方式；在后来的 19 世纪的实证主义中它再次出现，不过又是局限于类型化方式的。孔多塞衷心关注的是，揭示出人类理性就像重力一样是一种同样不出错地作用着的自然力量，早在原始时代就以一种初步的形式产生作用了，然后冲破人性中的重重阻碍缓慢地但又确定不移地始终前进着，从不曾后退，即使在它前进时也被迫与对手达成妥协，但始终朝向整个人类共同的未来。虽然孔多塞以强有力的精神完成了著作——当时他正被囚禁于监狱，等待着死亡——但它仅仅触及了我们论题的边缘，在原则上只是有助于揭示分开了形成中的实证主义和初生的历史主义的鸿沟。

　　事实上，孔多塞属于完全沉湎于自身的启蒙运动对历史世界观所做的贡献中最表面的部分。就我们将要关注的德国历史主义的兴起而言，不管是杜尔哥还是孔多塞都不具有任何直接的意义。杜尔哥对普遍历史的纲要性描画直到 1808 年才在他的著作集中出版。我们现在将以简略的方式追踪 18 世纪后半期法国精神生活中出现的著述，只要它们有助于理解德国的历史主义运动，或者通过类比，或者通过它们的影响。

　　甚至在杜尔哥和孔多塞的著述中，尽管他们偏向于机械法则，尽管他们相信能够用类似于自然科学家那样的研究方法来研究历史，但他们对于历史变迁实际的解释经常转变为一种富有活力的形式。正如卡西尔在《启蒙哲学》（1932年）中所揭示的，这种从机械的和抽象的方式向一种更加活力论的和自然主义的思想模式的不知不觉的转变，是18世纪下半期法国启蒙运动的总体特征。它以这样的一种方式出现于布丰的《自然史》（[*Historie naturelle*] 1749年起）中，以后也对赫尔德和歌德的进化思想产生了积极影响。但是在它之旁，在法国也还存在着一种极端的理性主义，而特定的物质主义也处在发展之中。这种法国启蒙精神的有限转变是它对西方精神的普遍转变的一种贡献，这种转变自从18世纪中期以来到处都能感觉得到。狄德罗是最灵活的法国思想家，能够翱翔于唯物主义和唯心主义之间，成为了一种关注激情的诗歌的先锋，这种诗歌的形式是非常生动活泼的，虽然也许不是非常深刻的。他应该被放在卢梭之旁，而卢梭的影响甚至更加强烈。但他们并没有在历史思想中带来一场更新的运动，因为即使是他们也还没有动摇关于不变的理性性质的自然法的基本假定。确实，人们如今按照英国感觉主义的方式解释理性，笼罩在新近崛起的自然主义的生命感受的影响之下，理性较少地被解释为真理的独一典范，而更多地被解释为一种力量，它应与目前受到更多关注的人性中的潜理性力量一较短长。但是，还存在着一种信念，亦即理性产生的要求和真理是永恒有效的。

卢梭也陷入了这种错误。接下来我们将会看到他对于那些将在德国唤起新历史意识的人的重要性，虽然他更多地是作为一个思想推动者而不是作为一个真正的思想领袖才产生重要影响的。

在这里，我们将以简略的形式提出这些事实。他通过包含于1750年和1754年的两论中的激烈的文化批判，动摇了启蒙运动的自我满足感，引起了一种更深沉的反思。而且，卢梭以他我行我素的和离经叛道的性格，为个人权利做出了不可估量的贡献。他做出了生动的榜样，为无数人带来了勇气，并运用这种勇气，以内在激荡着的力量，以一种更为个体化的方式感受周围的生命。再者，他强烈地和创造性地感受到了这种情形，亦即把个体的一切事物放在一个更高级的整体生命中。他把这种总体环境称之为自然，并以炽热的爱全心全意地拥抱它。这种关于个人和自然之间生动联系的观念，虽然在他身上从未变得清楚明了，却能够深沉地激励人们，以狂热的激情来寻找世界和人类心灵之间的崭新联系。但他自己从未成功地发现由此通向历史世界的道路。他宣扬的具有未堕落的自然品质和品德高尚的感性心灵的理想之人，只不过是启蒙运动的标准之人的一种倒转形式而已。仅仅由于他的影响，而不是或者只是在一种非常有限的程度上因为他的学说，人们才把他称为唤醒了个体意识的人物，而未来的历史主义将极为需要这种个体意识。在他1762年的《社会契约论》中，有充分的证据表明他的思想仍然束缚于正统的自然法精神，这部著作将自由设定为目标，却以公意（volonté générale）的专制统治而结束。

因此，18世纪下半期法国思想的主要道路尚未通向我们正在寻找的土地，但朝着那个方向有某些激荡着的尝试性思想，它们是通向赫尔德的成就的一个准备性步骤。

作为伏尔泰的同时代人，年轻的戈盖致力于一项新的任务，即描绘一段关于早期人类的一般文化史，从原始时代直到古希腊的全盛时期：《论法律、艺术和科学的起源及其在古代各民族中的发展》（[*De l'Origine des loix, des arts et des sciences et de leur progrès chez les anciens peuples*]1758年三卷本；汉堡的德译本，1760—1762年）。[①] 他无伤大雅地混合了启蒙运动的观念和教会的信仰，因此比起伏尔泰来，他对《圣经》传统是缺乏批判性的。但他更加深切地献身于人类对完美状态的追求，比起伏尔泰来更加勤奋地和敏锐地进行了具体研究。他提出了直到今日的早期人类历史研究依然有待解决的问题，例如农业技术、写作和计算的技巧、人们在他们的头上戴什么、戴戒指的方式和如何建造方尖石碑等等。当然他也追问摩西焚毁金牛的技术上的可行性。他的信念是，文明是从几乎动物般的原始状态一步步发展起来的，人类为必然性所推动，以严格的连续性向上攀升，直到在最近的百年达到万民颂扬的顶峰。戈盖没有提出任何普遍的法则，但通常出于明智的考虑实用主义地解释进步。他以一种相当概略的方式考察个体、事物的"精神"、特定民族的意见和思想形式，不过他再次倾向于从外部原因将它们推演出来。但是资产阶级启蒙运动对于人类的一切事物无穷无尽的好奇心，在他身上结出了果实，驱使他提出了与原始的美洲印第安人的比较，将古日耳曼人和古希腊文明进行了比较，虽说只是以一种相当模糊的方式进行的。因此他在一定

[①] 施皮斯（Spieß）研究他的专题文章见于《出自教会和文化领域的研究：施努雷纪念文集》（[*Studien aus dem Gebiete von Kirche und Kultur. Festschrift Gustav Schnürer*]1930年），对他有些过誉。也可参看翁格尔，《哈曼》，第653页及以下诸页；和尤斯蒂（Justi），《温克尔曼》，第2版，第3卷，第71页。

程度上让人想起了拉菲陶，不过在他的著作中已经散发出一种更为现代的气息。赫尔德有时会提到戈盖，他很可能不仅受到了一些细节的影响，而且更深地受到了有关所有思想通过传统相互联系在一起的观念的影响，受到了传统成就不会长久失去的信念的影响。

布朗热采取了一种不同的方式研究了有关早期人类历史的问题，把启蒙运动的态度与维柯的观点综合了起来。1758 年，他由于疾病放弃了作为道路和桥梁建造师的职业，作为业余爱好者和自学者投入到了对远古时代的研究中，一门接一门地学会了对于研究有用的古老的语言，被他的友人们①比喻为桑蚕，在自己身体周围不断地吐丝，用丝线笼罩了一切事物。他可能熟悉维柯的作品②，为维柯的观点所召唤而将注意力转向了研究远古时代巨大的自然灾害对早期人类的形成产生的影响。在他于 1761 年出版第一部著作《东方专制主义的起源研究》（[Recherches sur l'origine du despotisme oriental] 匿名）时，完全以维柯的方式表达了方法论原则，认为不应该按照后来历史学家不真实的故事来判断古代，而应该按照其风俗习惯加以研究。但是，他那令人想到了卢梭的对于初民原始淳朴的善良和理性的信念立即肤浅化了所有他从这些历史学家那里得到的东西，使他把可憎的东方专制政体看作神权政体的一种翻版，而神权政体是人类在发生了那些早期的自然大灾害之后建立起来的，为的是保存信仰和制度的尊贵形式。

---

① 《欧洲文学报》(Gazette littéraire de l'Europe)，第 7 期，第 207 页及以下诸页（1765 年）。

② 参看克罗齐，《维柯的哲学》，第 243 页；《维柯传》，第 50 页。

但是，大洪水使布朗热的想象力不得安宁。他在第二部身后出版的著作中进一步从一种相当新颖的角度阐述了大洪水对于人类的过往生活的意义:《习俗揭示的古代》([*L'Antiquité dévoilée par ses usages*] 1766年)(三卷本，德译1766年)。作为一名道路工程师，他观察了地球表面的变迁，并把它们归因于大洪水。更有甚者，他在困惑迷惘的人类思想能力的断裂中看到了这种巨大灾难产生的长期性影响，在害怕和恐怖的遗迹中也看到了这种影响。这些害怕和恐怖的感受在各民族的宗教、风俗习惯和政治制度的细节中留下了痕迹。这种影响达到了这样一种程度，以至于他把僧侣的苦行实践也看作是恐惧所导致的一种余波，虽然这种苦行的真正原因长期以来遭到了遗忘。他收集了数量之多令人惊奇的材料，这些材料所涉及的宗教仪式以这种或那种方式与水有关，以证明其论题。他试图通过解释其真正的原因，将人类从压迫他们的数世纪之长的焦虑中解放出来，而这些真正的原因存在于遥远的过去。所有这些一开始就像一大堆业余爱好者把玩的玩意儿。然而它还是值得深思的，赫尔德在1766年致信哈曼时就说道：这部著作"对我意味深长"。因为这本书中令他感兴趣的是阐明人类历史中更深的历史地层的努力，尤其是阐明原始时代历史的努力，一般来说，原始时代历史为通常的学术研究所忽视。原始时代是一个充满了模糊感情的世界，但它仍然给予了许多宗教和社会结构以生命的脉动，而这些宗教和社会结构的起源长久以来已遭到了遗忘。真实的历史，正如布朗热所说的，隐藏于时间的帷幕之后。布朗热孜孜以求的是在同时不仅揭示特殊事物最原始的起源和它们以改变了的形式进行的延续；不仅要展示意见的历史，而且要揭示意见从中产生的精神态度；不仅要研究自然法中的抽象的人，而且要研究早期历史中真正的原始人类。所有这些使得赫尔德①激动不已，激励他用自己的眼睛来探索时间帷幕之后的东西，他当时还不熟悉更伟大的维柯。

除却通过巴黎的沙龙流淌出来的法国启蒙运动的主要思潮之外，在法国还有其他令我们感兴趣的思潮，也许可以追溯到三种主要的源头：一种对于古代的古物研究的兴趣；一种着意培养的获得中世纪回忆滋养的世代传承的贵族的精神；一种大约在18世纪中期新兴的、在几乎整个欧洲出现的对于各民族最初历史的兴趣，不仅是一般意义上的人类，就像伏尔泰和戈盖所分析的，或者像卢梭所理想化的，或者像被布朗热重又隐藏在黑暗和恐怖中的人类，而且是欧洲历史上远古和近古的人类，尤其是北欧民族，它们比起印第安人和南太平洋诸岛民族，对于当代世界也许要有意义得多。

在路易十四严格的古典主义时期的中间阶段，已经在这个国家持续地建造着哥特式建筑（朗松［Lanson］，《十八世纪法国的中世纪风情》［*Le Goût du moyen âge en France au 18. siècle*］，1926年，第8页），具有儒雅修养的艺术品收藏家马罗勒神甫（Abbé Marolles），已经能够对于哥特式建筑的美产生一种无偏见的趣味（威斯巴赫［Weisbach］在《德国评论》中对他的评价，1929年11月）。同样，在同一时期兴起的对于古时游吟诗人*的诗歌的兴趣延续了整

---

① 参看他年轻时的论文手稿《论自布朗热以来的科学史》（"Zur Geschichte der Wissenschaften aus Boulanger"）(《全集》，第32卷，第153页)。在这儿已然开始的对布朗热的奇思幻想的批评，在他后来关于布朗热的论述中变得更加尖锐了。

* 12—14世纪法国普罗旺斯的游吟诗人，他们用中世纪法国南部方言创作宫廷爱情歌曲。——译者

个18世纪，这种兴趣虽然不是很强烈，却也是明显的，在大革命前夜，法国贵族在日益增长的不安中被越来越远地抛向他们的过去，这种对游吟诗歌的兴趣甚至变得更加生气勃勃了（巴尔当斯佩热［Baldensperger］，《关于行吟体裁的文学史研究》第一卷［*Le genre troubadour. Études d'hist. littéraire* I］，1907年）。正如我们业已看到过的，在这个世纪早期，布兰维利耶就是这种关切贵族价值的传统主义者的见证人，孟德斯鸠以自己的方式也推进了这种兴趣。甚至在他的《论法的精神》出版之前，圣帕莱（Sainte Palaye）就已经在兴致盎然地收集游吟诗歌了。他开始以一种堂皇华丽的方式恢复了中世纪骑士精神的荣誉，1746年11月他在法兰西铭文与纯文学皇家学院创作了五卷本著作《古代骑士制度论编》（*Mémoires sur l'ancienne chevalerie*）的第一卷（后来收录于该学院1753年版20卷的《文学论编》［*Mémoires de littérature*］中）。这是一部卓越的、博学的和材料丰富的作品。他戴着具有骑士精神的洛可可时代贵族的眼镜来看待骑士制度。他以狂热的激情神化了所有骑士时代的成就、制度和美德，末了让他深感遗憾的是，这些无知和野蛮时代的古代骑士无法拥有"精神和理性的文化"，他们借此也许能成为理想的人类，甚至要高于那些柏拉图设想过的理想人。"他们热爱荣誉，却不知道何谓真正的荣誉。"可以说，他也无法与启蒙运动的永恒的理性标准一刀两断。但我们将会看到，他是如何影响英国思想的，并通过这种影响对德国思想也施加了一种间接的作用，包括赫尔德在内。

如今，自从18世纪中期以来，在迄今一直非常流行的异国材料之旁，法国也复活了对于中世纪骑士制度的热爱，这种热爱表现于文学和艺术趣味。这种时尚能否被称为前浪漫派，决定于在其中对这种新奇情调的真实感受的程度,虽说必得坦白承认的是,事实上相当缺乏这种感受。但是有一群更为年轻的诗人,他们自从1760年以来就一直在反抗启蒙哲学,彼此分享了一种严格的天主教信仰或者传统主义–神权主义的政治见解,分享了一种生机勃勃的主观性,对于后来的天主教法国浪漫主义来说,他们可以被贴切地当作一种真正的前奏曲(参看魏斯[Kurt Wais],《法国狂飙突进运动的反哲学的世界观》[*Das antiphilosophische Weltbild des französischen Sturm und Drang*],1934年)。①

由于他们在国内住得彼此分散,这些年轻诗人并不能够对法国知识生活产生重要的影响。在这场运动的边缘产生了一种成就,不是关于法国的,而是关于北欧国家的,它表现得像是发现了一个未知的世界。这就是年轻的日内瓦人马莱(Mallet)所写的一部著作,《丹麦史导论》([*Introduction à l'histoire de Dannemarc*]1755年),其中包括了《埃达》和北欧古代英雄史诗中的神奇的巨人世界。他去过哥本哈根,在那里,他收集了17世纪和18世纪早期的古董商人的藏品。②在这里,我们不拟关注他从它们及其源头(斯诺罗·斯图尔路生

---

① 人们感到惊奇的是,魏斯大胆地把术语"狂飙突进"移用到了他所发现的法国运动之上,却拒绝18世纪思想运动中的"前浪漫派"这一术语,而正是18世纪的前浪漫派为19世纪早期真正的浪漫主义铺就了道路。如果我们想要理解不同的个体结构之间的联系的话,我们不能拒绝这样的概念,不管它们是多么的松散。前浪漫派并不等同于浪漫主义,正如前拉斐尔派与拉斐尔之间的关系,不过从历史的观点来看,它们却是紧密地联系在一起的。

② 关于马莱的著作与存在于丹麦和德意志的古代北欧文艺的复兴之间的关系,可参看马贡(Magon)的《德国与斯堪的纳维亚之间的思想与文学联系的一个世纪,1750—1850年》(*Ein Jahrhundert geistiger und literarischer Beziehungen zwischen Deutschland und Skandinavien 1750—1850*),第1卷,1926年。

[Snorro Sturleson]和其他人）处关于北欧的古代历史的实际事实中获得了什么，不拟关注来自亚洲的奥丁国王和他的亚洲人的起源。但他也以一种全新的目光来看待这个世界，在神话般的材料后面发现了一段活生生的历史。这种新的考察不仅是通过他极为尊敬的孟德斯鸠的引导才获得的，而且也是由于他自己独特的已然可称为同情式研究的研究态度。然而作为启蒙主义者，他并没有抛弃自然法关于人性平等的基本信念，他支持自己时代的开明理性，而反对粗陋的原始时代的令人极其恐怖的迷误。尽管如此，他采纳了孟德斯鸠大胆的因果式研究策略，从最简单的初始原则中推演出繁多的多样性。甚至他对北欧历史的兴趣也与孟德斯鸠著名的箴言联系在一起，这句箴言说英国的自由起源于日耳曼森林，得追溯到他的关于北方气候产生粗犷美德的另一个判断上去（《论法的精神》，14，2）。其他人也已经近似地获得了的马莱的这种特殊观点，如今第一次走进了一个混合的世界，其中混合了自然法原理、孟德斯鸠的学说、亲近于古代人心灵的偏见，即认为原始时代最初的纯洁的一神教到处都没有保持其纯洁性，却在北方留下了数量最多的痕迹，这是由于北方气候有助于保持这些激情。但他的独立成就是发现了一种特殊的北欧的古代文化，这种发现就是用今天的知识来衡量也还是富有价值的。马莱虽然在一定的距离上追随着启蒙运动的生命观，但是尽管如此，他追溯着古代北欧生活的细节，并借此描绘出一幅关于古代北欧生活及其时代精神的完整的和多姿多彩的画卷，在这其中有一种日益增长着的光明，就我们所知，任何与他同时代的作家都没有以如此独特的细节描绘这样的画卷——马莱在历史艺术方面是一位先锋，这种艺术在一个世纪之后在布克哈特那里才达到高

潮。因为他这样描绘北欧民族：血气方刚，具有强悍的肌肉，在完全激发起来时是激情勃发的，但是在其他方面他们则倾向于冷静和迟钝；桀骜不驯地反抗任何专断的权威，心胸开阔，甚至因自信满满而宽宏大量；厌恶一切需要耐心甚于行动力的事情。只有战争才给予他们需要的生命激动，由此在他们的宗教、法律、偏见和激情上面打下了烙印（第250页及以下诸页）。在马莱看来，自从塔西佗时代以来，在对女性的态度上，北欧民族和南欧民族之间就有着深刻的区别；大致上，北方民族在他们迁移和定居于西欧时，大大地促成了在与女性关系上的节制温雅和骑士精神，简言之，促成了勇武尚侠的气质和对妇女殷勤备至的礼仪（第197页及以下诸页）。在马莱看来，征服者和被征服者的融合产生了依然风行于欧洲的习俗和精神（第6页）。

这个观点也扎根于对历史写作的任务的方法论反思之上，关于历史写作的任务，孟德斯鸠和伏尔泰两人都曾给予过推动。而且，它显示出，当对于民族的"精神和习俗"时尚的好奇心不是运用于任何文明的优越感，而是带着真正的历史同情感时，这种好奇心能产生多么大的成果。这就是他所设定的计划（"前言"）：描述各民族的、君王的、征服者的和立法者的行动，却不了解激励着他们的思想、性格和精神，就只能展示出一具历史的骨架，只能看到喑哑沉寂的四处游荡的阴影在黑暗中晃动，而不是活生生的言谈着的人类。只有把此与彼统一起来，把政治和军事史与习俗和意见史综合起来，才有可能实现"确实有用和完整的历史的躯体"（第35页）。实际上，正如我们在伏尔泰那里所看到的和将在随后看到的，所有伟大的启蒙运动历史学家都在努力实现这种综合，虽然他们只是成功地把两种成分并排放在一起，而不是把它们结合成为一个整体。在马莱的表达中业已流露出这样的预感，亦即为了把政治和军事史同样带到生命中去，有必要实现这样的结合。他自己尚未能够实现这样的结合，因为他继续完全毫无批判地和实用主义地对待历史流传物的实际内容。但是他成功地获得了一种真实的和影响深远的方法论洞见，帮助他探索在他眼前敞开的全新的世界："最轻信的作者，不管他由于喜好奇迹而对他的世纪的历史造成了多大的扭曲，但仍然不知不觉地提供了一幅历史画卷。"因此他声称，使用甚至古代最奇思异想的诗歌作为历史材料也是可能的和必要的，因为他们"无意之中"反映了他们时代的思想和习俗（第 35 页及下页）。因此可以说，维柯业已获得的一个洞见再次复活了。

在这个到处漂泊直到北方的年轻日内瓦人的心灵中，必定有一些特殊的激情在燃烧着。当这个新世界突然在他眼前打开，为了使这个新世界成为可能，尽管自然法观念在启蒙运动中占据着支配地位，这些激情却在历史思想中，至少在历史思想的这个特殊领域中产生了一场突破。就我们所知，这本在哥本哈根面世的著作在当时的法国没带来什么影响；但它却在英国和德意志产生了影响，唤起了一种流行的"北方狂热"（Septentriomanie），激起诗人们对于北方主题的激情。因此年轻的赫尔德在 1765 年表达了这样的愿望，当时他号召人们注意马莱著作的德语译本（《全集》，第 3 卷，第 73 页及下页），这本书也许将成为"德国天才的武库"。后来，在他接触了更多的马莱所使用的原始的北欧材料时，他对于马莱的夸张涂抹颇有微词（1778 年；第 8 卷，第 390 页）。但是无可置疑的是，赫尔德受到了这本书强烈的精神鼓动。歌德也熟悉这部著作（《诗与真》，

第 3 部，第 12 页）。马莱所形成的文字形式看起来或许是肤浅的和藻饰的，然而它却有助于松动启蒙运动的思想框架，为一种有关个体的历史意识铺平道路。

然而在法国，启蒙运动以几乎逻辑上的必然性向着它在 1789 年大革命的最伟大的和命中注定的胜利前进。这里是充满了最炽热争论的国土；这里的社交界处于精神和社会兴奋难耐的状态，远离政治权力，却满怀热望地想要征服它——历史的戏剧以最朝气蓬勃的状态上演着。但是，永不变易的自然法的同样抽象的原理，如今是人们与世界历史进行斗争的有效工具，把历史思想僵化了起来。

如今古典精神在其中起着作用的这种双重倾向，在标题为《论历史写作方式》（*De la Manière d'écrire l'historie*）的关于历史著作的小册子中找到了表达，这部著作出版于 1783 年，作者是平等主义的民主的先驱，多产作家马布利。① 他在这本书中宣称，对于历史写作来说最重要的要求就是自然法（droit naturel）知识，因为没有自然法知识，就没有判断历史事件对与错的标准。历史学家必须描述邪恶与美德之间的斗争，虽然邪恶屡次获得暂时的胜利，但美德总是随后发动着反击战。马布利倾向于更高度地评价表达判断的能力而不是博学。他极其狂妄地反对启蒙运动的伟大历史著述，从伏尔泰一

---

① 一部斯特拉斯堡人萨尔茨曼（Salzmann）翻译的由施勒策作序的德译本面世于 1784 年。马布利的一部更早的作品《论历史研究，献给尊主帕尔马大公》（[*De l'Étude de l'histoire, à Monseigneur le Prince de Parme*] 1778 年新版），以启蒙运动时期常见的乏味方式把历史当作君主的范例的集成，也当作对在他们各自的国家里要实行"平等"政策的警告。关于法国大革命之前和期间的理性主义历史学家或唯物主义历史学家的进一步资料，可参看巴赫《十八世纪法国历史写作的发展》，弗赖堡，论文，1932 年。

直到吉本。这是浅薄的夸夸其谈。马布利丝毫没有表现出与在精神中激动着的微弱的前浪漫派之间任何联系的蛛丝马迹，而这种前浪漫派精神正是我们一直在探索着的。他甚至没有提及前浪漫派以便批判它们，这个事实揭示出它们对思想世界的影响是多么微弱。这项任务被保留给了德意志人，德意志的心灵将会接受它们并深化它们，并给予历史思想以决定性的方向。

第五章　英国的启蒙历史学

英国是启蒙运动的发源地，启蒙运动在本质上不仅要通过纯粹理性来证明新的人类观念，而且也通过理性之眼看到的历史来证实它们。结果，以这种方式创造出来的新的历史见解，成为了后来一步步发展起来的历史主义的前奏。伏尔泰和孟德斯鸠两人都受到了英国思想强烈的影响。我们在他们的历史思想中强调了这一点，在这里，他们走到了对启蒙运动来说能够获得的知识手段的终点，而新的解决方案正在悄悄地准备着。沙夫茨伯里的柏拉图学说曾在较早时期为这些新的解决方案做出了贡献，然而在很长一段时间里它在实际上却毫无用武之地。但是如今，在18世纪中期和下半期，英国的历史著述通过休谟、吉本和罗宾逊的劳作获得了高度繁荣。① 但他们的灵感不是来自于沙夫茨伯里，沙夫茨伯里强调的是所有活生生结构中活跃着的由内而外构造着的形式原则，而是来自于洛克，这位启蒙运动中感觉主义和经验主义的创立者。正如我们

---

① 我们在这里同样将把伟大的英国集体性作品《从远古到当前的普遍史》（[*Universal History from the Earliest Account of the Time to the Present*] 1736年及以后）与后来的德语修订本搁置一边。它囊括了所有非基督教民族，确实融贯了一种基本的启蒙观念，不过却几乎完全停留在就事论事的水平上。参看博克瑙–波拉克（Borkenau-Pollak），《一部世界的普遍史……》（"A Universal History of the World, etc."），莱比锡，论文，1924年（打印本）。

在讨论沙夫茨伯里时所指出的，甚至从这种立场也有可能赢得历史知识的新疆域。它证明了，通过批判性探索人类内在的知识和精神生命，就像它实际所是的，并在历史中将其揭示出来，是可以在解释历史事物时超越自然法框架的。现在，当我们看到这些英国人是如何以非同寻常的精力发现获得历史知识的新方法并把它用于正途时，对我们来说，这种批判性的探索方法是否在每一方面都足够的问题就变得一目了然了。我们将非常仔细地分析休谟（1711—1776年）的著作，因为他的著作最深刻地依赖于知识奠基和最丰富的动机。但我们也必须掌握吉本和罗宾逊的历史理解的本质特征，以便于理解英国的启蒙历史学的优点和弱点，理解它的时代局限性和超前性。

休谟

休谟的哲学创作要先于历史写作。他的哲学作品堪称一位年轻天才的杰作，因为他在后来的岁月中不再继续这方面的创作了。1739—1740年，他的伟大作品《人性论》（*A Treatise of Human Nature*）问世，却几乎没有获得同时代人的注意；接着在1748年出版了权威性的著作，他后来冠以书名《人类理解论》（*An Enquiry Concerning Human Understanding*），这部著作受到了欢迎。他面世于1741年和1752年之间的不同的随笔选集，在历史世界中开拓了不同的道路；后来他在爱丁堡成为了图书馆长，直至1762年，为此奉献了主要的精力。

即使作为一位纯粹扎根于启蒙运动的哲学家，休谟也已开始超出了启蒙运动。然而他始终是启蒙思想家，我们在无论什么地方听到他对人类的历史材料所发表的判断，都仍然能够聆听出古老的、稳定的、无所谓进步的自然法理性的声音，它"扎根于事物的本性中，是永恒的和不可改变的"（《道德原则研究》[Enquiry Concerning the Principle of Morals]）。但是他的伟大成就是，通过否认理性的创造性特征而为它的活动领域设置了重要限制，仅仅为理性分派了将真理从谬误中区分出来并且进一步审查和净化从深层次的感觉和趣味深层的创造性源泉中升起的冲动的任务。在这里有一种与沙夫茨伯里之间的清晰联系；如果他的"理性"没有为自然法的思维方式所束缚，那么既然他也是一位历史思想家，他就有可能成为采取决定性步骤、承认心灵创造性的力量也是个体力量的人物。他没有实行突破以经验整个的精神世界，未能充分意识到精神的总体性和个体性。他的理智主义只能允许他更敏锐地和更详尽地发现灵魂中非理性力量的肯定性意义，从而揭示出理性能力的界线。他揭示了理性不可缺少的基础是观察和经验，没有它们就不可能对生命下判断。随着经验的成长，对他来说，人类理性的实际内容也在变化着和净化着。但这个过程，更精确地说是净化而不是发展，只能接近于一种彻底净化的理性的理想，这是由于人性中根深蒂固的和无法治愈的弱点，对于这一人性弱点，他向来是不厌其烦地加以强调的。因此可以说，在这位深刻的和极端诚实的思想家身上出现了一种相当古怪的混合现象，这就是对理性的信任和怀疑。怀疑限制了对理性的信任，而对理性的信任也限制了怀疑。他依赖于理性，却又对任何一项理性的判断深表怀疑，因为经验教导他，人类无法根除的弱点可能会模糊判断。他天生的气质使他毫无顾忌地揭露这些弱点，然而同时却坚定地和愉快地相信人类的善。

在来源于经验的理性帮助下，他进行了三项尖锐的批判，这些批判不仅动摇了迄今为止支撑着理性主义的支柱，而且也影响了历史思想，有时限制了它，有时推进了它：对于实体概念的批判、对因果法则的批判和对自然神学的批判。我们将会比较详细地研究最后一种批判。休谟摧毁实体概念的努力异常清晰地揭示了，他尚未拥有一种关于总体的精神生活的经验。因为就像一些人评论的，他甚至把人格的心灵实体分解为一束纯粹的感知和想象，从而创立了一种没有灵魂的心理学。由此，他自己描绘为创造性的非理性心理力量摇身一变，成为了纯粹的情结。尽管如此，它们却依然是创造性的和富有意义的，这对他而言是人类的理解力无法穿透的智慧自然的一种神秘现象（参看《人类理解论》，第5章，第2节）。

正如我们马上将会看到的，这种对于人格实体的分解对历史思想也产生了一定影响，表现为一种强大无比的溶解剂。不过他的因果法则批判倒是对所有后来的历史思想具有一种确定无疑的益处，康德后来更加深刻地继承了这项批判。休谟否认因果法则具有必然性，认为它是从观察到反复出现的具有同样序列的事件总是相互联系在一起的习惯中推演出来的。做出了这项批判的人，他自己的观念就容易从一种愚不可及的观念中解放出来，这个愚不可及的观念认为所有人类的生活和行动为盲目的机械必然性控制着，从而能够在历史生命中展望其他内在的联系。这种情形后来在赫尔德那儿表现了出来。休谟自己从一种清醒节制的和怀疑的经验出发，尚未感受到这种需要。实际上，他恢复了他曾经在理论上加以摧毁的东西，认为我们仍然相信无法证明的因果法则，因为这种信念是智慧的自然作为本能深植于我们心中的，能够赋予我们的行动以确定性。因为作为一个真正的英国人，休谟始终是经验主义和功利主义的，他随时准备缓和他的观点甚至理念带来的任何后果，倘若它们看起来有危险的话，随时准备使这些后果适应于他所理解的生活必要性。总之，他的努力是仔细地、谨慎地和不参与地观察事实。同时冷静地评估它们对于他的伦理和政治观念的有用性或有害性。因此，他比起那些启蒙运动平庸的理性主义者来，能够更加自由地和更少偏见地对待历史世界。然而属于启蒙运动的对于生命的真正感受在他身上几乎是牢不可破的，这种感受认为人类的生命已经达到了一个顶峰，理性对于在这种顶峰状态中用来维持生命的一切事物在实际上是有用的。甚至想象和非理性的事物对这个目标也可能是有用的。休谟在对人类和历史中的非理性和潜理性领域的既带有认知性的又带有功利主义的兴趣的研究中，与孟德斯鸠的思想产生了直接接触，他对孟德斯鸠的《论法的精神》持有非常高度的评价，也与孟德斯鸠保持着通信联系。他和孟德斯鸠可以被认为运用了启蒙运动时期所能得到的方法，在获得一种对历史世界真正的理解性掌握方面取得了尽可能大的进步。但必须加以补充的是，他们只能达到这种地步了，因为在他们用来判断历史利益的功利主义后面，存在着一种享受丰富多彩的人类事物的自然倾向，用休谟自己的话来说就是享受人类的多样性（variety of mankind）。因为具有这种自然倾向，他们就具有了成为魅力超凡的真正的历史学家的基本条件。在他关于历史研究的随笔中，休谟说道，确实再也没有比在真实的色彩中毫无伪装地出现的人类更辉煌壮观的景象了。他甚至认为这种历史研究带来的三种利益中最重要的利益，是历史研究愉悦了想象力。在讨论其他两种历史研究的利益时，他也包括了理智的和道德的利益，认为它改善了理解力，强化了美德。在老生常谈的思想之旁，例如博林布鲁克在《历史研究及应用书简》(1735年)中大肆挥霍的思想之旁，休谟加上了一条关于更深刻的历史理解的注释。他也许是第一个意识到现代教育就最好的方面来说正是历史教育的思想家之一。确实，他只能够以相当学究气的方式表达这个观点，他说我们的赞誉备至的博学中相当大的部分不折不扣地就是对历史事实的熟悉。他继续说道，如果我们没有占有关于所有过去时代和民族的经验，那么我们在理解上就仍然只是一个小孩子。他声称，一个精通历史的人，会因此在一些方面感觉到似乎从开天辟地以来他就生活着一样。最后，他希望比起诗歌或哲学，历史应该拥有更加强有力的道德影响。

众所周知，在休谟一生的作品中，历史写作对他具有多么重要的意义，他认为历史写作几乎与他的哲学一样重要。当然他的哲学比起历史写作来，对思想的进一步发展具有更加强烈的影响。人们也许会举出康德的例子，说休谟将人类从独断论的迷梦中惊醒，迫使他们努力寻求解决古老的哲学问题的新方案。在另一方面，他的历史写作尽管拥有由他的特殊方法所带来的卓越品质，却依然束缚于自然法。他依然受控于陈旧的基础性偏见，这种偏见最近为洛克复活，认为人性在所有时代都是一样的。"你愿意，"他在《人类理解论》(第8章，第1节)中说道：

  了解希腊人和罗马人的感受、倾向和人生吗？愿意认真地研究法国人和英国人的情感和行为吗？……人类在所有时代和所有地方都是相当一致的，以至于历史在这一点上并没有告诉我们什么崭新的或陌生的东西。

因此，人们从历史中所能学到的东西，就这里的情形的性质来说，不是个体性的，而仅仅是类型的和普遍的东西。确实，历史中总包含着大量类型的和普遍的东西，但是这无法满足深刻理解的需要。尽管如此，他自己对于人类多样性的不受歪曲的也就是说质朴天真的感受，仍然能够描绘出关于过去的个性化人物和特色的极为栩栩如生的画卷，正如所有伟大的真正的历史学家已经做的那样。他甚至一度在理论上做出过小小的努力，拐进了沙夫茨伯里的道路，在他的文章《怀疑论者》(The Sceptic)中谈到了心灵的特殊织体或结构，这些特殊的结构无疑引起了对美和价值的不同欣赏。他谈到了许多人都具有的神秘的和难以解释的精神品质，亦即他们中的一种所谓"我不知其为何物"(I-know-not-what)的现象(《道德原则研究》，第8章)。但他没有继续追究这个将会通向个体问题的观念。他自己的意识倾向更多地关注按照普遍法则而非个体法则来理解处于强烈运动中的纷繁多样的人类文化景观。他曾经说过(《一次对话》[A Dialogue])，莱茵河向北奔流，罗纳河向南流淌，然而两条河流都发源于同样的山脉，不同的流向都接受同一重力法则的支配。它们蜿蜒流淌经过的地面的不同起伏，也是在它们流淌中出现的所有变化的原因。他声称，以同样的方式，不同民族的道德价值判断和倾向也各不相同，但是最初的原则，关于什么是值得追求的原初观念是不会变化的。诚然，休谟也小心翼翼地承认，并不是一切事物都能被追溯到普遍的法则。但在例外的情形中，他仅仅看到了偶然性在起着作用；对于他而言，偶然性只不过是尚未测定的原因的代名词而已。因此于他而言，任务就是找到一条"人性的主导性线索，以便能够解答所有的困惑"。"假如人类的活动没有一致性，"在我们业已引用过的他的最为知名的著作中，他继续说道：

> 假如我们所能建立的每一个这类实验，结果都是不规则的和反常的，那么就不再可能收集到任何关于人类的普遍印象，将没有经验，无论反思多么敏锐地领悟了它，能够有助于任何目的。

因此，认识历史所需要的是一种关于人性的类型化心理学。正如他在《论民族性格》(*Of National Characters*) 中所说的，用他自己的话来说，丰富的自然能够以极多的不同方式消化同样的成分。然而它们保持原样，考察它们的器官也保持着自我同一的理性。因为不管休谟如何分解包含于印象和经验中的成分，尽管存在着屡屡模糊它的人性弱点，但在他的眼中，理性没有失去它始终具有的稳定和永恒的特征。然而这并没有防止他犯启蒙历史学所犯的典型错误，亦即过于草率的概括化与建立因果联系的倾向。但是他分解人类的精神实体为一连串观念的做法，导致了把生命和世界历史转变成数量无以计算的受普遍法则支配的心理情结。人们正确地把休谟称之为现代实证主义之父。正如狄尔泰曾经评论过的（《文集》，第2卷，第358页），他引进了实证主义思潮，这种实证主义与法国思想家杜尔哥和孔多塞恰好相反，不是从外部世界，而是从内部经验推演规则。然而这种内部经验却无法贯穿心理世界的幽深处。在运用休谟的知识工具时，经验材料无法结出它后来证明在运用其他手段时所能结出的果实。这样的经验材料被安置于不变的理性范畴中，束缚于机械因果法则的限制，从而只能揭示一部分内容，仅仅是事件的突出部分。它只能揭示部分，而不是整体——只要整体没有强迫着获得他原初性的注意。

如果我们在使休谟的历史解释变得普遍可理解的努力中，满足于迄今为止关于他的思想倾向和思想模式业已展示出来的东西的话，那么我们自己也将仅仅涉及部分内容，而非全部内容。所有的知识理论都是人格和经验的产物，一种特殊人格在一个特殊时期所经历的特殊经验的产物，这个特殊时期充满了在那个特殊文化环境中所能获得的往昔历史的生命。关于最一般的情形我们业已获悉的是：存在着自然法和理性法传统，虽然由于休谟的怀疑经验主义已大大松动，然而却没有被根本地抛弃；他心中存在着一种客观经验和批判理性之间的联盟，他以此通过一种完全涉及普遍法则的心理学来分析人类。但一旦我们遭遇休谟作为一个18世纪英国公民的真实的经验，这幅抽象的景观就一下子生动鲜活了起来。他的随笔和《英国史》彻头彻尾地浸透了洋溢着伟大具体性的经验，渗透了个体独特的感受。

伟大的财富——人们可以简要地概括如下——我们今天在英国所享受的伟大财富，是任何时代任何民族都从未享受过的。他在《论新教徒继位》(*Of the Protestant Succession*)中这样说道，在整个世界历史上从未有过这样一个时代，千百万的人民拥有一种适合于人类尊严的生活。我们有着一种相当独特的和极为幸运的政府形式，公开的自由，同时在权威和自由之间有着一种健康的平衡，从而阻止后者滑向放纵的泥潭；有着思想的自由和一种单纯质朴的精神面貌；有着个人的安全、贸易和工业带来的繁荣和财富，从知识文化中流溢出来的精致的艺术和发达的科学。所有这些——"工业、知识和人道主义"——都相互联系在一起；彼此促进，得到来自中产阶层的社会支持，这些中产阶层"是公众自由的最好和最可靠的基础"（《论艺术中的文雅》[*Of Refinement in the Arts*]，此外还有另一些文章和历史著作）。虽然休谟分享了这种自豪的幸福感受，但他是一位非常深刻和严肃的思想家，不可能完全亦步亦趋于这种幸福感受之后。他看到了乐观景象中的阴影——虽然不是我们今天在想到沃波尔的腐败系统（das Walpolesche Korruptionssystem）时所注意到的同样现象，却是更为严重的现象，亦即初露端倪的经济–社会革命。那个时代的英国人尚未对这种现象感到忧心忡忡，而休谟作为日益兴盛的中产阶层的代表，倾向于将他的注意力更多地放在上层阶级而非底层阶级。当然，他也关注日益增长的国债所带来的显然有害的影响，也注意到了始终没有销声匿迹的对于斯图亚特王朝的同情。虽然不是受到彻底的支配，但他还是为传统的历史循环理论所引导，认为普遍的崛起、繁荣和衰落的过程还在起着作用，认为在英国也必定总有一天，当土壤肥力耗尽时，衰落会到来。但这并不是他最深切关注的事情。他作为思想家的创造性和作为历史学家的伟大才能，倒不如说是通过这些情形体现了出来，亦即通过他的心灵对于过去的倾向，由于对真理的渴求而无条件地和坚定不移地施加在他身上的问题，这个问题所关心的是这种稀有的和幸运的社会状态在英国是如何出现的。人们注意到，他的所有历史著述，不仅包括《英国史》，而且包括《宗教的自然史》,甚至包括伟大的人口史论文《论古代国家的人口稠密》(*Of the Populousness of Ancient Nations*),大致可以认为暗中都受到了这个根本性问题的牵引。

他的研究结果是非同寻常的,对此他从不厌倦于遭遇这样的事实,亦即目前英国**自由**的源头隐藏于一些令他的天性极为反感的情形中——隐藏在清教徒的宗教狂热中。休谟在他的《英国史》(1762年版本,第4卷,第125页)中说道,伊丽莎白时代的王权是如此绝对,以至于只有由清教徒来点燃自由的珍贵火焰并使其保持燃烧。这个教派的原则似乎琐碎轻佻,习俗显得极为荒唐离奇,然而英国人整个的宪法自由都得归功于他们。即使在詹姆斯一世时代,当事情变得糟糕透顶时,如果不是他们为宗教目的所激励,如果不是宗教以战胜任何人间压迫的勇气来鼓舞他们,那么爱国者们也许对继续他们反抗王权的斗争已经绝望了(第5卷,第74页)。他接着拒绝对皮姆和汉普登进行比较,前者是自由的积极宣传者,后者是古代高举自由大旗的英雄。他声称(第5卷,第259页及下页),后者是具有高度文化的人物,而前者却充满了最低级和最粗俗的虚伪造作,满嘴神神秘秘的胡言乱语。这是"胡搅蛮缠的令人心醉神迷的毒药"(第5卷,第295页),它在1641年革命中驱使所有的阶级陷入最狂野的歇斯底里之中,推翻了极为稳固的政治制度——然而作为最终的结果,却诞生了英国人的自由。

后来的历史主义试图按照内在个体力量的发展——虽然这些个体力量也符合特定的广泛类型——来理解这些强烈的现象,包括它们破坏性的和创造性的方面。对于休谟来说,它是一项思想挑战,他力图为一种人类灵魂心理学发现基础,试图运用这种经验来形成普遍的和持久有效的学说。他出版于1741年的最早的论文集业已包括了论文《论迷信和狂热》(*Of Superstition and Enthusiasm*)，这篇论文拓展了关于英国的启蒙主义者和自由之友的特殊的历史景观，以形成普遍的宗教心理学观点。他一开始就这样说道，最卓越之物的腐化将导致最糟糕之物；他指出了迷信和狂热的腐蚀性作用，而迷信和狂热正是真正宗教的腐化形式。但它们的品质正好相反。迷信产生于对当时人类所想象的未知力量的惊骇和恐惧，在这之上又增加了人性的弱点、忧郁和无知。但出于同样原因，人类的情绪也会由于无根无据的傲慢、奢侈的享受、精神的顽冥不化而走向狂热主义。在这里，想象力也开始骚动起来，梦幻着神游于事事物物，特别是直接的神圣启示，而这样的启示与这个世界上任何的美丽或欢乐都不搭调。无知因此与希望、自豪、假定和想象结盟。但是现在在迷信和狂热与神职者的谋略之间出现了一种极为不同的关系。迷信是这种关系在其中生长的沃土；一种宗教中迷信的成分越强烈，那么神职机构的威望就越高，而权力当局越拥有健全的理性和哲学，那么狂热通常就会离它越来越远。因为狂热主义者在他自己和神之间并不需要任何人类的调解。通过与宗教史上其他类似运动的比较——德国的再洗礼派，法国的18世纪初反叛法王路易十四的新教徒，英国和苏格兰的平等派和长老派——休谟接着得出了一个更加深入的结论，认为这些教派甫一出现时，狂热主义的宗教比起迷信的宗教来确实显得更加狂暴和激烈，然而在一小段时期之后，他们就会变得温和、节制。他们的狂暴犹如电闪雷鸣，爆发出来之后却使得空气比之前变得更加宁静和清新——而在另一方面，迷信却以不为人知的和缓缓推进的方式蔓延开来，为神权的专制准备了道路。这使得休谬为第三个也是最后的结论打下了基础：迷信是公民自由的天敌，而狂热却是公民自由的友人。英国的独立派教徒和自然神论信徒在宗教原则上是针锋相对的，然而在对共和国的热情上却是一致的。

政治自由和开明是最剧烈的动乱与人类精神最可疑错谬的过程的产物——休谟整个的心理学也许就来源于这样的历史经验。但是这种历史思想和研究首先正是对这种心理学的应用，更为确切地说，它们是通过历史确证他的人性景观的努力。清教狂热主义变成英国人的开明和国会自由的转变，对休谟来说，是设想特定宗教现象的因果关系的一种实验科学般的证据。人们在这里看不到历史意义上的发展，因为缺乏发展着的实体，完整的个人，以及从个人中生长出来的团体。倒不如说，休谟关注的是单个的、孤独状态之中的人的特性和激情；他把人分解为一连串的观念和欲求，他对宗教史也是这样做的。宗教史成为了某种气象学，其中有规律地重复出现的事件按照因果关系得到了解释，这种因果关系的程度也仅仅达到了一个疑虑重重的和谨慎的观察者所敢于达到的程度。但是所有对历史因果关系的探询，不管是从什么立场进行的，都与特定的价值交织在一起，这些价值对它既是帮助又是阻碍。在这里，障碍是显而易见的。休谟假定了一种"真正宗教"的存在，也就是关于一种纯粹理性的自然神论形式，他以此作为标准，不无遗憾地声称，所有其他的宗教，要么充满了迷信，要么充满了狂热，都是真正宗教的败坏。他的价值偏见阻碍他无法提出更深刻的历史问题，亦即他乐意称之为迷信和狂热的东西中是否也包含着一些对于每种宗教来说本质性的东西。甚至英国精神中发生的恢宏壮丽和激动人心的从狂热主义到开明的变迁，在他眼里也只不过是一种心理学上的逐渐平静舒缓的过程。这种气象学类型的心理学，只是他在面对人性和历史生命神秘现象时以一种普遍性方式用来安慰自己的手段。

休谟曾经说过一句奇妙的话，人类心灵天生就是用来调解矛盾的（《论英国政党》[*Of the Parties of Great Britain*]）——一种处于其意识边缘地带的思想。就他而言，这种思想只不过是一句亲切的经验性表述，他并没有进一步以此作为钥匙来分析总体的人类心理结构。

《论迷信和狂热》对他著名的《宗教的自然史》（1757年出版）来说，成为了思想的种子。但是，这部著作远远超出了两种宗教类型之间的单纯对立，而是提出了普遍人性中宗教起源的问题，因为宗教并不像自我关注、性爱冲动、亲子之爱和感激等等，起源于一种原始本能或一些直接的自然影响。然而有一些民族，如果人们可以信任旅行者和历史学家所描述的事情，是缺乏宗教观念的。通过以这种方式接近事情，通过使宗教成为一种人类的特殊现象，虽然很明显，人类中的大多数是信仰宗教的，休谟一开始就使宗教远离了显然是对它不利的道德，因为他认为道德作为普遍的人类特性深深地扎根于情感中（《道德原则研究》）。由此，对他来说，只要以因果关系方式将宗教解释为特殊心理因素的次要产物就够了，并把它与特殊的文化阶段联系起来。他教导说，多神教或偶像崇拜必然是最早和最古老的宗教。人类是这样一种受造物，他生活于焦虑的状态中，为欲望和激情驱使着，然而却无力追踪因果关系，无力通过反思获得对于更高存在的信仰，从而摇摆于恐惧和希望之间——人类把他的好运和厄运的未知原因看作人格化的存在，这种人格化的存在却比人类具有更多的力量和狡计，于是人类就在恐惧和颤抖中顶礼膜拜于他面前。因此可以说，休谟的思想表现出与维柯关于原始人极为深刻的心理学之间具有联系，但它的进一步发展却是沿着实用主义方向的：从长期来看，这些观念对于人类来说证明是不充分的；对这些存在夸大其词的神化，最终凝聚于一位唯一的全能和永恒的神的景观中。但这种一神论，由于来源于感性冲动、迷信的恐惧和自卑，无法保证持存不变，能够轻易地退化为偶像崇拜，一时之间高出于偶像崇拜的水平，然后一时之间又退化了。他显然反感于关于神的神学观念，在许多方面他倾向于古希腊人和古罗马人的多神教。在休谟看来，一神教教义导致了对其他宗教的不宽容，而所有的偶像崇拜，他宣称，却具有宽容精神。这种宽容精神以一种温和的形式，作为宽容的偶像崇拜和不宽容的一神教之间的对立表现出来，成为了理性主义者解释历史时共同的思想财富；甚至像赫尔德这样的人物也没有独立于它。然而休谟把它与在这些世纪流行的另一种价值判断结合了起来。他求助于马基雅维里关于基督教具有奴性影响的学说，同时与此相对，认为古代世界的神话并不是毫无意义的。因为这个诸神的世界与人类自己的感性-理性联系在一起，只不过比人类在内容上更为精致和更有力量，这个诸神世界表现出一种自然的面貌，以至于对人类而言，它很可能看起来比自然还要自然。它确实是一种诗化的宗教，充满了欢愉、光明和勇气。

　　在这种观点中流露出一些温和的历史同情感，然而它绝不是对希腊诸神世界的一种浪漫渴望。但它是许多后起态度的先声，直到尼采和今天，所有这些态度都以某种方式与启蒙精神联系在一起。但是，启蒙运动最直接的宗教表达是自然神论，关于神的理性观念。自然神论不折不扣地是一种抽象的和松散的上层建筑，适应于严格遵循法则的宇宙，其间点缀着充满深不可测的智慧和理性的断言，但对于每种真正的宗教来说都是遥不可及的。启蒙运动对于严格因果关系的感受，对于事物秩序之后的终点和目的假定的实用需要，这一切都以有些外在和人工的方式在自然神论中统统联结了起来。休谟描述了这种自然神论，坚称它是自然的，即使不是绝对必然的，他从宇宙中无处不在的齐一性中进行推测，说宇宙中必定存在着一个唯一和不可分割的宇宙智能。但他给予了这种自然神论以一种新的方向，这种新方向在一个关键点上突破了自然法思想——然而再次出现的情形是，就像休谟最典型的特点，他没有彻底地从这种自然法观念的束缚中解放出来。

迄今为止的自然神论，就像自从切伯里的赫伯特勋爵以来所描述的，纯粹是在自然法基础上建立起来的，就是说，它相信对于一神论信仰来说存在着一种自然和理性的基础。这里有着理性真理的永恒内容。它在古代会由于腐化或变形而变得含混不清，但只要理性再次获胜，它就总能再次获得新生。但如今休谟提出的有力的和破坏性的观点走上了思想舞台，他认为我们对其历史多少有点了解的民族的一神教并不起源于理性的光明，而是来源于黑暗的偶像崇拜，来源于早期人类混沌汹涌的焦虑情绪、欲求、恐惧和急于复仇的性格。这个观点不仅打击了基督教对于耶稣基督启示的信仰，也打击了古典世界对于一种始终在世界中起着作用的永恒和稳固的人类理性的信念。休谟说道，人类只不过是从低级阶段通过缓慢的发展才上升到高级阶段的。

这看起来打开了通向按照发展观念来描述的人类精神的自然史，追溯从野蛮阶段到文明阶段的发展。事实上，休谟的这部著作产生了一种无法估量的巨大影响。但是我们必须注意到这种进步思想中的局限性,正是这些局限性妨碍了他在属于后来的历史主义观念的意义上表现历史的发展。他的心理学中最根深蒂固和最严重的局限性就是,他仅仅谈论心灵的组成成分和它们之间机械式的相互作用,却从来没有提及心灵的整体,而心灵的整体是能够从一些内在的个体性的中心点发展而来的。只是在休谟对古希腊宗教同情式的判断中,我们才看到了历史同情感和个体化方式的轻微翕动。然而至于其他部分,我们却只能在他关于发展的景象中辨别出同样的人类情感和冲动的相互作用,这些情感和冲动可以按照作用和反作用、周期性的上升和下降这些法则加以解释。在这里,始终如一的冲动和激情的永恒活动代替了稳固不变的理性的永恒活动。这是一幅更加生机勃勃的景象,比起为纯粹的自然法支配的历史景象要更加接近历史的真实。更有甚者,它给出了宗教史中关于许多类别发展的正确描述。但是除了这个小小的例外,以特殊面目出现的个体特性却依然受到了忽视,没有得到理解,同样也没有得到自然法的理解。在这种程度上,我们在这里可以谈论自然法思想的一种残留物。

而且,正如我们已经指出过的,休谟不能以任何的彻底性贯彻他自己的发展思想。就像我们看到的,人类应该是通过从低到高的缓慢发展才获得进步的。但我们也被告知,多神教和一神教——注意,是历史上的一神教——在历史上始终变化着。然而不是缓慢的向上运动,而是一系列一会儿向上一会儿向下的运动。这是一种重新出现的古老的循环理论,是历史上同样事物的回归;这仍然是一种自然法思想的残留物,它不仅一般地相信理性的稳定性,而且相信人性不变的相似性。

现在探讨第三种残留物。休谟认为启示宗教的一神论过于松散和不稳定，因为它只不过得到了大众的来自于非理性和迷信的印象而产生的信仰的支持。他通过参考耶和华信仰揭示出，只是在这些宗教偶然地符合于理性的基本原理时——虽然这种符合的方式是极为狭隘和极为卑微的——它们才会出现。这就是在他看来一神论如此容易再次退回多神论的原因。那么，在休谟看来，在源于非理性的一神论和理性类型的一神论之间有着一道深深的鸿沟，或者，我们如今为了清晰起见，就像休谟同时代人所熟悉的，可以把理性类型的一神论称之为自然神论。在做出这种区别时，他心照不宣地使古典世界的开明哲学家站在了他这一边。但即使在他自己的时代，这些哲学家的数量也是令人吃惊地少。在他看来，大众是无知的和愚蠢的，事实上，除了极少的例外，整个人类都是如此。按照他的看法，只有少数人才能通过逻辑争论的过程获得一种不可见的但理性的力量。正如他的《自然宗教对话录》将深入揭示的，在面对他自己的怀疑主义时，这种承认不是无条件的确定的，但却是按照理性思想唯一可能的。然而，在这里引导他的和出现于其眼前的理性不是别的，而正是自然法稳固不变的理性，这种理性，只要它从感知和情感产生的所有干扰中摆脱出来，就必然总是宣称同样的真理。休谟对于为非理性和潜理性力量支配的行动领域的发现，使他把历史中的理性疆域决定性地缩小到了几乎划时代的程度——但也没有影响其本质的特性。他在一定程度上超越了量化方式的理性主义，而没有超出定性的理性主义——或者只是在这种程度上超出了定性的理性主义，即他在自己时代的思想中引进了对于认识论理论的深刻怀疑。

他的自然神论，他声称是"真正的宗教"，其实不是一种真正的宗教，而是一种知识。在一种更加深刻的水平上，人们无法否认从他的青年时代开始，在废寝忘食的探索、提问和质疑中，在怀疑着的断言中带有真正宗教性的东西。但在有意识的水平上，休谟声称宗教对于人的生活行动来说并不是必要的。他对道德心满意足，认为从根子上来说道德是首要的人性。然而虽然与他一开始的思想不是那么相吻合，他在结论中却声称，没有产生任何宗教的民族，如果曾经发现过这样的民族的话，将只会比动物状态好一点点。

因此可以说，他内心对启示宗教的厌恶并没有妨碍他承认，宗教是社会的纽带，虽然是极其不完美的纽带。他的功利主义与对于人类的弱点和不完善状态的明察秋毫的感知只能使他承认这么多。然而他因此不至于成为彻底的人类憎恨者。虽然他把古代的斯多亚主义-自然法观念都归属于自然心理学领域，但他仍然相信人类的内在道德感，虽然这些道德感一开始总是混杂不清的，却通过与社会进步原理相一致的理性逐渐地得以纯化。这恰恰表明了休谟的基本性格和他深入固执的英国性格，这使得他没有受到个人伦理和道德人格问题的吸引，而是极为强烈地受到了社会伦理问题的吸引。因此，他把他的特殊注意力转向了对社会有用的道德感和冲动。在这里，他始终强烈地感受到了自私和粗俗冲动的反对。但他声称，社会和国家并不是奠基于这些人之上的。可以说，他认为社会和国家的起源和存在截然不同于焦虑、恐惧等等这些产生并依然支撑着启示宗教的东西。他的历史解释中的一个基本特征是，运用了同样的经验观察、历史研究和关于原始民族的知识等方法，他用这些方法曾经孜孜以求说明宗教的出现,现在他用这些同样的方法来分析社会和国家的起源。在这里,与道德的同情冲动和社会适用性一道,自然主义动机再次产生了强烈的作用。这也许不能应用于总体上的人类社会的起源,他把原始的人类社会看作共同生活的最初现象,其中只有极少的、很容易得到满足的需求(《人性论》)。但它就足以解释国家、政府和权威的起源了。按照休谟的说法,作为游牧部落相互之间斗争的产物,战争由于其对军事领导的需要,就已经成为产生国家、政府和权威的工具了。他在《论政府的起源》中说道,在战争时期,一个人可以获得对于一群人的权威,使他们臣服于他,同时,如果他聪明又公正的话,就能通过交替使用暴力和妥协建立起威望。当他的臣民们发现他为他们带来了对公正新的保证时,就会发现这种新处境的利益,一种服从的感情就会油然而生。因此,依赖于军事力量的君主制国家是最早形式的国家。共和国由于君主制和专制国家对于权力的滥用而产生。军营是真正的城市之母(《人性论》)。这句箴言刚好与他在《宗教的自然史》结尾所说的严厉的话相反:无知是虔诚之母。但这句严厉的话比起前面这句箴言来要更加接近于历史的真相,因为那句箴言忽略了人类天生的宗教倾向。

而且,休谟有关国家起源的自然主义学说并没有完全摆脱自然法和实用主义的特征(尤其是在《人性论》中)。但是,正如他的宗教史给任何有关自然神学的理性主义图景以致命一击一样,在这里,任何以契约论解说国家起源的观念也败退而归了。(在《论原始契约》[*Of the Original Contract*]中有关于此类争论更详细的表现。)在拒绝这种契约理论方面,沙夫茨伯里和其他人是先驱,但这种契约理论在休谟时代之后还继续存在着，因为学者们对于错误理论的抛弃并不会立即在历史中导致它的销声匿迹。最后，只有通过新历史经验和崭新的历史意识才能消除掉错误的理论。但是，休谟是这种新历史意识最强有力的先锋，即使只考虑到他在奠基于自然法–理性基础之上的历史世界中所打开的两个缺口。

　　19世纪新的历史意识当然并不仅仅依赖于对历史中政治权力因素的理解，但可以说，正是这种理解第一次使新的历史意识圆满形成。然而，休谟在不具有它的最本质成分即个体意识和个体的发展意识的情形之下，就已然拥有了新的历史意识。他在《论原始契约》中说道，世界始终处于变迁的状态之中，各王国不断从小变成大，又从大变为小，各部落不断地定居和迁移。他问道，在这些历史事件中，除却力量和暴力（force and violence），还能看到其他的东西吗？但是随后，时间和习俗对人类的精神结构产生了作用，权威、法律和义务从最初是篡夺或反叛的东西中生长出来。正是习俗决定了新认可的环境所采取的特殊方向，这就是"普遍的本能"；但是在一种安全的法律状态中，它促进了人类的利益（《人性论》）。休谟看到历史进程在自身中充满了在士兵的铁血统治与人类原初的社会道德需要之间的摇摆。就像他在建构宗教史的情形中一样，在这里依然隐隐约约地闪烁着古老的循环理论的阴影，残留着对历史中始终重复出现的同类型事件的信念。虽然不是始终如此，但在通常的情形中，这种信念也奠基于真实的历史经验。这种休谟在政治史中假定的在暴力干预与法律状态之间的摇摆，比起他在考察宗教发展时所提出的在一神教和多神教之间的摇摆，能够在历史中得到好得多的证明。无论如何，这种历史景观比起伏尔泰的来要更加清晰和可靠，而伏尔泰主要表现的仅仅是这些血腥的权力斗争毫无意义的性质和理性在面对它们时的无能为力。伏尔泰的二元主义把历史分裂为无意义的部分和富有意义的部分。休谟的二元主义在它们之间重建了一种联系的纽带，展示了一种历史中自然主义的和道德主义的基本力量的极端性。因此在面对毁灭性力量常存的冲击时，人类并不需要绝望，因为安定的力量也始终在起着作用，在努力把破坏者的行为重新塑造进新的结构中。甚至在特定的情形中，军事力量也能被当作苦难中的救星。休谟指出（《论原始契约》），在喧嚣混乱的处境中，任何理智的人都乐意拥有一位将军作为一支有序军队的首脑，为的是给予人民他们无法为自己选择出来的领袖。

显而易见的是，休谟非教条地看待权力拥有者、国家形式和政治制度的变化。他大致上认为自由最终在英国获得了实现，是最可祝福的"市民社会的完美状态"（《论政府的起源》[Of the Origin of Government]）。但是历史经验教导他，为了生存，自由也需要权威作为基础，在每个国家对权威的需要和对自由的需要之间存在着永久的内部斗争，它们中没有一个能够获得压倒性的胜利，甚至在东方专制国家中，也始终存在着一些残留的个体和集体的自由。在权威遭到严重滥用的情形中，休谟甚至承认了一种天赋的反抗权利。但只要一有可能，他最关切的始终是在两者之间填平鸿沟，并提出了一条原则，亦即在权威和自由的斗争中，权威是最重要的考虑对象。这不仅是对历史事实的陈述，也是一项价值判断。因为既然看到万物，甚至包括政治生活的必不可免的最终归宿是死亡，他就宁愿看到他的自由的英国沦入一种狂热的绝对君主制的统治，而不愿它暴卒于纯粹的乌合大众狂乱的权力争夺中(《论英国政府更倾向绝对君主制还是共和国》[Whether the British Government Inclines more to Absolute Monarchy or to a Republic])。

沉醉于新近赢得的英国自由中的沙夫茨伯里,相信精神、艺术和知识的自由发展只有在一个自由国家中才能获得永久的保证。这是一种在罗马帝国早期曾经理所当然地激动人类心灵的思想。它同时产生于事实观察和价值意识两者,在其中,价值意识能够轻易地影响对事实观察的解释。在这里,休谟努力让质朴的经验畅所欲言。他问道,在现代罗马神权的专制统治之下,艺术是否就失去繁荣了呢?是否美迪奇家族掌权之后佛罗伦萨的艺术和学问就不再获得它们主要的进步了呢?然而他承认,除却古希腊人,绝对专制的法国是唯一在同一时代产生了哲学家、诗人、艺术家和历史学家等等的民族。很明显,受到同时代情境影响的价值判断也渗入了休谟的观点,因此他认为现代法国人达到了一种超越古希腊人的更高的总体发展水平,远远地超过了英国人(《论公民自由》[Of Civil Liberty])。在他的文章《论艺术和科学的兴起和进步》(Of the Rise and Progress of the Arts and Sciences)中,他再次回到了这个主题,力图运用一种谨慎的批判意识以获得一些普遍的经验法则。然而尽管有许多美好的个体印象,他还是仅仅得到了一个问题重重的结论,亦即艺术和科学确实首先兴起于共和国,但也可以被移植到其他文明化的君主制国家中,同时共和国更为适宜于科学的生长,而文明的君主制国家则更加适合于精致的艺术。但比起他以其知识工具所得出的结论来说,这是一个需要得到更为个体化的研究的问题。

休谟孜孜不倦的努力是为了调解经验的发现结果与理性标准

之间的关系。事实上，他的经验主义有时倾向于在这种斗争过程中占得依然存在的理性主义的上风，而在其他的时候理性主义却是胜利者，虽然在每一个场合他总是对失败一方做出典型的慷慨让步。他的艺术趣味既是理性的又是正统的。然而经验教导他，就近考察的话，不同的人、时代和民族中间繁复多样的趣味要比初看起来伟大得多（《论趣味的标准》[Of the Standard of Taste]）。那么应该采取什么态度呢？应该拒绝所有与当前的趣味不一致的趣味吗？他质问道，我们应该因为我们的祖先穿戴带花边的衣领和加撑裙箍的裙子，而把他们的景象弃之一边吗？因为经验主义和人情世故已经清楚地使18世纪的人们变得非常宽容，所以熟悉公众的休谟对这类建议就只是一笑置之而已。我们不应该受到对于在往昔的艺术作品中发现的习俗的单纯好奇心的困扰。而且，我们应该忽略宗教特殊的谬误，在对于古代诗歌批评性的欣赏中，我们也应该忽略对于异教诸神荒唐离奇的信仰。但是，在偏见和迷信露面的地方，或者在道德和礼仪观念伤害了我们更为精致的情感的地方，我们就理应判断这是对艺术价值的一种不折不扣的扭曲。休谟甚至没有把荷马和古希腊悲剧作家完全排除于这种狭隘的判断之外。再一次地，正是永恒理性所宣谕的真理标准使休谟拒绝了与这些标准不相符的现象。

因此，我们到处发现启蒙运动致力于把繁复多样的历史现象置于普遍真理和巨大的齐一性的法则之下。正如我们看到过的，休谟最早的成功是在政治生活领域，在这里他发现了历史现象的真正类型。确实，它们只能是非常普遍化的类型，同时，他通常小心翼翼地不在单个历史事实的基础上进行过度的普遍化。他通过他一刻也不曾忘却人类经验的局限性这个事实，显示出他的经验主义是真实的。他自己在《论公民自由》中说过，我们拥有过于微不足道的经验，而世界在它的年轻时期就已是如此丰富多彩，所以我们无法在政治生活中建立千秋万代都永远正确的普遍真理。我们怎么知道人类所能达到的美德或邪恶会到何种程度呢？或者如果在教育、习惯或原理中将产生一些伟大的革命，我们将能期盼些什么呢？

因此可以说，由于他的非教条化的和深思熟虑的心胸豁达的态度，由于他的经验主义心理学的，然而却努力地想获得一种普遍的观念的认知手段与启蒙运动的价值观和观念不可分割地结合在一起，使得休谟成为他的民族最伟大的历史学家。他的名为《英国史》①的三部作品在1762年面世，我们将研究它的概括性的和修订性

---

① 《斯图亚特王朝时代的英国史》以两卷本面世于1754年和1756年，《都铎王朝时代的英国史》问世于1759年，《从恺撒至亨利七世登基的早期历史》以两卷本出版于1761年。梅茨（Metz），《休谟》，第41页及以下诸页。他和其他人认为全部作品的整合版本出现于1763年，这是错误的。在我手边有一部1762年的六卷的四开本版本。休谟自己在他的自传性概述中证实，他在修订《斯图亚特史》时按照托利派取向改动了一百多处地方。关于此种情形，可参看伯顿（Burton）的《休谟的生平和通信》(Life and Correspondence of David Hume)，1846年，第2卷，第73页及以下诸页。而措辞"迷信"也通常缓和为"宗教"。我们的任务并不要求探究这些变动的地方。也许在这里可以对迄今为止关于休谟的历史解释的专题性论述作一简短的参考：格贝尔（Goebel），《休谟英国史中的哲学》(Das Philosophische in Humes Geschichte von England)，1897年；戴兴斯（Daiches），《休谟的历史著述与他的实践哲学之间的关系》("Verhältnis der Geschichtsschreibung Humes zu seiner praktischen Philosophie")，莱比锡，论文，1903年；戈尔德施泰因（Goldstein），《休谟的经验主义历史理解》(Die empiristische Geschichtsauffassung Humes)，达姆施塔特教授资格论文，1902年；韦格利希（Wegrich），《处在其哲学体系框架中的休谟历史理解》("Geschichtsauffasung D. Humes im Rahmen seines philosophischen Systems")，科隆，论文，1926年。最好的作品是戈尔德施泰因的。韦格利希的作品由于糟糕的哲学术语而受到了毁坏，他的现象学式（转下页）

的形式。我们将努力掌握他的成就的特殊性质，理解他在历史主义的早期历史中所代表的阶段。

伏尔泰的《路易十四时代》出版于1751年。休谟撰写于1752—1754年的关于斯图亚特王朝时期的最早著作的第一卷出版于1754年。人们因此把他看作伏尔泰的模仿者。休谟在一封1755年11月5日的信中已经推翻了这种假设（梅茨，《休谟》，第395页）："事实是，在那部卓越的著作出版之前，我的历史著作的纲要业已就绪，大部分已经撰写完毕。"他在关于伏尔泰著作的出版日期上犯了错误。但是，人们应该信任这位热爱真理和远离虚荣自负的人物，他说他初次获悉伏尔泰的著作时他自己的著作已在撰写之中了。也许可以假定，他接着在他自己的著作所采取的方向上肯定和追随了伏尔泰著作中的发现。但是，这丝毫没有责难他的成就的创造性的意思。

伟大的历史著述总是从正在形成之中的历史，也就是说从生活之中生长出来的，并从作者自身卷入于其中的生活斗争和生活目标中获得其主要的倾向。根据他是在和平时代还是在剧烈变动的时代写作，根据他是在记录胜利的事件还是在致力于发现他经受的失败经验的原因，他关于事物的观点也发生着变化。在启蒙历史学中，有一种属于平静时代和剧烈变动时代的混合特征。这个时期的人们相信决定性的胜利业已获得，进步将在同一个方向继续下去，虽然最后的目标尚未实现。我们已经熟悉休谟的基本态度。他是一位富有批判精神的和谨慎的征服者，带着他自身人性中的不充分力量，他看到自己正处于人类发展的顶峰。是"发展"吗？我们正在运用

（接上页）批评模糊了休谟的现象，以至于人们必须大费周章地才能辨别出它来。布莱克（Black）的《历史艺术》（[The Art of History] 1926年）中也包含着一个论述休谟的优秀章节。

一个相当自然地用来表示任何历史发展的词语；但我们还必须问一问，它是否就是我们正在描绘的历史意义上的"发展"这个词语。在他的《宗教的自然史》中，第一个必要条件是付之阙如的，也就是所有发展从中而出的个体根基。这位分解了实体概念的哲学家，仅仅以类型化的心理情结而不是心灵和精神实体本质性的变更来描述变化。在他的《英国史》中，个体实体已自然显现了出来，它就是英国人民。

休谟是苏格兰人，对英国人的性格抱有很多根深蒂固的反感，但他在批评自己的民族从前的野蛮时也是毫不留情的。他的理论吐露出了毁灭性的语词：民族只不过是一大堆服从于同一原因的个人的集合（《论民族性格》）。但他的感情证明比他的理论更有力量，他的著作无论如何充满了英国人的民族精神，虽然是一种非常现代和理性类型的精神，而不是深深扎根于情感的精神。这从他对苏格兰和英格兰之间的政治联合所做的判断的方式中可以看得出来。对他来说，这种联合是理性的治国才能的胜利。因为苏格兰人，就像他曾说过的（第6卷，第187页），直到那时为止还只具有极为不完善的关于法律和自由的观念。

这就指出了休谟在英国史中所洞察到的意义：是一种从"意治"（government of will）向"法治"（government of laws）的进步（第2卷，第149页）。他的意图就是去描绘这个极为艰难的和甚至令人憎恶的过程，它虽然带有种种错综复杂的情况和各种各样的阶段，却拥有一个幸福的结局。一开始，他就快刀斩乱麻地研究了斯图亚特王朝时期，这段时期对于他的理解目的是至关重要的，但在他继续前行时，为了彻底完成对通向法治政府的因果链条的探索，他被迫越来越深地回溯到更早的时期，而这些时期对他而言更是索然寡味。

一个政治上的基本问题和主要问题成为了这部著作的普遍性主题。我们亏欠于休谟的是迄今为止受到忽略的东西，亦即他的著作的结构和对历史材料的选择。在这里，他显然不同于伏尔泰，伏尔泰原本是想写出一部文明史，然而却不情不愿地卷入了浩如烟海的政治和军事材料之中。休谟也受到了古老的历史写作习惯的影响，这类写作总是偏爱于这种类型的材料。但是，他通过提出一个确定无疑的重要的政治问题，使它成为这类材料与之相联系的历史的中心，而向这类材料注入了一种更高的意义。

选择国内政治这个问题恰恰证明了它是启蒙运动的观点，这种观点从不曾感兴趣于追求自身利益的国家生活，而是仅仅把国家当作保卫公民秩序和安全的私人生活的工具。因此休谟禁不住按照他的观念和心理学假定来看待这个问题。他希望他的方法不仅是民族的–英国的，而且也是普遍的–人类的。他的目的是要揭示出，我们软弱的人性能够实现多大程度的完美状态。以我们的历史意识来看，他意图展现的与其说是发展，倒不如说是完美。恰如我们在莱布尼茨和伏尔泰两人那里看到的，在所有启蒙运动思想家那里，完美观念总倾向于为真正的历史思想设置障碍。他在表达这个观念时毫无伟大的幻想，他不幻想这种被追求的完美状态的所能达到的程度和能否保持这种状态，这是从休谟的整体思想中产生出来的。他在《英国史》中说到哈林顿的《大洋国》（第6卷，第128页）时，认为关于一个完美的和永垂不朽的共和国的观念，将始终像关于一个完美的和长生不老的人的想法一样被证明是荒诞不经的空想。然而完美观念深入到了他的血液中。因此他自己在文章《关于一个完美共和国的观念》(*Idea of a Perfect Commonwealth*)中发展了这种观念。

确实，他一开始就做出了一个完全现实的评论，亦即是权威而不是理性支配着人类中的大多数，没有什么可以带来权威，除非它受到了古代人的举荐。但是与特定之人的习惯和倾向不同的是，一种政府形式很可能被认为比另一种政府形式更为令人满意，因此人们可能会询问，何种政府形式是最完美的。谁知道在未来什么是可能出现的呢？因此，只要这样做不致引起动荡，努力地使当前宪法接近于理想状态的做法就是理性的。

我们在这里不拟涉及这种完美宪法的内容，虽然从政治角度来说它是很有趣的。显而易见的是，尽管他对于人类的多样性具有特殊感受，对形形色色的思想和习俗从中产生出来的类型化方式和因之而产生的方式具有不寻常的感受，但他仍然未能承认所有政治和历史的创造物总体上都是被个体化地塑造和形成的。不管休谟具有多少经验主义，奠基于自然法的永恒理性的古老标准最终还是占据了上风。

因此，英国历史被表现为一种吻合于心理法则和政治经验的朝向完美状态的发展过程。我们已经研究过休谟有关政治生命中规律性运动的学说，这种运动从武力夺取权力开始，通过习惯缓慢地接受统治者和被统治者之间的妥协，逐渐地树立起权威。这幅历史画卷完美地符合英国历史的大致走向，英国历史以一系列引人注目的极为规律化的连贯运动进行着，从罗马征服时期一直进展到作为休谟英国历史研究终点的1688—1689年革命。休谟没有过分程式化地描述它们，他始终带着一种前瞻性的目光，直到他最密切关注的最后的运动，从清教盲信的狂热主义再到权威与自由之间达成精妙的平衡。较早时期的一切，包括古日耳曼人的自由、大宪章、国会的开端等等，都受到了他特殊的强调，但没有得到任何的溢美之词。他甚至摧毁了大为流行的关于条理完备和清晰的国会权力的传说，不管这种传说是中世纪的还是都铎王朝的，或者就是斯图亚特王朝时期的。他的著作中的一个主要主题指出了，这些国会权力是一种迟来的收获，他在作品全集中又强调了这一点。由此，他激怒了国家中所有的政党，但却为客观地对待都铎王朝和斯图亚特王朝这两个时期铺平了道路。在这个过程中，他证实了他的信念，亦即朝向人类完美状态的过程总是极端漫长的。休谟的精神与法国的布兰维利耶的传统主义历史观截然不同，法国人关注从往昔复活古老的法律。

因此，休谟把英国历史当作一种缓慢的和困顿的发展，其中充满了迷惑彷徨，由血和泪编织而成。从哥特式-封建的不平等的国家权力，从权威和无政府状态的混乱情形中，最终出现了真正的权威和自由之间天衣无缝的融合。休谟也明确地承认，唯有通过发生于英国人民之间的伟大的社会变迁，即通过对封建贵族的摧毁、乡绅阶层的崛起，尤其是休谟最关心的中等阶层这一新文明的载体的成长，才能使这个过程得以产生。在这个过程中出现的附带性的负面影响，乡村人口的减少、对下层阶级不公平的待遇，这一切的确也没有完全逃过他的注意，但没有过度地刺激他。他是在伟大工业革命的开端时期撰写这部历史的，其时尚没有黑暗的阴影来扰乱他那平静的社会良知。

然而在赞誉这部著作时，我们必须说，他不仅是作为一位创造性的和道德化的哲学家来撰写的，而且也是作为一位具有伟大风格的历史学家来撰写这部著作的。确实，他是作为心理主义和道德主义者来分析材料的，要么加以推崇，要么予以责难。但是，他对于世界上洋溢着的诸多欢乐，包括其中所有的事件和人物的欣赏，无论它们通常对他产生的影响是多么粗鄙，却一再地迸发出来。他的叙述带着读者一道前进，因为他的叙述是兴奋的、激动人心的和引人入胜的，而行文通常是愉快华丽的。因为按照不同国王的统治以一种过于外在的方式来安排历史材料，休谟为此受到了批评。这对于中世纪来说是一种更为公正的批评，而对于亨利七世之后更为近代的时期来说则不尽然，因为这之后的每一个新的统治时期都产生了一种新的特征——至少一直到休谟叙述的终点，1688年革命。但甚至对于中世纪，作者对于统治者的变化在每个场合对于内部政治发展的升降起伏意味着什么，都描绘了一幅贴切的景象。大致上，他最精妙的写作片断是他对逐渐展开的伊丽莎白女王的人生所做的描绘。他描绘了她从不曾失去站在摇晃地基上的感受，然而却必须成为欧洲新教徒的庇护人，揭示了在这个过程中有一系列事件促成了一场与菲利浦二世之间的生死斗争，直到最后伊丽莎白女王证明了她拥有足够的勇气，承认了行动的必然性，并采取了必要的步骤（参看，例如，第4卷，第45，127，185页）。以同样的方式，休谟在对查理一世历史的描述中，成功地综合了个人命运和普遍的命运，成功地揭示了他的奇特人格特征只能成为对他致命的东西，这是因为他身处其中的特殊历史环境，这个历史环境介于都铎王朝绝对专制的先例和朝向自由的民众精神之间（第5卷，第485页及以下诸页）。

　　人们看到了，在像这样的历史高潮时期，在形成伟大的历史戏剧时有交织在一起的错综复杂的事实和心理的原因在起着作用。启蒙运动并没有对这类大为流行的命运熟视无睹，它们以强制性的必然性驱使个人追随某种确定的过程。莎士比亚已经开始产生影响了。孟德斯鸠和吉本关于古罗马命运炉火纯青的描述也以这种意识为基础。席勒的戏剧，尽管强烈渗透了启蒙运动精神，却甚至更为贴切地表现了这种影响。但是，为了更精确地测度休谟和后来的历史主义之间的距离，我们现在必须继续追问，当他开始掌握其主题时，对历史中个体的意识实际上在他身上发展到了什么程度。毫无疑问，亦如我们已经看到的，一种关于英国民族精神的无意识的基本情感引导着他。但他未能对存在于英国特殊性下面的具体因素进行任何内在一致的考察，例如地理环境、种族气质和特殊的经济因素。当我们问，他对于事物的内在核心，对于起作用的事实和心理的原因，对真正的"中心"和从中产生出来的实体——这些只有精神的眼睛才察觉得到——敏感到什么程度，他的缺点甚至就变得更加一目了然了。自从兰克时代以来，我们把这些实体称之为或解释为观念、世纪的倾向、时代客观的必然性或者普遍的世界形势。这是些部分模糊不清的表达，因为这些实体的边界模糊了观察者的目光。但是，如果我们再次引用兰克的话，那就是说总是存在着一些在起作用的个体类型的"现实–精神"的过程，不管它是关注于个体人格背后的目的世界，还是关注作为总体的西方世界的最普遍运动。这是某种在这些实体中总能被感到、看到和承认的东西。

因此可以这样说，休谟一般会表现出对运动最突出部分的深刻认识并加以描绘，但他对于运动背景的理解却并不充分。行动的最突出部分，不管是出于整个民族还是个体，休谟都以无动于衷的清晰性加以阐明，就像棋盘上的棋子。但是隐藏着生命和活动、轻微地而确切地改变事物的趋向却是缺乏的。如果我们再次引用兰克的话，可以说休谟还未能理解，在世界历史中从诺曼人和教会之间的联盟中、从骑士精神和等级制精神的联盟中能产生多么伟大的世界历史的新综合，或者还未能理解，英国的扩张和对法兰西的入侵如何给英国人带来了对于他们所拥有的霸权地位的最初意识，这些事件是如何导致普遍的、由个人生活组成的集体生活的进一步发展的。

正如我们已经在孟德斯鸠和伏尔泰那里注意到的，对于集体性精神现象的心理学观察，对于以最普遍的方式在它们背后探索原因的要求，自从17世纪后期以来已经上升为所有人类创造背后的"精神"概念，并被应用于整个时期。虽然这个概念由于自身分量而逐渐产生了对于隐藏着的活跃力量的进一步寻找，然而在启蒙运动内部，在很大程度上只是概略地排列了一个时期或一个民族所有明显的精神上的独特性，一种对于它们对事件进程产生的作用的概略展示。休谟的著作也充满了类似的表述，比如中世纪的"浪漫精神"，他看到这种精神在征服者威廉的入侵中，接着在十字军东征时作为主要的鼓动力量起着作用；他更为频繁地提及了中世纪人物身上的"迷信精神"，或者他们的教士身上的"偏执精神"。很大程度上，关于这种精神他没太多的好话可说，他通常以一种病态的同情感来谈论它。然而我们知道，休谟把这些在最深沉的意义上并不吸引他的现象归咎于人性中固有的和仅仅相对可改善的弱点。对于宽宏大量地理解那些不吸引他的东西来说，这种冷静的洞察确实是不够充分的。但比起伏尔泰尖刻的嘲讽所获得的东西来说，它赋予休谟的历史价值判断以一种明显的更为听天由命的色彩。比起伏尔泰来，休谟对作为一种引发结果的心理因素感受得甚至更为强烈的是"人类心灵"巨大的历史重要性，是发生于一个时代到另一个时代的知识变迁，是"人类心灵的历史"（第5卷，第207页）。因为毕竟，英国精神在最后的世纪之交发生的伟大变迁形成了他自己主要的和基本的历史经验，他自身的知识存在就是扎根于它们之中的。当他乐观地展望自己的时代时，其中的政治和战争、经济和科学、机器和更高的工艺，所有一切都在相互作用着，因此他能够以满怀希望的语词写道："时代精神影响了所有的艺术"（《论艺术中的文雅》）。他甚至能够不时地更加深入更为原始的时代，在他的同胞苏格兰民族英雄布鲁斯（Robert Bruce）的反抗中，看到了"民族天才的觉醒"（第2卷，第120页）。因此，一种深刻的鲜活生动的兴趣有时能带领他超出自己心理学的界线。但是由于这种心理学总是包含着同样重复出现的重新整理，不时地对同样稳固的基本知识和精神力量进行清理和精致化，所以最深刻意义上的精神–个体生命必定是超出他的理解范围的。他关于中世纪的精神或甚至虔诚所说的话，是这部著作中最令人遗憾和最令人反感的话。因此，他完全没有理解路德的宗教改革。因为他认为路德的冒险事业的主要动机是圣奥古斯丁修会成员对于多明我会修道士的嫉妒（第3卷，第119页）。正如我们已经看到的，休谟认为无知是虔诚之母，尤其是中世纪以迷信形式出现的虔诚。确实，他已经开始在真实的道德领域中克服为理智主义所珍爱的古老和错误的信念，亦即美德可教——但是在宗教生活底层领域的旁边和背后，他仍然没有意识到这种理智主义是无法证明其合理性的。

比起个体的灵魂–精神生命，要掌握关于灵魂–精神生命的集体图景是更为困难的。一个人对另一个人的直接理解，立即就产生了一种关于他人性格的确切形象，对于历史学家来说这也是进一步理解的要点所在，它在重要性上甚至领先于所有心理学。休谟对人类的理解要领先于他的心理学理论。他的心理学理论将内在生命分解为个别的情结，这些情结由同样的冲动性活力组成，因此为他的历史人物刻画赋予了一种非常单调和类型化的色彩，其中，个体表现为类型的堆积。然而他的人物并不总是缺乏力量和热情的。休谟在这个方面恰好与伏尔泰相反。伏尔泰尽管也努力探索人类原始时代的因果关系，但他讨厌野蛮的证据，而仅仅为文明人所吸引。但是休谟，就像他的宗教史业已显示的，他对仅仅为情感所激动的原始人有着一定的感受。在这个方面，他更接近于孟德斯鸠。他在描绘诺曼统治者和中世纪贵族的狂野人格时，显然表现出了一种艺术家的兴趣。他们行动起来犹如难以驯服的自然力量，人们带着惊奇和恐惧考察他们，虽然有时也怀有一定的仰慕之情。很难说在这些描绘之后有多少个体化的理解。在每个统治时期的末期，他都会尽义务似的努力提供一幅关于该统治者精力旺盛的一般性肖像。例如亨利八世，就被表现为混合着令人恐怖和厌恶的性格与高贵和富有魅力的性格，它对读者产生的最初效果，与后来兰克所描绘的形象并无不同。只是兰克是以彻底个体化的方式看待亨利八世的，而休谟把他当作那些混合了善良和邪恶、智慧和愚蠢的神秘"混合"人物中的一个，他在《宗教的自然史》结尾时疑虑重重地认为这是一种难以解释的神秘现象。他在克伦威尔那里再次感觉到了同样的情形。这位伪善者和狂热者——休谟就是这样看待他的——的毕生事业如此紧密地联系于新生的英国自由的起源，然而却又如此地与这种自由相对立，人们可以从休谟的描述中感觉到犹豫不决的印象，休谟犹豫于对事实纯粹政治上的理解、对人类伟大品质的欣赏和对这个人物的深刻反感，因为他运用的所有手段和方法都只不过是掩饰其勃勃野心的外套而已（参看第6卷，第58页）。最终是道德判断占据了上风（第6卷，第89页），但这种强悍人格的形式化中心却没有得到理解。①

休谟只有一种方式能够避免这种犹豫不决，这种犹豫不决是他的原子化心理学和穿行于不同渠道的政治判断力量的必然结果，他得进行一种跳跃，把人性–心理学的判断与关于人格的政治性的事实判断分离开来，在困难的情形中求助于后者。他在描述伊丽莎白时相当自觉地运用了这种方法。首先，他描绘了她的人性弱点，然后继续描绘如下："但是评价她的贡献的正确方式是把所有这些顾虑束之高阁，而把她仅仅思考为一个理性生命，一个拥有权威和命定要统治人类的理性生命。"（第4卷，第313页）

休谟拥有理解政治事实的才能，它既是对于持续的国家利益的意识，又是对于支配政治必要性的意识，他通常称之为国家理性并曾一再地提及。作为一个道德主义者，虽然对他来说国家理性压倒法律、真理和习俗是人类不幸的最大源头之一，但也是一种必须加以考虑的最古老的世界性邪恶（第2卷，第114页及其他）。他看到它的双刃剑般的作用，但是他理解它的力量。因此他并不是没有意识到英国的海上霸权是如何地不可缺少，虽然他在某个场合曾以一种开明的警告调子评论说，贸易无论如何并不是单单依赖于武力的（第6卷，第165页）。总体上，在休谟身上存在着比伏尔泰更多的

---

① 关于休谟对克伦威尔的描画，可以与柏克对他的看法做一比较，参看莫伊泽尔（Meusel），《柏克与法国大革命》（*Edmund Burke und die Französische Revolution*），第105页及以下诸页。

对于政治气氛的感觉，虽然在他的著述中我们也注意到许多政治现实主义的迹象，这在18世纪仍然是相当明显的。从马基雅维里和圭恰迪尼经过雅克·奥古斯特·德·杜和达维拉，直到作为休谟的一个主要思想来源的克拉伦登，政治现实主义就在政治领域中所有主要的历史学家身上打上了烙印。休谟在努力阐明历史事件极其错综复杂的细节时，并非罕见地以一种内在一贯的方式发展出了相互冲突中的政党的政治**理性**，并把它们并排放在一起，这种做法让我们想起了普芬多夫——这是对古代世界习惯做法的一种拓展，亦即通过虚构的历史人物的话语来阐明其动机。他在撰写历史著作时使用的另一种方法甚至是更为现代的，也就是不时地给出一个关于英国和欧洲的整体外交关系的纲要。读者能够看出休谟在成为其材料精神上的主人和更有效率的组织方面所做出的努力，虽然材料对他而言通常只具有些微的吸引力。

有大量的政治智慧散见于这部著作。但是我们在休谟那里，就像在伏尔泰和孟德斯鸠那里一样，必须注意到尚未出现对于国家独特的和特殊利益传统的现实理解，而正是这种理解才使人们认识到这些国家自身就是活生生的个体实体。因此，休谟无法在他在一个国家中最关切的东西———一种符合宪法的和明智的有节制的自由这一目标——和国家在纯粹权力政治领域中的活动之间建立起任何内在的联系。

在有待观察和研究的不同历史生命领域之间缺乏连贯性，这正是启蒙运动无能的特征。只是带着理性和经验的工具和方法，以及功利主义目标，启蒙运动是无法建立起精神统一体的。法制的国家，权力的国家，始终复归、特别是反映于宗教中的关于人性弱点的心理学——所有这一切被并置在一起，却没有融合成为一个整体。和伏尔泰一样，休谟认为历史中主要的能产生结果的基础力量就是国家和宗教。但由于其机械心理学的限制，他未能把这两种力量带入任何有机的联系之中。在他额外地前去研究由启蒙运动的新兴趣所开辟的新材料时——文明、习俗和制度的进步，技术和经济的发展，这种无能为力就变得更加清晰明了了。休谟也有着这些兴趣，但他并不特别关注它们。他为孟德斯鸠所鼓舞，将特别的注意力投入到了盎格鲁-撒克逊宪法和封建制度的研究之中，同时也没有忽视金融和价格问题。在后面的几卷中，他在叙述每一个统治时期时都会把一个部分让给这些主题，以及贸易、工业、文学、艺术和习俗。将传统历史研究领域作文化史的延伸，可以说是休谟几乎与伏尔泰同时所做的事情。他曾经说过（第4卷，第37页），甚至琐屑之事，如果它们揭示了时代的习俗的话，都通常要比伟大的战争和谈判行为要有教益得多和有趣得多，而战争和谈判的行为在所有时代和所有地方总是大同小异的。但休谟没有按照这条宗旨推进；这些特殊的片断并没有超出一种令人不满意的注释汇集，没有达到伏尔泰的文化史的水平。毫无疑问，其中有一些对于国家和文化、事件和环境联系在一起的整体生命意识，休谟和伏尔泰的历史著述确实为历史的身体带来了新元素，但是其中缺乏将它们与整体活生生联系起来的纽带。

在德意志的思想生活业已转向国家和历史研究的方向时，那些才智卓异的德意志读者向休谟著作提出了一些重要的批判，同时也向它致以了崇高的敬意。1814年12月16日，尼布尔致信亨斯勒（Dore Hensler）时写道：

我相当愉快地认识到了休谟的伟大品质和决定性地超出于吉本的地方。但是在较早时期，他甚至遗漏了许多你认为缺乏的事情；在较后的时期，他缺乏对于所有那些他仅仅看作笨伯和叛逆者的人性之心所感受到的东西的意识。但是在这个方面，老实说，吉本也好不到哪里去。

冯·施泰因男爵对这部著作击节称赏，认为它是审慎的典范，公正和敏锐地发展了历史事件之间内在的政治联系，也赞颂了它那高度文雅的风格。他承认休谟缺乏描述的温情和想象力，未能为没有当下现身的或遥远的东西注入生命。这两种批评一针见血地指出了休谟伟大成就中的缺点，这种缺点是启蒙历史学普遍具有的：未能为历史生命提供内在的灵魂。①

在英国，尽管学术团体屡屡批评他的著作，但是休谟的著作还是受到了高度的关注。一位高教会派对手，为休谟对历史非宗教的处理手法所带来的持续的负面影响所激怒，在 19 世纪中期跳

---

① 格哈德和诺尔文（Norvin），《尼布尔书信集》（*Die Briefe B. G. Niebuhrs*），第 2 卷，第 514 页及下页；或者博岑哈特（Botzenhart）的《施泰因的国家思想》（*Frh. vom Stein, Staatsgedanken*），第 107 页。在这里也许还可以参考青年兰克对休谟作品发表的一项富有个性的判断。他在 1825 年回答佩尔特斯（Perthes）关于撰写一部英国史的请求时评论道："我将把我的注意力集中于整体和贯穿于其中的发展过程，而这种情形对于休谟来说是稀罕之事。"见于翁肯（Oncken），《兰克的早期岁月》（*Aus Rankes Frühzeit*），第 30 页。此外，兰克赞许休谟的一个主要论题，即在查理一世时期的英国宪法性法律中，"还有许多未决之事"。《论近代历史上的各个时代》（*Epochen der neueren Geschichte*），第 174 页。

第五章 英国的启蒙历史学

出来对休谟著作进行了猛烈的抨击。① 显而易见的是，就像伏尔泰一样，休谟著作的学术背景易于遭人诟病。人们能够严厉批评他对中世纪情况的薄弱了解。在收集材料时，他经常顺从于自己的设想，宁愿从他的先行者那里（卡特［Carte］、蒂勒尔［Tyrrell］、布雷迪［Brady］等等）为他撰写的英国史选择材料。但就我们所知，这不过是一个微不足道的批评，并没有触及休谟历史思想的独立性。而且，既然这位批评家的党派性很强，那么就得对他的评论再行审核。② 无论如何，富埃特责备休谟从不曾批判他的原始素材，这是不公正的。③ 这位上面提及的高教会派批评家甚至说到了伪造。但是

---

① 《休谟及其对历史的影响》("Hume and his influence upon History")，《评论季刊》，第73期，1844年，第536页及以下诸页。

② 甚至布莱克（《历史艺术》，第90页及下页）和皮尔登（Peardon）（《1760—1810年英国历史著述中的变迁》，第21页及以下诸页）对休谟研究方法的尖锐批评，显然也主要奠基于《评论季刊》上的这篇论文。休谟对1747年左右面世的卡特（Th. Carte）的《英国史》的利用，已然在《爱丁堡评论》（第53期，1831年，第15页）中被注意到，然而这位评论者完全没有怀疑休谟历史著述的独立自主性。

③ 例如，人们也许会提及在第1卷，第19页的细节论及了修道院传统的缺失；在第1卷，第153页论及了公共法规对于揭示真实的道德状况具有不稳定的价值；在第2卷，第111页论及既有数据是高度异想天开的；在第2卷，第397页中论及对关于玫瑰战争的传统材料的错误使用；在第4卷，第95页及以下诸论及玛丽·斯图亚特的"宝盒信笺"（诚然给予了过多的可信性）；在第5卷，第38页论及萨利（Sully）所描绘的亨利四世的宏伟计划；在第6卷，第231页中论及海战叙述中的典型缺点。也可参看韦格利希的《处在其哲学体系框架中的休谟历史理解》（科隆，论文，1926年，第54页及以下诸页）。——对我们来说甚至更加重要的是，他在卓越的《论古代国家的人口稠密》中发展起来的材料批评方法。"修昔底德历史著作中的第一页，"他在这里如是说道，"在我看来是真正历史的开端。"他在这里对古代作者给出的数据也进行了尖锐的批评，阐述了一个展现了精妙洞见的原则，即相对于古代作家随意和顺带给出的关于平常生活状况的细节，我们更要小心那些他们直接和出于既定目的地叙述的内容。

绝对没有支持伪造这一说法的证据，至少在主观意识上是没有的。休谟想要无遮无拦地发现整个真理，虽然他未能理解历史生命的许多方面，这是由于他作为一个启蒙运动思想家的偏见，由于他把自己和他的思想方式投射到历史人物和事件上所致。

尽管如此，但就这种思想能够通过经验加以核查而言，正是休谟的成就揭示了在哲学和历史两个领域中启蒙运动在思想领域中的局限性。他知道，在人类的背面还存在着一些"难以解释的神秘现象"，而"偶然性"这个词只不过是对于迄今未知的原因的表达。伏尔泰也达到了同样阶段的怀疑主义，却宁愿返回对已知世界的享受中去。休谟是一位更加严肃和更加深刻的思想家，具有更伟大的理智上的诚实正直，在遭遇这个未知领域时就缴械投诚了。在这里，可以将黑格尔的话运用于休谟的历史著作：经验主义只能解剖材料，却无法使它重新整体化。然而这种解剖，就像孟德斯鸠的成就一样，却以这样一种方式松动了土壤，使得它适宜于新的思想种子。

吉本

精神力量和渴望历史知识的力量，不仅是伟大的启蒙历史学印象最令人深刻的特征，而且也是值得考虑的最重要的推动性力量，倘若我们想要理解它在历史主义起源阶段的作用的话。它注定将在态度极为不同的新一代身上鼓舞起一种激情，一种以同样伟大的力量却拥有更为敏锐的工具以掌握历史的激情。在休谟通过其历史思想中的哲学因素而得以推动思想运动时，吉本（1737—1794年）通过他的《罗马帝国衰亡史》(*The Decline and Fall of the Roman Empire*)

作为一位历史学家甚至得到了更为广泛的阅读，产生了更加深远的影响。《罗马帝国衰亡史》第一卷面世于1776年，最终完成于1787年。① 它的持续性影响一定程度上不仅得归功于吉本自己对于原始材料极其广泛的阅读，而且也得归功于蒂耶蒙打下的批判性基础，没有他，另一个时代就无法吸收吉本的影响。甚至时至今日，吉本的著作能够同时令人愉快和反感，唤起惊奇赞叹之感和厌恶感。但是，每个急于研究普遍历史思想的学生都有必要与吉本进行内心的交流。其中有两个基本的观念大致可当作启蒙运动传给历史主义的独特遗产，并且直接在兰克那里获得了最高的发展。第一个是吉本所表现出来的对于其材料普遍历史式的掌握，是他深入材料和把不同部分结合起来的能力。他从不曾满足于诸如外来民族突袭罗马和破坏它的外在事实，他一定得深入地叙述其中的每一个民族及其自身独特的性格和命运。② 因此可以说，这部著作就好像从高耸的朱庇特神庙出发对不同民族所发表的恢宏庄重的评论。吉本在1764年曾在朱庇特神庙为这个所有帝国中最伟大帝国的遗迹深深地感动过，以至于就在此时此刻萌生了创作这部巨著的想法。在将其普遍的兴趣运用于不同民族的内部生活的方面，在选择和深入地研究被普遍地认为对于普遍历史至关重要的各生命领域方面，吉本已经让人们想起了兰克。就像在伏尔泰和休谟那里，国家和宗教在重要

---

① 六卷四开本的第一版。最后三卷面世于1788年。
② 吉本（《吉本自传》，1896年，第332页）证实道，在这个方面他遵循了马布利的一个建议（《论历史写作方式》，1783年，第110页），不要过分详细地涉及东罗马帝国的衰落，而应该更加彻底地研究蛮族征服者。因此，马布利极为微不足道的著作至少有这一大功绩。

性的排行榜上被放在第一位，只不过吉本是更加有意识地这样去做的。诚然，吉本不太感兴趣于它们自身独特的生命方式，而更关心真正的启蒙问题，亦即它们对人类的福祉是做出了有益的贡献还是产生了糟糕的影响。因此，他功利主义地对待国家生活，承认"有用的偏见"是统治和驯化大众的有效工具。由此，他也详细地研究了基督教。从他的著作不同的相关章节中，完全有可能建构起一部特殊的，虽然是不完全的教会史、教义史及其异端史。但这种情形再次与一种实为启蒙运动特殊的典型特征的无能为力联系在一起，亦即在历史发展不同的线索之间缺乏内在一贯性或相互联系，这也是我们在休谟那里业已注意到的一种缺陷。这种缺陷产生了多么奇怪的影响呀，比如，在讲述查士丁尼权势的崛起时，几乎就仿佛在那时并不存在像基督教那样的东西；接着就好像水闸突然之间被打开，日积月累的巨量思想就一下子奔涌而出。

吉本所代表的启蒙运动的一般思想模式，和兰克所代表的历史主义的一般思想模式，源出于同样的共同的历史意识之中，亦即它所代表的文化并不是任何单一民族的作品和任务，而是属于一个各民族共同体，一个通过他们的命运和精神休戚与共地结合在一起的民族共同体，也就是西方基督教民族。这就是第二个基本观念，来自于得远远地回溯于基督教共同体的根基，它将启蒙运动与历史主义联结了起来，并以这样那样的细微差别——正如弗格森1767年的《文明社会史论》所说的——从属于启蒙运动的共同财富。① 吉本

---

① "欧洲现在是一个由多个民族组成的国家。"孟德斯鸠如是说道（《论欧洲一统王国》[Monarchie universelle] 两卷本，1891年，第36页）。

就像兰克一样，欢迎这个民族共同体的繁复多样性，也欢迎它的共同性格。后来，兰克能够以更为成长性的和内在性的方式拓展这个观念，而吉本以启蒙运动所能得到的零零碎碎的知识工具却未能达到这种地步。但是，他清楚地看到了这个观念（首先见于《关于西部罗马帝国的衰落的总体观察》[General Observation on the Fall of the Roman Empire in the West]，第38章），虽然仅仅是以一种完完全全为启蒙运动所特有的方式。大体上，他把这个观念作为理解世界历史的枢纽。因为在这一点上，出现了一个启蒙运动亲切友好的教义，它业已为沙夫茨伯里所支持，不过曾受到了休谟的限制，这就是"自由和文学"，政治自由和文化通常是相互归属的，而专制统治则伤害文化。通过对这个观念的研究，吉本得出了如下的结论：我们今天回到了——只是以一种更为恢宏的和正如他所说的以更加确定的方式——愉快的处境中，各民族在其中紧密地联系在一起，独立自足地生存着，然而却处于同一文化水平之上，处于相互竞争之中。伟大的文化最初就是从这种情境中诞生的。小规模的古希腊城邦，带着它们的"统一和独立的愉快混合"，成为了吉本论述现代西方的原型（第53章结语，也可参看第2章结语和第3章结语）。然而，随着罗马帝国的降临，世界不仅对于所有绝对君主制国家的敌人变成了监狱（第3章结语），而且由于一种内部的毒化过程而丧失了充沛的精力，这种毒化过程发生于政治、道德和精神领域。这种毒药是漫长的和平时期和独裁的统治方式带来的；这样的和平与独裁统治使人类降到了千篇一律的知性水平，窒息了天才的火花，甚至导致了战争精神的烟消云散（第2章结语）。我们在一个生动活泼的判断中已经能够感觉到某种超越了启蒙运动的机械化和道德化思想的东西。然而在另一个场合，吉本又退回到了他的先行者孟德斯鸠（在《总体观察》中）所追随的机械模式之中了，在这里，他把罗马帝国衰落的原因简化为一种无法阻挡的自然法则，明确指出罗马这个世界帝国过度膨胀的疆域纯然地成为了这种衰落的活跃原因。[①] 在这样的思想背景之下，发现吉本说出其著名的格言是令人惊奇万分的，他说，毫无疑问，人类历史最幸福的时期存在于图密善驾崩和康茂德登基之间好皇帝的统治时期（第3章）。然而人们经常忘记，这句格言也带有一种悲剧性的背景。在吉本发表关于人类最高程度的幸福发现于业已注定走向衰落的文化时期这样一个判断时，我们要问的是，吉本有没有真正深切地感受到这种悲剧性背景，有没有意识到其纯粹悲剧性的一面。因为他的判断揭露了启蒙运动所持标准中模糊不清的分歧，这是1789年之前处于晚期古代政体时的启蒙运动思想家据以评价各民族政治命运的标准。在这其中有着一种对于自由和小城邦的热情，却也对于在大规模帝国中发现的开明专制带来的神佑有着异口同声的赞誉。因为启蒙运动历史学家普遍乐意以一种人格化和道德化的方式解释历史事件的细节，所以过去为民族带来福祉的专制统治者总是获得了特殊的赞颂。但是在这里，在启蒙运动历史思想中缺乏内在一贯性这种情形，也是一目了然的。它的思想家优先地按照绝对标准进行判断，但他们也注意到了实际

[①] 他可能在这部著作的一开始还没有这种简洁的观念，就像第2章（接近结束的地方）中的话所显示的："无论理性或雄辩把多少邪恶注入到了庞大的帝国中，罗马的权力还是为人类带来了一些有益的结果。"并在接下来给予了描述。也许《总体观察》中的评判受到了罗伯逊和孟德斯鸠的影响，因为罗伯逊在《查理五世史》的伟大导言的一开始就这样写道："罗马人的统治，像所有大帝国的统治一样，羞辱和贬低了人类。"

经验的教训。绝对的标准赞同自由，而实际经验则赞美善意的专制统治，其中统治者的美德也能赢得绝对标准的称颂。① 只有历史主义的个体性思考才有可能正确评价古代世界的伟大悲剧，在它的死亡中为未来释放崭新的生命。只有到了那时，这些历史事件才能被看作一个统一体，才能以真正的敏锐被理解为卷入于其中的命运。

确实，启蒙运动已经具有一些命运意识。这一点在孟德斯鸠关于罗马的著作和在他的学生吉本的伟大著作中可以感觉得到。毫无疑问，他们两人都极为激动地看待这种历史戏剧，都努力以机械因果式的和道德式的语言来加以解释。但是一旦吉本着手于详细阐述事件，在对活跃的历史人物所发表的道德化和审察式的判断面前，命运意识就消逝得无影无踪了。在他年轻时在洛桑度过的岁月中，吉本吸收了法国文化的趣味，甚至看到了伏尔泰活跃于舞台的身影。他的历史作品一而再再而三地使我们想起了古典悲剧的剧院舞台，华丽的措辞，紧凑的情节布置，却在有时容易变得令人厌烦。无论何时，只要他描写异教和基督教之间的冲突，描写基督教向业已腐烂的罗马帝国躯体进行渗透的情形，他的笔触就会受到根深蒂固的厌恶感的引导，字里行间的气氛就会变得冷淡，如果不是真正冰冷的话。说吉本认为罗马帝国衰落的罪魁祸首是基督教②，这是不

---

① 关于1777年在巴黎进行的一场在吉本和马布利之间的典型争辩，其中马布利热情地捍卫着共和国，而吉本则捍卫君主制，参看《吉本自传》，第314页。在此也可参看第342页写于1791年的一些关于法国大革命和对柏克的《反思法国大革命》表示赞成的犀利言辞，虽然他只能欣赏它们实际的敏锐性，而不能理解它们深刻的思想基础。

② 这与伯里（Bury）不一致，见他主编的吉本作品的导言，第XXXVIII页；雷姆，《西方思想中的罗马衰落》，第125页；麦克洛伊（McCloy）的（转下页）

正确的，因为他看到"潜滋暗长的和秘密的毒药"早在其朝气蓬勃的时期就已在起作用了。但是他说过，君士坦丁的皈依基督教加速了衰落（《总体观察》）。吉本的勤勉是永不懈怠的，比起伏尔泰来，他更为严肃地与他的材料进行搏斗。但是，他以无情的严厉态度探讨了从最早期的时代直到15世纪理性和学术的复兴为止基督教的历史作用。他没有把这段历史当作个体生机盎然的力量的发展，而是看作特殊的冲动、激情、反思和技能之间的相互作用，把它们设想为一部巨大机器中的零件。

然而在阅读吉本的作品时，我们为他研究这些教义争论时的彻底性惊叹不已。神学家罗伯逊在撰写《查理五世统治史》时认为，对宗教改革时期教义争论细节的研究应该留给教会历史学家去做。伏尔泰在其《路易十四时代》中虽然对这个时期的神学争论勉为其难地进行了肤浅的研究，他认为这种神学争论对人的理性是一种污辱，不过大体上，启蒙运动历史学家不乐意深入到这些事情的细节中去，这些事情与他们主要的观点是相矛盾的。是什么理由驱使着持完全非宗教态度的吉本承担起这样一种思想扩张，几乎达到了一种普遍思想史的规模呢？在一些方面与吉本和18世纪精神亲近一致的19世纪的批评家、重要的犹太语言学家伯奈斯（Jacob Bernays），在他对于吉本的敏锐宏富但又内行谨慎的评论中，猜想

（接上页）《吉本与基督教的对抗》(Gibbon's Antagonism to Christianity)，1933年，第13页和第50页。在另一方面，布莱克正确地解释了吉本的观点，《历史艺术》，1926年，第170页及以下诸页；本茨，《十八世纪历史著述中的人类学》，1932年，第71页及以下诸页。他的自传中的这个证据（"正如我相信的并依然相信的，福音的传播和教会的胜利与罗马君主制的衰落不可分割地联系在一起。"《[吉本自传]，第285页]）与我们此处和之后的理解也并不矛盾。

了一种答案(《论著集》,1885年,第215页)。在他尚未成熟的青年时期,吉本放任自己在1753年接受劝导皈依罗马天主教会;但在一年后,当他父亲派他出国去洛桑时,他又回归了新教。这两次改宗看起来与其说是一种宗教决定,倒不如说是一种知识上的决定。但这种改宗的经验是强烈的,在作者如今对教会教义产生的兴趣中,这种经验的影响依稀可辨。这样一种深切的关注,就像伯奈斯不无歉意地加以评论的,"只能属于一种炽热时期冷却下来之后的兴趣,而不可能是一种冷淡的无动于衷的迹象"。

这里有着一个历史发展领域,在其中,孟德斯鸠在把领主裁判权的历史描绘为最初合法的制度的逐渐转变时,业已超越了实用主义解释的限制。法学世界是这样一个世界,甚至启蒙运动的知识观在一定程度上也能够按发生学的路线加以研究,因为在这里,个体的历史行动一定程度上是处于背景中的。吉本作品的第44章,涉及的从罗慕路斯到查士丁尼的罗马法学史,甚至已然赢得了19世纪伟大法学家的仰慕,但它无论如何没有完全独立于道德化的实用主义。法学这一部分是如此地精于技巧,以至于人们正确地注意到了它与作品的其余部分缺乏内在的联系。①

---

① 里特尔,《历史科学的发展》,第302页。也可参看瑙曼(Neumann)关于吉本的富有价值的评论,《古代史的发展与任务》(*Entwicklung und Aufgaben der alten Geschichte*),1910年,第90页及以下诸页。林格林(Ringeling)1915年在罗斯托克所发表的演讲"吉本的《罗马帝国衰亡史》中的实用主义",把许多过分现代的观点归给了他。法尔科深入地研究了吉本对于中世纪的理解,《关于中世纪的争议》(*La polemica sul medio evo*),第1卷,1933年。正如我们所做的,他在第196页上也强调了其结构的不一致性,但他接着在第254页及以下诸页上高估了吉本朝向反实用主义解释的倾向,然而在第264页上的最终的判断是这样的:"这项工作毫无希望地停止了。"狄尔泰年轻时的一篇关于吉本的(转下页)

大体上，这部作品汗牛充栋般的材料横跨一千五百年，研究是以造诣高超的技巧进行的，然而它对材料的选择和分类还是缺乏内在的统一性，如果有内在统一性，这部作品在总体上将成为一部关于伟大历史个体的作品。追踪东罗马帝国的命运直到君士坦丁堡的陷落，这样做确实是极为正确的；而追踪卷入这段历史中的不同民族的进一步命运，正如我们所说的，是普遍历史的一个进步。但是罗马和意大利进一步的命运不再是罗马帝国的衰落和崩溃的一部分，它们的历史在中世纪晚期相当无条理地突然中断了。就像这部作品最初的构思产生了伤感的感受一样，作者以最后一章为这段历史带来了一个人为的结束，最后一章描写的是罗马的城市、里恩佐的冒险、皇制和最终古代罗马的毁灭。实际上，在1764年，对这部作品最初的构思是到罗马城市的陷落为止，而不拟关注神圣罗马帝国，这项构思在这些章节中又再次露面了（参看《吉本自传》，第270，302和405页）。

这部作品是强烈感情和伟大精神力量的创造物，而不是深刻精神的产物。这种强烈的感受纯粹是一种面对启蒙运动倍感亲切的价值的毁灭而表露出来的悲痛之情，这种悲痛为一种处在当代的幸运感所缓和。在吉本身上再次出现了一种高等英国贵族所具有的典型趣味。沙夫茨伯里曾在形式上努力想精神化和深化这种趣味类型。在吉本身上，它产生了一种拥有至高力量和完全自信的愉悦的理智

（接上页）论文（《韦斯特曼月刊》，第21期，第135页及以下诸页，1867年，以假名霍夫纳尔［Hoffner］发表），由于是他所创作的，在今天仍然是吸引人的。不过它提供了较多的吉本的生平画像，而不是对他的作品的批判性评估，而且带有相当多的溢美之词。

主义。任何想要熟悉吉本强大的知性力量与他的满足和自信的人，应该转向他的自传。回顾他的毕生事业，在理性自豪感的中间，他在某个时刻确实怀疑过，怀疑自己到底有没有在拔除偏见的稗草时，连一些想象之花、一些优美的过失也拔掉了（第344页）。这种情形揭示了对于业已开始影响他的同时代人的思想趋势的淡淡意识，是一种相当微弱的迹象，亦即启蒙运动开始预感到自身的局限性了。

罗伯逊

在我们来到第三位伟大的启蒙运动历史学家罗伯逊（1721—1793年）的身边时，我们将稍待片刻以好好回顾富有声望的启蒙运动的主要主题，它的普遍的历史著述在休谟和吉本著作中表现出来的特殊方式。休谟的兴趣大致包括了从野蛮上升到文明的整个人类，并从这个角度研究了宗教史。然而在他的《英国史》中，尽管其下有普遍的兴趣支撑着它，他却未能提供一种比相当不完善的关于一般性卷入于普遍西方历史的观念更多的东西；而且他对此研究甚少。吉本以一种世界性的理解把其他民族的历史编织进了罗马史之中，但他使用的方法没有允许他为总体作品赋予一种内在的统一。然而在罗伯逊的著作中，虽然它很难超出启蒙运动典型的在认知手段上和价值标准上的局限性，虽然他在总的理智力量上要低于休谟和吉本两人，但在他对普遍历史的研究中却可以看到一些进步。这就是为什么我们到现在才思考他的著述的原因，虽然在时间上他要先于吉本。他的《苏格兰史》(History of Scotland) 1759年面世（两卷本），紧接于休谟著作第一部分的问世，在他的国家受到了异乎寻常的热情欢迎。① 在欧洲，他的声望依赖于最伟大的著作《查理五世统治史》(History of the Emperor Charles V)，1769年（三卷本）；他最后的重要历史著作（除却一本晚年创作的关于古代世界的对印度认识的作品，1791年）是《美洲史》(History of America)，1777年以最初的形式出版（两卷本）。②

所有这三部著作都具有一种确定的普遍历史的线索，是一位天生的历史学家的作品，虽然罗伯逊缺乏天才，但他表现出了一种对于永远处于运动中的世界现象的高度尊重，只要他能理解它，表现出了对世界特殊的和个体的性质的高度尊重，而这正是所有真正的历史客观性必须奠基于其上的东西。这种对于事实的尊敬，和早已引导他钻研档案文件的学术良知，为罗伯逊赢得了饱含敬意的评价③，认为他是18世纪"最完美无瑕的历史学家"（布莱克，《历史艺术》，第122页）。无论如何，这三部作品表现了他对历史中的普遍性的意识的一种有机发展。首先，他揭示了他的祖国苏格兰没有孤立地成长，而是如何在欧洲舞台上成长的；接着，他以同样方式研究了欧洲历史；最后是原初样子的新世界，和旧世界的力量侵入后产生的变迁。他的历史著作的一个更深刻的有机特征是，总体而言，所有三部著作都集中于16世纪，努力从许多角度进行对整个时期最重要的普遍历史的深入细致的研究。在这一点上，伏尔泰在他

---

① 参看皮尔（B. Pier），《作为历史学家和历史哲学家的罗伯逊》("W. Robertson als Historiker und Geschichtsphilosoph")，博士论文，明斯特，1929年。

② 后来从他的未刊著述中增加了关于弗吉尼亚和新英格兰的选段。我们在这里用的是1790年三卷本的版本。

③ 皮尔指出，在其批判性的素材运用中，在许多恰到好处的运用之外，也存在诸多的错误理解，见上引书。

的《风俗论》第118章的"16世纪的普遍观念"中所做的暗示在这里结出了累累硕果。

但是，罗伯逊对于16世纪兴趣强烈的原因还仅仅与启蒙运动有关。他在《苏格兰史》中说道，这是这样一个时期，当其时，世界开始从昏睡中苏醒，人类的精神开始意识到自己的力量，开始打破权威的束缚。他把这个过程单纯地解释为改善，人类"心灵的改善"，在路德的宗教改革中，他看到了人类历史上最伟大的事件；但他——虽然比起休谟来带着更大的温情和同情——以纯粹理性的方式评价其为一种向着关于神的更加自由和更加理性的思想的突破。像这样的宗教问题对他而言并没有深刻的吸引力；对他自己的历史目的，他满意于一种对于引导性的世界历史的恬静信念，这种世界历史以一种相当松散的方式包括了启蒙运动和基督教两者的观点，但却没有以任何有机的方式把它们联结起来。他坚信，我们可以观察到这种世界历史在伟大的转折点上起着作用，带来了普遍的进步；他采取了一种比吉本更为严格的方式，准备把教义问题留给教会历史学家。他有没有在这个词真实的和深刻的意义上认识到"问题"？诚然，他极其严肃地考察了他提出来的每个问题，但他通常会想方设法地以非常令人满意和逼真的方式给出回答，把一个原因如此优雅地与另一个原因联结在一起，以至于就没有什么神秘不可解的东西留下了，似乎一切事物都圆满融通地一个阶段一个阶段地吻合于普遍的进步模式之中了。甚至16世纪的苏格兰史的导言也以这些同样的方式铺陈了开来，不过更为特别的是《查理五世统治史》出色的导言，其中包括对于中世纪历史黑暗舞台的回顾和逐渐的破晓。这是一段极为美妙的、持续进步的欧洲历史，因此，他能够比其怀疑主义的继承者吉本更加公正地对待中世纪军事和骑士制度的肯定性作用。罗伯逊运用纯熟的技巧以愉悦的风格叙述了在国家、宪法、法律、经济、社会和文化中发生的整个漫长系列的发展。制度在共同生活领域中原因上的重要性得到了深刻的强调，有时甚至带上了夸张的口吻。顺便说说，在这里，罗伯逊的实用主义倾向有时也暴露无遗，把无意识的发展说成了有意为之的变化。把知识和贸易看作进步的两个最得力的杠杆，这也是启蒙运动的典型特征。由于罗伯逊以开阔线条描述的能力和以重要细节进行阐明的能力是建立在学富五车的知识和对材料的熟练掌握之上的，这就更加值得尊敬了。说他超越了伏尔泰，这一点也没错，因为伏尔泰以相当贫乏的知识却进行了颇为鲁莽轻率的判断。罗伯逊在为他关于政治和军事上的权力斗争的宽广描绘引证事实支持方面，比起伏尔泰甚至休谟所做的，也要成功得多。他会将他自己时代按部就班的内阁斗争和政治利益之间的竞争，这种同时服从于理性限制的竞争，与更早时代无法无天和没有限制的战争进行比较，由此揭示了欧洲权力平衡机制的建立代表了一种前所未有的进步。这种甚至将权力政治保持在理性界线之内的政治平衡机制，在他看来是"现代政治的伟大秘密"（《苏格兰史》）。我们在吉本那里注意到了一种对于在晚近欧洲政治制度中文化重要性的类似感受，把这种感受看作联结他与兰克之间的桥梁。罗伯逊同样在政治权力平衡的形成中看到了，具有普遍历史意义的查理五世与弗朗索瓦一世之间的权力斗争，对文化是利莫大焉的。然而在他着手详述本质上奠基于文艺复兴时期历史学家的东西时，他没有展现出像在导言中表现出来的纯熟技巧。它以相当狭隘的视野从一个行动推进到另一个行动，虽然在实际利益和作为行动动机的激情之间做出了足够清晰的区别，却缺乏能够使整个时期融化贯通起来的任何恢宏的观念。作为名副其实的启蒙思想家，他能够把人类的普遍**改善**塑造为一部艺术化的戏剧，但彻底地栩栩如生地描述政治史的时刻尚未到来。

只有在《苏格兰史》中，对于权力斗争的描述才敲击出了活泼的和个体的音调。作为一个忠诚的苏格兰人，他当然对自己国家的命运铭记在心。他激动于苏格兰跌宕起伏的历史，从野蛮的中世纪封建制度的孤立战场和贵族的寡头统治，到16世纪与英国历史内在的联结，苏格兰接着为新欧洲的政治制度发展所改变，直到它最终成熟得能够与英格兰统一在一起。在作品的结尾部分，他探讨了苏格兰语言在一个独立的国家中就像古希腊各种各样的方言一样蓬勃繁荣的可能性，这时他并不是没有一丝遗憾之情的。但是，他表达了对于苏格兰与英格兰民族结为一体的明确的偏爱之情，而非希望它们在17世纪分别地存在。他相信，统一的结果既有利于苏格兰的自由，也有益于苏格兰的天才。

但是他立即抵制了这种他开始意识到的隐约的浪漫倾向。与支配着人类进步的更为简单和更为普遍的法则一起，他做出了清晰可辨的努力以确切地理解特定历史现象的特殊性，这种明朗的意图警告他不要将当前时代的观念应用于过去。但是伏尔泰和孟德斯鸠也已发出过这种警告，罗伯逊只不过更深一步地接过了孟德斯鸠的因果方法，但是他提高了在精确的具体研究方面的要求，增强了对于始终在共同起作用的繁复多样的原因的意识。"伟大人物对于制度的激情有时会使他疏于研究，"就像他在《美洲史》中无比正确地说过的（第3卷，第379页）。因此罗伯逊避免了孟德斯鸠气候理论的片面性，而表现出了一种对于地理制约性的意识。最重要的是，他像伏尔泰一样探索道德和政治原因，观察它们的特殊情形。然而在他看来，过去仍然是值得研究的，不是由于其固有的价值，而仅仅是作为理解现代文明的兴起和人类改善的工具。基本上而言，他对于过去的态度是探求原因，而不是价值评估式的。最起码，他认识到过去的价值仅仅是近似的理性价值，是仍然处于缓慢纯化的过程中的。在他的《苏格兰史》中，只是由于这种感受，才有可能附带地经历这段历史。他以相当不浪漫的眼光来考察自己民族的较早时期的历史。他一开头就表示，最早的时代应该要么作为极其令人难以置信的东西忽略掉，要么交托给容易轻信的古物研究者。各民族就像人一样，只能步履沉缓地迈向成熟，发生于他们童年或早期青年时代的事情并不值得追忆。

然而后来在撰写《美洲史》时，他打破了这项基本的原理，他在这里分析了印第安历史的原始阶段，从那时可以获得的所有原始素材出发，相当仔细地研究了处于较高发展水平的半文化状态中的墨西哥人和秘鲁人。在这里，他没有因为传统材料寓言式的性质而退避三舍。相反，他为寻找可靠的材料以揭示伟大的人类改善过程的最低级阶段这项任务所吸引。卢梭关于人类在自然环境中处于理想状态的论点激发了启蒙思想家的相反观点。伏尔泰开了头，紧随其后的是瑞士历史学家伊瑟林，他在1764年收集了大量驳斥卢梭的包含着原始状况的材料，但并没有把问题引向更深的层面。接着在1767年，弗格森对原始文化阶段进行了更为细致的考察。现在，罗伯逊也加入了这个行列，同样实事求是地反击了卢梭。在这里，他也对他所发现的任何特殊的特征进行了极为详尽的思考，但他的主导性主题是，与在原始美洲民族身上展现出来的对所有民族都有效的普遍人类类型相比，他们身上的所有特殊特征只不过是次要的。他从人们发现的古日耳曼部落和印第安部落习俗的相似性上雄辩地得出了一个结论，认为他们必定是相关的，是从同一源头产生出来的。他声称，这些相似性更有可能被解释为同样的生活方式和同样的文化阶段的结果。"一个活动于多瑙河岸边的野蛮部落必定与一个生活于密西西比河平原上的部落极为相像。"(《美洲史》，第1卷，第26页；也可参看《查理五世统治史》，第1部分第6条注释）弗格森对原始民族的分析从同样的观点出发。与例如像拉菲陶这样的人都以地理学假设沉湎于其中的粗野的非批判性思考比较起来，这些论点都应该被认为是一种进步。亦如休谟相关的宗教史理论，这些观点为一种关于文化阶段的比较科学铺平了道路。再次，就像在休谟那里一样，我们站在了仅仅奠基于类型发展的历史研究实证主义态度的门槛之上。但是，这种自然法观点仍然在罗宾逊的假定中表现了影响力，罗伯逊假定人性无处不在的相似性在相似的文化进步阶段中表现了出来。"人类精神在新世界就像在旧世界一样遵循着同样的过程。"(《美洲史》，第3卷，第171页）"最初为自然之手塑造成形的人类在哪儿都是一样的"，不管他成长于最粗野的野蛮人中，还是生活在最文明的民族中。改善的能力看来都是一样的，它所运用的才能和美德看来主要依靠于同时代的社会环境(《美洲史》，第2卷，第188页）。因此在古代墨西哥人的封建制度中，罗伯逊看到了与中世纪欧洲的封建制度极为相似的副本。只有将起源于英国经验主义的对于类型的新感受与一种对于个体崭新的更加生机勃勃的意识结合在一起，这种比较才能大放异彩。罗伯逊缺乏这种结合的意识，没有意识到这种独特的描述是无法单独发生的。但是总体上来说，这样一种意识在18世纪的英国思想生活中并不是付之阙如的。一出极其引人注目的思想戏剧现在将要上演了。

第六章　英国前浪漫派、弗格森和柏克

英国前浪漫派

历史发展的深刻本质在于，它始终只有通过一个极端对立的过程，通过对立倾向之间永不停息的张力，才有发展的可能。伟大的精神运动甫一兴起，逐步建立和占据主导地位，通常会采取一种绝对的性格，至少在当下会战胜所有反对的力量。事实上，进一步的考察揭示出，从一开始，并非罕见的是，在这种精神运动的旁边和背景中，有一些其他采取不同方向的精神力量在起着作用。这种力量展望到了更遥远的未来，虽然一开始与新兴运动紧密结合在一起，但有朝一日注定将它分崩离析——为的是然后重新开始兴起和最终瓦解的同样过程。"形成，变迁，永恒事业的永恒精神。"这种席卷一切的戏剧编织出来的是一部富有意义的历史还是了无意义的历史，产生出来的是一个令人安慰的世界还是一个令人绝望的世界，它是通向一种软弱无力的相对主义还是导致对一个尽管具有毁灭危险的观念的忠诚献身，这得依赖于观察者的气质。除了其他的一切，这种信念还依赖于忠诚，相信甚至在这种辩证的发展中看起来会消失无踪的东西也从不曾真正熄灭，而是在"扬弃"

（aufgehoben）的意义上继续起着作用。

对于这种过程来说，18世纪堪称一个绝妙的例子，那时一种崭新的精神力量似乎在一定时期内表现出了绝对的征服姿态，然而从一开始就伴随了一种相反的后来导致其瓦解的思潮。启蒙运动和理性主义的世纪从不曾是一个纯粹的整齐单一的世纪，而是从一开始，它就在内部孕育了将在19世纪成长为浪漫主义、非理性主义和历史主义的思想胚芽。正如我们业已在法国看到过的那样，这种现象在欧洲的方方面面都是察觉得到的。一位法国人蒂耶昂（Tieghem）在其著作《前浪漫派：欧洲文学史研究》（[*Le Préromantisme, Études d'histoire littéraire européene*] 两卷本，巴黎，1924年）中，就在一般性的文学史领域中揭示了这一现象，他在其中以幸福的感受研究了这些材料，虽然在涉及启蒙运动时并不是完全满意的。

然而，两极对立现象不仅刻画了总体上的西方精神生活的发展，而且刻画了各民族不同个体的生命。每个民族在其内部都隐藏着两极对立的性格和对立的倾向，通常肩并肩地依偎于同一胸膛，就好像是同一天平的两端，可能向上或者向下。时代的召唤，或者来源于西方共同生命的伟大矛盾中的共同情境，可能会使天平向上或向下。一种真正的英国特点，亦即反对宗教战争时代的启蒙运动精神，在洛克、休谟和其他人的影响之下采取了经验主义和感觉主义的形式。独特的英国式"常识"的对立面也同样是英国的特点，我们也许可以概略地把这对立面看作对于浪漫–审美的需要，它在启蒙运动思想的压倒性冲击之下并没有简单地消逝，而是生存了下来，并且缓慢地重新获得了影响力。甚至在英国启蒙运动的鼎盛时期之前，在18世纪的开端，我们就已经在沙夫茨伯里那里注意到了这种方向的思潮最初强烈的激荡，虽说它在同时是与其对立面的启蒙运动牢牢交织在一起的。但是相反的倾向也在起着作用，例如在具有启蒙主义趣味的英国古典诗人蒲柏那里，相反的浪漫-审美倾向并没有彻底死寂。我们完全可以说，甚至他的精神还带有怀疑、神秘和无限的色彩。①由于对优雅趣味的侵犯，莎士比亚受到了启蒙运动思想家的猛烈抨击，但是与此同时，他也始终赢得了持续不断的仰慕。他过去是、现在还是英国的民族诗人，为超出英国式"常识"的一切事物给予了极为生机盎然的表达。他独自一人就足以抵抗启蒙运动，而使对立的倾向变得生气勃勃。

但是，这种对立倾向仅仅处于半梦半醒的状态中。我们必须加以描绘的对于这场运动的特征举足轻重的是，它从不曾超出其作者的观念所施加的限制，始终是一场属于文明的和趣味盎然的优雅人士的运动，虽然它拓深了许多方面，尤其是拓深了我们在结论中将要加以描述的一种突出现象。它确实本来可以追随沙夫茨伯里所追求过的路线。沙夫茨伯里虽然成为了拥有第一流趣味的人物，然而不是单纯地享受趣味，而是在一种深刻的形而上学水平上理解他所享受的东西，以一种在其理解范围中实际上是宗教的开阔世界观来进行理解。但是以典型的英国方式，它似乎以一种相当非理论化的

---

① 布林顿（Crane Brinton），《英国浪漫主义者的政治理念》（*The Political Ideas of the English Romanticists*），1926年，第11页。费尔普斯（Phelps）的《英国浪漫主义运动的开端》（[*The Beginning of the English Romantic Movement*]1899年）在第18页上引用了蒲柏1716年信中的话："我越是深入地考察自己的心灵，我就更加深刻地发现自己是浪漫主义的。"

方式更为贴切地满足了这些新的生命激情，以一种本能的安全感优雅地抛弃了所有横陈于路上的绊脚石，却没有深入地参与到它的冲突中。英国性格中进行激烈的精神革命的能力和热情，在17世纪的一段漫长时期中业已精疲力竭。但是最终出现的启蒙运动冷淡的自然神论和理智主义，带着其对清晰和简单的普遍法则的倾向，无法满足如今以一种更为无拘无束的外表出现的敏于感受的精神——它也无法满足对于繁复多样现象的单纯趣味的要求。

现在，趣味和感受一步步地向前形成它们自己的表达形式，并没有背离启蒙精神。它们幸福地满足于正在形成的新生小世界，而对于这个新生的小世界将为整个西方开辟一个新的精神世界却毫不知情。在这里，沙夫茨伯里以他对于自由地源自创造性自然的美的天然纯朴的热情，能够对他的同胞施加一种直接的影响。他、艾迪生和蒲柏共同表达了从1720年开始在英国花园中实现和发展起来的思想。① 法国—意大利形式化的花园布置的趣味让位给了对于一种更为无拘无束的自然魅力的享受，不管这种自然魅力是以温和一点的色调还是以较为野趣的情调出现的。顺便说说，人们有必要回忆甚至早在17世纪的牧羊人的诗歌和勒伊斯达尔、萨尔瓦多·罗莎的艺术等等中，就有着这种感受的更早的痕迹。文学中称之为浪漫主义的最初激情是与最早的英国风格的花园同时代的。② 在建筑领域

---

① 歌泰恩（Gothein），《园艺史》（*Geschichte der Gartenkunst*），1926年版，第2卷，第367页及下页。

② 费尔普斯，见前引作品；比尔斯（Henry A. Beers），《十八世纪的英国浪漫主义史》（*A History of English Romanticism in the 18th Century*），1899年。

中[①]，18 世纪上半期的新古典主义建筑风格确定了如此明显的支配性地位，以至于在地方性的哥特风格建筑的进一步发展中出现了一种停顿，一种真空状态。纵观整个 17 世纪，就公共建筑而言，帕拉迪奥建筑风格在很大程度上占据了优势。但是在它旁边，在私人建筑和受到高教会–传统的观点影响的大学城牛津，神圣化的哥特式风格建筑仍然被应用于新的大学中。在 17 世纪，也有一小群古物研究者对哥特式风格保持着活跃的兴趣，与其说是出于对这种风格的热爱，倒不如说是出于对古代的研究。但是大约在 18 世纪中期的时候，在这些古物研究者的行列中也出现了某种裂缝。认为任何染上了哥特式风格的事物都是纯粹中世纪的野蛮事物的启蒙运动趣味，似乎在各方面都大获全胜了。然而早在 1740 年，一位年轻的名叫托马斯·格雷的英国人，在他的旅行中表达了对兰斯大教堂的仰慕之情，并在意大利沉湎于浪漫色彩的情调之中。格雷是这样一种类型的人，他在一个变迁的时代也许是重要的，不是因为作为创造性的作家而重要，而是作为一圈朋友中活跃的中心人物而重要，这些朋友在一场运动甫一流行开来时就有助于将其传播开来。他在旅行中的同伴荷拉斯·沃波尔，罗伯特·沃波尔富于才智的和酷爱旅行的儿子，自从 1750 年以来，把他靠近温莎的斯特罗伯里山的乡村别墅逐渐地改造和拓展成了一栋哥特式建筑，或者不如说是一栋独特有

---

① 伊斯特兰克（Eastlake）较老的作品《哥特式风格复兴史》([A History of the Gothic Revival] 1872 年）已被克拉克（Kenneth Clark）的《哥特式风格复兴》([The Gothic Revival] 1928 年），和诺伊迈尔（A. Neumeyer）的也追溯了英国的作品《十八世纪晚期德意志艺术中的哥特式风格复兴》(Die Erweckung der Gotik in der deutschen Kunst des späten 18. Jahrhunderts) 所取代（《艺术研究选辑》第 49 卷，1928 年）。这两部作品也从思想史的角度处理了它们的主题。

趣的综合式建筑，从而突然激起了公众的注意力。人们称它为洛可可-哥特式风格。它在感受上完全是折中的和非真实的——你在餐厅里就坐在圣餐台式的桌子旁边等等。荷拉斯·沃波尔的著名小说《奥托兰多城堡》（*The Castle of Otranto*）出版于1765年，制造了一种同样中世纪的、不真实的和野蛮的印象。它里面充满了中世纪令人毛骨悚然的浪漫的象征符号，不过它开启了一个文学传统，这个文学传统最终在司各特的小说中达到了顶峰，喜悦地再现了过去的景观。

对于荷拉斯·沃波尔来说，正如人们正确注意到的，所有这些与其说是深刻的生命需要，不如说是一种消遣。因为他仍然是18世纪启蒙运动中的一位优雅人物。但是，他很快就有了追随者，这显示了，一种对于精神生活中正在形成的转变的快乐的直觉引导了他。也许我们应该顺带区别异想天开的幻想成分，收藏家对于稀罕之物或异国情调之物的热情，这种热情甚至沙夫茨伯里也在他的同胞中注意到了，与真正的英国传统主义，后者被大量的关于过去的卓越见证物包围着，在政治中和法学中极为虔诚地保留着所有过时的形式，即使其头脑中充满了启蒙运动最时新的概念。英国发展的伟大连续性，甚至在外部事物上也是历历可数的，从而成为了对于历史传统的情感的温床。这种传统主义感情习惯于默默无闻地处于背景之中，但是在启蒙运动趣味明显地在整个领域中大获全胜的短时期之后，它就引人注目地苏醒过来并获得充分的意识。在生命中，事物始终必须彻底运作起来，才能将对立一方带入活跃的行动中。在这里，就像在任何地方一样，启蒙运动表现出了它是产生一种激发对立力量的强烈反应的必不可少的工具。

正是英国人朝向具体事物的眼睛，使他们首先寻找新的草场，并在英式花园和哥特式建筑中找到了。正如有人（诺伊迈尔）说过的，在英式花园出现的每个地方，你也能发现哥特式建筑很快就出现在视野之中。然而，苏醒过来的感受的宽广潮流能够在大量不同的方向上伸展其影响力。在《十八世纪英国思想史》([History of English Thought in the 18th Century] 1876 年和随后的版本) 中，斯蒂芬 (Leslie Stephen) 号召人们注意在这个世纪下半期特别明显的但在这之前也察觉得到的浪漫主义、感伤主义和自然主义之间的联系。他称之为自然主义的东西是自 18 世纪中期以来卢梭所宣称的对于自然的渴慕之情。它不折不扣地是一种颠倒了的文明，一幅由于反应而产生的有关自然的素朴性感伤的梦幻画卷，一幅被认为用来表现一度曾经存在于原始民族中或存在于伟大文明早期的画卷。符合于古典主义式博学的是，人们的注意力因此首先转向了荷马及其描绘的人类世界。① "自然的和素朴的风格的愉悦的表现方式是无与伦比的和迷人的，"布莱克韦尔早在 1735 年就这样写道，那时他（匿名地）出版了关于荷马的生平和著述的研究。这部作品 1766 年由福斯翻译成德语出版，从而对德国读者产生了一种清醒生动的影响。他大胆无畏地再次号召人们注意一个"老观点"，亦即诗歌的存在早于散文（第 38 页，德译本第 49 页）。更早一些，维柯已经获得了这个同样重要的认识，不过是从一种对古代文物更深刻的研究出发而得到的，得出了激烈地颠倒自然法历史思想的结论。布莱克韦尔并不具有这种洞察性的和革命性的力量。不过他也许对哈曼后来的著

---

① 18 世纪基础性的荷马解释史见于费斯勒的《从但丁到歌德的近代中的荷马》([Homer in der Neuzeit von Dante bis Goethe] 1912 年，只是较多地罗列了无关紧要的材料，因此并不总是能清晰地从历史视角阐述思想的运动。

名格言给予了一些激励，这句格言认为诗歌是人类的母语，它在赫尔德那里产生了富有成果的影响。①布莱克韦尔进一步以一种新颖的洞见说道，所有伟大的创造性作家只有在运用母语和谈论最熟悉的事物时才处于最佳状态。对他来说，运用拉丁语写作的文艺复兴作家就是一个明证，如果一个人用一些其他的语言来试图进行表达，那么即使这种语言和想象要好于他自己的语言，作品也是无法达到卓越顶峰的。他看到了民族的命运、习俗和语言在一个链条中联结起来，彼此作用和反作用。因此为了理解荷马，有必要把自己放到他的观众中去，与乐意倾听他们祖先的英雄事迹的武士民族站在一起。我们不应该运用我们时代的精致趣味来反对荷马时代更为自然朴实的表达。当他把尊贵的墨涅拉俄斯称为"优秀的大喇叭"（βοὴν ἀγαθός）时，我们不应该批评这种说法是不得体的，就像有时会发生的，而应该高度赞许这种说法，因为那些日子的军队指挥官需要一副好嗓子。在这种显著的向着清新的个体历史观点的早期突破之外，还在方法中存在着淡淡的实用主义色彩，布莱克韦尔的著作中无可否认地包含了关于许多荷马的智慧和想象来自于埃及人和腓尼基人原始素材的非批判的和笼统的概括——然而，这也是向着一种东方文化历史迈出的一步，这种东方文化历史将把古代东方的各民族联结在一起。

这幅景观是一股温暖的思想潮流，激荡着英国启蒙运动冷淡

---

① 关于哈曼对布莱克韦尔的了解，可参看翁格尔的《哈曼》（第215，641，658页）。赫尔德早在1765年就熟悉了布莱克韦尔（《全集》，第18卷，第424页和第593页）。温克尔曼把布莱克韦尔的作品称为"世上最奇妙的书籍之一"（致哈格多恩[Hagedorn]，1758年11月16日，《作品集》，第11卷，第508页）。

客观的气息，处处冲击着主流的习俗惯例。在这里，卫斯理兄弟和怀特菲尔德（Whitefield）在卫理公会派运动中暴风雨般的宗教复兴活动对这些运动产生了多大的影响？在德国，虔敬主义表现为一股激励了新思想潮流的极其强大的根基性力量。卫斯理兄弟中的一人大约在1740年得悉了德国兄弟会的消息。但他们的运动虽然对大众有一种强烈的影响，但也许没有像更为个体化的德国虔敬主义那样，深深地沉浸到内心生活的渠道中去。不过它作为对启蒙运动精神的强烈反应，毫无疑问地有助于为思想环境带来变化。

不管怎样，在副主教、牛津教授洛思（Lowth）所著的《论希伯来的神圣诗歌》（De sacra poesi Hebraeorum）一书中，已经出现了一种纯粹的虔敬与新颖的、初生的和创造性的趣味的结合。它面世于1753年，当其时，荷拉斯·沃波尔正开始试验新哥特式风格，这是在他业余艺术爱好者的轻佻情趣之外的一种宗教的、学者的和审美上的严肃。不用说，在他的著作中新奇的成分也与许多依然顽固的习俗性和传统性的东西一同出现。他采用了贺拉斯诗学中古老的遮蔽了诗歌本质的基本命题，即"诗人的愿望应该是给人益处和乐趣"（aut prodesse volunt aut delectare poetae），为诗歌的性质设置了严厉的限制，并且通过短语"寓教于乐"（prodesse delectando），为它赋予了一种更加明显的功利主义方向。他亲自在作诗时试验了这个方法，在其道德教诲诗《赫拉克勒斯的抉择》（[Choice of Hercules] 1747年）中展示出，他缺乏真正创作诗歌的力量（费尔普斯，第72页）。作为一位正统的神学家，他感到有必要坚持对雅歌进行讽寓的-神秘的解释。但是当他运用了一种令人惊奇的和别具一格的解释方式，进一步揭示总体上来说旧约传统中的诗歌形式和内容是一个伟大的整体，并继续以一种真正魅力四射的方式解释其详细内容时，他实际上远远超越了迄今为止所有研究《圣经》的传统方法。他特别关注的是两个真正的历史问题，亦即希伯来诗歌的起源问题，与和其他民族诗歌相比而言它的特殊性的问题。作为一位信仰启示的神学家，他首要关注的是揭示出希伯来诗歌的神圣源泉——他认为，它没有局限于人类的独创性，而是来自于天神，从一开始就获得了完全的成熟。但是与这种论点一道，他还引进了一种比较的进化历史学和心理学，就像休谟已经在运用的那种心理学思考方式一样。为了阐明这种像尼罗河水那么幽深隐秘的诗歌总体上的起源，他把注意力转向了其他的民族，发现每个民族都是在最早的阶段出现神圣的诗歌及其赞美歌和颂歌的，发现所有后来的诗歌都在努力返回它真正的家乡。他认为大体上来说，这种神圣的诗歌起源于人类原始的性情，起源于宗教和起源于人类精神强烈的兴奋和激动。（［拉丁语：］诗歌的起源……似乎完全与宗教相关……（诗歌）……不是某个时代或者民族所特有的，而是整个人类的，归于更强烈的人类思想情感。）他声称，不运用诗歌，我们就很难想象亚当。就像在布莱克韦尔那里一样，只不过在他这里更加确定不移和更加大胆无畏，我们可以明白这是朝向哈曼和赫尔德关于诗歌乃人类母语的信念的一个预备阶段。①

---

① 说到英国人在各民族原始诗歌的研究中所遵循的观念，对赫尔德而言重要的研究，我们也得包括布朗，《论诗歌和音乐的兴起、联合和力量、进步、分离和腐化》（［*A Dissertation on the Rise, Union and Power, the Progressions, Separations and Corruptions of Poetry and Music*］1763 年）。埃申堡（Eschenburg）于 1769 年将其翻译为《关于诗歌和音乐的思考》。它从北美洲土著居民的诗歌、音乐和舞蹈之间的联系出发，接着将这些以建设性的和实用方式做出的观察应用于其他民族。赫尔德（《希伯来诗歌的精神》［*Geist der hebräischen Poesie*］，见于《全集》，第 12 卷，第 177 页）正确地认识到了布朗对此主题的研究中富有成效的基本思想和弱点。

洛思理解希伯来诗歌独特性的努力注定会给赫尔德留下深刻的印象。追随着布莱克韦尔的观点，他声称我们必须亲身彻底地沉浸于这个民族的生命和思想之中，因为它的宗教支配着一切事物，包括国家、法律、司法和日常生活。满足于翻译是不够的，我们必须回到源头中去，"以个体的特点为准绳"。接着，我们就会清晰地看到许多目前尚属隐秘和模糊的东西变得清晰和辉煌庄重了起来。在以色列诗人和先知所描绘的画面中，他看到了巴勒斯坦多石的土地，山间溪流在年复一年的洪水中从黎巴嫩的雪原奔腾流出；看到了一片农民和牧羊人及其部落和种族中的长者栖息的土地，由于其法律和宗教而与其邻居严格地区别开来。在从这种诗歌中发现大地的品质和泥土的气息方面，洛思获得了卓越的成功。任何闻到有时会弥漫于这种诗歌中的乌合之众和家畜粪便的气息（oleant plebeculam et stercus）的人，自然不会对这些景象的力量怀有感情。

洛思的著作也许是英国整个前浪漫派运动中精神上最重要的产物了。它摆脱了所有业余爱好者和附庸风雅者的浅薄趣味。通过表现单纯的人和历史内容和《圣经》的价值，间接地有助于将历史研究从神学的束缚中解放出来。它提出了一种真正的人文主义科学，为它赋予了新的方法。

对富有魅力的散文《论荷马创造性的天才和著述》（On the Original Genius and Writings of Homer），我们可以说同样的话，虽然比起洛思来要稍逊一筹，这篇论文作为罗伯特·伍德为友人们而写的一部手稿刊行于1769年，在他去世（1771年）后的1775年以扩充版出版。情形就好像是，洛思仅仅从其研究中神圣化了东方的精神，而现在这位游历甚广又具有古典修养的英国人，将揭示出这个世界是值得他的同胞们为了发现新的历史价值而进行广泛旅行的。在1743年和1751年，他手里拿着荷马的作品，心里装着荷马的形象，游历了希腊和近东，包括埃及。他得以用比布莱克韦尔远为雄辩得多和更强烈的自信宣称，荷马迄今为止尚未得到正确的理解。人们有必要更多地注意其中的爱奥尼亚视角，注意其中爱奥尼亚土地和爱奥尼亚天空的特殊品质。人们必须已经看到过野蛮、残忍、狡诈却心胸豁达的贝都因人，他们的诗人则在阿拉伯沙漠的开阔天空下吟诵诗歌，如此一来，人们才能对荷马渊源于其中的世界，对他以无与伦比的翔实和精确性作为"生活的忠诚镜子"的史诗所再现的世界有一些概念。他的主要论点是，荷马时代英雄式的和家长制的习俗与今日贝都因人的习俗非常相像，因为东方的生活毫无变化，以至于原始生活的文化还保存在同一阶段。因此当我们对荷马英雄们的一些习俗和行为方式表示厌恶时，就像今日东方的生活令我们不快一样，我们不应该把原因归咎于某个时代或某个国家的任何反复无常的古怪特性，而应该简单地归因于特定的共同因素，如土壤、气候和处于落后阶段社会的法律精神。

在这里，孟德斯鸠鼓动性的影响也起了一些作用，虽然伍德认为孟德斯鸠解释东方习俗的特殊努力尚未足够接近于实际的生活。将他与孟德斯鸠作个比较，人们就能够明白，在英国历史的洞察力方面出现了有迹可循的进步。像孟德斯鸠一样，伍德也想通过时代、地域和气候等等的特点来解释历史现象，但是在这里，孟德斯鸠式的相当冷峻的分析让位给了一种对于截然不同的历史世界的更加温情脉脉的兴趣和一定程度的深入同情的能力。如果一个人全神贯注地沉入遥远的过去，那么就会首先强烈地感受到不同时代和不同文化之间的差异和鸿沟。迄今为止，除了维柯、布莱克韦尔和其他一些人之外，一般人按照自然法的方式，认为荷马是一种具有伟大教诲性价值的永恒的古典现象。伍德对这些人的嘲讽是有道理的，他们在荷马作品中发现了整个的政治和道德制度，却没有关注影响了他的时代特征。甚至维柯也认识到，永远不要把荷马当作一本智慧手册。的确，维柯所发现的一些知识很可能已经影响了英国的荷马专家。因为在伍德著作面世之前的几年中，在《欧洲文学报》（*Gazette littéraire de l'Europe*）中就包含了一篇详尽阐述维柯对荷马的解读的文章，包括他认为荷马史诗具有野蛮特质及缺乏"秘密智慧"的观点①。

在他身上依然活跃的启蒙主义的优越意识，妨碍了这位英国人完全同情式地理解荷马。他反复地强调，荷马世界和当前的东方社会代表的是不完美状态；他有着一些习以为常的遗憾，认为在压迫性的专制统治之下是无法"保持人类的自然权利的"。伍德不是把区分荷马的和东方的世界与文明化了的西方的过程当作个体的文化习惯和态度的发展，而是当作完美状态。他认为，荷马的缺陷（为它的错误而辩白）属于原始时期，尽管如此人们却必须对之加以研究，以便感受荷马作品的美好品质。

我们将尽量不引用关于他的思想正统的、理性主义的和古典主义方面的任何进一步的证据。但是他那生动地交织在一起的无拘无束的喜悦和对异国文化产物的由衷喜爱，不禁让我们想起了在今日

---

① 克罗齐，《维柯的哲学》，第244页。然而本特利和布莱克韦尔已然开始把斯多亚学派对荷马的理解当作所有知识的精华。费斯勒，《近代中的荷马》，第355页。

依然可以观察到的一种特殊的英国态度。英国人对待异国民族的方式是那么的自由、宽容和兴致盎然，然而却与一种有所保留的态度深深地交织在一起，亦即他自己是优越的，并且以此标准来判断生活。歌德为此打趣英国人，说他们甚至在攀登埃特纳火山时也会带上茶壶！

但是在狂飙突进运动时期，歌德也把伍德的荷马解释体验为一种解放。伍德著作的德译本1773年在歌德的故乡法兰克福面世——甚至有可能是在他自己的建议下进行翻译的①——在《法兰克福学术报告》上出版，他对这部德译本的评论充满了热情洋溢的赞颂之情，在晚年的《诗与真》中他依然说道：

> 我们如今在这些（荷马的）诗歌中看到的不再是令人毛骨悚然的和夸张变形的英雄形象，而是对一个原始的却又永恒现存的时代的真理的反映，所以我们竭尽全力地汲取着它的财富。

赫尔德也感激地谈到了伍德在保存荷马世界自然的蛮荒和美好品质方面的成就，而"学者和古典主义者视若无睹的眼睛"却没有注意到这一点（1777年；《全集》，第9卷，第534页，也可参看翁格尔，

---

① 他在《诗与真》（第3卷，第12页）中指出，一家哥廷根刊物对一开始很难得到原版的伍德的作品进行了引人注目的评论，由此他的朋友圈子第一次对它有所耳闻。这篇海涅所做的评论发表于1770年第32期的《哥廷根通报》（Göttinger Anzeigen）上，1773年最初版的德语译本在开篇重印了该评论。翻译的建议也许就来自歌德。翻译本身是由法兰克福宫廷顾问米夏埃利斯的儿子进行的（翁格尔，《哈曼》，第301页）。

《哈曼》，第302页）。

　　因此，西方文化中的两部经典作品，《圣经》和《荷马史诗》，如今受到了布莱克韦尔、洛思和伍德焕然一新的阐释，到那时为止，这种阐释之光一直为自然法-永恒的思想所模糊。作为一场更重要争论的象征而发起的艺术评价之争，亦即关于荷马和维吉尔何者更重要的争论，开始倒向荷马。正统-古典主义趣味的确在继续大行其道，但是当过去世界的魅力开始产生影响时，它们至少暂时地被遗忘了。在没有完全失去对他们自己时代和理性主义精神的忠诚的情形之下，人们如今开始陶醉于尚未被文明弱化的人类原始时期和早期的非理性现象所提供的差异之中，尤其陶醉于他们自己特殊的民族性和所有其早期的种族成分。最近，人们为这些18世纪中期以来出现于英国的各种各样的激情铸造了新词，如中世纪主义、原始主义、凯尔特狂热、日耳曼狂热和北方狂热。还出现了两部我们业已熟悉的法国著作——马莱的《丹麦史导论》和圣帕莱的《古代骑士制度纪要》。这两部著作对英国人产生了炽热的和兴奋的影响：介绍了几乎没人知道的奇特的巨人族的《埃达》世界，介绍了古代北欧的英雄传说。我们将从这些思想努力中仅仅撷取最有代表性的同时又对德意志运动相当重要的作品，此外我们也会提请读者注意费尔普斯和比尔斯的描述与皮尔登（Peardon）的《英国历史著述中的变迁》（[*The Transition in English Historical Writing*] 1933年）。

　　这两部著作对赫德主教（Richard Hurd）匿名出版的《关于骑士精神和传奇文学的通信》（*Letters on Chivalry and Romance*）产生了作用，此书面世于1762年，接着对哈曼（参看翁格尔，第910，933页）和赫尔德（1774年的《历史哲学》）两者产生了强烈的影响。赫德是格雷的朋友，而格雷大约在1740年时一度是沃波尔的旅伴，对兰斯的哥特式大教堂曾大表仰慕之情。圣帕莱的著作对他产生了深刻的影响。①不过它并没有切断与启蒙运动的永恒理性标准之间的联系，赫德也没有在很多方面好好地利用这部著作。因为在他对于诗歌中所有哥特式和浪漫精神事物的激情中，他很快就做得过分了，在声称哥特式习俗和民间传说更适合于诗歌的而非古典的目的方面，他仅仅颠倒了他所着力加以反对的正统的古典主义艺术观念。但甚至这个论点就让我们想起布莱克韦尔、洛思和伍德的创造性观念，就是在一个时代特定的社会结构和特定的诗歌之间存在着一种密切的联系，甚至一个特定时期的政治和社会结构就包含了必然的因果联系。伏尔泰和休谟两人已经在中世纪看到过这个真理，不过仅仅是以一种相当外在的方式，他们还不能本质性地加以运用。甚至赫德在建构因果链条时所使用的相当单调平面而几乎数学化的简单方法中，就表现出了他与启蒙历史学还保持着联系。按照他的解释，欧洲的分裂产生了封建制度及其尚武的精神；然后这又产生了骑士精神时代与它的马上长矛比武和关于骑士荣誉的观念，不过这种观念不应该被视作荒唐的和异想天开的，而应该被认为在实现那个时期的目的时大有用处，因为"封建制度的原则注定要终止于这种发展中"。因此，"骑士精神"是一团很快就要熄灭的火焰，但它所点燃的浪漫精神持久地燃烧着，一直到更为精致的时代。在这里，他大胆地提出了愉快的假设，亦即阿里奥斯托、塔索、斯宾塞和弥尔顿——是的，甚至还有莎士比亚——应该被归类为哥特式传统中的诗人。而且他断言，莎士比亚在运用哥特式材料和情节结

---

① 它对罗伯逊对骑士精神做出的友好的评判有所贡献（参看上文第239页）。

构时要比运用古典主义思想背景时来得更伟大。这种判断在当代还能找到一种同情的回音，因为那时简单的和原始的形式又备受欢迎了，出现了一种对于创造性综合哥特精神和古典主义精神的情感的弱化——虽然莎士比亚以其浩瀚无际的创造力就能将这两者席卷而去。作为18世纪的精神之子，赫德在他为骑士精神和哥特式趣味的辩解中是更为谦逊的，对它们的消失是更为听天由命的。因为他判断它们对诗歌的贡献比古典主义对诗歌的贡献要多，他同样确信它们已是一去不复返了，相信在这个理性时代没有诗人会再运用哥特式的创作素材，这种哥特式素材只有扎根于大众信念时才是富有生命力的。他表达过这样一个观点，亦即趣味革命产生了一种良好的判断力（good sense），我们由于它丧失了一个优美寓言的世界（a world of fine fabling）。这个结论值得注意，因为它与一个变迁着的时期丝丝相扣，在这个变迁时期中充满了起伏激荡着的和相互冲击着的观念。赫德卷入了一种新的趣味革命，它的根虽然扎在过去，却显示出在依然存在的旧世界中具有生命力。他关于哥特式趣味的纯粹象征性符号的警告，也许是针对沃波尔的，从历史来看是极为公正的。但当我们就近考察时，就会清楚地看到是启蒙运动思想使得他发出了这种警告，以反对离开这片一劳永逸地为时代精神所给予保证了的领土。

但是赫德接下来的话语将被看作新颖的和真正的历史思想的持久性的成就。"当一位建筑师用希腊式法则来考察一栋哥特式建筑物时，发现的只能是畸形残缺的东西。但是哥特式建筑物有它自己的法则，当通过自己的法则来加以考察时，就会发现它也自有其优点，就和希腊式建筑一样。"相关的问题并不是两者中何者是最真实的和最原本的趣味，而是在根据它们奠基于其上的原理来考察它们时在它们两者之中是否存在着意义和规划。这项评论的内容就像真理一样在十年之后异常清晰地来到了徘徊于斯特拉斯堡大教堂中的青年歌德的心中。因此歌德不像一些人有时所说的是第一个发现哥特式建筑特殊法则和价值的人。只不过歌德的发现从一种新的思想态度的幽深处火山般地向着整个世界迸发出来，而这位英国人的发现则是某种来自于优雅文化得到良好照料的花园土壤中的东西。

由于受到圣帕莱作品的推动，赫德采取了一个大有希望的深入的步骤。圣帕莱曾经（也许是更加显著的）受到过弗里德里希大帝所说的一句话的鼓舞①，将注意力转向了英雄的荷马岁月和游侠骑士时代之间的比较。赫德认为，可以在古希腊和封建欧洲的零碎城邦中发现共同的原因。他以相当概略的方式阐述了这个原因，启蒙运动思想家早已关注于比较不同的文化——休谟将其宗教史奠基于文化比较之上，甚至将日耳曼的刑法与古希腊的刑法进行了比较（《英国史》，1762年，第1卷，第157页）。赫德由此预言了现代人在类型学上的努力，而这种比较看来赋予他对处于类型之中的个体以更深刻的理解。在这里，他打破了精神的实用主义习惯，这种实用主义习惯迄今为止紧紧地抓住他不放，由于这种习惯，他倾向于从一种相当肤浅的原因中引出伟大的效果。他认为，存在着一些先于所有习惯和政府形式并完全独立于它们的活跃力量。这种情形他

---

① 圣帕莱的《纪要》以一段来自《勃兰登堡家族史的辅证》（*Mém. pour servir à l'hist. de la maison de Brandeboury*）的引文结束，"在这几个粗野的世纪里，人们崇尚矫健的身躯，与荷马时代一样……"。关于这段引语的措辞（受到了不那么重要的改动），可与《弗里德里希大帝作品集》（普罗伊斯（Preuss）编），第1卷，第12页进行比较。

称之为"东方和西方不同的幽默和天才",可以在古希腊和西方骑士精神的比较中看到这一情形,在希腊人中女性具有的地位迥然有别于她在基督教中世纪中的地位。这是一个马莱早已呼吁加以注意的观点。但它是毫无价值的,因为英国人的趣味盎然的健全意识和可靠趣味多么轻而易举地和自然地采取了时代和民族精神的教义,这种教义长期应用于启蒙运动的思想家中,并把它提高到了一种包罗万象的观念的水平,既包括所有通常的因果关系背后的伟大的历史文化,也包括一些最终的形式化的思想酵母。

与洛思更为重要的研究相较而言,赫德的作品只不过是一篇愉快地构思出来的和精神饱满的文章。他或者进入了以1765年以来反对休谟低估中世纪价值的英国历史学家名单(奥康纳、利特尔顿[Lyttelton]、吉尔伯特·斯图尔特、平克顿等等,参看皮尔登对此的评述)而获得了力量,以恢宏庄重的方式将这些新的倾向和原理应用于历史研究。托马斯·沃顿作为诗人,和他的兄弟约瑟夫一道,在创造性地重新阐释感伤的浪漫主义方面是最为深思熟虑的,并在其《对仙后的研究》([*Obeservations on the Faery Queen*]1754年)中在对骑士制度起因的研究方面要领先于赫德。但是在他伟大的《英国诗歌史》(1774—1781年)中,虽然他在这种类型的写作方面做出了一种主要的先锋性努力,然而却甚至未能在对中世纪文化的评价中超出赫德的主要观点。他的方法事实上比起赫德来不够勇猛,更强烈地负荷着启蒙思想的残余。不过他关于哥特精神起源的设想是大胆的,有时是异想天开的。他倾向于从阿拉伯人那里追溯哥特精神,赞同马莱将这种精神回溯到哥特人,认为他们从前曾在奥丁的率领下从亚洲迁移过来。然而与以启蒙运动精神撰写的历史学的继续发展及其向着实证主义的发展一道,在英国从现在开始缓慢地和默默地出现了一种朝向历史主义的稳定进步,虽说有许多相反的思潮依然奔流着。

因此,一种对更加深刻地汲取了情感和想象的新诗歌和新艺术的需要,使正在向着历史主义前进的观念相互联系了起来。这是一种在西方知识生活中普遍感受到的需要,自从这个世纪中期以来在所有的欧洲国家中或多或少地都可以强烈觉察得到。但是英国,由于拥有莎士比亚,在感受诗人不应该只是一个纯粹的模仿者而应该是一个原初的创造者这个需要上幸运地跑在了前头。很早以前,在蒲柏和艾迪生时代,这个观念就在激荡着了,甚至在一定程度上为这两位古典诗人犹豫不决地感受到了。年高德劭的诗人扬由于在1759年向世界传递了他的公开信《试论独创性作品》而圆满完成了其一生的作品(可参看布兰德尔 [Brandl] 发表在《德国莎士比亚协会年鉴》上的论文,第39卷,1903年)。这个呼吁早在1760年就以德译本影响了德意志人,它让德意志人听来就像是大声疾呼。他的核心观点是,模仿败坏了整个灵魂的个体性,具有原创性的诗人拥有植物的某些本性,这不仅给予了狂飙突进运动的一代以极受欢迎的鼓舞,而且额外地成为未来历史主义的一个萌发中的观念。扬把自己局限于诗人的使命,声称对他而言,把天才性事物展现于当代世界既是正确的又是可能的;但他也不时地带着友好的理解简略地观察中世纪学者,认为在他们严谨的观点中有着大量创造性的深刻智慧。但他的思想属于过渡类型的典型情形,他以一种不受时间影响的方式来对待历史中的天才问题。他认为天才可以出现于所有时代,不过他又把天才看作某个特殊时代的"阳光",时代把它当作稀

第六章 英国前浪漫派、弗格森和柏克

有之物和装饰品而加以宠爱。他相信，仅仅需要勇气来挣破模仿习惯的束缚，让天才得到自由。但是斯特拉斯堡时期的青年歌德认为天才是意识到自身永恒性质的人物，这是他的基本态度，他后来进一步的发展就是由此出发的。

在英国和德国，人们认为明显真诚的人物，或者比较真诚的人物，只要心中充满了最强烈的感情，就能击中要害，就能产生启示般的影响。麦克弗森关于莪相*研究著作的发表，在1760年和1763年之间掀起了一场风暴，著名的民歌集《古代英国诗歌拾遗》面世于1765年，在一定程度上也产生了很大的影响。他继承了民歌收集的传统，这种传统可以回溯到18世纪开端。就像他的许多前辈一样，正如人们所说的，他是在通过现代化和修饰整理古老的民歌。因为迄今为止尚未有人敢于将自己和公众与原原本本的古代景象并列在一起。在这些古老的民歌中找到的品质是"素朴"和"感伤"（申斯通［Shenstone］,《珀西－申斯通通信集》，赫克特［Hecht］编选，第6页）；珀西想要满足人们对于野蛮状态发展为文明所经过的阶段的好奇心。这再次揭示了，在启蒙运动模糊不清的半明半暗的光线中，感伤主义和中世纪主义是如何匍匐前进的。珀西不仅感兴趣于英国的民族遗产，而且在收集遍及全世界不同民族的古代诗歌的激情方面，在某种意义上堪称赫尔德一知半解的先驱。由此，他顺便满足了18世纪对于一切中国事物时尚的狂热爱好。他的民歌收集产生了强烈的影响（甚至他本人也是意想不到的），显示英国的前浪漫派运动现在已登峰造极了。

---

* 传说中公元3世纪盖尔族的英雄和吟游诗人。——译者

英国前浪漫派运动缺乏革命激情,缺乏后来在德国狂飙突进运动中所具有的撼天动地的深刻的世界观。但我们不应该忘记,在对过去进行崭新的历史评价方面,英国领先了一步。

弗格森

虽然英国前浪漫派运动的一个弱点在于,他们从不能从内部完全摆脱启蒙运动思想的桎梏,但是,英国启蒙运动和英国前浪漫派之间的关系,并不仅仅是来源于这两种源头的思想的一种纯粹的杂凑共处,不是肩并肩地同处于一个胸膛之内。我们在迄今为止的前浪漫派中已经看到过这种倾向了,另一方面,甚至在吉本和罗宾逊那里我们就察觉到了一两道来源于前浪漫派的隐约却迅猛的闪光掠过历史的舞台。我们现在必须再次回到休谟,思考他那大胆的经验主义和怀疑主义为历史思想开辟的可能性,他所准备的道路有比他所允许的更加强大的精神感悟。他破坏了广泛传播的理性主义幻觉,揭露了本能的普遍力量和灵魂中的非理性冲动——然而他未能充分理解它们,因为他在精神上以一种批判-理性主义的态度与它们保持着距离。谁能够跨越这道鸿沟,谁就能够沿着休谟准备好的道路更加深刻地沉浸到历史的心脏中去。在这个过程中,前浪漫派对于迄今为止备受忽视的历史价值的发现,作为一场纯粹的美学运动的结果,很可能会丧失其部分特征,并且会泛化为一幅新颖的更为普遍化和生动活泼的历史画卷。也有可能会出现休谟的立论和那些前浪漫派的立论之间的合题。在一定程度上,有两位思想家实现了这种合题,他们的个性迥然不同,也没有密切的联系。他们产生了截然不同的历史影响,一位只不过是一名学者,而另一位的声望则是世界性的——弗格森和柏克。

弗格森(1723—1816年)是爱丁堡大学道德哲学教授,我们所熟悉的是,在休谟和罗伯逊之旁,他是最重要的苏格兰思想人物中的第三位,以其严肃的风格为英国知识生活做出了重大贡献。此外他对于欧洲思想和我们的问题也是重要的。他也是另一位在历史中产生过有力影响的伟大苏格兰人的朋友,这位苏格兰人是亚当·斯密,他的思想领域在一些地方也触及到了我们的问题,不过他离我们的选择却稍稍远了一点。弗格森在1766年发表了《文明社会史论》。早在1768年,一本糟糕的德译本就出版了([*Versuch über die Geschichte der bürgerlichen Gesellschaft*]莱比锡,1768年)。它不像三位英国伟大的启蒙历史学家撰写的作品那样是一部文采飞扬的名著。它深受冗长繁琐、论点平庸和勉强笨拙风格的拖累。但是,尽管他的描述笨重晦涩,不过一些基本的生机勃勃和大有前途的思想却正在展现出来。人们通常把弗格森看作现代社会学和实证主义研究的一位拓荒者,他既经验地又建构性地同时把握人类社会从原始水平到高度文明的水平的发展,把这种发展理解为普遍法则的作用。他强调了社会成长中本能的力量,并在评价原始的美洲民族的素材方面领先于罗伯逊。接着,在拉菲陶方法的强烈影响之下,他把所有这些观点与塔西佗关于古代日耳曼人的描述、与关于罗马和斯巴达早期的叙述紧密地联系了起来。由此,他不仅追随了孟德斯鸠的暗示,而且继承了休谟的衣钵。他对由于日益增长的社会分化而产生的社会形态变迁表现出了一种特殊的兴趣。

但与这些更多地倾向于实证主义方向的研究路线一道,弗格森也提出了重要观念，这些观念不仅触及而且属于我们的问题领域。他从休谟的本能学说那里获得了一种新洞见，精神奕奕地抨击了广泛传播的实用主义，这种实用主义致力于把政治结构的起源和变迁解释为有意识的人类目的的产物。他认为，社会制度在起源上是极其模糊不清和遥远难测的，它源于自然的冲动，而非人类的思辨。人类就好像在黑暗中匍匐摸索，制度不是人类有目的有意识的产物，不如说是他们活动的结果。他在此回忆了克伦威尔的箴言，认为人类从不曾爬得像他不知道自己前往何方时爬得那样高。人们在这句伟大的箴言中可以意识到真正的英国品质。因此对于弗格森来说，关于国家通过契约而形成的学说是根本站不住脚的。罗马和斯巴达的宪法是实用主义政治观偏爱的对象，他认为它们不是奠基于个人的设计，而是扎根于各民族的环境和天才。只有维柯曾经率先提出了这样的观念。但是如今，这个世纪的精神氛围已经有了非常广泛的转变，似乎到处可以看到在这个方向上的自发思考。

因此，弗格森以清新生动的毫无偏见的方式也接受了前浪漫派提出的设想，从原始种族的语言中得出了一些结论，认为这些人天生就是诗人，并解释说，没有人为的变更能够改善原始民族诗歌绝妙的、从不矫揉造作的美好品质。他接触了不久前赫德从事过的同样的问题，即沉浸于模仿古典作品的现代诗人是否有所收获，或者总体上来说现代诗人是否由于牺牲了自然的思想路线而所失颇多。弗格森的回答比起赫德来要精确得多和谨慎得多，甚至满足了今日历史学的敏感。他解释说，人们必定会做出这样的推测，即如果没有古代的例子和榜样，那么现代的学识、习俗和治国才能就会与它们目前的样子迥然不同。虽然罗马文学和现代文学都带着希腊古风的味道，但除非他们同时始终在自身内部和他们自己的同时代世界内部开拓新的资源，他们就不可能在那时或现在汲取这些希腊的资源。

他因此直截了当地和正确地肯定了古代因素对于现代文化在发展史上的重要性。但他也同样强调了中世纪生活和习俗同样对于现代文化在发展史上的伟大重要性。因为如今被看作战争法则和各民族普通法的东西的基础存在于这种感情中，这种感情在广为流传的骑士传说和恋爱故事中，即在当时欧洲的习俗中表现了出来。尽管这些既轻佻又荒唐的观念的起源如他所愿，对我们的风俗习惯仍具有一种经久不衰的影响。他在中世纪的人类中看到了一种英雄和圣人的结合，联系古代的特性，认为在日耳曼精神、基督教和古希腊罗马的三重奏中已经出现了一些东西，现代思想在其中概括了西方文化的因素。

弗格森以同样令人惊奇的不偏不倚，摆脱了启蒙运动或浪漫主义的成见，在这段历史过程的开端和终端，即野蛮和文明之间进行了比较。他指出，我们通常无法理解人类是如何生存于野蛮生活的悲惨处境之中，然而每个时代既有其痛苦压迫又有其安慰。对于风俗卫道士对现代奢华现象的严厉谴责，他指出，他们只是以自己时代的判断标准为准绳。谁在今天责难对马车的使用，谁就很可能会在更早的时代非议穿鞋子的行为。如果说宫殿是不自然的，那么草屋也尽可以被认为是反自然的。卢梭向来激进，他很可能会宣称这样一个观点。① 不过弗格森如今是在一种比卢梭所可能达到的更

---

① "第一个为自己做衣服或建造住所的人以这种方式给自己提供了一些并不十分必要的东西"等，《论人与人之间不平等的起因和基础》第一部分。

深水平上研究现代文明问题的。他恰好经历了英国伟大的技术-工业革命的早期阶段，经验了机器对人力的取代，感受到了日益增长的劳动分工，体会到这种分工注定会夺去个人灵魂的一部分。弗格森看清了这一切，他清楚就在眼前进行着的技术革新的进程，认为劳动分工带来的外在影响将瓦解社会纽带，社会最终将只由分离的单独部分组成，将不再有哪部分被精神灵感赋予灵魂，而精神灵感本应该是引导各民族的力量。

也许这是弗格森最富有生命力的历史思想，他——比其同时代人布朗热更加清晰地——看到了人类的精神在民族和国家的兴衰起伏中最终而言是决定性的因素——马基雅维里曾把这种力量一度试图理解为美德，兰克后来则把它称之为民族的道德力量。在这里，弗格森再次同时超越了启蒙运动和前浪漫派。他拒绝了主要为前者所接受的个人生活的幸福论，同时不像后者那样满足于对发现过去的新价值纯粹审美的或感伤的陶醉。对他以之为历史和生命基本法则的东西的表述，也许不总是很愉快的。但他领会了只有当他们的成员不仅具有精神上的蓬勃生机，而且还具有政治上强烈的共同意识时，国家和民族才会繁荣昌盛起来。甚至他的时代的英国，在他看来，这两者也是付之阙如的。他察觉到了，我们今天习惯于以同情之心思考个体，却很少带着激情来思考国家。但是一种仅仅关注对个人和财富而言良好的秩序和安全，而没有关注其公民政治品质的政治艺术，只会培育他们享受的趣味和贪得无厌的嗜好，使得他们无法为共同的福利而努力。他曾经说过，人们建造了城墙，却弱化了那些本该是其保卫者的精神。从这种充满于他内心的国家道德的立场来看，甚至战争也失去了一贯的人性上的罪恶特点——在启蒙运动思想家的眼中战争就是这副罪恶的样子——而表现了其肯定性和创造性的方面。他将对大规模的东征西讨的国家的不赞成（自从沙夫茨伯里和孟德斯鸠以来，这样的大国家就是启蒙运动所热衷于讨论的国家），和小国家体系内对唤醒生机的紧张感的满足结合起来。他解释道，对于想要强大、安全的国家而言，能够获得其民众的勇气，是幸运的。他们的宪法必须被创立得既考虑到外部战争的可能性，又得在国内保持和平状态。如果没有民族之间的猜忌和战争行为，甚至公民社会也很难形成。

类似这样的评注乃是新的历史思想时代的一个信号，这种思想赋予了国家和维持它的内在力量以恰当的重要性。弗格森确实不具有敏锐深沉的力量和想象力，以便把饱满的和个体化的蓬勃朝气赋予其在历史思想和发展观念中的主要进展，或者赋予其对历史现象毫无偏见的评价。他只是在1783年发表的内容丰富的《罗马共和国兴衰史》(History of the Progress and Termination of the Roman Republic, 三卷本) 中，才将他的才能真正表现了出来。[①] 在这部著作中，他贯彻了他的基本论点，将共和国的崩溃归因于共和国精神的衰落，他这样说并不仅仅从道德化的原因出发，而且也看到了驱动性的原因——帝国疆域的扩张（孟德斯鸠！）和内部的社会结构变化。但是在面对恺撒这位历史人物时，他的判断标准就显得捉襟见肘了。这种失败是富有教育意义的，其中表明了启蒙思想是多么无能于在更高的统一体中把政治和道德批判结合起来，多么无能于把个人行动和整体命运有

---

① 四卷本的德语译本，1785年 (Geschichte des Fortgangs und Untergangs der römischen Republik)。

机地组织在一起。他完全清楚，共和国转变为君主制是时间的要求（是合乎时宜的）。不过当弗格森看到没有其他的动机而只有个人的虚荣自负在恺撒身上起作用时，他认为由于保存共和国已不再可能，而为推翻共和国进行辩护是不公正的（第3卷，第36和324页）。

因此，弗格森的著作支持了这样一个观点，亦即前浪漫派在历史思想中所产生的新酵母没有强大到足以在启蒙运动历史观上产生根本性的更新。他的《文明社会史论》表现了，在普遍的历史思考领域，超越启蒙运动的习惯相对比较容易①，而要在例如像恺撒生平这样的具体问题上获得一种新态度，却要困难得多。但是这又是一种典型的英国性格，亦即对历史思想的一种新模式的要求，不是产生于思考与科学的领域，而是产生于某位拥有卓越权力的个体人物的公共生活之中。弗格森的一位更伟大的同时代人是柏克。②从实际的政治生活出发，他将会证实弗格森关于国家精神在历史中的重要性的论点。他能够带着更高的激情和创造性力量更深刻地涉及这些问题，从而带来了全欧性的影响，对未来的历史思想产生了一种持续性影响。

---

① 人们可以理解的是，他的朋友休谟对这本书不满意，并呼吁对其进行压制。参看斯蒂芬（Leslie Stephen）的《十八世纪英国思想史》(*History of English Thought in 18th Century*)，1876年，第2卷，第214页。斯蒂芬忽略了这本书中对我们显得重要的观念，正如德尔瓦耶的分析所表明的，《论进步观念史》，1910年，第473页及以下诸页。另一方面，本茨在《十八世纪的历史著述中的人类学》（1932年，第83页）中正确地认识到了这一点，亦即弗格森已然为认识历史事件的个体性方面扫清了道路。

② 至于18世纪英国其他的不那么重要的相关人物（巴特勒 [Butler]，1726年，塔克 [Tucker]，1781年），可参看埃诺迪（Einaudi）的《埃德蒙·柏克与政治学中的历史趋势》(*Edmund Burke e l'indirizzo storico nelle scienze politiche*)，1930年，第17页，25页及以下诸页。

柏克

在思想史的情境中，柏克的活动比起弗格森来更能够被直接地看作前浪漫派运动的分支，他们两位关注的领域是至今为这场运动搁置一边的和成果贫乏的国家生活领域。最近，萨缪尔斯（Samuels）（《尊敬的埃德蒙·柏克的早期生活、书信往来和写作》[The Early Life, Correspondence and Writings of the Rt. Hon. Edmund Burke]，1923年）重新说明了柏克（1729—1797年）早期的生活，认为他在古典主义教育背景之旁，还存在着浪漫主义特征，比如阅读涉及骑士精神的中世纪小说，以及对哥特式建筑和覆生着常青藤的废墟的喜悦沉醉。他年轻时候关于美与崇高观念起源的研究片断面世于1756年，但其实撰写于一个早得多的日期，甚至有可能是他十九岁时撰写的（萨缪尔斯，第137，141，213页）。这项研究将吸引莱辛和赫尔德的注意力[①]，注定将在美学理论史上赢得一个重要的位置。它的基本观点表明它从属于那时发生在美学领域中普遍的趣味革命，这场革命同时出现于英国和德意志，平行于并且相关于我们正在历史思想领域中追踪的变化。它反对迄今为止的僵硬的艺术趣味标准，力图产生更加生气勃勃的和富有灵气的艺术。因为柏克的观点是，如果人们想要获得美学法则，那么出发点就不应该是艺术作品本身，而应该是激荡于人类内心之中的精神。这种关于心灵的学说在荷马、

---

① 关于此种情形可参看布劳内（Braune）的《德国思想中的柏克》（Edmund Burke in Deutschland），1917年，第6页及以下诸页。

《圣经》和骑士时代的浪漫诗歌中找到了新的生命力，按照作品所从属时代的人类的特殊心灵生活来理解他们。但是，这些以更为个体化的方式理解艺术和历史的先驱中，还没有一个人做出努力把这些新原理应用于历史生活的核心领域，也就是国家。即使对于18世纪的文化人来说，这大体上也并非是一项特别迷人与紧迫的任务。确实，孟德斯鸠业已为此开辟了道路，不过还没有足够充分的认识方法。接着在德国，把崭新的精神注入国家生活中去，就成为了默泽尔的任务。在英国，柏克进行了努力，发展了弗格森开创的事业。我们提到的所有思想家都只是开路人，并非其任务的完成者。但是英国对于这项研究任务来说提供了极为便利合宜的环境，因为它是欧洲所有国家中融合得最完美的，也就是说，这个国家最紧密地和最生动活泼地把社会利益与国家的利益和制度结合了起来。

在法国大革命的岁月中，柏克作为政治家，而不是历史学家，完成了他的任务。不过，他是作为一位历史学家开始撰写其作品的。他的《论英国简史》(*Essay Towards an Abridgement of the English*) 产生于18世纪50年代中期，那时休谟还在研究他那伟大的历史。但是这部作品在它中断于1216年之后就成为了一部残篇，直到1812年他去世后才在其选集中出版。一百年前，那时在兰克的领导下新历史批评学派正在德国蓬勃发展，拉彭伯格（Lappenberg）对柏克撰写英国历史的充满希望的努力从不曾完成这件事，表达了公允贴切的遗憾之情（《英国史》(*Geschichte von England*)，第1卷，1834年，第LXXIV页）。因为这部作品虽然通常未能超出实用主义立场，然而在其中却出现了令人激动的新的历史意识，这种意识超越了休谟的启蒙历史学。在这里，柏克不知不觉间流露出了最内在的本性，因为他的作品中没有包含任何像启蒙运动那样由于其野蛮的无知而对中世纪所发出的谴责。而且，他在研究关于民族命运中的天意的作品中，在他对于甚至原始时代的宗教成就所表示的崇敬中，从德鲁伊*时代直到修道院和去圣地的朝圣活动所做出的文化贡献，在他普遍地倾向于以更宽容的标准来评价中世纪的人和事这些方面，他都采取了宗教态度。但是最为显而易见的，甚至比休谟还要更加强烈的是，柏克对过去所有制度化的事物表现出了感情，在这些制度化的事物中看到了现代制度的根苗，对这些制度从极为粗糙和模糊含混的开端缓慢地上升到更高阶段的方式表现出了感情。休谟和柏克两人都深刻地受到了孟德斯鸠的强烈影响。柏克在这里把孟德斯鸠赞颂为照亮其时代的最卓越的天才。在他向自己提出的两个特殊的问题中，人们尤其能清楚地看到孟德斯鸠的方法在其关于法律"生成"的研究中起着作用。托马斯·贝克特（Thomas à Becket）的个案促使他插入一段对于古代世界结束以来教会的权力史及其司法权史的说明。而且，他热衷于搜寻今日所有民族都受惠于其中的最早的和极为稀罕的法学的原始素材。他揭示了它们最初是如何由于迷信和暴力而陷入泥淖的，又是如何在时间的进程中和在适宜环境的帮助下逐渐变得纯粹起来的。毫无疑问，在这其中也有着启蒙运动对"法律的改善"的喜悦。但是就他在各种意见中发现了迄今为止英国法律研究中存在的两个主要缺陷而言，这确实是一种历史洞见：第一个缺陷是从无法记忆的时间开始，英国法律在本质上就是一成不变的；第二个缺陷是它基本上不受外国的影响。

---

* 古代盖尔或不列颠人的本民族宗教的神职人员，他们在威尔士及爱尔兰传说中是预言家和占卜家。——译者

在与这些错误进行搏斗时，柏克使休谟站在了他这一边。但是甚至在柏克这部年轻时代的作品中，就已有了与休谟的思想模式有着深刻差异的思想萌芽，这种萌芽中的思想在未来将得到有意识的发展。尽管休谟对国家的起源和发展作了自然主义解释，然而他始终还是依附于自然法的观念，实际上就是理性法则。他继续相信"原始平等的观念深植于所有人类的心中"。他对理查二世统治时期约翰·巴尔（John Ball）的起义做出了肯定，把约翰·巴尔当成了第一个平等主义者。他恐惧不安地反对对于赤裸裸的普遍平等的渴望（《英国史》，第2卷，第245和248页），然而作为一个理性主义者，却感到不能否认天赋的平等权利。后来在1791年，当柏克站出来反对法国大革命所宣称的人权时，他为此而责备了休谟（《关于法国事务的思考》[Thoughts on French Affairs]）。如果我们问，柏克在年轻时的作品中对自然法观念采取的是什么态度，我们确实找不到任何对它们的明显攻击，而不如说是一种心照不宣的撤退和用历史解释替换它们的内容。因为早在这个时期，柏克的内在态度就已经离开了这些观念。

他年轻时的第三部作品《为自然社会辩护》（The Vindication of Natural Society），匿名发表于1756年，才在这个方向上表现出一种倾向。它是一部讽刺作品，而作为讽刺作品，它在反击博林布鲁克的启蒙哲学的影响方面并不是特别成功的。博林布鲁克以纯粹理性为武器连根拔起了（entwurzeln）启示宗教，因此柏克也把自己隐藏在了这种特殊风格的面具之下，试图通过揭示这种枯燥乏味的诡辩法也能被运用来对任何秩序井然的政治生活的价值发出质疑，能够被用来把原始的无政府状态推举为人类终极的理想状态这样的方式，来揭示这种方法的荒唐本性。那时，他似乎尚未知道不久前的1750年，卢梭多么严肃地宣称①了这种颠倒通常价值的理想——然而与他的思想滞后影响进行斗争甚至一度成为了柏克最重要的人生使命。我们匆匆观察了在这里处于冲突中的思想世界中的一种显著然而很可理解的交错现象。事实上，卢梭和柏克两人都反对共同的敌人，因为卢梭运用现代文明批判也对启蒙运动精神进行了尖利的一击。但是卢梭既是性情中人（Gefühlsmensch）又是理性主义者，运用理性主义者的武器和思想方法进行战斗。他从来没有意识到，这个他如此迫不及待渴望着的纯粹的自然人性的世界，用这些武器是永远不会获得的。因此事情看来就是，卢梭仅仅看到了和抨击了外部的敌人，却未能察觉到隐藏于自己内心的敌人。然而在世界历史的层面上，卢梭尽管有着这些矛盾，却能够产生一些影响，虽然不一致的地方总是产生着作用。柏克的思想结构远没有那么问题重重，也许心理分析家对他也是兴味索然。但是他也采取了一种世界性历史的立场，因为他的一个独特却又热烈的基本观点就是在中心位置找出敌人，并解除其武装。必须杀死这个隐藏得最深的敌人，以便进入人类生命的深处并更深刻地理解历史生命，这个深藏不露的敌人就是为启蒙运动推到顶峰的自然法精神。它按照一种假定的永恒理性衡量一切事物，然而这种假定的永恒理性实际上却局限于当代视野的限度之内，歌颂知识，却忽略了人类灵魂的最深层面。

在柏克于1765年再版《辩护》时，他脱下了面具，直呼敌人的

---

① 参看莱诺克斯（Lennox），《柏克及其1760—1790年的政治研究领域》（*Edmund Burke und sein politisches Arbeitsfeld 1760 bis 1790*），1923年，第20页。

名字。他在前言中说道,运用博林布鲁克所应用的同样的方法,人们同样很可以批评出自"我们有关理性和合目的性的观念"的创造物,那时,这种理性和合目的性表现得就不会比愚蠢更好。这样的推理带有一种滔滔雄辩的气息,但是这种气息只不过来源于

> 陈腐的普通经验领域。它有其优势,极为适合一些人的有限能力,以及另一些人的懒惰。但是,错综复杂的情形需要我们对之进行一种细致和广泛的艰难衡量;我们必须继续深入深刻的主题,不仅要探索新的论点,而且要探索关于论点的新材料,它们的力度,以及它们的编排方式;我们必须从习以为常的观念领域中走出来,我们找不到确切的途径,必须敏感于自身的盲目。当以上这些情况发生时,前述的推理的优势将几乎消失殆尽。

放弃我们习以为常的观念领域,就意味着要有意识地寻找新的思想工具,要敲打新精神时代的大门。人们也许会反对这种说法,亦即古老的基督教神学观念为反对纯粹理性主义的抗议而提供了一种坚实的基础,为优越于所有理性的洞见提高了号召力。现在,不可否认的是,在柏克的观念和基督教的方法和感受之间有着一定程度的连续性。但是柏克也同样清晰地有着与英国经验主义和怀疑主义之间的连续性,休谟曾卓有成效地研究过经验主义和怀疑主义,如今柏克又为其赋予了一种进一步的创造性发展。休谟确实终究没有超越理性主义,但他把理性主义的行动限制在一定的界线之内。他曾经发出警告,要求反对对我们自己的理性进行误入歧途

第六章 英国前浪漫派、弗格森和柏克

的演绎。虽然他没有在自己的思想中赋予非理性的灵魂力量以任何支配性的功能，但他为它们在人类生活和历史中安排了一个重要的角色。在他通过保守的现实主义和权威意识而表现出来的务实倾向中，休谟屡屡让我们预先品尝到了柏克思想的风格。他的许多箴言柏克确实也很可能说得出来的。例如这句箴言，如果存在着对国家有害的真理，那么它们最好让位给无伤大雅的错误，并把它们流放到永恒的沉默中去（《道德原则探究》）；或者另一句箴言，一位明智的国家管理者应该对标有古代记号的事物表现出尊敬（《关于完美共和国的观念》）。休谟和柏克在他们对1688年革命产生的宪法的仰慕中是一致的，在他们的主要观点中，他们两人也许可以被称为保守的辉格党人。

柏克读过休谟的《英国史》，但是否读过他的其他作品则是无法肯定的（参看莱诺克斯，第106页）。不过这一点无关紧要，因为休谟的思想早就广为流传，并且能够通过谈话和交流传播开来。但毫无疑问的是，就他们都关注国家和历史而言，休谟的著作就成为了柏克在思想史上的一个直接的预备性阶段。正是休谟，通过对社会和政治进程与变迁的心理学和历史的分析，通过对其中起作用的"本能"的发现，松动了起源于自然法观念的国家理论的僵硬教条。因此，他也表现出了一种直截了当的务实的和实用的意识，它们都是在国家生活中受过经验考验的，这种意识当然是英国人代代相传的遗产的一部分。不过，虽然他的经验主义在理论上可能是极为激进的，然而它仍然是一种属于政治人物的古老的功利主义类型的经验主义，肤浅地对待人类，将人类的冲动和激情视为应当机械

对待的原材料。因此，他的机械论形式就是"权威"和"自由"之间的平衡。

从休谟的政治生活景象及其承载的历史力量走向柏克的政治生活景观，就好比起先是在拂晓清冽透明的光线中看到乡村的片断景色，逐渐被早晨温暖的阳光所照亮。柏克的政治观念笔直地发展起来，从年轻时萌芽式的著述到奠定他的声名的许多议会辩论，接着在针对法国大革命的论争中达到了完全的成熟，尤其在他的《反思法国大革命》中反映了出来。其中决定性的进展是，柏克没有像那些束缚于自然法的思想家那样，一般性地和抽象地看待国家，也没有像休谟那样如此经验性地、机械性地和功利主义地看待国家。他分享着休谟对于建立于1688年的英国国家具体结构的意识，但是他也不仅通过这位实用政治家的眼睛观察这个具体的和活生生的国家，而且也作为一个热爱国家、意识到其宗教要求的人来看待这个国家，带着预见性的想象力，以及深深的、与过去相系的虔诚。柏克总是坚持国家是一种有用的机构，现在，国家也呈现出了美好和仁慈的一面，表现了它使人幸福的内在生命，因为它像一棵高贵的树，历经数世纪而生长着，是天意精心培育的自然作品，而不是人类的任性和高傲理性的作品。柏克反对自然法精神极为傲慢的对历史的跨越，这种跨越实现于1789年大革命对人权和公民权利的宣告中，实现于对法国的革命性重建中，在这种抗议中，柏克将历史所塑造的古代国家作为思想武器，但以新的思想方法将它放置于崭新的光芒中。包含于业已向英国强烈渗透的这些革命观念中的致命危险，如今已被英国最重要的代表人物充分意识到了，他们还意识到了其中所蕴藏的价值。这些如今点缀着虔诚和想象的价值，也隐藏着特定社会阶层的具体利益，这些特定阶层想要宣告他们在历史中所产生的权利。这是"圣人和骑士的"国家，是君主制领导下的英国贵族和英国高教会的国家，柏克如今以炽热的憎恨之情反对法国平等主义的民主制，而捍卫英国。但他憎恨法国的程度不过是表明了他对于正在遭受威胁的珍贵财富的挚爱之情有多么深沉。他以有意识的理想化和对于其严重缺陷蓄意地视而不见而捍卫的圣人和骑士，对他来说是国家生命的符号，他深深地感觉到了国家生命的神圣和高贵。

如果人们试图从一个唯一性观念来演绎出柏克对于人类生活、国家和历史的价值判断，那么人们或许可以称之为世界性虔诚。他准备虔诚地如其所是地接受世界，包括它的深渊和缺陷。他对于生命中各安本分的秩序的最终的超越性和谐与意义具有虔诚的信念。世界性虔诚也意味着一种对于自然生长中的世界的爱，这个世界是他出生于其中的世界，他的所有关系都依赖于它。从充满理解的爱的眼睛来看，这些关系就不再是对于个人自由的羁绊，而是使他免遭自然裸露之危害的保护和遮盖。正如柏克所表达的，这是"天意所规定的所有人类都应该彼此归属的相互依赖"（《关于法国事务的思考》，1791年）。他顺便谴责了路易十六，因为在他切断与其天然的支持者贵族之间的联系，而将自己投入第三等级的怀抱中时，他很大程度上没有认识到这种自然的和相互的依赖。今天的历史评价或许不至于批评这种行动本身，因为这种选择大致上是不可避免的，他倒宁愿批评这种行动实现出来的方式。这种情形显示了柏克保守的世界性虔诚，光凭自身并不总是毫无例外地胜任对至关重要的历史行动的价值进行恰当的判断。但是它代表了未来历史主义所需要的基本态度，以便从这种非理性地发展着的历史世界中发现理性，这种理性是无法单独通过纯粹理性发现的，而只有通过人类所有的精神力量的共同作用才能发现。

沙夫茨伯里，我们在他身上追溯过历史主义的根苗，业已抱有这种世界性虔诚。这种世界性虔诚在歌德身上获得了最深刻和最丰富饱满的发展，而兰克则把它最普遍地应用于历史世界。在沙夫茨伯里和歌德身上，它表现为新柏拉图主义所滋养的世界观，在柏克那儿则表现为一种积极性的基督教观念。赫尔德世界性虔诚的历史主义，既扎根于新柏拉图主义，又扎根于基督教。在兰克的思想成长中，这两种精神资源也不可分割地共同起了作用。在这些新历史意识的伟大先驱者的每一个人身上，都有着无与伦比的个体态度，它们栖息于一个特定的历史环境，从这个环境中得到帮助和方向，但也受到了这个环境所施加的一些限制。这个环境不是僵硬的外在给予的东西，而是人类按照自身从内部加以塑造形成的，不如说就像一套衣服，材料来自于外部，却按照人的身体来加以裁剪和缝制。用柏克的话来说，在这里也存在着"相互依赖"。休谟和柏克观察和经验这个拥有国会-贵族政府的英国世界的方式是多么不同——虽然从外部来看，对于他们两人来说都是完全一样的。

这些考察将通向这项任务，亦即更准确地理解柏克类型的世界性虔诚和他对于环境的个体化反应到底使他在以后来的历史主义方式来理解历史生命上走得有多远。

他的世界性虔诚通过使历史中更高的力量在重要性上领先于人的有意识的理性意志，而消除了自然法观念的深刻根基。古老的按基督教神学路线进行的历史解释，也已经实行过这种做法，但却不曾完全摆脱自然法的枷锁。因此，它只能把决定历史的天意看作从外部进行干预的神。可以在这种意义上解释柏克关于天意力量的许多说法。然而对于他的解释已经有了一些不同的看法，通常难以确定下来，因为在他的概念中有一定的朦胧含混之处，不过足以让人感受得到。简言之，已经存在着一种内在的意识，或者更精确地说，是一种他逐渐感觉到的内在和超越的综合①，这是一种关于从世界进程自身的内部起作用的神圣力量的意识，是关于此世和彼岸之间不可分割的联系的意识。人们可以在柏克在其《反思》中对待社会契约论学说的方式中感受到这一点。作为一个受到洛克影响的辉格党人，他信守社会契约论的字面含义，但却为它赋予了另外一种消除其自然法基础的解释。对于柏克来说，单个国家所依赖的契约就像他所表述的，只是伟大的最初的关于永恒共同体的原契约的一项条款而已，这项原契约联结了崇高的和低劣的本性、可见的和不可见的世界。这一神秘-宗教的原契约，这一既是内在的又是超越的联系所有历史生命的纽带，它不是像洛克的契约观念那样认为每一代新人都可以把它作为一种社会安排加以修改，对柏克来说，这个观念对于涉及国家生命的所有问题都是决定性的。作为一位过着坚定宗教生活和具有牢固宗教信念的保守主义者，柏克禁不住意识到，真正的基础是由真实生活的各种力量塑造而成的实在法，并且——使用他所偏爱的表达——受到因袭（prescription）的确证。我们永远不应该对柏克身上的务实政治家的角色视若无睹，这位务实

---

① 注意科班（Cobban）思想敏锐的著作，《柏克及对十八世纪的反抗》（*Edmund Burke and the Revolt against the 18th Century*），1929年，第86页。

的政治家看到经由"因袭"而来的法律的神圣化,为个人生活和公共生活的安全提供了最可靠的保证。通过实用的本能,而不是通过退回任何自然法的理论,他承认了极端情形中,就像1688年所发生的,反抗暴政和法律强迫性压制的权利。否则如何来恢复法律呢?但是他的建议不是为了理论化这个主题,不是为了大费周章地探索这个黑暗的深渊。因为在这些情形中,与其说它是一个法律问题,不如说是一个治国才能的问题。这种学说不仅联结起了休谟的教诲,而且回响起了自古以来就有的反抗暴政的权利的音符,然而总体上来说,它的根基更广阔地和更深刻地扎在历史之中。

让我们再次努力用几句话概括柏克历史思想的本质。它是复活了的传统主义,还不是历史主义①,一般而言,它代表了传统方法所能达到的最高阶段。因为在这里,它不再是纯粹天真的和非反思的,而是意识到了自身——同时它只能成为对盲目地认为自己摆脱了传统的启蒙运动的一种强烈抗议,他的格言"崇敬古代适宜于人类的精神"表达了人类心灵生活的一个本原现象,它也许会受到压制,但一定会重新复活。但是,它代表了这种传统观点的最高阶段的主要证据,在于它对人类内在心灵生活的关注,而不仅仅主要地关切于忠诚地保养历史性地传承和保存下来的制度、习俗和权利等等。这种心理生命就像川流不息的血液一样循环着,总体上来说在国家-社会的身体上建立起了内在联系的和有机的东西。不像直到那时为止的所有其他思想家,包括休谟,对柏克来说,这种心灵生

---

① 这一点在其他方面相当有益的和敏锐的埃诺迪的著述中却受到了错误的认识,《柏克与政治学中的历史趋势》,1930年。

活不再是理性机制和非理性机制的机械并置，而是一种统一体，感情和思想、意识和无意识、传承的因素和个体意志在其中相互混合在一起。"好钻牛角尖的精明理性"会有危险，它将无法认识到隐藏于感性的自然声音之内的智慧。"不假思索而又超乎思索之上的智慧"（《反思》），是他关于历史和国家创造性力量的学说的精髓。按照他的另一句典型的箴言，政治不应该根据人类的理性进行，而应该根据人类的本性进行，因为理性只组成了人类本性的一部分，而且绝不是最大的部分。过去和现在更紧密地交融了起来，这是通常的传统主义者所不可能做到的，而且它们融为一体，且具有了前瞻性。与此同时，这种强烈的感受显示出，一个真正活跃的政治和民族共同体远远地超越了纯粹政治的界线，而成为了一种真正的文化共同体。因此接着，柏克得出了关于"社会"的著名定义，这个定义对于特殊的英国感情是与国家的定义相一致的：

> 所有科学的伙伴，所有艺术的伙伴，每种美德的伙伴和所有完美事物的伙伴。这样一种伙伴关系的意义不应该只是包含在几代人之中，它不仅是活着的人之间的伙伴关系，也是活着的、已逝的和将要出生的人之间的伙伴关系。（《反思》）

我们按照字面意思对它进行了翻译。但是，1793年的根茨（Gentz）德译本使用了歌德时代的语言方式并提供了一些庄重瑰丽的思想，对德国的浪漫主义运动产生了深刻影响（参看我的《世界主义与民族国家》，第40页）。

在柏克的国家中，生命力，确切地说，历史的生命力达到了最高的程度。但这里也像历史主义那里一样，有着对个体观念和发展观念充分的认识吗？当然，英式的"共同体"自身就是活生生的整体和个体，通过内在的形塑力量在几个世纪之中塑造而成。同时，在政治思想史上，以这种焕然一新的更接近于现实的方式看待国家，这必须始终被称为一种划时代的突破。（科班正确地强调了这一点。）但是在诸如我们在这里正孜孜以求的历史思想史中，我们也必须注意这种突破的局限性。柏克的天性是质朴的富有创造性的，他从实际经验的立场出发并且带着挚爱的同情，观察他自己的国家在历史生存的过程中所获得的特殊形式。同时，这种态度是无意识的，而不是一位熟知历史中到处存在的个体性的人，带着比较的眼光以深思熟虑的努力所做的观察。因此，他倾向于为这幅如此展现出来的国家景象赋予一种绝对的价值，把它设立为一般的现代欧洲国家的典范。他在《反思》中建议法国模仿英国的宪法。由此，他忘却了自己的信条，亦即一个特定国家的政府形式应该符合于其环境和习俗。他没有问一问，法国是否还有能力复兴千疮百孔的旧制度，或者法国贵族是否还能够将其精神提升到英国贵族的水平。确实，在他后来所写的作品中，柏克没有再重复所谓模仿英国1688年宪法的建议。不过这并没有表示他的观点发生了任何彻底的变化，而仅仅是一种实际的洞见，亦即由于法国大革命带来的洪水猛兽般的变化，这样一种政策如今已不可能实行，留下的只有生死搏斗。

　　柏克个性化的思想在这个基本的问题上不起作用，因为他沉浸于打防御战的使命之中。在他看来，对手是极端黑暗势力的代表，而他自己的事业则是唯一的仅有的光明的代表。柏克在一个处于启蒙运动和浪漫主义运动之间的时代生活和写作，屈从于把世界历史二元化地分裂为光明时期和黑暗时期的危险，启蒙运动和纯粹的浪漫主义运动也对其屈服。然而不应该忘记的是，在其他他能够采取一种更加自由的观点的事物上，柏克清晰的、精神充沛的和直觉的心灵表现出了掌握个体性的历史事物的卓越恢宏的能力。在他颇有政治家风度地对待北美自由运动的早期斗争中，他睿智地在新英格兰殖民者源于其激进的新教教派主义的对于自由的特殊渴望，与南方种植园主扎根于奴隶主贵族意识的对于自由的自豪感之间做出了清晰的区别。"柏克对于美国民族中决定性的本质性格的分析，是一项令人惊讶的成就。他的话语几乎包括了后来对这些问题的历史性考查所能得出的所有结论。"（莱诺克斯，第182页）

这种反对法国大革命的斗争情绪也被认为抵制了对于历史发展和变化的意识，我们在他年轻时对于早期中世纪的英国历史的研究中看到过这种意识的萌芽。在《反思》中，他在整个英国过去的历史之上传播了一种富有魅力的气息，通过这种气息，宪法，这一国家及其精神的自豪感完全表现为一种结构，这种结构早在几个世纪之前就已完成，虽说由于无数人包括活着的和逝去的人的贡献，不断地获得加强。因此柏克既静态地又动态地看待宪法。就像他所偏爱的概念因袭和推定（presumption）一样，他把宪法提升为每个结合了静态和动态因素的生命领域中所有法律概念中最可靠的。他相信在未来，事物有可能会出现本质性的变化吗？他当然把生命看作通过适应新环境而产生的缓慢生长，过去和未来无不如此，当适应以几乎未被察觉的方式进行时是最恰当的。他准备接触到处发生着的个体的改善，但他也忧心忡忡地警觉于整体的变化。英国的选举改革是他所反对的。休谟虽然由于其内在气质而更深地远离历史主义，然而却由于自然主义的和机械式的发展概念而产生了对于变化更强烈的感受，疑虑重重地展望未来，甚至谈到了正在来临的英国宪法在绝对君主制的臂膀中"安乐死"的可能。"不会有这样的安乐死！"柏克义愤填膺地如是怒吼。这也许是他最后的遗言。因为这句话出现在《论弑君的和平》(On a Regicide Peace)第四封信的末尾，柏克没有写完这封信就与世长辞了（参看莫伊泽尔，《柏克和法国大革命》，1913年，第49页）。这是一种骄傲和高贵的抗议。它来源于这样一种始终确信英国宪法的内在活力，直到生命最后一息依然深信不疑，并且自然也为它赋予了绝对价值的信念。

从这样的思想出发，柏克无法公正地对待活跃于其对手那一边的历史发展的新力量。比起我们已经引用过的，《反思》中的一些话语甚至更加清晰地表达了什么对法国是可能的和想要的。柏克力图按照普遍的历史观来评价他所深恶痛绝的1789年精神：

> 很大程度上，历史由为骄傲、野心、贪婪、复仇心、欲望、煽动、伪善、无法无天的激情和所有混乱的欲求带给世界的痛苦所组成……这些邪恶正是那些暴风雨的原因。宗教、道德、法律、特权、自由、公民的基本权利、人权只不过是其借口。①

柏克表现出他自己未能深入到法国的戏剧性事件突出部分的背后去，成为了所有非历史–质朴态度的类型化思想的弱点的牺牲品。

---

① 同样的解释也出现在《新辉格党人向旧辉格党人的呼吁》(Appeal from the New to the Old Whigs)的结尾处。"始终如一的原因，性欲、贪婪，以及相互间的爱……"。

他在敌人中间只看到非道德的动机在起着作用。但是历史暴风雨的驱动性力量始终不仅仅是破坏性的人类激情之间的纯粹的相互作用。

从历史主义的观点来看，在柏克的历史思想中还存在着其他的因素，它们看起来就像是自然法在一种猛烈的熔化过程中分解后所余下的残渣。但是从这时开始，它将成为柏克思想中吸引人类注意力的最卓越的因素。正是他伟大的政治热情使他远远地超出了那些在英国宣扬新颖的前浪漫派趣味的人。他们对于柏克的直接影响，说到底在他的《反思》（第113页及下页；根茨，第1卷，第105页及下页）对中世纪骑士精神著名的神化中表现了出来，他是面对着这个世纪的诡辩家、经济学家和精于算计者宣布这一神化的。但是前浪漫派把中世纪看作一种与文明的当前几乎没有联系的审美景象来加以陶醉，而在柏克这里则有一些远为有力的东西将要开花结果，一些我们曾在弗格森的著述中窥见其萌芽的东西。这是一种深刻的关于生命连续性的内在感受，关于过去和现在一体化的感受。他表达过这样的观点，如果有朝一日这种起源于古老的骑士精神、混合了意见和情感的复合体系消失的话，那么其损失将是无法估量的。因为正是这种体系赋予了现代欧洲其独特的性格，这种性格使它超越了亚洲国家，很可能甚至使它超越了古典世界最灿烂辉煌的成就。自豪的恭顺感，有尊严的服从，发自内心的服务意识，这些甚至把自由的闪烁光芒注入到了服从之中，以及贞洁的荣誉——所有这些是柏克在中世纪骑士精神中辨别出来的建设性的精神力量，他感到它们在其自身和在他理想化的英国国家中起着作用。虽然正如它们对他而言的，这些精神不是赋予西方国家以特质的唯一价值，但它们毫无疑问是形成它的绝大部分特质并使该特质不断延续的不可或缺的价值。它们依然活跃于现代官僚的职业道德之中。国家内在的生命力,是柏克对促进新的历史意识所做出的最伟大贡献,在他对源于骑士精神的美德的强烈感受中自有其根基。

第二部分

德国运动

第七章　对德意志运动的初步考察：
莱辛和温克尔曼

现在，让我们转到伟大的德意志运动，在其中，我们称之为历史主义的新历史意识注定将获得最初的恢宏发展。德国运动吸收了我们迄今为止在欧洲其他部分看到的这场运动的萌芽，并且远远地超越了它们全体。为了充分地聚焦于这个过程的决定性因素，我们现在有必要对材料作一些选择。我们知道，基本上而言，这是普遍的欧洲成长过程，在比较晚的时候来到德国，却在这里以令人惊奇的方式获得了加速发展并且臻于成熟。为了揭示它普遍的欧洲品质，我们也考察和引用了法国和英国较不重要的作者的作品，尤其是那些对德国运动有所贡献的作者。我们现在将集中关注德国历史主义的真正先驱，他们的成就自身就足以取代所有其他由在同一方向上地位较低却不具有同样创造性力量的思想作品。当然，新的思想因素到处都在获得生命。莱比锡的克里斯特（J. F. Christ）怀有新的考古兴趣，并对马基雅维里做出了新颖的解释（尤斯蒂，《温克尔曼》，第2版，第3卷，第345页及以下诸页；以及迈内克，《国家理性观念》，第365页，现收于《著作集》，第1卷，第344页）；埃尔兰根的克拉德尼乌斯（Chladenius）写了关于历史学家"观点"的论文（翁格尔，《历史研究》，第1卷，第98页及下页），到这个世纪中期，甚至更早一些，这些作家就产生了令人激动的影响。鲍姆加登的美学见证了一场至少与新的历史感受紧密相连的运动。从克洛普施托克（Klopstock）开始的新德国诗歌的发轫，以及一种新颖的个体生命感受的兴起的重要意义，是一件妇孺皆知的事情；虔敬主义对它产生了影响，一种新的虽然有点狭隘的对于古代德意志诗歌作品和往昔生命的欣赏意识在增长。所有这些现象与略早一些的英国前浪漫派之间的相似是足够明显的。任何志在完整地处理材料的对德国历史主义之兴起史的叙述，即使我们并非有意为之，也必须涉及在神学和语言学中由像泽姆勒（Semler）、米夏埃利斯和海涅这样的人物所取得的重要的批评性成就，它也必须涉及在德意志职业历史学家中特别是在所谓的哥廷根学派中历史思想所获得的进一步发展，如加特雷尔、施勒策、施皮特勒和黑伦①。德意志学术的传统一贯严谨，如今，在孟德斯鸠和西欧启蒙运动历史学家作品的激励之下，与英国历史学家伟大的世

---

① 韦森多克（Wesendonck）较老的著作《加特雷尔和施勒策为近代德国的历史著述所做的奠基》（[*Die Begründung der neueren deutschen Geschichtsschreibung durch Gatterer und Schlözer*] 1876 年），过分地高估了他们的成就，而毫无察觉地忽略了主要问题。近来出现的优秀得多的，不过也混杂着对哥廷根学派与其他同时代的历史学和文学史成就的高估的作品有，冯·伦皮克（von Lempicki）的《至十八世纪末期为止的德国文学史》（[*Geschichte der deutschen Literaturwissenschaft bis zum Ende des 18. Jahrhunderts*] 1920 年），和本茨的《十八世纪历史著述中的人类学》（1932 年）。关于《教会历史著述及其历史发展的基本特征》（*Die Kirchengeschichtsschreibung, Grundzüge ihrer historischen Entwicklung*），尼格（W. Nigg）在 1934 年进行了富有思想价值的研究；参看我在《历史期刊》（第 150 期，第 315 及以下诸页）上的评论。追随于古利特（W. Gurlitt）的建议，我必须呼吁关注按照历史主义进行了突破性研究的近来关于音乐史的成果。在德语书籍中，首先出现了受到赫尔德和哥廷根学派影响的福克尔（Forkel）的《音乐通史》（[*Allgemeine Geschichte der Musik*] 1788 年和 1801 年）。关于他的作品，可参看古利特，《音乐研究杂志》，第 1 期，第 574 页及以下诸页；本茨，第 146 页及以下诸页；和埃德尔霍夫（Edelhoff），《J. N. 福克尔》，弗赖堡，论文，1932 年。进一步的文献有：(转下页)

界历史联结在一起，德意志思想转向了普遍性的领域，开始拥抱整个人类。但是在这样做的时候，它就像英国的先驱们一样，在处理材料的内容上是更为成功的，而在研究历史的内在生命方面却不那么成功。关于这些德意志思想家的活动，人们理应赞赏其实事求是的严肃性和批判性的清醒审慎；但最重要的是，他们由于鼓舞了政治科学研究，从而唤起了一种对于历史中国家重要性的意识。冯·施泰因男爵和雷贝格两人都曾是他们的听众。但甚至在他们身上，新的历史意识仍然受到了功利和道德态度的束缚。当人们从一位历史学家转到另一位历史学家时，甚至可以看到上面提到的四位人物的历史著述反映了18世纪下半期特殊的精神变迁。黑伦的作品尤为特别地达到了一种令人赞叹的水平，使人们认识到了正在产生的新的历史要求，但这四位人物中没有一位撰述的作品拥有足够的创造性和力量，以至于就我们目前的研究目的而言需要加以详尽考察。

最后，我们也可以略而不顾约翰内斯·冯·穆勒（Johannes v. Müller）的历史著述。他的作品不是创造性的。如果允许我们打个比方，他就更像是一块海绵，吸收了许多同时代的思潮，然后却再次把它们挤了出来。他占有的位置介于实用主义和历史主义之间，他作品中的特征让人想起了赫尔德甚至兰克的基于宗教的历史观。雷夸特（Requadt）(《约翰·冯·穆勒和早期历史主义》[Joh. v. Müller und der Frühhistorismus]，1929年）对他所做的透彻研究热情而又真诚地阐述了他的作品，不过却没有充分严厉地揭示出它的弱点。

（接上页）黑加（E. Hegar），吉尔伯特、布尔尼和霍金斯的《1770年左右近代音乐史著述的开端》(《音乐研究论集》，第7卷，1932年）；奥斯特霍夫（H. Osthoff），《德国音乐史著述的开端》(《音乐学研究》，第5卷，1933年）；W. 古利特，《F.J. 费蒂斯及其在音乐研究史中的地位》(音乐学史国际会议报告，1930年）。

我们将把注意力转向德国运动中的伟大人物。一目了然的是，从我们的观点出发，这些伟大人物可以分为两类，一类至少从整体来看，仅仅由于普遍地提高了德国精神生活的水平，而间接地为历史主义作了准备性贡献，其他人则是历史主义较早形式的直接鼓动家，虽然这种形式的历史主义还携带着来自较古老的思想模式中的或多或少的残余。第一类包括莱辛、温克尔曼、席勒和康德，第二类包括默泽尔、赫尔德和歌德。前者可以加以粗略地对待，不过后者却需要我们以充分的投入与不断增长的热情来注意和理解。对于第一组的简略考察，事实上并不意味着我们想要贬低他们总体上的精神成就。历史主义不是一种唯一正确的信仰，把不属于它的任何事物贬低为一种低劣层次的事物。虽然与历史主义相去甚远，但席勒和历史世界的关系是如此深刻和富有创造性，以至于特殊地研究这位作者成为了依然有待于解决的极富吸引力的任务。对于我们将要描述的第二组来说，席勒虽然作为歌德的伟大友人出现，但首先把他看作一位历史思想家。我们在这里也同样不会关注康德的关于理性和进步的历史观念，尽管它对哲学思想产生了革命性影响，从而对历史思想的进一步发展产生了影响。不过只要我们想纠正一些迄今为止广为流传的关于莱辛和温克尔曼对新的历史思想形式所做的特殊贡献的观点，我们就必须对莱辛尤其要对温克尔曼谈论一番。

当我们转向莱辛时，这两组思想家之间的内在分界线就立即变得清楚明了了。在两组人之间存在着对比，一些人的思想主要朝向特定的理念；而另一些人，虽然没有失去相关的理念并且通常会触及它们，然而同时出于他们创造力的驱使，关注生命和历史中的个体神秘现象，从而开辟了通向历史主义的道路。我们因此将把伟大的德国运动区分为一个较为理念化的方向,和一个较为个体化的方向。

在莱辛的《智者纳旦》(Nathan der Weise)中,呈现为智慧的最终果实的不是个体的人,而是理念化的人,一个"好人",不管他是基督徒、犹太人还是穆斯林。对于莱辛来说,人物描写的艺术不那么重要,因为它只是大概性地表现一个特定人物的理想,而不是普遍人物的理想(尤斯蒂,《温克尔曼》,第2版,第3卷,第212页)。认为他总的来说没有能力感受或描绘个体,这种说法是错误的。台尔海姆和明娜是有血有肉的人物,具有一种内在的独特个性。尽管在他对莎士比亚的评价中有着理性主义特征,正如贡多尔夫(Gundolf)所揭示的,然而他却为莎士比亚的独特性和普遍性深深地打动。"他作品中最微不足道的美也刻上了烙印,向整个世界呐喊道:我是莎士比亚!而妄想与其争雄的陌生的美,是多么不幸啊!"(《汉堡剧评》,第73篇)在《智者纳旦》中,莱辛让萨拉丁说道:

我从不曾要求
所有的树都长得千篇一律。

但正是这些话,在与这部作品的整体意义作比较时,也显示出在作者对个体的理解中带有一定的局限性。因为它只是以友好和宽容的方式看待环境和教育在人身上产生出来的差异,认为这种差异就好像是不带有真正重要性的树皮,这种差异不是"好人"内在的心灵,不是他的本质。所有莱辛关于生命和历史中最高价值的思想,都受制于他对活动于这种富有争议的人性中的基本的和主要的伦理动机的探索，这种富有争议的人性却依然充满了深沉的温柔和对爱的渴慕。在这里，孟德斯鸠的方法对于莱辛有很大的帮助，孟德斯鸠强调国家之间的差异，它们的习俗、道德准则和宗教的不同，以及它们起源于不同的气候。莱辛全神贯注于所有这些差异，为的是能够得出一种关于纯粹人性的理想，这种理想能够高高耸立，至少"高出于大众的偏见"（《共济会会员对话录》[Ernst und Falk]）。

对莱辛来说，这绝不是应用一种追随斯多亚传统方式的普遍性启蒙道德。他的理念的特殊的光辉四溢的力量来自于一种内在的光源，来自于关于神、世界和人类之间关系的深奥思想，这种思想有一种神秘的品质，只是偶尔除去其神秘的面纱。最近莱泽冈（Leisegang）所做的研究为莱辛包罗万象的思想体系给出了一种可靠的描述（《莱辛的世界观》[Lessings Weltanschauung]，1931年）。他揭示了莱辛思想中人格化上帝和宇宙的总和是同一的，上帝在世界中和伴随着世界而发展——是同一哲学的一种前奏曲。莱泽冈指出，也正是发展观念使莱辛与斯宾诺莎区分了开来，莱辛在与雅各比的著名谈话中，曾经承认了在更广泛的层面上他与斯宾诺莎的亲缘关系。狄尔泰也曾经说过（《体验与诗》[Erlebnis und Dichtung]，第129页），莱辛在包含于1780年《论人类教育》（Erziehung des Menschengeschlechts）的发展观念中，科学地为通向黑格尔的伟大德意志运动准备了道路。莱辛选择的道路也许很可能通向黑格尔，但很难说通向歌德或兰克。因为《论人类教育》深奥的核心观念不是历史主义高举的个体发展观念，而只是业已在莱布尼茨那里表现出来的借助于规范性理想的完善观念，它在启蒙运动中也以粗陋的形式表现了出来。莱泽冈揭示了弗格森1766年的《文明社会史论》对于《论人类教育》

中的观念的影响。弗格森将莱辛从他迄今为止对历史意义感受到的失望之情中解放出来。然而对莱辛起作用的不是我们在弗格森那里看到过的通向历史主义的思想因素，而是他所代表的进步观念。莱辛如今能够不以静态的方式来看待他永恒发展着的神，而是像他之前的莱布尼茨那样将其看作一种永无止境的生长着的进步。然而这种向上旅程的阶段，对他来说不是个体的，而是符合正统真理的特征。在莱辛看来，这种可见的目标是在《智者纳旦》中所描绘的理想人物，是为善的目的而做善事的人物。我们不能赞同狄尔泰的判断，他认为在这种世界进程中，"个体的充分权利也得到了保存"。在他对于内在核心唯一性的关切中，对于所有华丽愉悦的外在包装材料和外层的树皮，一定程度的温和忍耐是莱辛所准备给予的最大限度的东西了。他尚未发现在人类及其创造物的个体化统一中，外层树皮和内在核心并不是那么轻易地就能彼此分开的。

重要的是要看到启蒙运动的至善论，在它以自足发展的方式所设想的完善之上，与历史主义的个体化的发展观念之间的区别。然而我们只需要看一眼莱辛对于德国的新精神生活的作用就足以意识到，在这两条思想路线的明显分裂之下必然存在着一种潜在的共同观念。他的心灵中生气勃勃的力量突破了所有依然系缚着他的理智主义和理性主义的残余，为他铸就了与即将来临的思想之间的一种内在纽带。这种力量也在他的《论人类教育》中找到了表达，其中，他在为人类教育而作的神圣计划的外在形式之下，揭示了理性力量是如何起作用的——就像植物生长着穿透和撕裂墙壁一样——逐渐地实现其影响力，而它所走的弯路也是必要的。作为对各时代宗教史的概述，这部作品就像休谟的自然主义计划一样，产生了富有成果的影响。①

接着，在1764年出版的温克尔曼的《古代艺术史》(*Geschichte der Kunst des Altertums*)，对历史思想产生了一种更加深刻的影响，虽然温克尔曼像莱辛一样，本质上站在正统思想和完全的历史主义之间的分界线的正统思想这一边。因为不管对于批判性的眼光来说，他的思想的主要原理看来是多么的不含糊，但是由于一种源自灵魂深处的明确的个体化的需要，它们包含了一种出乎意料的转折，导向一个崭新的精神国度。

为了理解这种新转向，我们首先必须以正确的方式对待一个广泛流传的观点。众所周知的，在他对一系列艺术风格的发现，对艺术生活和民族的整体生命尤其是和其政治命运之间的联系的发现中，温克尔曼的新历史意识不是已经昭然若揭了吗？在做出这种发现时，他不是淘汰了迄今为止广为传播的对待艺术作品的古物研究的与论证性的方式吗？这毫无疑问是一种无可争议的伟大成就。但必须指出的是，就其本身来看，它没有把温克尔曼的作品提升到高于启蒙运动历史学框架的高度。应该强烈地加以强调的是，启蒙运动在完善论者的方法之旁已经拥有了一种理论，这种理论可以称为"生命循环理论"（Lebensaltertheorie），已经被用来理解大规模的人类事件进程。②它的主题已经可以是人类创造物的生长、成熟和衰落，正如我们在孟德斯鸠和吉本对罗马命运的研究中所看到的。在温克尔曼1751年年轻时完全以启蒙运动方式撰写的文章《从关于新

---

① 菲特伯根（Fittbogen）在他关于莱辛的宗教思想的研究作品（1923年）中，在第203页上把他称为"宗教史之父"，却忘记了休谟在这方面业已先行一步。我们也不能忘记拉菲陶的研究。

② 本茨在这里是正确的，《十八世纪历史著述中的人类学》，1932年，第101页。

近的普遍历史的口头报告中得出的想法》(《作品集》,第12卷,1829年)中,这个观念也被应用于帝国和国家。他的杰出的传记作家尤斯蒂(第2版,第3卷,第78页及以下诸页)揭示了在艺术领域中,温克尔曼有一位法国先行者,亦即艺术鉴赏家凯吕斯(Caylus),他着手研究了作为艺术基础的民族趣味,研究了相应于民族从年轻到成熟的普遍成长原理而产生的趣味变迁。比起温克尔曼,他的标准是含糊的,他的研究手段要弱一些。但是包含于他的《古埃及、伊特鲁里亚、古希腊和古罗马文物汇编》(第1卷,1761年)中的原理显示出了与温克尔曼的原理之间一定程度的亲缘关系。而且,联系民族的艺术生命与他们整体生活的原因,使艺术生命依赖于后者的原因,在温克尔曼这里,与在孟德斯鸠和伏尔泰那里是一样的,就是气候、政治状况、民族性格和时代精神。在温克尔曼身上也有着一些孟德斯鸠的倾向,即以钟表机械的方式来描述原因,例如他大胆地在民族性格与气候和土壤之间所做的直接关系中[1],或者在他探讨为何伊特鲁里亚艺术达到了一种比东方民族更高的水平,却没有达到希腊艺术高度的原因时。因为在这里,每个不同的原因被当作产生了特殊作用的一种明确的和决定性的力量。

温克尔曼的一个主要观点是,政治自由在艺术世界中扮演了一个重要角色。就像神的恩惠在人类心中唤起了对于身体美的感觉,从而走向真正的关于美的概念一样,还存在着政治自由的因素,艺术"仿佛"从政治自由中获得了生命,而丧失政治自由则"不可避

---

[1] "每片土地的自然条件为它的土著居民及其新居住者提供了具有独特形态的相似思想模式。"这解释了对古希腊艺术作品等物品的仿制中所具有的观念(《作品集》,第1卷,第125页)。

免地"意味着艺术的衰落。我们业已熟悉关于自由产生活跃的影响和专制统治引起愚弄民众的影响的观点,这种观点在18世纪大为流行,是启蒙运动共同持有的,只是不时地受到质疑(比如休谟!)。沙夫茨伯里在他的口号"自由和学识"中从其真正的英国立场出发宣称了这一观点,但是在绝对主义如日中天的欧洲大陆,这种学说通常仅仅赢得了一种理论苍白、态度拘谨的激情而已。没有理由怀疑温克尔曼对于自由的感情的真诚。这种感情作为他在其故乡老勃兰登堡度过的艰难的青年时代的结果,是完全可以理解的。然而这种与自己的不幸并非无关的对于自由的激情没有阻止他离开心爱的罗马,欣喜若狂地在1765年接受了弗里德里希大帝发出的去柏林的召唤,只因这种召唤是以可接受的形式发出的。在他的艺术史中,他给同时代人留下了这样的印象,亦即希腊艺术从登峰造极的高度跌落下来的情形发生在自由消失的时期——因为他没有更多地认识到希腊艺术的伟大成就,也没有能够按他自己的标准正确评价它们。而且他必须记住这个事实,亦即在艺术普遍衰落的中期,在阿加托克利斯和喜厄隆二世统治下的西西里还有着艺术活动繁荣发达的一个另外的时期。不过他只是简单地接受了这个事实,却没有察觉到这个事实对他一成不变的观点的有效性发出了引人注目的质疑。事实上,他把政治自由赞颂为所有崇高思想、真实的卓越非凡和伟大艺术的源泉的观点,反映了一个极为非政治化人物的态度。实际上,他的质朴和愉悦开朗的天性[①]对罗马所提供的自

[①] "我难得不快活自在。"他在逝世那年致信海涅时如此写道(1768年1月13日,《作品集》,第11卷,第455页)。

第七章 对德意志运动的初步考察：莱辛和温克尔曼

由心满意足（尽管存在着宗教裁判所），在这里他可以与红衣主教友好地交往，可以推心置腹地畅所欲言，他只要注意在公开场合下不要称呼教皇为反基督主义者就行了（致比瑙［Bünau］伯爵的信，1757年5月12日，《作品集》，第10卷，第196页）。尽管如此，我们应该承认，他的有关自由乃是艺术必不可少的基础的观点，在一定限度内仍然是有效的。这种观点不仅从他对于古希腊艺术的激情发展而来，而且从他对于繁茂芜杂的巴洛克和洛可可艺术的批评态度发展而来。它是一种真正的和精确的历史观察，意识到了从拉斐尔和米开朗琪罗到贝尼尼的艺术变化，是与从相对自由宽容的文艺复兴到受到宫廷限制的社会政治环境的变迁联系在一起的。与文艺复兴繁盛期的艺术相较而言，他对古代艺术风格的成功分析是与他对巴洛克和洛可可艺术的厌恶紧密联系在一起的。他考察了古代艺术作品中同时代艺术趣味的变化，把它们按历史时期进行了分类。因此，温克尔曼厌恶自己的时代，拒绝认为它在政治上或艺术上是伟大的，这有助于他进入历史世界及其变迁。

他对文艺复兴——对于温克尔曼及其时代而言，文艺复兴被称为"在艺术和科学上获得复兴的时代"——的考察引领他进一步完善了启蒙的历史思想。我们早已认识了时代精神学说，直到现在为止，启蒙运动历史学家一直是以相当外在的方式对之加以研究的。它很容易就会滑入对理性或非理性在多大程度上表现为某一时期的支配性精神的总体论述。当1755年温克尔曼用他在德意志毛毛虫般的生存交换在罗马蝴蝶般自由的生命时，他感到自己是一个"大器晚成之人"，这个问题后来渐渐变得无关紧要；他现在只是想要知道每个时代能够产生何种程度的艺术价值。他开始注意到伊特鲁里亚艺术从最初的原始阶段向第二个较先进阶段的提升，也许与希腊艺术的发展是同时代的。他在这里想到了文艺复兴。他继续谈道，在文艺复兴时期，亦如在更早的时期一样，新生命活力的激荡飞扬不是仅仅发生在一个国家，然后从这个国家传播开去，而是范围广泛地出现于所有的民族中，渗透到了整个人性的领域中去。"事情仿佛就是，在那时，一种普遍的精神播撒进了具有不同行为方式和习俗的各个民族之中，在艺术中更为特殊地起着作用，并以焕然一新的生命和激情充满了它。"在这里，突然之间，他感到了在各民族的生活中有一种创造性的精神力量在发挥作用，超越了任何一个民族。这样的力量能够按内在的生机蓬勃的进程来加以正确评价，却不能从独特的原因的角度加以解释。

但是，光凭这些新历史意识的冲动，尚未足以把温克尔曼荣列于历史主义的直接先驱者之中。尤斯蒂（第2版，第3卷，第105页）用极其恰当的语言说道："支配着这部伟大著作的心情显而易见是反历史的。"他的艺术史是一部教条的教会史的附着物，它按照基督教的绝对价值来衡量所有的事件。温克尔曼声称，只有唯一的永恒有效的美，因为这种美隐含于和发展于自然自身，天堂的恩典、政治自由和民族个性，所有这些在菲迪亚斯和普拉克西特列斯时期的希腊都幸运地结合在了一起。所有其他民族的艺术史只不过是一种衬托，以便更加光彩照人地揭示出这种学说的真理。正如我们已经看到的，这种普遍盛行的情形在启蒙运动中到处存在，亦即比较不同的文化，找出其中的相似性，按照简单的和毫不含糊的原因解释差异性。正如启蒙运动四处殚精竭虑地要去发现为什么在这种情形中是理性，而在另一种情形中是非理性得以占据支配地位一

第七章　对德意志运动的初步考察：莱辛和温克尔曼　　393

样，温克尔曼也孜孜不倦地想要确定为什么唯有希腊（最多也在模仿古希腊艺术的拉斐尔身上），而不是其他国家达到了艺术美的顶峰。甚至这种对原因的寻找，一般而言几乎一切在他的考察方式中可以被当作"历史"的事物，都只不过是一种达到目的的手段，而唯一的目的就是表现出处在至高无上境界的希腊艺术的绝对价值。他的前言中的第一句话就使得这种情形异常清晰。"我不想，"他这样写道，"提供一种单纯的关于艺术时期及其变化的叙述。我在宽泛的意义上采用历史这个词语，这种意义包含于希腊语言之中。我的目的是致力于建立一种艺术信条的体系。"因此可以说，对于他而言，宽泛意义上的历史就纯粹意味着无论什么类型的信息、知识和科学。他区别了"狭隘意义上的历史"，他是在其作品的第二部分涉及它的，虽然它仅仅涵盖了希腊历史。标题如下："从古希腊时代的外部环境出发进行的考量"，主题是从他的自由观点出发观察到的希腊变迁中的政治命运对艺术产生的影响。第一卷描绘了希腊艺术在四个阶段中本质性的特征和内在的变化，他划分了四个阶段（远古风格、崇高风格、典雅风格、模仿与堕落）。他认为这些是其"理论体系"的部分，是本质性的基础观念，而不是"狭隘意义上的"历史。在这里，人们能够清晰地察觉到使他区别于真正历史主义的分界线。因为后者从不能容忍将内在的变化与外部的影响分离开来。历史主义会竭尽全力把它们融合进发展的潮流中去。它因此将认识到只存在一种唯一的历史观念，也就是发展的历史。在温克尔曼这里，我们获得了关于发展中不同因素之间不连贯情形的经典例子，我们在启蒙运动的历史著述中屡屡注意到了这种情形。唯一的差别在于，在启蒙运动这里，不连贯主要归咎于力有不逮，而在温克尔曼这里,主要归咎于作者对其主题的某些方面的厌恶。在他眼中,古希腊艺术是一所圣殿,必须摆脱所有平庸的联系,必须在纯粹的超尘绝世中受到深思和崇敬。

他如是说道:"只有唯一的美,正如只有唯一的善一样。"(尤斯蒂,第2版,第3卷,第167页)这种正统的美不折不扣地类似于启蒙运动正统的理性。我们把这种正统理性看作传承自古代自然法之中的思想模式的最高峰——太高了,以至于通常看起来它总是显得摇摇欲坠。自从人们开始反思艺术和诗歌以来,在这个领域中也始终存在着一些趣味的标准,在世纪之交的法国发动起来的"古今之争",只是关注于古代或现代标准中的何者应该占据支配地位的问题。温克尔曼强有力的支持为美的希腊标准赢得了胜利。这也许是古老的正统和绝对的精神最后的和最优雅的胜利。这种胜利注定由古代希腊最纯粹和最热诚的仰慕者所赢得,它也是普遍的古代思想模式的一场胜利。

让我们使温克尔曼和历史主义之间的分界线变得更加清晰一些。他既没有说到发展观念,也没有提到个体观念。只有他对一系列艺术风格的发现,对于艺术所经历的变化进行的深刻考察,在历史主义的意义上为以发展的眼光研究艺术史提供了一种强烈的推动力。不管他的方法显得是多么的划时代,然而他的发展观念就像莱辛的宗教史概述一样,束缚于完美观念。它与启蒙运动中流行版本之间的区别仅仅是,它把这种完美放到了浪漫化的过去,一个必须被当作是值得渴望的过去。尽管他劝诫活着的艺术家们去模仿这种过去的完美,然而对所有的意图和目的来说,它却是一个一去不复返的和无法恢复的世界。温克尔曼在其著作的结论部分,以令人印象深刻的语言看待这段过去:"就像一个情人站在海边目送她的情人扬帆远去,失去了再次看到他的希望,而她泪水涟涟的眼睛追随他隐入远方,当船越行越远时,她却还梦想着双眼能够看到他映现于帆影中的肖像。"温克尔曼和历史主义之间的矛盾,在他对于艺术中的个体性的态度中真正强烈地表现了出来。对他而言,希腊艺术的卓越性,它的垂范千古的品质,完全在于这个事实,亦即它追寻的是理想,而不是个体。这种理想可以被认为是所有散见于个体中的美的"交互融合在一起的精粹",而且它让我们想起了沙夫茨伯里提出过的类似观念。在温克尔曼看来,只是到了衰落时期,艺术家才开始"从事于雕刻个人的头像和半身像,或者现在称之为肖像的东西"。他把这些当作"完全是勤勉劳作的"产物。这种他与莱辛共同具有的对肖像描绘的漠不关心,就足以显示出这两位伟人在思想史中的位置。

然而尽管如此,温克尔曼的作品在历史主义的前史中还是一块里程碑。这种自然法精神和正统思想的最后和最优雅的产物,隐含着撕裂旧思想外壳的新观念的种子。历史发展的辩证法表现为,迄今为止居于支配地位的思想潮流不断生长,直至它们达到了爆破的临界点并释放出新的思想种子,在转折点上,这种辩证法开始产生作用了。温克尔曼比起他对深层原因的所有思考,甚至比起他对艺术中一系列风格的发现更有意义和更富有成果的最个人化和最重要的成就,乃是他对于历史构造物的全身心投入,是他那理解其意义的强烈渴望,是他在理解–批评能力和特殊的艺术–视觉能力之旁,他的所有精神力量的持续不断的活跃。一旦完成了批评和视觉的工作,他称之为"内在意识"的整个灵魂就开始玄思冥想艺术作品;

直至他达到这个点，在此，感官愉悦转化为超感官愉悦或神圣意识，在此，柏拉图的爱若斯苏醒了，感官愉悦的艺术作品成为了神性的一种启示和一个符号。这就是他所谓的"沉思那种来源于神并回到神的美"，在其中，"以更高的劳绩代表了人类的人物，仿佛成为了纯粹敛心默祷的精神和天堂力量的面纱和外衣"。或许可以增加进一步的探讨，以便完善我们对温克尔曼的理解。令世界惊叹不已的精神和感官之间的彻底交融，既深深地扎根于感官，又被崇高地颂扬为超感官的。他的艺术感觉和对生命的感受总是使他以古代人的方式渴望"英雄般的友谊"，这种艺术感觉和生命感受受到特殊的情爱气质、对年轻身体的感官沉醉的滋养。但是这种感官-超感官的艺术求爱者，最终将会赞同柏拉图所说的"至高无上者无形象"。

对我们而言，决定性的地方是，在温克尔曼那里，在接近客观对象时所运用的综合理智主义和理性主义的方法，例如他那时代流行的艺术批评和启蒙历史学所运用的方法，如今在高高耸立的情感（Seele）面前就几乎彻底地黯然失色了。"美是自然的一个伟大秘密，我们所有人都能看到和感觉到它的作用。但若论及形成清晰且普遍的概念，那它仍只能算作未得到解释的真理。"休谟和伏尔泰也谈论过历史生命难以言喻的神秘，但却是出于无计可施，由于其研究方法的失败。另一方面，温克尔曼确定无疑地谈到了美的神秘，虽然无法通过理智来接近它，但可以通过情感接近它。他声称，美的概念更多地是通过印象形式，而不是通过理念来构成。按照他的说法，更别说是从书籍中获得了。他自己是其时代阅读最广泛的人物，诚如尤斯蒂所描写的，在他艰难的求学岁月中，紧张的阅读书籍产生了极其痛苦的印象。但是凭着天才的情感力量,他能够在关键时刻挥手告别故纸堆,全心投入于美徜徉于其中的柏拉图的理念世界。他预先尝到了现代一流学者的经验,他们必须无可逃避地肩负基于大量阅读的悠久文化传统的重担。温克尔曼在这方面认识到,古希腊人要比现代人的遭遇好得多。"他们的世界少了一种虚荣,他们不会因广泛的阅读书籍而自傲。"

因此可以说,温克尔曼预感到了对于历史创造物的精神移情,未来的历史主义将把这种精神移情作为它自己获得知识的独特途径。他对个体的无动于衷,恰恰源于一种深刻的洞察,因此没有长期阻碍他的作品准确地唤起对于个体的感受。因为每种个体性都是一个整体,也只有予以如此理解。温克尔曼确实没有意识到个体,但是他感受到了艺术中的整体。正如他在论感知艺术美的能力的论文(1763年)中所教诲的,"内在意识"来源于一种对整体的感受,而不是一个"几何学头脑"倾向于做的,亦即观察个别的部分,然后再组装起来拼凑成一个整体。他尚未完全意识到他以挚爱之情拥抱的艺术作品的灵活性,因为在他眼中,艺术作品始终是超历史的一种启示。但是他总体上早就把艺术作品看作一种创造物,看作一个伟大的内在一致的整体,从而为一种个体的历史沉思铺平了道路。第二部分一开头的简洁宣言,亦即作者的目的是要提供一部艺术史,而非艺术家的历史,这一宣言就他拒绝采用一种个人实用主义的思想路线而言,具有一种革命性的影响。我们已经在莱布尼茨那里提到过一种类似思想的活跃(参看上文第43页及下页)。温克尔曼的作品对同时代人产生的巨大影响表明了,他们在他身上感觉到了一种新精神在运动。

温克尔曼获得的对希腊艺术富于同情感的洞察是德国精神的产物,它与业已进行中的反对支配性的罗马-法国正统观点的活动遥相呼应。兰克已经察觉到了,人们"回到对古代艺术的正确评价,也许得追溯到来自浪漫的民族主义的反对来源于拉丁民族艺术家的学院方法的民族抵抗"(《文集》,51/52,第543页,《悼念伯默尔》,1868年)。在怀着同情感深入荷马和《圣经》的最初激荡中,或许也存在着一些日耳曼气质,这种激荡,我们在英国前浪漫派那里已经见识过。我们或许也可以把一般性的日耳曼精神看作某种朝向自由和内在性的倾向,看作从容不迫地,若有必要就咄咄逼人地实现这些要求,并反对阻碍性的规则。这种矛盾恰恰把德国性格中最优秀的东西带出来了——因为正是争论,导致了与拉丁民族更为形式化的精神之间的相互作用并产生有益的结果。温克尔曼确实没有通过他在同时代世界中遭遇到的精神而获得深沉的精神成果,而是直接从作为罗马精神最初源泉的古典世界精神中汲取力量。歌德具有一种与温克尔曼情趣相投的精神,为我们提供了一种对于温克尔曼身上的古代和异教因素无与伦比的描述。在他对希腊美的标准的经典化中,我们同样见证了古代思想方式的一场胜利。然而甚至在温克尔曼看来完全是古典世界的异教徒的地方,他还是一个德意志人,虽然是一个异乎寻常的德意志人,这是由于他最内在的天才中的无忧无虑的和几乎天真的、孩童般的专注精神。甚至在他为了去罗马必须成为一个罗马天主教徒的时候,他还是保存了一些德意志新教的遗产。即使在罗马,在他为自己的感悟而欢呼歌唱时,也是在唱一首来自新教赞美诗集的晨赞歌。那么是否可以说,他在思想史中获得的伟大成就,对希腊艺术的同情式理解,也具有一种德意志新

第七章 对德意志运动的初步考察：莱辛和温克尔曼

教的内在性气息了？

为了获得对于这种艺术经典化和它所产生的影响之间的联系的彻底理解，我们必须更加宽广地考量思想形势。人们或许会说，把这种同情式洞察的新能量注入艺术领域中去，是一件轻而易举的和最可能的事情，因为在艺术领域中没有干扰性的因素，至少对于一种敏悟精神来说是这样。任何其他类型的同情式历史洞察却很容易成为某种什锦拼盘，无法彻底地成功穿越对旁观者看来显得稀奇古怪的东西。这种情形在18世纪日益成长着的历史主义在理解国家生命时感到的困难中，就变得一目了然了。但是在对完美的艺术作品进行完全的同情式洞察时，正如温克尔曼努力去做的，就会出现一种为他如此珍爱的艺术作品赋予绝对价值的内在渴望。同时在这里必须注意到的是，温克尔曼对希腊艺术和文化中的卓越成就进行的经典化，是德国的新人文主义和古典主义之所出，而后二者作为文化中最强有力的创造力量，在19世纪照射出了耀眼的光芒，甚至在今天还留下了这种影响的痕迹。歌德、席勒、荷尔德林和威廉·洪堡都通过温克尔曼的眼睛，怀着敬畏和挚爱端详希腊艺术"高贵的单纯和静穆的伟大"，深信人类在希腊人身上达到了人性的至高无上的标准。很难将由于这种信念而注入他们之中的力量、精神的愉悦和清澄形诸语言。这种信念代表了自从文艺复兴以来所有从古代人来到现代人身上的新奇灵感中最内在的和最深刻的具有思想激发力的灵感。它在歌德时期产生的最高成就中成为了综合性的因素。但是，它与新生的历史主义思潮有着一定的矛盾，而历史主义如今在这个同样的歌德时期将要进行扩张。因为这种历史主义的新观念支持个体性考察，甚至要考察最高级的历史文化创造物，而温克尔曼正统的古典主义则追随柏拉图的理念，教导人们必须超出麻烦不断的个体领域而进入纯粹的理念气息中，柏拉图也同样把个体远远地甩在了后面。不过温克尔曼身上的柏拉图主义因素使我们想起了柏拉图主义者沙夫茨伯里①，他也是一位温克尔曼钟爱的思想家，在他身上我们曾追踪到历史主义的一个根基。随着我们研究的推进，日益成长中的历史主义织体中的柏拉图主义–新柏拉图主义路线将更加清晰地展现出来。因此可以说，伟大的德意志运动最激动人心的部分在于，观察柏拉图主义–新柏拉图主义的世界情感产生的理想化和人格化影响是如何肩并肩地持续作用的，甚至在歌德那里，它们是如何紧密地相互交融在一起的。这是一种矛盾吗？抑或是一种对立面生机勃勃的统一过程？我们正站在思想史的某种神秘现象的门槛上，在我们现在要转向历史主义的直接先驱者时，我们应该在心中牢记这一神秘现象。

---

① 参看尤斯蒂，第2版，第1卷，第211页；瓦伦丁（Vallentin），《温克尔曼》，1931年，第165页。我们在这里不拟与属于斯特凡格奥尔格学派的瓦伦丁的通常夸大其词的理解进行争论。

第八章　默泽尔

不管伏尔泰、孟德斯鸠和休谟在对一般性的历史思想所做的贡献方面存在什么千差万别，他们都异口同声地声称，历史中实际起作用的非理性力量是巨大的。伏尔泰不情不愿地承认了这一点，孟德斯鸠和休谟则心平气和地承认了这一事实，并且更为充分地理解了一种到处存在的显而易见的情形，亦即理性和非理性力量的混合。但是他们中没有一个人认识到，这种混合现象用机械式方法是无法理解的，而只有通过追踪个体生命的过程才能对之加以理解。所有这三位思想家对历史生命中外在的个体多样性无不兴致勃勃，伏尔泰对所有人类的好奇心是启蒙主义式的，而孟德斯鸠和休谟则对多样性怀有新生婴儿般的喜悦。不过他们都未能充分感受到个体的独特价值。

为了揭示个体的价值，就必须展现个体现象内在的方面。这只有通过心理生命态度的变化，通过一种新的内在经验才可能出现。有必要对心理能力进行软化和融合，以便在相互作用中产生一个无拘无束的和可靠的整体。这完全关乎克服生硬和机械式的二元主义——这种二元主义存在于理性和理智的一方，与冲动、嗜好和激情的另一方之间——并旨在把握心理统一体和人的整体。为此，至少得给予心理生命中的非理性力量以比迄今为止更高的地位。在自豪于理性的理性主义者中间，感性必须在思想旁边赢得一个恰当的地位，并且人类得成为感性的。这种情形发生于自然的反应中。每一场解放运动都会带来广泛的后果，会在一切特定的领域释放出迄今为止被捆绑于枷锁中的力量。如今变得自治的理性，正致力于征服整个生命，将生命从所有从前的枷锁中解放出来，并由此激活了整个生命，在生命中间唤醒了力量，这些力量如今在理性之旁获得了位置。这一切完全与社会生活中的变化有联系，这种变化大约最早在世纪之交的欧洲为人们感受到了，尤其是市民阶层的兴起，和新的市民阶级精神的诞生。这就仿佛在始终并继续有效的理性和自然法思想领域之旁开辟了新的风景，在这片风景中，性情、感觉和想象茁壮成长，新的个体生命价值破土而出。我们在沙夫茨伯里和英国前浪漫派那里就看到过这片风景。甚至法国也并非完全无所作为，在这个国度也出现了洋溢着清新生命的思想家和诗人，例如卢梭时代之前的圣埃夫勒蒙和马里沃。永远不应该遗忘的是，由于西欧自然法僵硬土壤的最初松动，德意志精神获得了一种强有力的刺激。不过德意志人如今走得更远，挖掘得更深。由于莱布尼茨，在这里早就已经出现了一种特殊的德意志哲学，尽管带有数学倾向，不过却教导人们如何把宇宙的统一和和谐与一种永远变化不定的个体多样性综合起来。莱布尼茨、沙夫茨伯里、圣埃夫勒蒙、马里沃和孟德斯鸠，最后还有卢梭，他的现代理性文明批判，他对于具有完全自然品质的人性的强烈渴望——所有这些影响在德意志一同作用，形成了我们如今正要加以考察的人物的精神和思想，他在七年战争之后，和赫尔德同时以崭新的目光观察历史世界，比赫尔德要年长一些，是第一个接近这个领域的——他就是默泽尔。

第八章 默泽尔

因此,我们不能追随狄尔泰相当错误的陈述,他仅仅把默泽尔看作为"强有力的本土思想家"。就他自己的表现来说,这些西欧影响在他的心灵成长过程中极为明显地起着作用,是无法单纯地将之忽略掉的。不过在默泽尔身上有一种强大的土著根系,一种相当原初的气质,它点点滴滴和不断地在所有同时代的影响中蜿蜒穿行,获得了一种极其特殊和显著的地域背景的滋养。个体的、地域的和欧洲的因素在他身上相互交融,产生了灿烂辉煌的思想现象,曾经使得青年歌德陶醉其中。

默泽尔1720年出生于主教辖地奥斯纳布吕克,在故乡一直生活到逝世(1794年),这是古老的德意志帝国中最典型的老式生活方式。比起较大的邦国来说,这种典型的生活方式在较小的邦国中获得了更好的保存。你能够在它之中一页一页地阅读绵延千年之久的历史。这种生活方式是古日耳曼传统的遗存:"依愉悦他们的林泉"(ut fons ut nemus placuit)而布置的城市和农民的房屋结构无不如此。默泽尔为我们提供了一幅关于奥斯纳布吕克农妇令人难以忘怀的肖像描写:农妇遵循古老的传统,坐在房屋中间照看周围的一切。在她之上是晚出现一些的社会制度:领主权和农奴身份、大教堂的规章、骑士、城市和拥有自治机构的市民——而在它们之上的则是分裂的统治权体系,只不过自宗教战争结束以来呈现出了奇特的形式:自从1648年以来就轮流出现了天主教和新教的主教,后者总是来自于韦尔夫*家族。默泽尔自身源出的最年轻的社会阶层是克鲁施(Bruno Krusch)所谓的奥斯纳布吕克城的"有学问的富

---

* 神圣罗马帝国时期德意志非常著名的贵族家族。——译者

裕市民",是一个极有势力的新兴阶层,虽然它在事实上没有法定地位。①1773年,在这座城市约六千居民中出现了33名拥有大学学历的律师。他们为处理城市事务的不同部门提供了秘书、法律顾问等等人才。市议会的官方席位保留给贵族,而甚至在默泽尔时代,工作的主要负担就落在了富裕市民肩上。他们抱成一团,相互照应——年轻的默泽尔在1741年还是一位大学生时就已经得到了首份作为秘书的任命。他们的社会地位蒸蒸日上,生活方式舒适安逸,同时他们也培养知识兴趣。我们在这里不由得想起了孟德斯鸠的议会贵族,虽然在德意志并不存在穿袍贵族。但是,这整个市民阶级的学者-官僚阶层是新德国教育的承担者,再后来成为了国家生活中市民阶层政治要求的最早的代表。这样的政治要求在默泽尔时代及其环境中还没有出现或很少出现。人们还能对日益提高的外部尊重表示满意,从相互叠加的古代贵族权利的对立斗争中坐享其成。这样的权利对立不少于三种——王权和特权阶层之间;在特权阶层自身内部,有大教堂特权和骑士特权;在王权内部,有天主教王侯和新教王侯。所有这三种对立都被韦尔夫家族的倾向强化了,从而彻底世俗化了奥斯纳布吕克主教辖区,并把它归并到他们自己的势力范围之内。

默泽尔想方设法地试图同时为几乎所有这些势力服务。他成为

---

① 《默泽尔与奥斯纳布吕克社会》(["J. Möser und die Osnabrücker Gesellschaft"]《奥斯纳布吕克史协会通讯》,第34卷,1909年)。关于这种整体的历史环境,可参看布鲁瑙尔(Ulrike Brünauer)魅力四射的作品《默泽尔》,1933年。我们自己的这一章撰写于它出现之前,很大程度上赞成它的理解。瓦尔茨(G. A. Walz)的《理性主义与浪漫主义的国家观念……》([*Die Staatsidee des Rationalismus und der Romantik...*] 1928年)中论述默泽尔的章节对我们来说却是不那么令人满意的。

第八章 默泽尔

政府律师（advocatus patriae）、骑士阶层的法律顾问、政府顾问，在谦虚的头衔之下领导着行政机关，作为熟练律师，他既帮助特权阶层又帮助政府。这种不同寻常的作用使他同时带有保守主义和相对主义的气息——也带有反对主义者的气息。然而他的精神从来没有完全沉溺于这些尔虞我诈之中，或者沉浸于"有学问的富裕市民"的氛围之中。他处于这种情境中，这在他的工作中是显而易见的，然而他凭着一种真正根深蒂固的理想主义超越了它的限制，这种理想主义始终不渝地准备着以良好的意愿处理日常事务，却也使得日常事务熠熠生辉并充满温情。这位英俊的高个男人兴致勃勃、深沉宏毅地感受着他的生活和世界，严肃并忠诚地服务于这个世界，不是作为一个纯粹斤斤计较于细节的道德主义者，而是作为一个具有深刻饱满的道德天性的人。他享受着主人的信任和市民同胞的爱戴，没有奢想过比目前的生活方式更高的报酬。不过他以创造性力量分享着至高之物，亦即使他生活于其中的历史世界意识到自身，使它发出声音来。那么他的历史意识是如何发展起来的呢？

他与历史之间的关系，正如人们或许会猜测的，与他的生活方式密切相关。他的生活对其历史意识具有更大的影响，而反过来则不是。这种历史意识的基础是他对于家乡的往昔历史及其遗迹的热爱，他像古物研究者那样陶醉于来自往昔岁月的事物的迷人魅力和芬芳的气息中——一种人性的渴望，一种在所有时代才华横溢的人物身上都会猛烈产生出来的渴望，就像那些痴迷于绘画、音乐或观察星星的雅人。当然，在他之前和之后，在他的故乡和其他地方，都有着怀有一些古文物知识并研究些古老法律事务、收藏古书和手稿的律师、法官和教师。他来自这样的家庭，就仿佛这个家庭把这些兴趣如祖产一样传给了他；他理应遵从他的父亲，即奥斯纳布吕克档案馆馆长的愿望，以一篇学识渊博的论文开始职业生涯，比如《女性在封地上的继承，尤其是在奥斯纳布吕克》（*De successione foeminarum in feudis praesertim Osnabrugensibus*）。他的《奥斯纳布吕克史》（Osnabrückische Geschichte）（开始撰写于1762年，出版于1768年及其后几年）和《爱国想象》（*Patriotichen Phantasien*）中的许多历史文章，是为了其桑梓同胞而撰写的，刊于《奥斯纳布吕克信息，广告报》（*Osnabrückischen Intelligenzblätter*），这是他1766年创办的，并一直存在至1782年。它首要地全神贯注于叙述本土根性的当地历史。他教导人们什么是传统的，因为他自己就是传统的化身。他热爱古老的事物，恰如一个人眷爱父母房子中的花园，他过去小的时候常常在这花园中玩耍。但是传统主义还不是历史主义。传统主义也许只是将自己局限于一种顽固的教养，只是保守地支撑了这个共同体生活的古老土地，却天真地放任自然法和理性的思想模式在这片严格守卫的领土之外的任何地方称王称霸。而历史主义却越来越多地包含了整体的思想和整个的世界观。为了找到通向历史主义的道路，默泽尔对于古老事物的热爱需要转变成一种深思熟虑的、批判性的、比较的和反思性的爱。这种转变只有通过与启蒙时代的思想家友好的–敌意的接触才能产生。

在他的青年时代，启蒙运动对他的影响既是友好的又是生气勃勃的。[1] 大约在这个世纪中期，这种显著的启蒙和感性的混合物

---

[1] 关于他迄至1762年的发展的富有价值的数据，是普莱斯特（Pleister）在《奥斯纳布吕克史协会通讯》中提供的，第50卷。

开始向德国市民阶层渗透。在哥廷根大学学习期间及毕业以后，默泽尔写了一些生硬的、感伤的诗歌，也贪婪地研究了法国人圣埃夫勒蒙和马里沃与英国人沙夫茨伯里。他从戈特舍德那里接受了一些知识，接着处于哈勒、哈格多恩、京特尤其是克洛普施托克的影响之下——直到最后他在莎士比亚和荷马那里发现了伟大的深层的诗歌力量，在这二者身上，按照他的看法，凌驾于所有理论之上的自然揭示了真正的艺术是什么——也就是说，艺术内在于自然本身之中。

这就是后来岁月中他看待事物的方式。在他的青年时代，那时通常的行为方式到处都是一如往昔，他满足于接受老师们对感性世界和非理性事物的信任，接受他们相当理性的和倡导幸福论的观点，赞美"愉快的无知"，把它当作一个最美好的和快乐的世界秩序的支柱，宁要一种信仰不朽的"安宁祥和的错误"，而不要任何将颠覆这种信仰的真理（1745 年）。但恰恰这种态度为他提供了武器，可以公正地评价和理想化往昔备受鄙夷的野蛮。在他 1749 年的悲剧《阿米纽斯》的前言中，他使我们竖耳倾听如下的判断："我并不认为我们的祖先是傻里傻气的笨蛋，像肤浅地阅读塔西佗的人普遍认为的那样。"（《作品集》，第 9 卷，第 204 页）在他谈论主角的行为中精致的"云雾"（Wölkungen）时，他对个体间的细微差别的感觉已经活跃了起来。我们的注意力立即被这个创造出来的新词吸引住了。

我们已然相当清楚地注意到了[①]，他教育中的不同因素在形成

---

① 莱金（Laging），《默泽尔的散文》（"J. Mösers Prosa"），见于《奥斯纳布吕克史协会通讯》，第 39 卷，1916 年。

其语言的过程中都起到了作用。首先，它们只是外在地相互并列着；接着，作为斗争和结盟的结果，它们彼此交融在一起，从而最终从看起来水火不相容的反题中产生了一种创造性的合题。然而，在很长一段时间里，尽管默泽尔早期明显具有古文物研究的兴趣，他却继续追随戈特舍德的风格，用一种直截了当的标准德语进行写作，也许流露了法国教育的影响，却毫无本土的色彩。直到撰写《奥斯纳布吕克史》的时候，他的本地方言、追求古风的努力和"乡土趣味"①的影响才真正出现了。接着，有意识地反对法国精神的斗争开始了——但是，这种斗争在塑造自身的精神力量和使自己意识到本土根系的方面，是不可或缺的因素；它的影响在其风格的修辞性的和戏剧性的说服力中，自始至终都是可以感觉得到的。老方式如今是被克服了，不过却也被"吸收"进了新的方式中。比起歌德从莱比锡风格向斯特拉斯堡风格的转变来说，默泽尔的这种转变发生得要缓慢得多。但如果我们忽视这两位人物才能上的差异，就会看到，默泽尔的发展必须穿越更为坚硬的地层。

1756年，当他完成早几年开始撰写的《得到良好均衡的倾向和激情的价值》（[Wert wohlgewogener Neigungen und Leidenschaften]第9卷，第3页及以下诸页）的论文时，他仍然还在用模仿自马里沃的浮华和冗长累赘的风格写作。在内容上，这篇论文也受到了英国和法国心理学的影响。不过以此作为向导，默泽尔迅猛地进入了一片崭新的精神领域，在这片领域内，他将越来越名副其实地成为大师。

---

① 这是默泽尔的措辞，第1卷，第87页；是后来他的学生雷贝格记录下来的（《文集》，第4卷，第245页）。

第八章　默泽尔

这种情况的出现有赖于理性主义–感伤主义的原则，否则它就很难出现。它现在确定无疑地成为了时代的流行方式，一方面使人们沉浸于更加温柔感伤的情感中，而与此同时却机智地观察着这些情感的活动。不同的精神力量，包括理智、喜好、激情和美德，都以或大或小的分量被放在了天平上，一会儿倾向于这一边，一会儿倾向于那一边，而最终的目的是继续贯彻沙夫茨伯里的教诲，亦即减轻纯粹知识的分量，"弱化认为美德完全是理性果实的偏见"。因为高尚的冲动和爱好也会把我们引向美德的道路。默泽尔还进一步加入到了那些人的行列，他们区分了特殊道德意义上的美德和一般道德意义上的美德，后者是"任何特定事物之中的善"。这种后面的定义接着将把冷酷作为专制统治者的一种必要的美德。因此事实上可以说，他复活了古代世界的美德（ἀρετή）概念和马基雅维里关于美德（virtù）的文艺复兴时期的概念——不是那么彻底，因为他强烈地持守着道德标准，不管这种美德是运用于善还是恶。但是，他的所有努力倾向于揭示出整个人类的饱满力量。他准备好了去承受指责他的观念混淆了自然情感和道德情感之间分别的批评。"但存在于这两者之间的关系，就像我们所发现的灵与肉之间的关系一样，在灵与肉之间有着持续不断的相互作用，我们却无法在此与彼之间划出任何清楚的界线。"这种肯定使他深入到更幽深的领域，在这里，灵与肉之间的统一和相互渗透的神秘意象开始出现了，虽然通常的理性主义满足于将它彻底遗忘。但是，以任何思辨或分析的精神撕去这种神秘现象之上的面纱，却完全不是他的方式。而且他愉快地相信，世上万事万物形成了一个完美的整体，"即使看起来离得遥不可及的领域也与这个整体有着联系"——我们对此情不自禁地想起了莱布尼茨和沙夫茨伯里,默泽尔在这个段落中引用了这两位思想家——他接着接受了一种在其作品中反复出现的思想,这种思想或许可以称之为进入历史主义大门的钥匙。他说道:"我们彼此交错的激情常常像是激荡起伏着的音乐,在其中我们感受到了整体的完美,却不必细数单个的音符。"

这是他的"总体印象"学说采取的最初形式,这种学说将是我们的向导。他在1767年如是解释道(第1卷,第196页),在一副夸张变形的眼镜中显得粗野、令人恐惧和使人反感的许多事物,在无遮无挡的眼睛看来,却成为了美丽的和可爱的事物。"难道一种混合了残忍的性格不是属于真正的勇敢性格,就像松烟是灰色颜料的一种必要成分一样?难道在管家的性格中不应该有一种吝啬的性情使得他精明干练吗?难道虚情假意不是不信任所必需的,而不信任不是审慎所必需的吗?"

整体是美好又公正的,而织成它的个别线条却也许是极其丑陋不堪的。所以,默泽尔的结论是遵从整体,并陶醉于其中。因此,启蒙运动形成的、由于日益高涨的感性潮流而加强的、后来又由于歌德的神奇接触而加深和圆满的欢快的乐观主义,其本质是这种对于事物整体和最终对于世界的热情洋溢的肯定,尽管知道或怀疑在这表面之下还有许多黑暗的、成问题的背景和因素。

然而直到现在为止,在涉及历史和政治问题的地方,又有谁应用过"总体印象"这条原则呢?当然,它通常以一种简单的和无意识的方式得到运用,但不是以逻辑一贯的方式,因为传统的自然法思想模式的固定观念歪曲和毁灭了印象清新生动的品质。默泽尔首先了然于心的是,仅仅运用因袭相承的观念无法接近实际生活的事物。他评论说（第4卷，第25页），学识渊博的学者使用一系列单个的和确定的概念，并且从中演绎出法则，这种法则在受到考验时，从未能够经受得住"总体印象"的考验。而千百次地观察过敌人位置的指挥官，把一种总体印象添加到另一种印象上去，把不计其数的印象层层相叠，产生了一种无限的结果。

在默泽尔看来，这种总体印象对于行动和实际生活来说是真实的。但是作为一个历史研究者，这种"总体印象"理论使得他无法满足于迄今为止运用于过去的观念。他意识到，这些观念的现代形式不经过艰辛的努力是不能够简单地运用于与过去之间的关系的，因为过去在类型上常常是极为不同的，通常以不同的语言被表述出来。我们也许会回忆起，莱布尼茨早就接触过这个问题（参看上文第41页及下页）。"我持续不断地感受着，"他在1767年致信尼古莱时这样写道（第10卷，第149页），"语词中的遮蔽晦暗之处，以及与它们联系在一起的现代观念，为历史学家带来了无穷无尽的麻烦。"例如"自由"观念发生的变迁：在某个时期，它代表的是乞丐的法律——自由与贫穷（liberi et pauperes）是一体的——在后来的时期中则成了特权，最后变成了荣誉的头衔。他深切地感到了语言的贫乏，只有一个拥有创造性语言才能的人才能感受得到。但他从由日益觉醒的德国文学所创造的奔涌而出的新生命中得到了安慰，领悟到词语并不只是人与人交流的唯一媒介。有能力的读者能够"伸展同情感直至作者，能够从作者的灵魂中挖掘出所有隐藏着的东西"。在读者相信发现了一个真理的时候，他必须深挖再深挖，要设想还隐藏着许多有待发现的领域，他必须压榨作品的灵魂，直至它吐出它所能吐出的所有内容为止；当遇到高贵庄重的对象时，灵魂必须充满了感激和激情（第4卷，第5页及以下诸页）。

总体印象也可以本质性地获得无数的经验，它是这样行动的——就像酒商当下就能辨别出酒的产地和酿造年份（第4卷，第12页），像毛织品商人能够识别出不同家庭纺出来的纱（第2卷，第127页）一样——这是一种认识方法；另一种方法是带着灵魂的所有力量，一步步地、全神贯注地深入到对象之中进行体验，以便接近伟大的主题。他也这样表达过，亦即人们必须"切入"（Tangenten）事物（第4卷，第13页）。通过成千上万次然而却依然难以用语言表达的切线，人们能够在一刹那之间与人的脸部表情建立富有意义的联系；这完全依赖于获得切线的次数，依赖于它们是否恰当。默泽尔首先在趣味问题方面表述了这一命题。不过他也对过去建立了这样的切线，只不过重要的差别在于，他在这里并不期待"一刹那之间"就获得总体印象，而只有经过对他正在加以研究的事物长期和耐心的洞察和同情式的理解才能达到。唯有一种发自内心的对这些事物的热爱，唯有沉醉于过去之中，才能产生出这种研究所需要的耐心。就像我们早已指出的，在默泽尔之前的时代并不缺乏对于过去进行古物研究的兴趣。但是默泽尔把对于过去的热爱，与来源于人与人之间日益增长的心理交流的对于人类事务崭新的爱，和赋予内在之人所有的非理性力量以新颖的显著地位，决定性地和划时代地结合了起来，使人类睁开双眼看到了人与事的总体。

其他伟大的启蒙运动历史学家之中没有一个人指出过这种联系，甚至默泽尔崇敬的孟德斯鸠也没有。毫无疑问，孟德斯鸠并不缺乏对于过去的热爱，并不缺乏对历史事物的沉醉，不过他那内在的精神很大程度上被他的理性主义束缚住了。然而，我们看到从18

世纪50年代以来,英国的前浪漫派和年轻的马莱已经在西欧开拓了这条道路。还有另一位年轻的德国历史学家也为此做出了贡献。他就是默泽尔英年早逝的友人,受到过赫尔德高度评价的阿贝特。他具有一些新颖的内在性和感受力,不过却缺乏古物研究者和历史遗迹之间的紧密联系,缺乏对于原始素材的了解以及直观事物的能力。因此,他的历史著述就此屈从于启蒙运动概括式的精神。默泽尔对于这些缺陷的批评具有普遍意义,以奇特的清晰性揭示了启蒙历史学和新历史学之间的鸿沟(第10卷,第147页,致尼古莱的信,1767年4月5日)。

> 这样的人物不会人云亦云;他需要并能够亲自看到原初的东西,他的眼睛总能够看到比任何先行者所能远远望见的更多的东西。想要整饬其他人通过巧妙的风格和思想力量撰写出来的历史,完全是一种欠考虑的行为。这样的作品总带有冗长乏味的性质。可以说,只有通过一种对原初事物全神贯注的和长期的沉思,这两种品质才能够如其所是地呈现出来。

如其所是地呈现出来——这些话语展示了整个新颖的撰写历史的方法,就是通过一种对原初事物有目的的关注,并结合无意识的创造性精神力量的共同作用。

因为这种新的研究方法意在深化洞察力,它首先就需要对其任务进行限制。历史学家在集中所有力量研究了最微小的细节之后,就应该聚精会神地上升到普遍性的境界。甚至最微小的细节,如果从真正的历史深度来看,人们也能够从中读出普遍性的因素。与之相反，伏尔泰所开拓的、德国的阿贝特和伊瑟林所模仿的世界史的思考方式，只是由于广泛的涉猎、对各民族和各时期迅速的回顾才赢得其声望，他用启蒙观念概括了所有单独的历史构造物。默泽尔漂亮地嘲弄了这种方法。"我询问阿贝特，"他告诉我们，"这样做是否可行，亦即把他的扶手椅①放在天堂的苹果树下面，从这个位置可以望见聚集在他周围缓慢进化着的各民族，由此得以让他的笔记录下他在这些从早期历史发展而来的景象中所目睹的东西。"

默泽尔给予友人阿贝特的另一个忠告，或许有助于我们更深入地认识他早期的历史主义。他对阿贝特说，他乐意"专注地研究罗马，首先把它作为一个村庄，按照市民从农民发展而来的假设进行研究；因为这种农民权利发展为市民权利的假设，将对他具有非同寻常的好处。事实上，没有什么使得罗马历史看起来比由于土地所有权观念的退化而引起了缓慢变化这种描述更可能的了。"人们能够在这里看到尼布尔影子的投射②，可以感觉到默泽尔方法的可能性，亦即集中主要的力量来研究个别的微小细节，吸收原原本本的历史现象，通过类比推测获得对于普遍性现象的历史直观，从而创造性地沉浸于原初现象。它一开始也许只是"刹那间"来临的直觉，但这些直觉丰富而饱满，足以保证上面提及的"缓慢而耐心的"考察。

但是继续如下：农民权利向市民权利的转变，一种制度或一种

---

① 阿贝特在《人类历史》(*Geschichte des menschlichen Geschlechts*) 第1卷（1766年）的前言中曾谈到过思考中的读者可能会坐在其上的扶手椅。

② 关于尼布尔与默泽尔之间的关系，可看亨佩尔（Hempel）的简短评论，《默泽尔对同时代人的影响》("J. Mösers Wirkung auf seine Zeitgenossen")，《奥斯纳布吕克史协会通讯》（第54卷，1933年，第33页和第53页），在这里也可以针对19世纪早期找到具有进一步的思想价值的材料。

法律体系转变成完全不同的和新的东西——就像默泽尔运用摩西之杖，把运动带进了迄今为止僵化的事物中去。直至现在为止，人们只认识自然法，到处都是一样，永恒并且毫无变化；还有成文法，尽管在不同的地域极为不同地发展着，它的早期历史只有就其树立起有效性，只有就它影响了其存在而非变迁，才在很大程度上显得重要。甚至当古物研究的兴趣来临并把注意力转向法律制度中的变化时，德意志学者也未能超出这些变化的指认和纯粹实用的对变化原因的猜度。在这里，孟德斯鸠通过把注意力转向真正的发展过程、法律的起源，转向成文法从具有相当不同的起源的权利演变而来的过程，做出了最早的伟大进展。确实，他这样做首先是为了满足政治上的实际需要，以便为他自己热爱的却受到时代精神质疑的事物进行辩护。但当他致力于这项任务时，他获得了一种对于这种发展过程的魅力和特殊价值的新感受。这一点无比清晰地产生了孟德斯鸠作品带给默泽尔的肯定性的激励。因为默泽尔完全就像孟德斯鸠一样，确实想要通过实际的-社会的思考追随这条新道路。他注意到了法律从起源于相当不同的权利开始的演变过程，当时他在实际的行政管理过程中考察了农奴境遇的问题，而时代精神正开始起而抗议这种农奴的处境。他领悟到，曾经是公开的-合法的习俗转变成了私人的-合法的权利，而私人的合法关系则受到了公开的合法因素的影响和改变。这种情况是如何产生的呢？默泽尔开始向自己提出了关于这种转变的动态原因的新问题，而这就导致他整理并写就了卓越壮观的《奥斯纳布吕克史》，它的目的不是像医生研究一具身体，而是提供关于身体本身的叙述，关于它最初的体质及其遭受的袭击，"自然与必然"所产生的扭曲和侵蚀。在这种质询的过程中，他发现了一种研究国家或民族的真正历史的真实对象，亦即描述一个民族完整的政治发展。他研究的是奥斯纳布吕克，却把整个德意志民族装在了心里，并且在导言中自豪地宣称，他对他选择的特殊个案所做的研究将为整个德意志历史带来一种"焕然一新的转变"。

接下来的景象可做如下展示：早期的自由土地所有者团体的战争通过普遍征募制而进行，失去了组织严密的特征和反抗的力量，这是由于自从虔诚者路易时期以来因为封建军事采邑制的兴起而在战争和军队的性质中产生的变化所致。他们获得了使自由民臣服、松动地域性和团体纽带的力量，逐渐地建立了拥有领土的国家。"人们将会相信，"默泽尔在一封1778年致尼古莱的信中说道（第10卷，第174页），"我谈论了太多的军事和常备军，然而这是能够向人们提供有力线索的唯一事情，对小国家的历史来说，它有时是极为明显的线索。但是我禁不住想到，道德线索在历史中是一种孩子气的事情，它们容易突然中断；不过这种线索则是安如泰山。"

在扎根于理性和实用主义的老式思想模式中，道德线索是最重要的观念，启蒙主义者正是据此撰写历史的。"我对所有道德评价的反感，"两年后默泽尔在《奥斯纳布吕克史》第二部分的序言中如是写道（第7卷，第Ⅵ页），"随着作品的进展而增长着。道德考虑属于人性的历史，而不是国家的历史。后者完全取决于政治事务。"他允许人性的历史沉浸于道德化之中的做法带有讽刺。因为，正如他进一步所说的，这种类型的普遍人类历史是无能的，这是由于它把参与者不是看作国家的成员或者看作股东——一个我们将回顾的词语——而仅仅看作人。"我希望农民也能使用这一历史，并且能够

第八章 默泽尔

观察到政治安排是否以及在什么地方是赞成他或反对他的。"目前，我们将把在这里出现的他的历史研究中的功利动机首先搁置一边。不过，本质性的地方在于，默泽尔不仅有意识地与启蒙历史学的基本假定分道扬镳，而且也与总体上的启蒙观念分道扬镳。使他感兴趣的人不是一般的和抽象的人，这样的人在所有时代都是一样的，其行动能够根据理性的普遍标准加以判断，而是具体历史环境中的人，具有独特的欢乐和悲伤的人，必须被理解为一个特殊的人。这是第一个拥有力量的历史景象。生命扎根于泥土中的农民与城市中苍白无力的哲学家展开了竞争。

这是我们需要现在加以更深刻评价的东西。从默泽尔与时代精神友好的接触和它对他产生的影响出发，我们看到了他的日益增长的内在能力接纳了"总体印象"，这种"总体印象"由无法计量的理性和非理性丝线的错综复杂的网络织成。这导致了一种对其古物研究兴趣中的精神因素的深化，促使他承认了活跃于历史中的伟大的驱动性原因。但是甚至与时代精神的敌意接触也是富有意义的。因为有时只有通过冲突，新的观念才能饱满地产生。

我们早已注意到了在默泽尔的历史意识的发展中，他与生活的实践性交往的重要性。他与生活的交往是政府律师持久的任务，包括研究来源于过去的事物；同时要求适应于当前的需要，他一直要处理诸如什一税、农奴、牧场规章、市场规章和行会特权等等这样的问题。在这里，对于他的实际生活和理论训练来说至关重要的是，在当前，形形色色声称具有绝对有效性的现代的、非历史的观念和思潮侵入了这个拥有古老习俗的世界，同时默泽尔常常问自己，它们可能会造成有益的还是有害的后果。开明专制主义和法国启蒙哲学的思想都在要求着进入这个小小的北德城邦宁静的停滞不动的疆域之中。因为在纯粹的精神世界中,更为特别的是在文学–艺术生活中,一个崭新的和更加丰富的时代已经处在破晓之中;不过在国家和社会中,老式的理性和自然法学说如今第一次起而声称唯一的统治权并要求改革,不是在为理性所教化的和统治的普遍臣属性这个方向上,就是在永恒和抽象的语言所设想的普遍人性的方向上。在开明专制主义思潮背后的真正驱动性力量是以现代形式出现的国家理性,而在启蒙哲学思潮背后的力量则是市民阶层日益高涨的要求。这两种倾向理想化的目标是一种不是非常深刻、但足够诚实的幸福论。人类之爱和人类之幸福是这种观点最重要的口号。然而在此之后出现的第二种要求却已经带有了革命气息,同时代的哲学开始从开明专制统治相当有限的努力中分裂出来,开始提出国家政治的天赋人权宣言,并且坚持天赋人权的复兴。这些观念被称为非历史的,因为它们脱离了历史的变化并且忽视了真实历史中的人类。但是,他们在其背后拥有历史力量,能够决定性地把人的地位提高到一种相当可观的水平,能够在世界上引起变化。在卢梭的《社会契约论》于1762年面世之后第一次在德意志被听说时,谁会预感到这些情形呢?默泽尔后来在法国大革命中体验到了这些观念的爆发,并把最后的著作致力于反对这些观念的斗争。不过在七年战争之后成果丰硕的岁月中,由于他所参与的与直接先行于它们的观点的激烈冲突,他的新颖的观念成熟了起来。他与之冲突的观点就是启蒙运动的代理人和时代的博爱态度所设立的思潮。

就内心来说,默泽尔并没有彻底远离这些流行的观念,正如他在反驳它们时表现出来的激动感情所显示的。因为他也充满了人

第八章 默泽尔

类之爱,他也像一般的启蒙运动思想家那样完全赞成普遍有用的东西。但是他的博爱论和功利主义具有一种决定性的核心倾向,他没有选择普遍性的理想的人作为关切的对象,而是选取职业生涯中遇到的人作为关注的对象。他关注的也许是农民或流浪工人,他们遵守着沿袭千年之久的古老习俗,用草料施肥于田地,虽然一个善意的政府会禁止这样做;来自奥斯纳布吕克的流浪工人,他们想通过在荷兰的季节性劳动挣得一份来钱快的财产,这使得他们在艰辛的劳动中未老先衰;家庭主妇坐在屋子中间,一边纺纱,一边监督着仆人;小商贩则劝说着农民们购买各种各样的小玩意等等。用路德的话来说,他观察着这些人的表达方式;他熟悉他们的感受,知道什么使他们兴高采烈、勤奋或者懒散,了解弥留时刻什么会使他们镇静与安详平和。在默泽尔时代的之前和之后,有成千上万其他的官员、乡村牧师和医生也像他那样熟悉这些人的心灵。不过他们的知识是缄默的。这里也有宣扬道德的文学周刊,有格勒特和其他作家讲述的关于普通老百姓的故事,他们就好像是从城市的窗户中来观察老百姓生活似的,以一种教诲性的-友善的方式俯视他们。但是,默泽尔方法中新颖的和创造性的因素是,他通过对这片他们源于其中的土地的充分理解,加强了这些普通生活的景象;他持续不断地思考他们的意义和处境,他们的起源、目标和成果——所有这一切使他对这些事物保持着兴致勃勃的态度,从而使得他超出了孟德斯鸠对扎根于土地中的习俗的评价水平。因此可以说,他创造了一幅描绘这个世界的温馨景象,其中充满了丰富的多样性,然而却形成了一个饱满全面的整体,在其中,个体性和典型性作为自然的一部分紧密相扣,也就是说,这是一部亲近自然的人物创作的艺作品。对默泽尔来说，拥有尚不足十二万居民的奥斯纳布吕克主教辖区，成为总体上的历史世界和历史人类的一个微观宇宙。

因为默泽尔推论说，无论什么地方，只要国家和社会基础是原始的农业产品，那么在古代萨克森疆域上产生过的类似发展也必定会发生。必不可免的战争一定会改变最初的自由土地所有者团体，而新形式必定会缓慢但必然地产生。我们早已提及过默泽尔涉及尼布尔的对罗马的评判。他预言——虽然是错误的预言——反抗英国的美洲殖民地由于战争环境，将会进入军国主义，正如德意志在封建采邑制时代所发生过的（第10卷，第174页）。

他在自己所过的生活中到处寻找历史类比——却没有对建立在不同于自由土地所有者基础上的其他形式的国家视若无睹。启蒙历史学已经开始进行比较，寻找相似之处，并且留意差异之处；但是尽管对**人类多样性**抱有伴随性的兴趣，他们却只是成功地用因果关系来进行分析而已。但是在默泽尔这里，与启蒙历史学家已经表现出来的对典型的和反复出现的现象的感受一道，还出现了一种对于个体的新意识。他在这些类比中到处辨别出丰富多彩的个体差异性，这些差异性存在于制度、习俗和思想模式之中，包括那些独特之人，他们差异极大，"以至于许多人将立即与某个特殊观念之间建立无数的联系，而其他人却很难意识到一个这样的关联"（第5卷，第310页）。"一个人甚至没有能力借用另一个人的话语，同样这些话语从他嘴里说出来，与其他人所说出来的话语就不能具有一样的真理。"（第9卷，第150页）他因此已经深入特殊个体的个性问题了，虽然他的兴趣首先是政治的，却也从而更强烈地指向人类所

第八章 默泽尔

创造的社会结构的个体性。① 然而，他把它们繁复的多样性看作一种更伟大的生命力的源泉。他问道，如果每个或大或小的市民社会制定自己的法律，而较少地按照某些"普遍性的规划"来塑造法律的话，那么这难道不会在人类美德中产生一种更伟大的多样性和一种更强大的精神力量的发展吗？（第3卷，第68页；1777年。）他想到了小国寡民的希腊城邦的例子，同时否认了伏尔泰有任何权利来嘲讽两个相邻村庄却拥有不同法律制度的情形（第2卷，第23页）。

因此随着岁月的流逝和敌对阵营精神的日益强大，默泽尔日益激烈地反对"普遍计划"，反对"总务处"（Generaldepartement）的绅士们，反对贵族议员们表现出来的对于规章制度的激情，反对"所谓的哲学家们采取的崇高路线"；最后在晚年时，他又反对法国国民议会的立法者们。因此可以说，甚至在法国大革命之前，默泽尔就在铸造着思想武器，这些思想武器自革命以来有助于捍卫国家和社会中个体的历史权利，以反对普遍的人权。在这种反对正在来临的要求重塑自身的历史命运、捍卫富于文化价值的而非贫乏可怜的古代世界的斗争背后，通常存在着大量顽固的自私利益的动机。我们在柏克发动的斗争中业已注意到这一情形。当我们发现默泽尔早在1772年就抱怨"对人类理性傲慢无礼的攻击，对私有财产的破坏和对自由的侵犯"（第2卷，第23页）时，我们不禁想起了哈勒责备性的讲话。但是，当我们领悟到这些斗争是获得我们称之为"历史

---

① 巴龙（Baron）在优秀作品《默泽尔的个体原则》（"J. Mösers Individualitätsprinzip"）(《历史期刊》，第130期，第50页）中所说的话也不是完全正确的："他在历史中寻找的个体多样性，首先只是**外在**关系的特殊性；然而他却将人看作在所有时代都相同的精明的政治人。"

个体性"知识的途径时，我们开始在这里清晰地看到了思想史和实际世界历史之间的联系，看到了利益和观念之间的联系。

要确定默泽尔是在哪个确切的时刻获得这种革命性信念的，是困难重重的，因为自从18世纪50年代末期以来，在他身上就一直持续不断地发生着变化，恰如一朵花蕾连绵不断地绽放。在他1762年着手撰写《奥斯纳布吕克史》时，这种发展在他身上就已经活跃了起来，不过尚未像与对手的冲突所产生的那样，达到深刻的坚定不移的确信阶段。不过在七年战争之后风云激荡的时期，有两场运动在德意志起了作用：一方面，是开明专制主义和肯定公共生活的普遍权利的启蒙哲学；另一方面，是极为年轻的一代强烈的对抗，这些年轻人在思想世界中发动了狂飙突进运动。默泽尔不是狂飙突进运动的支持者，它的支持者，至少是那些最早的主观主义时期的支持者，他们最早的攻击目标并不是作为同时代开明立法者的舞台的国家，当时他们只是到处获得了一些关于国家的印象而已。但是默泽尔，他的主要意图是使国家从这些立法者的掌握中摆脱出来，看到了狂飙突进运动这股风潮是吹向何方的，并且意识到了是有利于他的。他领会到他可以利用这种新颖的天才的狂飙突进运动宗旨，并以天才的感觉将它应用于国家。他在1772年这样写道（第2卷，第21页）：

日复一日，人们总在诉说着所有这些一般性的法条和规章对天才是多么深重的限制，抱怨它们是多么严重地缺乏理想，从而妨碍了新的一代崛起于一般的普罗大众之上；因此国家宪法，所有创造物中最高贵的创造物，应当再次处在一些一般法则的支配之下；它至少应当呈现出法国戏剧整齐划一的美；它至少应当是像建筑物的地面设计图和横切面那样的东西，以便国家部门中的绅士们能够立即拥有一根舒适小巧的准绳，可以用来迅速地衡量所有宏伟和高贵的事物。

其中的意思一目了然。对于才华横溢的个体来说是正确的东西，对国家也必定是公正的。它也应该按照特殊的个体性法则生活，而不是按照普遍性规则。因此，默泽尔为所有对新个体意识的评价中最重要和影响最大的东西开拓了道路，这就是把国家理解为个体。①

他运用于我们所称的"历史个体"的生动表述，仍然带有古老时代的气息。他将它称作"地方性理性"（第6卷，第86页）。

在我阐释一种与先进方式不相符的古代习俗或习惯时，我会停下来想一想：古人毕竟不是傻瓜，直到我为此找到一些合情合理的原因为止；然后我（但并不总是如此）会把嘲笑的把戏转向现代人，他们总试图谴责古人和所有那些仍然束缚于偏见的人，却常常没有熟悉全面的事实。"（第5卷，第144页）

---

① 这里和上面针对巴龙所说的话是斯特凡斯基（Stefansky）的观点（《默泽尔的历史见解》[J. Mösers Geschichtsauffassung]，《欧福里翁》[Euphorion]，第28期，第28页）："既不是国家本身，也不是国家中的个人形成了个体的伟大。"他只是在这个地方是正确的，亦即默泽尔还没有指出个体原则对于国家和个体所具有的所有后果。斯特凡斯基也搞错了默泽尔与非理性之间的关系。然而他的作品中依然具有诸多的优越材料。

值得记起的是，博丹早已提及过某种地方性理性（locorum ac regionum ratio），它是政治人物理应加以尊重的（《国家六书》，第五书，第6章）。还有孟德斯鸠，在《论法的精神》序言中谈到了重要的启发性原理，亦即无限多样的法律和习俗毫无疑问不应该仅仅归因于人类的"想象力"。这是一种能够考虑到非理性和个体现象的思想模式，不过却尚未能够意识到它们的特殊价值。人们把它命名为"消极的历史"思想模式（雷克修斯［Rexius］，《历史学期刊》，第107期，第500页）。默泽尔看来确实分享了这种思想，他甚至认为迷信具有一种有益的价值——例如这种古老的信仰，认为如果你把刀刃向上的话，飞行中的透明天使也许会被你的刀割伤。然而甚至在这里，人们也可以察觉到某种新近渗透进来的情感。这里闪耀着夸张的诗意幽默的气息，可以看到这种类型的迷信的迷人景象，就好像古代的人们在钥匙上系木块，以便不丢失它们一样。默泽尔察觉并接纳了感性对美的新感受和功利主义等这些同时代的观念；充满了端坐在橡树和菩提树下面的农民这样的景观的古老的萨克森农民世界，是往昔岁月向当代伸展进来的价值，它对他产生了强烈的影响，不过他首先只能以自己时代的语言和思想方式来表述它。因此，他获得了"地方性理性"的概念，然而它不只是一个概念，因为他以诗意的爱充满了它。我们在这里想到了柏克。默泽尔确确实实就像柏克一样，设想出了一个汇聚了美、实用性和理性的历史集点（Koinzidenz）。

后来，是黑格尔以恢宏壮观的方式设想出了历史和理性之间的一致性。默泽尔的地方性理性绝不是与黑格尔的历史理性同样的东西。如果剥去笼罩着它的诗意气息，它首先就只不过意味着人类对于生命的繁复多样和不断变化的需要的适应,而这些多样性和不同需要在模式上基本上是简单的和永恒回复的。在这之后却有着一种深沉的世界观层面上的信任,亦即人类如果遵循了自然的必然性,借此也就遵循了神,这样神圣的理性就在自然中作用着。在他与弗里德里希大帝关于德意志语言和德意志文学所进行的著名讨论中(第9卷,第146页)①,他认为,全能的造物主为我们开启了通向多样性的道路,在这种多样性中不仅有两种类型的趣味,而且有两种世界观和两个时代的冲突。我们在这里不禁想起了,在弗里德里希大帝所代表的启蒙运动之前,莱布尼茨和沙夫茨伯里两人就教导说,神应该被尊崇为美的和善的多样性的源泉。默泽尔也受到了他们的影响,把古老的自然法和理性法则重新塑造为新的自然法和理性法则,它们处于具体历史环境中,在品质上是诗意的,扎根于坚实的形而上学基础之上,虽说它在核心部分依然带有功利主义的色彩。但是在因此获得把历史中的个体感受为源出于神的理性的能力时,默泽尔也为通向黑格尔世界理性的道路助了一臂之力。

默泽尔的方法如今冲击了迄今为止占据支配地位的历史学家的实用主义的最薄弱环节。恰如默泽尔说过的,历史学家的态度就像一群医生围在一个病人的身体旁边,讨论着外部的伤害、身体受到的殴打和伤口,却遗忘了身体本身及其血液循环和新陈代谢。在他的历史叙述中,默泽尔贬低了历史舞台上特定演员的个人动机,而集中关注群体和团体的集体性行为。很大程度上,他用事实上的

---

① 许德科普夫(Schüddekopf)在1902年给出的附有权威评注的新版本(《德国的文学丰碑》,第122卷),第14页。

必然性观念代替了动机、性格或外在的偶然性的因果解释。例如在阿代拉尔事件中，这个虔诚者路易"轻率不智的大臣"（第6卷，第319页），当然可以用个性弱点部分地加以解释，但是随后发展出来的一种最终使古老制度转变为新制度的雪崩般影响，却是无法用个性弱点来加以解释的。自然和必然性，正如我们早已听到的，是历史中最强大的力量。毫无疑问，在这样的一些短语中还带有老式的实用主义思想模式的痕迹，比如"古代人的伟大计划"（第6卷，第98页），"民族的最明智目标"（第6卷，第140页），自耕农注意到的"错误"（第6卷，第151页）等等。但是默泽尔在法律、社会和经济制度领域内，按照孟德斯鸠的研究路线，毫无疑问以这种决定性的步伐为历史研究做出了突出性贡献，他开辟了对这些形成了历史生命主要框架的制度进行起源研究的道路。

与此联系在一起的是在我们称为实际的实用主义的东西之中取得的一种进展。习以为常的是，在无论哪里单个行动者的动机不足以解释事情的地方，人们总是寻找着一种极其机械式地起作用和明白易懂的客观的物质的原因，通常可以在一些原始的单一的极其显著的事件，例如战争、骚乱和地方的变化等等之中找到它们。这些也被用来解释制度中的变化，以至于就没有超出纯粹描述性的和外在研究的可能性了。默泽尔则冲破了这道障碍，睁开眼睛看到导致变化的内在原因默默地持续不断地起着作用，从而为一种真正的起源学理解准备了道路。

然而他坚定不移地为这种新类型的历史写作坚守着"实用主义的"这个表达，因为在那个时期，这个词代表了一种科学的历史研究的观念，虽然不同的人是以不同方式来理解这个表述的。因此他谈到了一部急需写出来的工匠制度和行会的历史:"这样的一部历史能够实用主义地来进行研究。因为任何特定制度的起源对于时代的需要、人们的行动、战斗、思想、穿衣打扮和饮食方式都是一种见证。"(第1卷,第148页;1767年)。但是一个甚至更加精确的和个性化的词语是自然历史,他习惯于将此作为他的写作方式。"一句话,人们认作实用主义历史著述的东西,就是关于这种因果关系的自然历史。"(第7卷,第Ⅵ页,《奥斯纳布吕克史》,第2部前言,也可参看第10卷,第174页及以下诸页)诸如此类的言词再次把他带进了与新时代精神的联系之中,此种时代精神极为迫切地想要回归"自然"。他们中的许多人只不过在自然中发现了他们自己模糊的主体性。但是,默泽尔没有必要重新发现栖息于自然理念之中的客观力量,他也不允许这种力量来压制其精神。因为对于他就像对于农民一样,自然既是粗犷世俗的又是诗意的。

默泽尔在他的道路上还做出了一些具有普遍意义的发现。他个体化地和动态地观察生命和历史现象的新颖方式,引起了一种对于个别对象的细心和意味深长的沉思和辩护,而这种辩护带来了具有普遍创造性根基的世界性的慰藉。作为沙夫茨伯里和莱布尼茨的学生,他知道他们已经设想了这个普遍的最初因。同时,他或许蛮可以像赫尔德其后很快将做的那样,迈出更远的一步,在采纳自普遍历史最高的综合性篇幅上呈上个体性细节的观念。但是对于默泽尔的天性来说,这种做法将是一种冒险的步骤。正如我们已经看到过的,他在启蒙运动历史学家所撰写的具有阴郁风格的历史面前感到惶恐不安。他在限制其主题的力量方面也显示了高超的能力,但是他在为自己设定的界线之内达到了可能达到的极限，在聚焦于国家和人民的具体历史时，他也设法给出一些普遍性观点，把历史现象概观和融合于更高的精神统一性之下。

首先，他解决了在写作历史的老式方法中始终存在的一个问题，亦即令人崇敬的或者说原始的历史分期方法。默泽尔在其历史分期方法中表现出了纯熟的技巧，使得他能够通过内在的联系线索和特殊的个体主题把单独的历史时期联结在一起，由此整个历史时期成为了内在一贯的历史构造物，一个历史个体。

自从启蒙运动肇始以来，确实产生了一些通过实质性主题来划分历史时期的努力，著名的有迪博，甚至还有布兰维利耶，有伏尔泰、罗伯逊，默泽尔引用过罗伯逊这位杰出的榜样。① 哥廷根的加特雷尔运用了"最近时代的历史分期办法"，不过却是以一种相当粗糙和外在的方式进行的（《论历史计划》[Vom historischen Plan]，见于他的《历史总汇文丛》[Allg. histor. Bibliothek]，第1卷，1767年，第42页）。接着，在加特雷尔的《历史总汇文丛》（第4卷，1767年）中收录的一位评论阿贝特《人类历史》的不知名的评论家，或许也在这个主题上对默泽尔有所帮助。对于是否为普遍的历史提供一部统一的作品这一问题，他作了肯定的回答，期望至少可以按照一种史诗法则来研究整个时期的普遍历史。对于默泽尔来说，这种思想获得了生命和深度。他将其称为赋予历史一种史诗般的形式、力量和运动（第4卷，第149页及以下诸页，第5卷，第76页及以下诸

---

① 关于莫斯海姆（Mosheim）的《教会史》做出的尝试，可参看泽贝格的《阿诺尔德》，第596页。

页)。他的《奥斯纳布吕克史》在总体上追求的就是这种效果,因为它把土地所有者整体的命运提高到了一种伟大统一体的境界(第6卷,第Ⅹ页)。而且,个别的时期也应当以史诗风格来研究。显然,新的诗歌运动带来了这种史传原理的勃勃生气。因此,一个时期将不再是一个特殊的王室家族的寿命,而是包括了一种发生于帝国历史中的整体变化。默泽尔声称,德意志帝国的历史应该肇端于1495年的《永久和平条例》,因为它宣告了一个新帝国的诞生。老帝国的开端、进展和最终解体这条道路,应该被展示为"一个单一的情节",是一首进入新帝国必不可少的前奏曲。没有这样的统一性,帝国的历史将会像一条被切成上百块碎片的蛇,只是通过蛇皮才粘连在一起。在这种悲伤的使不幸的帝国巨蛇重新统一的努力中,有着一个不自然的,且不再那么自信的帝国的爱国主义音符。

默泽尔拒绝按照王朝和国王的统治时期来划分历史材料,不过不久前休谟在其伟大的历史著作中还运用过这种分期法。默泽尔在1764年停留于英国的时候得到了这本书,感到他在其他方面也要高于休谟。他在1764年致信阿贝特:"我在英国对于能够解开休谟坦承自己无知的复杂问题,常常感到很开心。"[①]这里指的是他理解发生于大规模的社会机体中结构变化的新的动态方法。然而休谟很可能对默泽尔的历史分期原理也施加了一定的影响。人们将会想起,休谟由于意识到政治史显示出暴力侵入的规律过程以及随之而来的合法的合并,从而超越了他自己的外在的分期方案。如今,默泽尔

[①] 格特兴(Göttsching),《默泽尔朝向政论家的发展》(*J. Mösers Entwicklung zum Publizisten*),第48页,也可参看第40页。

也拥有类似的观点。他声称，在某个时期的开端，自由和压迫通常处于对立之中。但是接着，其中一方占了主导，形成诸如君主制国家、民主制国家或者共和国，它们逐渐地增长力量，丧失活力，衰落并且最终崩溃。"在法国，"默泽尔大胆准确地对此进行了总结，"君主制是胜利者；在英国，是贵族和自由民；在德国，则是王权的仆人。"这是以古代政体为出发点的奥斯纳布吕克政府顾问和特权阶层法律顾问必然会提出来的观点。历史形成了一个整体，然而在这个整体内部存在着各个时期，这些附属的历史时期也呈现出了史诗的伟大性——例如查理大帝之前的"自由贵族的极盛时期"，拥有重要的权力平衡结构，不过也有其缺陷，而正是这些缺陷导致了它逐渐的衰落。

人们在这个例子中也许注意到了这种处理历史时期的新方法的危险性，亦即作者自身的观念也许会束缚过去的历史。但这种把应用艺术作品的新审美方法运用于历史的做法，证明是极富成效的。莱辛的新理论教导人们，注意力不仅应该放在行动的内在统一体上，而且应该放在真实的处境和所有个体特征的同质性上。在这之前，温克尔曼也教导过，只有通过同情式的认同于艺术作品，才能感受到它的统一性和完整性。而且，他显示了如何认识属于某个时期的产物的共通"风格"。默泽尔急不可耐地向温克尔曼学习。[1]谁若像他那样乐意在历史中全神贯注地和充满爱意地寻找"原初事物"，就像人们观察艺术作品一样，就会很快领悟到，同一个时期内所有的生命现象，不管是高贵的还是卑微的，都是同一种精神的表

---

[1] 见格特兴的《默泽尔朝向政论家的发展》中的证据，第51页。

现。在反思14世纪到16世纪贵族领地和城市之间的斗争时，他意识到了，在德意志城市崛起成为经济强权的趋势（但是接着就失败了）与它们艺术领域中的全盛时期之间有着紧密的联系。"可以大胆地肯定，在那个时期，德意志人在贸易和哥特式艺术风格方面同时达到了繁荣的顶峰。"（第1卷，第340页；1767年）因此，默泽尔以他对于不同历史生命现象之间联系的意识，能够在歌德研究德意志艺术和德意志习俗的作品之前，就认识到哥特式风格的美，它的"坚固、轮廓鲜明和崇高庄严"。他在1768年为《奥斯纳布吕克史》第一部分所写的著名序言中（第6卷，第XXI页），显示了完全是艺术直觉使他揭示了每个时代的一切生命活力之间的内在一致性：

> 一个时期的穿着打扮，每部宪法、每种法律的风格，而且我还想说，每个古雅的词语，都能够给艺术爱好者带来享受。宗教、法学、哲学、艺术和美文学的历史，毫无疑问是与国家的历史不可分割的……在所有艺术的风格之间有着一种紧密的联系，甚至邮政急件和黎塞留家族一位公爵的情书之间也有联系。每场战争都拥有自己的特殊音调，国家事务在情调、装饰、形式方面都与宗教和科学有着联系。俄罗斯在这方面为我们提供了日常的例子；法国天才的机智敏捷在国家事务中就像在小说中一样表现得显而易见。它甚至能够以一种隐秘的方式加以探索，就像探索并挖掘一座丰富的金属矿。

"每个时代自有其风格。"《奥斯纳布吕克史》稍后再次写道（第7卷，第16页）。我们知道，甚至以伏尔泰打头的启蒙历史学也已经发现了"时代精神",虽然他们没有发展出默泽尔如今展示出来的对于一个时期的结构和遍及各方面的精神的出色的感受能力。注意和比较不同民族的特征,是更早一些的尝试。它通向了富于创造性的民族精神的浪漫主义学说,比起默泽尔的观点来要更加狭隘、更加民族主义,而默泽尔则考虑到了时代风格和民族风格这两者。法律历史学派的浪漫学说后来导致了对于历史中超民族的联系和影响的一种错误的低估,仍然基本上束缚于按照自然法路线进行的历史解释,这看起来颇为荒谬。因为他们用对于稳定的民族性的信念,代替了对于稳定的和普遍的人性的信念。因此他们感到,比起并不神秘化却极端清醒的默泽尔,他们创造性的个体化自然更加真挚和神秘。然而,默泽尔由于预感到了时代风格和民族风格之间紧密持久的共同作用,比起这些热爱民族精神的浪漫主义者来,难道不是更加清楚地阐明了历史乐章的真正乐曲吗?

如果默泽尔更深入地追随在他心中由于与新诗歌的接触而唤起的审美能力,他将很可能运用崭新的更为强大的认识工具,以超越伏尔泰将政治历史奠基于一种广泛的文化史之上而取得的成就。但是他最感兴趣的是处于政治情境中的人类公共生活。因此,只要历史学家"掌握他所需要的那么多艺术和文化史知识以便用于阐释国家制度的变化",他就心满意足了(第6卷,第XXII页)。在撰写《奥斯纳布吕克史》的过程中,他对这些艺术和文化史材料的运用,甚至要少于我们由于他的其他表述所期待的。应该注意的是,他对历史材料的选择和归类,是以政治史为中心、而以在结构上与它联系在一起的文化史为边缘的,这为兰克以降直至今天的德国主流历史学家树立了历史写作的一种原型。这种方法的正当理由,只能在

第八章　默泽尔

国家对于所有其他方面的生活的决定意义中找到。默泽尔虽然没有制定这样一条原理，不过他用这种方法撰写历史，是因为他是作为政治家来体验生活的。

让我们作一番回顾。新的历史思想产生了众多令人印象深刻的成就。其中有着新颖的经验直觉方法，或者用默泽尔的话来说就是总体印象，包含着与各种类型的事物建立联系的不计其数的切线。同时与这种方法交融在一起的是所谓地方性理性学说。接着还有他对物质需要导致生气勃勃的变化的洞察；他对于历史中相互并列并且彼此交织在一起的类型性和个体性的领悟；他把关于天才的学说应用于政治结构，以及他对政治史和民族史中真正主题的发现；他将史诗原理运用于历史分期方法中，导致形成了崭新的和大规模的独特的历史个体，而这就立即促进了对于一种分享了各个时代风格的所有生命现象的更深刻的认识；时代风格与民族风格的共同作用；最后，是一种新颖的选择和归类历史材料的原理。

除了这些方法中具有广泛意义的创新，默泽尔对于把新理念应用于特殊的历史生命领域中也有富有成效的建议。"我希望有个什么人像温克尔曼研究古典世界那样研究语言"（第10卷，第150页；1767年）。或许默泽尔还受到戈盖影响，希望应该写出一部耕作史出来（第10卷，第179页；1779年）。

这位奥斯纳布吕克地方性爱国主义者和政治家的经验与德国精神中崭新的冲动——这种冲动也受到了西欧思想的滋养——共同创造了这些成就。主要的动机是其地方性的爱国主义和政治才能，精神的冲动则是内在的推动力量。

从整体上来看，默泽尔就像是一朵完美无瑕的花蕾似乎要连绵不断地展开为怒放的鲜花，似乎要产生最高的历史价值——然而最终却由于气候因素而功亏一篑。在这里存在着障碍；尽管默泽尔以真正天才的感觉要么设想了，要么表述了，要么至少建议了形成饱满的历史主义的所有新的思想路线，然而却没有将它们淋漓尽致地发挥出来。为了充分地发挥出来，不仅需要一种崭新的、包括所有历史对象的洞察力，而且需要一种更加批判的研究能力。兰克后来的引人注目的成就，只是由于人文主义运动以来在语言学中发展出来的方法才有可能获得的。通过运用这种方法，才有可能在历史文献中识别出真正的和伪造的，原始的和衍生的；接着，它们可以与研究历史中的个体性和非理性现象的新方法联合起来运用，包括其起源的性质与行动和命运之间的相互作用。恰恰是这种语言学批判为认识个体提供了无与伦比的帮助。不过默泽尔非常谦虚，他意识到批判是他薄弱的地方。"没有人能比我有更好的理由成为好学之人了，因为我愈益清楚地意识到，我进入历史研究太迟，尤其是过于忽略了历史批判。"他领悟到，这就是为什么他屡次三番错把某个突然产生的观念当作真理的原因（第10卷，第256页）。对此没有必要引用个别的证据。尽管"一定的真理感"被默泽尔当作他的缺陷的替代品，它却创造了卓越之物。

但是除却通过批判能力修剪其观念之外，甚至他最富有创造力和最丰饶多产的思想也受到了阻碍，从而无法淋漓尽致地应用于重要的事物上。我们只需要暂时把默泽尔与同时代人，亦即对于精神生活的转变产生最大的影响的歌德和赫尔德作个比较，就一目了然了。默泽尔由于与国家的职务联系，而在进入历史世界方面要无可比拟地优越于歌德和赫尔德。他很早就理解了在政治中活跃着的强

第八章 默泽尔

烈激情；但是他身上缺乏整体的伟大激情所具有的力量和火焰，缺乏饱满的觉悟，缺乏创造性个体的充分运用，而没有这一些，默泽尔最终就无法探索历史世界最深沉的幽深之处。兰克后来的成就不仅以默泽尔的作品为前提，而且也以赫尔德、歌德和浪漫主义者的作品为前提。默泽尔没有追随主观主义者的"狂飙突进"运动，这对他作为一个历史学家的成就既带来有益的影响也带来有害的影响。毫无疑问，他有时也能认识到创造性个体的重要性——我们只要回忆起他关于按照"总体印象"而进行创造性活动的军队统帅所说过的话就够了。但是，一旦面对物质需要的压力，他就轻易地退缩了，虽然他无疑深刻地从动态方面理解了物质需要，却依然以过于功利主义的语言对之加以解释。运用因欧洲-德国的思想运动而张开的新艺术感的双眼观察政治-社会生活，正是默泽尔的精神魅力所在。不过在他的情形中，艺术感觉陷于功利主义的阴影之中，而启蒙运动就是以功利主义来观察国家和社会的。而且，必须进一步加以质问的是，默泽尔所看到的国家和社会是否展示出了它们最饱满充分的可能性和生命力？为此难道不需要在眼前出现展示了人类力量的伟大的政治和社会戏剧吗？柏克亲眼目睹过这样的戏剧。但是，默泽尔生活在一个微不足道的德意志城邦的疆域之内，他是从这个立足点出发来评价在德意志历史上迄今为止所发生的最强大的力量，亦即政治绝对主义的。同时从这个角度出发，他更多地看到的是缺憾，而不是业绩。无论如何，他充分利用了1763—1764年在英国停留的相当长的时间，专注地研究了在其中政治权力迥然不同地加以组织和运用的制度景象。但是现在显而易见的是，我们要最终理解默泽尔的历史解释，包括其中的优点、局限性及其片面性，我们就得更加仔细地考察迄今为止只以概括的方式加以指示的东西。我们必须更加详细地考察他对国家的态度、他的政治理念和箴言。为了表现出默泽尔的独特性，我们将必须在同样的语境中考量他对宗教的态度。

默泽尔的政治思想世界由两种因素组成。单纯地孤立来看，它们似乎在类型上是不同的，偶尔也会摇摆不定，但是他以某种方式把它们交融在一起，以至于在其政治思想特征上并不存在着深刻的裂缝。其中的一个因素是一种切身感受到的政治理想，已经轻微地带上了浪漫主义气息，因为这种政治理想来源于一种对于理想化的过去的渴望，而这种渴望是由于仍然现存的历史遗迹而激发起来的。另一个因素完全是关于国家必然性的政治家意识，是国家理性或国家利益的概念，其内容根据时间和地点的不同而变化着，然而作为政治生活中的形式法则，它拥有至高无上的支配地位，或迟或早会穿越所有的遮蔽而进行突破。马基雅维里是发现这项法则的第一人，且能够把它与一种来自神圣化的过去的创造性的政治理想结合起来。默泽尔同样沿着这条道路继续行进了下去。

我们业已看到，默泽尔在1749年怀着年轻的激情进入了他的日耳曼祖先的世界。这是一个大胆和新奇的步骤，不过却与这个世纪中期在欧洲的许多地方兴起的对于古代的前浪漫派兴趣保持着一致。对于默泽尔来说，这是一种对于萨克森黄金时代的热情洋溢的兴趣，他声称这一时代在查理大帝征服之前是占据支配地位的，那时，"一般的土地所有者"组成了国家。孟德斯鸠关于英国自由起源于日耳曼森林的箴言，对历史–政治思想及其努力产生了无以估量的影响，也在默泽尔身上点燃了一团火焰，把他半意识状态中的情感和印象熔铸成了明确的理念。① 与孟德斯鸠相反的是，他在一种为地方性爱国主义所支配的更狭隘的意义上，把这些话直接应用于萨克森（第5卷，第121页），表达了他的观点，亦即在苏维汇人（Sueven）和萨克森人之间存在着一种深刻的本质差异。古代萨克森公国宁愿要"一个自由民族的真正幸福"，而不要所有造型艺术上的成就，默泽尔却在其中看到了人类精神最精美卓绝的创造物，"一种结构，其所有的部分都按照至高无上的理念加以塑造"。相比之下，小国寡民的希腊城邦看上去只不过是木偶戏罢了。"我们必须铭谢萨克森人，为了自由精神，为了在所有更高力量的攻击和对于统治的渴望面前充分保全我们的财富的才能。"确实，他曾一度（第5卷，第85页）把毁掉了萨克森自由的查理大帝时期称作黄金时代，不过只是由于这位国王亲自关怀一般的土地所有者利益的缘故。同时，在其《奥斯纳布吕克史》（第6卷，第192页及以下诸页；也可参看第6卷，第XI页）中，他追溯了查理大帝所创建的制度险恶不祥的发展过程。至少，默泽尔把衰落开始的责任放在了查理大帝继承者们的肩上了，这种衰落从自由土地所有者创造的从前的辉煌灿烂时期开始，直至他自己时代的遗迹为止，这些遗迹依然极为壮观和值得保存。毫无疑问，他带着深深的和激动的遗憾之情，把德意志历史上的这一系列事件看作倒退回奴隶制（ruere in servitium）。在《奥斯纳布吕克史》中，他在一个评注中带着弥漫着

---

① 默泽尔在1756年出版的论得到良好平衡的倾向等的价值的论文（第9卷，第35页）首次见证了他的从总体上得到阐发的自由理想，然而没有显示出他受到孟德斯鸠箴言影响的迹象。

的悲伤之情说道（第6卷，第185页）："真正的自由从不能在显现出来的情形中忍受审判和评价（taxieren）（意同'征税'[besteuern]），除非通过自己自由选择的同伴来进行才会发生。通常发生的情形是，一个民族丧失了权力，但是在丧失时却没有意识到这种丧失，甚至没有对此发出一声叹息，这才是令人震惊的事情。""因为我们今天所拥有的，"他在另一个段落中说道（第6卷，第193页），"至多是一种包含着恩赐记号的自由。"在他再次考察他所钟爱的农民阶层时，他关于古代撒克逊自由的理想中充满了卢梭式的对于一种非自然的过于精致文明的深恶痛绝。"人们每天都能看到，成百上千唯唯诺诺的仆人中没有一个拥有一点农民的尊严感和自信。"（第6卷，第99页；参看第1卷，第233页）但是他自己居住在"富贵的城市禁域"，属于"王权的仆人"，这些人在德国是胜利者，如今则占据着统治地位。在军事和民族荣誉彻底崩溃之后，农民被迫向主人的战争行动交纳赋税，甚至这些赋税成了主人唯一关心的东西，却对国家完全没有用处，默泽尔认为这是一个"可怕的后果"（第6卷，第339页及以下诸页）——然而默泽尔充满了对于他自己的公共职位的责任感，以值得效仿的智慧和公正服务于王权，却没有反叛这个可怜的充斥着官员和职员的官僚制度。他甚至以一种不容置疑的喜悦服务着。如何解释这种矛盾呢？

他的女儿关于他曾经这样说过："我父亲憎恨耍笔杆子的人和赌徒，虽然他自己爱好写作和赌博。"（第4卷，第3页）——此外，正如克鲁施揭露的，他甚至玩很高的赌注。他具有一种精力充沛的天性，混合着生命力和理性，一个无赖和道德审判官结合在一个人身上，这在许多方面让我们想起了歌德把一种开朗快乐的天性与一种严肃的生活态度结合在一起的人生。默泽尔能够以与周遭世界截然矛盾的方式产生理念,但也能够以一种愉快的顺天知命感和一种严肃的责任感,服务于这个并不尽善尽美也并不糟糕透顶的生命。因此,在人类遇到的理想和命运的永恒冲突中,他设法做到不否定理想,但同时也能够忍受通常以极为不同的方式迎面而来的生活,能够辨别出其中相对好的东西。因此在《奥斯纳布吕克史》(第7卷第2部分,第187页)的结尾,他能够以一定的赞美之情来看待一段按他的理想只能称之为充满遗憾的德国历史,专制统治的诸邦割据的国家历史,在其中,普遍自由与帝国的力量和伟大都无影无踪了,他在这样说时带有听天由命权宜为之(pis-aller)的弦外之音。"然而人们通常没有认识到的是,王权统治者稳定地掌握了整个国家的权力,这是一种伟大的幸运。"因为这样,王侯才能"为他众多的臣民带来和平、安全和公正",监督享有高级特权的阶层,使他们为自己的利益而效忠至高无上的王权。①默泽尔务实的政治艺术就在于,在王权利益和特权阶层利益之间维持一种稳定的平衡。正如我们一开始就注意到的,他的职务既以一种保守的方式,又以一种相对主义的方式影响了他。

这样的一种气质难道不正特别地适合于进行历史研究吗?甚至现代的历史学家也通常必须在不同的判断标准之间保持小心翼翼的平衡。通过归纳历史材料,他获得了一些关于他正在考察的个体发

---

① 一种关于这种"幸运"的类似的,只是一定程度上更加严肃的和更加讽刺性的指涉出现在第1部分(第6卷,第XVIII页)的前言。我并未发现有证据支持扎多斯基(Sadowski)在《作为政治家的默泽尔》[*J. Möser als Politiker*](柯尼斯堡,论文,1921年,第62页)中所采纳的那种观点,亦即存在一种对专制主义本质性的摆脱。

展的最佳效果的概念，获得了关于个体发展的内在目标和理念的概念，这些目标和理念有时能实现，但通常是并不彻底的，有时竟然无法实现。但是他不能够只以这种理念的目的论标准来衡量过去，否则他必定会扭曲它。他因此也必须运用另一种标准，这就是动态的标准，它能够考虑到实际上起作用的力量和纯粹的原因。这将使得历史学家能够耐心地正确评价本性上或许可以笔直地和优美地成长，却由于命运而蜿蜒行进的事物。默泽尔显然对于笔直成长的德国的自由和伟大的理想化愿望念念不忘，然而他却能充满同情感地审慎地对待德意志民族的孩子们扭曲的成长。

也许正因此，默泽尔身上最伟大的特点之一便是，尽管他怀有浪漫的理想，对自己的时代愤愤不平，同时尽管他具有夹杂着某些反动色彩的个性特征，却从未成为一个教条化的反动分子。他从来不曾把世界尖锐地分裂成天堂和地狱，而是认识到了事物的流动性，并在"自然和必然"的动力面前俯首称臣。完全的历史主义也必须具备容忍的能力，需要对于命运的尊敬。默泽尔关于查理大帝这个撒克逊自由的毁灭者所说的话有一定的意义："一旦他赢得了胜利，那么讨论他的行为是公正的还是不公正的，就是徒费辛劳。幸运和卓越使他超拔于一般的评判标准之上。"（第6卷，第165页）同样富有意义的是，他也在价值和力量方面给予了农民比唯唯诺诺的仆人更高的地位，然而他也承认德意志农民无法与英国或荷兰的农民相提并论，也许从未能够再次恢复"本有的民族尊严"（第6卷，第98页）。虽然默泽尔在天性上是城市之敌，颂扬古代撒克逊人抵制引进货币和城市宪法的举动（第6卷，第127页），不过他却能够，正如我们在另一个场合早已看到过的，公正地评判中世纪晚期德意志城市文明的伟大之处。对于摧毁了德意志民族精神的产物，包括摧毁了产生一个强大的德意志下议院的可能性的命运，他也会悲悼不已（第1卷，第338页）。虽然他竭尽全力地反对时代精神，然而他也会击节赞叹"人类自主选择和自我创造的信念"的历史力量。他提出这样的问题，"是否需要每一百年在人类头脑中产生一场普遍的革命，以便在遵纪守法的人类大众中产生一种精神酵素，运用它来创造出比我们目前更好的结果"（第1卷，第428页；1770年）。这是超越自我的最大胆的思想，它产生了一种历史敏感性，一种对于创造性复兴的精神力量的意识。我们感觉再次呼吸到了狂飙突进运动吹来的气息。

最奇妙的情形是，默泽尔最终将这种意识投向了他的时代最伟大的历史现象——弗里德里希大帝的君主政体。在这里他再次超越了自我。他想要采用古代撒克逊人的自由标准，或者将之与他容易接受的田园诗般的奥斯纳布吕克小世界进行比较——那么这个世界对他来说无论如何是敌意的，是几乎无法忍受的。在看到通过战争和尚武的勇猛而形成的东西时，不仅他的政治感觉，而且他的来自个体观念的美学感受都受到了伤害。"我们整个的军事组织没有为个人的勇敢品质留下余地；民族的命运决定于涌向战场的无灵魂的人群……这样的组织必然会压制所有个体的多样性和完美性，而那些品质会使一个民族变得伟大。"（第1卷，第397页；1770年）而且，当他1781年提笔反对弗里德里希大帝而捍卫德意志语言和德意志文学时，他毫不犹豫地指出了由这种王权的绝对主义专制统治所带来的整个精神生活领域贫乏可怜的状况，这种专制统治得直接为这个"机器式的国家结构"负责。但是，最伟大的历史力量总是具有一种二元化的作用，同时既产生福祉又带来灾祸。默泽尔在弗里德里希大帝的情形中，正如在查理大帝的情形中一样，警觉于这种作用，甚至感受到了它对于自己的历史写作的影响，并发表了如下颇有分量的声明：

> 当我们褒扬普鲁士之名并使我们自己的历史变得更加重要和更有价值之时，我们的历史风格就得到了改善。如果我们获得更多的民族利益，我们将会更加敏感于这些事物，更加有效地表达它们。①

因此，默泽尔也意识到，伟大的历史著述从强烈运动着的民族生命中获得了最为猛烈的思想刺激，不管这些运动带来的是幸运还是不幸。默泽尔个人感觉的决定性深化发生在弗里德里希大帝英雄般的自我克制为德意志人在一段漫长的时期之后提供了初次的伟大历史经验的那几年中，这并不是偶然的。②这些事件在默泽尔的历史思想中唤起了一种显著的和富有成果的张力。在弗里德里希君主政体中，他遇到了一些历史现象，他必须同时既给予肯定又予以否定。正是这种思想刺激，驱使他扎根于奥斯纳布吕克主教辖区的狭小疆域，驱使他向下挖掘到最幽深的地层，从而能够袒露出德国历史发展的所有地层，直至在他看来最有价值的最古老地层。默泽尔接着不仅获得了一些关于伟大的民族利益之力量的观念，而且认识

---

① 第9卷，第156页；许德科普夫，第23页。
② 布兰迪（Brandi）在《默泽尔选集》导言中也对此进行了正确的强调：默泽尔，《社会与国家》(Gesellschaft und Staat)，第 XXX 页。

第八章 默泽尔

到了直至那时为止妨碍这种利益的环境力量，不过这种环境力量不会一直是这种利益的拦路虎。关于默泽尔由之出发的古代撒克逊人的普遍自由的价值是否正如他估量的那么高这个问题，与我们当前的问题并不相关。可以确定的是，他在价值感受和因果考察这两者之间创造了一种崇高壮观的综合。

启蒙历史学也提供了这样的综合。不过与默泽尔具体的栩栩如生的感受相较而言，它们的一般价值是一种抽象的和无血无肉的东西，它们的因果序列主要是外在的–实用主义类型的，而默泽尔关于"自然与必然"的因果性思考通常上升为一种深层的命运感，这是启蒙运动只是偶然才领悟到的，事实上是在很少的情况下领悟到的。我们再次回忆起孟德斯鸠、休谟和吉本曾经说过的东西。

这种对动态之物，对"自然与必然"之物的强烈意识，与默泽尔的政治思想奠基于其上的次要因素，即自马基雅维里时代以来就活跃的关于国家理性和国家利益的古老观念交融在一起。我们甚至能够聆听到"民族利益"一词的回声。它在默泽尔身上就像"国家利益""国家理由"和"治国艺术"一样频繁地出现。在青年时代，默泽尔的政治和历史阅读伸展到了马基雅维里和普芬多夫关于主要帝国和国家的概括性历史，这为他提供了关于国家利益学说的巨细靡遗的描述。他的道德态度和对于公共福利的炽热激情，是他反对任何狭隘意义上的马基雅维里主义的明证。但是它的影响显然使他较早地理解了政治行动的特殊性质。甚至在 18 世纪 40 年代中期他最初尝试性的文学努力中，他就曾谈到了政治人物的"永恒原则"，"在此形成了所有其努力的基础"（普莱斯特，第 42 页；此外还有格特兴，《默泽尔朝向政论家的发展》，1935 年，第 15 页及以下诸页）。

我们在启蒙历史学中追踪了这种学说的晚期历史，看到了在大多数情形中它是如何以机械和功利主义方式受到对待的，缺乏后来兰克注入其中的内在生命力。在默泽尔这里，这种学说确实有了一些非同寻常的运用。例如，在《奥斯纳布吕克史》的开头，他就提出了大胆的论据，以证明介于威悉河和莱茵河之间的古代自耕农的政治利益，与古代日耳曼人——他将之等同于苏维汇人——的政治利益是不一致的。不过从这种学说中获得的有益结果占了上风，因此他能够挖掘出 1231/1232 年《有利于王侯的大法规》（Statutum in favorem principum）是如何在帝国的内部发展中形成伟大转折点的。这里或许有点夸大其词，不过默泽尔确实以犀利的目光挖掘出了本质。他正确地告诉我们，这一法规"违背皇帝的真正的政治利益"（第 1 卷，第 393 页），导致了"所有王侯的政治利益的变化"（第 7 卷第 2 部分，第 57 页及其后）。从前，它们"彻底摧毁了从帝国权力的金字塔尖伸展到最卑微的成员之上的管辖和附属的链条"，而如今，"他们突然改变了"，试图再次臣服于最高的地域性王权，它们是由曾经创立了自由共同体的人们在古老的军事组织的废墟上产生的。

这个例子清楚表明了，默泽尔新的动态意识是由于古老的国家利益学说而获得丰富成果的。正是这种学说第一次使他在这里充分认识到了，军事组织中的变化导致了公共的自由和帝国统一体的瓦解，促成了诸侯城邦的崛起。这种国家利益学说自身从默泽尔那里获得了一种更加动态的特点。因为他把它解释为他从前所描述的军事服役中的变化带来的自然产物，后来又把它解释为德国进入地域性国家的进步性转变的驱动性力量。因此在这里，我们也看到了历史思想中最重要的转折点,正如我们在国家理性的观念中观察到了这一重要的发展,并且看到了它对于成长中的历史主义的影响一样。

默泽尔的政治和历史思想普遍地浸透了这一观念,亦即国家更高的需要决定了个体和群体的生活,而这样做是恰当的。他声称,为了整个身体的健康和力量,我们必须忍受个体的痛苦。在这一点上,私人生活中友善的和幽默风趣的默泽尔,却变得生硬甚至变得冷酷了。在荷兰的季节性工人和奥斯纳布吕克矿工所过的不健康生活导致糟糕的健康状态和早逝这一事实,并没有困扰他。"宏观的国家财政,"他无动于衷地评论道,"并没有因此遭到损害。"(第1卷,第180页)这样的人"死得其所"(第1卷,第195页)。他要求私生子应该丧失社会地位、为放荡的姑娘准备教会的苦行、自杀者不能埋在神圣的土地上。而且,他拒绝接种疫苗,理由是天意派遣这些疾病进入世界不会是没有原因的,也就是说是为了防止人口膨胀(第4卷,第64页)。确实,我们不必就字面意思对待他的所有评判,因为他身上风趣的无赖常常会在其中插上一脚,他允许自己在爱国主义的想象中在一定程度上"迷惑"读者,这属于他的说话方式(façon de parler)(第3卷,第3页及以下诸页)。但是,所有这些要求确实反映了他的基本态度。

更为典型的还是他对法律的解释。他清楚地意识到,成文的、形式化的法律通常与我们实际的公平感处于明显的矛盾之中,至高无上的正义可能是最大的不义(summum jus summa injuria)。但是,他无情地反对任何把实际的公平摆在抵制形式法的位置上的努力,且声称形式法是为法律的必然性所需要的,对于人类的和平是必不可少的。默泽尔甚至宣称，实际的公平正如实际的真理一样，大可以从这个世界中排除出去（第4卷，第112页及以下诸页；1780年）。"但是，形式法和形式真理（这是社会宣布为真的）不能被彻底废除。"这些声明是他垂暮之年在矛盾而又恶劣的情绪中抛出来的，为的是反对日益膨胀的时代倾向，这种倾向是以普遍的人类兄弟之爱和不成文的人权威胁着把几乎所有存在的秩序按主观主义的要求加以整理。然而他也热爱着人类，他深为固执地为之辩护的政治必要性观念，最终也扎根于他对人性弱点的领悟。正是由于对这种人性弱点的感同身受，他才准备设定不可更改的人类法令，以作为保护社会机体的屏障。他会发现柏克也站在他这一边，甚至休谟的权威意识也绝对不会拒斥这条思想路线。

这是典型的保守主义思想。正如我们早已指出过的，默泽尔在具体情形中无法彻底地摆脱一种对于统治阶级的机会主义思考。他关于农奴问题的著述和声明使得在国内，他被当作农奴制度的反对者；而在国外，他却被当作它的捍卫者（第3卷，第4页）。然而他在1778年对友人尼古莱承认，他一定会大张旗鼓地反对这种制度，"如果今日的政府部门和整个农村不是全然地由土地所有者组成的话，因为我无法在不损坏所有好的制度的前提之下去没收他们的爱和信念"（第10卷，第170页）。正是"攸关重要的地方性原因"决定了他的态度，在他的眼中，地方性理性总是比普遍理性重要得多。但是，因为这种曲意迎合而责怪他，这是生硬的和不公平的。作为律师，他习惯于从两方面来看待问题，习惯于按照地点和环境来决定何为实际可行的。然而人们必定会询问，他如何协调自己曾公开加以辩护的农奴制度与古代撒克逊的公共自由的理想之间的关系。在这里，在他的历史—政治思想、国家理想与国家需要这两极之间似乎存在着难以容忍的张力。但这种矛盾是能够克服的。

因为他关于古代撒克逊人公共自由的理想原则上并不包括所有活着的人的自由，而仅仅是土地所有者的自由，或者说就像他所乐意称呼的，是土地所有者或持股者的"荣誉"。他假定，较年轻的儿子们一般会离开家乡去世上闯荡，除非他们平庸可怜得甚至甘愿成为庄园上的工人（第1卷，第332页）。不过，无论这种安排对他而言显得多么的合乎自然，进化论思想模式却迫使他也承认，在伟大的民族迁移走到尽头时，改变这种情境是"天经地义的"（第4卷，第209页及以下诸页）。军事制度不可避免的改变导致了军事服役人员的扩充、更多的农户携手联合起来与自由的或不自由的佃农的产生。

但是，默泽尔按合乎"自然进程"的进化论解释建构了一条思想道路，其中并没有剔除掉与自然法陈旧模式的联系，虽然他超出了后者的界线。它心照不宣地假定了一个社会契约以作为原初国家的基础，这个国家正是围绕着土地所有者建立起来的。但是，他把社会契约的行为限制于土地所有者的事实，剥夺了通常的契约理论所具有的抽象的苍白，使它不折不扣地成为了那些最早获得土地的人意在共同保卫占有物的协议。默泽尔也坦率地承认，这或许只是一个相互默许的协议（第3卷，第296页）。由此，他更加接近了关于国家起源的纯粹历史解释，将其追溯到人类集体性赞成的无数有意识的和无意识的行动，这些行动最终形成了一个联合的冲动。不过对于我们来说，以任何方式将此阐述为一个"协议"或"契约"都显得是实用主义的画蛇添足之举，因为在自然缓慢的发展中，最初的开端是难以追溯的。不过默泽尔对这个相当过时的观念只用了一次，作为由自由农民组成的理想国家的坚实基础。基于同样的理由，他设想了一项次要的由最初的土地占有者及其后代和晚来的移民协商达成的社会契约。根据这项契约，他们的后代和晚来的移民只能有资格获得较低的地位，成为农奴、佃户、庄园仆人等等。对于默泽尔来说，所有这些都是事件自然过程的一部分。

> 父母和孩子之间、主人和仆人之间的关系是最早存在的自然状态的关系，这种孩子和仆人对于父母和主人的附属关系很可能是一种相互默许的契约的基础。其他的一切看来都得服从父母和主人的权力，而孩子和仆人渴望得到的东西就是从属于他们的主人。（第5卷，第145页）

同样的论证方式也可以用来为农奴制度辩护。在这里变得愈益明显的是，默泽尔不仅探索着历史的起源，而且寻找着论据以捍卫自己的政治世界，反对使之土崩瓦解的时代精神。这种情形让人想起了哈勒在面对理性和普遍的人权宣言时，代表所有传统的法律进行的慷慨激昂的斗争。哈勒写下的几乎是自然主义宣判书，他在1790年奋笔疾书反对法国大革命的观念：他不愿意将人类权利伸展得太广，以至于要将所有正义的、理性的、人性的和适当的事物都囊括在内。"在我看来，存在于官方授权书中的人类权利占有了所有未被占有的东西，捍卫了所有已获得的东西。"（第5卷，第201页及以下诸页）然而，这不应该使我们视而不见默泽尔和哈勒之间的深刻差别。对哈勒来说，完美无瑕的政治结构是一个处于强大王公世袭统治权统治下的国家；而对于默泽尔而言，则是自由农民组成的联邦。从思想史角度来说，默泽尔在以进化论方式思考的能力方面，在历史和国家景观中将客观必然性的推动力作为动态和变迁着的原则方面，要远远领先于年轻的哈勒。不过这一位和另一位一样，吟唱的都是"幸哉有产者"（beati possidentes）；默泽尔关于历史和国家的纯粹自然主义的解释，因此在一定程度上染上了唯物主义色彩，而这在哈勒晚期的学说中也是支配性的。

　　回顾我们对于默泽尔思想的考察，我们确实能够辨别出介于进化和保守因素、介于理念和必然性——政治的或其他的必然性——之间的裂缝，而这种必然性在历史中重塑了这些理念。立足于默泽尔的政治理念及其双重社会契约的学说，来理解他的时代的历史位置，这可能吗？

　　在一定程度上，他毫无疑问地想通过引进一种生动的"自然和必然"来做到这一点。他想方设法让自己适应于地域性的邦国，虽然有些不情不愿。尽管他热衷于更为原始的自然经济，却也能够正确评价城市文明、货币经济和强大的市民阶层，如果说他对此欠缺彻底的同情，最起码是抱着充分的历史理解的。农民和市民、王侯和贵族没有理由埋怨在默泽尔的历史解释和国家解释中受到了过于草率的对待。但是，如今大权在握的官僚机构的高贵仆人，却早就变得声名狼藉了。然而他针对自己阶层的自我批评，不能够也不愿意将之干净彻底地废除掉。不过，一无所有的人在历史和生命中却被分配了一种徒劳的和停滞不前的地位，命中注定永远是一个奴仆，注定只拥有低下的法定地位。他在1791年宣称（第5卷，第178页），如果这个阶级想通过人多势众来废除当前的宪法，想为自己获得一个与最初征服者平等的地位，那么他们所行的就是欺诈之举。然而，正如默泽尔无法完全蒙蔽自己那样，历史的发展强制性地要求为这些无产大众在国家中分得一些权益。这就是默泽尔的政治理念的前提条件与在其眼皮子底下正在历史地形成的东西之间不可调和地激烈冲突的地方。

这种冲突在默泽尔更富有争议性的股份理论（Aktientheorie）中更加戏剧性地显示了出来，这种理论也再次揭示了其思想中功利主义的倾向。他几次三番地把国家比喻为一家股份公司。根据这种理论，最初世袭地的占有者以他们的土地作为"土地股份"参股。接着，后来发展起来的城市增加了市民的"货币股份"。这种严厉的学说如是宣称，没有股份可入股的人就不能要求政治权利，不能参与讨论国家事务，因为从来没有放之四海而皆准的人权，或者说只在保卫财产的意义上有有限的权利，这点我们早已指出过。然而默泽尔早在法国大革命之前（1774年）就承认，德意志内部的地域性邦国的发展将赋予无产大众一定的地位，使他们更靠近国家。也就是说，当对于收益和财产的税收不再能维持和装备军事力量时，"属人税就被引入了，从而每个人最终都成为了伟大的国家公司的一员，或者就像我们如今所说的，成为一块特定土地上的一员。因此就出现了公民权和人权之间普遍的混合，在其中，我们看来如今得和我们的哲学立法机关一道，在没有舵和桨的情况下到处漂流"（第3卷，第295页；也可参看第6卷，第69页）。最终，在土地股份和货币股份之外，在国家公司中授予一类人以地位，这就是默泽尔所称呼的"人头股份"。

但是，他自己面对这种发展失去了"舵和桨"，虽然他并没有否认这种发展的存在。他无法顺应于它，不过在面对法国大革命时，他的理论却更加顽固了，认为只有占有可靠土地或货币的持股者才有权在国家公司中发动变革。他承认，很可能也有纯粹立足于仁慈人性的国家，例如巴拉圭的耶稣会士国家。"但这样的一种国体为高贵的激情只留下了微不足道的活动空间，仅仅有益于人类中绵羊般温顺的那些人。"（第5卷，第200页）默泽尔看到了不仅国家理念，而且还有他对于血肉丰满、丰富多彩且有机相连的个体性的生命理念，在这种民主的平均化过程中遭到了威胁。

或许，这属于现代历史主义的部分本质，它的起源与对于自己时代及其支配性思想的不满意和批判紧密联系在一起，与一种对于改善人类生活和国家生活的理念联系在一起。卢梭是第一个起来批判自己时代文化的人，但是他没有成功地从历史中推演出用来更换的理念。默泽尔和赫尔德则从历史中将它推演了出来，从而展现了历史的繁复的个体性——没有彻底地展现，但却示范性地展现了其内容和力量。但是作为新的历史主义的力量源泉的观念，却一开始就阻碍了其发展。因为正当历史开始以一种更为生动活跃的方式得到对待时，它却带回了一种静态的因素。它威胁着要从过去采纳一些真正的或想象的前提条件，以作为历史和当前的价值标准，并且在很大程度上，它成功地做到了这一点。在历史主义的早期日子里，黄金时代的观念一而再再而三地对纯粹的历史思想既成为了一种推动力，又成为了一只拦路虎。事实上，这种静态的因素是把历史主义与根据自然法而进行的历史解释联系起来的连续性的桥梁，在一定程度上，它是转化过的部分自然法思想。但是沿着这条道路是不可能充分理解一个人自己的时代的，或者是不可能公正评价在这时代之中活跃着的个体力量或发展倾向的。因为在默泽尔所抨击的法国大革命中狂风暴雨般地表现出来的观念，是历史的一种个体化的和极其生动的力量，尽管它们的内容是抽象和普遍的。我们曾经把它们与柏克的传统主义进行了比较，后者虽然没有回返到过去中的某个特别理想化的时期，然而却在很大程度上束缚于过去。

默泽尔历史理解的局限性也清楚明白地在他对作为一种历史生命现象的宗教的态度中表现了出来。

在对宗教和基督教的态度中，他存在着介于理念与国家必然性之间的二元对立状态。自从马基雅维里时代以来，赤裸裸的国家理性的代表人物在宗教中普遍地看到了一种统治工具（instrumentum regni）；孟德斯鸠也同样如此。不过启蒙的一项公共见解是——如果我们把休谟除外的话——存在着一种自然的、极其简单的宗教，这是人类的普遍特征。默泽尔接受了这两种思想，并用一篇早期的拉丁文论文《古代日耳曼人和高卢人的神秘主义神学和大众神学》（第9卷，第179页及其后，1749年）把它们综合了起来。他在其中解释道，按照塔西佗的说法，日耳曼人只崇拜一个神；但是在恺撒到来之后，他们就接纳了多神崇拜。由此，他得出结论说，一种政治上的国家理由（pro ratione status politici）必定会在更为纯粹的神秘宗教（religio mystica）之旁提倡大众宗教（religio popularis）。这是一种真正的启蒙观念[①]，不过其主题在1762年依然活跃于其思想中，当

[①] 与泽姆勒在公共宗教和私人宗教之间所做的区分相联系。为此可参看泽贝格的《阿诺尔德》，第602页及以下诸页。

第八章 默泽尔

时他发出了一封信《致萨沃伊的神甫，待交卢梭》(第5卷，第231页及以下诸页）。在其中，他指着卢梭针锋相对地宣称，所有伟大国家的立法者和创建者都认为把自然宗教作为公民社会的基础是不够的，从而被迫在诸神和其他的偶像中寻找庇护，或者在某种天启宗教中寻找庇护。"我们都是庸众，神明智地在我们的灵魂中而不是在鼻子上套上笼头……我们的宗教是为庸众设计的，而不是为天使设计的。"这就是他的人类王国中的神圣政体。

因此，默泽尔的态度通过一种并非无足轻重的微妙差别而不同于启蒙思想家的态度，他们把天启宗教看作精于计算的立法者和神父的作品。他把探索原因的实用主义方法更多地运用于神本身，认为神在这个世界上贯彻了一种明显带有智慧目的的策略。这种对于历史中非理性事件的目的论解释是基督教神圣拯救方案的一种残余，正如我们将在赫尔德那里看到的，注定还将在历史主义的兴起史中发挥重要的作用。对于其他部分来说，默泽尔没有特别地运用这种学说，因为他能够找到其他的和更好的方法，以一种愉快宜人的方式来表述历史中的非理性因素。不过只要涉及宗教，他就会坚守于目的论思想，认为追根究底，宗教繁复的历史多样性得归因于天意的作用。他因此能够像孟德斯鸠那样追溯到人类的需要和环境的多样性（第6卷，第74页），却未能对这种多样性迸发出任何真正的历史情感。他后来就是从这个立场出发来对待宽容问题的，我们在这里可以将此搁置一边。

然而默泽尔在从历史出发进行创造性的推演时，也抱有一种实际的宗教理念，虽然它事实上是一种彻头彻尾浸透了政治动机和愿望的理念。在他的想象中，这就是古代撒克逊人的宗教。《奥斯纳布吕克史》中最引人注目的一段话，是他——以现代方式运用古代历史中的格言警句——虚构地借失败了的萨克森人之口说给查理大帝听的（第6卷，第188页）。

349　　　　基督教的真理没有强迫任何人来接受它，它因此并不普遍适合于所有的民族和国体。每个民族都有自己的目标，因此也自有其真理。撒克逊人的目标和真理是自由，基督教当然与这个目标不相一致。因为撒克逊人受荣誉约束，而基督教是受爱的捆绑。然而后者并不像前者那样是人类可靠的向导。

这是默泽尔对基督教所做的直截了当的责备，因为基督教看来不适当地削弱了荣誉观念（第6卷，第50页）。摩西给予游牧的以色列民族的赞美并不适合于安土重迁的土地所有者（第6卷，第163页；第5卷，第195页）。他甚至往前迈出了重要的一步，不仅从历史的立场来抨击它，认为它迫使并不适合的民族接受了它，而且从当前的影响来抨击它。我们已经看到，默泽尔赞同固定不变的等级划分与个体权利，反对时代的平等哲学、反对普遍人权和普遍之爱。他现在大彻大悟了，意识到这些普遍的人权理念和人类之爱扎根于基督教并为当代哲学所继承。他曾经解释过（第5卷，第119页及以下诸页；参看第5卷，第195页和第6卷，第XIX页），在较早的时代，没有自由的土地所有者或市民会害怕折磨。

　　　　恰恰是混血人口与基督宗教和基督教哲学缓慢出现的支配地位，因为它们在人类的名义下废除了贵族、公民和农奴之间的政治差异，为每一个人带来了折磨。①

在这里，我们隐隐约约地想起了马基雅维里，他基于政治上的美德理念谴责基督教使人类变得缺乏男子汉气概。我们在这里也能再次察觉到基督教思想和扎根于国家理性的思想之间的鸿沟。默泽尔认为保持不同阶级之间的不平等是国家必需的，同时怀疑基督教是求新骛奇的平等概念的源头。

默泽尔因此会发动反对基督教的斗争吗？远远不是。由于他的一些言论，他甚至被颂扬为——虽然是极端片面的——基督教信仰的辩护士（布兰克迈斯特［Blanckmeister］，1885年）。这是他的桑梓同胞在其中受到千年养育的宗教，它因此也扎根于土壤之中，成为了"地方性理性"的一部分。他在这个历史发展的不容置疑的事实面前鞠躬致礼，即使它与自己的理念并不和谐一致。我们在他对德意志邦国的态度中已经留意到了这种情形。他个人的信仰需要大概与萨沃伊神甫的自然宗教更为一致。但是，他的相对主义意识，他对如其所是的实际生活的观察与他的国家必要性意识结合在一起，使他领悟到，在临终时为淳朴的人民赋予道德上的支持和安慰的基督教，是政治和社会生命力无可替代的源头活水。在一个段落中（第5卷，第87页），他说我们时代之衰微的真正原因是宗教不再是一种纪律了。他的宗教态度中最简洁的陈述出现在另一个段落中（第5卷，第284页）：

---

① 然而，他接着在《奥斯纳布吕克史》的另一个地方（第6卷，第69页）再次指出，古老的权利并未因人类之爱和基督教，而是由于军事服役中的变化"自发地和难以察觉地转变了"。他在不同的时代不同地思考了这个问题。

此外，我将请求读者，不要……由于我仅仅按对于国家的利弊关系来看待宗教而指控我的非宗教态度。这对于我来说始终是至关重要的一个方面，我察觉到神也致力于通过宗教来推进国家的福利，同时神不是为了自己的幸福，而是为了我们的幸福给予我们以宗教的启示。我怀着诚实的意图，怀着对超出于我的领域的神学基本原理的尊敬，接受了这种态度。

他或许深信，要基督教在人类中变得活跃起来，它必须得到信仰，并且为了自己，他也竭力信仰基督教启示[①]。但是，从他的政治功利主义前提来看，他如何能够达到对于天启基督教所要求的启示的超越性的和热情洋溢的信仰呢？他只能把它看作相对的有效，而不是绝对的或永恒的有效。

　　默泽尔和饱满成熟的历史主义之间的分界线，没有地方如在他对基督教的态度中表现得如此明显了。他无疑地开始感觉到，宗教并不只有一种单一的形式，而很可能呈现出众多的形式，必定存在着不同的宗教，正如存在着不同的语言一样。简言之，他认为宗教属于历史性个体的领域，或者正如他会说的那样，属于"地方性理性"领域。默泽尔赞同莱辛的观点，亦即每种宗教自有自身特殊的真理。不过在采纳这个观点时，他仍然束缚于被称为"消极的历史思想模式"的东西。这就是说，他充分认识到了非理性的生命力量对于国家、社会和个体生命的价值，不过却未能认识到，尤其是未

[①] 他在1773年致乌得勒支的高级拉比的信函（第5卷，第261页）中如是说道："您是一位哲学家，乐意相信灵魂的不朽，而我同时（原文如此）是一位基督教徒，由于启示而相信灵魂的不朽。"

能感受到宗教的特殊价值以及宗教高居于所有世俗目的之上的独立地位。甚至默泽尔的审美能力也不足以克服这种功利主义观念的局限性。同时他自己的宗教感受还受限于一种理性的一神论。

为了再次观察默泽尔是在哪儿从一种纯粹消极的思想模式发展为积极的历史思想模式和感受的，我们有必要回顾洋溢于他内心中的东西，回顾他经历过的具体形式的国家和社会。

难道情况看起来不是这样的吗？亦即我们最终看到，他的把国家看作一家股份公司的观点是与成熟的历史主义的特殊国家理念针锋相对的。诚然，柏克对于把国家当作一家保险公司或商业公司的物质主义和自我中心主义的概念，也曾经愤愤不平。毫无疑问，默泽尔在这里也继续对习惯性的理性主义的功利精神大唱赞歌。为此，人们必须在心中再次记住，先行者很少能够成功地一举之间彻底改变任何特定的古代思想机体。但是人们也必须记住的是，恰如默泽尔自己发现的，语言通常滞后于实际的感觉和思想。默泽尔开创的历史观念新结构尚未找到充分的表达手段。事实是，默泽尔以一种比持股者对其公司更加热情洋溢的兴趣和更加温情脉脉的感情关注着国家。这只不过是他用来表现作为国家成员的公民和国家之间休戚相关的联系、表现权利和义务之间不可分割的关系的一个比喻而已①。默泽尔就像之后的穆勒一样，希望国家成为"伟大的、精力充沛的、始终活跃的和生气勃勃的整体"。他抱怨年迈的皇帝放

---

① 参看赫尔茨勒，《默泽尔论国家和自由》（"J. Möser über Staat und Freiheit"），载于贝洛（G. von Below）的纪念性文集，《始于政治和历史》，第 172 页。

任帝国成为王侯们的猎物；他遗憾自由城市后来未能创立一个强大的德意志下议院和开拓海外的商业帝国，就像英国那样；他批评专制的机器式国家；他渴望伟大的事务，渴望一种伟大的，也能丰富精神生活的国家事业。人们可以认识到，这就是他从德意志出发看待英国的方式。

> 在这里（英国），最卑微的人也以其私人的关切为普遍利益作着贡献。所有的讽刺作品、喜剧、道德训诫甚至通常还有布道，都与国家事务密切相关。正是这种崇高的兴趣为英国人民注入了生气，使他们的目标比起其他在冷静淡漠的心情中和纯粹为了一些值得赞扬的理由而撰写东西的民族来要更加高远豪迈。（第3卷，第96页）

在英国，你可以聆听到各种各样的野兽在森林中同时咆哮着，而那些大自然发出的形形色色的声音也不禁让你心旷神怡。"甚至在小小的树荫下，我们与邻居的孩子们聚集在一起，还可以聆听到蟋蟀的窃窃私语声。"（第3卷，第94页）

默泽尔内在的思想试图以充满着渴望的想象逃离他在其中生活的时代和地域所带来的狭隘限制，然而他既不能也不愿意逃离它们。他自始至终想要扎根于本乡本土之中，想要沉浸于"地方性理性"之中。不过显而易见的是，为他展示了极其众多的历史生命奥秘的小小的奥斯纳布吕克主教辖区，不能为他提供一切在一个大规模的政治实体中所能获得的推动性力量。他在研究中获得的最伟大的政治收获是复活了受到严重忽视的国家生命的德国原则。他由此成为了冯·施泰因的先驱。但在他生存着的小小的故土环境中，政治和社会是相当干瘪的，以至于他只是产生了把国家比作一家股份公司的次要观念。因此，他的国家理性更多是一种内部事务，关切于维持一个以美妙的个体性自然生长起来的小规模社会机体，而不是置喙之处甚少的外部事务。正如他在答复弗里德里希大帝时带着遗憾之情所写的，他的同胞中不会有库尔提乌斯（Curtius），不会有愿为德意志的帝国制度而慷慨献身的人（第9卷，第139页）。他最富有成果的历史洞察之一，是理解了德国内部的发展与战争和武装力量构成的变化之间的联系。只要他往前多走一步，就会达到兰克的学说，亦即外交政策在塑造一个国家内部政体方面的首要的重要性。不过默泽尔没有往前走出这一步，因为他鲜有外交经验。同时对于他所知道的，他也只是像启蒙运动一般的道德化的思想家那样加以肤浅的解释①。

　　默泽尔有对更大规模和更饱满丰富事物的渴望，不过这些渴望并不强烈。他也能够心满意足地待在奥斯纳布吕克农民组成的社会中。这毫无疑问是其历史感情的一个记号，是他历史性地认同于时代和地域提供给他的个体性事物的一个象征。不过这也伴随着传统主义者接受所有历史制度的危险。虽然人们认为默泽尔在政治上始终是一个具有改革意识的保守主义者，但他像柏克一样，从未完全地避免这种危险，而且这个弱点预示了后来的历史主义的不足

---

　　① 第1卷，第399页（1770年）："今天绝大多数战争的始因是侮辱，一般而言涉及一位单独的人，或者某个个人自身有理由做出的要求，但千百万人被迫卷入其中，无论战争结局如何幸运，他们也绝不会从中获得任何东西。"也可参看第1卷，第99页（1769年）关于汉萨同盟的战争和权力政治的"愚蠢"所说的话。

之处。

人们看到的他的另一个弱点是相对主义。"世界上的万事万物，"默泽尔早就说过，"只是相对的美妙和高贵，而橡实按自然法则来说总是先于橄榄的。"（第9卷，第141页）由此，他反对了弗里德里希大帝毁灭性的判断，而捍卫了歌德的葛兹，认为它是"我们本乡本土的美妙和高贵的产物"。但是，在这种肯定之中，默泽尔也表达了他在人生历程中获得的历史智慧的精髓。在这里显而易见的是，这样的一种相对主义并没有必然地产生一种技巧熟练的历史理解力，这样的历史理解力肯定历史中的一切事物，或者根本就无所肯定。在这里，默泽尔更加乐意以非凡的力量和激情来肯定这片历史土壤，因为它也使他成为"高贵和美妙的果实"。一个小地方，不过是我的地方，他很可能会这样说。他是第一个献身于小地方研究的思想家，它能够拓深为一种具有伟大风格的世界性景观。他所研究的小事物对他而言产生了最大限度的意义，就像他从中抽绎出了它们在具体的和个体性的历史材料中包含的所有东西。他把所有发现看作一般意义上的历史性个体和生命力的象征和例子，教导人们"从永恒的视角"去发现所有的个体。这使得他与赫尔德一道成为历史主义的早期先驱。

"这是洋溢着爱国感情的想象，"歌德如是说道，"虽然它完全与实际的和可能的事物联系在一起。"这种糅合了想象力和实际性的思想为情感力量滋养，进入了一种纯粹的沉思领域，最终甚至超拔于所有的功利主义之上。歌德理解这一点，他以这样的话语表达了出来："他总是高出于他的主题，能够教导我们生气勃勃地对待最严肃的材料。"（《诗与真》，第13卷结尾）

第九章 赫尔德

导　言

在18世纪新历史意识最初的先驱者中，默泽尔、赫尔德[①]和歌德是三位最卓越的和最成功的思想家。从一定的距离之外来看，这三位伟大人物的成就在他们思想的基本原理方面是相当一致的。但是，如果从他们进行创造活动的主要的人性和精神力量的角度来考虑，他们彼此之间就具有了深刻的差别。这也是新历史思想的典型特征，亦即它创造了相当一致的理解历史世界的原理，然而却受到了形形色色的个体化动机和才能的滋养，而且这种情况必定会延续到今天，这样它才不会退化成为一种纯粹循规蹈矩的学者技巧。

默泽尔的贡献乃是一个圆融成熟之人的天才，他的力量缓慢地却持续地成长，形成了一种坚韧的、和谐的精神结构。他以坚定的步伐成功地把实际职务中的具体经验，与如今在启蒙运动中深沉

[①] 本章毫无疑问地依赖于对赫尔德包含了历史思想的全部著述的研究。但是他那极为丰富的思想，他那思想中的错综复杂、微妙差别和矛盾，迫使我们在这些著述的范围内集中地选择本质性的部分。我们在这里仅仅关注于他的历史思想中结构性的轮廓线。引文采用苏范（Suphan）编的《赫尔德全集》。

地活跃着的新生力量结合了起来,将本土思想与欧洲思想交融了起来。与之相反,把赫尔德作为一个个人并从其力量发展来看的话,他表现得难以协调一致和令人迷惑不解,他从未固守于任何职业或任何地方,正如他自己在一种反思的心情中曾经说过的(第8卷,第328页),他"为隐晦的不安所驱使,寻找着另一个世界,却尚未找到"。甚至在晚年,他还相当清楚地用彼特拉克的性格来描绘自己,当时,他把彼特拉克称为四处寻找休憩恬静之地却从未找到的那些最温柔的灵魂之一(第17卷,第266页和第18卷,第362页及以下诸页)。他的自白,我们可以在大约1769年左右最集中的探索时期的旅行日记中找到,那是一次坐船由里加前往法国的旅行。在其中,我们能够看到他的抑郁愁苦,他一再地奋力于神游八荒,他的炽热的勃勃野心以及他本质上狂暴喧嚣的天性。他不是如默泽尔和更伟大的歌德那样完美的人,而正如人们所见是一种纯粹学者类型的矛盾性格,对血肉丰满的完美人性怀着浮士德式的渴慕,但却没有力量和决心来突破学究世界的束缚。在这个时期,当时他年仅二十五岁,赫尔德就着手研究了最富有重大意义的革命性思想。在这次旅程中,关于至今仍然震撼着思想世界的著作的宏伟计划和轮廓,就已经在他的头脑中剧烈地翻腾了。这些方案中最高贵的和包罗最广泛的是一个普遍性方案,概括了他在历史思想中的所有成就。"一部关于一切时期和民族的人类精神的历史。这是怎样的一部作品呀!"(第4卷,第368页)应该特别加以注意的,并且对于我们是完整理解赫尔德整个成就的一把钥匙的是:这项计划中的研究的目的远远超越了单纯满足自我知识渴求的观念沉思。它们意在塑造、教育和施惠于人类这个种族。在赫尔德所有纯粹的历史著作中,同样重要的基本动机都在起着作用,这是德国先哲和卢梭都贡献良多的启蒙运动的伦理-教育的目的,在默泽尔那里也产生过重要影响。不过他在这里意识到了其精神倾向中的一个弱点,它虽然对于其精神力量来说是一块必要的背景,但却使他既区别于默泽尔又在后来区别于歌德。赫尔德缺乏感性的力量,不能在彻底具体的决定性和赤裸裸的自然-精神的实际性中观察生命和历史构成物。他身上缺乏现实感和经验感。"我的精神不善于观察,而是善于思考、善于苦思冥想!"(第4卷,第366页)

> 为什么作为我往昔境遇的一个结果,我只得到了观察**暗影**(Schatten)的能力,而不是感受真实事物的能力?……我到处忍受着一种日益膨胀的预感式的想象力,它总是游离于真实之外并消灭了乐趣,使一切变得迟钝无趣和单调乏味。(第4卷,第446页)

毫无疑问,这种无度的想象力与一个更严重的弱点联系在一起,这个缺点对于读者来说显而易见,并受到了更多的批评,这就是概念清晰性和逻辑连贯性的缺失。因此,他缺乏的只是始终如一的渴望,而并不欠缺理智力量和理解力上的敏锐,在这些方面他通常能够提供丰富的例子。赫尔德自我批评了这种想象力的过度,但它并不是空虚的和反复无常的只产生幽灵幻影的才能。它没有抛开现实,而是超越了实际的事物,对此只是草率地作了处理,然后有意识地沉浸于人类生命的精神深处,这里正是创造实际构成物的地方。在这里,他通过自身精神的感知能力,谛听到了在此之前没有人听到过的回声和声音微妙的言外之意。因为他没有像历史上人类心灵的伟大大师们那样,把自己拘囿于自我观察,或者局限于对人类内部无始无终的心理过程的观察,而且因为历史的、易于变化的、奇怪的和通常遭到误解的心理过程,以及尚未有人探明的其生成变化的神秘,无不吸引着他,因为他全神贯注于撰写一部"人类的普遍精神史"——就像他之前的休谟所做的那样,不过赫尔德是在一种更加深刻的意义上——由于所有这些原因,他能够以真正天才的灵感发现普遍的历史生命中的新领域,成为一种新方法"移情认同"——一个他自己发明的词语——的创始者。运用这种方法,所有他自己尚未涉及的历史领域就能够逐渐地得到认识。

因为他只是部分地阐明了他自己所能阐明的历史世界。为了获得最初的方向,我们在这里将仅仅论述最必要的方面。赫尔德精神的基本能力是美学类型和方向,但他进入历史心理现象的能力是凭着美学的感受性而非艺术的创造意识。他缺乏本质性的形式化力量。在这个方面,不仅他的诗歌,而且他对于历史事物的解释和描写也遭受着这种匮乏之苦。这个他所发现的历史内在生命中的新奇迹从未聚焦于清晰明朗的历史光线之中,因为他从不曾费力地把它们放置在更为明确的概念形式中。他所点燃的光线是闪烁摇曳的,在他的一生中不断地摇晃着和变化着。从一开始,有时与一种强烈的宗教态度结合在一起的伦理-教育动机占据着支配地位,但是在其发展的晚期,它对于他"审美地感受"历史生命的伟大和别具一格的能力——尽管他有着这样那样的缺陷——愈益成为了一个障碍。特殊的当代经验也在此强烈地作用着。精神化的启蒙运动的伦理标准——赫尔德不断地以更确定的形式来表达它,对于整个历史过程

第九章 赫尔德

及其具体的现象的评判不能做到完全公正。他逐渐地大量摒弃了当他是年轻的真理追求者时对他显得重要的东西。

因此，在他的历史观念中至少可以划分出三个阶段，我们接下来将更加详细地思考它们。第一个阶段包括 1764—1776 年的 12 年——里加岁月 1764—1769 年，旅行岁月 1769—1771 年——他与歌德在斯特拉斯堡相遇，以及比克堡的宗教法院委员会时期 1771—1776 年——这是一个迅速的和朝气蓬勃的上升时期，可以被进一步划分为较早时期和比克堡时期。在这个时期中，作为一位历史思想家和历史主义的先驱，赫尔德创作了他最卓越的著作，这部纲要拥有一个几乎具有洞察力量的标题:《关于人类发展的另一种历史哲学》(*Auch eine Philosophie der Geschichte zur Bildung der Menschheit*)，撰写于 1773 年，出版于 1774 年（第 5 卷，第 475 页及下页）。尽管新的宗教激动在比克堡时期已经活跃了起来，它仍然可以被当作早期岁月水到渠成的高峰期，因此从起源角度来看与早期岁月紧密地联系在一起。第二个阶段包括在魏玛最初的十五年（1776—1791 年），当时歌德的影响结出了最甜美的果实，看到了他主要著作的诞生，这部著作对同时代人产生了强烈的影响，不过今天它却不再对我们产生强烈影响了，书名叫作《关于人类历史哲学的观念》([*Ideen zur Philosophie der Geschichte der Menschheit*] 1784—1791 年，第 13 卷和第 14 卷）。正如我们将会看到的，它在第一部分中包含了进一步增加的新颖的重要观念，但是接着，它揭示出了日益明显的美学-沉思和伦理阐释之间的裂缝，直至第三个阶段，这种冲突产生了《关于促进人道的信札》([*Briefe zur Beförderung der Humanität*] 1793—1797 年，第 17 卷和第 18 卷），和《阿德拉斯忒亚》([*Adrastea*] 1801—

1803年，第23卷和第24卷），在这里，伦理标准占了上风。明显的是，对我们的研究目标来说，第一个阶段必定占据着主要的地位。

早期岁月

在其他的时代，像赫尔德这样敏感又不稳定的性格很容易衰弱凋萎。为了激发出他身上潜在的天赋才华，必须有一种特别适合于其特殊气质的精神混合物。在这里，只要提到启蒙运动、虔敬主义和柏拉图主义就足够了，它们是三种具有普遍性的、施惠于赫尔德的主要精神力量。在18世纪中期，它们在德意志通常是平行地起着作用，而在赫尔德那里它们却共同地起着作用。他独有的且幸运的条件是，遇到了启蒙运动和虔敬主义这两种精神力量的伟大代表人物，他们都已经突破了这两种精神力量的狭隘局限性，开始开辟崭新的道路。在启蒙运动中有孟德斯鸠、休谟，尤其是还有卢梭，在虔敬主义中则是他的良师益友哈曼。赫尔德满怀热情地汲取着孟德斯鸠的思想（第4卷，第508页），在里加的早期岁月中把他推崇为卓越的大师，不过后来很快就超越了他的学说。然而他对孟德斯鸠收集、整理材料和通过细节思考"把原因追溯到还要更加基本的原因上去"以便直抵事物心脏的方法，印象尤为深刻。孟德斯鸠致力于以启蒙运动有限的手段更普遍地和更深刻地理解精神，或者如他表述的"法的形而上学"，这其中流露出来的充沛活力激励着年轻的赫尔德。由此，他最终冲破了机械式因果思想模式的枷锁，而这枷锁的松动是从孟德斯鸠开始的（《阅读孟德斯鸠时的思考》[Gedanken bei Lesung Montesquieu's]，1769年；第4卷，第464页及以

第九章 赫尔德

下诸页；也可参看第5卷，第565页及以下诸页）。

正如我们在休谟及他对因果法则的批判中所看到的，启蒙运动已经走在了打碎这些桎梏的道路上。休谟的新颖和扰人的提问方式对赫尔德产生了强烈的影响。"休谟，"就像他后来所写的（第8卷，第466页），"通过提出形而上怀疑，揭示出了原因和结果之间的联系是精神的，亦即它是无法被观察到却只能加以假设或推理的东西。这就是说，它无法得到实际历史的认识，而只能是哲学的认识。"这个段落中的"历史的"和"哲学的"之间的差别并不具有今天具有的意思。赫尔德用它来表达的意思是，休谟使他不是通过实用的观察，而是在内在–精神的领域中寻找因果联系。这也许是关于休谟思想的富有成果的影响这一事实最重要的见证了。年轻时，赫尔德也被休谟的历史著作吸引住了，并且声称休谟是他所知道的最伟大的历史学家（第32卷，第27页），不过这个评判并没能经受得住时间的考验。然而休谟运用于历史现象的超然公允的比较心理学，虽然与赫尔德自身的心理气质并不融洽一致，却促使他触及了吸引他注意力的问题。休谟1757年的《宗教的自然史》新颖地阐明了原始的人类历史，将其描绘为粗鲁的和野蛮的。但是，从各民族的思想模式与信念出发，提出他们从低级向高级水平上升的问题这一事实，激励了赫尔德既追随这条思路又质疑休谟的发现结果。

但是，关于人类是否进步的问题，休谟早已有了一个强劲的对手。"卢梭的声音听起来仿佛来自沙漠。"赫尔德在1774年写道（第5卷，第643页）。早在1750年和1754年的论文中，卢梭就提出了人类文明的发展对整个人类生命是有益的还是相反有害的这一重要问题，从而出其不意地粉碎了正处于极盛时期的启蒙运动踌躇满志的信心，并且以无所顾忌的评判给予了答复。在里加,年轻的赫尔德已经为这种学说深深地吸引(第32卷,第41页)。这个问题,更重要的还有卢梭的论点,亦即自然状态中的人拥有真实的完美人性,而有教养的和文明化的人则失去了天堂及其真实的青春岁月,从这时开始一直使赫尔德激动不已。随后,他回到休谟清醒节制的观点(赫尔德致康德,1767年;《赫尔德人生画像》,第1卷,第2部分,第297页),禁不住怀疑卢梭完全用理性方法所建构的自然状态中的人是否只是一幅纯粹浪漫的画卷(《旅行日记》[Reisejournal],1769年;第4卷,第364页)。但是在思想史上,卢梭的错误乃是那种创造性的错误。在赫尔德的思想生活中,这种错误虽然继续交织着真理和谬误,然而却产生出了丰硕的果实。而且,卢梭自己从关于自然状态的人类的错误描绘的特征出发,以几近偏执狂的劲头申明了一个伟大的真理,赫尔德后来深化了这一真理:他认识到了人性中有极为鲜明的多样性,从而导致了对于整齐一致的自然法教义的怀疑,并进一步推论说,作为一种长期的复杂的精神发展的结果,自然人只能转变为文明人。

孟德斯鸠和休谟同样观察了人性中发生的历史变化,不过只观察到了那些外部的明显可见的变化,只观察到了一般类型之间的差异。但是无论如何,他们作为历史学家却显示出无法深入触及人类灵魂的核心和个体性,由此也无法深入历史生命最深奥的地方。然而卢梭,恰如我们早就看到的,尽管他未能达到一种丰富饱满的历史态度,却通过袒露他自己无与伦比的个体性,而有力地激发了对于个体性事物焕然一新的感情。德国虔敬主义那里的情形也与此完全一样。它没有感受到历史发展的本质,将灵魂内在的精神生命排他性地限制于与神之间的关系,但是这种关系也涵盖了所有较高的

第九章 赫尔德

和较低的力量之间、感官冲动和罪恶冲动之间生气勃勃的相互作用,涵盖了对于恩典的渴望。赫尔德年轻时在东普鲁士度过的交往狭隘的日子里,体验到了这种虔敬主义中的矛盾,一开始严重地受制于它那极为严厉的形式,以至于在他的宗教生活中出现了一种旷日持久的紧张状态。不过接着在1764年,他在柯尼斯堡遇到了一个人,他的虔敬主义是一种深沉而强烈的个人体验,然而同时却能够迈出至关重要的步子,从而进入崭新的精神天地:此人就是哈曼。赫尔德在他身上看到了一位正在觉醒中的典范人物,是一位具有狂飙突进式激情的创造性的和独立的思想家。哈曼是这样的人物:他在迄今为止被虔诚教徒认为有罪的或危险的感性冲动和激情之中辨别出了一种神秘幽隐的力量源泉;他具有一种新颖的和强烈的关于神赐的灵肉统一体的意识,从而把非理性的价值抬升到了一个新水平;他开始用这种焕然一新的神采奕奕的意识来考察历史世界,虽然他的思想仍然受到牢牢扎根于《圣经》的教条和原则的影响。他受到了英国前浪漫派影响的所谓诗歌乃人类母语的格言(《全集》,第2卷,第258页),也成为了赫尔德的一个中心思想。他的另一警句[在我们能够成为创造者时,我们为什么要成为模仿者呢?(《全集》,第2卷,第196页及下页)]把他放在了理解古代思想家的正确道路之上,也就是说把古代思想家与现时代的人是如何不同的这一问题搞得一清二楚了。不仅孟德斯鸠和其他人,而且哈曼也令人印象深刻地提出了这一事实,亦即这种差异取决于形形色色的历史环境。他建议赫尔德"根据不同时代、精神、世代和民族的细微差别"来研究哲学(《全集》,第2卷,第15页)。哈曼和赫尔德思想之间的密切联系确实不能仅仅按师生关系来加以解释。赫尔德为了进一步的发展当然需要与哈曼交流思想，从他那里接受批评。但是在这里，也像后来赫尔德和歌德之间的关系一样，他们之间的关系中甚至更有成效的，是创造性心灵之间彼此影响的问题。如果我们运用一个机械式的比喻来阐明这种心理影响的话，那么可以说它就宛如一个运动中的台球与另一个静止中的台球相撞，从而把自己的运动传给了它。比起哈曼，赫尔德具有更敏感的心性和更广泛的兴趣，从而与启蒙运动之间有着更加密切的关系，而哈曼却是启蒙运动的激进的反对者。

但是，这两位人物见解中的共同特征得回溯到一个共同的源泉，人们在最广泛意义上称之为柏拉图主义。我们已经指出过，它是影响赫尔德的第三种主要精神力量。我们用柏拉图主义这个词语，主要指的是新柏拉图主义几个世纪以来直至莱布尼茨和沙夫茨伯里所产生的影响，同时也不要忘了正是在新教的土壤中新柏拉图主义才经历了深入的发展。由此出发产生了最深刻的新教思想，这些思想与神秘主义结合在一起产生了虔敬主义，它强调人与神之间的直接关系，能够与新柏拉图主义传统交融在一起。赫尔德在年轻时并非没有受到朝神秘主义方向发展的新柏拉图主义的影响。①不过它与赫尔德本身的思维方式并不相容。"他们的火焰在烟雾中燃烧着，"他在1775年致信拉瓦特尔时这样写道（出自《赫尔德遗作》，第2卷，第126页）。随着岁月的流逝，这种厌恶感日益增长。另一方面，从青年时代开始，莱布尼茨和沙夫茨伯里——"新的柏

---

① 施普兰格尔使我注意到的他年轻时的诗作《自然》（["Die Natur"]第29卷，第114页）的最早版本是这样的："陶陶然极度幸福啊极度幸福，我端坐在充满了神圣生命的世界之中，在世界的中心有诸多的神性生命"等等。

拉图"，赫尔德曾经这样称呼他们——清晰而深刻的洞见就对他产生了深层而直接的影响。1787年当他撰写对话作品《神》（Gott）时，把宇宙（das All）设想为一个按永恒的善良、美好和智慧的法则运作着的生命力量系统，赫尔德在这里尤其想到了他年轻时在钻研莱布尼茨、沙夫茨伯里和柏拉图时所度过的甜蜜时光，认为"确实超出了幻想"（第16卷，第571页）。我们接下来还会遇到关于这种联系的进一步见证。①

在带领赫尔德接近柏拉图主义观念和世界性感受的先驱和同时代人当中，也必须包括温克尔曼。他运用由沙夫茨伯里发展起来的"内在感觉"方式，教会了人类如何以一种崭新的洞察力来欣赏古希腊艺术的美妙。他比沙夫茨伯里走得更深，第一个揭示希腊艺术作为一种伟大的历史现象一步一步的发展过程。虽然他后来仅仅进一步挑出了成熟圆满的阶段，将它从时间的流逝序列中提升了出来，把它奉为一切时代唯一可能的经典模式。但是由于哈曼的忠告，赫尔德对此产生了警觉，没有亦步亦趋于古代。他以正确无误的洞察力感觉到了，温克尔曼的艺术史"更多的是说教体系，而不是一部历史著作"（第2卷，第123页），更多的是"关于美的历史形

---

① 哈奇（Hatch）在《比较文学史研究》（科赫［Koch］编，第1卷，1901年）中秉持的"沙夫茨伯里对赫尔德的影响"是有些流于表面的。他提出了很多两位思想家所拥有的相似思想，但这些并非总是能够得到证实。最令人感兴趣的是赫尔德《神学通信》（*Theolog. Briefe,* 第10卷，第305页）中给出的证据，他在这里把莱布尼茨和沙夫茨伯里进行了相互比较，认识到了他与沙夫茨伯里之间更加伟大的亲和关系（也可参看上文第16页注释1）。其他的赫尔德反对莱布尼茨的例子却不是很多的，就像佐默（Sommer）在《德国心理学史和美学史》（*Geschichte der deutschen Psychologie und Ästhetik*）（第307页及以下诸页）中所揭示的。

而上学"而不是"真正的历史"(第3卷,第10页)。但是温克尔曼同情式接近艺术的方式给赫尔德留下了深刻的印象,激励他成为一个"致力于学问的温克尔曼"。已经得到揭示的是,温克尔曼甚至对青年赫尔德的词汇表也产生了影响①,不管他是急切的模仿还是反对,赫尔德终生都受惠于温克尔曼。

在这三种主要的精神力量——启蒙运动,虔敬主义,柏拉图主义——之外,还有第四种人格性的主要力量:莎士比亚——"关于他,我只要一有机会就会不厌其烦地提到"(致默克[Merk],1770年,《赫尔德人生画像》,第3卷,第1部分,第232页)。莎士比亚对青年赫尔德的心灵产生的影响,使他处于不断摆动的和谐之中。早在里加时,赫尔德就学会了正确评价莎士比亚,而莎士比亚注定在他随后的历史思想中将产生愈益重要的影响。他领悟到,这样的一种精神现象不可能按迄今为止所接受的启蒙运动标准来加以判断,绝对不能根据其细节,而只能根据其生长性的总体来评价它。莎士比亚是"这样的一个天才,在他那儿,细部的修饰是无关紧要的,伟大的粗犷的情节结构才是一切"(第4卷,第284页)。他关于莎士比亚的论文1773年发表在德国的艺术期刊上,在现代美学领域中是一项开拓性的研究。在这篇论文中,人们甚至能更清楚地看到赫尔德对莎士比亚诗歌的重视,他把莎士比亚的诗歌看作历史世界的一个象征,看作是解释他自己的历史思想的介质。在这里,柏

---

① 贝格尔(Berger),《青年赫尔德与温克尔曼》(*Der junge Herder und Winkelmann*)(《德国语文学研究》,1903年)第85页及以下诸页。关于赫尔德与温克尔曼的关系,也可参看费斯特(Fester),《卢梭与德国历史哲学》(*Rousseau und die deutsche Geschichtsphilosophie*),第52页。

拉图主义和莎士比亚产生了相互作用。人们也许会说，他是通过习惯于柏拉图主义的眼睛来看待莎士比亚的。因为他认为莎士比亚的每部作品都"洋溢着独特的宇宙灵魂"，在他眼中，它们中的每一个都是一个特殊的宇宙。而整个的莎士比亚或许"可称之为斯宾诺莎的巨神——潘！宇宙！"（第5卷，第208页及以下诸页）。在这篇论文更早的草稿中，莎士比亚被完全直截了当地解释为一部世界史、自然史和人性史，一部比教科书上的历史更真实的历史。但是，莎士比亚的作品变得"如此丰富饱满，如此彻底，如此生机勃勃，就仿佛成为了世界万事万物的一个凝聚点"的理由，依赖于极为深刻和新颖的思想，这种思想只有在赫尔德所达到的新历史见解的语境中才能获得理解。

最后，在这四种青年赫尔德汲取精神营养的主要源泉之旁，还有着次要的影响，自从18世纪中期以来我们就已经看到它们在英国前浪漫派中活跃着——在没有产生任何影响重大的一流大师的意义上，它们是次要的，但是它们与赫尔德的思想发展密切相关，因为它们以一种新颖的更热情的方式阐明了这些问题，而这些问题注定将驱使他进入一种更加深刻的思想搏斗。原初的诗歌，民间诗歌，荷马，旧约，种族的个体性，尤其是北欧种族的个体性，中世纪——所有这些英国前浪漫派的主题都从这时起占据了赫尔德的思想。他部分地在年轻时，部分地在晚年岁月中熟悉了这些作品。哈曼在早期的日子里热切地研究过它们，从而能够在这里也成为一个中介人。我们在思考法国前浪漫派和对原始历史的研究中考察的所有东西，也进入了赫尔德的视野。

作为年轻人，赫尔德的阅读量是巨大的。不过他以一种迥然不同于启蒙时代贪求知识的阅读方式阅读和吞咽着一切。他在批评时也是吹毛求疵的和心胸狭窄的，就像那个时代一切好争论的学者那样。但在他的存在中席卷着一股内在渴望的风暴，渴望着直截了当地移情地洞察历史生命。他为了灵魂而阅读，宛如虔诚的基督教徒为了寻求拯救而阅读《圣经》。他把对历史的注释评论仅仅看作通向原初的生命源泉的一个路标，如果它们与他自己主要的本能不相一致，他就会勃然大怒地加以抨击。他必须进行阅读，孜孜不倦于从历史中榨取出它所能向寻找神灵者提供的最后一滴意义。在他之前，没有人以这种精神阅读历史。

但是人们也必须追问，在他生活的环境中是否还有其他不同的因素有助于这种与历史世界之间的新关系。人们已经正确地指出过，在里加度过的1764—1769年的岁月中，有两种直接与一种仍然活生生的历史联系在一起的同时代强有力的影响（施塔芬哈根 [Stavenhagen]，《赫尔德在里加》[Herder in Riga]，载于《里加赫尔德研究所论文集》，第1卷，第1页及以下诸页）。正是在这里，赫尔德获得了产生新的原始和民间诗歌解释的直接经验，促成了他的关于民族性的新思想。部分地与此联系在一起的是他与国家之间的关系，因为正是在里加，他接受了一种注定会伴随他余生的态度，并且形成了他的历史解释中问题重重的一面。

对施塔芬哈根来说，这不仅是一种合情合理的，而且是极为可能的假定，亦即赫尔德在1765年圣约翰节前夕出席了拉脱维亚的夏至节节庆活动，这次节庆在一位里加朋友靠近耶格尔湖的庄园中举行。妇女和姑娘们采集着带有魔力的药草；领唱者引导着歌唱，合唱团则传唱着，在燃烧着的焦油桶下面人们跳着环舞。多年之后，赫尔德把他对于莪相和野蛮人颂歌的热情的"真正起源"归于这一类体验，在其中，他看到了"古老、野蛮的歌唱、合乎节奏的运动和舞蹈的遗产惟妙惟肖地保存于依然活跃着的民族之中"，尚未完全遭到现代习俗的改变（第5卷，第170页）。卢梭和哈曼的理念早就使他产生了对此类现象的敏感性。但是，赫尔德本人想必很可能已经看过原始人的歌唱和舞蹈，这些触动了他的感觉，激荡起了无穷无尽的情感序列，成为历史生命的原型。对于默泽尔来说，这种类型的体验是端坐在橡树阴影中的庭院里的古老的撒克逊农民所给予的；而对于赫尔德来说，是这种也许只有唯——次的炽热体验对他倾诉着远古时代，并在其漫长的一生中继续颤动着（参看第24卷，第42页）。在默泽尔这里，历史观念的生长是缓慢的和潜移默化的，受到了源自愉快的日常客观印象的滋养；而在赫尔德这里，在那些同样的岁月中，他的历史观念的发展完全是激流澎湃的，来自于一种主观性，它在世界中到处为他抓住必要的精神食粮。

在拉脱维亚人和波罗的海的德意志人中间，赫尔德见证了两个世界的冲突，卢梭曾经极为理论化地和艺术化地将它们设定为相互对立的：自然或者至少是一种接近于自然的存在，与文明的对立。而一个强大的统治民族与一个弱小的受压迫民族也以这种冲突的方式相处，使得赫尔德很快就开始自问，这种民间文化，与它原始的语言、诗歌和习俗，在面临现代生活方式腐蚀性的或毁灭性的影响时还能生存多久（第5卷，第170页）。从赫尔德早期的岁月来看，除了对于纯粹的和独特的美学上富有价值的古老文化的消逝抱有遗憾之情之外，并没有证据表明他也从政治角度抱怨弱小民族受到强大和尚武的民族武力压迫这一遭遇。在后来的时期中，这样的抱怨醒目地经常出现，赫尔德在这份受压迫民族的名单中总自然地联想到拉脱维亚人、库尔兰人、普鲁士人、立陶宛人和斯拉夫人，以至于人们可以推测，赫尔德在自己身上可能会找到一些古代普鲁士人的血统，包括对诗歌和歌唱的热爱、可怕的严肃劲以及忧郁的怨诉（《阿德拉斯忒亚》，第23卷，第467页）。所有这一切无不指明了他不屈不挠地保存着和发展着最早期的经验。后来，在19世纪早期的几十年中，东方的孩子们聆听到了来自赫尔德和受到赫尔德启迪的德国教授们唤醒他们自身民族性的召唤。简言之，赫尔德的民族性学说诞生于东方世界，它也注定后来会在这里产生最强烈的影响。

正如我们将会看到的，是18世纪80年代和90年代特殊的时代影响，使赫尔德在政治方向上的思想变得敏锐尖利起来，不过在早期经验之中它已经开始孕育了。同样，赫尔德早期的虔敬主义和宗教经验也具有两个方面，亦即人为外在的方面与创造性的源泉的方面，他也从两个方面体验了国家。在他眼中，立窝尼亚*代表着自由的土地，因为他在普鲁士受到了军事服役的威胁。他看来从未完全克服与此联系在一起的怨恨之情。他就是从这点出发来看待普鲁士家乡的，"遭受奴役的祖国"（第29卷，第321页及以下诸页，1769年），几乎带着一种移民的口吻。他在这时候基本上还没有拒绝普鲁士所代表的开明专制统治，统治者极为强悍的个性甚至给赫尔德留下了深刻印象。他能够把弗里德里希大帝看作实现自由的工具，甚至在1769年产生了一些野心勃勃的关于在俄罗斯进行可能活动

---

* 由拉脱维亚南部及爱沙尼亚北部组成，13世纪圣剑骑士团征服该地区并使其居民皈依基督教。骑士团解散后（1561年），该地成为波兰、俄国和瑞典争夺的焦点，最后于1721年交予俄国。——译者

第九章 赫尔德

的想法,这种活动只有在这种政治体制的框架内才是行得通的(第4卷,第403页)。但他对普鲁士国家的批评超出了单纯的怨恨情绪,因为它虽然没有公平对待这个国家的生命力和发展能力,但却抓住了它最薄弱的地方。赫尔德也许是阐明这个薄弱地方的第一人,因为这种思想是从他自己新近发现的民族性意识的幽深处涌现出来的。在1769年(第4卷,第473页),他提出了弗里德里希君主政体没有给民族感情留下余地,没有建立起一个民族,而单独地依赖于大权在握的君主个人的观点。"普鲁士王的国家,"他在旅行日记中这样写道(第4卷,第405页),"不会幸福,除非将兄弟般的统一体拆分开来——他的帝国会在哪儿呢?皮洛士(Pyrrhus)**的帝国在哪儿呢?在这两者之间难道没有伟大的相似之处吗?"在这里看到突然出现的描绘一种和平的封建制度的一厢情愿的想法,岂不有趣?它显然与七年战争后在德意志出现的最初的政治激荡有关,与普鲁士–德意志问题的历史有关②,是一块指向赫尔德历史思想的基本方向的里程碑。

无论如何,立窝尼亚和里加也提供了用来反对弗里德里希国家的积极景象。各等级、团体和城市的自治制度,其根源可以追溯到古老的过去,就像赫尔德后来所说的,所有这些由于一种公共精神而获得了生命力,他愿意在每一个城市、乡村、机构和学校中激发起这种公共精神(施塔芬哈根,第18页)。"汉萨同盟城市的精神已

** 伊庇鲁斯国王(前306—前302年以及前297—前272年在位),不顾自身全军覆没的损失,在赫拉克莱亚(公元前280年)和奥斯库克姆(前279年)交战,打败了罗马军队。——译者

② 参看《世界主义与民族国家》,第7版,第336页,注释2。

经离开了北欧，谁能把它唤醒呢？"他在1749年的旅行日记（第4卷，第406页）中如是抱怨。然而他甚至在里加经验到了一些这种精神的残余，产生了撰写一部汉萨同盟的详尽历史的愿望，为此，他也许会获得默泽尔的衷心赞许。不过这样的事物是以极为不同的方式影响赫尔德和默泽尔的，尽管他们对此抱有相同的感受。默泽尔为政治生活所激励，成为了德国用新目光观察国家生命的第一位政治历史学家，因为他衷心地对国家生活感兴趣。对于赫尔德来说，国家生活则只是兴趣领域中的一个边缘部分，虽然从来不是可有可无的。然而在两种情形中，这种新的历史思想都结出了历史的果实。这种思想的影响从默泽尔传给了冯·施泰因男爵；赫尔德的思想则不仅有助于唤醒东方的民族主义，而且有助于普遍的政治生活的民族化。因此从一开始，新的历史主义就对历史生命展示出了创造性的力量。最深刻的沉思的生活（vita contemplativa）通常会极其强烈地产生行动的生活（vita activa）。

我们已经看到了赫尔德早期岁月中所接受的群星璀璨般的精神影响，看到了他在其中成长的环境和氛围。我们看到了，他从未简简单单地接受印象，而是把它立即塑造进了新形式中。现在最好是更深入地追踪这些思想线索的发展，以便阐明这种结构的根源所在，这就是说，从深层次的内在联系上解读直至大约1774年还在起作用的发展动机[①]。这些动机是如何与历史主义的两种新的基本思想亦即个体观念和发展观念联系在一起的呢？

---

① 我们在此对一些相对晚期的证据仅做有限运用，即当它们更加有力地表达或者直接推进较早前已然出现的思考时才加以应用。

第九章 赫尔德

人们必须从开端出发，从赫尔德断然投入历史世界的地方出发。从他年轻时的文章来判断（第32卷，第1页及以下诸页），不容置疑的是，在卢梭、哈曼和英国前浪漫派的影响之下，他带着最为个性化的冲动和生命力，直接深入了人类最早的时期和人性中最原初的因素，这既存在于生命中，也存在于历史中。对他来说，儿童、原始人、处于自然状态中的人和平民大众，是所有其他事物源出的源头——因为他通过移情而亲身深入了他们。在这个时代，一个像赫尔德这样的人物，在热情却模糊的感情的冲动中，在对时代冷漠的理智主义的反抗中，他能够将最深沉的自我投入其他容器而不是这些容器之中吗？"感情的声音，"他在最早期的一篇文章中这样写道（第32卷，第14页及以下诸页），"宛如儿童们的咿咿呀呀和无忧无虑的动物叫声，单调纯朴，与自然的声音协调融洽。"他在里加所从事的教育行为的箴言是，把儿童当儿童来对待，而不是将其看作不成熟的成人（施塔芬哈根，第17页及以下诸页）。我们可以推测，这样的学说不仅是卢梭1762年的《爱弥尔》结出的一颗果实，而且尤其是他自身强烈的童年经验和他对于冷酷无情压力的青春反抗的一个结果。因为通过他后来整个人生的历程可以得出这样的思想，青年时的印象，亦即"生命的黎明"很大程度上决定了我们的命运方向。"它们织出基本的经线，后来的命运和成熟理性则为其加上了纬纱。"（第9卷，第478页）这个频繁出现的黎明意象具有无法估量的思想上和感受上的暗示，对于赫尔德整个的历史思想几乎成了一种象征，甚至可视为他的毕生事业。在这种对于自己童年黎明期的深切兴趣中，包含着与他对于"时代的黎明"的崭新感受之间的基本关系（第6卷，第70页）。他在于1769年着手的东方考古学研究以及之后的《人类最古老的文献》（[*Älteste Urkunde des Menschengeschlechts*] 1774—1776年）中发展了这一观点。"儿童和平民大众，乃是人类中最高贵的部分，"他在这里意味深长地写道（第6卷，第309页）。在1769年的海上旅行中，他根据儿童的心理，把水手对不可思议的神话传说的热衷解释为一种原始人类的现象——而伟大的启蒙思想家休谟在《宗教的自然史》中实用主义地把水手迷信的原因解释为航海生活中众多的古怪离奇的事件。但是赫尔德立即把这种直觉的感受与一个涵盖了一切时代和民族的独特观念结合了起来，他将此称为"诗意推理的逻辑"（第4卷，第360页）。从这里水到渠成地为历史思想发展出了一项系统发生的原理。在他关于最近的德意志文学所写的札记中（第2版，1768年；第2卷，第69页），他说人类的童年和一个人的童年是彼此相似的。过了一些年后，他以更为明确的语言说道："每个人的童年与整个种族的童年是相同的。"（《人类最古老的文献》，第7卷，第29页；类似的第6卷，第269页）

我们也许会假定，当赫尔德在里加开始在生命和历史之间作比较时，他在心里仅仅想到了儿童与仍然以相当卢梭式的语言所设想的自然人之间的类似比较（参看第32卷，第15，17和41页）。不过接下来的似乎是，拉脱维亚人的民族生活和诗歌的迷人画面促使他产生了关于一般民族的更广泛的观念，从此以后支配了他的历史思想，从而摆脱了黏附于卢梭学说中的自然法思想的原子主义残余。在我们的研究主题范围之内，我们只能仅仅触及在引起一种对于远古诗歌和总的诗歌新美学理解的方面产生了赫尔德卓越成就的方式。让我们重新开始探询的这条主要路线，揭示出赫尔德所塑造的

第九章 赫尔德

以个体形式和发展形式出现的新生的历史主义原理,是如何与这种新颖的美学意识,与关于儿童、原始人和民族的基本观念紧密联系在一起的。

我们可以在赫尔德年轻时论颂歌和抒情诗历史的文章中看到这一点。"情感的头生子,诗歌的起源和它生命的花朵,是颂歌。"他声称这种起源被裹卷在东方的神圣朦胧之中。"最细腻的感受,"他关于诗歌继续说道,"也许完全是个体的,至少各民族的表达都不相同。"(第32卷,第62页)有一点是很重要的。正如他自己承认的(第32卷,第65页),在他之前的其他人已经认为颂歌的优美存在于个体性的环境中,贺拉斯在这个方面得到了赞美。但是批评家只是在正确评价个体性的半路上停滞不前,而滑入了赫尔德所嘲笑的矛盾中,因为他们无论如何都要试图模仿贺拉斯。赫尔德思想中新颖的和革命性的因素是关于个体不可模仿的声称,而且他以比他之前的英国前浪漫派更加明确和根本性的语言声明了这一点。正如儿童——我们也许可以这样解释他的思想——无法为成人所模仿,或者原始人无法为文明人所模仿,或者一个民族无法为另一个民族所模仿,同样,贺拉斯的颂歌也无法为现代诗人所模仿。他指出,德国人不应该致力于创造黎巴嫩的雪松、希腊的葡萄藤或者月桂树,而应该满足于自己神圣森林中的酸苹果树(第32卷,第67页)。颂歌呈现了不同民族中间变化多端的形式,或许只有审美的魔镜才能认识到繁复多样的形式下面同一的生动活泼的精神(第32卷,第63页)。

不同形式中同样的生命力,而它们中的每种形式都是不可模仿的。这种因颂歌研究而加强了的洞察,使赫尔德获得了一条运用于历史整体的普遍有效的原理,一条具有革命性作用的原理。迄今为止评价艺术作品的支配性准绳,虽然声称具有绝对的有效性,事实上却只不过明确化了它自己时代的趣味。这项标准早已受到了动摇,尤其是受到了英国前浪漫派的动摇,现在则遭到了彻底的粉碎。这种问题延伸到了所有的文化价值,延伸到了所有时代所有民族认为的"良好的、优美的、有用的、愉悦的或真实的"一切事物。赫尔德很快就意识到了这项原理对于所有历史思想所产生的巨大的摧枯拉朽般的影响,一开始,他在追随这条新道路时并不是了无疑虑的。

> 真理、美和道德上的仁慈难道不是永远一样的?是的。然而人们可以观察到,在一个时期,所有人将为某些原则流尽最后一滴血,而在另一个时期,在同一个民族,它却会被诅咒为垃圾……这样的怀疑主义,几乎要促使我们不信任自己的趣味和感受了。(第32卷,第29页)

他在这里中断了,也许他这时(1766年)意识到了无法深入下去,因为他在此走到了一种无根基的纯粹相对主义的边缘。但只是一会儿,因为对赫尔德来说,人类的原始阶段业已获得的崭新的生命品质已然是如此强大,以至于只能毫不犹豫地承认变动不居的形式的有效性和价值。他对这些起源,对儿童、原始人和民族具有一种暖人心肺的眷爱和激情,这种眷爱正确地评价了他们不可模仿的价值,从而拒绝了用一种意在模仿的错误的浪漫主义来打扮它们——这是赫尔德进化思想的出发点,是从此以后他不厌其烦地加以解释的"起源"原理。我们也血脉相通地与这些起源联系在一起,宛如老人与儿童、树与根联系在一起。这种观点中的新鲜因素不是理智上可理解的内容,因为与人类生命发展阶段的比较,即"生命理论"是经常为启蒙运动所采纳的。新鲜的因素是对扎根于所有人类事物都共有的萌芽、生长和活跃的普遍过程中的满足和深沉的意识。因此,赫尔德的发展观念呈现的最早形式是植物性的–生物性的。虽然我们在使用后一个词时不无犹豫,因为这个词的现代含义与赫尔德心中的含义极为不同。对他来说,生命是、并永远都是一种物质的和形而上的过程。但是恰恰由于这个原因,生命发展的最初阶段被赋予了一种特殊的意义和尊严,因为它们更接近于远古的神秘源头。

> 正如树是从根部长出来的一样,因此也必定有可能从最初的源泉中伸展出一种艺术的生长和开花期。在最初的源泉中隐含着它后来的果实的整个本质,恰如包括着所有部分的整株植物隐藏在种子中一样。我弄不明白的是,如何可能从事物发展的晚出状况中推演出如我对起源力量的解释。(第32卷,第86页及下页)

人们想必会批评赫尔德最早阶段的发展观念,认为它仍然局限于一种纯粹进化的观念中,夸大了最初阶段的重要性,而对在历史进程中随后由于新因素的出现和作用而产生的转变或额外的可能性,没有给予公正的对待。人们也许几乎会假定,赫尔德受到了莱布尼茨单子学说的影响,这种单子学说把每个单独的单子虔诚地看作直接来自于神的生动实体,然而也单独地看待它,认为它追随着自己孤独的道路。

但是赫尔德早期的思想也与自然法思想模式恰恰相反,后者热衷于从事物完成的和饱满成熟的形式中得到其本质。然而他对于起源的过度强调,事实上恰恰是这种僵硬思维的一种残余。正如通常所发生的,新观念最初以旧观念激烈的颠覆者的形象问世,因而忍受着不适的片面性。但甚至这种片面性在方法上也是富有成效的,因为它迫使思想家更多地从内部而非外部研究历史结构,使他们经由本能的同情来接近它们。赫尔德以才华横溢的批评拒绝了传统的解释诗歌起源的方法,后者是从文献传统所提供的漏洞百出的晚出叙述中得出解释的。在那种情形中,他运用哈曼的话语评论道,诗歌历史将成为一个充斥着死人骷髅的领域。当然,这些叙述必须被用作向导,以便观察

> 这些事物是如何由于与其他事物的相似性,如何按照时代的模式产生出来的。但接着,人们必须追问,这种特定环境所设定的模式是否会带来一种必然性,亦即在其中事物必然产生出来的方式(第32卷,第92页)。

甚至温克尔曼也说过,对于所有民族的艺术起源,"最初的种子必然已经存在了"(贝格尔,前引书,第101页)。赫尔德深化了这个观点,为历史研究设定了一个新的理想目标,也就是:得把诗歌这样的历史结构看作最深刻内在的必然性的产物。然而对于年轻的赫尔德来说,这种必然性从不可能是机械的必然性,而是一种活力充

第九章 赫尔德

沛的必然性,只能够通过一种内在移情的方法才能理解。因此,他也拒绝了在他看来关于艺术和科学变迁的机械式假设、关于艺术和科学最终起源于单一源头的假设,而要求在每个民族那里去寻找产生了各自艺术和科学的种子(第32卷,第95页)。这样一来,就把我们带到了赫尔德学说和后来关于创造性的民族精神的浪漫主义学说的发源地。后来的认识削弱了这种学说的价值,重新强调了特定民族对于外来文化因素的接受和同化作用。赫尔德的民族精神学说始终是一个相当起伏的概念,不过至少没有沦为教条式僵硬的东西,他自己也很快把注意力转向了文化因素的变迁和接受上。他早在1769年就说过(第4卷,第477页),在所有时代中,正是错误的模仿、与其他民族的混合败坏了整个民族,然而如果一个民族一点都没有模仿的话,它就只能是残缺不全的。为了提前做好准备,他甚至在《人类最古老的文献》中记录下曾犯过的错误,并认为近东和古希腊整个的宗教发展都来源于同一个独一无二的最初的启示。但是,对于新历史思想的开端,绝对需要富有启迪性的创造性方法,即首先收缩并由此深化目光,从而在各民族的独特生活中生动地观察其个体性。

我们现在有必要更清晰地描述这种对于个体性和发展的新感受的心理学起源。正如我们早已阐释过的,赫尔德首先以洋溢的热情返回到了童年岁月和朦胧的开端,因为这是他自己的灵魂寻找最相似之物的地方。因为在这些年里,他沉浸在兴致勃勃的自我审查过程中,返回到了自己幽深的和最原始的领域,返回到了"魔幻的洞穴",在这里,"火绒和火焰并存着"(第32卷,第102页),"在我们的心灵中突然满溢着大量的理念,使我们看起来就仿佛酣睡在源头活水的旁边"(第5卷,第61页),而在深不可测的幽深处有着不知名的力量,睡得犹如尚未出生的国王(第2卷,第258页)。人们注意到了,思想史中的一段漫长的筹备性道路在这里功德圆满了。大约在17世纪和18世纪之交的时候,首先在英国人和莱布尼茨身上,注意力指向了心灵中的非理性力量、冲动、情感和激情。它在很大程度上是对它们相对用途的观察、剖析和评价。沙夫茨伯里对此已经表现出了一种深邃的理解,但是尚未以任何激情洋溢的主观方式来体验它。维柯走得更为深入,不过他没有用主观的再体验的方法来试图理解它。接着,休谟以清醒审慎的理性揭示了感性和趣味的创造性品质。如今,哈曼和赫尔德以其灵魂中所有的力量意识到了,在他们的心灵深处隐藏着多么富有创造性的幽深思想,从而,他们形成了欧洲发展中的一部分,也许可以被比喻为突破缺口的勇敢的冲锋部队,而先行者们的细致工作则已经准备好了这个缺口。因此,赫尔德在一生中虽然经历了很多的变化,但是他最主要的目标始终是"从人类灵魂出发来理解世界"(翁格尔,《赫尔德、诺瓦利斯和克莱斯特》[*H., Novalis und Kleist*],第4页)。不过得在哈曼使用这个词的意义上来理解灵魂,它与人类的感性不可分割地联系在一起。赫尔德在1769年致信摩西·门德尔松时说道(《赫尔德人生画像》,第2卷,第108页),设想一个无身体的灵魂或者一种无感性的人性,这纯粹是幻想。对于作为灵肉相关的整体人性的总体意识,是新历史思想中最重要的前提之一。

这种占据优势的新生命感受必须创造胜利,推展出它对自然法理性主义的胜利的逻辑结果。第一步是消极的胜利,亦即揭示理性主义的缺陷。因此,赫尔德在1768年关于沃尔夫这位理性主义的领

第九章 赫尔德

军人物写道,他确实与莱布尼茨的思想联系在一起,不过却忽略了莱布尼茨心理学中最有发展希望的部分:

> 灵魂最幽深的区域,大多数人类的情感从这里产生,沃尔夫却没有阐明它们。他谈论灵魂中较低层次的力量,宛如它是一种与身体相分离的精神,仿佛灵魂中任何高级的力量可以通过灵感获得创造精神。(第32卷,第157页)

大约十年以后,他加上了这句话语:"在这样的一个充满了朦胧模糊的情感、力量和冲动的深渊之前,我们欢快的和平静的哲学恐惧了。"(第8卷,第179页)不过现在,他也负有责任来正面地揭示出已然从傲视群雄的王位上下野的理性的本质,确定它与整个灵魂之间的关系。赫尔德解释说,理性不是分离的和孤立地运作的力量,而是人类所有力量的一个方向。在这里,他一如既往地深深受到儿童世界的吸引。他推论道,甚至在较早的阶段,人类,正因为他是人类而必定拥有了理性,而不是像卢梭声称的仅仅是一种获得理性的能力。"难道理性地思考,就意味着以完全成熟的理性来思考吗?"(《论语言的起源》,1772年出版,第5卷,第31页)这种观点马上就产生了发生于人类自己身上的发展观念。年轻的赫尔德看待独特个性的方式,完全相应于他在普遍历史领域中设想的发展过程。由于对幽暗深处的创造性深入,对受到一定程度夸大的原初种子的深入钻研,这使得赫尔德获得了对于环境对种子变化的帮助作用的一个更加平稳和谐的观点。他在1769年致信门德尔松(《赫尔德人生画像》,第2卷,第110页):

> 我们很难为自己提供一种新的感觉能力,也很难为自己产生一种新物质类型的力量、获得或者完善……我们只能改造已经以饱满的可能性存在的东西,而不会产生新的属性;可以在组成上进行改变,而不是在灵魂的本质上。

人们在赫尔德九年之后写下的文字中可以注意到一种重要的微妙差别:

> 任何人更深地深入自身,深入他最高贵思想的结构和起源之中,他就会更倾向于说:我是我所变成的东西。我就像一棵树一样成长着,种子就在这里,而空气、土壤和所有不是我所产生的因素必定有助于培养种子、果实和树。(1778年,第8卷,第198页)

发展才能产生奇妙的事物,由此,同一个人也将不再保持为他自己。在站在最初的生命经验的巅峰状态中时,赫尔德以激情澎湃的天性无比深刻地感受到了这一点,从而能够说:"一个处于人生不同时期的人不是同一个人,在有了不同的感觉之后,他就会不同地思考。"(1775年;第8卷,第307页)这是个体观念和发展观念的相互综合所能产生的最高结果,是赫尔德在这里所表达的对于个体微妙差别的最细致的感受。人们只有意识到赫尔德是如何在一种激荡的、变化着的从而不时呈现为高度个体化的状态中自我表现的,才能充分理解他应用于历史世界中的这种细致微妙的感受。在关于语言起源的论文中(第5卷,第124页),他指出没有两个人会以完全相同的方式讲话。没有两个画家或诗人会以完全一致的方式处理同一个题材，即使他们碰到的是完全一样的对象（1778年；第8卷，第188页）。休谟早在《宗教的自然史》中就声明过，没有两个人会具有完全一样的宗教观念。休谟是作为一个超然公允的和清晰明察的经验主义者说话的，赫尔德的声音则是一个发自肺腑地感受到神秘的人发出来的。

在这种惊人的差异化和个体化的生命中，甚至把个体生命席卷进了事物普遍的奔流之中，那么还能为对他人的理解留下什么余地吗？对于青年赫尔德来说，所有对他人的理解只能来源于自我理解。我们现在能够正确评价这种历史洞察力的巨大重要性，它对人类自身的幽深灵魂进行了主观性关注，在这种历史理解的新能力中，虔敬主义和哈曼的影响都产生了作用。"我们自我感受的深度决定了同情式理解他人的深度：因为我们能够仿佛投入到他人中去的东西只能是我们自身。"（1778年；第8卷，第200页）"只有灵魂才能发现灵魂，只有天才方能理解、激励和批判另一个天才。"（1775年；第8卷，第527页）

但是，还需要一种更深入的思想，以便使得这种对于另一个人的移情理解成为可能，以便避免对于个体性夸大其词的强调而轻易会导致的混乱的琐碎化。只有打破主客观之间的僵硬区分，只有认识到万事万物都是相互联系和共同运作着的，不仅是在启蒙运动观察到的机械式的因果关系的意义上，而且也在整体的内在共生和一致性的意义上，这样，才有可能理解其他人。后面这种意义只能用一种非常近似的、直觉的和情感的方式概念地表达出来，不过可以迅速地领会到。这是神秘主义者和泛神论者、沙夫茨伯里和莱布尼茨共有的古老的柏拉图主义和新柏拉图主义的世界景观。赫尔德大胆无畏地宣称:"最初的人类灵魂中的最初思想,与最后的人中的最后思想联系在一起。"(第5卷,第135页)他甚至以更为普遍的和囊括宇宙八方的语言说道:

> 一般而言,大自然中没有顽固的界限,一切事物通过难以察觉的变迁和内部渗透而流动着;不容置疑的是,在所有的形状和形式和路径中,创造性的生命只是同一个精神和同一团火焰。(1778年;第8卷,第178页)

"一切都在协同并发（Σύμπνοια πάντα）,"他在大约撰写于1770年的《来自莱布尼茨的真理》(*Wahrheiten aus Leibniz*)中欣喜地指出:"万事万物紧密相扣,神在最微小的事物中可以识别出整个世界中完整的事物进程。"（参看上文第33页）这不仅是古代哲学传统的声音,而且是一种新颖的创造性的体验,是深深激荡着的灵魂的涌现或向世界的自我投射。通过自我观察,赫尔德懂得了如何粉碎灵魂的较高力量和较低力量之间所有人为的分界线,而这种分界线是启蒙运动仍然坚持的。从此以后,历史、自然和宇宙对他来说,就仿佛存在于自己的灵魂之中。

从一个更高的立场来看,那么变得不可避免的是,青年赫尔德一开始所乐意划分的特殊民族的个体性之间的分界线将失去其部分的作用。虽然民族对他来说始终是特殊地发展着的民族,不过我们已经看到过,他不仅认识到了错误的和扭曲的产物,而且也认识到了良好的和有益的产物,或者就像他尚倾向于依靠老式的机械式语言所表达的,把它们称之为外国文化的仿制品。因此很早以前,赫尔德就面临着一个双重的目标。他虽然想要综合地"构建"每个时代和每个民族的具有自身独特性的精神,但他却想超越这个而看到"变迁之链",这条"变迁之链"开始于原初时代,在我们自己的时代依然继续存在着(第32卷,第27页)。这就是他所谓的"涵盖所有民族和时代的人类文化连续性的链条"(第3卷,第397页)。接下来,他就着手以全然的不知疲倦的精神掌握和解释这个链条极其广泛的整个范围。

正如我们知道的,这不是什么新的任务,也不是初创的关于连续事物的观念。伏尔泰已经运用过,赫尔德在他也许是最早的文章里就提过(第32卷,第27页,大约1766年)伏尔泰和由于认识到"事件精神"(Geistes der Begebenheiten)而得到的收获。他也提到了其他人,比如戈盖和孟德斯鸠,他们在赫尔德之前就呼吁"把注意力转移到人类的环境和成果的连续性发展之上"(第6卷,第327页)。启蒙运动的思想成果产生了理解人类文化的统一性的任务。但是由于他们的自然法的和机械式的思想,要完成这项任务是不可能的。然而现在,赫尔德带着新的方法走上了思想史舞台,这种新方法属于平行于启蒙运动的思想潮流,也就是新柏拉图主义传统。它的基本思想是把世界和自然看作一个充满着来源于神的力量的生机勃勃的宇宙,并且如是地感受它,而且正确地评价既理解它在神之中的统一又理解它在经验中的多样性的必要性。年轻的赫尔德在1769年的海上旅行中,心中浮现的最大胆的思想之一是,甚至他那时代中的自然科学也面临着新任务,亦即理解隐含于事物外在秩序中的内在必然性。如果一个人能够"触及贯穿自然的存在之链",成为神的解释者，那会怎么样啊（第4卷，第381页）！这也是一个将使他不得安宁的思想，正如我们在考察他的18世纪80年代关于观念的著作时将会看到的。然而在眼下，用新柏拉图主义精神甚至把人类历史理解为交织着内在生命力和必然性的一个统一体，确实是一项了不起的成就。在思想史中出现了重要时刻，因为新的思想酵母准备着以这种新柏拉图主义的范式产生进一步的发展。这是由于迄今为止，它尚未能够完满地理解具体的历史生命，是因为它仍然处在支配性的自然法观念的压力之下，因此它未能把个体原理和发展原理应用于历史。正如默泽尔以他显然与众不同的具体的却又有所限制的假设出发赢得了民族历史和国家历史，赫尔德以普遍的世界感受出发赢得了世界历史，这正是他的精神魅力所在。

现在，我们得把赫尔德年轻时期在普遍历史领域中所做的尝试性探索搁置一边，而转向他早期孜孜以求的最伟大的著作，即他在1774年撰写于比克堡的《关于人类发展的另一种历史哲学》。但为了进行这种转向，就有必要考察他关于普遍历史的思想中的一个重要过渡阶段，其代表作品是《东方考古学札记》（[*Fragmente zu einer Archäologie des Morgenlandes*] 第6卷，第1页起，自约1769年在里加开始创作），后来被压缩为《人类最古老的文献》（第1卷，1774年；第6卷，第193页起）。

正如18世纪关注普遍历史的每一位其他的思想家一样，赫尔德也必须面对一神论起源这一问题。这个问题重要于所有其他问题，因为它将为历史中所有其他的事件提供评价标准。启蒙运动世俗化了历史思想，将基督教–信条的标准束之高阁，教导历史生命，包括宗教史，应该根据人类精神的内在世界来加以解释。赫尔德采取了同样的方式，不过使用了他所发现的新的心理学工具和研究方法，包括从哈曼的虔敬主义那里获得的东西。他是一个够格的神学研究者，能够重新估量超自然启示的可能性，拉菲陶曾将这种启示作为他的出发点。由此在对这些问题的研究中，他的思想发展走上的是一条崎岖的道路。年轻时，他曾一度想"首先把所有宗教当作自然现象来考察"（第32卷，第146页），甚至因此束缚于休谟对一切宗教所做的自然主义解释，以至于他在残酷粗野的世界事件所产生的恐惧和敬畏中寻找宗教的主要动机（第32卷，第105页）。但是在这中间，他也承认了以色列民族获得了关于宗教知识的一种"超自然启示"的恩赐，也努力地想把这种神的话语解释为是完全通过感性途径显示出来的，是适合于原始人理解力的（第32卷，第123页及下页）。他大步流星地继续向历史的个体观念移动，在《东方考古学札记》中运用了德国和英国思想家研究的成果，努力想在《圣经》关于创造的叙述中挖掘出相应于东方背景的地形学和民族的成分，使之"摆脱物质的或教条的系统"（第6卷，第37页），但是充满了对于人类年轻时期的青春热情。然而他在毫无节制的审美感受中，仅仅把自己投射进了较早的《圣经》时期的东方贵族中。

　　然而在这里，他没有把神对于东方的原初启示，看作特殊的超自然的卓越于历史中其他的神圣启示的启示，对于他来说，这种启示是与工作日和安息日的作息制度联系在一起的。他认为它是一种人类内在的过程，通过神赐的力量而运动着。

　　　　当神赐予人类以洞察事物本性和创造计划的高贵礼物时，这绝不是启示的目的：它只是他给予人类精神的慷慨馈赠。（第6卷，第88页）

但是，当他来到比克堡，在 1773 年把他以前关于东方考古学的研究整理为一部冠名以《人类最古老的文献》的新作品时，他再次改变了观点。正是在这个时期，在里加还进行过开明布道的神学家赫尔德，如今在一股虔诚献身的激动中直接深入到了自身之中，而虔敬主义直至那时之前还只是间接地影响他。确实，他从来不是一位教条化的信仰者，即使在一种虔敬主义的弱化了的意义上。但是他日益高涨的宗教性，现在察觉到了人性和历史中的神圣天意，他甚至乐意看到它直接地和精密地在创世故事的原初启示中起着作用。对于他来说，它成为了超出在自然和人类作品中存在的神圣的普遍启示的东西。自从海姆（Haym）呼吁注意这个事实以来，人们曾对此加以质疑（斯蒂芬，《赫尔德在比克堡》，第 123 页及下页），人们也曾经认为，自然中神的启示和对于初民的"教诲性声音"是完全融为一体的。确实不可能确定赫尔德个别断言的含义①，鉴于它们在风格上的动摇不定和含混不清，如果从字面意思来看，有时还显得矛盾悖理。人们还不如把注意力集中在衷心展示出来的整部著作的基本概念上，这样就会搞清楚，赫尔德在最初的文献给出的最初启示中，洞悉了神在人类中并为了人类而做出的独一无二的特殊行为。因为正是在这里，而不是在任何一般的神赐的倾听神之声音

---

① 在第 6 卷，第 265 页中他起而反对这种认为上帝"应该和必定仅仅通过自然启示自身"的呼喊，而认为一些大师的声音必定促成了"这种印象的形成"（也就通过自然启示）。但是，他在第 6 卷，第 286 页上却说"没有话，没有命令，没有建议——而只是肃穆静默的榜样，是行动"（也就是上帝的榜样、行动）。或可因此承认，这种"大师的声音"可能只在形象化的意义上被加以运用了。但是，一种默默无言地发生的启示也是与这里的第二句话尤其协调一致的。

第九章 赫尔德

的能力中,他看到了所有他所熟稔的东方宗教的根基,甚至也看到了古希腊宗教的根基。赫尔德在里加的青年时期,曾经更加实际地凝神细思过非以色列宗教的起源,曾经像休谟那样按照一种关于原始人的普遍的比较心理学的方式对之做过解释。如今在他看来仿佛就是,神的一种特殊的行动,虽然在以色列民族中以最纯粹的形态表现出来,不过它在其他地方的表现也可以被辨认出来,形式可能不那么纯粹或非常不纯粹,但无论如何还是辨认得出来的。正是这样的种子在整个世界的不同民族那里导致了强大的各个有别的发展。

不过在这里,我们情不自禁地想起了启蒙运动关于人性的一种纯粹自然的宗教观念,只是它曾受到了后期发展的扭曲。如果这只不过是一种对于原初启示的观念的世俗化的努力的话,那么赫尔德也许从中得到了灵感,把它再次放置于神学的语言中,以至更接近于拉菲陶的立场。

因此,他如今在历史进一步的过程中和在启示发生的原初场所如波斯、迦勒底、埃及和阿拉伯等等的周围,有时看到了衰微的部落,有时看到了新兴繁荣的人类苗裔,但它们都来源于同一的根系(第6卷,第472页)。赫尔德的非凡卓越在于,他将具有汪洋恣肆的想象力的生物-植物发展观念同时进一步地表现为神学观念。然而再次富有启迪意义的是,在思想史发展的错综复杂的辩证法中可以注意到,恰恰是这种神学路径使赫尔德在一个特殊的方面冲破了他起初为发展观念所设置的过于狭隘的界线。迄今为止,他埋首和投入于个别民族各个有别的成长中,如今,他面对的是虽然内容上错误却在方法上富有成效的任务，亦即追溯高级的文化形式在民族之间的变迁，观察民族的同化行为和转变，自始至终同时揭示出普遍的联系和每个民族的独特性。这种证明方法在细节上确实明显地缺乏节制。毫无疑问，他深为鄙视至今为止实用主义机械式的联系方式，鄙视它到处猜测功利主义的动机和理智的物质原因。他用一种紧密结合了形而上学和生命的力量来代替它。但是，在他身上还活跃着实用主义和自然法的残余，带有一种运用自己的探询方法、忽视所有涉及传统的困难的天真倾向。他以一种不假思索的和过于草率的方式简化了论题，为历史之谜提供答案，却显然对历史结构的复杂特征没有预感。人们只要读读他关于埃及古代的混乱解释就够了，他在这里把他所遭遇的一切都归属于最古老"原型"的积淀。他推理的方式或许可称之为一种头足倒置的复活了的实用主义。对于人类生命中非理性的、个体的和植物性的因素的新感觉，依然笼罩在陈旧的外壳之下。正如我们在默泽尔的情形中看到的，只有学会尊敬传统并运用批评才能所教导的方法，它才能达到最充分的可能的深度。

　　这种通向最古老传统的神学方式再次削弱了赫尔德在另一领域中的发展观念，因为他描绘的几乎总是处在一种源自纯粹原初启示的无穷无尽的丰富的后继作用之中的衰落史或混乱的生长。关于天堂和天堂的失落，或者关于黄金时代和随之而来的衰落的古老观念再次出现了。如果以儿童式的单纯和最初的初民形象，以处于黎明之光中的人类出现的形象在从前没有向人类揭示出犹如原始启示那样的东西的话，那么我们也许的确可以这样概括事物，亦即他的起始于比克堡时期的对于原初神圣启示的神学信念很难获得生命力。但是对赫尔德来说，从这两种启示出发，其后的历史道路必定会表现为一种衰退。

然而，赫尔德根深蒂固的天性不可能满足于一种忧郁的假定了一种普遍衰落的悲观主义理论。正如业已指出过的，他对于人类和童年的早期岁月的强烈热爱，看来把它们置于了无与伦比的地位之中，这恰恰是因为它们是不可重复的和无法模仿的。这种对于复活过去的浪漫渴望的拒绝已经是一种迹象，表明赫尔德在自身之中有着反对任何教条化地挖掘过去的生动热烈的力量。这表明了他新的个体感受的强度和力量，这种力量努力地不仅在人类的黎明和早期岁月中活跃，而且要活跃于整个人类的历史中。这种个体意识主要来源于审美感受。上天确实慷慨地赋予了赫尔德以在诗意领域中感受、体验和品尝一切事物的能力。如今，当他开始在比克堡意识到一种特殊的宗教需要时，他的深化了的神圣意识就充满了对于美的意识。《人类最古老的文献》再次展示了他对于原初时代的审美价值和宗教价值的意识，是如何与他对于自然的特殊感受协调一致的。赫尔德也许代表了同时代中典型的那种对于自然的奇特感受的最高峰，而这种感受在我们的时代中已变得陌生。在那个时期，人类的胸膛中洋溢着对于永远美妙而伟大的自然现象的热情和激情，而且——仅仅撷取这种感受的一个典型的细微差别——它陶醉于和谐融洽之中，亦即仁慈智慧的神和启示他的自然美，与人类所意识到的更高召唤、他的普遍展望和他的宗教需要的意识之间的和谐融洽。因此，赫尔德能够自然而然地把最初启示与新时代的破晓给原始人留下的印象结合起来，因为他事实上是把自己的感受投射到了人类最早的时期中（第6卷，第262页及下页）。但是，他激动地指出，我们在今天依然可能像初民那样纯洁地接受一种新黎明的神圣启示（第6卷，第260页）。

这种感性的-目的论的自然感受，把自然、神和人带入了一种神圣-美的关系之中。当赫尔德在1773年开始撰写历史哲学手稿时，这种感受处在他对于历史世界的关系的背景之中。后来，当他在18世纪80年代创造伟大的观念作品时，他把这看作一种年轻时不成熟的努力（致海涅，1786年1月9日；《赫尔德所作及致赫尔德的信》，第2卷，第199页）。事实上，他所说的一些其他的话也是与此有关的：

> 一位作者最初毫无偏见的作品……通常是他最好的作品。花儿刚刚开放，他的灵魂正朝霞般地升起。更为重要的是，感受仍然是那么饱满，那么无法估量，当它后来变成苦思冥想或成熟的思想时，就丢失了青春时代的气息。（第8卷，第209页）

1774年的《历史哲学》

当我们概括迄今为止所做的考察时，可以说赫尔德为他的研究带来了三种主要的观念或倾向。

首先，是有机的发展观念，如今它不再局限于一个单一的民族，而扩展到了一整个民族群，从而产生了一个普遍的人类发展观念。

接着，是把最远古的发展看作衰落的观念，一种从最初的纯洁中向下的堕落。首先，它显然可以通过最初启示后来的命运得到证明；然后，它与卢梭发动的对自己时代的批判紧密相连，这种批判为哈曼和赫尔德所深化，他们以非理性的血肉丰满的人类精神力量来反叛启蒙运动冷冰冰的理性和机械化的文明倾向。

第三条思想道路同时产生于这种反抗，是深化了的和更富有创造性的灵魂力量复活后的产物。它在一定程度上是第二种观念的对应物和对它的纠正，把对衰落的阴郁洞察重新放置在了一种欢快的光线之中。在宗教方面，它宣称神不仅在原始时代启示自身，而且在今天还始终不渝地启示着自身，没有一个时代是被神抛弃的。在美学方面，它代表了一种毫不削弱的向着所有人类事务中个体的多样性、美和生命力的开放，虽然这种感受并不是到处都具有同样强度的。这些年对神日益增长的信赖之情，使赫尔德把这种审美感受带到了历史现象之中，而在这之前和之后，这种历史现象都是在他所及范围之外的。因此，他才有可能在所有这些因素之间编织目的论的联系线索，并且发展出一种普遍的历史整体意识。

把这三种主要观念与迄今用来展现普遍历史的方法进行比较，将得出以下结论。赫尔德的思想与古代传统的有关衰微时代在黄金时代之后降临的学说联系在一起，也与基督教的关于在人类历史中起作用的神圣救赎计划的教义——最近获得了波舒哀强有力的详细阐述——联系在一起。这两种教义设想整个人类命运都是包含在一个伟大的循环运动之中的，结束于对一种理想的和最终状态的回归的末世论希望或信念，不管这种最终状态是在此岸还是在彼岸。第三，自从波利比乌斯时代以来，出现了另一种特殊的纯粹的有关循环历史运动的经验主义教义,设想了持续不断的类型复归的人类循环。赫尔德也认为,对于个别民族的生命,也许甚至对于每种人类事业,这种教义都是有效的(第5卷,第588页,1774年纲要草稿)。不过这种教义对他来说是显而易见的,他在阐述中与其说是清楚地呈示了它,倒不如说是将它作为了先决条件。毫无疑问,他必定会反对启蒙运动,尤其是伏尔泰代表的第四种学说。这种学说按照自己的理性标准把历史展示为一场理性和非理性之间的永久斗争,根据它自己的时代达到的社会道德的"完美状态"来进行衡量。赫尔德甚至会更加坚定不移地反对其他的启蒙运动思想家对于人类的上升和持续的进步更加乐观的信仰。

在所有这些学说中依然存在着古老的关于所有时代人性一致性的自然法观念。这种观念认为,内在于这种人性的力量和能力始终是一成不变的,只是在不同民族和不同时期中,组成成分的这一种或那一种的相对力量或相对优势会产生变化而已。而且,这种变化会导致一种兴衰起伏或循环的再现,此外还由此使得对于早期构造物的模仿成为可能。

赫尔德明确无疑地接受了第一和第二种学说的循环设想,不过,他将一种完全新颖的内容注入到了它们中间。他增加了两个相互联系的观念,亦即所有历史创造不可模仿的个体性,和它们在人类发展过程中始终新颖的兴趣,这种发展过程拥抱着它们,支持着它们,将它们融合为一个更高的统一体。

让我们现在更密切地观察赫尔德的手稿,看看他是如何在从一个阶段向另一个阶段的发展中,在从低向高的有机发展与从上向下的神圣引导之间建立一种畅达的综合的。让我们注意他是如何运用这些新观念以产生深入的富有成果的思想的,以便密切结合发展,为细节提供判断的标准。

"它是神为了教化这些最初的极为柔弱的人类植物而设计的一座精选的花园!"(第5卷,第480页)——这是他所描绘的父权制时代的典型画面,"儿童般的人类黄金时代",当时人类的成长为神圣之手看护着。一幅诗意的梦幻画卷。但是它当即导致赫尔德与极为反田园牧歌的东方专制主义景象产生了冲突,这幅专制主义景象正是法国启蒙运动,正是伏尔泰、布朗热和其他人以他们咄咄逼人的色彩描绘出来的。孟德斯鸠教导过,恐惧是专制统治的基础。但是在这里,人们注意到启蒙运动通常强加于历史之上的僵硬的普遍观念,在热爱人类并因此理解人类的情感的温暖阳光中开始变得亲切温润起来。毫无疑问,赫尔德认为,在父权制时代,敬畏、榜样和权威主宰着一切。但是,在每种人类生命中不是都有着这样的一个阶段,我们都得在权威的引导下学习一切事物吗?很可能的是,东方专制主义通常产生极其骇人听闻的结果。但是东方人在一种父亲般统治的呵护之下,难道不曾是最快乐的和最可教的学生吗?

这显然是一幅不加批判的理想化的画面,虽然它产生了一种有用的方法论结果。赫尔德讽刺启蒙运动对于古代民族中的神权统治及愚蠢之处的所作所为,我们也可以像他那样,对之做出同样的评论:"难道你没有在你所谓的错误中看到一只容器——也许是唯一可能的容器——是为善而准备的吗?"这是一个公正的警告,它反对按照自己时代的标准来判断古代东方的宗教感情,而必须在它们自己所在的历史环境中理解它们。这样一来,神权统治和愚蠢的阴影将立即烟消云散。而且,这形成了一条具有深远意义的原理,形成了把他所有对历史发展的理解编织成一个整体的方法,没有这条原理,赫尔德将不可能铸造普遍历史的链条。这条原理必须容忍一种得远远回溯到过去的神秘现象,亦即这个无论怎样用好的还是坏的标准都对我们显得奇怪的事实,即完美之物或不足之物在成长过程中都得经受价值上的一种变迁,仿佛善良之物是糟糕之物必要的条件,而糟糕之物也是善良之物必需的条件。一切时代中深刻的思想家必定都或多或少地分享着这个洞见,不过它受到了极为不同的解释。目光如炬的现实主义者马基雅维里心中确信,在任何制度中,无论起初看来是多么的必然和有用,但总是隐藏着一种特有的邪恶(《论李维》,第3卷,第11页)。相反地,众所周知的是,他自己期待着从被认为彻头彻尾邪恶的手段中产生美好的和伟大的结果出来。在新柏拉图主义中,低劣之物被认为来源于高级的甚至至高无上的源泉之中,同时始终全力以赴地向着来源处回归。因此,所谓理性甚至能够把邪恶之物转变为服务于美好的目的这一观点,是低劣世界和高尚世界之间一个不可缺少的中项。柏罗丁事实上也表达过这种思想(科赫,《歌德与柏罗丁》,第200页;《六部九章集》,第3部,第2章,第5节)。同样,对于这位虔诚的基督教徒来说,它自始至终是一种上帝观念与世界知识之间绝对必要的联系,而他关于世界的知识表明上帝允许邪恶发生,并使之为自己公正的目的服务。正如哈曼所说的(翁格尔,《哈曼》,第208页),上帝以无价值之物作为其幽深意志的工具。莱布尼茨在《神正论》中明白地教导说,从更高秩序的理由来看,罪恶和不幸不应该从事物的性质中完全排除出去,虽然它们在与善的比较中实际上是没有意义的,然而它们甚至能被用来为一种更高的善服务。沙夫茨伯里持有类似的观点。我们可以回想起，维柯关于历史景观表达了这样的基本观念，亦即人类有限的感情和激情被上帝用来产生一种更高的文化。启蒙思想家以他们平淡无奇的功利主义方式，有时也通过观察到善的结果可能会来自于邪恶事物这一情形来自我安慰。接着这种思想在黑格尔主义中再次极其尖锐地以凝注于世界慰藉和历史慰藉的方式延续了下来，亦即关于理性狡计的学说，它甚至能够使用非理性作为工具。在19世纪末期，这个观点在冯特关于目的的相异性学说中被普遍化了，而失去了任何与价值判断之间的特定联系，按照这种学说，一个具有特定目的的行动的结果实现出来时总是包含着副作用，而这种副作用将产生意料之外的新结果。

因此，这种把悲剧性格或者说魔鬼性格带给全部历史生命的痛切经验，确信善与恶能够在一种因果关系中联系在一起的经验，逐渐地缓和下来，成为了一种更加冷静的科学的因果评价。但是，根据其形而上学的意义，这个问题最主要地是通过基督教教义的情感而得到了慷慨激昂的回答。这样的一种激情，看到一种完全无法理解的神性，仿佛从一种毁灭性的盲目暴风雨中产生出善来，即使在比克堡时期也是不可能在赫尔德身上产生出来的。他的上帝观是那么柔和，是如此地带有自然神论和感性的色彩，以至于不可能对神如何允许罪恶的存在甚至把它作为一种工具的问题进行激烈的抨击。不过他依然是有力的并过于理性，能够理解这样的观点，亦即神作为人类的教育者，有时需要用幽深和迂回的方法来引导人类达到目标。作为教育者的上帝，他的意志虽然深不可测，但我们能够窥见一点。这就是赫尔德采取的中间位置，介于自然神论和天启基督教之间。他以此把自己的教育学伦理和时代的伦理投射进了上帝观之中，他相信这为他提供了近似地理解普遍历史结构的钥匙。世界历史也被他看作一座"舞台，引导尘世的目的正被付诸实现！虽然我们无法看到最终的目的，但它是神行动的舞台，即使我们只能通过缝隙窥视，只能断断续续地攫取一些场景"（第5卷，第513页）。

因此，用现代语言来表达的话，仍然受制于天意观的目的的相异性观念，成为了世界历史发展的联结性观念。"巅峰和山谷彼此并存。在高贵的斯巴达人周围居住着受到非人对待的希洛人……缺憾和美德……永远相互并存着。"（第5卷，第508页）目的是要唤醒人类的力量，甚至通过野蛮阶段来唤醒——"如果它能实现一些目的，总要胜于僵死的活着和腐烂"（第5卷，第516页）。路德的作品注定要在一种暴风雨般的激情中产生。因为一种向着改善世界的人类精神的默默进步，"不折不扣地只是我们头脑中的一种幻觉，从来就不是神行事的自然方式"（第5卷，第532页）。因此，像埃及人或希腊人这样极为优秀的民族，是不可能不带着一定的缺憾培育出来的。他因此明显地从这种神如此直接地加以要求的强硬结论之前退缩了回来。"天意自身，你可以看到，没有这样要求，它仅仅试图通过变更，通过新力量的兴起与其他力量的衰亡而实现最终的目的。"（第5卷，第507页）但是，他之所以能够避免这种严厉的结论，是因为他的立场不同于天启基督教。除却他对于最初启示（第5卷，第566页）和基督教的兴起（第5卷，第517页及下页）摇摆不定的对待，赫尔德不愿意承认神在历史中任何的超自然干预。在比克堡时期的神学著述中，他也许可以说对基督教的起源和意义采取了一种更为肯定性的信念（例如可参看第7卷，第388页）。但是现在，在他的历史哲学中，他致力于尽可能地排除神学方式。"如果我们以整个自然作为类比，那么我们在哪儿能够观察到神以任何其他方式而不是自然的方式行动呢？"（第5卷，第521页）

虽然赫尔德毫无疑问地在这个方面与启蒙思想家保持着一致，但他感到他对于缺点和美德之间的联系的深刻认识，是旗帜鲜明地与他们的观点相对的。赫尔德认为他们"手里拿着这个世纪的玩具天平"，在对各民族的断言中，掂量着美德和邪恶，大言不惭地分配着赞美之词和谴责之词。但是，他最早认识到，甚至早于黑格尔认识到，历史中在启蒙主义者看来是令人不快和令人厌恶之物的东西，更多地带有悲剧特征。在这里，人们能够再次看到他多么深刻地受到了莎士比亚精神的影响。

但是，是他1774年的纲要中深刻的发展观念，使他尖锐地意识到了每个民族中间善与恶、行动与结果之间不可分割的内在联系。当撰写一部普遍历史的任务驱使他在包含于世界历史之中的民族之间建立更加紧密的内在联系时，他通过废除分割不同民族的分界线的办法，提出了更为深刻的阐释。"只要能够成功地，"他如是说道，"揭示出最相异的情景是如何相互联系在一起的，是如何从另一方之中生长出来的，是如何彼此交融在一起的，揭示出一切事物如何从细部来看是短暂，只有从连续性的角度来看才是一种朝向终点的手段。"（第5卷，第513页）"没有东方的背景，埃及人无法出现。古希腊人奠定了基础，而罗马人则将自己高举于全世界的肩膀之上。"因此，一个民族被看作向着另一个民族发展时的一个必不可少的阶段，而不是像启蒙运动设想的，只是另一个民族的老师。赫尔德如今当然极其强烈地感受到了这种情形，并由于预感到神圣的教育计划而心醉神迷。但他只能够鸟瞰到它们,而不能从近处观察它们,因此只能够不彻底地理解具体的历史联系环节,不彻底地理解此一民族与彼一民族之间的关系中活跃着的精神或政治原因。他的"生命阶段理论"提供了一种概括性的联系。这是一种古老的理论,弗洛鲁斯和奥古斯丁运用过它,后来伊瑟林也应用过,它把民族生命中不同的阶段与单个人生命中不同的阶段作了比较。① 但是,在他根据人类生命的类比性追溯直到罗马人为止的人类的不同阶段时,其中还有着一些他自己的经验和年轻时代的思想的回声。因此,近东代表着童年,古希腊人代表着青年,而罗马人则代表着成熟时期。但是人类的老年时期是在哪儿出现的呢?在这种类比中唯一合理的成分是其背后的思想,亦即从近东到罗马帝国的整个古代世界,在总体的人类历史领域中形成了一个历史的统一体。

还有另一个赫尔德用来阐明阶段理论的富有成效的观念。埃及人憎恨东方人,希腊人憎恨埃及人,然而一方若没有另一方,就不会是他所是的样子。"他们的憎恨恰恰显示出了发展、进步,在阶梯上向上的一步!"(第5卷,第489页)由此,赫尔德触及了黑格尔历史辩证法的基本原理,触及了这个事实,即历史的发展需要看似在敌对中中断,以便在事实上继续发展。

历史辩证法需要一种对于事物,尤其对于处于敌意关系之中的事物的超个人观点。启蒙历史学以个体性的实用主义,一般而言只注意到了其行为看来有目的的或无目的的、成功的或不成功的人类

---

① 与此同时,弗格森在他的《文明社会史论》中正确地指出了,人们不应该直截了当地将国家的生命长度与单个人的生命长度进行比较,因为社会是通过每一代人进行更新的。

行动者。人们可以将赫尔德关于朱利安皇帝（第5卷，第518页）的简短评述，与伏尔泰在文章中关于这一主题所说的话作个比较。按伏尔泰的说法，哲学家皇帝尤里安洞悉了基督教的缺点，却出于国家理性而必须考虑到大多数人的迷信，如果他活得足够长，或许会复兴帝国的力量。而赫尔德则看到了一场伟大的不同宗教之间超个人的斗争景观，看到了一个衰落时代对于以某些形式出现的宗教的渴求。然而，他也带有轻微的实用主义色彩，有时仍然容易出现，比如在他过分强调尤里安老谋深算的治国才能时。但是他这样做却于事无补，因为他的时代过去了，而一种普遍宗教对于迄今为止支配性的狭隘民族宗教的胜利已然来临。如今，人们显然可以比赫尔德所乐意允许的，给予竞争性的非基督教宗教以更加普遍的趋向。不过，他的观点对于伏尔泰的观点的优胜是显而易见的。

对赫尔德来说，基督教是天意所能给予人类的最强有力的普遍历史养料。而人性则为他想要描绘的发展提供了底层土壤。启蒙运动开始于把最宽泛意义上的人性作为历史探询的对象。但是出于理性的骄傲，它把极为反复无常的人性看作总体上的世界历史的中心和最高峰，却不管所有关于宇宙的革命性的现代知识。然而赫尔德的宇宙思想，我们在他的早期阶段已经考察过，超越了人性，认为整个宇宙是由神圣引导的力量所塑造的。他把人类认为自己是宇宙中心的信念视为一种幻觉，虽然是一种愉快的幻觉，因为他是如其所是地看待生命的（第5卷，第559页）。赫尔德没有完全拒斥启蒙思想家收集关于人类的"世界各地的材料"的努力，尽管他对之做出过一些讽刺性的评论（第5卷，第567页）。他甚至在他们的作品中看到了一个准备性的步骤，一个朝向未来"最高意义上的人类历史"的步骤，他毫不怀疑地把这种人类历史设想为是包括整个世界的。但是，他1774年的纲要却排除了远东和中东的民族，更为决定性的是，它排除了原始民族，虽然启蒙运动批判性的好奇心，甚至赫尔德自己热情的兴趣已经向它们投射了一定的注意。这种情形不能完全通过普遍历史的传统，或关于四大世界帝国的古老教义的影响来加以解释。倒不如说，赫尔德首先受到了对于文明发展的相互依赖和特殊性的正确的基本感受的引导，这种文明发展起源于古代近东，而伸展到今日的西方世界——正是这种同样的基本感受后来塑造了兰克的世界历史观。这种从人类的普遍发展中做出的选择不是别的，正是我们的世界的历史，我们的特殊命运。

赫尔德以悸动的心情撰写了这部小书，致力于猜度这种历史独特的起源和意义，从千年的长度来猜度他的时代命运。历史叙述越靠近西方世界的事物，我们就愈益频繁地聆听到命运一词像一声巨大的锤击那样萦绕不去。他已然把意味深长的标题"古代世界命运的收获期"给予了罗马人，认为他们的功绩在于粉碎了分割不同民族的分界线（第5卷，第500页）。命运观念是他铸造的一件武器，为的是粉碎由启蒙运动发展而来的对理性自以为是的骄傲。他嘲弄地对待他们把文艺复兴时代称为人类文化顶峰的大言不惭的颂扬。在面对这种对于人类理性夸大其词的吹捧时，他说道："与其说是理性，如果我敢于这样说的话，倒不如说是一种盲目的命运塑造和主导了事件的进程，并引起了这种普遍性的世界变化。"（第5卷，第530页）"全然伟大的命运！它无视于人类的深思熟虑、希望和行动。你难道没有看见吗？渺小的蚂蚁，你只不过匍匐于伟大的命运车轮的下面而已。"（第5卷，第531页）他的时代的宣传口号是

"教育人类",这也根本性地成为了他的内在精神的行动动机,并在他的作品标题中强烈地表达了出来。但是,他深深受到了自己的命运观念的影响,以至于他如今甚至将自己的教育激情从属于这种命运。"除非我自始至终所写的一切作品都是徒劳无益的,否则人们就会注意到,一个民族的创造和进步完完全全是命运的作品,是成千上万相互作用的原因的结果,也就是他们生活在其中的所有因素作用的结果。"(第5卷,第539页)当他越接近于描述自己的时代时,他就越加强烈地谦恭、顺从和驯服地看到了独特的"我"在命运中的位置。"我们……就我们的地位来说,既是目的又是命运的工具。"(第5卷,第557页)最后,跳过了其他一些思想,就出现了盖棺论定之语:我是微不足道的,但整体却是一切。我们作为盲目的工具属于整体,"我们都在自由的幻觉中行动,却不知道何为自由,或者为什么"。因此,我自己只不过是神的伟大作品中的一个字母而已。(第5卷,第585页及以下诸页)

这些指涉,我们相信,把赫尔德所有的命运观念因素聚拢在了一起。他曾经在提出解释宗教改革的起源的任务时,把三种观念凝聚成一首伟大的三重奏并呼喊道:"那里是宏伟崇高的,这里是微不足道的!偶然性,命运,神!"(第5卷,第531页)

人们不应该用任何过于精确的概念分析来歪曲赫尔德摇摆起伏模糊不清的思想。人们在赫尔德的"命运"中,也许能够看到一种尝试,它以更加包罗万象的、协调一致的、深刻的然而却更为神秘的形式,表达他在其他地方当作自然-有机的但受到天意引导的发展。命运虽然看起来是"盲目的",但只是从人的立场来看是这样,而不是从神的立场来看,因为命运是从神出发作如此演进的。

这种观念把严格的决定性因果关系与一种目的论意识结合了起来。同时在这之上必须首先加上他心爱的始终可观察到的生物性因果关系，加上隐含于产生任何伟大变化的成千上万种偶然性之中的高深莫测的因果关系。然而并非偶然的是，赫尔德关于遥远的古典时代更多地谈论"发展的线索"，而对于较为晚近的时代则宁愿涉及命运观念。因为从属于偶然性的神秘莫测的因果关系，只是通过关于这种偶然性的更为清晰的和充分的知识才给他留下深刻印象的。他想要在一种宏伟的而不是细微的层面上观察事物，因此大胆地把偶然性与他的发展观念中所有其他的因素结合在一起，为的是囊括从偶然到神、从尘世上普通的物质到彼岸的一切事物。我们由此更加能够理解他在面对命运时几近阴沉的但却不无慰藉的渺小的、依赖的和顺服的感受。

从这种感受出发，赫尔德必须回答这个问题，即这种发展是否有目的，如果有目的，那么是在什么方向上；是否有像向着更高阶段的进步这样的东西，它然后也许会仅仅被设想为"向着个体的人享有更多美德和幸福方向的进展"（第5卷，第511页）。伊瑟林在1764年关于人类历史的研究中这样表述过。赫尔德在对自己时代的批判方面受到过卢梭和哈曼的教诲，以几句精辟有力的话轻而易举地拒绝了这种幻想。他认为，这样的论点加强和捏造了事实，扭曲了比例或者压制了不方便之处，意味着把启蒙当作幸福，当作更为精致的美德观念。谁对于历史和人类心灵具有更深刻的洞察，就无法相信这个世界不断进步的改善。启蒙运动自身从最内在的本性出发——因为它的理性观念没有牢牢地固定在绝对之中——有时会滑入一种毫无希望的怀疑主义之中，因此，在随着时代日益增长的知识而展开的日益丰富多彩的人类生命画卷中,只能观察到一种光与影之间模糊不清和毫无形式的相互作用,看到一匹珀涅罗珀的织布。如果从一种悲观主义的意识来看,那么这就是伏尔泰的历史解释由之而来的根据。甚至赫尔德也很难避免这种怀疑主义,除非他接受两个反对它的立场。首先,是他对于所有生命中生长性潜能的感受。"你看看生长中的树吧!看看向上奋斗的人类!他必须经历不同的生命阶段!所有一切都在一目了然地向上运动!在持续不断地一步步努力着!"(第5卷,第512页)因此,在赫尔德看来,历史不是像启蒙运动那样通过个体的命运,而是只能通过观察整体才能加以解释;不是通过个人,而是通过超个人的判断才能加以解释。而赫尔德的另一个立场是,他关于生长和连续性的观念紧紧地扎根于绝对和超越的领域中,而这在启蒙运动那里或多或少是不存在的。如果没有对于历史中神圣天意的信仰,赫尔德的发展观念也很可能就会屈服于一种毫无希望的相对主义了。后来,我们将会看到,歌德寻找到了一个泊系于绝对之中的更无拘无束但又同样坚实的锚。对于赫尔德来说,关于一种慈父般天意的更严格的观念是不可或缺的。

赫尔德对于历史进步的回答也是对于"一种向着更高方向的进展和发展"(第5卷,第512页)的肯定。但是,他在这种生长中把他自己时代的发展,这个世界历史的分支放在哪儿呢?我们知道,他对于同时代连同其肤浅的和傲慢的理智主义与苍白无力的生命力是如何批判的。在纲要中,这些批判变得极为苦涩,而且也许与他在比克堡时期通过经验所获得的新宗教观点联系在了一起。他对于启蒙运动的憎恨破坏了纲要中的观念。然而他不时地做出巨大的努力以求理解。他指出，我们并不必然地拥有过去所有的邪恶和美德，因为我们并不拥有它的均衡、力量和弹性、豁达和自然的力量（第5卷，第555页）。这就是说，他自己时代的弱点得归咎于必不可免的生物学原因。是的，按照他的树形比喻，他把当今世代看作顶端纤细的和轻柔的枝条，在每一阵微风中都颤抖着和飒飒细语。他快慰人心地补充道，太阳的光线——他指的是启蒙运动——透过我们挥舞得如此优美，以至于我们能够展望得相当辽远，能够让我们的细语声传播得又远又优雅——不过这种说法听起来显然是讽刺性的。他对于在自己文明和优雅的世纪乐意评价为伟大、美丽和独特的事物的描绘，最终在他的笔下成为了一种尖酸的讽刺。

那么，是什么最终使他超越了一种沮丧的情绪，或者更确切地说，超越了一种对于再没有进展是可能的最终成长阶段的不满意心情呢？最根本的是狂飙突进运动时期洋溢在他身上的崭新和强烈的生命感受，是他自己对于深入这一世代的不可耗竭的并重新发现的创造性力量的意识。他因此能够例如为他时代的医生和其他的职业预示出他们工作中的丰富可能性，这是由于"来自心灵深处的生命活力"（第5卷，第571页）。但是，为了在理论上为这种热情洋溢的乐观主义进行辩护，赫尔德需要在生物学观点和神学-超越论观点之间进行奇特的综合，而神学-超越论观点把整个历史过程高举于纯粹知识对象的层次之上，而直达宗教信仰的境界。就是这样的信念，"随着人类的诞生，一项比任何单独受造物所可能理解的更宏伟更包罗万象的神圣计划成为了可能"（第5卷，第558页）。从这里到彻底的基督教历史哲学只是一小步。事实上，赫尔德在1774年6月向拉瓦特尔透露（参看《赫尔德遗作》，第2卷，第110页；也可参看《赫尔德致哈曼的信》，第 80 页，1774 年 5 月），他的历史哲学接下来将出现第二部，它将是理解第一部的钥匙，这把钥匙将是"宗教、基督、伴随着荣耀的受到祝福的世界发展的结局"。但是，无论这种思想在这个时代高贵的宗教气氛中多么富有意义，然而同样具有意义的是赫尔德没有详细阐释这种思想。"我不知道我是否有朝一日会撰写它！"他在致拉瓦特尔的信中如是附言。在所有对超自然的渴望中，有一股持续不断的朝向历史事件自然进程的思潮，这将使得他作为一名历史学家难以承认他作为一位神学家所乐意坦承的东西。

"我的兄弟们，让我们甚至在重重乌云中也怀着勇敢而爽朗的心情奋斗吧，因为我们是在为着一个伟大的未来而奋斗。"（第 5 卷，第 580 页）这些话朦朦胧胧地暗示了对于基督教救赎计划末世论的吁求。不过它们也表明了赫尔德新的历史思想不仅是纯粹的思想，而且也是愿望。他那年轻的历史主义，一开始就与对创造性文化活动的渴望紧密地联系在一起。

直至现在为止，我们对于 1774 年纲要的思考是围绕着赫尔德的发展观念问题而展开的。鉴于他的研究汹涌的甚至暴风骤雨般的和始终指向未来的特征，因此自然而然的是，这种生气勃勃的动态因素，而不是相关的个体观念，应该占据支配地位。但是，倘若赫尔德没有同时也始终意识到了后一个观念，没有经常以适当的方式来加以表达，那么他就不是赫尔德了。因此，首先要加以考虑的是单个的个体与整个发展潮流之间的联系。沉溺于人格主义和实用主义观点的启蒙运动尚未能够以任何深度来面对这个问题。它以一种完全无条理的并列方式，将个体行动与它所发现的普遍精神（esprit général）产生的结果并列放置在一起。赫尔德从古代哲学的源泉中获取了养料，将一切事物融解贯通为一个伟大的整体。他的宇宙景观也将个体行动与整个发展潮流交融到这样的一个程度，正如我们所看到的，以至于他能够声称：我是微不足道的，而整体才是一切。但是，倘若把这句话理解为一种集体主义，在其中个体被看得微不足道，而整个的总和才是一切，那么这就大错特错了。因为只有通过无数个别力量相互交织的行动，这种整体的运动才会产生。在赫尔德的宇宙景观中，"整体"始终是一种总和，其生机勃勃的内容是无数系列的部分，甚至包括最微小的部分，包括数不胜数的所有个别力量的总和，而在这一切之上的是以隐蔽方式控制它们并把它们交织成为一个整体的神圣引导者。因此，在赫尔德这里，个体对于总体历史过程的依赖，是以一种依赖于上帝的宗教意识表达出来的。这种方式给予了他一定程度的个人安慰，而这是一种单纯经验的依赖感所无法给予的。因此，他以如下补充性的话语结束了他对于个体与整体过程之间关系的认识："我也是有意义的！一声从苍穹来到大地的呼唤告诉我，像一切事物一样，我在我的位置上也有着一些意义。为整体而贡献力量，是的，只有在追随这种整体力量的尺度时我才会快乐。"（第5卷，第561页）

但是，甚至这些话语也需要作进一步的完善，以圆满赫尔德对于个体与整体生命之间关系的描述。让我们回忆一下上面关于新的个体意识和发展意识的心理学起源所说的话。赫尔德新的更深刻的把理性和非理性力量交融成为一个统一体的自我意识，也需要被用来捍卫他在主导性的总体过程中获得的个体价值和成就的个体性。从心理学上来猜测，这声"从苍穹来到大地的呼唤"被预先假定了，也许以一声来自赫尔德自己灵魂深处的召唤为前提，为的是反对在一个机械式的整体过程中变成一个纯粹的齿轮。这正是他对启蒙哲学的强烈抗议，启蒙哲学鼓励人们"感受到自己一天天地日益成为机器"。面对此种情形，他的对治之道是："心灵！温情！热血！人道！生命！"（第5卷，第538页）因此确切地说，唯有在大步流星的跳跃中才能表达出这样的思想跨度，即对他来说从个体最幽深的生命上升到人类的历史。

大踏步的跳跃。因为赫尔德既没有在这部纲要中，也没有在以前或随后致力于将个体观念充分地运用于历史中。的确，他在同一方向上批评了启蒙运动，认为启蒙哲学过度地关注法则领域，局限于"恢宏和卓越的普遍之物"，而忽略了"事物性质只存在其间的个体"（第5卷，第536页）。"从一定方面来看，"他更加概括地说道（第5卷，第505页），"按照民族的、世俗的和最贴切的方式来思考，每一种人类的完美行为都是个体的。"在这些话中，赫尔德给出了一些更严格的和更宽泛的暗示，亦即个体观念必须应用于历史中，以便考虑到围绕着个体的超个体力量，例如民族的，更为重要的是时代的影响。而且，他尖锐地意识到了个体表现出来的先验知识论问题，意识到了个别观察者在努力为那些难以领会的东西寻找措辞时，在他致力于理解一个民族最深奥的特征时，或者甚至更加普遍的是在他探索所有时代的世界海洋时，他所面临的问题（第5卷，第502页）。这些努力中的大多数被他刻画为"平淡无奇的和半明半暗的语词的轮廓"。

个体是不可言说的（individuum est ineffabile），这是赫尔德深刻的结论，是他致力于用自己移情认同的方法理解历史个体时，从他自己敏于感受的和幽深涌动着的深处产生出来的。关于这个主题，他所感受到的比起他能以确切的语言表达出来的要多得多。他的精神感性是过于精细，同时是过于骚动不安和过于迅猛了，以至于他无法持久稳定地直面这种个体，而天赋较低的默泽尔却曾这样努力过。赫尔德的急就章草率地忽略了"创造历史的人们"，忽略了普遍发展的卓越的代表人物和先驱。只是在快结束时，他才意识到了这些人也是一种特殊的要求自身标准的历史现象。为了缓和他对于弗里德里希大帝的厌恶之情，他说道：

> 没有一位命运由之带来变化的非凡人物，在所有的思考和感受中，能够确切地按照应用于普罗大众的一般标准来加以判断。存在着属于一个更高种类的例外，而这个世界中值得注意的几乎一切事物都是通过这些例外而产生出来的。（第5卷，第583页及以下诸页）

这些话表明赫尔德机智地即席创造了用来判断历史中伟大的创造性人物的一种新法则，这种法则与启蒙运动的实践是恰恰相反的。不过他从未感受到深情地逗留于任何单个个人的吸引力。即使在他探讨基督教的兴起时也没有这样做，虽然他庄重地认为这将"成为一切时代的奇迹"。在他看来，甚至路德也只不过是在他的时代之前兴起而又消逝的许多路德式人物中的一员而已（第5卷，第532页）。这部纲要，以简短的一系列对于伟大人物和趋势的描述，从而产生了比赫尔德内心真正想要产生的更加集体主义化的印象。但是，在他始终焕发着新生命的、在其他方面无与伦比的个体感受中，也带有这种特殊的缺陷。虽然他能够复现一部艺术作品或一种特殊成就，包括民族——尤其是原始民族——成就的个体性特征，能够以闪电般的同情式洞察力复现伟大制度和时代趋势的个体特征，然而通常情况之下他运用的是简短的方式，而不是持久的方式。但是，在涉及一种独立自足人格的纹理和深度时，赫尔德却在大多数情况下难以给出充分的表述。早在里加时期，在他描述阿贝特和在导言中谈论"描绘他人灵魂"的艺术的时候，他就确实清晰地看到了在方法上摆在面前的任务，看到了让它从内在的种子源起生长并受环境塑造的需要（第2卷，第257页）。但是在后来，在他产生出一种想要掌握历史中个体人物的强烈愿望时，却几乎不具有所需要的力量了。这与赫尔德自己悲剧性的人生命运有关。这位拥有如此杰出才能和细腻形式感的人物，从未能够完成自我塑造，因而发现要理解充分成熟的个体人格是如此困难。这位曾经有助于唤起歌德人格的人物，最终在歌德这株伟岸的大树旁边显得只不过是某种干枯的树干而已。

那么，只要涉及实行个体观念的情形，1774年纲要的真正成就就表现在刻画出集体力量的个体性，刻画出铭记在总体历史进程中的民族精神的作用和时代的情绪。"灵魂的整个性质，主宰着一切，按自己的样子塑造了所有的倾向和内在力量，甚至为最漠不相关的行动染上了色彩"……"投入地感受一切。"（第5卷，第503页）因此，比起默泽尔在《奥斯纳布吕克史》导言中所显示的，赫尔德甚至以更加深邃和生动的方式来接近其任务，启蒙运动曾为之铺就道路，却从未解决这项任务，亦即理解作为真正的心理实体、作为为核心的形式化力量支配的结构的民族精神和时代精神，并为与此相关的问题设想出一种真正的解决方案。根据赫尔德的知识和偏见的程度,这种努力具有不同的结果。他的心灵自始至终更加强烈地凝注于早期的文明,而非晚期的文明。但是,在很大程度上,只能以想象的色彩来描绘父权制时代和东方民族。他匆匆地考察了希腊人和罗马人,他的研究虽然带有漏洞,却在轮廓上是相当确定的。然而,在他拒绝以静态方式表现和简化它们的本质特征的举动中,存在着极其丰富的天才气息和方法论意义。正因为他只是匆匆一瞥,所以他也在他们中间察觉到了短暂的因素。他得出结论说,在世界历史中没有两个时刻会是同一的,不应该把埃及人、罗马人和希腊人总是想成同一的(第5卷,第504页)。

我们将暂时逗留于他的希腊世界景观中,以便获得一个赫尔德建构民族精神的例子。① 首先,他简短而又迅速地考察了希腊适宜的气候和种族背景,以及介于腓尼基人和埃及人之间的地中海边的有利位置,"在这里,一切事物莫不来自于两个极端,为他们驾轻就熟的和令人惊叹的重塑提供了材料"。这种产生于希腊人心灵深处的自发行为,对赫尔德而言,是运用外部环境所提供的刺激和机会的真正力量,是不管繁复的分歧而在成功地创造"普遍精神"中表达了自身——"单一性和多样性在这里形成了极为美妙的整体"(第5卷,第497页)。这幅希腊民族精神画卷是伟大宇宙景观的一个反

---

① 赫尔德对于总体而言的古希腊遗产的理解,正如他已然在1766—1768年的关于近代德意志文学的札记和在其他的著述中阐述过的,我们在这里将根据我们的选择原则将其搁置一边。在这里,述及他在这个领域中也能展开关于内在的精神-个体民族力量的自然生长的新意识,并根据我们已然熟悉的原则强调古希腊文化的早期阶段就足够了。

映,而这幅宇宙景观是赫尔德通过莱布尼茨和沙夫茨伯里,从柏拉图主义–新柏拉图主义传统那里接受过来的。因为这幅景观总体上也奠基于统一和多样性,依赖于对力量的重塑,依赖于辉煌灿烂的整体。

这种对于古希腊文化及其变迁的个体性和独特特征的承认,粉碎了温克尔曼以之作为古典理想的做法。确实,赫尔德也把古希腊文化称为"一切美、优雅和素朴性最初的形式和典范"(第5卷,第498页),不过他认为这是不可重复的,是极其个体性的,以至于现代人在感受上甚至无法充分地认同于古希腊人(第5卷,第543页)。同时,赫尔德猛烈抨击了温克尔曼按照古希腊标准评价埃及艺术作品的方法,同样强烈反对了古希腊人和古罗马人所实践的偶像崇拜(第5卷,第491,566页)。

赫尔德对于时代的个体精神同情式重估的最伟大贡献,是在中世纪领域,他的重估大胆地挑战了因循守旧的观念。是的,在一定程度上,他甚至捡起棍棒敲打自己,抨击了他从前表达过的憎恶之情。因为迄今为止,他的观点一直摇摆不定,摇摆于一种严格根据从属那个特定时代需要的必然表达的原则来理解中世纪的努力(第3卷,第401,424页),与一种对于荒诞离奇的"哥特式风格和修道院式趣味"的厌恶感之间(第3卷,第423,465页;第4卷,第216页)。但是如今,正如我们业已看到的,在英国兴起了一种对于中世纪的浪漫魅力和哥特式风格的崭新感受。在1762年的《关于骑士精神和传奇文学的通信》中,赫德(Hurd)将北欧的骑士精神与古希腊的英雄时代进行了比较,由此为较晚的学说提供了出发点,这种学说认为并不仅仅是一个中世纪,而是多个中世纪表现为典型的文化发展阶段。赫尔德承认在两个时代之间有一些合情合理的可比拟的地方，不过他没有进一步地认同于这种分类。他甚至比赫德更加坚定不移地认为，中世纪具有自身独特的特征。他宣称（第5卷，第523页），北欧的骑士精神就其自身来说是独特的，在几个世纪中都是无与伦比的。在没有完全视而不见哥特精神压制和阴郁性侧面的情况下，他却将其称为卓越的、丰富的、富有思想的和强大的，是人类精神的一个奇迹，确然无疑地是天意的一个工具（第5卷，第522页）。赫尔德发现了一种联结一切事物的精神纽带，而伏尔泰和休谟则仅仅把中世纪精神看作非理性的各种化合物。

是什么带来了这种评价上的变化，而这种变化在对于中世纪的历史解释中很可能会表现出划时代的影响？赫尔德可以被看作浪漫主义的前辈和开路先锋，那么他也可以被看作浪漫地理想化中世纪的一位先驱吗？

可以，不过仅仅是在一种极为有限的意义上。现在在德国也产生出来的对中世纪特定风格的同情式感受，来自于其他的源泉，而不是后来的浪漫式同情。这场运动的第一阶段以博德默尔（Bodmer）的著作为标志，大约出现于这个世纪的中期，与同时代的英国前浪漫派运动有着内在的亲缘关系。第二阶段兴起于狂飙突进运动，兴起于斯特拉斯堡时期的赫尔德和歌德，由于歌德的《葛兹》及随后的模仿之作而令人难以忘怀。狂飙突进和浪漫主义都共同反对18世纪理性化的精神和文明化的优雅。但是，狂飙突进运动的拥护者怀着源自于卢梭的心情，在他们中世纪的英雄们中崇拜质朴、血肉丰满的性情自然的人物，崇拜自由的法则和自然地成长起来的坚强人格，虽然他们把这样的人物放到了一个新颖的、更为亲密的和更为熟悉的德国历史场景之中。而浪漫主义者则反对法国大革命奠基于理性法则之上的政治理想，渴望着整个中世纪精神氛围的回归，渴望着它的与宗教和庄园等级制紧密联系在一起的生活方式。

默泽尔虽然不是狂飙突进运动的参与者，却已经开始热情洋溢地颂扬中世纪产生的强大人性，颂扬它的封建制度，不过他的动机更接近于狂飙突进运动而非浪漫主义。当他赞美中世纪的"骑士和手工艺的骄傲，而且既自信，又对自己的团体忠贞不渝，具有本质上的男子气概"（第5卷，第525页）时，赫尔德虽然没有对默泽尔指名道姓，却或许在心中想到了他。但是，这种对于中世纪坚韧不拔却粗糙的生命力的喜悦感，并不是他唯一的决定性动机。我们已经有意识地强调过，他对于中世纪的野蛮或者对于他们黑暗的压迫并没有视而不见。不过他把这些野蛮时期看作必要的"人类力量的精神酵母，是通过强大运动而为整个种族带来的伟大的精神疗养"，把它们看作当代秩序井然的欧洲由之而来的土壤。从普遍历史的发展观角度来观察，他认为在伟大的世界历史之树的生长中，中世纪是一个明确而自然的阶段。这就比默泽尔前进了一步。"树干从东方伸展到了罗马，如今，它生长出了分枝和枝条，它们中没有一个像树干那么坚实有力，然而它们伸展得更加开阔、爽朗和高远！"（第5卷，第528页）这些话语中甚至包含着一种直觉性的认识，一种对于现代不那么坚实可靠的文化在中世纪中的早期开端的认识。因此，赫尔德以动态的方式评判中世纪，而不是把它看作一幅静态的宁静生命的画卷，就像它们后来在浪漫主义者眼中呈现的样子。为了理解这种成就，我们必须把他发展观念中的所有因素都考虑进来，既包括有机的也包括目的论的因素。不过既然现在他的发展观念与个体观念紧密地结合了起来，那么后者也就不至于无足轻重了。中世纪不是像许多启蒙思想家所思考的那样，被表现为一栋未加装饰的石头小屋，一栋接着为现代人的艺术打磨得圆润光滑的石头小屋。"在浑然一体的上帝之国中，没有什么事物……仅仅是手段——所有事物既是手段，又是目的，因此这些世纪确然无疑地亦是如此。"（第5卷，第527页）在他的普遍史努力中，赫尔德在把中世纪的价值表现为一个发展阶段方面，比起深入中世纪自身固有的品质来说，事实上要成功得多。不过他充分意识到了后者，甚至在这方面也取得了一种划时代的进步。

这种思想把我们带到了赫尔德历史观的顶峰面前，带到了它所代表的早期历史主义面前。从这里出发，我们瞭望到了超拔绝顶的、在兰克的成就中达到顶点的思想高峰。倘若发展观念被当作标准，被延伸为一种进步观，那么单个的历史现象都会被表现为纯粹的手段。倘若个体观念受到了卓异不凡的强调，那么一切事物就会成为自身的目的。这里也有一种变成绝对标准、从而把任何进一步的生长限制于当前的危险，后来浪漫主义对中世纪的评价就陷入了这种危险之中。虽然赫尔德也陷入了一种对于原始时代错误的理想化之中，不过他的独特历史成就在于，一开始就意识到这些岁月是一去不复返的，他因此能够强调它们的相对价值，能够把同样的相对主义应用于所有的历史结构之中。这种情形例如可以在他对幸福观念的处理中看得出来。"幸福"是这个时期为了实现人类的愿望和理想的可疑的口号。它带有单个个人幸福论的气息。但是作为奠基于自然法的把所有个体描绘为千篇一律的思想方式，这种幸福只能以普遍性的语言来加以描述。然而赫尔德（第5卷，第509页）却认为人性不是像哲学家所定义的那样，是接纳一种绝对、自足和一成不变的幸福内容的容器。

但是，人性到处都在争取着尽可能多的幸福：它是一团柔软可塑的黏土，能够在变动不居的环境、需要和压力之下以不同的形式形成自身，即使幸福的情景，也在每一个不同的天穹之下随着每一种条件的变化而变化着。

赫尔德因此得出这样一条伟大的格言："每个民族在其自身都有着自己的幸福圆心，恰如每个圆球都有着重心一样。"

但是这就再次提出了历史相对主义的问题。为了不让人们在对全部观点进行显而易见的评判时，不至于全然丧失标准或引导，这种相对主义需要特定的反向制衡。默泽尔强壮健康的意识，以一种确实无疑的日耳曼式公正精神坦率地承认，其他民族像德意志人一样拥有同样权利来发展自己的文化，从而避免了必须为他的相对主义提供一个深邃基础的情形。而敏感的赫尔德却缺乏淳朴-有力的生命感受，需要一些审美的和形而上学-宗教的引导原理。他在一切美学发现中表现出来的对于植物性世界的感受，向他透露了，任何有目的的生物特殊的价值和美，无论这些目的看来是多么的不同，它们毕竟像一棵伟大的人类之树上的叶子、花朵和果实，是被自然设定为如此的。不过对于赫尔德而言，自然并不是一些反对我们的机械和外来的力量，而是一种完全拥抱了一切人类事物的力量，被神激活并受到神的引导。在哈曼的弟子赫尔德的眼中，基督教历史哲学的救赎计划仍然是绝对不可或缺的。只是它需要做一定程度的松动，需要灌注个体观念和发展观念，并且要伴随着一种对于所有可见的进步的确然自制或者对于人类完美性的自信期望。所有这一切他都在如下的话语中表达了出来：

> 难道善良仁慈没有播撒于大地之上吗？由于没有单个的人类形式或区域能够拥有它，它就以上千种形式衍生了开来，同时——宛如永恒的希腊海神普罗透斯——在所有的地域和时代中变换着面貌。它在变化和进展中，并没有追求**个体更伟大的美德和幸福**，而人类始终仅仅是人类——不过一项一往无前**进取的计划**却是清晰可见的——这就是我的伟大主题！

赫尔德的 1774 年纲要被人们贴切地称誉为"历史主义的辉煌篇章"（施塔德尔曼［Stadelmann］，《赫尔德的历史意识》［*Der historische Sinn bei Herder*］，第 28 页），是对他获得的历史思想最崇高的综合。后来就再也没有出现过这样一种紧密的和有条不紊的融合了，一种对于探索了发展和个体之神秘的审美移情与伦理和教育目的之间的融合。确实，这种情形只有交融进了基督教的救赎计划才是可能的，在这些年愈益高涨的虔诚心情中，这种计划对赫尔德产生了巨大的影响。不容置疑的是，发展观念的加入在很大程度上世俗化了这种思想模式，不过没有彻底世俗化。因此，从后来的历史主义角度看，在赫尔德的观点中仍然有着极多的出类拔萃之处。赫尔德没有彻底成功地实现自己的目标，亦即把神表现为仅仅通过自然而行动，也就是力图以纯然内在的方式来描绘历史，虽然它们根本上是奠基于形而上学的力量。他功亏一篑是由于他炽热的渴望始终寻找着神圣天意的"计划",即使这只是把这种渴望神圣化为一种信仰的行为。

在他的伦理愿望与历史同情之间仍然可以看得到一道缝合线。这最初在他对于国家的关系中表现了出来。他仍然把较早时代的东方专制统治看作为一种生气勃勃的现象,同时伴随着光明面和黑暗面。不过他后来发出了辛辣的断言,认为专制统治是"真正的吞噬人类的深渊,建立起了它称之为和平与服从的秩序——但实际上却是把一切碾碎为齑粉的僵死和千篇一律的秩序"(第5卷,第516页)。他怀着愤怒的憎恨之情,把当代的国家仅仅看作恐惧和金钱驱动着的机器(第5卷,第547页),只是一台机器,而它的军队甚至只是一台"雇佣来的机器,没有思想、力量或意志"(第5卷,第534页)。他以一种特别不友好的目光看待弗里德里希大帝的开明专制和军国主义(第5卷,第535页)。这不是能够把国家理解为一个个体的和自我发展的结构的精神气质。因此,赫尔德没有能够公正地评价在历史力量的相互作用中活跃着的这一巨大力量。确实,他充分洞悉了目的的相异性,从而能够承认甚至现代的治国艺术之树也能结出一些美味的果实出来(第5卷,第578页)。但是,这只是对于未来而言的一个有力安慰而已,因为它并没有使他理解过去。

而且,他在历史性地解释当代中表现出来的对于民族性的新鲜的感受,也撞上了一道威胁着要把它粉碎的悬崖,因为他的伦理观念妨碍了彻底实现历史意义。我们知道,早期的历史黎明中的民族唤起了赫尔德的激情,在现代用语中我们宁愿把这称为民间风俗(Volkstum),而不是一种充分完成的民族性(Nationalität)。他处于使这种类型变成一种绝对标准的危险之中,处于把它成为现代民族的变迁解释为一个瓦解和齐一化过程的危险之中。他质问道:"民族性,你在哪里?"他运用启蒙运动的话语,嘲讽地指出,我们在今天虽然没有祖国,却是人类之友和世界公民(第5卷,第551页)。消除了一切民族特征的超民族的启蒙运动,是他所反对的,不过他因此却看不到属于现代民族的特殊生命,未能意识到启蒙运动可以重塑它,然而却无法消灭它。但是,这场运动的道德理想难道不是也在赫尔德自身中起着作用吗?虽然由于其生气勃勃的新方法而在一种深刻得多的水平上起着作用。事实是,晚年赫尔德的人道理想——它来源于启蒙运动这一点是不容置疑的——在他1774年的年轻时代作品的结尾已经是昭然若揭了。① 因为在这里,他表达了对于一个当代苏格拉底的渴望,一个为了人类的苏格拉底,"带着明朗和清晰性教诲美德,苏格拉底在他的古代还未能做到这一点;激励人类之爱,如果它能出现的话,将实际上多于祖国之爱和市民同胞之爱"(第5卷,第569页)。他在这里认识到的理想,从人类的观点来看很可能是达不到的。不过它是他所珍爱和期待的东西,这表明了,它对于充分发展的个体民族的新意义,"有限的民族主义"(第5卷,第510页)——正如他业已加之于其上的标题所说的——并不是他的历史哲学中盖棺论定之语。对于赫尔德和他生活于其中的时代来说,是否有可能找到一种系统方法来克服在这里预示出来的人性与民族性之间的紧张关系?在我们对他后来的历史思想的考察中,我们将努力为这个问题给出一个答案。

---

① 根据莱曼(Rud. Lehmann)的论述,还有些早期的迹象:《赫尔德的人性概念》("Herders Humanitätsbegriff"),见于《康德研究》,第24期,第244页及以下诸页。

第九章 赫尔德

18世纪80年代的观念作品

我们必须向赫尔德的思想世界反复质询的问题,是他自己向他理解得最为深刻的历史现象所提的同一个问题,也就是关于各民族的早期诗歌的问题。他甚至比英国前浪漫派业已做过的更加强有力地将其从迄今为止局限于其中的孤立的艺术领域中解放了出来,将它带入了一个朝气蓬勃的个体性民族的实际经验中,包括一切繁复多样的冲动和神秘的情感潜流。在许多哲学家那里发生过,而在赫尔德这里却从未发生过的情形是,纯粹的思想在一种内在的逻辑空间中追求着道路。对赫尔德而言,思想始终是升华了的经验,是一个拥有无限接纳力然而却在长时期中对伤害和对冒犯的怨恨无限敏感之人的经验。他最内在的个人生活中所有的痛苦和欢乐,都在历史思想的不同阶段上留下了持久的烙印。我们已经看到,他年轻时狭隘刻板的东普鲁士岁月,他的里加时期,宗教虔诚的比克堡时期,无一不为赫尔德提供了对于历史世界特定的洞察力。如今,魏玛时期从1776年开始了。

在这里,他也被与生俱来的命运追踪着。情形仿佛是,他的天性渴望着与其环境之间产生亲密的联系,然而却从未或很少能够实现。我们将跳过他在这些初期岁月中按部就班的职业生涯,而仅仅注意于反映在他最为包罗万象和野心勃勃的历史著述中的基本经验,这部历史著述就是《关于人类历史哲学的观念》(《Ideen zur Philosophie der Geschichte der Menschheit》] 共四个部分,问世于1784—1791年)。因为不熟悉这些经验,贯穿于这部著作的奇特裂缝就会是难以理解的。我们意识到了这道介于沉思的和道德–教育主题之间的裂缝。① 但是，由于这两个主题的一种奇怪的同时发生的强化，而使这道裂缝扩大了，以至于人们禁不住会问，究竟是什么经验存在于它的背后。

一种影响是赫尔德对于1783年以来与歌德友谊的破镜重圆的喜悦之情，这段时期的友谊完全处在相互给予和获得的基础之上。两人如今都把狂飙突进运动时期的青春岁月置诸身后了。但是，狂飙突进运动的持久遗产是一种对于自然和自然中的神性的深切渴望，是对于与源自神性中的事物和为神圣呼吸所渗透的事物融为一体的意识的深切渴望。然而在两人的愿望中出现的新东西是，不是简单地满足于感受，而是力图通过严格的归纳研究去发现所有人类的探索对于自然的神秘所能发现的东西，发现它在微小之物和宏伟之物中的统一性和秩序。17世纪以来自然科学的伟大进展，曾经为西欧启蒙运动提供了一种无法估量的强烈推动力，如今，它在德国点燃了思想上伟大的反方向运动的激情，这场运动开始于狂飙突进。只是这两次的作用不尽相同。在前者中，自然科学教导了一种机械式的思想模式。在后者中，它们为奠基于形而上学背景上的动态–生气勃勃的需要所平衡。"自然"如今成为了灵魂、有机体和宇宙的公分母。因此，在自然中运作着的法则不再是纯然机械式的。

正如我们看到的，想要成为自然中"神性的解释者"的野心已经在1769年的海上旅行中抓住了赫尔德，而在比克堡时期（《对泽

---

① 我们在这里也必须把我们的观察限制于选择那些合适的观点。海姆目光敏锐的分析已然很大程度上详细地揭示了赫尔德的思想在著作的不同部分发生的摇摆状况。

绍的授课计划》[*Unterrichtsplan für Zeschau*]；第5卷，第396页）的开端则再次抓住了他。现在，他在歌德身上发现了一位走在同一条道路上的漫游者。"我们的日常交谈，"歌德在后来的岁月中讲述道，"关注于陆地从海洋中升起的远古时期，关注于在其上发展起来的有机生命的最原始形式。"（《〈论形态学〉前言》[*Vorwort zur Morphdogie*]，1807年）两人都在原则上赞同人类和自然共属于一个来源于最初的神圣源泉的充满了活跃力量的唯一的整体的宇宙，并且在发展中经历了许多阶段。① 也许歌德以更加泛神论的方式看待这种情形，而赫尔德以更加一神论的方式来看待它。然而一目了然的是，在他们两人中，正是古老的新柏拉图主义世界图像再次获得了生命，它在歌德和赫尔德两人身上激发起来的富有成效的经验研究中，展示了永不衰亡的创造性力量。

歌德的主要研究兴趣本质上存在于物质感觉的自然领域中，并且始终没有忘记人类的心灵与它最终和整个自然之间的统一。正如我们将要看到的，他直到后来才发展出了一种对于真正的历史世界的更为深刻的兴趣。相反，真正的历史始终是赫尔德研究兴趣的主要领域所在。但是如今，他的观念作品的伟大主题是把整个人类历史放置在就能被人类掌握而言的完整的自然过程之中，并且用起源学的方式来领会整个历史。赫尔德在与歌德的友谊恢复之前就这样设想了，不过它由于这种友谊而获得了一种新颖的、极其强烈的激励。

---

① 赖马鲁斯（Reimarus）的思想形成了这个观念的初步阶段，R.佐默在《从沃尔夫和鲍姆加登到康德和席勒的德国心理学和美学史的基本特征》（[*Grundzüge einer Geschichte der deutschen Psychologie und Ästhetik von Wolff und Baumgarten bis Kant und Schiller*]1892年，尤其参看第92页及以下诸页和第110页）中涉及了这一点。

可是，赫尔德要把历史之锚系于自然之中，这有可能实现吗？首先，赫尔德的自然观必须得比从前变得更加清晰和更加有限制。正如我们已经注意过的，他的自然观念就像歌德的一样，结合了灵魂、有机生物和宇宙。但是，赫尔德并没有像歌德一样，在尊重有机体法则的同时坚守着形而上学的基础。比起歌德来，他显然更倾向于废除内在论和超越论之间的界线——而这是天才的歌德极可能要加以坚持的——更多地宣称属于超出了内在法则本质的自然的东西。确实，当他谈论自然时，他首先意指的不是机械的东西，是得按照生长和有机体法则来加以理解的东西。在这里，他是与歌德相一致的。但是，为了循此追踪进历史领域，赫尔德将需要一种如歌德所拥有的那样的纯思辨能力，一种与他自己时代当下的痛苦和变迁、愿望和目标之间保持一定距离的能力。不过赫尔德欠缺这种能力。任何阅读他的观念作品尤其是后面部分的读者，注意其经验内容并允许它产生作用的读者，将不得不承认书中发出的是这样一个人的声音，这个人在其时代的德国中深切地受苦于普遍的社会和政治环境。我们得到的印象是，其受苦程度要超出我们一开始就描写过的开小差者对于普鲁士军事束缚的反感，要超出对于军国主义国家专制统治的愤慨。18世纪80年代加强了这些憎恨之情。当时在社会生活中，尤其在农奴制残余中还有时代精神与中世纪残余之间的斗争；有与北德联盟联系在一起的日益苏醒的民族主义政治情感；有觉醒中的意识，亦即整个德意志由于支配了许多世纪的腐败和陈腐过时的环境而可耻地受到了削弱；到处存在着革命来临之前激荡不安的政治骚动，而不是一种活跃的改革愿望，这种政治骚动后来由于法国大革命的爆发而增强了。所有这些在他的观念作品中

第九章 赫尔德

都是清晰可辨的,尤其是在由于歌德的建议而受到压制的部分。所有这一切都属于关于德国政治精神觉醒的记录,虽然一开始它仅仅是作为怨恨之情表达出来的。我们在这里仅仅关切于它对历史思想的影响。在拥有从上笼罩下来的军事上层建筑的充满封建残余的德意志,让一个蒸蒸日上和日益开明的市民阶级获得与德意志和西方政治历史的任何平静和肯定性的历史关系,这可能吗?默泽尔呕心沥血地想要获得对于自己民族的特殊政治命运的同情式洞察,然而他的努力却结束于一种平静却悲哀的听天由命的情绪之中。赫尔德拥有卓越不凡的移情式洞察力,也是一个人类的道德教育者,但是,他极为敏感的和怒目金刚般的性情却妨碍了他,使他无法与过往岁月中的德意志和西方的政治现象建立真正紧密的同情式联系。因此,在他的历史解释中如今存在着一道裂开的鸿沟。在他身上的上升为个体观念和发展观念的新柏拉图主义元素,为自己设定了庄严的目标,要把整个的人类历史经验与具有神圣秩序的自然宇宙融合起来,而启蒙运动的元素则使这种经验中的一个重要部分在它进入熔炉之前凝固起来。

1774年的纲要已经显示出,赫尔德是多么地未能使自己时代的政治现象服从于新方法,亦即移情式的洞察个体、从内部来理解个体的方法。但是在这里,由于他在"偶然,命运,神!"这些词语中简洁概括过的伟大观念,政治史和普遍历史之间的裂缝在一定程度上得到了弥补。借助基督教救赎方案的形式,和对于与此联系在一起的对目的多样性的洞察,赫尔德能够接受在他看来历史中的阴暗面,包括战争与权力政治。他相信,即使在历史的暴风雨式激情中也能辨别出上帝之手。简言之,他能够在一种开阔的层次上理解历

414

史的悲剧性特征。另外,他对于历史的自然发展的卓越意识,使他获得了一种庄重高贵的历史相对主义,把每个时代既看作手段又看作实质的目的,既看作个体的实体,又看作进一步发展中的一个阶段。尽管结构中有着薄弱位置,但这种新颖的历史意识却突然之间超拔高举于同时代的所有阻碍和偏见之上。

他撰写于18世纪80年代的观念作品中众多的思想和表达,与魏玛时期较早的短篇文章一样,让人想起了这种超凡卓异的观念。但是,整个结构依赖于其上的支柱的分布,却是不同的和不充分的。的确,生长的意识对历史中"自然历史"的意识,正如我们已经注意到的,呈现出了极为广阔的规模。由于歌德的帮助,这种支撑性的支柱变得非同寻常地坚实。事实上,它是变得如此坚实,以至于这部作品能够作为自然科学的一种有力刺激,使它们在自身的领域中去发现自然法更广阔的地带。但是,必须承载在同时变得极为强烈的政治怨恨的重量的平衡性支柱,却显然变得更为虚弱了。面对历史的邪恶糟糕之事时的泰然自若,虽然没有彻底消失,如今却萎缩进了背景之中。与此一样萎缩的是良好地理解历史中不受欢迎的和外在的因素的方法,我们看到这些方法在比克堡时期高涨的基督教经验之下成长着,在1774年的研究中得到了反映。然而如今,赫尔德却较少运用目的的相异性观念。在这部著作的结尾,甚至出现了一项看来奠基于相反方向的理性伦理学的判断。在尖锐地批判了十字军东征和强烈地限制了对于它们对欧洲文化的影响的赞美之后,赫尔德说道:"一般而言,一个事件只有在合乎理性的情形中,才能产生大量的真正而持久的福祉。"(第14卷,第476页)

在这里,显而易见地表现出了一种对于基督教的变化了的态

第九章 赫尔德

度。赫尔德的神学自始至终摇摆于神圣的神秘与一种纯粹人类的宗教这两个极端之间。但是如今,比克堡时期给予的宗教动力开始弱化了,也许是因为要他作为负责人的职业工作中遭遇的所有烦恼的复杂情况,因为理想与日常生活事务之间的冲突。包含于观念作品中的对于基督教的判断,表明了一种更加接近于启蒙运动的、更加冷峻的、更加批判性的态度。赫尔德的典型做法是捍卫吉本的"杰作",反对对于基督教的敌意性责难(第14卷,第330页)。比起依然暗示了神秘起源的1774年纲要,赫尔德现在思考耶稣的方式显而易见是更加实际的。如今,耶稣被认为来源于一个确实的历史环境,是一位具有"最真实人性"的教师。不过赫尔德继续追溯这种纯洁宗教的退化的发展,以及它对于人性的奉献,直至它成为一种对于耶稣人格的崇拜,而最终走向了教皇世系——远远超出了阿诺尔德所说的——甚至从耶稣的门徒就开始了这一过程(第14卷,第290页及下页;未刊文章,第14卷,第500页及下页,第556页)。在这里,赫尔德就像一位理性主义者在讲话,不过从作为其发现之一的民族个体性观念出发,他也开始质疑基督教的影响。他辩称,对于北欧民族当时所达到阶段的根本特质而言,基督教的引进是不利的,甚至可以说,它实际上是有害的,因为它从他们身上夺去了自身的精神(第14卷,第384页;未刊文章,第14卷,第517页)。撒克逊人、斯拉夫人、普鲁士人、库尔兰人和爱沙尼亚人的被迫皈依,如今对赫尔德而言成为了腐化的基督教带来的无法消除的污点(未刊文章,第14卷,第537页;也可参看《人道信札》,第18卷,第222页)。这项判断以其大胆无畏的无所顾虑的气势,甚至超过了成熟于英国前浪漫派的对于北欧民族的强烈兴趣。

然而，这种基督教宗教激情的冷却却没有过分世俗化他的历史思想，没有达到彻底放弃基督教救赎方案的程度。这个时代普遍的目的论观念的影响对他还是极为强烈的。而且，莱辛面世于1780年的《论人类教育》向他显示出这样一条道路，人们可以将天启基督教的救赎观念拓展为一种普遍的一神论观念。因此，这部著作中的第一部分带有强烈的一神论倾向（第3版第13卷，第7页及下页）。赫尔德把动物看作人类的兄弟，虽然他并没有认识到人类是从动物演化而来的（第13卷，第109，114，256页）。但是，他把人类从动物状态的初次提升联系于一种直接的"关于创造的强大词语：人，来源于大地的造物！"（第13卷，第136页）。他允许在后来时期中直接的神圣帮助变得愈益稀少，直至人类开始发现自身的力量。不过，即使在后来的时代中，他也坚持了源自难以解释的环境或与它们一同发生的对于地球产生的最强烈的作用（第13卷，第198页）。可是，在著作继续推进时，赫尔德倾向于把整个人类历史解释为一部关于人类的力量、冲动和行动的纯粹自然的历史（第14卷，第145页）。他大张旗鼓地拒斥了任何探索一种"有限的秘密的天意计划"与所有的"终极哲学"的观点，坚持把每种历史现象仅仅看作一起自然事件（第14卷，第200，202页）。

因此在这里，我们可以谈论赫尔德身上的一种普遍决定论（德尔瓦耶，《进步观念史》，第594页）。我们几乎不需要去重复赫尔德毫无疑问没有接受一种纯粹机械式因果关系的现实观。虽然他有时也许会呼吁关注一种机械类型的因果关系，不过在它一般性的背景上，始终具有的是一幅相互交织着蓬勃力量的景观，这些力量具有

第九章 赫尔德

极为丰富的从内部起作用的结构。只有在这个意义上,才能谈论赫尔德的自然主义。

然而,他的思想不断进展的世俗化和愈益增长的按照自然对历史生命进行的解释,如今为一种同时突然爆发出来的充满怨恨和辛辣嘲讽的理性主义所平衡。不过赫尔德的思想如此充满了矛盾,如此深刻地浸透了生命力,以至于他的观念作品中的理性主义带有一种精致的和精神化的特征。魏玛的古典精神在这里以一种新颖的语言说话,在这部著作中为自身铸造了最初的伟大的表达形式。狂飙突进运动释放出了内在精神的生命力量,这些力量现在开始从教育角度凝聚在一处,为自我寻找标准和限制,并征服所有芜杂繁乱的事物,而同时却没有丧失任何新释放出来的更深的生命源泉。人道的理想正是其答案。我们在1774年纲要中已经看到了朝向这种理想的开端。在这部观念作品中,它表现为赫尔德历史世界大厦中的一根新的支撑性支柱。历史发展的意义和目的是——在我们考察这个理想的内容时,我们将对这一点看得更加清楚——实现人道。应该注意到的是,1774年更为基督教的和超越的目的论,如今为一种更为世俗化的目的论原理取代了。我们应该进一步注意到,人道理想,就它是赫尔德个人的思想主张而言,可以说代表着肯定性的方面,而与我们已经看作为一种消极方面的东西相对,他的消极方面也就是他未能获得对于政治世界及其权力斗争的任何内在的理解。在面对这个毫无爱意甚至充满憎恨的世界时,赫尔德挥舞起了人道的旗帜。因此也可以说,在这里活跃着的动机是启蒙运动的动机,包括它极为非政治化的观点,和它对于个人幸福的强调。对于赫尔德而言,这些绝不是新奇的,不过它们如今为自己赢得了一个更加宽阔的行动领域。① 以一种超人格的方式来看待事物的渴望,在1774年纲要中曾是如此光彩夺目,如今却退隐于背景之中了。

众所周知的是,赫尔德摇摆不定的思想方式使他难以对人道理想进行确切的定义。幸福、宗教、理性等类似的概念,他有时候不能轻易区分开来。沙夫茨伯里的影响在一个不断重复出现的观念中昭然可见,亦即人道产生于美与道德的和谐。"明晰的真理,纯粹的美,自由的和积极的爱"是赫尔德曾经在一篇较早的手稿中描述人道的方式(第13卷,第201页),其中流露出了洋溢的激情,他宁愿怀着这种激情拥抱这个观念之中所有人类中最高贵的事物。不过这最高贵的必须努力争取得来,它不是上帝在一开始就简单地赐予人类的,虽然上帝毫无疑问给予了人类一种追求这种事物的才能。人类"虽然尚未塑造为人道的,不过无论如何在人道方向上是可塑的"(第13卷,第147页)。"从生命肇始以来,我们的灵魂看来就只有一项任务,也就是赢得人道内在的样式和形式。"(第13卷,第187页)在这里,我们再次瞥见了沙夫茨伯里的思想。他的伟大目标是要把每个历史现象理解为一种自然的产物,在最终的分析中把它理解为来源于神圣的最初者。这驱使他揭示出人道如何是神圣源泉的表达,凭着必然隐含于人类的自然品质中的迹象,就可能在大地上认出神的踪迹。赫尔德相信,他能够辨别出这种人类原初的

---

① 比特纳(Bittner)的如下句子有所误解(《赫尔德的历史哲学与斯拉夫人》[*Herders Geschichtsphilosophie und die Slaven*],第55页):"赫尔德的人道理想是社会的,而歌德的、席勒的和洪堡的则是个人的。"这是因为赫尔德的观念也内在地包含了个体性成分。舒伯特(Schubert)的观点是正确的,见《歌德与黑格尔》,第101页。也可参看海姆,第2卷,第222页,关于人道理想中的个体意识("历史的目的是个人")与它应用于人类整体之间的二律背反。

和自然的品质的七种特性,其中的两种属于狭义上的本性(Physis),即人类显然更适合于自我保卫而不是攻击的生理构造,以及人类的从动物状态分离出来的指向亲吻和拥抱的性冲动。剩下的特性属于精神–道德领域:人类是所有生物中最富有创造力的;人类的同情感使他天生就是社会生物;人类天生的正义感和真理意识;人类的优美构造(与此同时暗示着美的理念);最后,由于为恐惧和对于因果关系的探询所驱使,他的宗教倾向,不管它是以正确的还是以错误的形式出现,从一开始就是对人道的最高表达(第13卷,第154页及下页)。

我们不打算按照现代知识标准来评价这种设定人道根基和阐明其根本特征的努力。① 我们的当务之急是这些思想的历史起源,是它们如何被赫尔德应用于世界历史现象解释之中的问题。在这里活跃着的是斯多亚精神和为启蒙运动所复兴的自然法的一种余响,它们相信人道具有一种放之四海而皆准的道德和理性内容,是人类的一部分,同时是吻合于普遍理性的。然而赫尔德对于起源学方法的崭新感受,可以在这个事实中观察到,亦即他仅仅把一种朝向理性和道德的品质归给人类,而把这种品质在个体历史人物身上的实现放在了不同的程度和阶段上。赫尔德身上的理性神学家确实无法以这样现实的方式来进行表达,而必须把这一作用指派给天意。上帝没有束缚人类的手脚,不如说允许人类犯错误,"以便他们自己

---

① 我们在研究中可因当前目的而予以忽略的赫尔德的人道理想中的更多因素和作用,见莱曼,《赫尔德的〈人道信札〉》,载于《康德研究》,第24期,1920年。

可以学习如何力臻完美"(第14卷，第210页)。①那么，上帝放手让人类自由塑造自身命运的结果是什么呢？在这里，人们可以看到赫尔德在研究过程中摇摆于悲伤和乐观之间。"在地球的所有居民中，令人奇怪却又无法否认的是，人类离他们命运的目标最为遥远，"他在一开头就如是评论道（第13页，第190页）。不过接下来他在另一个地方是这样说的："历史进程显示出，随着真正人道的发展，人类中毁灭性的邪恶也在数量上减少了，这是由于一种拥有开明理性和治国才能的内在自然法的缘故。"（第14卷，第217页）他在这种情形中还说出了著名的预言，亦即他曾经树立为爱好和平的民族典范的斯拉夫人，将会再次从奴役的锁链中解放出来（第14卷，第280页）。然而他在一篇较早的手稿中却又是这样说的："谁在世界的终结处期盼着一个政治上的黄金世纪……谁的期盼就是违反人道的，违反一切历史经验的。"（第13卷，第468页）

在思想激荡的比克堡时期，赫尔德一度认为朝向一个更好世界的人类精神逐渐进步的信念是镜花水月。在那时，这种判断是悲观的历史理解的开端。如今，它表达了辛酸的痛苦。从前，他信赖神的天意在历史中的作用。如今，失望之情促使他超出历史而进入了纯粹的形而上学和宗教的领域。我们拥有指向人道目标的生存目的，他认为这超越了我们的存在本身。此世只是一个演习场所或者预备性学校。我们的人道只是种练习，只是将成花朵的蓓蕾。当前的人类状况也许是两个世界之间的联系纽带。在这里人们应该回想起，在那个时代，其他世界的居民是一个备受欢迎的讨论主题，甚

---

① 顺带一提，这是他依然运用目的的相异性观念的情形之一。

至康德也思考过我们不朽的灵魂具有在其他星球上展开其他生命的可能性。因此大可理解的是,赫尔德以朦胧含糊的和偏爱超越论的自然观,会把这种观念宣称为唯一可能的人类历史哲学,将它置于所有自然法则之上(第13卷,第189—201页)。因此,德国启蒙运动中强烈的灵魂轮回观念,注定将为他的历史哲学拱顶提供最后的拱顶石。

就像我们说过的,在所有这一切中隐藏着个人体验的渊源。他的生命理想存在于温文恬静的人类关系的方向中,存在于精神文化不受干扰的进步中,和民族个体性不受干扰的发展中。他因此强烈地反对权力的"王权方式"(第13卷,第378页),他注意到,这种方式既存在于过去又存在于当前,对于那些塑造了人类命运的人来说是普遍的道路。事实上,他对此深恶痛绝。比起启蒙运动,他的反对扎根于一种远为深刻细致的生命解释之中。但是,由于他对实际发展着的纯粹的政治现象怀有一种奇特的根深蒂固的厌恶,以至于动摇了他把每场历史事件归因于自然起源的意图。

我们将努力辨别出赫尔德国家思想中的坚硬内核,虽然它通常带有感情色彩,表述时用的是模糊的语言。对他而言,唯一完全纯粹的自然产物是家庭,而国家形式就奠基于家庭之上。人们也许会把这称为赫尔德的民族国家形式。"自然产生了家庭,因此,最自然的国家也是一个拥有单一民族性格的单一民族。"(第13卷,第384页)"一个民族国家是一个家庭,一个秩序井然的家族:它自足独立,因为它是自然形成的,只是随着岁月的流逝而产生和衰落。"(第14卷,第52页)他把这称为自然政府的最初阶段,不过却声称它是最高贵的并将是最持久的政府形式(第13卷,第375页)。这意味着，他的关于原始和纯粹的民族政治国家的理想化景观，大体上来说就是他的国家理想。因此人们不可忘却的是，赫尔德虽然被称为现代民族国家理念的最早拓荒者，不过其根源却存在于某种生气勃勃的自然法之中，其品质完全是和平主义的。在他看来，任何通过征服形成的国家都是可憎的。因为它毫无疑问地扰乱了——这里再次表达出了他的民族观念——原生民族的逐渐生长着的民族文化。这里没有重申他在1774年曾尝试过的有保留地承认东方专制统治的努力。不过他确实接受了自然政府的第二阶段形式：这种政府形式是被创立来回应特殊要求的，它的统治阶层依赖于部落和早期民族的选择。但是对于第三阶段的世袭制政府，赫尔德已经开始怀疑它们在自然法中是否有其基础。而且在内心深处，他答复这个问题的是一声响亮的不。在另一个地方，他把这些国家断然地称为"社会矫揉造作的产物"（第13卷，第340页）。"幸运的是，"他在这部著作的未刊部分这样写道，"人类和国家不是同一个事物。""如果你必须如此，那么就服务于国家；如果你力所能及，那么就服务于人类。"（第13卷，第455页及以下诸页）

同样不能令人满意的是，赫尔德在理解世界历史中的战争问题时所做的尝试。如果说有什么存在过的话，那么战争毫无疑问是历史中一种确然的和极为强大的古老现象。可是赫尔德却声称和平是自由处境中的人类自然状态，而战争则产生于充满匮乏和压力的环境中（第13卷，第322页）。但是，人类可曾在哪个时代没有处于压力之下呢？

在这里，我们有必要再次回顾赫尔德思想的一个较早阶段。仅仅在几年以前，赫尔德在《希伯来诗歌的精神》（["Geist der ebräischen Poesie"]1782—1783年)中,对战争和政治作了一种迥然相异的评注,也许是他在精妙地理解独特的–不可重复的民族诗歌精神时所取得的最杰出成就了。他在这里追随了洛思开拓的道路,以几乎音乐般的语言,不仅使人察觉出了,而且浑然天成地表达出了这个神选的牧羊民族的诗歌的一切特殊品质,从而最终得出了极为精辟的认识:"人们通常仅仅看作精神的他们诗歌中的卓越部分,却是政治的。"(第12卷,第119页)赫尔德并不仅仅在神权统治的意义上意味政治,因为他很可能把这种神权统治与通常面目可憎的权力政治区分开来,而是表明了这样一种现象,它充满了英雄主义、青春的豪侠勇武和一个新兴山地民族的精妙技艺和洋溢着的活跃,生机勃勃的诗意中充满了激情、冒险和自由(第12卷,第168页)。因此,他乐意原谅一个年轻民族在为自由奋斗时向权力政治所做的一定求助。但是,如今在他的观念作品中,无论在什么地方发现创建国家的专制君主,或发现行动中的并运用这些方法的现代国家中完全专制主义的政治体制时,他就会起而捍卫受到侵害的人权。这是人们在那些具有浪漫天性的人物身上并非罕见地注意到的自相矛盾之处。确然无疑的是,这是赫尔德的伟大之处,亦即他能把年轻民族的精神感受为浪漫的,而同时却意识到它是一去不复返的。但是,他表现出如何以划时代的方式应用于这种民族精神的起源学原理,在着手处理西方民族的政治起源问题时却失败了。因此正如我们看到的,他的战争学说倒退回了陈旧的自然法亦即理性法则的观念和卢梭的立场中。

赫尔德必定亲身意识到了介于他的起源–自然法思想和人道主义–幸福论思想之间的鸿沟。他几次三番地寻找弥补这道鸿沟的方法，在自然中寻找更高级的规律性，这种规律性将使他有可能在看来违反自然的事物中辨别出意义。不过仔细观察，于他而言显得违反自然的东西，只不过是悖逆了他的道德理念、存在于世界历史的阴暗面而已。较早的时候，他对于在历史中活跃的目的多样性的洞察，显示出历史的阴暗面必须被接受为不可避免的东西。如今，在他心中升起了一个新观念，一颗来自沙夫茨伯里哲学的思想种子逐渐获得了力量，并在他生命的最后阶段中注定变成历史思想的重要主题。这就是关于历史中力量平衡的学说，认为历史力量消亡着却一再地重新兴起着。他如今教导说，自然法则可以还原为数学的确定性，所有违背真实人道的行动无不来自这种平衡的受干扰，而它们最终必然会自取灭亡（第14卷，第177页，第217页及以下诸页，第500页）。它同样也是一项自然法则，亦即在社会中行动着的力量彼此狂乱地作用着，直到"对立的原则相互压制，成为某种平衡的与和谐的运动"（第14卷，第227页）。这项"法则"在被改造为研究的假设时，在今天的现代心理学和生物学中仍然是有用的。而且，就像我们将在歌德研究中看到的，显然可能发生这种情况，亦即从深层源泉中获得营养和澄清的历史思想，扩展为最初的宇宙原理。但是，一旦它以草率和直接的方式运用于具体的历史现象，就会陷于狭隘化为对于世界进程进行道德判断的危险之中。历史运动的真实节奏过于错综复杂和模糊不清，无法被普遍地简化为赫尔德的平衡原理。倒不如说它是一种想要迅速满足他的压倒性的伦理要求的愿望的产物，而不是想要获得最纯粹形式的知识的努力的产物。

赫尔德也竭力试图把道德的人类理想融贯于他的自然观之中。他的自然观成长于一种极为原初性的发现与一种新柏拉图主义思想模式之间的综合。虽然赫尔德接受了同时代的影响，它还是创造性的，认识到了原初的、清新的民族性及其特殊的精神创造力，并且轻而易举地把它编织进了新柏拉图主义的世界图像中。这种世界图像中充满了永恒运动着的生命力，"不可见的神圣的洋溢着光与火焰的精神"。这种精神渗透进了一切生机勃勃的事物，建立了灵魂与所有生动事物之间的原始统一（第13卷，第175页及下页）。人类理想因此被视为这些大地上相互作用的力量所能产生的最精致的花朵，从而自然而然地被纳入了这种普遍的世界观之中。但是，一旦人类理想被树立为绝对标准，而不是一种受到时代制约的理想，并且被作为一种绝对道德标准用来要求和衡量过去的历史，那么在自然观与人道理想之间就会出现一道裂缝，我们已经注意到了这一点。确实，他的历史主义同时也教诲说，在历史现象中观察到的人道宛如诗歌一样多变。尽管如此，赫尔德衷心珍爱的人性理想却成为了对待世界历史中政治部分的准绳。因此，从历史主义起源史的立场来看，与1774年纲要比较起来，这种道德评判使伟大的观念作品成为了一种倒退之举。与这种道德主义一道，出现了一种引人注目地重新出现的实用主义，一种按有限的个人动机和原因来解释历史过程的倾向。

因此，赫尔德的《关于人类历史哲学的观念》表现为一片辽阔强大的海洋，虽然并不是不停歇地剧变着，却持续不断地同时为顺流和逆流推动着。因为在关注伟大的集体性个体时，他那辉煌庄重的个体发展意识和个体完美意识特别地占据着主导地位。他的卓越之处在于按照各民族及其民族精神来进行思考的能力。让我们简短地和有选择地考察他的观念作品在这个方向上所获得的一些成就。

大约1774年时，到那时为止一直引导着他的历史哲学的基本问题改变了，在外部形态上表现为相继而起的和彼此并列的各民族的历史连续性问题。在那个时期，我们自己西方世界的起源和命运问题限制了材料的选择，而中东和远东各民族很大程度上被搁置一边了。新的问题是把人类历史看作产生于普遍的宇宙生命，把地球看作其他星球中的一颗行星，是一种逐步上升到人类这个顶峰的生命的特殊承载者。这种新问题所关切的东西包括打下人类烙印的一切事物。确实，在接受充分的材料方面，赫尔德并不是完全成功的，不过他至少考虑进了所有已知的产生了特殊的和发达的文明的民族。他再次以极为细腻的色彩描绘了古希腊人，同时至少慎重地避免了错误的理想化。与此同时，他现在对阿拉伯文化的景观给予了特殊的突出重视，认为它是"从干燥的土地上迸发出来的芳香四溢的灌木丛"（第14卷，第425页）。他将它视作光明的中心，同时是独特理想的反映。在这里，他应当也受到了英国的影响。休谟已经在历史著述中赞颂过中世纪的阿拉伯人（第1卷，第209，345页）。接着，沃顿在他受到赫尔德高度评价（第8卷，第397页及其他）的《英国诗歌史》中（[History of English Poetry] 1774年及以后）强调了阿拉伯文化与中世纪浪漫诗歌之间的联系。他并不是指出这种联系的第一人，而是意图成为第一个提供可信证据的人。赫尔德不得不接受了很大程度上令他反感的穆罕默德和伊斯兰教。不过他心中在面对这种双重景象时是温暖的，因为对他而言它们既展示了一种真正诗意的民族精神，又是中世纪时主要的，正如他所说的唯一的文明教养的承载者（第14卷，第447页）。他因此深思熟虑地强调了它们对于中世纪西方世界产生的生机勃勃的和启发性的影响，比起

第九章 赫尔德

1774年，赫尔德现在在中世纪西方世界中看到了更多的阴暗面。① 这也是他对于一切民族之间的联系，对于不同文化之间广阔的传统联系的意识的一个例子，这种传统联系是"文化之间的金链"（第13卷，第353页），在那个时期是极为生动活泼和富有成效的，在他的观念作品中也广泛存在着。

从这些传统联系出发出现了东亚民族，如今赫尔德首次把它们接纳进了整体景观之中。不过置身事外的立场使他很难理解它们。他在描绘东亚文化方面并不是特别成功的。从一开始，他就并不满意于蒙古人，他在这里继续采纳了启蒙运动隔靴搔痒的僵硬范畴，诸如野蛮主义、专制主义、实用艺术、精致的科学和天然的壮丽辉煌等等。在这里，他抛弃了移情认同的方法。可是在他描绘印度—婆罗门文化时，倒有着相当多的移情认同方法的应用。然而他具有一种从内部更深刻地、动态地和个体性地理解这种完全异国情调的东方世界的炽热愿望，在他关于它所讲的话中迸发了出来："多么美妙和奇特的事物，我们将此称为一个民族的原初精神和特质。它是难以言喻的和永垂不朽的，就像这个民族和它居住于其上的这片土地一样古老。"（第14卷，第38页）

这些话语中也包含了他的民族精神学说的精华②。它首先就像启

---

① 作为1774年纲要中的对中世纪生动的理解与《观念》研究中更为道德化的理解的中间阶段，人们可以注意到1778年论述诗歌对民族风俗习惯的作用的获奖论文中的中世纪形象（第8卷，第397页及以下诸页），还可以注意到1780年论述政体对学识的影响的文章（第9卷，第337页及以下诸页，第391页及以下诸页）。

② 赫尔德后来还在《人道信札》(第18卷，第58页；也可参看第18卷，第146页）中更加详细地涉及了这个主题。也可参看伦皮克，《德国文学史》，第387页及以下诸页。

蒙运动中的先驱一样,集中关注于各民族中间的一种持久不变的特征和本质,一种无论千变万化却仍然持存不变的东西。比起后来的历史法学派教义所表现的,它受到了一种对于在各民族中间发现的繁复多样的个体性的更为普遍的感受的支持,而历史学学派则起源于一种对他们自己特殊的德国精神中奇特品质和创造性天才的炽热的凝神关注。不过它仅仅以薄弱的神秘主义预感到了对于民族精神中的非理性和神秘因素的浪漫感受。正如浪漫主义者一样,它把民族精神看作一种不可见的符号,仅仅以一种相当自由和松散的、较少教条化的方式,在一个民族的具体特征和产物中打下了烙印,人们也许可称之为某种灵感。赫尔德也以相比于后来的浪漫主义者更少的严厉性来对待这个问题,亦即民族精神是否是无法根除的。在我们引用过的段落中,他明确地肯定了这一点,不过他对一个民族的特殊特质能否不屈从于变化这一问题也是疑虑重重的(见于早期手稿,第14卷,第643页)。他对于纯粹的和不曾歪曲的民族性的热爱,在这里并没有妨碍他,可以说比以前更加坚定地认识到"一个民族在恰当的时刻进行新鲜混血"(正如诺曼人对英国民族的混血)的健康性(第14卷,第381页)。而且,在赫尔德这里由于增加了他所偏爱的"起源"一词,民族精神观念获得了一种进一步的特殊含义。这个词语带有大量的弦外之音,是他只能感受到或模糊地猜测到却无法给予确切表达的东西,是他仿佛只能在这个词语中拥抱的东西。它代表了朝气蓬勃的发展观念,而不是寂静的存在。它不仅包括了历史中特殊的和不可重复的发展,而且包括了所有生命从中迸发出来的原初的创造性源泉。而且,它包含了整个系列的宏伟和微小的因果关系,这些因果关系支配着诸如民族性这样的结构的发展和本质。正如我们知道的,赫尔德没有在机械论的意味上来理解这一点,而是再次从强大的创造性背景和所有生命的源泉中将它推演出来。

> 伟大的自然母亲啊,你是多么无微不至地联结起了我们人类的命运!一个人类头部和大脑构造中的变化,一个在组织结构和神经系统中由气候、种族性格和习俗所带来的微小改变,也改变了世界的命运,在人类在这个地球上的一切地方所做的和所遭受的一切事物中,带来了整体的变化!(第14卷,第39页)

他那明朗的目光已经注意到了演变过程中和遗传的事实中的持存不变的因素(第13卷,第282,308页;第14卷,第8页;也可参看第4卷,第206,210,213页;接着参看第18卷,第368页)。但是,他对于现在兴起的种族观念采取了一种极为批评性的态度,这种种族观念是最近(1775年)由康德首先提出来的。他的人道理念反对这种观念,他认为它似乎把人性再次贬低到了一种纯粹动物的水平。虽然由此必须承认的是,他未能认真对待种族巨大的因果关系上的重要性。对赫尔德来说,甚至谈论人类中的种族也似乎是不光彩的(第13卷,第151页)。他坚信所有的种族色彩在汇聚起来,最终我们只是一幅伟大画卷中的不同色彩而已(第13卷,第257页及以下诸页)。对他来说,伟大的集体性演变过程的真正承载者是,并始终是民族和超出于其上的整个人类。

"起源的力量,"他的一句重要的话是这样说的,"是地球上所有创造物的母亲，而气候只是起到敌意或友好的辅助作用。"（第13卷，第273页）气候"不是压倒性的，而仅仅是倾向性的"。可是通过气候，他理解了一种与土地有关的典型力量和影响，对此植物和动物也是有所贡献的，是与所有处于相互交换的网络中的生物联系在一起的，而人类通过人为的手段也能在这个网络中产生改变（第13卷，第272页）。在这里，我们接触到了观念作品中的一个经常正确地得到赞扬的主要贡献。在吸取了这个世纪整个的自然科学和地理著作的同时①，赫尔德精致化了一般的气候和地理环境影响的学说，这个学说甚至在孟德斯鸠那里也受到了过于僵硬和机械式的对待。他第一次使这个学说变得更有弹性，这种学说不仅注意到了特定地理环境对于特定民族的持久作用，而且揭示了陆地表面与民族运动和变迁之间的联系。这就产生了一种新颖的和富有成效的对于存在于所有生命形式之间的共生现象的洞察，推动了今天依然在发现新鲜的和不为人知的联系的研究。对于赫尔德先知般的眼睛来说，所有这一切都由于相互作用而产生。气候影响于人类，而人类也对气候产生着一种起改造作用的影响，甚至气候的作用也马上与一种由有机体产生的特殊的内部反作用不可分割地结合在了一起。我们应该再次注意到孟德斯鸠以来思想所产生的决定性变化。甚至他也讲到了人类对于气候的反作用，不过仅仅是诸如出于立法者意愿的有意识理性控制的反作用。对于赫尔德来说，人类生于生机勃

---

① 在此可参看格伦德曼（Grundmann），《赫尔德〈关于人类历史哲学的观念〉中的地理学和人种学的来源与观点……》[*Die geographischen und völkerkundlichen Quellen und Anschauungen in Herders Ideen ...*]，1900年。

勃的自然整体，并创造性地作用于气候。① "无论气候如何起作用。每一个人、每一只动物和每一棵植物都拥有自己独特的气候：因为它们中的每一个都以自己的方式来接受所有外部的影响，并以自己有机的方式来改变它们。"（第13卷，第277页）他把生物的这种个体的特性称为它的天赋（纲要，第13卷，第279页）。我们看到他从前的个体观念又点燃了，并伸展到整个生物界。并不清楚的是，他给予个别生物的真正个体特征的突出地位比起物种的类的特征要高多少。它是一种激情，被所有生物的合唱和同时有之的不同音调席卷而去。它是一种奠基于形而上学–新柏拉图主义的生机论，由于个体性而分开，却又重新把所有个体性事物联系在一起。正如他在纲要中说的，人们可以毫无偏见地评判整个系列的存在物，直至人类："一切事物中闪闪发光的上帝形象，与物质形式结合在了一起。"（第13卷，第274页）

正如我们业已注意到的，这个观念并没有成功地渗透于整个历史世界。卢梭所指出的自然和文明之间的鸿沟依然存在；古老的柏拉图主义–新柏拉图主义与同样古老的理性主义–自然法思潮不同的特质，自古以来就遍布于西方思想整个的发展中，在赫尔德自己所运用的不同标准中仍然是清晰可见的。

这部未完成著作的结论部分对于晚近历史的整体理解显示出，赫尔德为了从他的一个原理前进到另一个原理，必须持续不断地跳过沟沟坎坎。他的民族性观念，从"黎明期"时代发展而来，正如

---

① 他也已然认识到了罗特哈克（Rothacker）在《历史哲学》（1934年，第52页）中所刻画的人类对地理环境的创造性"回应"。

他自己不得不承认的，显然不足以充当理解晚近时期的指导性原理。自从古典世界结束以来，他就感受到了"充满古老的素朴和仁慈的有益基础"的匮乏（第 14 卷，第 485 页），这是他在古代时期的民族中频繁地，虽然不是普遍地，感受到的。最初的民族彼此混合在一起，并分裂成了碎片，而从这些碎片中产生了"今天欧洲的共和国，这是我们的地球所能产生的最伟大的共同体"（第 14 卷，第 555 页，未刊作品）。我们早已熟悉了这个观念，它是启蒙运动和早期历史主义分享的历史感情的共同基础。不过像赫尔德这样的人物也同时意识到了它的阴暗面。"欧洲的一切迹象无不指示出民族特性的一种缓慢的灭绝。"（第 14 卷，第 288 页）他早在 1774 年就表达了这一观点。然而显然与此相反，他就像我们看到的，再次表达了这一希望，亦即斯拉夫人将再次成功地获得他们民族性的自由发展。为了支撑这个希望，他必须从自己奇特的民族理想跳跃到一种人类理想，与此同时建立起对于未来和平的欧洲各民族联系的希望，和一种普遍的欧洲人道主义的发展。但是，这种希望由于他对于这样的条件是否有朝一日将会实现的怀疑，由于他对于如此众多的真正深孚众望的文化的消失而感到的悲痛之情，遭到了破坏。就像在 1774 年一样，再次变得显而易见的情况是，从赫尔德对早期文化的描述到他在晚期文化中所看到的问题之间，并无道路可通达。

尽管有着这种二元主义，因此在写作时艰难费力，不过这种对于自古典世界结束以来的西方历史整个发展的叙述，仍然是一种辉煌的成就。他追随着伏尔泰和罗宾逊的步伐，揭示出了现代欧洲是如何从极为不舒适和困难的环境中发展起来的。但是相比于他的前辈们来说，赫尔德的著作成功地以一种极为深刻和生动的方式把所

第九章　赫尔德

有自然的因素，尤其是地理的、精神的、政治的和经济的因素（虽然贸易在一定程度上得到了过分的强调）结合在了一起。对于赫尔德洞察一切的眼睛来说，偶然事件和普遍趋势始终都在彼此作用着，虽然由于施加于个体事物之上的实用主义和道德化的观察，这种作用通常受到了一定程度的模糊。但是人性的伟大主题及其历史特征以前从未以如此生动的深度和如此宇宙般的规模同时得到研究，从而对于所有未来的研究形成了一种强大的范例和推动力。在整个历史中出现了一场运动，自始至终具有丰富的色彩；出现了对于所有伟大的力量极为朝气蓬勃的洞察，这种洞察受到了一种对于对自身的人类价值怀有绝对信念的文化的渴望的鼎力相助。这两者，人性的新的洞察与文化渴望，对同时代人产生了一种强烈的影响。歌德后来（1828年）见证了赫尔德的这部著作对于民族文化产生的难以置信的影响，这种影响达到了这样一种程度，以至于几十年之后德国人完全遗忘了他们的新灵感由之而来的源泉。如果说1774年纲要是赫尔德对历史主义发展做出的最伟大贡献，那么他的《关于人类历史哲学的观念》就是产生了最大影响的著作。不过事物不可能是另外的样子，亦即赫尔德的著述产生了矛盾的影响。因为它们不仅适合于对历史作历史化的解释，而且也适合于作道德化的解释。19世纪早期的施洛瑟①和罗特克在着手评判世界历史的政治部分并为人权辩护时，也本可以引用赫尔德作为声援。

---

① 施洛瑟（《十八世纪史》，第4版，第4卷，第194页及下页）直截了当地否认了赫尔德具有历史学家的素质，但是他声称，与浪漫主义者的激情比起来，赫尔德的《观念》就像"黑暗中的光明"。

晚年岁月

赫尔德历史著述的独特发展可以比作一朵玫瑰,当它最初从花蕾绽放时,达到了最清新绰约的美。当它长得更充分一些时,就已经出现了一种凋萎的迹象。在它的第三阶段,凋萎来临了,然而在每一单片的叶子中仍然能够让人回忆起最初的姣美曼妙。

1789年后,不折不扣的压抑或痛苦的经验作用于这个敏感者的灵魂之上。法国大革命和紧随其后发生的震撼世界的事件对赫尔德产生了巨大影响。首先带来的是激情,虽然他不敢以过于明显的方式公开表达这种激情。但与大多数人一样,虽然在赫尔德这里要晚得多,这种激情让位给了失望和对于充斥着专制统治和战争的毫无节制的恶魔般势力的一种日益增长的恐怖。他在1795年在席勒主编的《季节女神》杂志上公开提及雅各宾党人,"这是些带来灾难的家伙","是些厚颜无耻的、妄自尊大的和傲慢无礼的人,他们认为天命注定要来重新整理所有事物,把他们的影响施加于一切人类之上……还好,这些恶魔……很少出现。一小撮这样的人就能在几代人中传播灾难"(第18卷,第417页及下页)。"我们正站在,"他在1794年的《人道信札》中写道,"野蛮深渊的边缘。"(第17卷,第249页)去世前一年,他在1802年的《阿德拉斯忒亚》中写道:"在我们的时代——谁不是以一种沉默的恐怖情绪思量着18世纪的最后几年呢?"(第23卷,第486页)他长久以来就对古代政体中的保守君主制深恶痛绝,但是这种强硬的冲击如今却彻底震撼了他。当这位历史思想家在任何相互竞争的同时代力量的阵营中无法辨别出走向未来的希望的任何蛛丝马迹时,这是对于他的最严峻考验。人们需要像浪漫主义者一样比赫尔德年轻,以便看得到一个仍然在形成中的新的政治理想世界。但是赫尔德,鉴于他的人类理想形成于往昔激动人心的狂飙突进运动时期,他在此时的政治世界中只能感到无家可归。作为对这种状态的自然反应,他对德意志祖国的感情以令人惊讶的力量突然奔涌出来。不过正如我们业已注意到的,他自己却没有成功地发现任何民族性和人性之间的历史基础和有效的结合。尽管如此,他却属于这样一种结合的精神先驱,这种结合最终在普鲁士攫取权力的过程中产生了出来。但是赫尔德早在能够看到这种发展的黎明期之前就去世了。

此外,他在精神上变得孤独了。他与歌德的友谊在1793年之后冷却了下来,在1795年就分道扬镳了。但是对康德哲学的抨击——赫尔德在其中竭尽全力要报复康德由于对他的历史哲学的严厉批评而对他造成的伤害——同时使他疏远了如今集中于康德周围的整个德意志思想运动的深入发展。赫尔德具有对人类所有的精神–知识力量内在统一的深刻意识,尽管如此却不能理解仍然存在着的必然性,这是康德在揭示出这种统一的根深蒂固的局限性时所指出的。

看到赫尔德尽管悲痛和身体上忍受着痛苦,却没有停止对至关重要的历史问题在心中反复地再三思考,一再地试图为个体历史现象给出一种充分的表述,是令人深为感佩的。在他全神贯注于历史世界时,有着一种激情和个人的情感需要,这些,在启蒙运动和早期历史主义的历史著述中也通常是显而易见的,然而在赫尔德这里却上升到了一种几乎神经质的程度。在19世纪和20世纪早期的较晚的更为成熟的历史主义中,鉴于其屡见不鲜的迟钝模糊和按部就班的程序，经常会缺乏这种品质。

人们可以仅仅因其与历史有关的内容，将《关于促进人道的通信》(1793—1797年)看作18世纪80年代观念作品的一个水到渠成的结论，尽管其内容是杂色斑驳的，视之为从未完成的最后部分的替代品。这些信件来自对待在那部著作中更加紧迫地提出来的个体主题的需要，大多数是与道德-教育目的联系在一起的。他晚年的作品《阿德拉斯忒亚》(1801—1802年)延续了同一条思想路线，不过这篇论文却混乱模糊，激动难耐，是一颗受伤心灵的呐喊。它们让人联想到了一只奄奄一息的鸟儿为拍打翅膀所做的反复努力。其中有一些亲切、精确和深邃的思想在大量混乱不清的思想倾泻中挣扎着。不过，它们仍然带有天才的气息。即使它们没有为我们关于赫尔德思想的知识增加任何材料，但我们不能忽略这种塑造思想的最后努力。其中一些来自较早时期的火焰的余烬还再次发出了独特的亮光。

究而言之，赫尔德新历史意识的基础显然是柏拉图主义-新柏拉图主义的世界观。赫尔德以前曾从莱布尼茨那里接受了它。在《阿德拉斯忒亚》中，他仍然感激地想起了他。但是，如今起而反对他的抗议显示出，赫尔德并不感觉他是彻底的新柏拉图主义的。他在莱布尼茨那里觉察到了一定的世俗因素，一种朝向更为数学化的思想倾向，和"轻微的规范化思路"。对于赫尔德来说，莱布尼茨的和谐观念是过于二元化了，而他的单子论则是过于远离我们的内在精神了。他指出，柏拉图主义者、神秘主义者、巫师和斯宾诺莎主义者等等是不会"远离这种感受的，亦即世界是唯一的整体，而在我们称之为物质的领域中，也活跃着唯一的精神"。甚至莱布尼茨的终极"对他们而言也只不过是一个有限的人类观点,因为在永恒世界中,一切事物必须对于其他事物既成为手段又成为目的"(第23卷,第484页)。从这里出发,一线温暖的光明就返照在1774年纲要的伟大观念之上了,这个观念对历史主义是至关重要的,亦即正如在普遍的上帝王国中一样,在历史中的一切事物也都同时既是手段又是目的(也可参看第18卷,第19页及下页,论神秘主义和新柏拉图主义)。

然而如今,赫尔德发现按照这样一种"从永恒的角度来看"的世界观,在独特的生命及其相互联系中来理解个别的历史现象,而且从整体的进程中来获得安慰感,不像从前那么轻而易举了。鉴于他不得安宁的"存在于悲伤的有限性意识和对于永恒的炽热渴望之间的紧张关系"(翁格尔,《赫尔德、诺瓦利斯和克莱斯特》,第78页),他的内在天性并不能够持久地保存在这两者之间一旦获得的平衡之中。我们在他的观念作品中已经注意到了这一点,看到了当时的历史事件是如何对其哲学产生决定性影响的。甚至更加严重地扰乱其精神平静的是18世纪90年代的世界历史事件。"历史是一个无穷无尽的螺旋,是一种邪恶的混乱,除非它为理性所开化,为道德所教化。"(第23卷,第50页)但是,如今他紧紧抓住的作为救命稻草的秩序原理的理性和道德,却来源于启蒙运动的思想宝库和人道的理想,因此可以说,比起为新柏拉图主义所滋养的关于世界慰藉和历史慰藉的崇高断言,它代表着一种更为人性化的和低下的层次,这种崇高的断言,赫尔德在1774年以口号"偶然,命运,神!"表达了出来。

赫尔德在晚年并没有完全丧失对于交融了偶然和神性的命运

观念的信念。不过他把它转向了一个不同的方向，再次更多地朝向于道德领域。在《阿德拉斯忒亚》中的一篇关于神话的文章中，他把一组寓言刻画为"富有魔力或命运色彩的寓言"，因为它们"描绘了生命之中更高级的命运过程"。换言之，自然过程并不总能够充分地清楚明白地展示出，如此这般的一个事物为什么会必定作为一个其他事物的必然结果而出现。在这里，就开始出演了伟大崇高的事件系列，它们有时被称为偶然性，有时被称为命运，显示出了由于一种更高级的事件秩序，这个和那个事物不是彼此从对方中出现，就是一个接一个地相继出现。

> 在这种最精妙的寓言中，我们的灵魂就会变得宛如艺术作品一样伟大和开阔；我们感觉到，阿德拉斯忒亚，即复仇女神涅墨西丝，是以隐秘的方式在所有事物中分配正义、引导所有事物和支配所有事物的力量。她照料受压迫者，推翻作恶者；她报复，又奖赏。（第23卷，第265页及下页）

因此，赫尔德的命运观念，曾经在表达历史中的一种更高天意时是如此难以捉摸和模糊不清，如今却萎缩成了更加概念化的东西，萎缩成了我们业已看到的在其观念作品中发展着的学说。这是平衡学说，是平衡的扰乱和恢复，或者正如他在晚年屡次称呼的，是复仇女神的学说，她的审判统治着所有的历史，或迟或早，她会把所有的恶行和不公正之举记录下来。这种复仇女神的观念如今在时代狂暴的生命体验海洋上成为了主要的历史指南针。他现在认为，历史要么仅仅是外部的偶然性事件产生的非理性循环，要么完全是为复仇女神所统治的世界。复仇女神是拥有火眼金睛的洞察者,是严格的奖赏者,看护着高贵无比的正义,值得受到最高的崇拜(第24卷,第327页)。

赫尔德现在在希罗多德身上看到了忠诚和纯粹的历史学家的典范,他毫无偏见地记录下了命运的所作所为(第18卷,第283页和第24卷,第326页及下页)。他在几篇论历史人物的独特文章中处理了晚近的政治史,把它们简化为市民阶级的悲剧或道德化的人物刻画。除此之外是陈旧的实用主义的回光返照,只不过它在心理学上的形式要精致得多(例如可参看对查理十二和彼得大帝的论述,第23卷,第415页及以下诸页)。

然而他极为清楚地意识到,理解政治历史还有另一种可能的途径。这就是马基雅维里以最冷酷无情同时又以最精明老到的方式所处理的"冷峻的历史",这种历史遗忘了所有是非对错的问题,以几何学的精确性来衡量决定成败的力量的结果,不厌其烦地掂量着一些计划。因此,赫尔德在垂暮之年批判性地探讨了关于古代政体的历史著述,这些著述受到了国家理性观念的支配。他的敏锐眼光足以洞察到,这构成了一项伟大和富有挑战性的任务。与其作用和结果联系在一起的人类力量,这难道不就是我们人类面临的最错综复杂和至关重要的问题吗?聆听赫尔德通过对这类历史著述的答复和批评所说出来的话,是极富教益的,因为从思想史的观点来看,它既泄露了这些作者的弱点,又泄露了他自己的立场的弱点。

赫尔德得出了结论,认为鉴于政治领域中错综复杂的相互作用与无数偶然性的彼此交织,这个问题总的来说是无法干净利落地加以解决的。因此,这种历史研究的学派通常成为浪漫学派,站在一种光彩夺目的成功的基础上做出错误的回顾性结论，或者成为一个怀疑学派。然而一般来说，这块磨刀石却能轻易地使热情的才智变得棱角分明和粗犷有力（《人道信札》，第18卷，第80页及以下诸页；也可参看第16卷，第587页）。

这个批评是正确的。基于国家理性的政治史是缺乏内在灵魂的，因为它欠缺对于超越意识的行动之外的力量和潜流的意识，欠缺对于整个历史过程中的个体和发展的感受。赫尔德开始唤醒了这种意识——不过他并没有亲自着手把这种精神注入政治史中，或者甚至没有表现出想这样做的任何愿望。因为国家现在对他来说并没有表现出任何生动的个体性，而看来只是由野心勃勃的和贪求权力的家伙支配的一套人为装置。他确实承认，甚至这种"冷峻的历史"也常常可以变得非常温情脉脉，承认祖国的利益和民族的荣誉能够轻而易举地上升为一种感人的号召。他听到过这种召唤，可是并不相信。每一次他匆匆考察政治行动的世界，都只不过揭示出了一座充斥着极其错综复杂和令人反感的事务的迷宫。他非常担忧那种认为为了国家利益一切都是可允许的精神，那就像他所理解的，只是为了国王们和大臣们的利益。他注意到，人道在这里太过容易被遗忘了（第18卷，第282页）。

我们由此再次来到了赫尔德历史思想的裂缝处。我们知道，在这里仿佛有一种深不可测的普遍厄运在起着作用。这种基于国家理性的政治史著述，正如我们通常所强调的，这种"冷峻的历史"为对宏伟的世界政治史所做的个体化的生机勃勃和有如神助的理解提供了雏形和出发点。可是，政治气候和思想气候对于这种理解的发展都颇为不利。主要表现于这类历史著述中的专制主义国家，过于冷酷和精于算计，一如既往地过分狭隘地基于一小群社会阶级的利益，仍然极少受到任何民族化的渗透，以至于被那些作为历史学家为其效劳的人们看作不折不扣的冷酷事物。拥有自然法观念、实用主义观念和未能在心理学上认识到完整的灵魂和生命的思想界，直截了当地把政治权威和行动世界看作一个独立自足的充斥着政治阴谋或愚蠢行为的相互作用的地方。启蒙运动中的三位伟大的英国人，休谟、吉本和罗伯逊，在以实事求是的献身精神展示政治史方面走得非常远，然而却只给我们留下了一种冷漠空虚的感受。在18世纪开始的向着一种更加精神化和激情洋溢的思想方式，从而对历史进行更深刻解释的突破的伟大斗争中，赫尔德也许是迄今为止做出了最显著贡献的人。但是甚至他，在同时代的政治世界高墙的面前也令人失望地停顿了下来，这个政治世界如今由于革命时代的冲击而受到了史无前例的侵袭。赫尔德自己没有将这场献身于彻底突破的斗争进行到底，他也没有彻底克服自然法的束缚。在他提出人道理想和随后提出与此联系在一起的复仇女神观念，以作为一个抵抗政治历史世界的绝对标准时，这仍然只是一种精致化的自然法思想。

直到随着革命战争和民族起义的结束，在思想界出现了一种伟大的变化，这道裂缝才被填满。作为18世纪之子，赫尔德是无法弥补这道裂缝的。兰克把赫尔德的一些移情式洞察带到了这项任务中，成功地温暖和激活了"冷峻的历史"。国家生命中的民族化的开端，使他睁开了眼睛，尽管存在着种种遮蔽，还是洞悉了存在于古代政体的国家理性背后的隐蔽的内在生命力。

但是，这种民族主义进程实际上早已经开始于法国大革命，赫尔德与此的关系并不完全局限于最初的热情欢呼，和后来高举复仇女神的盾牌来反对它的做法。当他看到自己分享了其人道理想的整个民族，把民族主义夸大到错觉的地步，在民族主义名义之下做出了许多惨无人道的事情时，他的历史思想就向另一个方向转折了，非常接近狂飙突进运动时期的非理性主义。我们可以在1794年的《关于促进人道的信札》中找到论人类中的妄想和疯狂的引人注目的文章，其中可发现赫尔德转向的证据（第17卷，第226页及以下诸页）。他自己的经验揭示出，在妄想和真理之间只有一条多么细微的界线，以至于"即使极为小心翼翼地审察，也很难使人们搞清楚分界线来自于哪里"。但是，赫尔德也认为妄想和疯狂之间并不像人们认为的那样分开得那么远。他明白，世界的伟大变迁是由半疯狂的人们带来的，"在许多辉煌灿烂的事迹和成功的生命活动中确实存在着一些根深蒂固的疯狂因素"。而如今出现的是法国民族的疯狂："民族性疯狂是一个可怕的名字。可是，曾经扎根于一个民族中的而受到了它的承认和颂扬的东西是什么呢？除了真理，它还会是什么呢？有谁会怀疑它呢？"赫尔德意识到了，他自己在评判特定民族的特殊权利和激励着他们的民族精神中获得极为个人化的成就时，陷入了这种新的好战的民族主义精神所带来的怀疑和恐怖的漩涡中。他向他的读者展示了，地球正在变成疯人院的恐怖的世界前景。历史中这整个的非理性精神力量的世界令他惊骇不已，这些力量既是创造性的，又是灾难性的。

作为狂飙突进运动的支持者，赫尔德几乎仅仅感受到了这些力量中创造性的方面。他新的历史意识就是从这里兴起的。但如今，在生命的黄昏，这些力量的恶魔般的阴暗面变得更加强烈了。这代表了新颖的朝向深化他自己的历史解释的第一步。与此同时,在他恳请其读者正面地冷静而公正地辨别出历史中的妄想和疯狂的作用时,可以说,他并没有彻底地摆脱道德主义的危险。他告诫他们不要对在历史中千百次地发生过的事情以毫无思想的方式进行喋喋不休的抱怨,也不要害怕这是世界末日。他们至少不能怀着憎恨和愤慨之情偏袒卷入这种盲目的狂热情绪中的任何一方。唯有时间才能治愈妄想,而对于真理的自由审察才是反对它的唯一武器。

人类知识的川流总是只有通过对立双方的一种冲撞和强烈的矛盾才能得以净化。在此处,它将会削弱,而在彼处,它将会增强;但长期来说,人类将会像接受真理一样接受经历了一种长时期的高度净化的妄想。

在这种对于历史中的非理性因素的慎重对待中,有着一些历史辩证法。

因此可以说,在这里再次出现了赫尔德的伟大和创造性。他再次因为这个问题而辗转反侧,他已经在观念作品中试图解决过这个问题,就是如何把人类历史理解为"自然历史"——在赫尔德所理解的意义上的"自然"。他思忖着想要撰写一部著作,这部著作将从起源的角度来描绘所有民族和部落(他现在仍然避免谈论种族)的个体性,以起源的方式关注他们的独特生活。他将把世界表现为一座"大花园,各民族犹如植物一样地生长着,其中的一切事物——空气,土壤,水,阳光和光明——是的,甚至还有在它们之上爬行的毛毛虫和吞噬它们的蠕虫,都是整体的一部分"(第18卷,第246

页及以下诸页)。但是这样就过分突出了个体性原理,以至于它成为了一种奇特的相对主义,一种对于所有民族以及——用现代语言来说——种族的完全平等地位的承认。"自然研究者不会在他所观察的生物中划分等级,因为它们对他而言都是同样可爱和珍贵的。因此对于人类的探索者来说也必定同样如此。"最起码,我们欧洲的文化就是普遍的人类仁慈和人类价值的标准。然而这不应该被解释为赫尔德放弃了人道理想,而这种人道理想正起源于欧洲文化。他在晚年的阴郁岁月中一再地运用它作为事物的标准,而这些事物仅仅用它来衡量和理解是不够的。因此在这里,再次出现了古老的二难推理,这个内在于赫尔德思想世界中的根深蒂固的矛盾。他想要以一种逻辑和决定性的方式历史地对待所有民族的生命,其中,黑人和欧洲人将在我们人类所清楚表明的伟大词语中,成为两个富有同样价值的字母。然而与此同时,虽然很大程度上是无意识的,他为他自己所从属的文化的最精妙产物赋予了一种绝对的价值。我们一再地注意到,他是如何求助于道德,求助于最高贵类型的道德,以便能够征服冒犯了他的历史现象的。但是如今,他出于完全同样的理由,从这一主题中逃避进了一种激进的相对主义——人们可以观察到他思想的两个极端现在异常清楚地燃烧了起来——一种关切人类文化的繁复多样性的相对主义。就像之前的卢梭一样,他由于厌恶自己的时代和当代文化的放纵,而逃进了原始人类的世界中。他一如既往地过高评价了原始人类的世界,这既是出于对清新的原初源泉的热爱,而且也出于对残酷无情和傲慢自大的憎恨,欧洲殖民主义者就是以这种残酷无情和傲慢自大来对待原始种族的。我们在早期也能辨别出这种憎恨,但在他的历史哲学观念中变得更加热血沸腾了。最后，假设这种相对主义，这种对于所有种族和民族平等价值的承认，不知不觉地受到了法国大革命——它代表了古代自然法的最终的应运而生的逻辑结果——所高举的平等原则的滋养，这样的假设是否合乎情理呢？思想史的线索总是奇怪地相互缠绕在一起，而破坏性的和敌意的因素会出乎意外地产生有益的结果。这也是属于历史辩证法的东西。但是，即使这一点也无法充分地解释整体，因为在单独的情况下，它只能提供一个无血无肉的力量观念。它需要赫尔德这样生机勃勃的和无法仿效的人物，运用精神–感性构造中的所有优点和缺点，运用所有的生命体验，以一种天才的却又不彻底的方式把我们正在考察的观念编织成网。

我们将忽略关于这个复杂织体的进一步例子（还可参看《阿德拉斯忒亚》，第23卷，第89页）。人们也许可以得出结论说，赫尔德的思想甚至在晚年还能够产生美妙的、在观念史上最辉煌瑰丽的和最清新纯粹的奇葩。他在《人道信札》（第18卷，第137页）中说道，比起政治史和战争史欺骗性的和令人绝望的方式，我们从诗歌中确然地可以获得一种关于时代和民族的更深刻的知识。赫尔德的第一个伟大发现是，真正的诗歌在形式上是变化多端的，从来不是终极性的和规范性的，而总是在连续不断地展现出极为丰富多样的时代、民族和个体性。在关于在诗歌中所发现的较古和较新的民族之间的差异的论文中，他仍然还有一些重要的话要说（《人道信札》，第18卷，第1页及以下诸页）。在这些概述中有一些明朗活泼的东西，温柔美妙的东西。审美的和历史的评判，仅有一些片断点缀着古典的或道德的–人道的芳香，紧密地交融在一起。他到处试图发现内在的发展环节，在每个诗意的产物中到处去辨别个体的意味。从 1500 年开始，这幅画卷变得愈益苍白暗淡，因为如今除却莎士比亚，不再有任何伟大的作品来激励他，这些时代的矫揉造作的诗歌早就不再令他满意了（参看第 8 卷，第 413 页及以下诸页）。这位年迈的历史学家毕生研究的那些现象，变得越来越难以言喻，其内容也越来越难以理解。"当我听到整个民族或时期被概括于几个短语中时"赫尔德在这篇论文中说道（第 18 卷，第 56 页），"我始终为一种恐惧侵袭着。因为在词语'民族'或者'中世纪'或者'古代和现代'中包含了多么巨大的差异啊！在听到人们对某个民族或时代的诗歌使用大而化之的表达时，我同样感到局促不安。滥用语词的人，常常思考得或知道得多么少啊！"

人们由于这种表白而忘却了，赫尔德自己现在也忘却了他在克服启蒙运动局限性的观点时所获得的成就。由于对于其时代具体现象的憎恨，他常常成为早期启蒙运动的辩护者，以一种惺惺相惜的方式对待其代表人物。关于启蒙运动的历史学家罗宾逊、吉本甚至还有伏尔泰，他还有一些赞赏之词要说，并在人性的领域中把他们引为同道中人，其中的调子确实迥然不同于 1774 年纲要中对待他们的嘲讽态度（第 5 卷，第 524 页）。他的话语没有流露出他自己超过他们有多远（第 24 卷，第 331 页及下页；也可参看第 23 卷，第 217 页）。

难道最终，赫尔德就像哥伦布一样，没有意识到他业已发现了一个新世界吗？① 然而很难用绝对的方式来谈论这种情形。在《人道

---

① 甚至他早年关于历史学所发表的一些言论就提出了这个问题；参看《纪念温克尔曼》（[Denkmal Winckelmanns]1778 年），第 8 卷，第 466 页及以下诸页，和第 9 卷，第 334 页。

信札》缄默克制的部分中,有一段评论显示出了,赫尔德充分意识到了他一生中在对《圣经》与希腊和罗马文学的解释和理解中所做出的"巨大跳跃"(第18卷,第321页)。

> 我们具有优点的原因是一目了然的,因为随着时间的流逝,我们更深刻地洞察了材料的性质,洞察了语言、表达和历史的内容和目的,努力地以希腊人和罗马人的观念生活在他们的世界中。

与此同时,他很快地指出了,在他的认识的意义上,这个世界不再是我们的世界。然而他依然为朦胧的希望而激动,希望通过古老的自由观念对新兴一代产生的影响,一团火焰可以燃烧起来,这团古老的火焰"从灰烬中再次活跃起来并传播到了我们的时代"。这可以被当作对于1813年德意志民族解放运动的某种预言,因为赫尔德似乎对将要来临的事物有一种预感,拥有通常历史天才才有的迷人天赋。①但是,对于理解他晚年的观念最重要的事情是,认识到他新近获得的历史理解艺术如今成为了一种"以理念方式生活在希腊和罗马世界"之中的方法。在这里,人们仿佛嗅到了席勒的魏玛古典主义和新人文主义的气息,当时的歌德和年轻的洪堡的气息。在一个最为勇敢坚定的历史主义先驱看来,它所带来的思想革命似乎是一种崭新风格的对古典世界的复兴,似乎是一种建立理想的、从

---

① 尤其可参看第18卷,第289页及以下诸页的伟大预言,亦即欧洲的恶魔们可能把事情带到这一道路,以至于在阿比西尼亚、中国和日本,"知性和动物性力量能以一种我们难以想象的方式结合起来"。

此汲取营养的世界的手段！因此我们再次看到了历史思想和绝对思想之间的混合，虽然说要比以前更加紧密地和更加卓越地交融在一起。

在论温克尔曼那一章的结尾，我们曾指出，贯穿于德国运动的介于理想化和个体化思想潮流之间的矛盾，事实上会彼此交织起来。为了理解这一点，我们现在可以提醒自己，早在赫尔德的历史主义的早期阶段，他就面对了这样的问题和需要，亦即如何为直接产生于历史观念的相对主义设置标准和界线，如何在奔腾不息的洪流中间保存稳定不变的东西，为的是避免简单地陷于历史现象全然的杂乱无章和多样性之中，而历史现象也仅仅才开始被理解为流动的、代代相续的。这些新疆域的早期天真淳朴的探险者，从束缚了以前多个世纪的思想的自然法教条的拘束中挣脱出来，进入了个体和发展的新世界之中。由此，他们仅仅通过占有更加坚实和持久性的生动活泼的观念而质朴地满足了要求，在很大程度上运用的是相当无逻辑的和几乎非反思的方式。同样的情形出现在赫尔德的人性观念中，最后出现在他对古代精神的理想化复兴中。但是，他最生机勃勃的内在冲动是并始终是柏拉图主义–新柏拉图主义的、基督教–新教的暖如春风的世界信仰，其思想后果——他没有意识到这一点——远远地超越了具有时代局限性的人性观念和古典主义观念。有没有可能从这种世界性信仰出发，沿着赫尔德所开辟的历史主义道路，比他自己所能够做的走得更远？歌德应该为此提供答案。在赫尔德的精神所产生的四种伟大的直接影响中，包括对浪漫主义的影响，对斯拉夫民族性的影响，对总体上的人文科学和自然科学的影响与对歌德本人的影响，对歌德的影响现在必须在我们的研究中占据最重要的位置。他在斯特拉斯堡时受到了赫尔德的激励，意识到了自己身上类似的却远为有力的恶魔般的力量。如今，从他自己智慧的幽深处发展而来，并在经历了一段漫长的生命之后，他为赫尔德为未来而孕育的观念带来了冲击，从而使它们第一次产生了充分的世俗作用——尽管同时有着甚至他大概也会施加于它们之上的限制。

"在所有美好的事物中存在着万古不易的因素，"赫尔德在提及柏拉图和沙夫茨伯里的名字之后，在《阿德拉斯忒亚》（第24卷，第349页）中如是说道。这些话描绘了赫尔德和歌德的宇宙–美学思想。在他们两人那里，在所有的美之中发现的永恒意识也照亮了历史结构。但是正如观察者的有限性和时代局限性对赫尔德表现为一种限制，同样的问题也可能在歌德身上再次出现。

第十章 歌　　德

导　言

倘若没有歌德，我们就不会是我们今天所是的样子。表明这项判断的真实性不存在丝毫困难，但任何致力于此任务的人都将冒着变得学究气的风险。像歌德所产生的这些改变了精神气候的影响，必定是渊博的知识和个人内在体验的一种直觉式综合的产物。诚然，康德和黑格尔引导着同时代的思想沿着新的道路前进，这些新的道路看起来业已产生了比歌德所能产生的更为广泛持久的影响。席勒的诗歌，虽说其思想性的内容往往是占主导地位的，对德国人的心灵产生了更为深刻的影响——至少在19世纪是这样——也许其诗歌传达出来的情感内容，比起歌德所传达的要更加直接，色彩更加单纯。但没有人像歌德那样如此深刻地同时抓住了思想和感情，尤其是如此深刻地抓住了总体性的内在精神生命。甚至浪漫主义者也没有做到这一点，甚至他之前的赫尔德也没有做到这一点，尽管他们毫无疑问地对经验的整个领域产生了伟大的影响。历史意识奠基于思想与感情之间持久的相互作用之上。如果人们想澄清其起源与发展，人们就必须在人类的精神生命中去寻找其温床。如果人们

第十章 歌德

确信德国精神——也包括德国之外的诸多精神——业已通过始终强有力地迫切吸纳歌德的感情和思想（虽说这种吸纳有时是断断续续的，但它始终是存在的）而获得了改变，那么问题就应运而生了，即这种改变是否也施惠于新的历史意识，是否有助于历史主义的兴起。

这样的抗辩吓不倒我们，即歌德几乎只是在次要的意义上是一位历史学家，他对于历史世界的关注只不过表现了他强大的创造性领域中的一小部分，并且终其一生，歌德一再地质疑世界历史和我们关于它的知识的价值。歌德是并且命定地首要地是一位富于创造力的和建设性的诗人与艺术家，然后是一位自然研究者，他相信他获得的有关自然的知识也能够提供一把理解整个世界的本质和生命的钥匙。他曾经（《纪年》[Annalen], 1817 年）将自然、艺术和生命定义为自己研究的三个伟大主题；在这里，他对历史却缄口不言。但他权衡这三个伟大主题彼此之间关系的方式，必然或迟或早地将他带入历史之中。这是因为他拒绝危险的和盲目的"为艺术而艺术"的原则，因为他辩称生命的价值高于艺术，而艺术只不过对生命进行美化而已。但是，对歌德来说，生命和自然最终是一体的，组成了"活的自然"的领域——只有在这个"活的自然"的领域中，他才能呼吸——一个涵盖了历史世界的领域。在这里，就像赫尔德一样，他确实遭遇了他的研究原理竟然无法加以克服的抵抗。因此，他没有以像研究自然和人类心灵那样的激情来研究历史。但他从不曾彻底地抛弃它，否则在他有关世界和生命的普遍画面中将出现一道显而易见的鸿沟。因此在他对待历史的两种态度中出现了矛盾，它摇摆于通常深深的满意和同样通常深深的不满意之间。深深的满意引导他走向一种为赫尔德和默泽尔所激发起来的历史意识的光辉灿烂的发展；而深深的不满意，正如我们将要显示的，不仅来自歌德自身的问题，而且来自整个18世纪的问题。

但是歌德思想的独特性给他的历史判断中的自相矛盾抹上了一道奇特的色彩。是的，他的所有思想带有完美的自然天成之性质。世界万物对他的精神的轻柔触摸就能产生共鸣并形诸语言。歌德从不曾殚精竭虑，也从不曾矫揉造作，而此类情形在思辨哲学家或箴言诗作者那里是屡见不鲜的。正如席勒关于歌德所说的，他只需轻微地摇晃树木，成熟的和饱满的果实就会掉在地上。或者将他（1823年）致泽尔特的信中应用过的一个比喻运用到他身上来：万物对他的作用，正如音乐对普罗大众的作用——握紧的拳头惬意地打开而相继缓和。

> 真正的天才是这样行动的，即只需一个推动就能使他激动起来，接下来他就知道怎样以完全自主的和独立的方式来追随真实的、卓越的和持久的道路。（致普尔金耶［Purkinje］，1826年）

歌德能够以如此轻松的、几乎轻而易举的状态进行思考或表现得像思考，这是因为他的内在力量胜任于巨大的行动。他曾经谈论过他胸中的埃特纳火山。我们的所有思考奠基于灵魂的漠无差异的和了无形式的熔岩之上。但是歌德赋予他所构思的一切事物以一种自然的形式，即适合于它的著名的"内在形式"，正如苹果皮适合于苹果和苹果适合于苹果皮一样。然而人们确实经常在他的历史判断

第十章 歌德

和存在于它们之间的矛盾中,感觉到某种内在的岩浆。当将它们彼此之间进行比较时,它们不能始终轻易地被压缩为一个公分母,它们的色彩中通常存在着色差和晕色。他在某个场合讲到过他心灵中的水银状物,在其中,水银珠轻易地分开,但又再一次同样轻易地结合在一起。因此,这些历史判断在同一时候倾向于既是流动的又是坚固的,既是离心的又是向心的。在谈话中,他不时地给人以思想天马行空的印象。"当你猜测我还在魏玛时,"他说,"我其实已经在爱尔福特了。既然我已经八十岁了,我怎么会始终只思考同一样东西呢?"

所有这些都有助于解释在歌德的历史判断中所发现的显而易见的矛盾。毫无疑问,有好多时刻,思想突然之间就四处横溢了。但在他的具有无可比拟的柔韧性的心灵中,最不可思议的事实是,所发现的判断中没有一个不是与他的灵魂的深沉宁静的核心相关联的。因为这样的一个人,他的存在早已深入到了心灵的岩浆之下。

因此,在同一时刻,歌德以矛盾的形式影响着我们,又以统一的形式影响着我们;以单纯的形式影响着我们,又以无限的形式影响着我们;以神秘的方式影响着我们,又以显而易见的方式影响着我们——正如大自然对我们的影响一样。他所勾勒的自然画面,也正是他自己的精神的写照。正如费希特评述《自然的女儿》时所说过的:"生命力自身凝聚成绝对的一,然而又同时奔向永恒。"在诸神中,人类描绘着自己。诚然,在歌德的思想中,使得细节可被理解的粗大的结构线,始终是清晰的。但它们的品质与康德或席勒的不同,后者更易于从概念上加以理解;与赫尔德或诺瓦利斯更为摇摆不定的线条不一样,后者相对于被看而言更容易被感受到。有人曾经说过,歌德观察世界,而赫尔德则借助于耳朵倾听世界(苏范)。可以说直观的精神能力对歌德来说,一方面强化了思想能力,另一方面强化了感受和感觉的能力。歌德具有一种对于观察的激情洋溢的需要,这种观察从不曾满足于关于对象的单一观点,而总是被驱迫着一再地更新它。这会带来观点的迅速转换,对于追随他的听众来说,这并不总是容易的。其结果是,在我们通常称之为歌德的思想中,观察、感觉与思考总是一起运作的;这意味着,在它的轮廓线中,它是清晰与莫测高深的深度的一种奇特结合,是明晰性与迷人的却又并非困惑的神秘的一种奇特结合。

只有通过观察、感觉与思考的三位一体,历史意识才能达致完成。我们当前的任务是去探索这个三位一体——它在歌德的思想中是如此明显——发展为历史意识的程度。

我们相信,这项研究将沿着两条线索前进。一方面,显示歌德与历史之间关系的一步步发展是不可或缺的。但我们也必须致力于揭示他的历史思想之间的内在联系,同时在一定程度上建构他的史学。我们的研究过程也类似于爬山,出发时的观点局限于直接的环境,但是不时地,更大的视野渐次打开,不过,整个的视野只有从巅峰宁静地俯瞰才能得到。

起源部分

1 至 1775 年为止的早期阶段

关于我们研究的起源部分,歌德在晚年谈论欣赏"创造性艺术家"(《艺术与古代》[Kunst und Altertum])的方式时曾提出过一种方法。首先，我们应该着眼于他的力量与力量的表达。(在关于歌德的个案中，这项任务只有通过处理作为一个整体的主题才能得以完成。)然后，我们应该着眼于此人的当下环境，就这个环境传递给他一定的主题、技巧和态度而言。最后，我们应该走得更远一些，不仅审察他关于异国所熟悉的东西，而且要审察他对它的运用。因为在它们的影响能被确实地追踪之前，早就在几个世纪里实际地作用于世界了。歌德曾对埃克曼谈到(1828年)，寻找一位名人的灵感的做法是荒谬可笑的，因为这种寻找是永无止境和不必要的。但现代的研究精神很难承认这是真的，它会认为，在这一表述中，歌德的艺术家角色盖过了他的学者角色。也许如此。不过在我们面对着歌德这样的现象时，我们或许会发现他的原则是有效的。将一种无止境的接受性与一种无穷的重铸接受物并把它转型为它自身的新奇东西的力量结合起来，这种无穷的力量每时每刻都接受一些事物并诞生一些事物，这种能力属于最卓越的天才。通过历史性的人类天才中的持久性营养，他自身的天才也在发展着。这样的话也适用于赫尔德和我们业已考察过的其他伟大的人物。不过歌德卓越的精神力量更加轻易地、迅速地和精妙地将他从外面接受而来的营养转化为自己的血肉。因此我们可以搁置有关其历史思想的不同来源的这个碎片化的问题，而满足于关于这个主题的一些指示。一般来说，作用于歌德的历史思考的精神影响很容易辨认出来。就它们集中于过去时代的精神财富而言，它们包括《圣经》、荷马和莎士比亚；就他所处世纪的人物而言，他们是莱布尼茨、沙夫茨伯里、伏尔泰、卢梭、哈曼、赫尔德和默泽尔。但如果我们将此领域扩展到更广阔的文化领域，那么在这儿，最重要当属古希腊文化，它在自然、艺术和生命领域对他来说都是指路明灯，不过对他的历史思想仅有间接的影响；然后是启蒙运动和新柏拉图主义。虽说歌德在他的早年岁月中拒绝了启蒙精神，但无论如何，它在他的历史思想中留下了不可磨灭的烙印。正如我们将要看到的，他试图将它与他的新柏拉图主义——或者可以更恰当地称为他的沾染上了新柏拉图主义色彩的斯宾诺莎主义——融合起来。但是在这里，所有相关的因素中最重要的东西，即对于歌德灵感的源泉（在他年轻时阅读过的东西，例如沙夫茨伯里等等）的单纯寻找看来被证明是并不令人满意的。真相是他迅捷地和本能地攫取了吻合于其自然天性的东西，将它从所有其他可能的建构性材料中选择出来，并为了自己的目的而重新塑造它。用歌德的表达来说，是有一阵穿越了几个世纪的风，它命中注定要在这里击中他。

赫尔德也始终紧密地联系于这些力量。在他的例子中，我们把虔敬主义作为影响他的第三种力量，这种力量首先通过哈曼的中介，然后是在比克堡时期直接地影响了他。歌德在决定性的年轻岁月中也处在其影响之下。不过如果与启蒙运动和新柏拉图主义相比较，这只不过是一种次要的影响。因此他在历史思考的过程中避免了赫尔德必须与神学问题相搏斗的命运。歌德只是在当它是一场激励灵魂的虔敬运动时才吸取其精妙的气息。但是这一点与他和《圣经》之间的持久关系确保了路德所创立的德国的-新教的因素构成了歌德精神的一个为整体所必需的部分。

我们将追随歌德的建议，追溯源自他的当下环境和他从中继承而来的一般态度的影响。

第十章 歌德

但这些影响绝不能被精确地和完全地与经历了它们的这个人分离开来。人和环境合在一起组成了一个共同成长起来的完整生命,当这个人的自身力量在发展时,其上面部分或许在分化着,但下面部分却达到了根茎、根部与肥沃土壤之间的一种幽深的统一。我们务必将地点与时间放在一起考虑,因为它们在成长中也是紧密地联系在一起的。歌德在后来的《色彩学·历史卷》中说,一个人所来自的世代通常比从抽象角度而言更多地显现在他身上,而他的出生之年正是他真实的星相命盘图(Nativitiätsprognostikon)——这就是说,同时发生的尘世事物的位置。这显得带上了点古代俄耳甫斯教义的意思,在这个人和他此时此地的环境之间、在星球的位置和他的个体性的不可细分的形式之间的界线神秘地融化了。

歌德大约在18世纪中期出生并成长于法兰克福,这意味着他来自于一个衰败的然而却非常富于荣誉和色彩的过去。① 正如他自己所有力地证明了的,在其天才的许多方面中,是古物研究的根本性的吸引力——我们在默泽尔身上强调过这一点——使得童年歌德去考察在每一方面都包围着他的历史生命的痕迹。我们只要回忆《诗与真》中的著名画面就够了。从一开始,歌德对于历史世界的态度就被深刻地确定了下来。除此之外,在当时生活中存在着学究气的严格控制,它在那时被看作公共生活,或者倒不如说是它的代用品。与此相应的是歌德性格中对当前权威的保守性服从,这一点我

---

① 歌德年轻时与历史之间的关系的线索,在莱曼详尽缜密的作品中得到了比在我们的著作框架内能进行的更详细的分析,见其《歌德根本性的历史理解》(*Goethes Geschichtsauffassung in ihren Grundlagen*),1930年。

们在默泽尔那里也注意到了,他将其称之为"恭敬"。在后来的岁月中,这被提升到了所谓三种伟大恭敬的水平,亦即对高于我们之上者的恭敬,对与我们同等水平者的恭敬,和对低于我们之下者的恭敬。但这里不存在任何盲目崇敬的问题,虽说传统也许看起来要使他往那个方向走。因为他天生的批判感并不迟钝得以至于无法发现环置于他周围的存活下来的过去的遗物中僵死的和有害的因素。当他后来回望时,他能够明白为什么德国诗人注定不同于生活在其祖国之中的英国诗人,在英国,几个世纪的伟大历史奋斗业已产生了一种自由的、活跃的和自豪的民族生活,它关注于当前和高度的进步。在莎士比亚那里,歌德已经感受到了这种力量,晚年当他阅读司各特的小说时,他常常紧紧地抓住这个主题——这显示了他多么确切地但又不带有任何嫉妒地指出了这种差异,他在自己身上将其刻画为"民族情感的缺乏"(《诗与真》)。我们认识到了,不仅他的诗歌,而且他的历史思想都缺乏来自伟大的民族政治力量的直接的推动因素。他虽然直观到了原初世界,但却没有激励自身的力量和意志去共同体验它。甚至有关弗里德里希二世和七年战争的经验,也只不过是用来观看的令人激动的壮观景象,而没有感受到任何亲身参与其中的诱惑。"普鲁士与我们又有何干?影响我们全体的是伟大国王的个性。"在这儿,我们业已遇到了处于萌芽状态中的歌德对待政治史的一种根本性态度——对于某种卓越个性的激赏,对于实事–政治方面的无动于衷。

但是,德意志七年战争的经历渐次产生了一股波涛汹涌的反应,它成了狂飙突进运动后面的一种伟大的推动性力量。与歌德所表达的众所周知的判断和默泽尔所表达的类似判断(参见上文第

第十章 歌德

338页）联系在一起，七年战争的影响或许可以表述如下：就致力于自身的文化教养的阶层来说，人们自己所过的生活在德意志再一次变得重要了。迄今为止，塑造风俗和宗教、社会和国家的力量是如此强大地以传统上接受的形式规范了个人的生活，以至于没有人或很少有人会冒险将自己抬高到普遍的俗常水平之上。但是现在，在既是自由思想家又是英雄的弗里德里希大帝那里，在懂得如何掌握自身命运的弗里德里希大帝那里，在被传统视为神圣的习俗和实际的世界中迎来了第一次强大的突破。人们很好地理解了它，以至于不仅他所服务的国家的客观力量，而且生命的立体性都被感受为是重要的。这幕为它的同时代人所看到的历史英雄的戏剧，难道不是有助于为他们的心灵做好接受莎士比亚的英雄戏剧的准备？就歌德本人而言，当人们思索弗里德里希大帝的英雄生涯对于他的精神所产生的潜移默化的、强大的、长达一生的影响时，这种可能性是无法被忽略的；这种影响甚至扩大到了《浮士德》的最后一幕。但假如我们考虑到莎士比亚对歌德的影响，考虑到这种影响与他和历史之间关系的联系，那么我们就直接进入了斯特拉斯堡时期伟大突破的中心，进入了他初次创造性地和独特地表露自身的所有精神力量。这种潜能的确是创造性的，不过是为赫尔德所唤醒的。赫尔德自身业已体验到了一种进入新型历史思想的突破，但赫尔德无法给予歌德任何超出了他潜在地业已拥有的东西。通过世代绵延的保存了人类的知识和精神生命的伟大的同气相求的灵魂，赫尔德才能够在歌德心里唤起这些潜在的才能。因此，赫尔德的"狂飙之风"有助于解答歌德的命运——

> 风从深处吹来，混合着汹涌的巨浪……
> 人类的命运正如这风儿一样！

在斯特拉斯堡，赫尔德对于年轻歌德的引导采取了使他进入莎士比亚，因此也在一种特殊的意义上使他进入历史世界的形式。1771年6月，他表达了这样一个观点，即莎士比亚的戏剧必须被真切地理解为历史，"因为它是如此饱满、如此完全、如此栩栩如生，所以它们只能产生于世界事件的伟大河流中"（第5卷，第236页，参看上文第365页）。正是在这种影响之下，歌德在1771年10月14日为莎士比亚纪念日撰写了热情洋溢的评论，他在这里是这样说的：

> 莎士比亚的戏剧是一个美妙的百宝箱，在其中，世界历史在我们眼前汹涌着奔腾而过，为隐匿的时间之绳约束在一起。从为公众承认的文体经典来判断，他的戏剧情节不复真实，但是他的戏剧环绕着神秘之点（迄今为止尚未有哲学家能够观察到它或定义它）运转，在此神秘之点，我们的自我的独特性和意志确然无疑的自由与作为一个整体的事件的必然过程相互冲突。

因此，历史的本质是幽深的个性及其对自由的渴求与客观世界的力量之间的斗争。作为一个整体的历史包含着无限数量的个体的焦距，每一个个体均满载能量，每一个个体均携带着某种独特的命运。但是，"无限的数量"这种说法是过于温和了，因为这些能量的核心并非如启蒙运动所描画的人那样是纯粹分散和并列的，而是相互结合成为一个过着自己卓越生活的伟大整体。

在什么程度上，这种确然的自由在这儿被表现为一种真正的自由？或者也许，每事每物均屈从于必然性？歌德并没有解答这道谜语，因为这超出了他的能力。但他在同一时刻宣称："自然，自然！再也没有像莎士比亚的人物那么自然的了。"这是第一次清楚地表明了，对歌德来说，历史无疑是广泛意义上的自然的一个分支。众所周知，当歌德处于狂飙突进运动时，自然对他意味着"内在的、激情洋溢的、神圣的生命"（《维特》），这种非理性的和无节制的强大的创造性力量是所有事物，包括高尚的和低俗的、善良的和邪恶的事物的源泉。他也认为两者一起同时"作为一个整体"必然地从属于它。然而，这种自然无非是处在激动活跃之中的他自己的个体天才的投射，但它的确是一种主观性，是一种与世界整体不可分割地交织在一起的感情。

因此，这种关于自然和作为自然一部分的历史的狂想曲式的概念，不仅能够使单纯的主观性激动起来，而且能够接纳历史生命的实践力量和特殊的现象。所以，当歌德来到斯特拉斯堡——德法文化的战场——时，在时代的精神生活其他的情感酵素之外增添了一种崭新的因素。那时，时代的精神生活正在冲破理性思想的道路，正在解放丰富灵魂的非理性力量。这是关于"一个崛起中的日耳曼"（《诗与真》）的情感。青年歌德1771—1772年在斯特拉斯堡大教堂之前和之中度过的时刻，属于德国思想史的伟大时刻，因为当其时，某种崭新的东西正在被宣告出来。如果说是在什么地方的话，那么正是在这里，在赫尔德激励人心的影响之下，当它遭遇了一件"在中世纪狭小黑暗的教会舞台上上演的强壮的、粗犷的德国灵魂"所创造的作品时，新的德意志认同感几乎就要"喷薄而出"了。这也是对于深受鄙视的中世纪的创造力量的初次承认，在此，一道最初的光线正刺破黑暗。但就我们所能看到的，不存在照亮整个黑暗的意图，或者赋予整个中世纪以崭新面貌的意图。这种在青春洋溢中所做的热情自白也不意味着任何深入埃尔温作品的途径，不意味着根据他后来学习的方法所采取的途径，这种方法"通过发展的方式来解释它"，按照使它变得可理解的假定来考察它。正如歌德在写给他的一位朋友（致罗德勒［Röderer］，1771年9月21日）的信中所说，他的作品不如说是出自伟大心灵的作品，"与任何其他人类所创作的作品丝毫不相似，以一种为永恒所触摸的方式出现"。那时，他仍然把奠基于人类的原初力量的伟大成就视作突如其来的奇迹般的爆发。我们业已在扬的有关原始性天才的教义中注意到了这种永恒的特点，它对狂飙突进运动拥有一种巨大的影响（参见上文第259页及下页）。那时，赫尔德业已通过初次决定性地运用发生学原理将此进一步推进。在另一方面，歌德有关历史的分期方案正如启蒙主义者一样，缺乏内在的连贯性，像自然一样缺乏时代感，虽然他通过将自然视作尘世的–神圣的–魔性的力量的发源地而远远超过了启蒙运动的观点。不过，他们的理念倒不如被当作一种流溢，在这个方面，这些理念业已与青年歌德奠基于新柏拉图理念的世界图像一致了起来。他当时的日记（*Ephemeridens*）支持了这种解释。其中表达了他对于某种流溢性系统（systema emanativum）的哲学上的同情。

因此，从观念发展的角度来看，他的有关日耳曼建筑的作品

第十章 歌德

（1772年）并不意味着历史思想中的任何进步。或许可以这样说，发展是一个太过于为环境所限制的过程，以至于无法适合年轻人的热血。不过个体观念确实被强调了。甚至于到了这样一个程度，不仅建筑的中世纪的，而且日耳曼的特征都在一定程度上隐遁入背景之中了，但是，它与这样一种观念不可分割地融合在一起，这种观念认为一种真实个体的现象也孕育着某种特定的形式并且是一个整体。

> 多么鲜活，我看到它在晨曦中闪耀！多么快乐，我可以向着它伸出臂膀！这伟大的综合作品是多么和谐，正如永恒大自然的所有作品一样，它们无数的微小部分无不充满了生气，甚至细小的成分亦是如此！万事万物都具有形式，万事万物都有助于整体的目的。

这种对于哥特式建筑的趣味实际上不是新的，正如我们已经看到的，早在几十年前，它就在英国被唤醒，在德意志更甚，甚至曾经在1755年被弗里德里希大帝运用于波茨坦的瑙内门（Nauener Tor）。但它只不过是得到了玩味：这里丝毫不存在离弃经典标准的最细微的迹象，哥特式风格仅仅被应用到了外在细节之上，目的是为了通过变化产生愉悦，是为了唤起"令人愉快的感情"。英国人赫德业已更加深入，他在哥特式建筑中指出了一种特殊的含义和设计。不论歌德是否熟悉他（或许通过赫尔德），他自身对于整体的强烈感觉远远超出了赫德纯粹友好的和理解性的兴趣。因此突然地，迄今为止备受鄙视的历史建筑被发现是一个充满意义的整体，拥有一种与占统治地位的经典趣味无关的美丽。它美丽，是因为它是一种独特的生活方式的表达，或者更确切地说，是因为它是存在于人类和自然中的一种原初的"创造性"冲动的产物，因此它的美丽是真实的和必要的。有关真实、美丽和必要性的理念在这里以完全一体的方式回响着，因为这被感受为自然的一种至高的杰作。处在这种观念下面的自然主义的泛神论毫无疑问倾向于不加区别地神圣化受造的万事万物，不过它也承认"民族和个体中无数的等级"。让我们再一次注意自然活动的这架梯子上的梯级：创造性的非理性源泉——从它之中产生出来的天才，他们"为一种内在的、统一的、独特的、独立的感受性所激励而产生了影响"——最后是他们创造的艺术品，就这些艺术品构成了一个所有纷繁复杂的部分都从属于它的被独一无二地塑造起来的整体来说，它们负载了一种理性的特征（虽说这没有得到清楚无误的表述）。一旦歌德火山喷发般的狂飙突进激情逐渐熄灭，这些有关整体和形式、有关结合了生气勃勃的个体化的一和多的理念就构成了他的历史思想中持续不断的力量。

因此，在这些早期岁月中，歌德与历史世界之间的关系更像一种对于历史领域中的一切事物的强劲的普遍占有，这些历史领域中的事物显得与他自身激情澎湃的个性同气相求。他就像一位泳者跃入无边无际的大海一样投入了历史，为的是让波浪带着他一起走。他是如此天真地相信自己，以至于他很难意识到任何多愁善感的或浪漫的吸引力。

对于我存在着这个事实，我需要证据吗？证据不就是我感受着这个事实吗？——这是我所能用来肯定和热爱和崇拜与我相遇的证据的唯一方式,正如成千上万人在我之前就已感受到这给予我力量的同一事物一样……发自我的灵魂深处的感情使我依偎在兄弟的脖子上。噢,摩西!先知!福音的传道者!使徒,斯宾诺莎或者马基雅维里。(致普芬宁格,1774年4月26日)

这是天才与历史上的所有天才之间的一种非常独特的直接关系,超出了所有的习俗和传统的权威。但它为这样的信念结合了起来,即一个获得承认的高深莫测的"整体"将所有的灿烂景象结合在了一起("这个整体既适合于你的头脑也不折不扣地适合于我的头脑")。同时,它更与这样的信念联系在一起,即历史有助于人们为自己的当下而斗争。正如歌德在他有关大教堂的文章中所写的,今天需要的是"一种几乎焕然一新的创造"。在这种关于历史必须创造性地和孕育性地产生作用的思想中,歌德与历史世界的关系中基础性的东西再次自我宣示了出来。

在狂飙突进运动的激情中,另一种更为主体性的和完全不可遏止的思想是激动人心的,它必须被加以考虑,以达到对青年歌德对于生命和历史的感受的一种充分的理解。这种对于自足的创造性的信念,对于诸神的拒绝,在他写于1773年的有关普罗米修斯的片断和关于同一主题的颂诗中表达了出来。他甚至嘲笑和否认了感到自己"全然地深深地"与诸神和人类、与世界和天堂在一起的欢乐,同时,他把相信有一种神圣的天意在历史中起着作用的信念奚落为一种幻觉。因此,所存在的就是全能的时间和永恒的命运,作为黑暗的主宰者其权能大于诸神和人类,对人类而言,它们的唯一目的似乎就是塑造人类出来。正如已经暗示过的,它也许就是歌德创作的戏剧的继续,将带来与诸神之间的和平,带来一种"向着一个亲密无间的整体"的回归。不过关于普罗米修斯的原初观念也是歌德的思想与感受的天才性表述,它也在《原浮士德》(Urfaust)中回响着。所有伟大的信念均来自抗争与紧张。因此可以说,歌德有关一个包罗万象的整体的信念源自对个体性感受的抗争与肯定。他现在解释说,这个整体仍然是不可理解的,但他摇摆于对它的一种热情献身的追寻和一种倔强的拒绝之间。甚至随着岁月的流逝,他也从不曾自以为理解了整体,不过他的泰坦式的挑衅心情让位给了对于晚年普罗米修斯的洞察与先知般的信仰,"我看到了被光点亮的东西,但没有看到光本身"(《潘多拉》)。甚而至于,在他身上仍然存在着一种来自这个早期的普罗米修斯时期(虽说是以更为温和的方式表达出来的)的巨大的命运感,一种对于笼罩着人类并栖息于"全能的时间和永恒的命运"中的黑暗乌云的命运感。

然而逐渐地,通过一种有关自然和历史的发展法则——它至少是可理解的并是平稳的——的同样强烈的感受,歌德关于不可捉摸的和压倒性事物的命运感受缓和了下来。但是正如我们已经展示过的,这种来自发展观念的安慰在狂飙突进运动的最早时期是付之阙如的,这就是(也许可以这样猜测)为什么在当时他的天性以一种如此普罗米修斯的方式反对传统安慰的原因。

不过到了狂飙突进运动的末期,他开始明白发展观念了。因为正如1771—1772年有关大教堂的沉思所显示的,他开始意识到伟大的个人不是从大自然深渊中突破出来的一种石破天惊的爆发,而倒不如说是在社会生活及其与它的环境之间的互相作用中成长起来的。他在1774—1775年写道(《论拉瓦特尔的〈相学论集〉》[Beitrag zu Lavaters Physiognom. Fragmenten]):

> 不仅环境对人有影响,而且人对环境也有一种影响,由此,人塑造着自身,并且一再地塑造着环境……自然塑造着人,同时人反过来塑造着自身周边,但是这种塑造仍旧是自然的。①

然而,这种通过他自身生命经验而获得的环境与个体相互作用的感受,并不足以使歌德将伟大人物充分地放在他们自身时代的原初的历史空气中来感受。这部《相学论集》给出了关于西庇阿、提图斯、提比略、布鲁图斯和恺撒简短的特征素描。他们经常受到崇敬,也确实值得崇敬。然而他们并非古罗马人,倒不如说是普遍的和几乎永恒的定型的人类肖像,在他们身上反映出来的罗马人形象来源于传统观念。

但是在《葛兹》和《埃格蒙特》这里——人们也许会提出反对意见——在个体历史的色彩方面,风格、时代和国家没有彼此交织在一起吗?这难道不是对于悲剧英雄的令人惊奇的历史信念吗?——在《葛兹》这里是衰落帝国粗野-欢乐的噪音,在《埃格蒙特》(它孕育和开始于狂飙突进运动时期)这里是尼德兰充满强烈感情的生活和他们深植于土壤之中民俗性的贵族气质——当然,但是我们必须解释他恰恰在创造这些形象方面是成功的,并做出一些

---

① 还可以参看1775年2月13日致奥古斯特·楚·施托尔贝格(Auguste zu Stolberg)的信:"……因为他(歌德)并不根据任何观念来发展自身,而是让情感通过搏斗和游戏发展为能力。"

保留。

　　终其一生,歌德与16世纪之间具有一种特别密切的关系——《浮士德》就可以证明这一点。那个时代与他自身所处时代(至少就他所感受到的而言)的相似性使它对他充满了吸引力。一种是自然的强大的和真实的人性,一种是不那么受人称赞的但由于在它这一边具有客观的命运性的强大的压迫性力量而注定会取得胜利的人性,这两者之间的斗争在《葛兹》那里是通过日益崛起中的高贵的主权和官僚的国家而得到表现的,在《埃格蒙特》那里是通过西班牙专制王权冷酷的狂热表现出来的。在这里,自我的自身确定的自由与整体的必然过程相互冲突——正如他在莎士比亚那里注意到的并如此深刻地感受到的——即使个体是如何激烈地反抗它,他还是被难解难分地束缚于整体。因此歌德将狂飙突进运动时期他自己热血沸腾的和致力于寻求自由的自我投射到了这段过去的岁月之中,那时,这种热血沸腾的自我甚至以更为质朴的形式存在着。在这一点上,我们不应该遗忘发生在默泽尔那里的发展,对此,歌德在许多其他的场合经常心怀感激地回忆它。默泽尔在1770年第一个大胆地称颂了武力自卫权的时代,"在那个时代,我们的民族更为敏锐地意识到荣誉的高贵情感,表现出极其伟大的武士美德和一种本真的民族自豪感。"而现在,"个人的多样性和完美性"却萎缩了(《作品集》,第7卷,第35页及以下诸页)。

　　因此可以说,《葛兹》中表现的是18世纪晚期的感受,它刚刚从理性的昏沉岁月中苏醒过来。但是人们也厌恶冷酷无情的强权国家的驱迫,这种强权国家驯化并规范化了个人。赫尔德业已反抗过它,歌德也反抗过,在《葛兹》中,他设计出了甚至来源于名副其实的启蒙运动土壤的国家理念。在第三幕（在戏剧的最初版本中它甚至更为强烈），《葛兹》描绘了一位热爱和平的理想君主形象，这位君主将给他的臣民带来祝福。在第四幕，魏斯林根讲述了与皇帝之间的一场对话。"我们讲到了国家的福祉。噢！他说，假如一开始我就有好谋士来引导我精力充沛的心灵更好地致力于臣民的福祉的话，那该多好！"对此阿德尔海特评论道："他正在丧失统治者的精神。"在这句简短的批评中，歌德以早熟的天才性致力于预示国家理性的本质，即凌驾于个体的幸福之上，同时他预言了并唤醒了这种预感，亦即命运的超个体力量一般而言是站在英雄的卑微的对手这一边的。因为皇帝不再拥有的"统治者的精神"，正在与葛兹进行着斗争。但是在这一点上，歌德自己的心灵是同情于葛兹和皇帝的，同时他把18世纪中期的个人幸福论投注于他们的语言之中了。推翻了强盗贵族的国家，其中的法律和秩序的更高力量，似乎仅仅在它包含了个体幸福时才显得是更为良好的政体。

然而从根本上来说，这种政治动机在对《葛兹》的创造中正如它对《埃格蒙特》一样是不重要的，虽说它与后者是交织在一起的。① 诗人在本质上也并没有关注试图复活过去的一个特殊时期及其特殊价值的历史动机。他寻找的是纯粹的和超越时间的人，他在过去中发现了它，正如启蒙主义者在彻底搜索过去的档案时所做的。但是歌德在关于这种永恒的人类的理念和内容中实现了一种巨

---

① 但是有一个重要的变体。在第四幕结尾部分，埃格蒙特说道："他（国王）想要摧毁他们独特的内在核心，毫无疑问是出于使他们更幸福的意图。他将要毁灭他们，为的是使他们变成其他的东西，不同的东西。"在这里上演了个体观念与从幸福论的动机出发将推平一切的开明专制主义之间的冲突。

大的改变。因为他用狂飙突进运动的个体化方式取代了启蒙运动的泛人性思想。按照启蒙运动的观点看来，作为它的为其幸福而努力的对象的个体无非是这种意义上的个体，在这种意义上，每一颗原子和一棵树的每一片叶子都是个体，就是说，它虽然以无数不同的混合方式出现，但它始终是由人性中同样的持存因素组成的。然而狂飙突进运动和青年歌德的生命感受，能够在这些永远重现的因素——它无法被彻底地否认——下面发现一种形而上的统一体，发现真正个体隐蔽的精神和源泉，发现"独特自我的内在核心"。正是为了为此辩护，歌德创作了《葛兹》和《埃格蒙特》。这些话语所讲到的人类"幸福"甚至在某种程度上令人联想到晚年歌德所讲的"尘世之人的最高幸福"。不管怎么说，在这里又一次表明了与启蒙运动之间的连续性。它是一种包含了歌德关于个体性的学说的更加深刻的幸福论。

歌德创造的每一个人物和场景所具有的非同寻常的个性活力，给这些过去时代中的肖像赋予了一种内在的充满力量的真理，虽说它们并不具有纯粹的历史真实性。不过毫无疑问，比起他的关于古罗马人的人物素描来说，他们具有一种更加特殊的历史真实性。这是因为歌德知道如何以单纯的洞察力和感觉来运用这些他为了创作戏剧而参考的相关时期的历史素材，虽然他也对他们进行了理想化的处理，在他们身上灌注了他自身的精神。众所周知的是，他从哥特弗里德·冯·贝利欣根粗犷的自传中受益良多。然而一种更加深入或许更为精深的思考表明，过去的 16 世纪即使在当前的 18 世纪仍旧有所表现，这种情形能够为歌德轻易地运用——正如默泽尔能够通过环绕于他周围的耕地、牧场和森林复活其家乡的往昔岁月一

第十章 歌德

样。在法兰克福存在着形形色色的往昔岁月消逝中的痕迹，童年歌德曾以一种孩子的强烈好奇心吸收了它们。法兰克福的集会为歌德展示了一幅直接来自16世纪的画面。而且，那些诸如法兰克福和斯特拉斯堡这样的古老的帝国城市，其土生土长的市民在性格特征上与他们16世纪的老祖宗并没有多大的差别。迟至1900年，一位名叫韦尔纳·维蒂希（Werner Wittich）的阿尔萨斯生活习俗的敏锐观察者，还能够在斯特拉斯堡居民的现代装束之下看出1600年帝国城市老市民舒适自在的状态。在歌德创作《葛兹》和《埃格蒙特》时，他将这些人的生活珍藏在了心里。我们可以正确地注意到，从整体来看，《葛兹》中运用的语言既不是16世纪的，也不是歌德本人的自然风格——例如表现于《维特》的自我倾诉中的自然风格——而是或多或少地带上了老式语言的味道。可以这样说，歌德在这里受到了路德语言的影响。虽然它后来没有得到运用，但这种语言比起今天来说仍然更加接近流行的感情。事实上，歌德在大街小巷中去看和去听的是在一体中出现的过去和现在。

由此我们就被带到了歌德在《诗与真》中关于他在这个时期与过去之间关系所说的话，这些话对于我们现在的目的意味深长。"但是我有一种感受，"他在14卷中这样说道，

> 它确实变得非常强烈以至于找不到完善的充分表达，这种感受就是过去与现在是同一的：这是一种直觉，亦即把一些幽灵式的东西带入现在。这种感受在我大量的篇幅或大或小的作品中得到了表达，并始终在我的诗歌中具有一种有益的影响，虽说在直接表达生活的实际时刻，它看起来必定是古怪的、费

解的，或许是不愉快的。

这确实是一些奇怪的话语，片刻之间，它们攫住了我们的心灵。它们描绘了一个立足于自身的小世界，这个世界的中心我们也许还可以理解，但它的边缘就是一片冥不可测的晦暗状态了，并逐渐遁入了模糊的预感之中，我们必须一小步一小步地澄清它。这是因为，所有对于歌德历史思想的进一步考察实际上只不过是对于这些话语的一种评论。让我们从1774年拿出两个经历来，歌德曾以举例的方式援引过它们——在科隆大教堂的经历，和在科隆的雅巴赫（Jabach）故居中的经历。我们最好将它们与虔敬主义者生命的精神苏醒的特殊时刻作个比较。雅巴赫故居的体验在当时和后来成为歌德和雅各比（他当时在场）之间连续不断的讨论的主题。我们因此能够看到，它想必引起了一种多么强有力的印象，看到了在《诗与真》的叙述中存在着多么坚实的支撑性证据（1774年8月21日歌德致雅各比，和1812年12月28日雅各比致歌德；《谈话录》，第1卷，第45页；《艺术与古代》，周年纪念版［Jubiläumsausgabe］第29卷，第236页；也可参见莫里斯［Morris］的新版《青年歌德》［*Die junge Goethe*］中格奥尔格·雅各比的日记，第4卷，第116页）。

在科隆大教堂，歌德见到了一处废墟，它也许第一次在他心中复活了曾为斯特拉斯堡大教堂所唤起的感情，但把这些感情转向了一个不同的和悲剧性的方向。在他的作品中，这座庞大无匹的建筑似乎停滞了，歌德朦朦胧胧地迷失于建筑的意图之中。这种来自往昔岁月的强大的人类意志的顿挫压迫着歌德的精神。在他沉思这个的确存在于那里却又激发了一种非现实情感的往昔岁月的遗迹时，他颤抖不安了。存在于过去与现在的统一体中的"幽灵"因素主宰着他。

发生于1774年7月间雅巴赫故居中的经历是相当不同的。他看到了现在在同样的地方已然绝迹的一个贵族家庭的住宅,住宅中摆放着与过去岁月中一模一样的家具。在这儿或那儿,在但泽、米兰、佛罗伦萨,今天的旅行者还能找到这些出土文物般的古老家庭的住宅,他们在它们周围悠然漫步,带着受到了那么点抑制的好奇心,不过也带着一种受到了友好邀请的情感。但是在歌德看到挂在壁炉架上的一幅勒布隆(Lebrun)创作的雅巴赫家族的肖像时,他的"过分敏锐的感受"——正如他曾经称呼它的一样——完全被激发了出来,画像上曾经的主人带着鲜活的生命注视着他,虽说他们其实早已经消逝了。然而这一次,这种感受没有将他卷入到焦虑的怀疑之中,像科隆大教堂的废墟一样,而是将他的精神从压抑中解放了出来;随后,正如雅各比告诉我们的,歌德的心情似乎又变得格外自在和开朗。过去和现在统一体中的"仁慈"因素占据了主导地位。

确实,这种"一体"将我们更深入地带到了历史主义最深刻的问题之中。这些例子业已显示了这种统一体的感情能采取各种各样的形式。在《诗与真》(第15章)中,歌德再一次称赞默泽尔,认为他"连接"了过去与现在,并将其中一个从另一个中引发出来。同样地,他也谈到了他的斯特拉斯堡的教师、古文物研究者和商人舍普夫林(Schöpflin):"他属于那些幸运的人物,他们能够将过去与当前结合起来,能够理解如何把历史知识结合到生活兴趣中来。"(第11章)换言之,这就是历史学家糅合过去与现在的一般的理解方式。但这不是在歌德的两次经历中设想的精神联系的方式。糅合并不意味着具有一种彻底统一的感觉——在歌德那里有据可查的神秘的和几乎是幻想的经验。因为它带有这种幻想性，拥有激发超越了所有熟悉的和传统的方法的过去的力量，所以它与为传统主义所激发的过去和现在之间的统一感毫无关系。传统主义将现在简单地看作或者说应该看作一段得到证实的过去的延续。人们保持或者说渴望着保持他们过去所是的样子。因此，这就是说今天的法国人用现在的眼睛非历史地看待过去，将它看作一个片断（库尔提乌斯）。至于歌德的有关过去与现在之间的神秘统一感，人们只能说他并没有延长过去或将过去带回到生命中来的动机或渴望。我们宁愿冒险地认为，它是一种包含了过去与现在的超验性经验，这种经验将诗人提升到了一个更高的领域，在这里，他被带到了时间之上，并保持在一种彻底狂喜的状态中。因此可以理解的是，这种心情在他的诗歌中是有益的，但在迫使他再一次下降到当前的实际生活中时，它不如说是被证明为不合时宜的。不管怎么样，他的话使我们确信无疑，即这并不是仅仅属于特定时间的短暂经验，而是其所有诗歌的基础。他的诗歌的人性-神圣的魔力就依赖于此，因为这种一体的感受在根本上是与使他成为一位伟大诗人的特质同一的，是与剥离了每一种俗世经验的力量同一的，这种力量使他从时间的面纱中脱离了出来，从而将短暂的时刻提升至永恒的水平。

那么或许，我们业已到达了关键点，在此，歌德的诗歌感觉与他特殊的历史感联系在了一起。

现在问题出来了，即在这种心情潜伏了很长时间之后，在这种心情在科隆爆发了出来并进入完全的意识之后，从这个关键点出发，这种同样的心情是否以或多或少清楚细致的方式构成了他的历史思考的基础。在对于这件事情所有的进一步讨论中，有两个重要的特点是务必牢记于心的。首先，这种心情将歌德提升进了超越时间的、永恒的世界。我们已经在叙述大教堂体验、在叙述《葛兹》和《埃格蒙特》时表达了很多，同时还呼吁将注意力转到这个事实上来，即它们看起来与启蒙运动的历史思想（它也具有超越时间的方面）之间存在着共同之处。接着，这种经验对歌德具有一种心理学上的矛盾影响，有时产生了一种对幽灵的恐惧，另外的时候产生了一种高度的活力感。难道这没有照亮存在于他对历史深深的满足和对历史深深的不满之间的矛盾吗？这种矛盾，我们曾在导言的评论中暗示过。

这种存在于统一感中的超时间因素指示了歌德世界观中更高的高度——养育了其历史概念的源泉。这是我们在这一章的系统部分将会讲述的。但现在我们将继续漫游于歌德历史思想发展的不同阶段。

2 第一次魏玛时期和意大利之行

歌德人生的第二个时期开始于1775年的魏玛生活，人们称之为古典时期，这段古典时期又被再细分为早期的古典时期和成熟的古典时期，大约结束于1805年席勒逝世。但是就我们的目标来说，我们必须采取一种相当不同的划分方式。对于我们来说，他在狂飙突进运动时期对于历史的态度也可以被认为从他涉足魏玛起开始了变化。但是，我们相信在18世纪90年代末期存在着一种业已清晰可辨的朝向历史的新态度，这种新态度由1789年的经验作了准备。从这个转折点出发，所有歌德继起的历史思想和研究也许可以做这样一个比喻，即一个源源不断地从一个狭窄的峡谷奔涌而出的大海，携带着形形色色的分叉与支流，但又归属于一个统一的整体。

　　介于1775年和大约1789年的中间时期，就好像一段狭窄却又非常深的河床，将从狂飙突进运动的源泉中流出的河水带向了辽阔的大海。就与历史世界的直接联系来说，这段中间时期不像它之前和之后的时期那么丰富。我们不能按照历史内容的线索来看待《塔索》和《伊菲格涅》，像我们对《葛兹》和《埃格蒙特》做过的那样。确实，他们活动于其中的历史场景并非随意的选择；但它们中的每一个场景都被转换成了理想的世界，正如诗人身上的艺术－人性的要求所需要的。小城邦——他在其中负有职责，但同时也投入了他的丰富个性——的行政和政治毫无疑问使他获得了这样的经验，这种经验在附带的意义上丰富了他的历史思想。然而当他的职责同样地促使他为这个小城邦设计一座历史纪念碑时——以魏玛的伯恩哈德公爵的传记为形式——他采取了某些东西，这些东西将他从这个城邦的小世界提升入德意志和欧洲的命运之中。在这一点上，兴趣的线索中断了，歌德从不曾渴望或相信能够为三十年战争混乱不堪的军事和政治事件注入某些秩序的形式（1779—1782年）。

　　注入形式！这是此时期歌德对他所沉浸其中的生活方面，即艺术和自然的主要关注所在。这并不意味着内容上的贫瘠，然而狂飙突进运动的丰富饱满的感觉姿态需要通过更为丰富的经验内容予以加强。这种新发现的形式也没有使他的材料变得坚硬和稳定，就像启蒙运动不变的价值一样。但迄今为止奔流不息和沸腾不已的生命，如今变得幽静稳定了。对个人自由的要求现在就成了一种谨慎的承认，即任何权利只能够奠基于对内在的和形式的原理的保持之上。在这一点上，歌德与外部世界的交流是有帮助的，而魏玛生活迫使他接受的生命的客观力量是有益的。在他对实际生活的特殊性和条件性越来越熟悉之时，他不知不觉地在它之中开始寻找在自身之内感受到的内在的生命力。主观和客观开始以一种富有成果的方式相互作用了。因此这种歌德在艺术和自然中到处寻找的内在法则并没有成为稳定存在的法则——就像启蒙运动一样——而是成为了发展变化的法则。对青年歌德来说，它曾经是一种巨大的爆炸性的驱动性力量，他在大自然创造的作品中看到了它，在被以自然的词语解释了的人类精神中发现了它——一种作为他自己的诗歌的驱动力量的动力。然而现在，这种动力让步于更为宁静的无所不包的力量，这种力量以发生学方式理解了艺术和自然迷人的方面。

有关对于歌德早年岁月中这种最初概括性的浏览，我们将一步一步地给出一种更为细致的解释。这些岁月中，歌德在思想和自身发展中的活动的关键，看来是汲汲于掌握异常丰富饱满的生命财富，这种生命财富是他在自身和环绕着他的世界中感受到和观察到的。他必须找到合乎秩序的原则来规范它，并且没有减少或侵犯它的丰富内容。因此在一定意义上，他在方法上回到了启蒙运动及其先驱——17世纪晚期的运动——的作品中。它们两者均致力于将世界及其生命把握为简单的自然法则的产物，致力于将形形色色的事物汇聚起来以规范它们。正如歌德1780年致信维兰德时所说的："你知道，作为漫长思想的结果，灵魂倾向于从多样性变成单纯。"但自从个体观念发现以来，这种单纯性就不再能够被简单地看作为是为机械法则和自然法则所形成的东西。歌德在早期阶段就已经发现了它，并且在他的诗歌中以比赫尔德和默泽尔所曾努力做的更为热情洋溢地和深刻地表达了它。如今,他热情地紧紧抓住了这个个体观念,意识到它是打开整个世界的钥匙。他在1780年写给拉瓦特尔的信中说:"我可曾告诉过你这个词语,个体是不可言说的(Individuum est ineffabile)?从中,我推演出了整个意义世界。"①甚至他如今带着巨大热情在进行的斯宾诺莎研究,也没有诱使他允许个体观念溜走而成为一般的绝对实体的一种纯粹的翻版。他将早已经紧紧地根植于他内心的东西投射到了斯宾诺莎之中,在1785年写给雅各比的信中说:"我仅仅在单个事物(rebus singularibus)之中和从单个事物出发才能承认一种神圣的本质。"但是个体观念的驱动力量不能停留在这一点上。正如我们看到的,关于大教堂的文章,倾向于通过单纯地指涉于产生了它们的普遍的自然发源地,将伟大的个体孤立起来。不过现在,在狂飙突进运动阶段的末期,这种观点让位给了认为个体始终处在与所有环绕着它的个体相互作用之中的观点。甚至这种见识也不足以填平鸿沟,这道鸿沟产生于大自然更为混沌的力量的普遍规则与作为其直接产物而从其中绽放出来的个体之间。有必要在统一性和多样性之间、在个体和个体的普遍根基之间设计出一种获得更为充分连接的、更清晰的和更可信的

---

① 这句短语的直接来源还无法确定。约埃尔(Joël)在《世界观的转变》(*Wandlungen der Weltanschauung*)(第2卷,第923页及下页)中追溯到了普林尼,后来为经院哲学家所接受。但是,我质疑的诺登(E. Norden)怀疑这种古代的来源,他在《词语汇编》(Thesaurusarchiv)中进行了追问并接受了一个消极的回答。不过在这句短语中表达出来的思想,正如霍夫曼(Ernst Hoffmann)告诉我的,它的历史可上溯至柏拉图(《泰阿泰德》,205e)和亚里士多德,通过经院哲学向前发展。在中世纪晚期,亚里士多德的和新柏拉图主义的,纯粹逻辑的和纯粹神秘的动机交融在了一起。在这个方面,库萨的尼各老是尤其重要的。

第十章 歌德

关系。一个最初的阶段似乎——如果我们正确看待的话——早已在《原浮士德》中达到了——也就是一种热情洋溢的确信,确信在所有存在着的力量之间存在着一种万古常新的和永恒的相互作用和共同作用,其目的是为了形成一个整体:

> 多么奇妙!所有事物汇聚在一起编织一个整体,
> 亲密无间地工作与生活!
> 神圣的力量起起落落
> 呈递黄金的圣杯!

或者,正如他在1773年的《森林之神》(*Satyros*)中所写的:

> 袅袅上升复又席卷而下的
> 是完全同一的永恒事物
> 永远变化,永远持存。

在一封1784年致克内贝尔的信中,表现了同样的景象,不过这一次与其说是用眼睛倒不如说是用耳朵观察,它显示了歌德对于科学知识的渴望业已处在行动之中了。它与他的骨骼学研究联系在一起,向他显示了人类和动物的骨骼之间是相互关联的——接下来我们将回到这一点——证实了他的形式理论的重要性,它表述如下:"因此,我们再一次看到,在一个伟大的和谐体中,每一个创造物都只是一个音符,一种独一无二的色调,这个和谐体必须作为一个整体来加以研究,否则它之中的每一个个别元素就只是一个僵死的字母。"

1781—1782年撰写的有关自然的著名札记也属于这个阶段,歌德,或许是处在某种贵族心境之中,对于它的作者身份似乎有意地上演了同样的神秘游戏,正如他将自然视为处在神秘启示中的游戏。不管关于年轻的瑞士人托布勒(Tobler)在这篇文章中的合作的真相如何,有一点是肯定的,即我们必须考虑到它的所有理念来源于歌德的可能性。狄尔泰已经指出过(《作品集》,第2卷),歌德在这里受到了沙夫茨伯里的特殊影响,虽说他深化了和内在化了这种思想。这里,正如歌德(与赫尔德一样)始终感受到的,大自然包含了人类生命,因此也意味着包含了整个的历史。但在这里,我们也看到了对于歌德的一种众所周知的基本渴求的合乎逻辑的强调。历史变得彻底地去时间化,历史转变成了一出永恒的戏剧,为"很少几个动机所改变,它们从不曾衰老,而总是以形形色色的方式活动着和展开着"。"一切事物均同时展现于历史之中。它不知道过去或未来。当下在它的眼中是永恒的。"在这里再一次地,我们看到了一种关于时间统一体的超越性感觉,虽说携带着一种来自科隆大教堂经历和雅巴赫故居经历的异样色彩。它不是像这些那样,受到了将过去突出到现在之中的经验的激发,而是来自一种有关整个自然和人性的深刻的和引人注意的一般观点。因此,歌德关于自然所说的,对于这种统一体的感受也是真实的:"一切都是焕然一新的,然而一切始终还是陈旧的。"当他的"自然"以如此的表现方式进行游戏时,他也能够以其基本的观念和体验上演同样的变化多端的游戏。

不消说,这篇文章也包含着对于个体的承认。不过它确实也承认了所有个体的短暂性,伴随着安慰性的思想,即它永恒地重新产生着。"自然似乎将一切放在了个体之上,然而却没有从个体中产生出什么东西来。"这些话既可以被解释为对于自然的变化无常的现象的崇高的无动于衷,也可以被解释为对于能够产生始终新颖之事物的创造力量的一种深沉确信。事实上,两种心境都是真实的,但被融合进了一个单一的整体。然而这种观点太崇高太稀薄了,在这里无法使历史世界彻底地进入普遍的自然生命,而只能在其最普遍的现实性中逐渐意识到它。在他迟暮之年于1828年写给冯·穆勒的信中,当他再一次考虑这篇札记时,他将这个见识描述为他朝向最高思想的发展中的仅仅"比较级的"、中间的阶段。他以相当夸张的语言批评了这个事实,即他在较早时期缺乏较晚时期的洞察力,洞察到自然中的两种伟大的轴性力量——极性和等级。我们随后将会关注这些。不过我们也许可以这么说,在这一点上,即使这种较为成熟的观点也无法完全公平地对待存在于自然和历史之中的被刻画为发展的东西。

因此在他厌弃了狂飙突进运动之后,在他开始实施有意识、有秩序的建构任务之后,歌德思想的钟摆初次摇摆于思辨的–概括的方向。1784—1785年的《哲学研究》(*Philosophische Studie*)也证明了这一点。① 它与斯宾诺莎的理念相联系,但仅仅(正如狄尔泰业已展示的)是为了沿着他自身新的生命力感和实际世界的不可预测性来转换它们。这部作品提出了两条方法论原则,它们在将来的某些时候也能被应用于历史世界。首先,衡量活的事物的标准绝不能来自

---

① 我们相信,有必要坚持这个日期。

外部。如果它是一个如何衡量的问题,"那么事物自身必须提供这个标准",这个标准接下来变成高度精神化的东西,而无法被感觉所发现。其次,是歌德在1772年有关大教堂的文章中业已直觉地认识到的,但如今更加完全地和以一种更加明白无误的概念形式表达出来的东西——生物体的本质特征:"在每一个生物体中,我们称之为部分的东西与整体无法分割,它们只有随同整体一起和作为整体的一部分才能得到理解。"在这个句子中表达出了超越通常理解能力的东西。歌德认识到了这一点——伴随着对莱布尼茨的回应(参看上文第32页)——并得出了伟大的结论,即我们必须宣布,甚至最简单的生物体,"也与包含了所有存在物的巨大整体一样,是绝对无限的"。任何随后加入到这种思考方式中来的人,绝不会再次退回到启蒙运动和自然法的方法中,按照扎根于理性之上的想象的稳定真理的外部标准来衡量人类个体。或迟或早,这种超理性的永恒气息必定会从这里渗入历史领域之中。

1786—1787年的意大利旅行① 在歌德思想中带来了进一步的发展。众所周知,这次旅行被认为拯救了他的生命。魏玛的空气已经变得太单薄和内容贫乏,更别提其他的促使他离开这个地方的心理因素了。他的思想已经处在变得过于思辨的危险之中了。它们需要通过对于歌德来说是生命养料的东西变得深刻饱满起来——这种生

---

① 重现歌德在意大利之行中的思想,众所周知,得与材料批判方面的困难进行斗争,因为形成了歌德修订《意大利之行》(Italienische Reise)的基础的原始日记和信件只有一部分保存了下来。我们当然要依赖于原始文献,只要能得到的话。不过我相信,如果原始文件丢失的话,最好还是用修订过的《意大利之行》,因为来自此处的错误,比起完全无视有价值的却也许只是经过修饰的证据造成的损害要小得多。

命养料就是对于具体生命及其所有伟大现象的观察,凭借于此,他才能够试验和深化他在理论上获得的基本原理。

这种情形发生于深思熟虑的片面性,歌德在意大利看到的生命的所有其他方面都在他对于自然和艺术的压倒性关注面前黯然失色。甚而至于,他努力观察的不是艺术的整体,而是希腊的,或者源自于它的,或者看起来与它联系在一起的艺术。我们业已在研究温克尔曼时注意到了这种古典的趣味和价值标准,它在新的德国人文主义中持续了下来,保存了一些奠基于沉浸在自然法之中的普遍观点之上的绝对精神。这在老派人士如温克尔曼那里,比起歌德来说,要显得更加容易理解一些,而歌德的世界却已经受到了个体观念的影响。这种发展只是因为歌德自己通过自然的标准,也就是说,通过他自身关于自然的概念的标准,才显得是可能的。他得出结论认为,希腊艺术实在是仅有的与这种自然理念协调一致的艺术,因此是产生了内在完美的、形式与内容和本质和谐的、血肉和灵魂丰盈的作品的唯一艺术。"这些美妙的艺术作品是人类根据真实的自然法则所能创造的最高级作品。一切武断的或纯粹是幻想的东西将化为乌有:唯有必然性,唯有神。"(1787年9月6日,《意大利之行》)

我们必须更为充分地感受发生在歌德身上的狂喜的新发现,这种新发现来自意大利天空之下与希腊艺术,为的是公正地认识到这种新发现对歌德精神所产生的限制性影响。在斯特拉斯堡大教堂体验中,歌德已然意识到了必然性、真理和美,已然在它们之中看到了一个有机整体的迹象。但如今,对于自然与艺术、景观与人类世界中的能提供给感官之眼的形式,他有一种高度夸张的看法,那是一种依据古典模式构思的形式,他对于自然和艺术的感觉离开了阿尔卑斯山以北的欧洲。现在,对于感觉更具说服力的和在印象中更显著的外在形式,对歌德来说变得比"内在形式"更为重要了,在"内在形式"方面,北欧人的创造当然是并不缺乏的。在他如今看起来相当正确的是,卡尔·奥古斯特理应放弃完成他在魏玛的搜集伦勃朗的意图。正如歌德1787年写给他的信中所说的:"在罗马这里,我带着特殊的力量感觉到,这种单纯的和明确的形式比起我们血气方刚的粗野和混沌的精神性要有趣得多。"

歌德的意大利旅行在他心中想必是唤起了一种对于完美之物,尤其是亲眼看到完美之物的热烈需要,这种需要是他在之前或之后的任何其他时刻不曾如此强烈地感觉到的,是在他之前只有另一个北方人温克尔曼以同样的力量所曾感觉到的需要。这种对于完美的渴求是如此激情洋溢,以至于歌德的艺术需要也被晒在一边了,最后导致了他只有(正如他在年轻时所做的,但如今是在一种清晰得多和更加理性的形式中)在自然本身的怀抱中才能找到满足。他(在1786年12月23日向公爵夫人路易丝)承认,观察自然比起观察艺术来说,显得更加轻松自如和更加舒适自在,并且更加容易欣赏自然。"大自然最小的产物也具有自足的完美性,我仅仅需要眼睛来观察它,因此我确信,我能够发现恰当的比例,我相信,在一个非常小的范围内就能发现一种真实的和整体的存在。"另一方面,在艺术作品中,"最好的"只存在于艺术家的理念中,很少或从不曾在实际的实践中获得;尤为特别的是,在艺术作品中存在着大量的传统因素,它们不像活的自然法则那样能够获得轻易的理解和解释。"自然作品永远像是神初次发出的话语。"

第十章 歌德

但是艺术是历史世界的一部分，我们必须询问它对歌德产生的影响。他对历史世界的兴趣现在看起来是大大地集中于艺术之上，并且艺术绝对是通过一种非常特别的——对于我们的感觉来说——非历史方式来加以解释的。然而甚至这样也完全经受不住与自然作品进行比较的考验。至于"传统"因素中的高度历史性的力量，歌德不是就其实际所是地将它看作生命力量的艺术，而是几乎带着不愉快将它视作真实理解的一个障碍。事实上，歌德的思想发展看起来业已达到了这样的一个点，它与我们称之为历史兴趣和历史思想的东西恰恰相反。这个他如今以之放置自己立场的对立极"自然"，不再是狂飙突进运动时期所说的自然——那个作为所有生命的混沌的和非理性的初因的自然，在那个时期，它的力量在所有的历史事件中以一种概略的和喧嚣的方式获得了崇敬。现在，自然再一次采取了一种更为理性的特征，歌德按照清楚的和可理解的运行法则来对之加以审问。然而这是一种崭新的理性（Ratio），它与机械的和静态的启蒙理性存在着深刻的区别——一种以精致的和"提升了的"形式出现的包含了狂飙突进运动的创造性概念的思想。因此，这种关于自然作用的新观念将在长时期中被很好地证明是新影响的源泉，这种新影响或迟或早将在历史世界之中留下它们的影响。

现在，我们来到了歌德在意大利植物园中做出的伟大发现面前，他在那里发现了植物的原始形式和它们所经历的变化。关于普遍自然生命中的原始形式及其变迁的问题，并不完全是新的。布封在他的研究著作中早已经注意到了这一点，他以一种富有弹性的和栩栩如生的方式指出了这些事实，同时这项研究现在在西欧科学中是处于领先地位的；赫尔德，也许处在歌德的影响之下，在他有关历史哲学的著作的第一部分（第13卷，第49，67页；第14卷，第590页）早已经试探性地讨论过这一主题了。在这里，我们不是要关注在歌德所做的特殊观察中早已众所周知的东西，也不是要关注他发现的新因素中必须被认为（从现代科学的观点来看）错误的东西。对我们的研究目的来说，决定性的东西是在于他相信他发现了一种法则，这种法则超越了迄今为止所理解的自然法则的机械特征。这种新法则不仅用物理学上的和化学上的前因，而且主要地是用它们自身内在的和紧密的生命法则解释了植物生命中的变形。这种所有植物生命之间相互联系的情形引导他走向了关于一种共同的原初类型的理念，这种类型可以在所有生物种类中观察到，即"超感觉的原始植物形式"。他因此在假设它们的原始同一性的基础上，在同一植物所有的外在部分之间假定了一种联系。然后，为了解释清楚明白地展现出来的差异，我们仅仅需要提出直截了当的结论，即它们从原始的基本形式中逐渐地进化而来。这意味着一大片的自然领域陷入了一种流动的和变化的状态之中，然而它也保存了一种持久性因素，也就是说原始类型，它以一千种变化的形式复制着自身。因此，一种新的统一性和多样性之间的关系建立了起来。有关外在矛盾的问题，由于对源自必然的生命过程的内在同一性的洞察，而得到了克服。这个关于一株植物的每一单个器官在一定条件下能够变成这株植物自身（或者用另外的话来说就是发展成为一个整体）的思想，照亮了生命的一种倾向，即作为一个一般原则来说，生命倾向于形成整体。歌德设想在植物生长的过程中，植物的内在力量和外部条件是相互作用的。正如他后来在《我的植物研究历史》（*Geschichte meines botanischen Studiums*）中所表达的，植物"拥有一定的灵活性和柔韧性，为的是能够适应于它们在大地之上也许会遇到的各种各样的条件，为的是能够相应地改变自身"。

一旦得到了理解，这个观念就必定会以某种方式扩展地应用于自然的更为高级的分支。歌德早在1787年就给冯·施泰因夫人写道："同样的法则能够被运用于所有的生物。"下文将显示出，在他进入意大利时，他早已经对此了如指掌，虽然他还没有有意识地阐明它。后来，在他的《色彩学·历史卷》中，他将这个过程描述为"通过发展打开自然的秘密"。那么，它再走多远也将打开人类的历史秘密呢？然而在意大利时，歌德并不能够或并不愿意将这个问题作为一个整体提出来，因为他在解答自然和艺术之谜方面有大量的研究要做。但在那不勒斯，他通过阅读维柯（虽然相当粗糙地）更接近了它，至少，他获得了强烈的印象，即维柯的著作包含着"有益的和正确的神秘预见，这种预见将会或应该会在未来实现，它植根于对作为整体的传统素材和生命的最诚挚的思考之中"（《意大利之行》）。维柯使歌德想起了哈曼。然而，我们不必认为歌德受到了他们中的任何一位太多的恩惠。这两人所拥有的关于在整个自然包括人类中的内在运动的感觉，对于歌德来说也是天生就有的。但在这个特定的古典时期，他们对于人类天性和历史中的原始因素的特殊洞察，对他来说，是相当不起眼的。

运用发展观念来解释卓越的艺术创造的方法，早已为温克尔曼所倡导。歌德追随了他，就仿佛他正在进入一个新发现的处于文明边缘的国家。他在1787年1月致信赫尔德："我始终孜孜不倦地关注着表现于不同民族身上的不同风格，关注着这些风格所曾流行的时期。"正如他在《意大利之行》中所说的："温克尔曼促使我们区分不同的时期，认识到为不同民族所运用的不同风格，观察它们在时间过程中是如何发展的，最终又是如何在衰退中终结的。"在这个领域中，"除非判断是历史地生长起来的，否则没有判断是可能的"。他也将这个新观点应用于文艺复兴时期的艺术，应用于从曼特尼亚到提香的上升道路，应用于从拉斐尔的先驱者上升到他本人的金字塔台阶，而拉斐尔"独耸于青云之上而睥睨众人"。但现在变得清楚的是，在歌德心中存在着特定的无意识障碍，阻扰他运用发展原理。他忽略了乔托的艺术。他那正统的古典主义成为了一块绊脚石。他被他想在艺术之中看到一种通过发展而来的美妙绝伦之物的期望所迷惑。对温克尔曼是这样，如今对歌德也是这样：他的发展观念受到了完美主义观念的束缚。他心中有些东西使他拒绝在作为一个整体的艺术中追随发展的过程，或者甚至拒绝以最小限度的努力在每一个阶段寻找奇特的与众不同的价值。我们现在开始获得了他的有关历史世界的选择程序的一幅更清晰的画面，这种选择程序是他在早期阶段就采用了的。不过，狂飙突进运动时期的主观选择标准，现在为客观的选择标准取代了。他在自然中发现的和如今转移给艺术的内在法则，给他面对在自身之中始终火山般运动着的能量提供了一个停泊地。他想到了卢梭，知道他是如何被他的主观主义误导的。他在1787年（《意大利之行》）承认，他因为自己没有对自然秩序保持忠诚而认为自己是个傻瓜。

但是更广意义上的历史世界至今没有为歌德提供这样的停泊地，甚至在对他产生了如此强烈的魅力的意大利也没有。也许在意大利，他极为激动地聆听到了历史的话语。他在日记中这样记录："历史的幽灵以一百种不同的形式从坟墓中升起，向我展示它们的真实面目。"他的有关罗马的话语是驰名天下的——在罗马，历史看起来与世界上的任何其他地方都不一样。①"人们觉得看到了一切，而所有这一切都是那么和谐匹配。"在另一个句子中："整个的世界历史在这个地方联系到了一起"。还有一句更加热情洋溢的话："罗马的历史就好像我确实身临其境似的对我诉说着。"这样的话或许不应该被解释为存在于歌德本人和西方与罗马整个存在之间的深度联系的内在历史感情，而应该解释为一种审美上的满足，他满足于从这个发生了如此众多的伟大事件的中心出发，能够纵览从这里放射出去的沿着所有方向通向整个世界的无数影响的线索。这些影响线索最多的是政治-军事类型的，在歌德与这些线索取得愈益紧密的联系时，他可能会突然之间对它们表现出一种厌恶的感情，显示了他对于历史世界中的这个领域的敌视姿态。他草率地拒绝了前往西西里参观汉尼拔的一个战场的邀请——虽然他是听错了，事实上是哈斯德鲁巴，而不是汉尼拔。他不想在这个他如今享受着一个美妙现在的地方去参观什么"往昔的幽灵"。对歌德而言，这是一种不堪负担的"过去与现在之间的混合"（《意大利之行》）。他的关于过去和现在统一的感觉中令人烦扰的幽暗面再次表露了出来。

然而歌德在另一个场合，当他在内米湖边研究曾经在1744年战役中被德意志军队占领过的地方时，却充满兴趣地追忆着汉尼拔的生涯。"一个辉煌的地方，曾经被老汉尼拔占领过"（致卡尔·奥

---

① 致赫尔德，1786年12月。《意大利之行》中的"别的地方的人从外读入内，而这里的人相信要从内往外读"，这句话也是修改过的，注入了晚期歌德的感受。但即使是歌德在《意大利之行》中给出的有关"从内往外读"的范例，也仅仅代表着罗马人力量的外在方面。

古斯特，1787年）。这种回忆的丰富内容–直观性激发了歌德的思想，同时又激活了过去岁月的幽灵。

一般而言，在历史结构突入现在生命的地方，人们可以按照来自研究植物生命变形的方法来观察它们，对此，歌德总算可以长舒一口气。"你知道我对待大自然的老办法，"他写信给冯·施泰因夫人说道，"我正在用同样的办法对待罗马。""没有对过去的参照，人们就无法理解现在，"他在涉及罗马城及其位置时这样说道。他清楚地知道，这个地方最初不是被某个伟大的民族或某个强大的君主占领的，而是被牧羊人和乌合之众占领的（致魏玛的友人们，1787年1月25日）。

早在他旅途开始之时，歌德就已经将天才的目光投注到了威尼斯。在最初的日记中他这样写道："我已经用一双宁静、敏锐的眼睛观察了它，我对这一伟大的存在感到喜悦。"歌德看待事物的方式与信奉启蒙主义的旅行者截然不同，他们的见解通常流于肤浅，甚至孟德斯鸠亦是如此，虽然他曾经敏锐地注意到了意大利风俗的独特之处。不管怎么说，歌德能够更深刻地进入这个衰落中的共和国华丽快乐的外在生命，就好像这个共和国是一株植物，它的寂静的生长发展能够从它当前衰退了的和凋谢了的荣耀状况中解读出来。从一开始，在这里活跃着的就没有武断的东西，而只有必然性（默泽尔的"自然和必然"）。在其中，没有单一的独裁的精神，而是人性的集体力量："一个民族"创造和形成了它。

伟大的群众！一个必然的和不由自主的生命存在。这个种族不是为了乐趣而在这些岛屿上寻找避难所；也不是由于巧合，其他人才被迫与他们联合起来；是纯粹的幸运使得他们的位置如此有利，是幸运，使他们在整个北方世界依然沉溺于愚蠢之中时表现出了如此卓越的智慧。

人们明白了，歌德现在洞悉了当前的威尼斯城邦，洞悉了它谨小慎微地守护的并受到全世界不安地惊奇地注视着的秘密。他相信，在所有这些秘密没有泄露给他的情况之下，他现在已经相当理解这些秘密了。不管怎么说，首先，他现在能够用比十五年前沉思斯特拉斯堡大教堂时更能显示共源性和必然性的术语来解释这种情形，即来自中世纪的一种奇迹般创造现象的崛起，而中世纪一般来说是仍旧被看作一个黑暗时代的。他将共和国的崛起、兴盛和衰落看作一个单一的现象，用一种过去和现在一体的崭新的微妙的情感来观察它。这种现象在它衰落时并不比处于完美辉煌的情形中时不值得尊敬。"它屈从于时间，正如其他任何具有一种外部存在形式的事物一样。"

但这样的话语并不表明歌德在时间的无限威力之前鞠躬如仪。通过对自然的观察，他已经为自己赢得了一些他自始至终专注于其上的东西，一种对于现实的永恒见解，现在已经成为了一种坚固的和直觉的能力。它在现象世界所有的变化和发展之后建构了一种持久不变的法则。通过对艺术的沉思，他业已发现了永恒的价值，这些价值在历史–时间中的发展，只就它们生出了某些永恒的东西而言才令他感兴趣。人们深深地理解到了，他现在为何抛弃了或离开了片面的事物，因为它与对永恒存在、发展和衰落的整体性的沉思不相符合。教皇和教会的罗马，是如此华丽多姿，是如此深深地关注于整体的普遍历史利益,却从他身边流走了,就像"防水布上面的水"(致冯·施泰因夫人,1787年)。然而这并没有阻止环绕在他周围的罗马大众生活在他洞察一切的眼睛中留下一个清楚的印象。甚而至于,他打内心深处回避发生于伟大的政治世界中的当代事件,而这些已经在预示着旧时代的终结和新时代的来临。然而再一次,这也没有阻止他的敏锐的和深刻的目光在这里观察到事物之间的联系。虽然歌德只是在对于《英雄交响曲》最后的和弦进行简短评论时才记录了弗里德里希大帝之死:"当人们看到这样一位伟人走向安息时,他在宁静中是多么的欢乐。"但在与卡尔·奥古斯特通信时,歌德已经注意到了这样的危险,亦即法国将由于叶卡捷琳娜二世和约瑟夫二世的扩张主义政策而"大大地处于下风"。这种法国的精神所无法容忍的作为一个欧洲强权地位的衰落,毫无疑问是法国大革命的一个重要原因。

但总体而言,歌德对于他在1786年12月写给赫尔德的信中所说的话是信守不渝的:"我想看到罗马,这就是说,我想看到持存的面貌,而不是每隔十年就变化的东西。"在他最清晰地洞察历史世界的时刻,他主要关注过去岁月中持存的和不朽的元素。比起多年前的科隆大教堂废墟,罗马的废墟对他产生的影响是异样的和相当快活的;现在,他的关于过去和现在一体的感受中更为明亮的一面又高涨了起来。"古典土壤的当前存在"(一句歌德希望在最高贵的意义上对之加以理解的表述)占有了他,他"在感官上和精神上都深信这里过去存在着、现在存在着、将来也永远存在着伟大的东西"(《意大利之行》)。在这些最高贵的感受中,他也为后古典时代,首先是教皇的罗马和圣彼得的罗马的成就找到了一个自然的位置,因为这适合于他的有关一个不断创造着的运动的永恒画面。

歌德的这种感受比起二十年前（1764年）吉本所感受到的要远为伟大和辽阔，而吉本正是在观看罗马废墟时构思其伟大的历史思想的。吉本带着感伤的心境凝视着朱庇特神殿的遗迹，作为启蒙主义者倾听着赤足修士在曾经的朱庇特神殿中的修道院里吟唱。在这里，我们看到了清晰的矛盾，存在于启蒙历史学的溶解性性格和歌德的新方式中的综合性特征之间的矛盾。歌德倾向于在所有短暂的事物中寻找一则具有普遍的而非纯粹历史的面貌的寓言。歌德在凝视这个景象时，并没有感到悲伤，而是感到了内在的振奋。"当我们深知伟大之物短暂的时候，我们不应该沮丧不安；相反，当我们发现过去曾是伟大的，并为我们产生了意义非凡之物时，我们应该深受鼓舞。"（《意大利之行》）过去岁月中所有压迫性的、所有"幽灵式的"因素现在都烟消云散了。歌德的"从永恒的视角"的沉思显示了生活也能够是成果丰富的。

我们已经看到，比起历史感觉来说，歌德具有一种更为强烈的世界感觉；这也许是因为他具有一种庄重亲切的天赋，这种天赋并不总能够为他之后的历史学家所拥有，然而如果历史学家并不只想重建往昔遗迹的单纯的僵化的记录，而是想恢复其实际的生动活泼的生命的话，那么这种天赋就是不可缺少的。纯粹书本上的历史，无论其中的知识性内容是多么丰富，也仅仅为历史学家或者为历史哲学家提供了一幅无血无肉的轮廓，不管所提供的内容是多么生动活泼，或者其批评的方法是多么敏锐。但每一种来自过去岁月的真正的遗迹，包括来自远古时代的残片，都对敏悟的精神产生了无法言喻的魅力，因为在这里的是栩栩如生的消逝了的生命的片断，它甚至还能够以某种方式按照当代生命来加以解释和使其饱满。确实在一开始，通向历史研究的单纯古物研究的动机是朝向这些幸存下来的遗迹的。这是默泽尔超过赫尔德的巨大优势，他能够在当前的实际生活中观察到完全具体的过去生活的痕迹。歌德此时在罗马读到了刚刚出版的赫尔德的《关于人类历史哲学的观念》，并被深深地吸引住了。在魏玛时，在此书初步的写作过程中，歌德为赫尔德提供了关心和建议。但现在他开始明白存在于自身和赫尔德的见解之间的深刻差异。他在 1787 年写给他的信中如是说道："通过精神的强力，你能够迅速地从传统遗产中获得的东西，我必须以自己的方式从地球的所有角落，从山脉、山峰和河流中艰辛地获得。"赫尔德缺乏歌德将感觉当前化的能力，这种能力使歌德能够与过去的伟大合而为一。但赫尔德并不缺乏对于这种能力的渴望，并不缺乏与之相配的对于当前化的需要，因此，他以如此强有力的理性能力对整个历史文化发展领域所做的普遍考察，甚至歌德对之也是深为满意的。在著作的开始部分，歌德也遇到了一些他曾与赫尔德探讨过的他自己的思想（与法尔克的谈话，1809 年）。这些思想被应用于赫尔德的认为人类从宇宙相继而起的发展阶段中绽放而出的几近植物学的观念，被应用于有关"原始形式和事物的初芽"的见识中（《观念》，第 2 卷），被应用于他的有关在所有生物体中存在着形式化动力的判断上。如果说赫尔德摇摆于他对人类的未来乐观的和怀疑主义的预见中，那么歌德则是倾向于怀疑主义的。赫尔德曾经阐述过这个可怕的问题，即"熙熙攘攘的人类及其日益增长的关于共同体的感觉是否会将众多的国家和城市转变成一个贫民窟，一个人工的救济院和医院"（第 13 卷，第 373 页，也可参见第 14 卷，第 297 页）。

歌德接过了这个问题，并将其强化成这样一个观点，即人道最终将毫无疑问地获得胜利，世界将变成一座巨大的医院，其中的每一个人都将是其芳邻的富有同情心的保姆（致冯·施泰因夫人，1787年6月8日）。由此，他强化了在赫尔德那里萌发的对人道理想的作用和绝对价值的怀疑。有可能的是，在他们两人这里，卢梭的文明批判思想起着作用。

让我们现在转向歌德与赫尔德关于传统问题讨论的出发点。这里，在他对于所有口头的和书写的传承的怀疑中，他的当前化感觉是显而易见的。在其中，对于启蒙运动皮洛式的批判主义毫无疑问地为此准备了道路。但是歌德用积极的怀疑主义动机取代了负面的动机（对人类弱点的蔑视），这就是为什么他自己的怀疑主义马上就安定下来的原因。他自身难以估量的生命力，他自身天性中的岩浆，很快使他感觉到一个人彻底理解另一个人的困难，甚至不可能。"为了支持口头的和书写下来的历史，你也许可以说你喜欢什么，但这仅仅是在极少数情况下才有能力这样做的，因为任何存在的独特特征是无法被传授的，甚至在精神的事物中也无法办到。"（《意大利之行》）但歌德认为这种情形是有可能的，即在思考和达到一项判断之前，首先进行仔细的观察，从生活中形成一个印象，然后通过阅读和倾听来对之加以补充。当他在罗马再一次拿起李维和普鲁塔克的著作时，这种方法对他是一剂有效的处方。但歌德甚至更乐意信任他的感觉，这种感觉通过他的理性始终保持着警觉，这种理性后来呈现出一种几乎宗教般的信念。历史主义的批判态度，虽然对于传统愿望中充满缺陷的源头和漏洞，也像歌德那样具有深刻的感觉，可是，它将从过去流传下来的素材的价值和过去时代的遗迹的价值看作宛如一架天平的两个秤盘，它们围绕着一个理想的平衡点轻微地上上下下。但歌德也许是第一个提出了这一假定的人，即一个人始终应该为另一个人所补充，为的是尽可能接近人性弱点所能允许的最高目标，亦即思想地-生机勃勃地直观过去。①

它是一个富有成果的连接词，一个对歌德具有相当价值的极性，促使他在罗马的天空下阅读了赫尔德的《关于历史哲学的观念》。与赫尔德纯粹的知识性努力、与他的从传统材料中建构出来的历史哲学不一样，歌德能够马上利用从罗马的过去幸存下来的所有当下的事物。那么不必惊讶，歌德在赫尔德对于过去的描绘中忽略了某些实质性的东西（《意大利之行》）。不管怎么样，在古罗马的遗存中存在着另一种强大的历史因素，它迄今为止对歌德只具有一种边缘性的影响——国家。有这么一瞬间，看起来歌德是感受到了在历史中国家所意味的巨大意义。因为紧随他对赫尔德的罗马描写的批评之后的，是这些引人注目的话：

> 此时此刻，我的心中宁静地充满了国家就其自身所意味的东西；对我来说，它就像是祖国，是某种排他性的东西。只有在与整个世界的关系中，你才能确定这个独一无二的存在的价值，这就意味着大多数人将在其重要性中萎缩并且化为乌有。

紧随其后的是对于罗马斗兽场的沉思（《意大利之行》）。

---

① 但是，我们应该认识到，这里从《意大利之行》中引用的话可能会导致疑惑，它们可能在后来被歌德作了一些修饰。

第十章 歌德

国家和祖国所具有的"排他性"品质是某种歌德所无法容忍的东西。斗兽场所代表的罗马城邦肯定给歌德留下了印象，但他马上魔法般地召来了"巨大的世界整体"的画面，为的是为这个自足存在的只是相对的价值重建真实的标准，以便能够再次呼吸自由的空气。

这就把我们带到了歌德的意大利经历的尾声。这些经验决定性的重要意义并不存在于它们带给他的历史素材的细枝末节之中，对于历史（正如我们已经看到的），歌德允许它们以一种高度选择性的方式作用于他。倒不如说，它们之所以重要，是因为对于自然和人类作品无限丰富的体验澄清了他自己对于观察的方法，并使他意识到了这一点。正如歌德在1786年11月所写的："我并没有产生完全新颖的思想，也没有发现彻底陌生的事物，但是旧思想已经变得如此明确、生动和前后一贯，以至于它们可以被认为是新的。"在意大利亲切友善的天空之下，他学会了对他从前曾通过急风暴雨般的情感途径获得了的个体性采取了一种更清晰的看法，学会了掌握其形式。因此在他的古典时期，个体性的充沛的内在生命力和不可思议性在一定程度上被挤入了背景之中。但是他在早期岁月中构思过的形态观念（Gestaltgedanke）最终充分地发展了起来。更为特别的是，还存在着来自他的植物学研究的影响，这些影响给予了他一种新的类型的感觉，这种新的类型始终与个体交织在一起。但这种他能够在自然中观察到的一再发生着的融合，只有通过一种事物彼此之间的坚实比较才能获得认识，只有通过发展观才能得到理解。这种思想在歌德1786年12月写给赫尔德的信中精确地表达了出来："发现甚至是彼此远离的事物之间相似性的能力，追溯事物起源的能力,在这里对我有莫大的帮助。""一个人仅仅需要去观察,如果他有眼睛可看,就会看到一切事物均在发展着,"他在日记中这样写道。这是些简单的话,但它们对思想史具有不同寻常的重要性,我们接下来还会讲到这一点。简言之,通过运用感性直观和比较而被激发起来的发展观念,现在在意大利旅行时期明确地涌现了出来,并将自身与个体观念联系了起来。因此,这两个未来的历史主义的主要支柱在歌德的思想中肩并肩地竖立了起来,不仅承担起了历史的重量,而且承担起了整体上的生命和世界的重量。作为年轻人的歌德曾以极大热情感受到的宇宙中强大的潮起潮落和形式的财富,因此被纳入了秩序的轨道,被归入了法则之下。他达到了当他甫一涉足意大利时曾瞥见过的目标,亦即"在最简单的元素中找出真理"(《色彩学·历史卷》)。相比较他的早期阶段而言,现在他是在一个狭窄得多的特殊价值领域中来关注直接的历史影响,但与此同时,这种历史影响却加深了。历史兴趣是否会以及如何再次扩大,有赖于歌德进一步的命运中恶魔与机运女神(Daimon und Tyche)之间的相互作用。在他从罗马回来的一年之后,法国大革命爆发了。这场革命及其带来的震撼世界的结果,将在歌德的生命中构成新的命运性事件。

3 从法国大革命至其结束

在法国大革命及其后的政治动荡与 1815 年旧体制的复辟之间,歌德与他的时代和走马灯般兴起的新式历史力量之间不断地争吵。他发现自己在内心上既无法认同形成于 1789 年的普遍博爱的观念,也无法认同于同时感受到民族主义和人道主义的 1813 年的观念,尽管他也做出过一些轻微的临时让步。他在他的世界图像中能乐意接纳的仅是中立性的拿破仑现象，正如接受了弗里德里希大帝，虽说他曾嘲笑过后者提出过的国家类型。但现在，弗里德里希大帝的形象被拿破仑的形象所覆盖。这就为那些从德国立场（这毕竟是自然将他放置的地方）出发指责歌德做出了错误的历史-政治选择的人提供了充足的理由。但试图从普遍-历史的立场出发判断这些事情的人，也将会轻易地得出结论说，歌德在与他的时代的观念的争论中失败了，并且被驳倒了，并遭到了挫败。

但从他自身衡量生命现象的标准来判断，歌德赢得了这场争论。在这些与之截然相反的历史力量面前，他挺身而出捍卫了他的生命圆极（Entelechie）。他没有吸收异国的血液，也没有允许任何外在的影响对他生命本质的目标施加压力。这是他关于世界观的基本原理，即生命立足于自身的基础之上，所有生物在它们自身中都携带着自身的法则和目的。歌德被怀疑对之加以拒绝的特定时期伟大的和普遍的行动力量，从更深刻的历史判断来看，自始至终是卓越的推动性力量，而非循规蹈矩的和一般性的约束性力量。但毫无疑问，对于认为自己在这些力量中聆听到了良知和命运的个体来说，它们或许会成为约束性的和标准化的力量，尤其是在碰到保卫生命共同体的最自然形式的国家时更是如此。出卖祖国导致了不自然，并且也导致了不道德，因为自然和伦理正是在道德中融合在一起的。歌德本人也没有做出这样的背叛，尽管他的立场与民族主义政治运动有别。他将一般的国家不过是看作公民秩序和文化的监护者和养育者，这种观点阻碍了赋予这种将国家的土地从任何特定的政治统治中解放出来的努力以更多的重要性。对于权威同样友善的解释,使他在早年同样批评了用暴力改良国家的任何努力。但是在他心灵的最深处,他依然对德意志文化保持着忠诚,对他而言,德意志文化是他的国家中最高贵和最神圣的事物。

然而,在外部力量的攻击面前保卫他自己的生命法则,在歌德的意义上也并不意味着彻底不受它们的影响。因为他对于生命的整个态度并不扎根于一成不变的稳固性之上,而是扎根于发展。这种发展观念并不局限于一个在自身之内业已包含了所有潜在生长可能性的胚芽的逐次展开,而是包含了一种与环境,甚至是敌对环境之间的相互反馈的可能性。这是恶魔与命运之间的相互作用。正如我们已经讲过的,他身处的环境是1789年之后世界历史的伟大事件。现在,在注意到了他的精神的自我宣称之后,我们必须继续追问外部事件对他的历史态度的影响有多深,对这种历史态度的进一步发展的贡献有多大。

对于歌德1789年之后活动的大略观察显示出,这种影响与其说是直接的,倒不如说仅仅是间接的。他的态度的象征是他在1793年美因茨之围中所看到的农民,看到他正在炮火之下的田野中进行劳作。"身处有限环境中的个人并不会放弃他通常所直接关注的东西,不管大多数的人类会做什么。"(《纪年》)身处恐怖的所有熟悉世界均已崩溃的情形之中,作为他被迫直接参与其中的1792年战役的参加者,他紧紧地抓住他的研究工作(用他自己的表达来说),就像船只失事时抓住救生木板一样。宣告了世界历史中一个崭新时代来临的1792年瓦尔密战役,歌德声称曾讲过它的重要性,也许他真的讲过,尽管针对它也曾有过批评性的怀疑。如若果真如此,那么这就是一束天才之光,歌德运用它,能够暂时地照亮他不曾进入过的领域，虽然几近于不情不愿。他的革命性诗歌并没有包含对这一世界历史事件哪怕一丁点儿的注意。

然而这些诗歌和其他的表述一起，显示了歌德理解了法国大革命的部分的历史原因——这要比老年默泽尔做得好，他在政治领域中是一个典型的保守派，热衷于从上至下的渐进的和务实性的改革。注意法国大革命的哪些原因得到了承认是富有启迪作用的：这些原因在人类共同的社会生活中能够直接地感觉到和观察到。早在1781年，卡里奥斯特罗案件在他身上引起了一种阴森的感受，即"我们的道德和政治世界遭到了地下通道、地下室和下水道的破坏"（致拉瓦特尔）。他也注意到了下层阶级的痛苦，他们必须做牛做马，为的是让上层阶级保持舒适惬意的生活条件。只要这些上层阶级仍是健全的和强大的，并不缺乏价值和自尊，那么这位富于贵族精神的诗人也许就会满足于作这样的沉思，即没有下层阶级所做的一定的仆役，上层阶级所创造的高级文化就是不可能的。但项链事件对他产生了非同寻常的影响，他对上层阶级所做的这种积极贡献受到了怀疑的困扰。这种行为内在的无尊严性使他惊骇不已。具有重要意义和启发性的是，歌德始终给生命中可见的事物赋予高度的价值，而现在当他回顾历史事件时，他对古代政体中的达官贵人行为中的颓废的外部的无尊严性进行了谴责。他强调了弗里德里希二世和约瑟夫二世简单朴素的外表，强调了君主仅仅是国家最高级的仆人这一格言。对他来说，玛丽·安托瓦内特对宫廷礼仪的废弃似乎是一种"通向伟大的行为"，直接通向了激进行动（1810年，参看我的《国家理性观念》，第421页，现在的《著作集》，第1卷，第396页）。歌德再次以他一向的天才感觉提出了这样一个深刻的问题,即被开明专制统治合理化了的国家是否将始终能够坚持一个君主制形式的政府,也就是说,它是否能够在君主和人民之间保持必要的距离,是否能够保持君主制思想必要的神秘性。然而他从不曾感到有追随他发现的新道路以便进一步深入洞察历史-政治世界的要求。比起他乐意详加阐述的东西来说,他常常在不经意间发现得更多。

自从在意大利获得了出乎意料的清晰性以来,就只有已经成形的或者能够成形的东西才能吸引他。他寻找的生命形式和形态只能来自于生命内部,但为了他的需要,这种生命必须形成一个所有部分都适合于其中的整体,否则它就只能是一片混乱。法国大革命制造的明显的混乱状态使他深为反感。或许,在歌德试图使自己从大革命的压抑中解放出来的创作中,最高贵的要算是《自然的女儿》了。虽然它对作为一个整体的历史现象来说是相当不公正的,但它包含了大革命对歌德的意义,或者说无意义的最精确的认识。在第五幕,修士首先吟唱道:

> 当建筑物的砖块分崩与瓦解,
> 浮华的外表
> 就倒塌为狼藉无状的一地瓦砾。

欧根妮对此答道:

> 一场突如其来的颠覆
> 威胁着这个王国。形成伟大生命的

第十章 歌德

相依相偎的元素，
不再能够用爱的力量彼此
拥抱万古常新的统一

一场恐怖的事变，一场使歌德感到了无意义和毁灭性的事变，就发生在眼前。他将它看作自然的一种必然性，但仅仅是在这个意义上，即溪流有时也能彼此相汇，从而制造一场洪水（致席勒的信，1802年3月9日）。歌德从不曾消除这种印象。它在他与历史世界的关系中制造了一道深深的和永久的裂缝，一道他在后来无法克服的裂缝。正如我们已经强调过的，他在相当早的时候对历史的态度就是模糊不清的，摇摆于压抑感和振奋感之间。甚至在《温和的讽刺诗》(Xenien)中，它让诗人迄今为止深埋心中的痛苦有了一个宣泄的出口，甚至在它之中，也仍然存在着一种来自那些大革命岁月的残存的战栗：

虚无也要比远去的岁月更为温柔；
触摸它如同触摸一块炽热的钢铁：
因为它清楚地向你指出，
你还生活在水深火热的时代。
三百个年头伏在门口，
假如人们还能感受到它所有的苦难，
那么人们在这些岁月中感受到的，也只能持平于
我们在最近三十年中共同感受到的苦难。

但即使令精神反感与看起来邪恶和无意义的东西，最终对他也可以产生一种生动的影响。在他生命的暮年，歌德自己也证实了大革命对他所属的整个一代人包括他自己所具有的历史影响。

渴望更伟大的东西，渴望更具有世界性的和普遍性的事件出现在历史舞台上的要求，必定会激荡于新的岁月中。任何经历过大革命的人都会感觉自己被卷入了历史事件之中；他在现在中用鲜活的目光看到了过去，甚至将最遥远的事物也带到了形象中。(《法国大剧院》[Französisches Haupttheater]，1828 年；参看埃克曼，1824 年 2 月 25 日）

值得注意的是，早在 1793 年，当歌德依然处在当代事件强烈的影响之下的时候，弗里德里希大帝的形象升起于他的眼前，作为他在当代世界中遇到的形象的对立面。他称赞他是一个控制了意见的人，因为他通过行动这样做了（未完成的第三封信）。青年歌德把弗里德里希理解为一个"拥有青铜般力量的国王"，是一个融合了英雄主义和异教的国王，这在《浮士德》第二部分幽灵被召唤前来的场景中可见一斑，这个场景非常可能是在那一年创作出来的（赫兹 [Hertz]，《歌德的〈浮士德〉中的自然与精神》[Natur und Geist in Goethes Faust]，第 15 页）。现在，大约是在 1795 年签署巴塞尔和约，在欧洲和法国恢复了某种和平状态的时候，歌德似乎开始（如果我们对这个情形的解读是正确的话）在这个时期以一种更大的兴趣进入了历史课题，现在第一次，这种兴趣在自然研究和艺术研究的旁边占据了一个突出的位置，后来持续到生命的终结。在这里，我们能够看到歌德对于他自己经验为历史事物的东西的不知不觉的反应，然而这种历史事物还不能被变化为合乎秩序的形式。那么，我们也许可以猜测，他开始采取其他的历史材料，将它们作为至少可以进行有机化处理的材料来接近。至于他与作为一个整体的历史世界的关系，仍旧可以用这些话来加以刻画，他借用1795年《德意志逃亡者的谈话》(*Unterhaltungen deutscher Ausgewanderten*)中的老牧师之口说出："我感觉到我既没有强大到也没有大胆到来考察作为一个整体的伟大历史，而单独的历史事件又令我深感困惑。"然而毫无疑问，他有好多话想要诉说，这些话充满了人性的魅力和意义。

歌德现在对于内容上重要的材料也感受到了一种巨大的吸引力，只要这些内容是人类的杰作，只要它们包含了人类文化在其中发展的条件。对于自从1795年以来就在计划中的第三次意大利旅行，歌德制定了一份关于特定问题的计划表，对这些问题的回答将形成一部关于意大利的内容全面的著作，其中以艺术史作为中心，但是扩展性的章节将涉及国家的自然状况和农业的历史，涉及政治和宪法事务（在1790年的第二次意大利旅行中，歌德已经对威尼斯的历史和宪法做了研究）。当他中断了1797年的意大利旅行而没有走出瑞士时，他已经以极其巨大的热情献身于对这个应许之地的初级阶段的研究，其中包括了关于这个国家及其文化史的广泛知识——这是知识视野再度扩大的一个迹象，他的知识视野曾经由于他的古典主义狭隘化了。伴随着这个过程的内在痛苦和紧张产生了反应。歌德对于过去的事物经历了如此剧烈的变化，以至于甚至焚烧了1797年的私人通信。但是他如今能够悠然漫步于自己的故乡法兰克福，在这里，他从前曾质朴地经验过古代，体验过过去和现在之间的碰撞，现在则带着研究者的目光观察历史上的进步阶段，观察历历在目的和象征性的意义非凡之物的开端，怀着一个现实主义者的感情陶然其中，携带着"紧紧装在一只小箱子里的"理想主义。假如他的视线碰巧落在当代景观中的新事物上，例如街巷中的法国士兵，他对于大革命和战争的憎恶并不会妨碍他在对他们的行为进行细致观察的基础上形成一幅关于他们民族的可怕力量的画面。"一切都坚定地朝向同一个目标"——这是某些他能够理解的与他自己的思想方式一致的东西。

同样在1795—1798年，歌德全神贯注于本韦努托·切利尼的生平，他不仅做了翻译，而且提供了一份历史性评论。他早已经受到了渴望知识或者说出于诗人本能的驱使，而阅读了浩如烟海的历史档案和描述。但如今第一次，他作为一个历史研究者阅读着，他试图重现和形成从他的研究中涌现出来的见解，并在新的工作中感到心满意足。"我花费在整理这些材料之上的时间，是我生活中最幸福的时间，"他在1803年致泽尔特的信中这样说。

歌德也由此进入了对历史发生兴趣的一个新时期。他的精神在开始时曾受到了革命动荡的冲击而深感逼迫和压抑，如今，它又重新获得了活力。世界事件也许在强力的过程中继续着动荡不安，但它们不再像早先的日子那样撕扯他的心弦。最重要的是，他与席勒硕果累累的友谊使他内在的力量获得释放，而进入更为自由的活动状态。两项伟大的历史性成果，《色彩学·历史卷》（酝酿于1798年，着手撰写于1805年，出版于1810年）和《论温克尔曼》（[*Essai über Winckelmann*]1805年），仍然留下了这种特殊时期的烙印。1801年与席勒进行的有关一场有奖竞赛的计划的讨论，促使他在一般性的水平上进行历史研究，目的是对欧洲国家获得一个广阔的视野。他胸怀"从内部出发真实地"观察事物的意图，从西班牙和葡萄牙开始了他的研究。在这些古典主义的岁月中，他的精神的独特的内在倾向，是更倾向于典型性而不是个体性的，这使得他趋向于一种"先验历史"（1798年致席勒），趋向于"人类中的持存的因素"，趋向于"某种特定的统一体"，在这种统一体中（正如他在1801年致席勒的信中所说的），个体之间的差异可能消失。不过他自己没有进一步追随这些理性化和心理学化的试验。

然后再一次，世界事件来临了，它深刻而又矛盾地影响了歌德。这就是耶拿战役和德意志自由的沦陷，但在同时，一位勇于行动的最强大的世纪伟人建立了一种新秩序，这位伟人1808年的时候在爱尔福特以一句"这才是人物！"（Voilà un homme）向歌德这位精神王国的伟人致意。降临于德意志头上的痛苦和惊恐虽然还没有遭到遗忘，但已经被扔到了意识的背景之中，这是由于衷心感佩的信心，即拿破仑将完成世界使命，德意志文化在他的统治下不会消失，只要德意志人自己站在这种使命的立场上。为了保持德意志人自己的意识，歌德还在1807年由于外部的刺激而计划写作《德意志人的荷马》（Homer der Deutschen），它将是一部历史-宗教的普及性著作。现在他强烈地感受到自己的民族使命，成为德意志精神的领导者，这一点也表现在他在1808年所做的计划，打算在魏玛召集一次德意志文化大会（与沃尔特曼[Woltmann]的谈话，1808年9月）。1806年之后的时期在深刻的历史判断方面是尤其丰富的，这些历史判断为深沉的感情所支撑，表现出了广泛的历史兴趣，它们不仅表现在人类领域，而且表现在过去的所有领域之中。他现在甚至乐意解释自己独特的过去。这就宛如一只看不见的手在温柔地引领着他更深地进入历史之中，如此一来，他所实际体验到的历史将最终通过一种纯粹的内在必然性迫使他承认它是一个对象，这个对象将激发最强烈的形式化渴望和形式化力量。他将自己看作个体发展过程的承担者，这种发展需要整个时代作为其环境，为的是能够被理解。这就是《诗与真》的意图，自从1810年以来他一直在撰写此书。他也受到了将安慰和快乐在沮丧之时带给他的人民的愿望的推动。由此，这部作品不知不觉地成为了歌德对于1813年起义的贡献，虽然一开始他并没有承认这场起义从历史的角度来说是正义的。它堪称歌德的历史思考和写作的最高峰。

在歌德朝向历史世界的转变中，浪漫主义的时代潮流毫无疑问地起着作用。18世纪90年代浪漫主义的先驱者们深深地受惠于歌德及其诗歌的精神。从思想史的观点来看，如果没有歌德的影响，浪漫主义运动就绝对不可能是它现在所是的样子。浪漫主义沿着这样一条道路前进，在这条道路上，歌德留下的影响比任何其他人都要深远得多——这就是个体和发展的道路，它致力于在每一种人类现象中寻找生命运动的内在中心，并从这个中心出发理解人性中的多样性和形式的丰富性。要展示歌德和浪漫主义者在后来是如何在很多方面分道扬镳的，并不是我们当前的任务。但大家都知道，在1806年之后的时期中，歌德愉快地让浪漫主义者及其朋友们推动他走向新近发现的日耳曼-北欧艺术和诗歌的价值。他们帮助歌德找到了再次从狭窄的古典主义中走出来的道路，不仅仅进入了日耳曼-北欧世界——但对他来说它从来不是最重要的——而且使他进入了走向作为一个整体的历史世界的全面敞开的道路。这种新的普遍主义与他早年强烈主观的和自然的普遍主义相当不同。它虽然以螺旋的形式向后朝他弯去，不过是在一种更高的水平上。因为它吸纳了古典时期的养料——关于原始形式和变形的学说，关于得到精确观察的主宰着形式之中的变化的内在法则。但这些内在的法则比起古典时期感觉上的愉悦来说，现在更多是在精神上和理念上被感受到。然而新的普遍主义，正如自1795年以来表现出的朝向历史的倾向一样，受到了政治风云、世界大事的影响——区别仅仅在于，以前，歌德被它们逼迫而进入自身，而现在，它们激励他达到了一种更自由的伸展和一种更舒畅的表达。1813—1814年的德意志解放运动，歌德虽然不乐意它的发生，但一旦发生了，就得到了他的祝贺，并伴随着深沉的理解和满足。这一点在他神奇美妙的节庆戏剧《埃庇米尼得斯的觉醒》（*Des Epimenides Erwachen*）中获得了证实，这部戏剧暗示了这个时期他自身处境中的悲剧性方面，但它包含了一种安慰，即诸神将保护他于宁静之中，为的是他能够"纯粹地感受"。但正如节庆戏剧所表现的，歌德对于他的民族为自由所做的奋斗能够纯粹地感受的，只是它的普遍人性的一面而不是它的民族主义政治的方面。从此以后，他受到了普遍性的强烈吸引。这是解放战争对他产生的最深刻的影响。正如《诗与真》是歌德对于1806年备受压迫的德意志的一个镇定人心的答复一样，《西东合集》是他对于1813—1814年的答复。无论这些诗歌中特定的诗性-人性内容是多么确切地表达了出来，然而它还是奠基于一个精心选择过的普遍历史基础，它的诗行是普遍历史经验的滔滔雄辩。正如歌德（在1814年2月14日写给布瓦泽雷［Boisserée］的信中）所说："此时此刻看起来合适的是，从世界历史巨大的标准来衡量我们渺小的环境。"诗歌和历史世界从不曾像在《西东合集》中这样为歌德如此条理化地和深思熟虑地结合起来。因为他现在不仅像从前在《葛兹》和《埃格蒙特》中将他自己的自我投射进一个似乎与其亲密无间的过去的时期,而且他还选择了遥远的东方时期,为的是更一般性地掌握历史生命中原始的形式和变迁。一种互补性的历史需要在他心中激荡不已,他将诗集称为"西-东",是因为此地的西方正在东方寻找它的家园。因此可以说,《〈西东合集〉注释》是歌德最伟大的历史成就。

我们将《诗与真》称为歌德的历史思想和写作的最高峰。但如今表现出来的情形似乎是,它被包含于《〈西东合集〉注释》中的普遍的历史哲学超越了。这股潮流还带领着这条道路从纯粹的历史跨入一个永恒的超越时空的领域,歌德从一开始就被推动着向这个领域走去。正如我们将要看到的,它再次表明它是如何将过去和现在统一起来的,他在"永恒不变的东方"寻找并找到了这个统一体。

一直持续到歌德生命结束的直接的历史努力,都是这些同样倾向的回声。其中的一个例子是他在1814—1815年的莱茵河、美因河和内卡河旅行时所收集的文化-历史研究文献,它们出版于1816—1817年的期刊《论艺术和古代》之中。这本期刊的标题是意义非凡的。在艺术之旁给予古代一个平等的位置,这在他的古典时期是不可思议的。而且,在他晚期的评论和小品文中到处可见对历史的观察。最后还有关于菲利波·内里——他是反宗教改革运动中的一位卓越非凡的圣人——的历史札记,它被插进了《意大利之行》的续篇中(撰写于1829年,但早在大约1810年就写出了草稿)。

可是,比起歌德晚年岁月的历史作品中那些直接的证据,对我

第十章 歌德

们的主题甚至更为重要的是，那些老年岁月中产生的思想财富，散见于箴言、信件和谈话中，这是他的世界图像的伟大建筑物最后的拱顶石。它们以日益增长的超尘世的透明性常常显得将自身提升到了实际历史的土壤之上，激发了难以言喻的预感。不管怎么说，与所有他在早年创作的和仍在创作的作品相较而言，它们不过代表了最高程度的升华。

现在该是结束我们对歌德与历史之间关系的考察的时候了，我们曾一个时期一个时期地进行了考察。我们现在必须在其实际的语境中来努力理解他的历史学。在赫尔德的例子中，我们采取了不同的方法，在他相继而起的各个时期的作品中努力地给出一个在当时占主导地位的基本思想。研究方式的显著差异反映了两人历史思想的起源和结构的差异。对赫尔德而言，最美丽的花朵盛开于生命的破晓时分；对歌德而言，则盛开于生命的黄昏时分。同时代世界的经验对他们两人都具有一种强烈的影响，但这种影响是不同的。就赫尔德而言，他以道德角度直接地激烈地做出反应，所产生的影响是打断了他的历史思考；歌德相当缓慢地和隐蔽地吸收了这些影响，但从长期来看，这种吸收是非常强劲有力的，达到了一种更高程度的融合。他的整体发展中的内在目的性和连贯性是无可比拟、更为伟大的。

因此，在接下来系统化歌德思想的努力中，我们将依据于他最成熟的发展阶段。大约1795年之前的早期阶段的独特性，就像发生于成熟阶段的变化一样，可以毫发无伤地让位于这种需要，亦即在变化中获得一幅持久性的统一性景观。

系统部分

1 基本前提

我们将追随歌德在意大利旅行中给出的建议:"在最简单的元素中找出真理。"确乎如此,为了最细致地研究他的知识织体的结构,歌德提供了大量的材料,它们已经被现代批评以极尽精致之能事作了非常仔细的研究。但除非这种研究成功地、清楚地梳理出了简洁扼要的思想线索,否则任何这样的分析只会使歌德离我们更加遥不可及,而不是使他离我们更近。我们必须从传承给我们生命的重重叠叠的文化价值——这些文化价值增强了历史主义——中找出我们的道路来,找出从思想上掌握这些材料的方法来。历史主义必须依靠自己的努力来治愈它的伤口。

在任何他能够瞥见个人的地方,歌德总是致力于在个人和环境的关系基础上形成他更高级的创造。当他努力发现他自己生命的历史时,同样如此。我们必须询问影响到这个人的时间和地点,在追踪最微妙的因果关系之前,我们首先要观察的是他对此基本的反应。

对我们而言,在其故乡奥斯纳布吕克,默泽尔在本质上看起来是一个朴素的学究式贵族。温克尔曼,正如我们曾看到的,用他在北德丑陋的蛹式生存换得了在罗马的羽化。尽管(或者也许是因为)赫尔德充满了对于原初性和生长性的普遍感受,但是他没有吸收他所游历过的地方的色彩,他对这些地方的生活进入得几乎像歌德那么深。而歌德在法兰克福、斯特拉斯堡、魏玛和意大利的生活留下了持久的独特元素的烙印,他从其中的每一个地方都吸收了独特的元素。这一些元素,在他的性格和思想中终其一生都是可以辨认出来的。但他努力地将它们吸纳入他自己独特的色彩中,以至于人们可以在同时将他称为一位身处自己环境中的本乡人,却又不是本乡人。例如他的《浮士德》,清楚地显示出他创作时期生活处境的痕迹,但它们最后被纳入一个更高的统一体,这个统一体一开始确实就存在了。甚至关于歌德的历史思想,人们也许会说,所有地方和时代的特殊风味提升到了更纯粹的天空之中,同时却依然可以被认出来。为了把握整体,我们应该反思他的主张,即为了能够经验,我们必须早已经通过预感在我们自身之内携带着世界(埃克曼,1824年)。"除非他是一个富有经验的人,他才能说他经验了一些事情。"(周年纪念版,第23卷,第307页)"一个人只能看到他已经知道和理解了的东西。"(与冯·穆勒的谈话,1819年)为了融合所有从各个时代和各个地方走向他的经验,歌德从一开始就在自身之中携带了必要的工具。他神秘地确信,在被给予的他的精神先验的统一体与经验变动不居的内容之间,存在着一种秘密的原始联系。

为了能够处理经验中所有个别的元素,为了能够保存它们、掌握它们和加工它们,他必须"轻步缓行"。"不要出于职业动机而做事!"他在1807年对里默尔这样说道,"这与我关注的东西是格格不入的。我喜欢以一种游戏的方式来做我能做的一切事情……我不会把自己当作一种纯粹的工具,而每种职业都是一种工具。"这种游戏的态度被极其热烈地运用于他自己特殊的艺术批评领域之中,但不可否认地也被游刃有余地运用于历史思想之中,正如我们在开始的考察中所看到的。他的所有工作表现出了最低限度的系统性的和逻辑化的运用。不过这种来自于他的精神力量的初步努力在歌德的思想中制做出了一个系统性的知识框架,对这个框架,我们只能加以小心翼翼地指引,而不能太过"专业"。

我们的出发点是歌德的古文物研究动机,这早在其童年时代就已表现了出来。我们看到他在意大利旅行和其他的旅行中是多么活跃,他的日记和晚年所写的游记显示出他随时准备着跳下马车,全神贯注地考察某座古老的教堂或城堡,或某段古老的城墙。"看到古老的器具、武器、马具、印章和雕塑,"歌德在晚年曾这样写道(《德意志的吉尔·布拉斯》),"总是有助于我们感受到在它们被制作和使用的岁月中生活的样子。"的确,当他仅仅遇到过去岁月千疮百孔和残败的遗迹时,他的内在需要会寄托在现象的意义和连贯性上。这种情形发生于1801年,他当时在皮埃蒙特地区追忆起了罗马–日耳曼的历史。然而在他持续的宁静中,在他再次回归到过去和现在一体化的奇特心情中,这种原初冲动的力量又表现了出来。

> 正如某人也许会摇摆往复一样,或者对使得不确定性甚至变得更不确定的努力表现出任何的不悦那样,某人会发现自己仿佛陷入了一个魔术般的循环之中,会把过去看得和现在一样……最终他或许会怡然于一种非常舒适的情绪之中,因为他在瞬间会相信自己能够直接瞥见神秘莫测之物。(《纪年》)

后来他深思熟虑地几乎不加改变地将这个主题写进了《亲和力》(第2卷,第2页)。

第十章 歌德

人们必须努力从许多不同的角度接近歌德的一体化感受。尽管存在着高度个性化的和极其纷繁多样的细微变化，但正如我们已经指出过的，在这种感受中存在着启蒙运动的精神遗产。因为启蒙运动以自己的方式产生了一种过去和现在之间的一体感。只不过这种一体感是通过思想的机械方式产生出来的。原则上来说，所有时期的历史生命都是相似的，为同样的持存不变的人类理性和非理性的力量统治着。过去与现在之间的唯一区别是理性和非理性比例的变化。

可是，与这种感觉联系在一起，还存在着对于所有人类四海一家的感情，存在着对人类-历史宇宙的最遥远部分的一种普遍的好奇心和敞开性。我们在伏尔泰身上看到了这种情形，而在歌德身上又再次看到了。甚至在他的晚年，尽管存在着那么多的将他与伏尔泰分离开来的东西，但歌德还是将他称之为一种普遍性的光源，并在1830年向埃克曼着重强调了伏尔泰的影响值得他加以警惕。将生命致力于文化的伏尔泰，比起关注制度的信奉政治功利主义的孟德斯鸠，对歌德意味得更多，虽说歌德对孟德斯鸠是同样熟悉的。

然而一般来说，绝不会弄错的是，启蒙运动在许多方面影响了歌德的历史思想。两者都同样关注于在历史中寻找人性，而非在人性中寻找历史。唯一的区别在于，歌德在他的思想道路上发现人性的历史成分更强烈地进入到了他的视野之中。引导他走得更远的一个特定的普遍性的而由此联系更密切的出发点，是他对于所有人类四海一家的感情。他相信，存在着一个关于善和美的价值的共同世界，适用于所有人，"在其中，他们必然彼此相似"（《〈西东合集〉注释》）。在晚年（《诗与真》，第1卷，第4页；冯·穆勒，1881年，埃克曼，1832年），歌德甚至讲到了自然宗教的真理性，讲到了某种关于纯粹自然和理性的原始宗教。在这里，关于自然宗教的原始现象，比起启蒙运动主义者将自然宗教的内容简化为某种教义问答手册的做法，歌德的表达要远为精神化和富于创造性。对歌德而言，各民族一般性的宗教观念永恒地循环着，只不过是某种宗教本元形式的千万种个别的变化而已，这是更高的力量对生命所做的神秘贡献，从这些出发，一个潜心钻研的研究者能够创制出一张关于世界精神的字母表（冯·穆勒，1818年）。正如在赫尔德所谓"最古老的知识"中的原初启示一样，在歌德晚年所做的坦白中仍然存在着一些启蒙运动的东西，只不过加上了神秘–浪漫的重新解释。同时，在旧理性主义和坚持自己是更高的新的基督教信仰之间，开始了一场公开的冲突；歌德毫不犹豫地支持符合于最开明哲学的假设的理性主义（冯·穆勒，1823年）。歌德在肯定这种思想方式方面还有其他个别的历史判断。在关于切利尼的评论中，他将萨佛纳罗拉称为荒谬可笑的魔鬼；在他的《色彩学·历史卷》中，他将英国革命期间的宗教泛滥刻画为异想天开和"时代的怪物"。人们几乎能够看到伏尔泰越过他的肩膀笑容可掬地对歌德大加赞赏。然而这种对于基督教信仰的不赞成，其最终的动机与伏尔泰是不一样的。他反对这种显然与理性背道而驰的宗教迷信，反对他在最深的意识中感受到的与自然格格不入的东西。然而在伏尔泰和歌德之间还是清楚地存在着一种联系。我们几乎没有必要提醒自己，甚至歌德的世界主义思想——正如他曾经在1832年对埃克曼所表达的，它就像翱翔的雄鹰一样俯瞰着大地——也是在启蒙主义的怀抱中成长起来的。我们业已反复接触过的他的国家观念，他对中世纪的态度和许多其他

第十章 歌德

方面，在说到它们的起源时，无不表现出同样的色彩。但我们绝对找不到启蒙运动流传下来的判断的纯粹痕迹。甚至这是我们的第一印象，即在这些判断中充满了崭新的情感内容，使得它们高标于启蒙运动的平均水平之上，就像在赫尔德那里表现出来的同等特征那样。而赋予思想史以内在统一性和世界观价值的连续性原理，在这点上也证明了它的价值。永远不应遗忘的是，启蒙运动至少为歌德提供了——假如不是建筑材料的话——一块平坦的地基，以供他建设自己的世界性思想的大厦。

在关于默泽尔的章节中，我们谈到了启蒙运动是如何将人类理性从教条和传统中解放出来的，它在同时是如何不知不觉地鼓舞心灵中的非理性能量的。情感和理性、对当代的自豪感和前浪漫派的爱好，一起手拉着手就像一对奇怪的不平等的伙伴，彼此复制。接着在狂飙突进运动中迎来了一次更深刻的突破，即日益增长的关于所有心理能量一体化和完整品质的意识。与这种情形在一起的还有对个性的认识，对所有个性之起源的认识，对在无穷的自然的深度创造中、在宇宙中万千变化的起源的认识。这种在西方思想史中从未曾出现过的、在后来的思想中成为中心点的新因素，就是强大的和明确的个体经验。它曾经被年轻的赫尔德与发展思想融合了起来，而年轻的歌德也很快追随其后。这发生于新教的背景之上，与虔敬主义所带来的唤醒个人的宗教生命的情况不无关系。但是这里还存在着一种更加富有生命力的宇宙观，从它无穷无尽的运动，从它从自然莫不可测的怀抱中产生硕果累累的自然的精神力量来看，它超越了启蒙运动的机械主义。在其中存在着一种关于它们与宇宙整体之间具有持久的内在联系的感觉，存在着它们有朝一日将回归到源泉中去的感觉。存在着这样的印象，即新柏拉图主义的思想再次影响了西方思想的一般结构。

因此，歌德的世界观，是一种来自启蒙运动和新柏拉图主义中的因素的综合，他的历史思想就扎根于其中，如果抛开个体发展经验不看的话。赫尔德曾经混合了两种思想，虽说没有那么彻底，同时18世纪的其他思想家也以较弱的方式进行着这种融合。但是歌德关于个体经验方面的奇特力量使他为这种融合大大加深了深度。人们已越来越清楚地认识到（布尔达赫，弗朗兹·科赫），新柏拉图主义思想是如何贯穿于歌德一生的，甚至他沿着新柏拉图主义的方向解释了他所钟爱的斯宾诺莎哲学。这在当时附带地显示出了，新柏拉图主义思想主要地不是以其原始形式出现于青年歌德眼前的，它被大大地转化成了基督教尤其是虔敬主义的神秘主义。然而他为了自己的目的重新铸造这些思想成分的方式，他的有选择地吸取适合于其内在需要的思想成分的方式，是创造性的。也许对于他的新柏拉图主义最有说服力的证明（如果人们需要的话），是写于1807年的一篇戏剧序言中的一段小有名气的话，它属于1805年后歌德致力于研究柏罗丁的特定岁月，表达了不幸的1806—1807年时的悲伤及其后的恢复：

> 小的正像大的一样永恒
> 自然运动着，人类的精神运动着，两者
> 均是原初之光的反映。
> 渊渊之暗照亮了整个世界。

第十章 歌德

新柏拉图主义世界观吸引歌德的不仅仅是它从远远超越了人类视野的原初源泉中获得经验整体——包括人类的精神和自然环境——的能力。它不仅仅是给予自然高贵的位置，或者是提升为更崇高整体的纯粹性和统一性的安慰性的发展前景。对于纯粹的思辨需要来说，这一切也许就足够了。但歌德内在的天性要求更多的神圣之物。一旦他在意大利充分地理解了自己，他就意识到自己热心于不倦的创造、变化和自身发展，热衷于重塑自身，但在这样做的同时仍然忠实于自己；意识到自己热衷于个性，它既是可塑的又是持久的；热衷于神所创造的自然和人类的原始形式，热衷于它们所经受的千变万化。新柏拉图主义世界观奠基于流溢（或者更确切地说是放射），而不是发展；但它触及了个体原理，虽说不是以一种彻底的方式，并且需要一种对于歌德的天性来说相当陌生的审美方式。然而新柏拉图主义世界观包含了无穷无尽的活力，包含了对于个体——否则它将在世界中遭到遗弃——的运动和发展来说如此充分的空间，因此它能够为歌德自己的世界观构成一个出发点。它所保存的与斯宾诺莎哲学融合的地方是如此之多，以至于它在变化之中能够保持稳定，高标于所有瞬间变动之上的最终的持存性是如此之多，以至于歌德渴望将这个世界中的所有压迫和混乱看作神主宰之下的永恒和平。

歌德和柏罗丁，就像他们之前的赫拉克利特一样，喜欢以形象的方式思想——形象思维在人类的知识生活中是一种不断重新产生的思维类型。它自身倾向于一种生动和活跃的生命观，而抽象的概念思维则倾向于更加稳定的生命观。此外，它还进一步引起了一种对于与整体之间休戚与共（συμπάθεια τῶν ὅλων）的预感，分散的事物以某种方式或其他方式相互联系在一起的感觉,一种每一个体生命过程与宇宙的另一个部分中某些相关的过程相互呼应的感觉,一种尽管存在着形形色色的变化,但运动、联系和统一以某种方式属于世界的本质的感觉。

因此可以说,歌德在普遍性哲学中的最高成就是对于赫拉克利特和爱利亚学派思想的综合,是对于永恒的发展和永恒的存在的综合——"持存于变化之中"。不过根据歌德的说法,永恒存在中唯一能够察看到的部分是永恒变化中的永恒法则。自从意大利旅行以来,他就已经关注于此,虽说他一刻也不曾失去过对于所有短暂的和稍纵即逝之物的喜悦与同情。他甚至能够欣喜于一个花园的象征,惊奇于"短暂和持存在这里是多么奇妙地交织在一起"(《亲和力》,第2卷,第9页)。但这种对永恒法则的需要又是某种将他与启蒙运动联系在一起的东西,而且毫无疑问形成了他与启蒙运动之间最深刻的联系。像启蒙运动一样,歌德致力于寻求一种崇高的超时间的立场,从这里出发可以俯瞰时间中的千变万化。只不过他所选择的这个立场与启蒙运动是相当不同的,是更加具有新柏拉图主义色彩的。然而屡见不鲜的是,人们将激烈地否认这种连续性。当他努力满足寻找不同道路的需要时,正是在这一点上,歌德在他自己与启蒙运动之间划出了一条最深刻的分界线。他谴责了18世纪的"知性文化"的"自以为是的聪明",因为它在寻求存在的永恒法则时是通过知性的方式,而非理性的方式,而理性对于歌德来说则是所有高级的灵魂力量的大全。符合于知性方式的存在法则只能是僵死的固定的,而无法产生一个有生命的和运动的世界。正如他在1829年对埃克曼所说的:

可是，神性活跃于活物之中而非死物之中；活跃于发展和变化之中，而非业已达到固定状态之物之中。因此，趋向神性的理性仅仅关注于发展之物和有生命之物，而知性则关注于业已发展到和达到固定状态之物。

歌德的法则概念与启蒙运动的法则概念也是相当不同的，在它之中彻底抽离了所有数学的因素。正如贡多尔夫异常喜悦地表达的："歌德的法则自身就是独特的，是神秘地存在于永恒运动的生命中的精妙灵活的形式化力量。"

因此，歌德在自身之中达到了一种生成和存在之间、变化和持存之间、历史和超历史的-永恒之间的理想平衡。但是还存在着重要的和困难的问题，即这种情况是否意味着他能够完全公平地对待历史世界中的现象和本质特征。我们必得要问的是，他的有关生成和存在的前后一致的箴言是否能够洞察历史世界，原因是否应该在箴言自身中去寻找，或者应该在歌德生命的其他因素中去寻找。这个只有当我们一步一步推进研究过程才能获得回答的问题，通过歌德表达的关于普遍历史的一系列否定的判断反而被带得更近了。

2 与历史之间的消极关系

歌德那些对历史不满的陈述，犹如拦路之石，横亘在我们继续探索其历史思想世界的道路上。甚至，我们只要在歌德的发生学全景上一瞥，就可以发现他反复地模糊地提到对过去的确定印象不存幻想。然而，直到现在，那还只是通过歌德对历史的发展中的、日益丰富的兴趣的画面而保存于背景之中。不过，歌德确实对历史发表过一系列的观点,从《原浮士德》中对破敝的、现如今杂物满堆的老屋之过去的揶揄,到1828年的论断,亦即普遍的历史是世上最荒唐的事物(冯·穆勒)。这些观点显得就像是在歌德的情感深处始终一再出现的"不",为的是抗议他的历史意识中所有的肯定。我们在这里遇到了理解歌德的努力中最棘手的问题之一。

我们有必要对这些论断中可察觉的或不如说可猜测的动机和观点进行陈述,并且对两者做出区分。有一种说法认为,跟其他人一样,歌德对历史敬而远之,乃是因为那个年代的历史著作实在叫人不敢恭维。这种解释本身是令人不满和肤浅的。不妨说,他那个时代的德国教授撰写的专业历史令他懊恼。但是,启蒙运动时代还是有一些绝佳的历史著作的,譬如,从伏尔泰到吉本,那正是席勒狂热模仿的对象。可能是歌德看清了这些历史著作中的虚假的启蒙思想的光辉,这跟他自己看待世界的方式太不一样了。不过,他从一开始就意识到并赞同它们对历史作了深入的、富有活力的探索。1772—1773年间,默泽尔关于奥斯纳布吕克历史的杰作出版,这正好也是《论德意志风格与艺术》(*Blätter von deutscher Art und Kunst*)出版的时候,后者编入了歌德关于斯特拉斯堡大教堂的文章;默泽尔以其丰厚的历史敏感性,成为歌德毕生衷心追随的人。赫尔德的《观念》是伟大的新颖的普遍历史纲要,歌德在意大利时读过这本书,我们已经看到,他对之怀有强烈的倾慕之情,不过,还是有所保留。但是,尼布尔的《罗马史》——现代历史著作领域的第一例,对歌德来说,却无异于一次启示,至少满足了他自己先前对知识的渴求。不要忘了,歌德,在他的日记中透露过,他不仅阅读现代的历史学家,还阅读古代的历史学家,而且,后者正是他不断回归的对象。除了历史学著作之外,他还阅读了原始资料,比如,回忆录和自传,这直接给予他的历史生命以鲜活之泉。简言之,在他的身边有着足够的绿茵茵的草地和肥沃的土地诱惑他进入历史,而他确实也受到了诱惑。

可能还有一般意义上的第二种动机需要加以考虑,这也使歌德对历史世界望而却步。我们可能禁不住要说,他作为艺术家并以艺术家的十足信心接近历史,因而容易鄙视和谴责历史中不能被艺术地观看和建构的部分。但是,这种解释过于笼统。一个反问随之而来,为什么在他看来历史的很大一部分是无形式的?当歌德面对自然的时候,他不仅将自我展示为形式艺术家、思想家和研究者,纵然拥有一双艺术家的眼睛,他依然能够严格地推理性地研究客观形式和自然规范。卡西尔在他的《自由与形式》(*Freiheit und Form*)中(第382页)愉快地表示,歌德性格中的主要因素与其说是特定的艺术家气质,不如说是艺术天才和研究天才的共同的更高渊源,人们可以将此称为所谓的建构性力量。

但是,人们有必要对他不满于历史的理由作更加详细的询问。首先,无疑,他对迄今为止的历史写作的这种特定特征怀有敌意,亦即它们在对待政治大事件,即所谓的"政治历史大戏"(Haupt-und Staatsaktionen)时采取了实用主义。早在《原浮士德》中,歌德就已经嘲笑了突出的实用主义标准,称它正适合当作舞台上的木偶的台词。1771年,对索南费尔斯(Sonnenfels)的《祖国之爱》(*Liebe des Vaterlandes*)的一篇评论(因一些内在证据,这可能出自歌德之手),对那种以清晰和确切的政治原则和目的来解释莱库古、梭伦、努玛等伟大人物的生活结局的不完善方式,更是嗤之以鼻。"关于神秘

（哪种伟大的历史资料于我们不是神秘的？），我们唯有通过最深沉易感的心灵模糊地想象，然后进行极为深思熟虑的推理！"跳过更多的细节论述，可以说，甚至在他的晚年，歌德都嘲讽地对待所谓的实用主义历史作品的描述（"这就是他所思考的？"），他将所有书写下来的历史称为一种委婉的表达（罗赫利茨，1829年）。

一种更为深刻的生命感受在抗议实用主义解释的肤浅动机，但事情还不止于此。歌德不信任的是主观因素，对他来说，主观因素是如此不可分离地与历史传统和历史立场联系在一起。这种情形在他与耶拿历史学家鲁登关于历史价值的著名谈话（1806年）中，尤为明显。当鲁登提出使用批判检查方法来克服传统材料的缺陷和矛盾的可能性并借此达到真理时，歌德回答说，这只会是主观的真理，而不是不容置疑的客观真理。当他现在看到学者们如何使用同样的敏锐或胡闹来得出不同的历史观点时，他不禁哑然失笑。"因此，历史的任何事物都有一种奇怪的和不确定的性质，一想到人们如何以确定性来使自己确信遥远的过往，它真的变得喜剧化了。"（致泽尔特，1824年）只有当他相信他发现并建构了一个客观的真理时，歌德才会在继之发现了真正的自我之后，对他自己本质的根基抱有完全的信心。"整个同时代的世界是与我格格不入的，"他在1824年对埃克曼说道，"因为，它是整个地由主观方式占据的，而我以客观的努力在不利情势下劳作，却发现自己形影相吊。"对于歌德来说，纯粹的客观真理来自他的自然研究的结果，同时还有他创造的艺术品的客观真理，后者正是依据自然的内在规律塑造而成的。他的世界观（人们称之为客观唯心主义）的整体一贯性在这里形成了。他是"上帝所引领的人"，乐于去照亮主观性难以超越的阴暗地域，以努力进入纯洁的神圣自然的领地。

这一点还需要做更详细的分析。歌德将他的自然研究的结果视为客观的，因为他用自己的眼睛看到了它们，用自己的感官捕获了它们，又进行了思想的检查。

> 那么相信你的感官，
> 你注视的东西不会有假，
> 如果你的理解力保持着清醒。

他是一个感受当前事物的人，虽然从不止于此，他在自然上和精神上都拥有极好的装备，按照形式和形态、感觉和法则来掌握他所遇到的自然现象。一位年轻的女性朋友曾说过（罗塞特·施塔德尔，1814年）："自然的整体，每一片草，每一个字，每一瞥，无不与他私语，并将它们自身记录为他灵魂的情感和形象。"这就是歌德自我宣称的"客观化思维"，"它总是在面对对象中自我形成、自我表达"（致布瓦泽雷，1822年）。与现象的实存能够给予他的相比，过去有时候看起来无非是一本加了封印的书。一旦他的精神接触具有形式的、生动的而又诉说着的人性，封印就松散了；这就是艺术品的卓越之处。作为整体的历史的过去，对歌德来说，类似于有着无数闪烁的星辰点缀的黑暗夜空。而星辰背后深彻的黑暗像一片混乱触动着他。

> 即使星辰以双倍的光亮闪动
> 宇宙依然永远黑暗。

这就是为什么歌德带有为启蒙运动激发起来的皮洛式怀疑主义并一再反对历史传承的深层原因所在。虽然歌德对谬误的、不可靠的历史极为不满，但歌德对传奇事物具有锐利的眼光。他曾在《圣经》批评中对摩西问题进行尝试，不时地为传奇作辩护，以抵挡现代的批评。这看起来充满悖论。在1825年，他对埃克曼说，这些现代批评在如今大行其道，宣称卢克雷蒂娅和穆奇乌斯·司凯沃拉从来都不曾存在过。我们对这些贫乏的所谓真理的发现该做些什么呢？如果罗马人足够伟大来发明它们，那么我们也应该至少伟大得来信任它们。《圣经》也同样如此。对它们内容上的真假进行质问，实在奇怪。所有这些异常美妙的、与自然和理性中的至纯之物相和谐的，且仍然有益于我们今日至高发展的东西，都必定是真实的。所有荒唐的、空洞的、愚昧的，并不产生任何果实的，至少不产生好果实的事物，则是不真实的（埃克曼，1832年）。

我们已经可以预感到，对歌德来说，悖论将如何自我解决。在他眼里，对书写下来的历史作品普遍的不信任与对这些作品的欣然接受，这两者之间并无矛盾可言，他认为，后者的合法性来自它们有活力的内在内容。对他来说，它们跟按照自然的内在规律形成的艺术品一样地"真"，一样地真实和客观有效。"只要是富有成效的，就是真实的。"歌德在写给泽尔特的信（1829年）中说道，"我已经注意到，倘若一个想法对我是富有成效的，与我的其他思考相吻合，并且同时又带领我向前，我便认定它是真实的。"在《诗与真》（第3卷，第12页）中他解释道：

当我已然获得来自过去的艺术品的内在内容、意义、原始的元素、神圣性、效果和不朽时，我决不允许我的这种收获任由破坏性的批评所剥夺，这种批评仅仅是触及了艺术品的外表罢了。

还有一段富有特征的论说：

就绘画而言，尤其是就素描而言，所有的事物都依赖于原创性。我所说的原创性，并不意味着作品必须出自知名大师之手，而是说它从根本上就富有精神，以向一个伟大的名称致敬。（致罗赫利茨，1815）

单纯的事实对歌德而言并不是真实的真理。"一切都不再确定，"他谈道，"假如一个人仅仅主要关注世俗事物之间的偶然联系。"(《色彩学·历史卷》)这样，他得出了皮洛式的启蒙批评的最终逻辑结果，他以自己的方式超越了它。因为他为自己建构了真理的更高规则，在那里，只有与神圣自然一致的、创造性的、诞生更高贵的果实的，才可能存在。正如卡西尔在《歌德与历史世界》(*Goethe und die geschichtliche Welt*)（第23页）中正确指出的，他由此彻底改变了历史确定性的戒条。假如说他力求客观的企图在这里由于一种辉煌的主观性和一种对于灵感的信仰而遭到了覆顶之灾，这可能会遭到反对。但是，他的天性与神圣事物紧密联系在一起的情感构成了歌德思想中的伟大源泉。而且，他从那种傲慢的论断中解脱出来，单凭自身去获得最高的绝对形式的真理。"作为与神圣同一的真理永无可能被我们直接获得,"他在 1825 年这样说道(《天气学说初探》[Versuch einer Witterungslehre]),"我们只能在反光、在例子、在象征中瞥见它。"最后,他独特的概念世界的语言使得我们无法接近真理的核心,也无法理解他对传奇资料的判断。歌德发现,甚至作为传奇表现出来的作品也拥有独立于其事实的真理价值,这表明了他深刻的历史洞察力。在某种意义上,它预示了更高的历史批评,这将给那些只关注真假的批评注入新生命。

然而,歌德对历史确定性学说的转变存在着一些深远的影响,这些影响仍在继续,尤其在最近产生出富有生命力的结果。对他来说,不是过去的"事实",而是唯有直觉才可把握的精神内容,才是确定的。精神内容不断地被新生命充实,与之相比,事实对他来说则显得是过眼云烟。"思想一再出现,确信的事情继续发展;曾有的情境一去不复返地流逝了。"(《箴言与反思》)歌德由此提前确证着现代思想史的努力。唯有现代思想比歌德更具有怀疑主义精神:它意识到并思考了先验的主观性,与现代众多的离经叛道者不同,在批评和直觉两者之间的关系上,它的态度不同于歌德。现代的观点将两者结合得太紧密,不愿将它们分离开来。我们已经看到,歌德认为它们仅仅并肩齐驱,却并不互相作用;他贬低了外在批评的重要性,将其称为传统的苍白的躯壳。在这个特定的观点上,歌德和批判性的历史主义分道扬镳了。然而,人们不应该将这一分歧解释得过深或过激。在歌德接触到批评和直觉结合成创造性关系的地方,正如在尼布尔的《罗马史》中遇到的,他马上就会有所收获,并感受到一种精神上的亲缘关系。"诗歌和历史的分离,"歌德于1811 年致信尼布尔,"是难以估量的,因为这非但没有摧毁它们两者,反而使得它们各自的价值和功绩更为清晰地得到了证实。"

从歌德对历史的不满中也可以产生对历史思想富有激发作用的积极因素。但是我们尚未彻底认识到这种不满的动机。在《色彩学·历史卷》中,他谴责普遍历史是不可捉摸的、不可预测的。与此同时,他还指摘其事实内容的价值。规律和偶然,他认为,是相互纠缠的,但是,观察者经常被置于混淆两者的境地,这更使歌德再次发出对历史写作的主观性的批评之声。在他的《意大利之行》中,他讲到自然是唯一的书,里面的每一页纸都蕴藏了重要的内容。我们最好直接转向自然,这要比在逝去世纪的渣滓堆里寻寻觅觅强得多(《纪年》,1812)。在他晚年与穆勒首相的谈话中,他称普遍历史是最荒唐的存在,接着又说:"我并不关心这样那样的一个人是否真的死了,或这样那样的民族是否真的灭亡了;拿这些东西来自寻烦恼,我就真的是一个傻瓜了。"

歌德的话并不总是这样不近情理。但是,这些说法和许多其他说法表现出来的他对历史材料构成的深深不满,只是表明了他无力以同样伟大的思想完整性来把握历史的材料,在自然的可勘测部分,他相信能够按照原始形式和变形的启发式原则步步推进地进行完整的把握。无疑,在歌德的观念里,自然和历史是完全一样的东西,历史不过是神圣自然整体的一个片断。但是,自从他学会通过观察自然的方式来寻找普遍生命后,他将它运用到历史领域的考察之中,然而,这虽然对自然足够适用,却不能不假思索地用来对待历史。歌德相信,在自然中,他能够看见"导向生命的观念"的"一种纯粹稳健的发展";但是在历史中,他却看到了"病态地偏离正道"的危险。他继续讲道(致迈尔,1829年):

一般而言，教会和国家的历史变得如此混乱，以至于思想的主线本应该是以一种极其纯粹和清晰的方式伴随世界历史的进程，现在却由于对特定时刻，或世纪，或地域，或其他各种因素的考虑而模糊了，搅乱了，扭曲了。

对歌德而言，历史中最令人厌恶的是偶然性，他内部的魔性驱使他从灵魂深处对之恨之入骨。甚至在人类之外的自然领域，只要一遇见它就会与之搏斗一番。他厌恶对于火山作用的强硬解释，这种理论援引地震、洪水以及其他巨大事件，然而，对事实的冷静观察却显示了一种缓慢的、自然连续的活动（《纪年》，1820）。在这个领域，他可以固执地自我辩护，反对偶然性的"惊涛骇浪"。在历史领域却不行。他无法辨认并消除狂乱肆虐的因素，或至少无法加以严格的限定。强大统治者的出生和死亡，软弱者继承曾经由强大的祖先占据的皇位，衰落和垮台，行动的卑鄙动机——这不都是偶然性的因素吗？它们不也产生了强有力的影响吗？它让我们回想起伏尔泰的启蒙历史学，以及他不愿直面粗糙和丑陋的偶然世界的情形——而孟德斯鸠强大的思想力量曾经对抗过它。伏尔泰逗留在杂石成堆的历史荒野中少有的绿色山谷里，因而如履平地。歌德打算以自己的方式追随他。然而，作为彻头彻尾的现实主义者，他们两人都承认了历史中偶然性的重要性，现代历史主义也必须做同样的事情。比如，必须坚定而明确地认识到，1762年俄国女皇伊丽莎白的死亡是一起偶然事件，如果没有它，普鲁士和德意志的命运就完全是另外一个样子了。

歌德本有机会赋予历史中的偶然性因素以更多的尊严。他本可以将之指派给我们描绘为漂浮于人性之上的黑暗风暴层的那个领域，这个领域栖身于"全能的时间和永恒的命运"之中。歌德总是拥有这样的命运感，即通过偶然性因素，命运与这个世界的事件的不可理解的织体相互联系在一起。他感觉到这种命运在自己的生命中也起着作用。《诗与真》的结尾提供了证据，在这本书中，他将偶然性提升到命运的神秘层面之上，它在他去魏玛的决定人生的旅行中产生了作用。而且，他认为人性整个地外在于命运的魔力之中，但是，他抵抗偶然性——它看起来统治了一部分的历史事件。在这一点上，他的内心倍感压抑，我们必须试着逐步地加以理解。

从歌德的时代起，人们曾经反复企图将偶然性从历史中清除出去，因为它是无关宏旨的，相反，历史却具有着伟大的规律性。他们要么在那段特殊时期的规律概念上大做文章，削足适履地扭曲尴尬的事实，要么叫嚣那些困扰人心的事实完全无法阻挠普遍规律的铁的进程，以期实现宏愿。歌德并没有尝试其中的任何一种。他尊重事实，甚至尊重令他反感的事实。可见，即使在歌德消极地对待历史的地方，还是存在着一些积极意义上的真实和因而富有成效的部分。

歌德避免了像后期实证主义那样对规律概念的夸大其辞，而是通过生机勃勃的和精微的特征捍卫了自己的法则。它们的发现并不是像实证主义那样经由某种经验进行演绎概括，将其一时的观念注入这些经验材料之中。相反，歌德是在观察之下归纳地、忘我地进入具体的现象生命的——首先是自然，然后从自然转向人的生命。无疑，他自己关于发展的活生生的理想，他的个体性及其典型和普遍的局限，在这一进程中扮演着重要角色。在任何地方，他都企图从它们生命的中心去发现内在的本质和内在的动力。他在最渺小的和最巨大的星辰上都看见这种个体生命，它发端于宇宙生命并与之永恒地缠绕在一起：在任何地方，他都看得见它。"就算是放在我们面前的一块糖，"他曾经在晚年如是说道，"也是生命。"

但是，被歌德厌恶地称之为历史中的偶然性的领域，不是也比他真正愿意承认的要多一些生命吗？难道在这种被来自启蒙运动的观察者首先仅仅表现为激发起混乱和狂野的巨浪的盲目力量的事件过程中，不是可以发现多得多的内在规律吗？我们难道不是可以在充斥着权力斗争和战争的民族和国家的政治命运领域中，在很大程度上至少用水成论–进化论解释来代替歌德极为厌恶的大灾变解释？还在歌德的有生之年，人们就已开始了这一进程，最起码，浪漫主义者亚当·穆勒在格言中业已把国家之间的权力斗争解释为生命的有机过程。在浪漫主义和歌德的激励之下，兰克开始了他的著作的轮舞，从类型和个体的方面来揭示国家内在的生命中心和生命法则。歌德做不到这一点，他不乐意这样做也不可能这样做。这是因为除了上面提到过的在评价批判和直觉时的方法论差异和我们曾经谈到过的正统思想的滞后影响之外，还实际上存在着一条独特的严肃的分界线，正是这条分界线将他与成熟的历史主义思想区分了开来。同时它也是歌德不满于一般性的世界历史的主要原因。从思想史的角度总的来看，他拥有开启历史世界的钥匙，能够用丰富的原型和变形来观察历史世界。他有钥匙在身，却没有把它拿出来。他为什么没有使用钥匙呢？

因为恶魔和机运女神恰好在他思想的这个关节点上彼此相遇了。"我是一个和平之子，"他如是表白，由此也表达出了一种最深沉的渴望。在对哈姆雷特性格——"缺乏成为英雄的感性强力"（《学习年代》，第4卷，第13页）——的深刻理解中，人们也可以隐约地猜度出歌德的自白——虽然人们不能否认他身上有一种扎根于其他地方的英雄气概。歌德成长于古老帝国的城市柔弱的安逸氛围中，成长于18世纪热爱和平的非政治的资产阶级的精神中，而这个世纪正在从三十年战争中努力恢复过来。它营造着它的文化，本质上没有国家的扶助，但也不受国家的干扰，从而达成了国家和文化之间相安无事的并存。人们在这个国家中既可以观察到使人愉快和赞美的福利国家，接着也可以观察到本质上不会关心个人的黩武的强权国家，人们要么痛斥它，要么遗憾地耸耸肩膀把它当作一个陌生的世界而听之任之。"我们的现代战争，"歌德在意大利如是说道，"在它进行时使很多人不愉快；而当它过去时，就再也不会有人感到愉快了。"他在持续四分之一世纪的战争前夜早就这样感受了，宛如风暴中的庄稼躬身而立，从来没有违反他的天性。勒特（Roethe）曾正确地指出，歌德对战争的态度没有表现出多少发展。作为诗人，他在一定程度上能够正确地感受到战士英雄主义的激情（阿基里斯，潘多拉的普罗米修斯），也能够洞察到风云激荡的斗争对像英国那样的民族生命所产生的有益影响。他有一次甚至敢于说出这样显然夸张的话语，即文化无非是关于政治和军事之间关系的一个更高概念（冯·穆勒，1827年），由此至少正确地认识到了文化、国家和战争之间的因果联系。他甚至称"民族与其看护人两者团结成一体时的事件"对人类而言最为重要（《诗与真》，第7章）。他熟悉并赞美这一原始现象，但对它的变化并没有更深的兴趣。在这一点上，他就其天性来说始终是启蒙主义的，并做出了与启蒙主义完全一致的判断,即在所有世纪中战争的混乱进程都是别无二致的(《纪年》,1795年)。"我也不得不忍受这种全世界流传下来的痼疾,"他在回顾他曾参与的1792年战役时就是这样说的(致罗赫利茨,1822年)。他就像赫尔德早就做过的,完全像18世纪富有教养的人士那样站在一定距离之外来看待强权政治。只不过比起赫尔德来,他在感受这种强权政治时要少一些激情和痛苦。

因此,他在这一内心深信的假设,即文化具有比国家更高的价值上,与赫尔德和启蒙主义者声气相投。但是当晚期启蒙主义由此假设出发而进一步描绘了一个最理想的国家,一个完全满足了个人的文化需要与和平需要的国家时,歌德却再次出于其天性而忠实于较早时代的政治现实主义,默泽尔和其他人具有这种政治现实主义,甚至伏尔泰有时也具有这种政治现实主义。他并不期待从梦想中的最理想国家中,而是从现实的处于秩序井然状态下的坚固国家中汲取文化财富。出于这个目的,他完全遵循着17和18世纪的政治传统,承认了国家理性的权力,认为在不得已的情况中有采取法律之外的措施的权力。他在美因茨被围时曾说过这样的话:"我的天性就是这样的:我宁愿犯错误,也不愿忍受无秩序状态。"其中也包含了他的政治思想的根基。

对国家理性的肯定揭示出,正如我们早先曾屡次暗示的,一条理解历史中的权力斗争与它的意义和生命法则的特征的道路。歌德在一开始也肯定了这条道路。他在《葛兹》《埃格蒙特》和《私生女》中让他的主人公感受到了这样那样的国家理性伸出来的冷酷之手,同时通过浮士德对费莱蒙和鲍西丝犯下的罪行更加强烈地直观到了其中存在的魔性。他在生命的最后年头甚至出于对现实政治及其传统更加强烈的感受而赞成君主的国家理性的权力,不仅是为了强力维护国内秩序,而且是为了完成强制性的外交要求。在与冯·穆勒首相的一次谈话中,他为普鲁士参与瓜分波兰进行了辩护,而谴责了"满嘴陈词滥调道德言辞的政治家"的判断。他声称:"没有一个国王会遵守诺言,因为它无法遵守,因为它必须始终为紧迫的局势让路……遵守与之相反的行为方式对于我们这些可怜的市侩庸人来说是义务,而对于世上握有权力的人则不是。"

但是,他在理解混乱的世界事件上却止步不前。他在晚年虽然经常极其密切地关注着同时代的政治事件,但更多地是出于生命的这一面不应该受到忽视的义务感,而非出自内在的兴趣。政治就是命运,他在生命的最后几个星期中谈到拿破仑时还这样说道(埃克曼),并有意识地从他的兴趣范围中排除了这个他同时代伟大的命运力量。他曾经表白过(致泽尔特,1827年),即使运用马基雅维里的观点,人们也很难专注于世界历史。①这个世界,是马基雅维里主义者的导师,而对歌德而言则是一个他的心灵根本上无法应付的世界,而且他也不可以去应付这样一个世界,他要做的是如其所是地极为纯粹和深刻地接纳所有其他的世界。他虽然也将世界历史中伟大的政治英雄接纳进了他的万神殿:恺撒、弗里德里希大帝和拿破仑,甚至几乎还有帖木儿。不过他们对他而言乃是作为英雄的性格,是他从他们实际政治的细节中区分出来的,并仅仅将之评价为

---

① 在1827年12月4日,他谈到了司各特的《拿破仑》,以及司各特如何"严格地放弃了所有马基雅维里主义的观点,而**没有**这类观点,人们就几乎不会想真正地与世界史产生关系"。前述对司各特的赞誉毫无疑问使我们确信,用"有了"(mit)来代替"没有"(ohne),会使这句话更合乎文法。

伟大的生机勃勃的力量，评价为一定程度上产生道德作用的力量。在这个方面，他本质上与那些天真的英雄崇拜者并没有多少差别。

或许，我们能够发现他不愿意在思想上深入探索混乱的世界行为的更深刻的原因。在1814年之后，他确实舒了一口气，就像那时年轻的兰克一样，重新感觉到自己处在了恢复时期。但是当兰克由此出发开始带着沉思的目光理解这个权力斗争的世界时，歌德却由于其生命本质中的一种特别深入的特征而与这种可能性擦肩而过。他倾向于行动和创造，而不愿意接受单纯沉思人类事务的态度。作为卡尔·奥古斯特的大臣，他曾经在北德城邦联盟时期带头执行其君主小心翼翼的小城邦政策。他只有在参与巨大的历史事件后，才能嗣后充分地理解它，倘若他能够参与其创造的话。不过这就不得不再次有悖于他那内在的天才。为此，他在1824年对穆勒首相说出了如下意味深长的话语："当前的世界状况——其中的所有关系都一目了然——是相当有益于个人的，如果个人愿意自我克制的话；但是如果他介入了世界进程的运动之轮，相信自己作为整体的一分子可以主动地按照自己的理念予以推动或进行阻挠，那么就会极为轻易地遭到覆顶之灾。"

总而言之：不是歌德无力做出历史判断，而是他深处的自我——这乃是限制因素所在——无能为力，正是这深处的自我阻止他以同样的形态学方式把握世界历史与战争中的喧嚣、群众的暴动、颠覆君权相关的部分，正是这阻止他洞悉发展的进程，如他在自然和人类生活的其余部分所做到的。"不要来打扰我，"这是他极为强大的独特个性的窃窃私语。只是，人们不能将歌德的精神完全与时代精神分离开来，这里，两者发出的是同一的声音。因为，在

第十章 歌德

这一点上，他依然固守于他早年的思想环境和启蒙运动的气氛中，虽然从另一方面来讲，他已经完全超越了，有一次他在谈论宗教改革时期的事件时说，这是"无谓的混乱"（致克内贝尔，1817年）。

这一判断不仅针对了宗教改革时期的政治事件，而且针对了宗教改革时期的教会事件，问题在于，歌德对基督教的态度是否也促使他不愿意承认世界历史并不携带更深的意义。如果他是一个坚定的基督徒，他应该已经在世界历史中找到了一个结构整体；如果他是基督教的坚决反对者，是一名纯粹的启蒙主义者，他就可能在为理性而作的斗争中，也许也在理性的进步中，看到他们精神的纽带。甚至基督教与启蒙运动的整合可能已经达到世界历史的一种富有意义的阐释了，即使还不是完全的——赫尔德的例子可以为证。但是，歌德既不能彻底地接受基督教，也不能彻底地拒绝它。

他对基督教的态度的变化可以比作一个椭圆。在其青年和老年时期，他最接近它；在两者之间的古典时期，他站在一段距离之外，但还不是太远，因为我们还是可以在他的《伊菲格涅》中捕捉到基督教的蛛丝马迹。只有一次，在他的青年时代，这种永恒的影响以虔诚宗教的形式决定性地感染了他，并开始加强了一种真正特殊的基督教的虔诚感。但是这种态度很快被一种持久地沾染着新柏拉图主义的宗教视界所吸收。在青年和老年时期，歌德对基督训导的崇高性抱有最深的崇敬。但是，人们可以将此称作一种纯然的具体的宗教态度吗？难道不是依然存在着某种陈旧的启蒙运动所做的划分，即基督教道德的价值核心和基督教教条的无用外壳的分离吗？而且，在他的心灵深处，不时地会产生这样的愿望：这"犹太人的陈旧货色"，这《圣经》，已经被荷马，我们的《圣经》取而代之。"人性由此将获得多么不一样的内容呀！"（伯蒂格，约1790年）他在1788年致信赫尔德时说：

> 这是真的，因为基督的神话故事，这个世界将会继续存在一千万年，而没有人会完全知道这是怎么一回事，因为为了证明或推翻这个故事，需要同样多的知识、理解力和概念的力量。现在，一代又一代的人混杂一气，个体是可怜的东西，无论他隶属于何种派别。整体从来不是一个整体，因而人类在卑鄙状态中来回摆动。如果它不对人类的实质之点产生巨大影响的话，那倒也无话可说了。

这就是古典时期歌德的想法，这时，古代世界的人类在他心目中的地位日益升高，他视基督教为人类的肉中之刺、心灵生活之和谐的瓦解者。他的宗教需要与和谐、整体相关联。在生命中，他能够满足这些宗教需要；而在世界历史中，则不能。我们相信歌德从未彻底地克服这种挫败感，即使在老年，他的思想再次呈现出宗教色彩，他开始再次更为强烈地感受到基督教象征的价值和耶稣事件中"痛苦的神圣深度"（《漫游年代》）。但是，十字架的象征，至少就它是赎罪的象征而言，却始终令他反感。从远远高出于启蒙运动和理性主义者的"纯粹理性"的立场，歌德将《圣经》看作"世界之镜"（致泽尔特，1816年）。但是在他生命的最后几天，他以感人的话语盛赞基督的训导，尤其是基督所彰显的爱，当他将之与基督教和教会的历史发展相比较时，真实的基督教对他来说就似乎是世界历史未完成的一种美好的可能性。因为他指出（《箴言与反思》），基督教从来没有在任何时刻在政治和教会历史上显现出它全部的美丽和纯洁。他称教会的历史是狼藉相枕的错乱和暴动（《温和的讽刺诗》和冯·穆勒，1823），虽然他接着再次承认他煞费苦心地研究过它（《诗与真》，第3卷，第11页）。事实证明，歌德曾经希望在教会历史中找到上帝以何种方式以及在何处存在，但他并没有找到。总的来说，他对基督教的历史发展跟他对国家和民族的权力政治一样不满。再一次地，这里出现了连续性的莫名破裂。在歌德看来，形态领域中的原始形式是伟大的、灿烂的，但是接下来的变形却并不令他满意。

但是，由于这些以及其他前面提到的原因，歌德的世界理解不能形成彻底的历史理解，这意味着此世界理解的根源，他的独特的和伟大的世界宗教，碰到了障碍。至少就人类理解力能够知晓的范围而言，神圣自然不能在这个世界完全得以实现。他在1811年对里默尔说，上帝理念的实现乃是真正的现实。但他继续说，上帝一定是将人类的顽冥不化记录在案，却又允许人类继续顽冥不化。当他面对无法理解之事时，这不啻是一种安慰。但我们也就此发现了他自身的人性局限。他看到永恒的鸿沟横亘在"观念和经验之间，我们苦心竭虑地加以填平，但终属徒劳。然而，我们无休止的努力将通过理性、理解力、想象力、信仰、情感和幻想来跨越这道裂缝，此外，如果我们无能为力，我们也许会通过愚蠢胡闹之举来装作跨越它。"歌德也曾经说过（《箴言与反思》），世界永远存在着光明和黑暗两面。这里，阴郁的二元化世界根基突然出现在他用光明的眼睛观照的世界图像中。他的诗歌和世界观中的灿烂光芒很容易让我们忘记他熟悉生命的黑暗面及其一切恐怖；但是大体上他宁愿默默地忍受和沉思它，然后以他全部的内在力量（但主要是通过意志力和行动）奋然而起，进入神圣的自然，那里，所有的事物都和谐一致。那么，他生命中也许值得纪念的极性就出现了。在他疏离历史的那段时间，他蔑视世界历史，整个地否定了它的意义和价值，这种蔑视最深刻地解释和引向了历史世界中的独特财富，他的思想因此可以自成一体。而且，歌德在这里所开启的理解之路有朝一日可以延伸到他所鄙视的历史领域。

歌德在平衡的状态下说过（《箴言与反思》）：

不管研究历史、自然，还是所有其他的深奥问题，不管这些研究关心的是过去、现在还是未来，我们以严肃的精神钻研得越深，出现的问题就越困难。谁无所畏惧且大胆地勇往直前，随着研究的进展，他就会变得更有教养、更从容愉快。

通过这样的一往直前，歌德最终至少在本质上能够容忍历史中的某些因素，即那些他认为尤其无味的，又是他厌恶的偶然性成分。"伟大的原始力量永无止息地运作着，要么通过永恒，要么在时间进程中成形，它们不管是有用的还是有害的，都是偶然的。"（《箴言与反思》）这里仍然萦绕着听天由命的宿命论，但是紧接着，他的积极的一面又走到了前台："这个合理世界被看作一个伟大的不朽个体，永无止息地必然地运作着，并由此而支配了偶然性。"（同上①）几乎

---

① 在1828年7月18日致博伊尔魏茨（Beulwitz）的信中被引为"一位智者的崇高话语"。

以同样的调子，出自《威廉·麦斯特的学习年代》（第1卷，第17页）的话讲到了这个世界的必然和偶然相交织的特征；不过，偶然必须为理性所引导和利用。最后，在他对偶然性的一则判断中，他的现实主义和乐观主义取得了平衡："从来没有发生过理智或偶然性不能各就各位这样非理性的事情，也从来没有发生过缺乏理智和偶然性而没有误入歧途这样的好事情。"

这样，乌云密布的天空——这正是歌德早期所描绘的历史图像——开始变得晴朗了。然而，还有最后一片乌云有待关注，它并不来自于陈旧思想的滞后影响，也不来自于认识论批判、世界观或性格上的障碍和迄今为止讲过的动机。这最后的乌云来自他情感生活中最深的几乎是地底下的层面：所有生命的呻吟和劳苦相遇于此。这就是歌德屡次命名为"忧虑"和"焦虑悲苦的尘世情感"的领域。令人惊讶（虽然这惊讶里面掺和着崇敬）的是，他的至高幸福的源泉，对正在显露的观念的瞥见，对原始现象的发现，以及他自身的神圣性的流露，都与"忧虑"和焦虑的情感联系在一起（《箴言与反思》）。① 一般意义上的历史性过去会带给他这种忧虑。早在1774年，在他对科隆大教堂的体验中（我们已经在上文第463页提及），就已经露出了端倪。因为观念的实现可以唤起它，观念的挫败更是如此。对任何无意义的但实在的现象的一瞥都可以产生这种效果，尤其是那些初看起来与其他生命无明显关联的现象。"每一种

---

① 齐美尔（Simmel）(《歌德》, 第122页) 尝试将"忧虑"阐释为源自威胁着每一种一元论的逻辑困难，对我来说，这种阐释并不成功。在歌德这里得到阐明的是人类的原始情感，是总体而言的宗教中的原始现象——令人畏惧的神秘（mysterium tremendum）。这也是莱泽冈解释的方式，见《歌德的思想》，第119页。

遭到环境淘汰的陌生生物，"他在《亲和力》中如是说道，"都引起我们某种焦虑的情感。"

对于歌德而言，在意义现象和无意义现象之间，尚存在着一片中间地带。这就是神秘的魔性领域。尤其是在晚年，他奉献了令人激动的沉思。"它类似偶然性，因为它没有任何逻辑关联；它好像是恩赐，因为它指向了普遍联系。"（《诗与真》，第4卷，第20页）在另外一处，他这样界定：它不能被理智和理性参透，而只能在彻底的肯定行动中表达自身。像拿破仑和卡尔·奥古斯特的性格，在歌德看来是魔性的，然而他否认他身上具有什么魔性，表明自己仅仅是听命于它而已（埃克曼，1831年）。因为他看到魔性不仅作用于个体身上，而且以各种各样的方式作用于整个可见的和不可见的自然。他相信善与恶常常不可抗拒地从这里发端，不过人也必须尽其所能对魔性采取正确态度（埃克曼，1831年）。这些想法以及其他类似的想法再次提醒我们他世界观中模糊的二元论潜流。然而，当埃克曼就他的魔性观念的二元论特点试探歌德时，歌德拒绝回答，只是说至高存在是不可把握的。他的思想落在了这个世界的不可理解性上。既然歌德看到魔性存在于整个大自然，而且他愿意勘察一切可发现之物，那么，我们就没有理由假定，魔性因素会特别阻止他去处理历史世界，因为魔性在其中极其明显地起着作用。奇怪的是，他并没有更为自觉地觉察到魔性在政治生活中起着作用，这种魔性在遵循国家理性的行动中通常极为强烈地暴露出来，正如他自己的戏剧以其更为天真的强力和忠诚所塑造着的。这样做，他可能更加直觉地理解了世界的伟大的政治命运。但是，正如我们已经说过的，他小心翼翼地摆脱了这些趋向。但它们只是就其对个体的影响这个范围内引起他的兴趣。

还存在着一种更进一步的因素,在他的心中唤起了日益增强的原始的人类情感,并在他和过去之间竖起了障碍。死亡和腐烂的景象,生命世界中显而易见的腐烂现象,经常令歌德对历史世界不寒而栗,并使得他转移了目光。"历史,就是往最好处想,也总是带有尸体般的东西,带着坟墓的气息。"(《诗与真》,第三部分计划中的前言)"仅仅关心过去的人,最终会陷入沉沉昏睡的危险,对于我们来说,他的心灵枯萎得成为了木乃伊。"(《意大利的古典主义者和浪漫主义者》[*Klassiker und Romantiker in Italien*], 1820 年)我们在《浮士德》中看到过歌德如何看待死去的法律体系的持续影响,还有,接下来诅咒理性毫无意义的变化。他反抗所有过去强加的重担,在他的古典主义时期,他甚至说道,现在是他敬拜的唯一神祇(弗里德里克·布伦,1795 年)。奇怪的是,他后来很老的时候曾经认识到并说过几乎相反的话,他认为现在中存在着一些荒唐的和琐碎的东西,因为理想看来足以为愚蠢的现实所毁灭(致泽尔特,1829 年)。但是,在这种明显的矛盾后面始终矗立着的是他不变的最高贵的世界观,它隐藏在流逝着的现实的当前背后,不过有一种永恒的理想生命持久地在其中起着作用。他看到了现实和理想是如何彼此交织在一起的,死亡和生命同样如此。因为死亡不是真实的,就是说不是终极的死亡,而是神圣自然用来唤醒新生命的手段。确实,他自身具有强大的生命力,足以成为神秘主义的,而不是深深地激动于交替出现的关于死亡和生命、过去和现在的同情与反感。因此,他没有摆脱过去,也不愿意摆脱过去。他最终把所有的过去在他身上激发起来的关于生命与死亡的矛盾感受融合在一句伟大的和悲剧性

的话语中:"我们所有人都依赖于过去而生活,也因为过去而没落。"(《箴言与反思》)

对于歌德而言,创作是从自我内在的体验中解放出来的手段。他在类似的功能中看到了历史写作的最高任务。它应该像特勒弗斯之剑一样治愈自己造成的创伤,解除过去带来的压迫:"历史写作是自我摆脱过去重负的一种方式。"(《箴言与反思》)

我们只有通过歌德的极性来理解他。在一些决定了他对历史消极态度的动机中,我们看到了活跃的思想酵母,它们也属于他对于历史的积极态度。因此,他的历史态度中消极的一极随时有可能再次转变为积极的一极,而世界历史,也就是说经历过的世界历史,甚至被表明为现时的准则,如果这个现时自身充满了努力着的生命的话:

> 生活在世界历史中的人,
> 就应该指向现时吗?
> 唯有在时间中洞察着的和努力着的人,
> 才能去言说和吟诗。

此外,我们还得补充一些耳熟能详之语,例如对于无法给出关于三千年历史的清楚明白的解释的轻蔑之词,和卓越之物在过去中保留了下来并在高贵的行动中流芳百世。

现在,发展歌德历史理解中积极内容的道路已经敞开了。

3 与历史之间的积极关系

首先要表明的是,歌德运用了为默泽尔尤其为赫尔德所强化的崭新的历史观察方式,在这种观察方式中,所有精神的和灵魂的力量都毫无例外地共同作用着。歌德不仅——这一点无需证据——以卓越的方式运用了这种观察方式,而且有意识地将之提升为方法论原理。可能没有必要再说,他没有将这种方法限制在历史上,而是意在将之运用到流溢自神圣自然的一系列现象之中。在对事物的观照中,所有的力量交织成一首交响曲——"预感的深度,对当前的确定直观,数学上的深度,物理的精确,理性的高度,敏锐的理解力,充满渴望的强悍的狂想,对于感性事物的衷心喜悦"(《色彩学·历史卷》)。

但是,在对待历史现象上,这些东西能带领他走多远呢?在创作《原浮士德》时,歌德已经知道时代是在自我为主体的精神中表现自己的。历史学家思想中的"先验"主观性,正如我们已经看到的,当被歌德感知为一种障碍时,就会剥夺他在历史中感到的乐趣。另一方面,当它从相反的一极起作用时,可以变成以清新的眼光观看历史的富有活力的诱因,摇身一变为历史的"创造性镜子"。尤其是在晚年,他由于深受历史事件冲击而加深了对现在的感受,也令他去探索与过去更为深刻的联系。他现在回顾自己一生中发生过的思想变化——不是最终,但也许主要就是来自于他自身精神的强大影响。

歌德在《色彩学·历史卷》中说过的一句话是证明新历史意识日益苏醒的一个极为明显的例子:"显然,在我们的时代已毫不怀疑必须不断地重写世界历史。"①他要求与18世纪"自作聪明"的历史判断方式一刀两断。他质问道,在哪里能找到"对于崇高的不可企及的要求的崇敬呢?在哪里能找到对于深入探索深不可测的幽深处的严肃性的感受呢?对于大胆的不成功的努力的宽容是多么稀少!对于漫长发展的忍耐是多么罕见!"总之,对于充满问题的自然的理解是多么罕有。不过19世纪正走在重新弥补18世纪错误的道路上,"只要命运没有迷失相反的方向的话。"这是一种对于变得成熟的历史主义容易滑入的危险的天才预感,亦即历史主义浅薄地相对主义地投机地适应任何一种甚至最荒唐现象的危险。

但是,他能够从他经常谈到的关于世界和人类的最高贵和最富个性的安慰性思想中汲取勇气,以一再去重新克服在他心中持续高涨着的对于"自我做主的精神"的怀疑。"单个的人,"他在1798年致信席勒时写道,"无法领悟自然,虽然整个人类或许可以理解自然。"只有所有的人合在一起,雅尔诺在《威廉·麦斯特的学习年代》(第8卷,第5页)中说,才形成了人类,只有所有力量加在一起才是世界。"只有联合在一起的人,"他在《诗与真》(第9卷)中这样说道,"才是真正的人。"这里奇妙的是,自然法和启蒙运动对于稳定不变的人类真理财富的信念被进一步发展和转变为动态的观念,亦即它不如说相信在个体观点的总体财富中、在易于屈服于错误的人类意见中隐藏着不可见的超经验的真理财富。

"因此,"他继续说道,"个人唯有在他有勇气在整体中感受自

---

① 在这里可参看他1811年2月4日致萨托里乌斯的信:"有人在哪里说过,世界史必须不时地重写,那么可以说,何时有过这样的一个时代,像当前一般必然地要这样做!"人们会疑惑,是谁第一个说出了要重写世界史的话呢?

身时，才是快乐和幸运的。""处在整体中的内在共鸣与和谐"（《诗与真》，第12卷）乃是个人最高贵的生命感受。我们处在了歌德为历史主义做出的创造性贡献的中心。不仅如此，自然也显而易见地是从属于这个整体的。但是对歌德而言，人类本身才形成了一个充满无穷无尽运动和多样性的整体，一股巨大汹涌的生命洪流，在其中，单个的人没有被淹没和变得麻木不仁，而是由此发展出了从整体的源泉中涌流出来的个体生命和法则，并借此重新为整体生命洪流供给营养。这种满足个体的整体的生命洪流和发展洪流，乃是歌德关于自然和历史的基本概念——正是在这里，单个现象的个体性在历史领域中首次强烈地表现了出来，而在自然中，它被人类的眼睛仅仅只能察觉到的类型和种类所遮蔽。

但是，他在他的一句最深刻的话中是这样说的："显然，生命中重要的事情是生命本身，而不是结果。"在历史著作中，如他在《诗与真》第三部分的前言中所说的，单个行动和单个的人容易迷失于结果之中。对他来说，重要的是生命过程本身，而"荒唐的终极原因"则令他痛恨（致泽尔特，1830年）。不是"来自目标的被推动"，而是一种"发自根源的生长"（齐美尔，《歌德》，第4页）。同样，必须从作用着的力量，而不是从作用的结果来理解历史现象。这样一来，我们也需要从深刻的和内在的必然性全新地看待作用的结果。

由此，歌德彻底地超越了启蒙历史学的实用主义和功利主义。启蒙历史学根据或多或少有用的结果来判断历史行动，反过来又根据静态理性为人类构造的目的王国而判断行动结果。这样，它就割裂了目的和行动中的人，不是根据其自身的标准，不是根据在其中作用着的生命法则来评价行动中的人，而是按照普遍的终极的被认作绝对标准的人类目的和目标来评价行动中的人。如此一来，在研究单个历史行动时就导致了对各种各样的动机的碎片化和孤立化，把行动当作了触发机制，不管它们是好还是坏，是来源于激情还是理性。而且更进一步的，正如歌德所谴责的，还有仅仅关注明显处于前景的动机而忽略"深不可测的幽深处"的倾向。

道德主义总是轻易地与这种实用主义纠缠在一起。道德标准是判断单个行动最任意的标准。歌德倒没有在它起到恰当作用的地方拒绝道德判断，但是在约翰内斯·冯·穆勒《通史》的影响之下，他声称他完全赞同默泽尔对阿贝特所说的话，亦即道德判断无力从整体上来把握世界历史。"从我个人的立场出发，我，"他在致赖因哈特的信中如是写道，"再一次注意到，我们无法从道德立场出发来谱写世界历史。"

实用主义自身无非就是人类对于实际生活的质朴态度的深化。人们通常相信在实际生活中可以驾驭的无非是摆在眼前的直接可触摸的和可理解的东西，从而将这孤立了起来，与它深刻的生命联系分隔了开来。人们如此对待生活，仿佛它的各部分可以被机械地对待，从而忽略了无法被机械对待的东西。歌德清楚这种情形，并且有意识地致力于他的为历史主义进行准备的思想方式。"当然，人类，"他在1804年致信泽尔特时这样说道：

> 通常仅仅习惯于这种彼此并列和相邻的概念，而缺乏对于相互交织和彼此贯穿的概念的感受。因为人们只能把握自己能够做出的事情，只能理解自己可以产生的东西。由于在经验中一切事物都表现为碎片化的，所以人们相信最高的事物也是由

碎片组成的。

另外一句话也是针对这同一种碎片化的思想方式的:"思考者尤其在追究原因和结果时容易出错,而原因和结果两者一起形成了不可分割的现象。"(《箴言与反思》)

人们可能会反对这种说法,亦即现代历史思考在研究政治人物的行动时不会不产生出一定的碎片化的实用主义甚至功利主义。必须首先确定和指出前景的动机,它关系到单个行动的成绩和结果的标准,因为国家和社会的客观力量的进一步发展依赖于这种结果。歌德在批评历史著述中根据结果进行判断的做法时,也"无意于责备"历史学家对于结果的探索,他本人甚至也说过个别带有实用主义色彩的话。但是,一旦在判断单个事件和客观力量的进一步发展时遗忘了,甚至仅仅在瞬间遗忘了深刻的并不始终可清晰认识的却始终以之为前提的内在于生命河流之中的法则,那么也会失去历史构造物的灵魂,而唯独留下粗糙的杂多事实的骷髅。不过谁如果在自身中完全接纳贯穿于歌德的《浮士德》中的生命河流,谁就会免于这种危险。我们由此判定,歌德对历史主义的贡献要高于赫尔德,因为他拥有更强大的力量从根基处重塑人类的思想和情感,因为比起赫尔德自身那永不安宁的激荡着的精神,他在更大程度上理解了心灵,并更深刻地和更精妙地支配着心灵。

歌德也没有满足于单纯地静观一种永恒的生成和变化。他触摸情感,对所有人性的东西升起了一种新的、宽容的爱。歌德知道,唯有爱才能带领我们进入事物的核心,"正是我们所有情感的整合使得万物生动起来"(致赖因哈特[Reinhard],1807年)。"一个人无法理解他不爱的事物"(致雅各比，1812年)。我们必须牢记爱的这种创造性质，如果我们想充分理解歌德的"创造性镜子"(出现在《浮士德》未详细描写的争辩场景中)的深刻比喻的话。在自然法思想的冷冽气氛中，这种爱无法繁荣。因为这种思想一直伺机运用它们的固定标准，做出一个无爱的判断，然而，一种基于对甚至看似扭曲的或荒诞的整个发展进程的更深洞察的理解力，带来了一种人类的休戚与共感，以及一种远察命运的必然性的能力。这是历史"理解力"的新礼物，我们曾在默泽尔和赫尔德那里看到过这种理解力的运作，对赫尔德和歌德来说，它的来源是对世界和自我与万事万物休戚与共的新感受。诚然，普遍的同情很可能带有危险，而可能变成仅仅是无形式的软弱无能的东西，因为一个人肯定了所有的人性，就意味着不再有坚持不变的肯定。当歌德创作《少年维特之烦恼》和《斯台拉》时，可能正处于这种危险的边缘。然而，正如我们已经看到的，魏玛的古典主义时期和意大利之行坚固了他的思想，引导他在变化之中瞥见永恒，而且，在一个更高的层面上给自然法的持久本质注入活力。

歌德思想的世界理解由此也包括历史理解的三个开创新纪元的特征(关于生命流的新观点、从爱的产物来全新地理解爱和赋予流变以新形态)，仿佛在《浮士德》序诗中上帝所说的最后几行诗中，汇聚成完整的灿烂星座：

> 永恒运作着的和生生不息的变化，
> 以神圣联结着的爱拥抱着你们，
> 在此起彼伏的现象中颤动的

第十章 歌德

我们以持久的思想将其固定。

在歌德看来，所有的生命都是在原始形式和变形中展开的。在他看来，历史也注定跟随这一法则。但是，正是在这里，他和自然的关系与他和历史的关系两者之间的细微差异变得明朗了。他相信，他在自然里面比在历史里面更能够接近原初现象。他起初相信他真的可以发现植物的原始形式，直到席勒促使他注意到，这不是真实的经验，而只是一种观念。即使如此，歌德还是相信他能够通过精神之眼"面对面地，在它们深不可测的光辉中"看见自然现象。但是他从未敢于谈论历史的原初现象。在这一点上，他受阻于所有那些原因，即我们所熟悉的他不满于历史的原因。不过，他继续运用他的方法论原则寻找简单却创造性的基本生命形式，这在历史中也是富有成效的。他别无他法，只能不情愿地探索这种基本形式。这些基本形式本身——有别于某些完全普遍性的根本性力量——不可能被当作"理念"，就像植物中的原始形式一样，而是经验地被看作单纯结构的创造，不过它是高度发展了的和变化了的单纯结构。只有这一区别没有被忘记，才可以谈论歌德发现的历史中作为原初形式的单纯现象。

我们已经考察了那些歌德并不打算回溯于原始形式的历史的组成部分。但是，从最低级的自然层面到生命最高的精神层面，尚有一个重要的领域开放着。既然我们并不是在细数歌德的著作，而不过是描述他在历史领域中的成就，那么我们在这里可以像通常情形那样，满足于一些代表性的例子。

歌德的历史思考的基本特征是哈曼的基本观念的澄清和精炼，

这使他超出了他所有的继承者,而无一例外。歌德坚持他可以在所有历史性人物的较高行动中隐约看见始终在仁慈地起着作用的神圣自然的力量,甚至可以说原始形式为日常生活赋予了庄严感。维克多·黑恩(Victor Hehn)曾经以一种令人难忘的方式指出了这一点。

> 一切生命中的欢乐皆建立于外在事物的一种有规律的复现上。白天和夜晚的转换,季节的更替,开花与结果,以及其他周期性地降临到我们身上的欢乐——**这是尘世生命的真正推动力**。(《诗与真》,第13卷)

自然的钟摆首先是在一切活的事物中跳动的原始形式,歌德敏锐的耳朵可以捕捉到它。这是"所有存在物的原始极性,它遍及和激发无穷无尽的繁多的现象"(《法兰西战记》[Kampagne in Frankreich]),"从神秘的收缩和舒张中,发展出了所有的现象"(《色彩学·历史卷》)。他受惠于康德的自然科学知识,而获得了清晰的认识,不过,这在歌德自己早期的思想中亦已经显露。新柏拉图主义者早就有这样的一个观念,也就是说,世界的运动表现为流溢和收缩之间的更替。赫尔德也讲到在希伯来诗歌的精神中,心脏的收缩和舒张和呼吸是最自然的维度(第12卷,第20页;也参见第4卷,第469页)。不过,歌德可能尤其是通过自我观察以及他对自身矛盾的意识——他不断地感到这些矛盾在转化为一个整体——得出这一观点的。对他来说,他自己存在的脉搏变成了自然的脉搏。他将手搭在自己的脉搏上,自信地观看着生命和历史。这样,所有的分裂再一次形成了一个整体,因为自身分裂属于所有事物的本性。由于所有的事

第十章 歌德

物，包括自然和人的作品，都服膺这一规律，指向某一方向的傲慢通过钟摆向另一方向的摇摆获得了纠正和平衡。我们已经在赫尔德晚期的著作中看到过这种历史钟摆的摇摆规律了，但是，他的看法染上了道德判断的色彩，这一狭隘化削弱了直接的活力。然而，对于歌德，它则是一种宇宙原则——所有活的事物和形式财富神秘地依赖于它，道德方面也理所当然地包含其中。这对他来说意味着一种保证，整体和多样性、自然和文化相互隶属，神圣的自然主宰着一切事物。因此，极性的思想使他有可能与其世界图像中隐藏的二元论成分达成内在的妥协，从容地忍受历史中的魔性。现在很明显的是，歌德对历史貌似分裂的态度对他来说并不是矛盾的，因为他将它视为两极和钟摆的摇摆，对历史的不满亦可能转化为对历史的最深满意。我们接下去将会看到他对世界历史的意义和一贯性的思考怎样地受制于这一学说。

然而，一般来说，这种态度给歌德的历史思考带来了某种富有节奏的摆动和内在的安宁。

> 真正懂得历史的人会从成千上万个例子中看到，将肉身精神化的过程和赋予精神以肉身的过程从来没有停止过，而是在先知、宗教人物、诗人、演说家、艺术家和艺术界的影响下来回摆动；这种影响总是在之前或之后被感觉到，它常常是同时代的。（致艾希施泰特，1815年）

我们在《色彩学·历史卷》中也可以读到这样的沉思，亦即人本质上属于哪个时期，而贯穿重要人物一生的三个时期（最初的教育——独特的努力——功德圆满）哪一个为他带来荣誉。他肯定第一时期，主要是因为一条深刻的理由，即个人在其中成长起来的年代，在他身上通常要比通过他自身表现得更多。现代的世代学说倾向于强调相继而起的世代之间的矛盾，而非联系。但是，歌德在晚年更为成熟的连续性感受则做出了不同的判断。他因此也感谢启蒙运动，他的天才正是由于它的养育喷薄而出的，从而肯定了我们的研究的一个基本观念。接下来的两个时期（与他的同时代人及对手在某领域内的竞争时期，以及成功和完成时期也即一个人对世界的影响变得明朗的时期）产生了新的富有特征的因素，这反过来促成了这一循环的完成，他又成为了另外的新一代人的老师和帮助者。

　　这种关于历史运动力量的节奏观点容易以一种崇高的镇定来将伟大的历史运动中的混乱和分散的表征回溯于原始形式。在《纪年》（1794年）中，歌德简短地描述了他所在时代德意志的伟大的文学革命，并指出它如何伴随着一种奇特的破碎和个体的孤立。但是，他又说，这是"司空见惯之事，在革新和复苏时期，僵化、静止的状态经常会产生这种情形，这只是文学中的一个例子，在政治和教会生活中也是屡见不鲜的"。

　　在1813年克制的前言中，可以明显地看到，歌德渴望"根据我们从植物的变形中学到的规律"——也就是说，它们从柔嫩的根到花朵的发展，还有，它们仰赖土壤和气候的好的或不好的影响——来塑造他的独特的生命故事。在世界文学领域内，还从来没有哪位伟大人物的个体生命如此自觉地和深刻地在他的依赖与独立的不可分解的混合物中得到实现和描绘。这给未来的历史主义的传记可能性提供了第一个决定性原型。人们的确指责过歌德（R. M. 迈尔，周年纪念版，第22卷，第XX页），指责他没有成功描述个体和时代精神之间的交替作用。在迈尔看来，他显示了他作为一个历史学家的幼稚，他心甘情愿、事无巨细地描绘了那些震动他的或令他反感的事物，而没有真正意识到时代的精神，或他自己对同时代人的影响。当然，歌德首先要考虑的是让他的有机生长变得可理解。对于环境和时代精神所做贡献的过于精确的分别和描述，会妨碍他某种特定的感受，许多试图让自己清楚同时代的精神对他们自己的精神成长的影响的人会熟悉这种感受。人们之所以很快就对这种精神的分析退避三舍，是因为感受到了这种分析的困难，感受到了无法彻底地将复杂地交织在一起的经验作用网络与对它产生的独特反应重新区分开来。人们与它们太接近，知道得太多。人们可以在一定的距离之外以柔和从容的意识来研究陌生人的成长历史。歌德在他对温克尔曼及其世纪的勾勒中，也更精确地研究了个体与时代精神的相互作用。就他自己的人生而言，歌德相当程度上追随了单纯陈述历史的历史学家的不拘泥于陈规的榜样，他大约是受到这样一个事实的吸引，即不久之前，正是对过去的单纯陈述给予了他的与时代和环境紧密联系在一起的个体生命以最生动最显豁的视野，不仅仅带来了这个时代，而且带来了整个世纪的视野，像他所证明的一样。这就是本维努托·切利尼的自传，对它的研究令歌德愉悦无比。"所有以实用主义为特征的传记，"当时他写道（致迈尔，1796年），"根本无法跟一个重要生命的朴素细节相匹敌。"

然而，这种印象迫使歌德更深地进入切利尼的环境与渊源，并将原始形式及变形问题施加给他。因为问题在于，他在附录中给出了未曾言明的"关于佛罗伦萨状况的速写"。歌德的历史思考的伟大性和局限性在这一辉煌的轮廓下是清晰可见的。

歌德把马基雅维里的佛罗伦萨历史作为背景来阅读,它们给他的印象是毫无更高意义的市民暴动造成的一片野蛮混乱。"这是一个统治糟糕和执政无力的国家的缺陷。"歌德的秩序观念,他对战争和权力斗争的厌恶,没有使他在一个更深的层面上继续研究。但是他现在提出了一个富有意义的历史问题,即从这样的混乱中如何能够诞生如此伟大和辉煌的艺术和文化。在这里出现了他关于佛罗伦萨的独特体验,这有助于感性的观察。就像他曾经从地理位置的角度对罗马和威尼斯历史上的"原始形式"构建一个确定的概念一样,现在他对佛罗伦萨也如法炮制。"这样一个地方,曾经为一批人所占有,它不能再被弃之不顾了。"这样,歌德从最切近的需要出发,生动地想象了工艺品如何开端和发展,尤其是佛罗伦萨——由此开始了迄今为止典型的个体化过程——的工艺品如何在与宗教的结盟中诞生了艺术品并产生了商业化的和热爱华丽之物的上层市民阶级。这一结构的稳定增长符合歌德历史理解中积极的一极,但它也接连遭到了他所感知为历史的否定一极的威胁——内部的市民冲突,歌德经典地将它描述为"人类天生没有能力去统治以及让自己受到统治"。

在这一点上,一个走向更高存在的因素出现了,这是一个脱胎于旧原始形式的新的变形——梅迪奇家族的发展史,它是"市民精神通过实用和美德在整体中所能达到的最高现象"。歌德追溯了这一发展,从简单或低级阶段到更高的同时也是更危险的阶段,直至罗伦佐的灿烂顶峰。然而,罗伦佐死后,随着"丑恶的怪兽萨佛纳罗拉"的灾难性新因素的引入,崩溃也随之而来。

这一历史景象更多地滞留于背景上,或只是得到轻微的暗示,现代历史学家恐怕需要深入其中才能获得完全的理解——社会斗争的动力、经济背景、城邦问题、外交情势、文艺复兴时期人性的独特心理性质等等。然而,歌德观看事物的方式提供了原型,后来所有对文艺复兴的现代探索正是它的丰富的变形——在内在生命力的促动下历史结构的缓慢变化和生长,个体从类型中的产生,以及对生长中的不可预测的命运力量的把握。

结论是,歌德深谙历史普遍的生命之流,但只是从那些现象中拣选了他可以直接通过自己的知识原则把握的部分——因为他钟爱它们。由此,歌德的历史选择原则也就大白于天下了。这在他的佛罗伦萨笔记深表遗憾的结尾中,作了精确的陈述。

> 倘若罗伦佐能够活得更久,倘若在他已经铺好路基的状况下有一个稳定的逐步的进程,那么,佛罗伦萨的历史会是所有时代中最好的现象之一;**但是,在尘世生命的进程中,我们极少被允许去经历美好的可能性的实现。**

实现美好的可能性,这是歌德在历史中所寻找的,亦不时会有所发现,但是它的稀少经常令他对一般的历史失去耐心。我们再次回想起18世纪的思想,伏尔泰的选择原则以及他那历史的荒凉山脉中少有的葱郁山谷的画面。歌德的选择,事实上,无可比拟地走得更深,并总是意识到世界整体无所不包的活力,他也抓住了文化现象,它们绝大部分直接扎根于神圣自然的整体之中,这一点令歌德格外亲切。借用歌德为《少年魔号》(*Knaben Wunderhorn*)所写的话:"他将单个的个体提高到虽然有限却可以囊括一切的整体的高度,我们就会相信我们在一小片空间里也能看到整个世界。"这样,歌德最喜欢在历史中发现的是充满生命和精神的个体,由他们自己特定的时空氛围所围绕和支撑着,但又将之融入他们各自特殊的自然成长,从而变成"生气勃勃的"——这也是他所要求的(《诗与真》,第2部,第7页),这是令人满意的美好的可能性。我们可以通过歌德的历史写作从切利尼开始考察一连串这样的人物。他的《色彩学·历史卷》中具有光彩照人的肖像收集,自传中有年轻时候的同时代人和朋友,《西东合集》的注释中又有东方诗人,最后,还有菲利波·内里这位奇特的人物,歌德在最后的日子里还在研究着他。我们可以将歌德评价切利尼(他有将这一个体重新类型化的趋向)的大多数的话用在他们身上,他认为切利尼"可以当作他的世纪的代表,或许甚至是人类整体的代表"。歌德认为上述的这些人物是历史"精神的旗帜性人物"。人们可以将歌德对历史的整个解释称为一种普遍的个体主义,这个解释在当下包括了存在于普遍整体和每一个体之间的整个链条,这整体链条是关于人类生命和活动的原初和自然形式的,是关于最简单的家庭和行会的,它经常感受到默泽尔的生动,并一再地被表现出来。因此,即使最伟大的和最非凡的事件也总是从自然的生命场景和世界整体中发展起来的。我们已经看到,至少政治生命的原初的自然形式及它们多重的变形得到了应有的重视。必须预先指出,在歌德的历史图像中相当明显地缺少了普遍的观点和线索,而这只能通过连接大的国家和民族的命运而产生,兰克在后来成功地做到了这一点。但是,就普遍的西方思想史而言,再没有比歌德在《色彩学·历史卷》中所说的更加光彩夺目的了，歌德坚持《圣经》、柏拉图和亚里士多德的作品是三块最重要的基石，它们的影响是伟大的、最具决定意义的，同时通常又是排他的。

这样，不仅历史上单个的耀眼星辰，而且它们之间的普遍联系及相互影响，都深深震动了歌德。这就使得他对历史的不满减弱了。他的历史理解中的一句深刻的关键句是这样说的（《色彩学·历史卷》）："单单这个就令我们在历史中倍感欣喜：一切年代的真正的人相互预告，相互发现，相互准备道路。"如果在这一点上仍然可以辨认出一丝不满的阴霾，那么，他可以在其他时候看到照耀所有历史的神圣自然的洁净天空。

> 人类的赞颂之歌，上帝如此乐意听到的赞颂之歌，已不再沉默，当我们听到它，我们自己能够感受到一种神圣的欢乐，穿越所有的年代和地域，这种和谐的音拍和流溢，一会儿出现在独唱和合唱中，一会儿出现在赋格曲中，一会儿出现在完满合唱的光辉中。（《色彩学·历史卷》，以及致雅各比信中的类似的话，1808年）

这种神圣的欢乐正是歌德在他最著名的话中作为最高之物来赞美的东西，是我们从历史中获得的——这就是历史在我们心中唤起的激情。

有人也许会误解歌德的历史选择原则——寻找历史中美好的可能性的实现，而屡见不鲜地将其余的东西作为糟粕加以排斥。有人可能会以为，这代表了一种排他性的主观兴趣，同时使得歌德对作为所谓糟粕的另外一面显得不公正。坦白地说，这种情形并不少见。他自己在他很晚的一封信中提到，他总是注意世界历史、艺术历史与文化历史的那些点，从中可以获得一种崇高的、真实的人类教化。但是，就歌德而言，这并不根本性地、有意地指向他自己的孤独主体，而是指向他与世界的客观生命的联系。这样，他的选择原则具有了非常客观的意义。他选择，只是为了让整个世界在他心中回响，他所选择的事情有益于去呈现整体，因而其他的任何东西就被逐出了选择。这就是歌德的象征学说进入的地方。他将那些指向他在的、更高的，指向最终的原始基础的事物，称为象征的。"真正的象征主义是用特殊的东西来指代普遍的东西，不是作为一个梦或阴影，而是作为对不可测度之物的活生生的当下开启。"（《箴言与反思》）他的思想的独特性，即他的图像化思考在这一点上再一次表明了其丰富的效果。通过这种象征主义，他视所有分离的事件为相互联系的，并在永恒的互动中与整体的世界相连，更不用说与它们所属的时代相连了。然而，单个事件本身并没有因此失去个体性。"所有发生的事情都是象征的，在彻底呈现自身的同时，它也指向了其余事物。"（致舒伯特，1818年）换言之，坦率地说，任何事物都依赖于其他事物。歌德也赋予了这些陈旧的话语以无限的意义。"联系是无处不在的，联系就是生命。"（致泽尔特，1830年）在他的历史选择原则背后，我们可以看到他的受惠于新柏拉图主义哲学的世界图像，在其中，所有事物都交织成为整体，相互作用，并分享着共同生命。

这种观点突出于歌德历史学的所有其他的领域中，而不仅仅传播于其历史学的主导思想中。我们其实已经听到它们音韵缭绕的回声，因为它们在逻辑上不可分离、相互联系，正如歌德观念中所有的宇宙现象。

在个体思想上亦是如此。歌德在其早期就捕捉了这一想法，然后在意大利期间将其与变形和类型学说相混合，因此不再处于被孤立或被高估的危险中，如果真有什么危险的话，那就是它不时地遭到低估。在歌德晚年的历史思想中又产生了这一想法，以至它几乎可以在每一句单独的话中被辨认出来。在1812年，他告诉赖因哈特："说到底，我其实只是对具有最清晰的个体界定感兴趣。""不管我们如何从年轻时将自己与历史联系起来，我们最终发现具体的、特殊的和个体的事物给予了我们关于人与事的最好信息，"他于1826年写道（《年轻的猎人》[Der junge Feldjäger]）。歌德要求从个体出发上升到普遍，首先在个体的具体特征中寻找普遍性，这成为了历史主义的基本要求。兰克的发展正是沿着这一路线进行的。人们并非不公正地谴责后来的历史主义，因为它由于倾向于狭隘的专题性论著而相当频繁地在道路的第一阶段就停顿了下来。歌德虽然没有就此停顿下来，但是他热爱这个第一阶段。"进行专题性研究是我的特点，从这样一个特定的立足点观察围绕我的世界，就像从一个守望塔观看世界。"（致拉佩伯格，1828年）

歌德成功地将他关于原初形式及其变形的思想——从自然研究的基础发展而来的——还原成形式的理论，但对他来说，他从来不曾尝试过对人类个体性的不可言传之物进行理论上的阐明。生动地发展起来的富有特征的形式，是熟悉的逻辑所无法理解的，但对直觉来说却是非常明显的对立统一，还没有哪位思想家曾经像歌德那样深刻地教会人们去感受这些。歌德彻底超越了齐美尔所谓的启蒙运动"量的"个体主义，一个全然由同一的、不变的元素组成的基本个体性的概念，虽然它们的混合物的相对成分不时地会有所改变。歌德通过一种"质的"个体主义来对之加以克服，在这种"质的"个体主义中包含了一个不可比较的、独特的却又持存的且能够发展的内核。他如何建构这一学说，正是歌德思想的特征。在歌德看来，人类不是首要地通过对精神神化的思辨，而是只有通过行动获得的实践，才能认识自身。"一切外在于我们的事物，"他在《威廉·麦斯特的学习年代》中说道，"都只不过是要素，是的，我还可以这样说，与我们联系在一起的一切都是；但是创造性的力量深藏在我们内心深处，它把理应存在的事物创造出来。"（参见施奈德赖特 [Schneiderret]，《歌德世界观中的个体主义特点》[Der individualistische Grundzug in Goethes Weltanschauung]，载于《歌德年谱》，第 33 页）

个别的词句让人回想起量的个体主义，比如"在人类同一的外表之下"（《说不尽的莎士比亚》[Shakespeare und kein Ende]），这不可能会被搞错（这也不同于齐美尔的怀疑，第 144 和 150 页）。因为，这种相似性只是一种类型的相似性，是个体从中发展出来的类型，其依据的是歌德关于原初形式及其后来的变形的学说。无疑，比起青年时期来，歌德在他的晚年在个体身上看到了更多的类型因素。但是，他甚至视类型为一种更高的个体，具有同样稳固且富有弹性的特性，同样的质的独特性，正如从中演化而来的个体。只有通过这样的连续的阶段（每一阶段都给予个体和类型以权利、独特性和创造性的力量），歌德才能升向创造万有的神圣自然。在这过程中，与启蒙运动相比较，歌德的个体性概念中的自由有得有失。因为歌德的人类更加紧密地与神圣自然的中心联系在一起，更加强烈地与普遍的创造进程而不是启蒙运动的人类紧密地交织,所以他在运用特权将神性放置于世界之中,在运用偶然的自由、利用随机地聚集在一起的自然方面是更加不自由的。歌德为此又给予人类一种依赖于神圣自然的自由,这要求他"发自内心地"生活。由此,人们在他身上注意到了这一点,亦即他在晚年相信他已经成为德国人的"解放者"(《再寄年轻诗人》[Noch ein Wort für junge Dichter])。然而,对歌德来说,这种发自内心的自由意味着一种内在的必然性。"你必须这样,你不能逃离你自己。"但是,这种他在《亲和力》中着重描绘过的内在必然性,不是机械的必然性,而是被神秘地感受为一种意义丰盈的创造着的神圣自然的象征。俄耳甫斯式的原初语言的结论,毫无疑问地预言了一个从不自由和虚幻自由的压迫之下解放出来的出口。

他的诗歌中的形象印证了对个体性的这种解释,其中的个体性更深地结合了内在和外在的必然性,比他对历史人物的评述还要深刻。我们观察后者,便会不时地得到这样的印象,歌德将他的注意力更多地固定在外在的必然性上,更多地考虑环境的关于时间与空间的影响,而不是个体的内在中心的反作用。比如,在他对切利尼的评论中写道:"将一个著名的人物看作整体的一部分,看作他的时代或者出生地和居住地的产物,那么一些特点就可以得到解释,不然,便只是维持了一个谜。"像赫尔德早就做过的一样(参见上文第428页),歌德也考虑到了一个人对他所继承的全部遗产的依赖,众所周知,他运用了相当轻松的嘲讽解释了自己所继承的遗产(我从父亲那里继承了体格等等)。同样,他在伏尔泰身上看到了一个法国人,一个最高程度地融合了法国民族美德的法国人,这就好像一个绵延了很长时间的家庭有时候会产生一个人，在他身上包含了所有祖先的特性（《〈拉摩的侄儿〉述评》）。

然而，歌德绝对没有形成任何关于环境和遗传的实证主义理论。为了最终感知到存在于个体与时代精神之间永恒的相互作用，感知到世界历史的作用与个体的反作用（对瓦恩哈根和佐尔格的评论，1827年），歌德的来回巡视的目光，一会儿可以更敏锐地看到个体与环境之间关系中的这一极，一会儿可以看到另一极。如果你阅读《诗与真》的开篇，你就会聆听到一种植根于歌德自身经验的强大的决定性的话语，那个世纪"受其牵引，不仅塑造和建构了顺从，而且还塑造和建构了不满"。然而，他从来没有忘记个体，"它怎样在任何情况下都保持着同一"。谁能够在这里将这两种因素精确地区分开来？歌德声称这是一个几乎难以实现的要求，他乐意将自己置于普遍规律之下，认定任何一个人如果早十年或晚十年出生，将会是另外一个人。他的动态思考追踪无处不在的生命，追踪在宇宙性情感中相互交织在一起的生命，而无需在个体与世纪之间的区分上煞费苦心。

在19世纪末，历史解释的个体主义和集体主义之间的争执，在某种程度上，是为了努力克服存在于自然科学与精神科学的思想方式之间的裂缝，歌德多半是泰然自若地、含笑地恭候它，仿佛这是一件与他毫不相干的事情。他观察历史流动着的生命，似乎它们是向一位超然的观察者显现出来的——既不能单独地为大众的与时代的强力所决定，也不能单独地被伟大的个人所决定。对他而言，有时是前者占上风，有时是后者占上风。有时候，伟大的个人在与大众和时代精神的斗争中会一无所获、精疲力竭，有时候，他会使这两者受他摆布，但为了产生作用，他自身此后也会受这两者摆布（穆罕默德），有时候，作为普遍生命中分散的和悄无声息地生长着的需要的伟大的阐述者、立法者和塑造者，他会完成他的使命。有时候，伟大人物可能真的会拥有一种影响，但是它很快就会遭到遗忘，或者在他的身后谬误的浪潮会再次拍打；有时候，伟大人物的作用和影响会延续很多个世纪。①

因为歌德能够在任何地方甚至能够在最小的星星上看到生命，即使集体的力量在他眼前也不是作为盲目的机械性力量来显现的。像赫尔德和18世纪的原始主义者一样，他尤其热爱原始时代的集体生命，这与他所热爱的所有其他对象是协调一致的，在原始生命中，歌德看到无知无识的人已经在产生真正创造性的作品了。关于这一点，我们将回过头来再说。但更进一步地，这些集体的力量从文明的道路中成长起来，对他而言是如此粗鲁，以至于成为了"乌合之众的暴政"。虽然歌德充分认识到大众在现代生活中的一目了然的重要性，但他却常常喟然长叹。历史中起作用的因素，只有当它们引起深沉敏感的历史学家的兴趣时，也就是说，只有当它们对人类文化的价值的产生起过促进或延滞作用时，才引起歌德的兴趣。在这里，歌德可以因果性地理解自身，可以称自己是一个由无数个体所滋养的伟大的集体产物（索雷［Soret］，1832年）。因为最终正是伟大的和渺小的个体才是所有创造性生命的源泉，歌德可以

---

① 进一步的证据可参看希斯巴赫（Hißbach）的实用著作，《以歌德思想观大众劳动和英雄主义的历史重要性》（*Die geschichtliche Bedeutung von Massenarbeit und Heroentum im Lichte Goethescher Gedanken*），见于《爱森纳赫实科中学年度报告》，1907年。

在这些集体力量中辨认出他们的影响,大众和重要的个体最终向他显现为历史织布机上的经纬之线。大众是必然性运作的领域,重要的个体则是自由的领域(《箴言与反思》)。

兰克接受了这种解释,后来的历史主义在摆脱了实证主义的羁绊之后,回到了这里。它不可能通过任何最终的概念上的敏锐和清晰结合成一个体系。一旦你清除了逻辑困难之后,你就会发现一部分真实生命被遗漏了。必然性和自由在所有的历史生命中相互交织着生长,只能将它们大体上而不是根本上彼此分离,只有运用几乎颤动的语言才能描述这种相互交织的情形。就赫尔德来说,他相当天才地和深刻地感受到了这种相互交织的情形,他所运用的术语倾向于融化进无限。歌德以他的客观化思维,甚至在兰克之前,就第一次给出了确定的直观性,代替了历史学家单纯概念思考的错误的明确性。通过这种形式,歌德在他的文学作品中传达了个体及其环境的观念,力图对之给出一个圆满的表达。他的形式感和寻求适当形式的冲动可以轻而易举地战胜一种内在于他的活跃的世界情感的危险,即在生命的普遍流动中溶化事物的轮廓。浪漫主义在这种危险面前束手就擒,但是歌德有意识地抵制了这种危险。他在1808年写给泽尔特的信中,就这一点谈道:"没有人会理解自然和艺术的最高的和唯一的运动是寻找形式,在形式中寻找特殊的具体性,因而,一切事物都会吁求、拥有和维持自己的具体意义。"我们清楚地知道,正如他于1795年写给洪堡的信中所说的,在他所由之出发的形式理念中,总是混合着形式变化的概念。"人们只能就其流动来想象泉水。"(《诗与真》,第2卷,第6页)

"在形式中寻找特殊的具体性",这同时意味着歌德可以在相互

第十章 歌德

重叠的历史中看到个体，可以在独特的个体之外意识到超个体的个体性。个别的个体，在更为自由阔大的莱布尼茨学说中，显现为一些单子的复合体（《法尔克》，1813年），对他来说，他不难认为来自个体相互作用的复合体也拥有个体性。在他的《色彩学·历史卷》中，歌德将17世纪的伦敦上层社会描述为温暖而生机勃勃的人类生命。个体性的人类整体中伟大的超个体的个体性就是民族，赫尔德首先发现了它。几乎没有必要再说，歌德从来没有彻底地在个体性意义上忘记民族特定的生命及其影响，即使他没有像早先的斯特拉斯堡时期那样热心感受，或像他晚年那样带着普遍的兴趣来观察它。对他来说，正如对赫尔德来说一样，民族就像巨大的植物，它的上层阶级和文化可以被比作花朵和果实（里默尔，1806年）。民族文化的自成一体当然并不完全符合歌德最深的愿望。他感受到了危险，即它们有可能会压迫和压制个体独特的富有特征的个性（《箴言与反思》）。他的目光高瞻远瞩地指向所有生命的永远更高的形态。他在其中看到了神圣自然的本性，然而，他必须承认它并不总是合乎期待地出现。因此，他提出了以下著名的思考："自然在特殊性上仿佛走入了死胡同；它无力穿越，也无法回头；从此产生了民族发展的难以化解的问题。"（《箴言与反思》）

歌德在他的心灵中所孕育的是文化，而不是民族的政治创造。然而，正如我们已经看到的，他意识到一种强大的活跃的民族政治生命对诗人意味着什么，尤其是对一个莎士比亚这样的诗人而言。在《巴塞尔条约》期间，德意志的民族生命走下坡路的当口，歌德提出了这个问题：经典的民族作家在何时、何地出现？他接着以几乎悲伤的语气回答了这个问题：

当他在他民族的历史中发现伟大的事件,并将它们及其结局编织成一个快乐和意味深长的整体时……当他自己被时代精神穿透,感到通过内在的天才可以同时与过去和现在产生同情时……(《文学上的无套裤汉主义[Literar, Sansculottismus]》)

这些关于民族精神的言论令人颇感兴趣。但是,它不是萨维尼和格林浪漫主义的民族精神——它产生自各种各样民族的朦胧的深处——而从属于这一学说的初级阶段,在孟德斯鸠的影响下,它在德意志始于默泽尔的德意志精神的简短研究,尤其是赫尔德的学说。不过歌德的观点一次又一次地强调了一个民族对它的个体成员所拥有的塑造力量,他在提着茶壶去埃特纳火山的英国人中看到了一个象征,不过,他的观点最终表明它们是高于浪漫主义的民族精神学说的。因为后者孤立了单独的个体,忽视了民族共同的政治和文化生活对其思想和精神的影响——这是一个盲点,它注定要持续到19世纪。但是正如歌德总是在围浸着他的气氛中与在他和环境的相互反馈中来看待个体一样,他也以同样的方式来看待民族,尤其是近代以来的民族。说到希腊人,歌德在人文主义的古典主义的意义上说了一些虚妄的话,说什么他们没有受到外在的影响就变成了他们所是的样子(《色彩学·历史卷》)。但是,他在1808年很不浪漫地阐述道(《关于一部抒情诗通俗读本的计划》[Plan eines lyr. Volksbuchs]),没有哪个近代民族可以声称是绝对独创的。正如他后来(《法国批评家的语汇》[Urteilsworte französ. Kritiker],1817—1820年)讲的:"就像单一的个体一样,民族常常更多地依赖于古老的已有的东西,依赖于外国的影响,这通常要大于它对自己的天赋、它自己的遗产或它自己的成就的依赖。"然而，歌德完全同意民族精神学说的核心思想，就它从外在的民族特征回溯于其创造性的核心而言。他比大多数浪漫主义者要更严肃更深刻地观察到，这些内在的源泉，"并没有被认识或意识到；它不是来自外来者，甚至也不是来自民族本身；而是整个民族的内在天性，一如个体的人，在无意识地起着作用"(《世界文学的前景》[*Ferneres über Weltliteratur*]，1829年)。歌德知道自己在生命中吸收了非常多的异国的思想资源，对他来说，德意志没有必要为接受外来文化而感到羞耻。"毕竟，外来的养料已然变成了我们自己的财富。"(《关于一部抒情诗通俗读本的计划》)他因此注意到，对国外的文化养料的吸收可以是一种完整的有机的–个性化的行为，是生命力的一种标志，而不是作为接受一方的民族生命虚弱的标志。

让我们回过头来看一看伏尔泰和孟德斯鸠。概括地说，他们已经感觉到民族精神和时代精神是个体的总和所创造的。但是，他们的机械论思维形式并不允许他们去发现无意识领域和无意识–创造力领域，而精神正是从中发端的——或者说，在孟德斯鸠那里，只是大约如此。伏尔泰更多地去注意时代精神而不是民族精神，不过，他在《路易十四时代》中描绘时代精神的方式使他获得了伟大的声誉。他成功地唤起了对一个时期的所有活动的内在一致性以及风格整体的情感。德意志的思想革命冲破了启蒙运动的束缚，它注定要给予这个意义以更多的温暖和深度。我们在默泽尔和赫尔德中看到了这一点。赫尔德和歌德在其年轻时合著的《论德意志风格与艺术》中采纳了默泽尔关于时代风格的观点。我们不必多说的是，歌德无需一再地诉说这种情形，即他总是将时代的内在统一和生命的休戚与共性放在眼前，并始终在寻求着它。讲到自己的经历，他

在《诗与真》(第13卷)中写道:

> 因为通过占主导地位的观点和态度以多种形式交织的方式,每一个时代的所有东西都是相互关联在一起的,因此人们在权力学说中是遵循所有宗教和道德设下的标准的。

每一时代都提供与它自己的内在一致的个体外观。歌德寻求形式的目光,并不是以同等的敏锐来看待每一个时代的。他对最美好的可能性的选择原则阻挠他这样做。但是,看一下歌德如何看待普遍历史的各个时代的顺序,是非常具有教育意义的。

世界历史中也许受到期望最多的被歌德理解为个性化的一体结构的时期,是希腊时期。在这里,时代精神和民族精神被放在一起观察。学生与先生之间的亲和力吸引歌德走向"热爱形式"的希腊人。从他的年轻时代起,他便受其吸引,温克尔曼的影响以及后来的意大利旅行让他接触得更为充分。但是,正如他后来自己承认的(《论古人的戏仿》[*Parodie bei den Alten*],1824年),他已经逐渐减弱了他身上北方民族的天性和气质,为的是真正友好地与希腊人相处。希腊文化中一道不可思议的裂痕长期困扰着歌德,高级的悲剧艺术与接踵而来的小丑般的滑稽闹剧和讽刺文学相互并列。最后,他明白,它们之间存在着一种深层的历史生命联系。"毫无疑问,在希腊人那里,一切都是一致的,一切都具有庄严的风格。正是同样的大理石和同样的青铜使宙斯和法翁*成为可能,正是同样的

---

* Faun,半人半羊的农牧之神。——译者

精神给予一切事物以适当的尊严。"在晚暮之年，歌德完全清楚地认识到，希腊时期正好是形形色色的因素，包括政治历史（不管歌德是多么不喜欢其中的分裂）、艺术和文学全都紧密交织在一起的时代。当然，当他判断这一整体是"历史进程中唯一一次生命的交感和作用臻至圆满的时期"时，他多少带有一丝古典的夸张（对施洛瑟的《通史》的评述，1826年）。

这样，歌德与希腊世界保持了双重关系，他将它视为一个标准原则的源泉，又以精神的思想方式理解它，温克尔曼为这种思想方式进行了奠基，而赫尔德也没有彻底从其中走出。但是，他不只是受这样的信念的吸引，即希腊人产生了与神圣自然相应的艺术。他身上还有另外一个更深的特点，像温克尔曼一样，赋予他与希腊人之间的亲和力——他们的异教徒的天真的生存方式。在他的《说不尽的莎士比亚》中，他在一连串有名的正反命题中进行了对比，即古代人是素朴的、异教的、英雄的、真实的、充满必然性和义务的，而现代人则是感伤的、基督教的、浪漫地偏好理想、自由和意愿的。然而，歌德自身，如他自己稍稍暗示过的，则同时是古代的和现代的，作为一个"为神所引领的人"，他是素朴的和顺从的；作为浮士德的天性，由上帝之手移向自身的意志，他是敏感的和野心勃勃的。其实，他自己的发展将他从他的性格中的现代一面（浮士德原初的无羁的意志）更多地引向古代的一面（素朴和有限的义务感），而不是相反，虽然两者在他身上同时活跃着。我们在这里并不是要探测歌德性格中的所有深度，我们触及这一点，只是为了澄清他与古希腊文明之间的历史关系。

"形式含混的罗马"，从不能向歌德提供他在贺拉斯那儿所发现的东西,然而他在意大利还是体验到了它的强烈吸引力。他在晚年也看到(论科林的《雷古卢斯》,1802年),他身临其境地面临着这种结构"巨大的特定的统一性"。尼布尔的批判性研究,再加上其不偏不倚的积极的和发生学上的贡献所带来的强烈影响,使得歌德能够再次——正如他所承认的那样——欣赏罗马历史(致尼布尔,1812年)。由于其性格中的钟摆的摇摆,他甚至能够说(致布瓦泽雷,1815年),具有伟大的知识力量和事物秩序的罗马遗产,相比于古希腊,要更加吸引他。但是正如他在《色彩学·历史卷》中所说的,"因为罗马只是在它能从某人那里以强力赢得一些东西或者通过劝说获得一些东西时,才真正地使他感兴趣"。"罗马历史,"他在1824年对埃克曼这样说道,"对我们来说已经过时了。"

在年轻的时候,中世纪对他而言并不是一个整体,而只是由于个别的辉煌表现才值得人崇敬。而在古典主义时期,他疏远了中世纪。

> 我们看到众多的世纪冰冷而僵硬
> 人类的情感和理性仅仅在大地之上匍匐爬行

甚至歌德在成熟之年所描绘的中世纪图像也缺乏爱的脉动,而在他的看法中,爱对于完满的理解来说是不可或缺的。在他从古典主义上升到普遍主义之后,他已经能够在自身性格的北方特征中发现一些与他年轻时候对待中世纪的态度相似的东西,发现与已经反映在《浮士德》和反映在他对斯特拉斯堡大教堂的经历中的情绪相似的东西,而现在他又再次为同时代的浪漫主义潮流所激励。他指

第十章 歌德

出:"在想象往昔岁月勇敢而又黑暗的情境中,在沉浸于过去的微光中,在允许我们自己有所准备地在某种特定的预感和敬畏之前战栗的情形中,存在着一种吸引力"(《纪年》,1805年,对哈尔伯施塔特大教堂的访问)。他确实相当乐于承认转向中世纪的潮流,但他自己仍希望与它们小心翼翼地保持距离(致赖因哈特,1810年)。但是他依然想问中世纪的主要问题是:为了养育人类文化的伟大部分——歌德认为它是扎根于希腊遗产之中的——它们做了什么?以下两种判断交替地出现:一种带点儿启蒙运动的苦涩味道,认为在古典主义时期和当代之间存在着一个痛苦的中断期,即一个退化的教士时期、拉丁语言受到腐化的时期(致布卢门塔尔[Blumenthal],1819年);另一种判断是对于这个时期情形的理智的激动人心的话语,在那些岁月中,在它们"含混、深刻而又精力充沛的活动中保存了神圣的火焰"。从中世纪也能够聆听到"人性合唱"的响亮歌声,对此,歌德无论什么时候都是怡然陶醉于其中的(致雅各比,1808年)。在《色彩学·历史卷》中,他理解了大部分的中世纪所做出的精神上的贡献。从这一立场出发,他再次迅速地感受到了在他沉思神圣自然的作品时总是使他的精神清醒的东西——也就是如何使部分变成整体,和贯穿于一切生命的联系。歌德最灿烂完美的历史描写之一是在《色彩学·历史卷》中对僧侣罗杰·培根的描写,在其中,他破天荒地允许政治和精神的因素混合在一起。歌德认为,罗杰·培根成长于这样的时代,当其时,《1215年大宪章》成为了新英国自由的奠基石。

    虽然罗杰只不过是一个僧侣,他必得将自己限定于其修道院的区域之内,但环境的空气想必已经渗透了每一堵墙;就他能够超拔于其时代可悲的偏见之上并远瞻未来的情况来看,他想必一定得到了某种特定理性才能的恩惠。

作为一名年轻人,歌德在接触中世纪德意志最崇高卓越的建筑物时,就已经领悟到一些美妙绝伦的东西是来源于那些黑暗年代的。他那时并不特别关注于要了解这种情形究竟是如何发生的。通过将他这个时期的话语与他在1822年《纪年》中关于古代德意志建筑所写的东西作个比较,我们就可以观察到他的历史思想的开端与终结。我们不必在它们各自的语气中作比较,因为这样做我们可能会迷失在他晚年的在明亮和欢乐的饱满精神方面与年轻时的表达一致的话语中。但是在历史洞察力方面,在将独特的个体看作一个超个体整体的一部分、看作一个在其中一切事物都为内在一贯性凝聚起来的时代的一个成员的能力方面,它显示出了一种非同寻常的增长程度。他现在认为,为了理解德国的古代建筑,有必要将时代、宗教、习俗、风格的延续、时代的需要、世纪的情绪等等所有这一切看作"一个伟大的生动整体";同时补充指出,教士阶层甚至还有骑士阶层在同一种意义上服务于不同的需要。

歌德无法沿着同样的思路将近代的历史时期看作伟大的个体构造物,因为在这里,他缺乏进入政治理解的钥匙。现代国家的起源和发展能够向他提供关于建立伟大的历史实体的材料。但他的倾向不在这条思路上。他清楚地看到,在16世纪,正是"外部的世界性事件""不断地合起来动摇了"对于他如此亲切的文化价值。但他相信,仅仅凭借外在的机械方式,无法在两者之间辨别出一种内在的联系（致布瓦泽雷，1826年）。16世纪中思想史的一面，不管怎么样，强烈地吸引了歌德，因为这个世纪作为时间的朦胧边界，在其中，旧时期和新时期在冲突和争论的气氛中彼此相遇。正是这种混合了光明与黑暗的气息渗透进了《浮士德》中。在这个世纪中，个人以其独特的力量正在奋力兴起[①]；他们具有神秘–活跃的错综复杂的人性（内里），其中诸贤之首当推具有英雄人格的路德。但甚至对于路德的作品，歌德也无法采取一种清晰的态度。他很少受他在路德身上发现的迷信因素的影响，因为他远高出于启蒙运动通常所表达的浅薄的批判。不如说是迷信和创造性力量的混合现象吸引了他。面对路德时，他也显示了同样自由的见解，这正如他在考察民族的精神生活中的伟大的主宰性人物时所经常做的那样。他认为（致布鲁门塔尔，1819年），正是通过路德和他的《圣经》语言，德意志人才第一次成为了一个民族。但是根据倾向于最纯粹人性的歌德自己的态度，由路德所实现的宗教自由在每个方面真的都是福音吗？他当然准备以衷心的同情向其致意，因为他能够以一种高度象征化的感觉来解释它，能够将它转换进他自己的普遍思想之中（致泽尔特，1816年）。但在1817年，当宗教改革的周年庆祝临近时，他努力阻止当局将日期定在10月31日，而是建议和莱比锡战役的

[①] 门克–格吕克特（Menke-Glückert）的《作为历史哲学家的歌德》（*Goethe als Geschichtphilosoph*）（第100页）把歌德称为将近代史理解为一种个人的逐渐解放过程的第一人，因为歌德在《色彩学·历史卷》中谈到了16世纪的"个人追求自由的努力"。但人们不应该忘却的是，在歌德之前的启蒙思想家就已进入了这个主题，认为那时的人类精神已然在动摇权威的锁链，就像罗伯逊所表达的，已然赢得了"质问的权力和为自身思考的权力"（《查理五世统治史》和《苏格兰史》）。启蒙思想家与歌德之间的差别天然存在于对个体的不同理解之中。

周年庆祝一起定在 10 月 18 日。对于歌德这样具有纯粹气质的人来说，很难对于一个特殊的教会庆祝感觉到完美的喜悦心情，因为这种教会庆祝让人回忆起逝去世纪的分歧和干扰以及巨大的不幸，因为它们看起来强调了新教徒与他们的天主教同胞之间的分裂。尽管他尖锐地批评天主教教士时代的行为，但他却以令人惊奇的同情之心认同于天主教的气氛和象征主义（比较他在《诗与真》中对七种圣礼的描写，第 7 卷）。这当然是因为他深知作为艺术之土壤的宗教的重要性，因为在不同的宗教信仰中原初的人类价值也能够给他启示，因为他自己心灵中的所有象征都能够在那儿找到回应。由于歌德深刻的宗教宽容精神，由于 16 世纪同时是不宽容的又是创造性的，它就特别地成为了一种矛盾的现象。也由于这个理由，他能够将它看作为一个伟大的独特的统一体。

不过，这对于 17 世纪是不太可能的。歌德对于魏玛的伯恩哈德公爵历史的研究给他的主要印象是这个世纪的"混乱"（《纪年》，直至 1780 年）。相比于事件来说，他总是被人物的性格更深地抓住，所以，他在《色彩学·历史卷》中能够对 17 世纪晚期的学者及其时代的独特气氛予以洞察深刻的性格素描，在其中，"机械的和阴谋的想象方式"涌现了出来。他也足够清楚地看到，从思想史角度来看，17 世纪晚期成为一座通向 18 世纪的桥梁——他自己正是在 18 世纪扎根，并从这里开始发展的。

因此，他在生命的晚暮之年，将他在其中也扮演了一部分角色的 18 世纪看作一种独特的现象，"因为这是老年的一个巨大优点，尽管存在着种种不足，但他能够在回顾中穿越整个世纪，并将它看作几乎是个人的当下的"（瓦恩哈根的《传记》[*Biographische*

Denkmale], 1824年）。我们已经注意到了他对于这个具有"知性文化"的"自我满足的世纪"的批评，在这里，我们只需要回忆歌德从它所受的恩惠，回忆他是如何超越它的，然而又在相当大的程度上是如何在自身之中"扬弃"它的情形。歌德认为启蒙运动中值得保存和具有深远影响的超乎其他一切之上的最重要因素，是它对于所有永恒的和普遍性的东西的坚持。这个世纪也存在着另一种面貌，歌德认为它是富有意义的，因为它在其自身性格的一个特殊方面留下了烙印。在他关于菲利浦·哈克特的传记中，他称赞了"这个世纪的主要潮流，这种潮流反对所有的静止状态和使人成为静止的一切东西，颂扬了面向所有活动的和进步的东西的主要倾向"。但是启蒙主义者的行动的合目的性–深思熟虑性，在歌德那儿与一种不断行动的心灵和精神融合在了一起，而这种心灵和精神是从幽深的源泉中汲取其力量的："对真实的人来说，真正的节日是行为。"（《潘多拉》）

19世纪——对它来说，歌德自己是来自18世纪最珍贵的财产——只能够被看作是形成之中的而非业已完成的个体。然而对歌德来说清楚的是，19世纪具有一种独特的性格，一种截然区分于所有以往世纪的性格。奥迪涅克（Odyniec）在1829年讲到，歌德认为我们的19世纪并不单纯地是早先世纪的继续，而确定无疑地将是一个新时代的开端。他甚至以其天才勾勒了它大致上的进程。在这里，他得到了自己的关于世纪之交痛苦的政治剧变的经验的帮助——而在解释更早的世纪时，他并不拥有将万事万物聚集成一个整体的政治理解力。在歌德看来，我们所经验的伟大事件不会不相应地带来伟大的结果，虽然这些结果的生长和成熟可能会像种子长成庄稼那样地缓慢。他因此认为，种子仅仅在下半个世纪才会成熟，甚至或许是在最后四分之一个世纪——正如它实际上所证明的。所以，他对新世纪趋势的态度是分裂的，或者是含混的，而不会是别的样子。在《漫游年代》中，歌德将"自我克制"的理念实际的–普遍有效的职业生活与《学习年代》中的教育个人主义进行了对比。通过这种对比，歌德表达了他的信心，相信人类内在的再生力量也能够控制新的机器时代的毁灭性趋势。他的普遍信念产生了这种希望。但看起来在他最后的几年中，在不同的忧伤表达中存在着更多的个人感情，在其中，他表达了一种对朝向浅薄的生活方式的普遍趋势的威胁的担忧——这些话今天依然在我们的耳朵中回响。正如他向埃克曼（1828年）所说的："我看到了一个正在来临的时代，在那时，神不再喜爱人类，神将不得不再一次毁灭一切事物，以便开始一种新的生机勃勃的创造。"但他的普遍性信念甚至忍受了这种前景，能够在正在来临的世纪的向下和向上的趋势中感觉到永恒的神圣自然的心跳。

迄今为止，我们已经有意地避免提及《圣经》时代和东方，根据它们在普遍历史中的位置和在歌德心灵中的反映，这些历史时期和世界理应属于我们的研究的开端部分。因为与这些有关的研究，歌德都最大程度地运用了一种显著不同的研究方法。这表明了，他与它们之间的内在关系是不同的。从童年一直到成熟的老年，他始终保持了对于《圣经》时代的热爱。"通过《圣经》而获得的文化贯穿了我的整个生活。"（致罗赫利茨，1812年）在这种对于《圣经》的热爱中，深深地交织着歌德对于一种纯粹的和原始的神之观念的宗教渴求，与在人类的纯粹的和原始的状态中看到人性的需要——

第十章 歌德

这也将他吸引到了荷马那里。我们知道，这种需要与18世纪的前浪漫主义潮流有关，与将原始时代看作人类原型的热望有关。哈曼激励他的听众要通过向东方朝圣将"消失了的自然语言"带回到生命中。歌德在年轻时曾寻求与东方发生联系，而且从不曾真正放弃过这种意图。赫尔德的倾向也处在同一个方向，他也感受到了《圣经》时代的和东方的吸引力，他后来对于阿拉伯诗歌和文化燃烧般的激情毫无疑问在歌德身上也留下了烙印。接着，浪漫主义者重新神化了东方。因此，时代的精神和歌德自身的需要一起使他逃离了时代的政治风暴，而在纯洁的东方寻找避难所。他创作了《西东合集》，并为此写了注释。正如他自己所承认的，他的基本动机是品尝族长制的气息，并进入人类不同族系的最深源泉之中。在这儿，就像在《圣经》中，他发现了具有绝妙魅力的原始人类的世界。这儿不存在像古典时代或欧洲的发展那样的干扰性因素；不存在分裂的趋势，没有来自强权政治的不受欢迎的干涉；简言之，不存在需要沿着个体和发展的道路加以重建的令人迷惑的力量的干预。它不如说是个体化的，尤其像歌德在他辉煌的关于《圣经》族长制时代的画面中（《诗与真》，第1部，第4页）所描写的那样，它同时也是典型的原始人类，像清晨的露水那么清新和无垢。歌德热爱"那些宁静的朦胧岁月，那时的人类依然无知于自我意识，但在内在冲动的刺激下却是活跃生动的"。他认为整个历史传统中最美好的部分是历史和传说融合为一体的时代（《色彩学·历史卷》）。在这样的"优雅-理想的自然条件下"，歌德至少在有些时候能感觉到，他能够摆脱几千年的传统压在身上的沉重负担（《箴言与反思》）。在这里，正如在赫尔德那里，在这种对黄金时代的古老梦想的热爱中显然存在着一些东西。但歌德能够将这种传统思想方式从静止模式转化为动态模式，能够在初民那里注入他自身积极的理念。

一般而言，在歌德关于《圣经》时代和其他的人类原始时代的描绘中存在着另一个特点，它也显示了同样独特的转换。歌德无法对这样的事实视而不见，即族长制时代的宗教和生活不仅是富有人性魅力的和欢乐的，而且也带有一定的野蛮和残酷的烙印，在这种状态中，"人类能够从中崛起，或者也能够轻易地回复原状"。可是，这种追随于维柯或休谟方式的研究人类发展的自然历史的途径，并不适合出现于黄金时代的色彩中的画面。不管怎么说，当歌德后来（《来自庞贝的装饰陈设》[*Ornamente aus Pompeji*], 1830年）回到这个主题时，他没有感觉到这两种因素是不一致的，而是在他的一些最富有个性的思想中对它们进行了生动的沉思。

> 假如我们说，民族从野蛮状态进入高度文化的状态，然后逐渐退回到野蛮状态中，而人们对这种说法见怪的话，那么我们不如作如下的表述：它们从童年时代发展起来，以旺盛的生命力进入中年时代，接着最终，它们又再一次渴望舒适懒散的早期岁月。

将人类看作"超人"，认为人类从典型的童年时期一直向上生长的看法，是歌德自己真实的思想。以这种方式，他认为"野蛮和童年"这两种状态是出现在一起的；但他的目光宁愿逗留于童年时代富有魅力的一面，正如赫尔德和18世纪的人道主义者所乐意做的那样。

歌德之所以进行了理想化，是因为他在这里进行了类型化，因

第十章 歌德

为他关注的是在族长制时代和在东方发现原始的形式。确切地说，正是这种类型化，使他有关这个世界的描绘有别于更为棱角分明的更独特的关于古代世界和西方的晚近时期的画面。这就排斥了反映在《西东合集》完美的注释（它至今仍为现代的东方研究提供着思想养料）中的极为个体化的和起源式的研究方式。在研究波斯民族时，歌德以一种偏向于浪漫主义的民族精神学说的罕见的大师感觉，阐述了这种鲜明的传统形式是如何忠实于自身，然而又经历了生动发展的。这使他通向了重要的历史洞见，即在波斯的印度日耳曼文化和闪米特阿拉伯人侵之间存在着一种基本的对立（由布尔达赫指出，《歌德年谱》，第17页）。不管怎么说，最伟大的独特成就是对东方诗歌的崭新评价。歌德继续并将赫尔德所开始的研究工作推向了一个新的水平。在他的古典主义时期，歌德自己曾经屈服于朝向正统的判断标准的陈旧倾向。但如今，在与早先他所表述过的判断尖锐矛盾的情形下，他承认了东方诗歌拥有其自身独特的标准。"我们将它与自身作比较，只是在其自身的世界中尊重它，为此我们得忘记罗马人和希腊人曾经存在过。"迄今为止，西方理性主义对东方世界的专制与知识和身体上的奴颜婢膝颇具微词。歌德与这个假定反其道而行之，因此不知不觉地与赫尔德在1774年宣示的历史哲学中一个最富有成效的思想联系了起来。确实，正是在东方的不足中，赫尔德发现了"大量的善"。歌德向自己提出了这样一个历史问题，即文化尤其是诗歌在东方是如何可能的。这样做无论如何不是为了掩饰东方专制主义的阴暗面，歌德显示了这种柔顺的因素是作为一个整体的东方文化的必不可少的因素，而绝不是本质的低下的因素。他指出，东方的美德不能与其缺陷分离开来，而且东方的美德完全就是这些同样缺陷的果实。这种要求从个体化的生命总体出发理解所有现象的思想，对未来的历史主义具有一种强烈的影响。

但是，对歌德来说，"不变的东方"首先是在其中发现伟大的原始形式和类型及其变形的地方。其中的一个例子是阿拉伯语言和诗歌中的"原始因素"，诸如骆驼、马、羊、山脉、沙漠和布满繁星的苍穹。理性主义的诗学将它们称为隐喻，但对于歌德来说，它们则是"生机勃勃的形象"。附带地说一下，歌德在这儿，正如在早期的《圣经》时代一样，从类型化滑入了虚幻的理想化状态。他将原始时代"高贵单纯的自然宗教"加到了琐罗亚斯德时代的波斯身上，或许也高估了穆罕默德之前的阿拉伯的文化水平。

我们看到了歌德的发展观念的局限性。尽管存在着所有这些将他拉扯出这条道路的分叉，歌德早已经预见到了人类以充分的逻辑相继性从最低级的粗野和野蛮状态向上的真实发展。是否有可能，在自然科学领域中，歌德的发展观念也承受了同样的局限性？科尔夫已经做了一个一语中的的评论，他说，歌德事实上并不感兴趣于实际的发展方式，而是感兴趣于从上帝之手而来的发展方式（《歌德时代的精神》，第2卷，第61页）。他对于终极因果力量的实际寻找停留在这样一个点上，在此，他相信他已经发现了一种令他满意的神圣开端的原始形式。这是因为他的研究并不来源于纯粹的现实主义，而是奇特地彻底地与最高贵的理想主义和精神性融合在一起。席勒评论歌德的话，即他的"原始植物"不是一种经验，而是一个理念，使歌德自己颇为惊讶地意识到了这一点。

不管怎么说，在这些限度内，他的发展观念具有难以言喻的生命力和深度。它们比赫尔德的发展观念更加清晰和明白易懂,比黑格尔的发展观念更加人性化和动人心弦、更加接近于实际现象。对于我们已经从形形色色的证据中拼凑起来的画面而言,我们只需要少量的评论来完成它。我们已经在默泽尔和黑格尔那里看到了可以被称为发展辩证法的最初方法,这种发展辩证法后来在黑格尔的历史哲学中得到了逻辑上的完成——也许甚至带上了点歪曲,在歌德这儿它们通过沉思和同情获得了完成。正如他涉及自然,但毫无疑问也涉及历史时对法尔克所说的:"在发展中存在着引起相互的寻求与突破的东西;当它成为一个时,它也再次产生了第三个元素。"这是辩证法运动和平-友好的方面——从两种现存的元素中产生新的东西;在某种程度上,我们可以称它为爱若斯的一面(Erosseite)。其他的斗争方面是相反力量之间的搏斗,更新之物仅仅来自于陈旧之物的深处;新生力量从这种斗争发展而来,而陈旧力量则继续施加着一种滞后的影响——所有这些永不止息的斗争过程,歌德都在《诗与真》中关于他年轻时代的精神-文学的朝圣之旅的描述中记载了下来。标题为《精神时代》([*Geistesepochen*] 1817 年)的宏伟素描显示出了,发展的每一个阶段是如何产生新因素,而这个新因素又是如何被其他因素所取代的。因此对歌德的心灵来说,并不存在一种发展达到静止的休息状态的完美的最终状态。"按照自身的类是完美的事物必须超越自身的类,它必须成为其他的某物,独特的某物。"(《亲和力》中的奥蒂利所言)我们已经注意到,歌德是多么强烈地宁愿看到整个发展的溪流不是奔流于雷鸣般的洪流中,而是在平稳的河道中持续暗涌。非常具有典型性的是,歌德曾经承认,他总是习惯于用起源方式来看待事物,他没料到会沿着这个方向升华为运动的立场（致雅各比，1800年）。但是他坦率地指出，这两种方法是彼此相符的（《日记》，1799年12月6日）。在歌德应用过的关于发展的众多描绘中，最成功的是这样一幅画面，他在这里观察到了绵延几个世纪的"一种宁静的和一定程度上秘密的进展"（《现代希腊文学课程》[*Cours de littérature grecque moderne*]，1827年）。他展示了"只有当一定的趋势、概念和意图被单个地和随意地到处播撒，进入活动和安静地生长，直至或迟或早在它们之间产生一种普遍的相互作用为止，伟大的世界性事件才会发展"（《〈西东合集〉注释》）。这种特别的对力量缓慢的成熟过程的强调，使他将发展观念同样应用到了自然和人类之中。他并不熟悉现代的关于不同发展类型的区别。虽然歌德始终敏感于自然和精神之间的反向性，但自然和精神却同时对他始终形成了神圣自然的统一体。

这种有时向相反方向拉扯、有时又协调一致行动的力量的极性，这种收缩和舒张的节奏，对歌德的精神来说，构成了缓慢生长的实际运作的方式，或者如他始终说的，构成了变形的原因。正如他曾经观察到的（《日记》，1808年5月17日），正是由于变形才形成了特殊性，由于世界精神的收缩和舒张才产生了无穷无尽的进步。正是他自己精神的特殊品质，加上对极性所具有的也许比起历史上的任何其他人都更丰富、更强烈和更加富有成效的感觉，与他熟稔的内在经验一起，使他走向了发展的观念。"人性中存在着多么错综复杂的东西，它能够统一最强烈的对立极——物质的和精神的、司空见惯的和不可能的、令人厌恶的和富有吸引力的、局限的和无穷的。"（《意大利之行》，关于菲利波·内里）这种语言，或者非常类似它的语言，能够被例如蒙田或拉罗什富科这样的自然法时代的心理学家所使用。但他们只能够将它理解为人类的神秘的机械主义,而对于歌德来说,它始终终极地是永远运动着的宇宙整体的心跳。歌德在1807年对里默尔说道:"自然并不飞跃;因此单个的事物始终为了整体的目的而存在着,而整体则为了单个的事物而存在着,这只是因为一就是整体。"

通过把所有个体元素编织进整体的生命河流,歌德有关发展的观念避免了变得过于狭隘化以至成为一个纯粹进化观念的危险。"进化"(Entfaltung)是一种孤立的过程,经由这个过程,所有早先潜在于胚芽中的可能性逐渐地产生了出来,这样一来,就从一种内在变成了外在的存在。正如我们业已评论过的,有关民族精神的浪漫主义学说,由于它把民族精神的产物当作纯粹的进化产物而具有一种相当狭隘化的影响。确实,歌德没有在术语方面在发展和进化之间进行严密的区分——他无拘无束地说道(《纪年·补遗》[Paralipomena zu den Annalen]):"我的方法是发展的方法、进化的方法"——但是他从不曾把事物当作纯粹出自自身的进化。有时,他会在单纯进化的意义上运用"发展"一词,但他会立刻与这种含义进行争辩。"(一个孩子的)生长不是单纯的发展;组成一个人的各种有机系统彼此产生,相互追随,相互转化,相互施加压力,甚至彼此耗尽。"(《诗与真》,第1部,第2页)但歌德从不曾将这种存在于人内部的系统之间的斗争看作一种纯粹的内在过程。甚至在植物的变形中,环境进行改变的作用在发展过程中也起了恰如其分的作用。在这里,他和赫尔德彼此在思想上紧密联系在一起,正如在历史生命中一样,他从不曾把这种作用当作外在的纯粹的因果–机械作用,而是始终与一种来自内部的同时发生的反作用密不可分地联系在一起。在这种情形没有在历史描述中获得承认的地方，他感到了一种缺憾。他由于其作了太多的孤立描述而批评了约翰内斯·冯·穆勒的自传（1806年修订本）。"我们没有发现伟大的世界大事对这样的一位敏于感受的人所产生的充分影响……与这些外部事件的联系理应从内部产生出发展！"

歌德以他的天才的可靠性使得发展观念穿越了两道暗礁。一方面，存在着将他的思想狭隘化为一种纯粹的进化观念的危险；另一方面，存在着宿命论和寂静主义的危险，避难于这样的安慰之中，即发展业已充分地"出自自身地"实现了出来。这种安慰不仅在实践上是危险的，而且在理论上也是错误的。他越是在植物世界中观察到并在历史中欣喜地辨认出寂静的生长力量，他就越少指出这种力量应该被理解为"出自自身的"和独立于任何外在的相互作用的。甚至在植物中，他也观察到了在无意识水平上起着作用的特殊的形式化的和创造性的冲动。而觉醒后达到精神的意识水平的人类，为了实现历史的发展，必须遵循其意愿以确切地达致存在。

> 行动的恰当时机总是一再地错过，
> 而您却泰然任之。
> 告诉我，可曾有何事物是这样发展的
> 是在恰当的时机于您不采取行动的情况下发展的？

"从最简单的有机体，"席勒在1794年给歌德的信中这样写道，"您一步一步地上升到更为复杂的有机体，直到最终上升到最复杂的有机体即人，您运用在整个自然的织体中所发现的材料建构了他。"席勒在这里把相当理性然而非常精确的语言投注进了歌德发展思想的核心中去了,同时表达了其普遍范畴的内在力量。他意识到了,歌德是如何在每一个单个的生命中看到整体的神圣自然运作着,带来新的创造。事实上,歌德并没有像席勒所推想的那样有意识地和按部就班地从最低级的阶段推进到最高级的阶段。他的方法不如说是默泽尔所谓的"总体印象",习惯于通过无数个别的观察来构思,习惯于在每一单一事物中看到永恒变化中的宇宙。

从关于他的发展观念的研究中,现在产生了两个进一步的问题。他是否以比较研究的方式运用了它,并因此在人文学科的比较研究方法的胜利中展示了它?为了将诸时代连接为宏大的整体,他又是如何在普遍历史的领域中来运用它的?

没有历史现象之间稳定的相似之处,伏尔泰、孟德斯鸠和休谟的普遍性观点将是不可想象的。但他们被一种关于因果关系的机械理念限制住了,仅仅满足于宣称相同的原因始终产生相同的结果。当歌德在卡尔·奥古斯特的影响下一度将苏格兰人和塞尔维亚人进行比较,从他们身处于险峻山村的生活环境推导出他们在防御和战争方面相对于平原人的优越性,推导出他们在诗歌上的力量时,我们禁不住想起了孟德斯鸠的方法(致卡尔·奥古斯特,1826年)。

但歌德在历史中对原始形式和变形的寻找也注定会走向一种沉静的更深刻的同情。在这个过程中,不仅发现了普遍法则的运作,而且揭示了特定现象中个体的自主。通过他自己的比较方法,赫尔德业已达到了这一点。不过,在赫尔德以天才的直觉加以推进的时候,歌德却能够增加更多精确的观察。即使当他没有特别有意识地指出这一事实时,歌德仍然能够不自觉地进行这样的比较,以便既在表现为独特的事物中认识到一般的因素,又在一般的类型中认识到独特的因素。但有时他也清楚明白地讲到比较的必要性,讲到从中可获得的丰富收获。在古希腊和古罗马、在东方和埃及之旁,他要求对哥特建筑采取一种比较式的描述方法(《诗与真》,第2部,第9页)。后来,在《文化和古代》中,他自己在古希腊艺术和基督教艺术,尤其是作为一种特殊形式的基督教艺术的拜占庭艺术之间,发掘了一种富有启迪意义的比较方法。"如果说,古希腊艺术一开始产生于普遍的类型,在一个相当晚的时期迷失于特殊之中,那么基督教艺术的优势在于,它得以从无数的个别形式出发,然后逐渐地上升为普遍类型。"因此,在拜占庭艺术中,这些独特性防止了"一个古代的、僵硬的和木乃伊式的类型丧失其所有的意义"。歌德在比较思想史中提出了一个最富有成果的问题,这个问题直到最近还在发生影响。与卡尔达诺的自传联系在一起,他表达了这样一个观点,即"一种存在于所有时代告解之间的比较……必将产生丰富的成果"。在研究卡尔达诺和蒙田时,歌德注意到了一种崭新的东西,在其中,"迄今为止作为忏悔中焦灼的秘密而吐露于神父的东西,如今却以一种大胆的信心坦承于世界"。他把它当作某种程序上的新教的一个特征(《色彩学·历史卷》)。不过始终一贯的是,歌德倾向于通过对诸方面的比较来确保每一种现象的独特性。"因此让我们把自然业已分类的分开,但要把大地上以辽阔的距离分离开来的事物结合起来,并且没有在精神上和爱上削弱个体的特征!"(《圣灵降临节后的星期一》,1820—1821年)

通过歌德发展思想的内在结构,通过它对个体和类型从不曾发生的彼此遗忘，也已经决定了，在适用于建构普遍历史领域中宏大的发展线索方面，在建构包罗万象的诸时代之间的线索方面，最终在建构某种富有意义的普遍历史的总体过程方面，它能走得多远。在这里，我们遇到了一个极其重要的问题。由于歌德回答这个问题的方式，他在对普遍历史的研究方面要远远地高于他的同时代人和相当多的追随者。毫无疑问，他在这里所做出的伟大成就与这样的特征联系在一起，而这种特征我们是将其视为缺憾的。我们业已指出过的是，他最显而易见的缺憾就是他的冷漠，也就是说他对诸时代之间产生于民族的伟大政治和战争命运的联系的厌恶。然而在这里有一条道路从歌德直接通向兰克及其自由的成就。一言以蔽之：歌德在兰克之前就突破了普遍历史的目的论理解对历史思想所施加的禁令。

这种解释保留了进步的存在，虽说通常在细节上是受限制的和犹豫不决的，但总体而言，它明白无误地承认人类发展是朝向一个意义丰富的普遍目的的。它的起源是基督教的历史哲学，波舒哀是其最后的代表；它世俗化了上帝为错谬软弱的人类所设计的救赎计划。正如我们已经注意到的，启蒙运动并没有立刻开始这个世俗化的进程。只要它还为从属于17世纪的现实感所渗透，它必定希冀着理性的进步，但它并不确信理性最终将会获胜。这种怀疑使得启蒙运动在其鼎盛时期却失败了。然而甚至将启蒙精神转化为唯心主义的伟大的德国思想家，在这一点上也受惠于启蒙运动，他们同时为了更崇高的目的和人类目标世俗化了救赎计划。我们业已注意到，赫尔德是如何努力奋斗以从目的论中解放自身的，然而最终仍为其所限制，并混合了世俗和基督教的动机。在描述人类的发展时，莱辛和席勒、康德和费希特甚至是更为严格地目的论的；黑格尔使这些努力达到了一个强有力的高潮——由此出发，一系列的继承者逐渐使之达到更世俗的水平。相较于基督教历史哲学原初所是的，这些世俗化的拯救方案对于更深刻地理解历史来说并不是没有成效的。它们产生启迪性的洞见，使得历史发展的新阶段从老旧阶段中的产生变得可以理解，使得从不同种类的原因中产生的不可预见的作用成为可理解的，在这里，不同的目的清晰可辨。但它们不如说是人为的方法，为了实际的目的而修正自然的弯曲。它们是这样一种强大的方式，为了使历史中理性和非理性的混合符合于普遍理性和令人满意的一般成就的公分母。

歌德不需要这样的公分母。他所具有的世界宗教赐予其安慰，神不仅在历史的终点存在，而且在一切地方都完满地实现了自己，而生命的不完满是对人类的理解而言的，但对神的理性并不存在。正如我们已经听到的，对他来说，生命自身如其所是就是生命的目的；它沉静于自身之中，正如它如此地运动着。因此历史中每一个使歌德感兴趣的独特现象都与神圣自然有着直接的关系，它并不需要将其承认为朝向更完满状态的一个必要阶段而获得其特有的地位和价值，然而在这样做的同时它也被褫夺了至高的尊严，从目的本身降为朝向最终目的的工具。这种历史生命的直接关系，兰克后来曾这样表达，即每一个时代都直接地与神同在，赫尔德也曾在1774年出色地掌握了它，但他尚未完全地冲破神圣救赎计划思想的藩篱。然而歌德以这样的话彻底自由地表达了它："每一种状态，是的，每一个时刻都拥有无限的价值，因为它是完全的永恒的表征。"（埃克曼，1823年）

第十章 歌德

我们已经看到，歌德在意大利，就当代这个词最深刻的意义而言，是如何反对进步信仰的；而在其晚年，他又是如何预见到将来的时代，在其中，上帝不再对这个世界表示喜悦。虽然他认识到了人类持久的进步，但却是从为世俗的救赎方案所需要的不同意义来加以看待的，作为永不停息的，虽然时常为魔鬼所阻滞的但从不曾静止和始终勇往直前的运动加以看待的。关于这种运动是否完全向上的问题，他有时犹豫不决地回答说是，但大多数时候是疑虑重重的。因为在他看来，人类的每一种成就都与失败联系在一起。当让·保罗（Jean Paul）1798年试图把歌德摆放在"世界进步"的主题上时，他答复说："我们必须说的是循环运动。它先验地来自天意，不过在每种变化中展现出来的进步并不是由结果追溯到原因的。"我们可以注意到，歌德在这里把信仰的领域与知识的领域区分了开来。作为预言家和信仰者，兰克后来也谈到过神圣的天意。不过对这两人来说，历史生命拥有无关乎得到承认的进步的意义。

对于歌德来说，循环和螺旋是描述历史性人类运动的正确画面。在《色彩学·历史卷》中，他描述了科学中谬误和真理的循环。通过观察一系列的艺术作品，歌德认识到了艺术在上升和衰落之间的循环，认识到了"偏移，向着正确道路的返回，某个重大时代的主宰力量，个体的作用"（《纪年》，1805年），这给予了他以辨识出自然法则的喜悦。对歌德而言，艺术是伴随着生长和衰退的生物（ζῷου），"正如每一种在繁多的个体中表现出来的其他的有机生命一样"（温克尔曼）。因此歌德在其内心偏爱古老的循环理论，它最先由波利比乌斯在描述制度生命时奠定了基础，在其中的一段时期，它屡见不鲜地对人类事物的进程作了纯粹的机械式理解。在一首《温和的讽刺诗》(第4卷,世界政府——关于夜等等)中,他一度触及了波利比乌斯对于政治制度循环式的理解(君主制、贵族制、民主制),不过是以一种稍稍变化了的方式。但是他非常灵活地将循环论思想运用于民族,对他来说,民族是很容易被机械化的,在他的判断中表现出,民族是永垂不朽的,但因此有赖于它们是否能始终复活从童年到老年的生命循环(《来自庞贝的装饰陈设》,1830年)。① 他因此认识到,现代的循环理论也能给出这样的学说,在伟大的集体性个体如民族中运行着不断新生的力量。

对他来说,循环论思想并不是机械式的,既非肤浅的,亦非令人沮丧的。在他看来,循环是历史生命的外在形式,在其中,所有内在的富有价值的原初形式连同其丰富的变形都能够得以自由地运动和发展。进一步地,在他眼中,它被看作所有生命的新生的保证,被看作死亡不曾拥有最后发言权的保证。在有关水的精灵之歌中,他把其早期的这种思想与新柏拉图主义对万物永恒地回归于神的想象结合了起来。不过螺旋图像有助于扩展历史可能性的空间,并让这样的思想发出了声音,即更高水平上的复归可能意味着一种上升。因此,这种想象促进了歌德晚年时辽阔的宁静。

在神的深不可测的意志中无条件的给予,对一再循环地和螺旋式地进行复归的地球运动的欢乐一瞥,爱、吸引在两个世界之间漂荡,所有的现实都在轰鸣并且溶化为象征。如此晚

---

① 在这里,可能也会使人想到维柯的影响,自从歌德在意大利熟悉他以来(参看上文,第475页),维柯就在德意志由于韦伯(Weber)1821年的德语译本而日益为人所知。

境，夫复何求？（致泽尔特，1820）

我们不要弄错了，不管怎么样，歌德在早期所孕育的有关循环发展的思想仅仅是另一个更重要的但也属于早期的思想的序曲，我们在观察他的发展思想时已经遇到了它，它看起来是其发展思想的杠杆。这就是所谓极性的思想，自然和历史中的收缩和扩张，重组和分解。人类事物循环中的日升月落，它们永恒的衰败和复苏，成为了极性的另一种类型。歌德最深沉地关切着的是生命和宇宙中的节奏；因为他相信在这儿，正如我们所说的，感受到了神圣自然的脉搏。然而，这种上升复下降、死亡复新生、白昼复黑夜的节奏不管在何种程度上都并不适合于某种直线形的进步观念，而这种观念是信奉世界历史进步思想的代表提出来的。这就是歌德为何嘲讽如此多的伟大的同时代人所具有的世界安慰的最深刻理由。他在创作《原浮士德》时就以编织着的织工和常青的生命来描画运动着的神圣生命的外观，这种想象要更加强大、更为泛宇宙和更加永恒，相较于认为在小小的地球上世界理性正逐步地引导人类从不成熟和错误的状态走向完美的状态的信念而言。

众所周知的是，歌德在他最终的和最崇高的思想中超出了地球，因此延续了其18世纪的同时代人一系列的宇宙性思辨，不过他赋予了其以自身新颖的内容。对于他的新柏拉图主义-神秘主义的宇宙感来说，人类不可能像天真的理性主义所说的那样是创造的终结词。"我们大家都迈步在神秘之中，"他在1827年对埃克曼曾这样说道。"我们被这样的环境包围着，对于它，我们一无所知，我们不知道所有在其中激动忙碌着的是什么，不知道它与我们的精神是如何连接在一起的。"如果存在着这样的一种自神圣自然的本质中流溢而出的向前运动着的事物,那么它必定不可能局限于渺小的从经验上可辨识出来的人类领域,而必然是主要地运行在神秘的领域之中。甚至对原始形式及其变形的更深的观察也促使歌德猜想,在每一个有机体的背后都存在着一种更高的理念,因为它们中没有一个是完全吻合于立足于自身的理念的(冯·穆勒,1830年)。他在一次与法尔克之间进行的著名谈话(1809年)中这样说道,自然看起来像是坐在一张赌博台前,并且不停地喊着"双倍"!谁知道整个人类是否就是一张朝向更高目标的打出去的牌呢?想象一下吧,自然的任何一面都是永无止境的。甚至太阳自身也还没有完成其自身行星系统的创造呢——同样,浮士德的最后一刻朝向了超出死亡的处在更高领域中的新生和行动。

再一次地,在有关超世间的–宇宙宗教的思想方面,歌德与赫尔德联系在了一起。我们想起了他对赫尔德的《观念》进行研究的时刻(参看上文第420页及下页)。对于他们所有其他的思想来说,这些观念和希望在内容上鲜有区别,但在功能上却相当不同。那时,被目的论的神秘气氛笼罩着的赫尔德要求一种可把握的基石,并且宣称,这些希望都奠基于所有的自然法则之上。歌德私下里或许也相信这一点,但在他所说出的话里,他没有逾越温和的猜度。他在对彼岸的美好预言和对此世此地清醒的现实感之间做出了区分。尽管对于此世的怀疑一再高涨,赫尔德却无法抑制对未来的目的论的希冀。赫尔德充满了激情的热望,而歌德总是平静地和深沉地斟酌着、弃绝着,然后又希望着。

只有在这种超世观念的基础之上,人们才能够正确地欣赏歌德对流俗的目的论历史结构的拒绝。对他来说，此时此地的世界就是一个"道德的世界秩序"的足够证据，而且，这种他所预言和希望着的进步超越了经验世界——这种进步不是导向一种完美无缺的最终状态，而是达到一种更完满的进步状态——在歌德看来，这种进步对于在这个世界上可达到的最终状态来说是更为令人满意的替代品，而现世的最终状态只是从更高的运动领域下降为一种受限制的静止状态而已。

歌德在晚年岁月中不用模棱两可的"进步"一词，而更偏爱于运用更为贴切的"增强"一词（致冯·穆勒，1828年）。因为在他看来，在创造的显而易见的无穷过程中它增强了形式，在其中，神圣自然的生命持续地涌现了出来。因此，在极性的旁边他也认识到了一种"持续的吸引和拒斥"，一种"始终向上的奋斗"。但是，这种思想是在宏观的规模上从不朽的视角构思出来的，因此当他对只有几百万年的人类历史所代表的狭小领域中实际获得的进步表示怀疑时，这其中并没有内在的自相矛盾。正如我们已经注意到的，有关螺旋的图像暗示着，在歌德看来是在历史性人类中使形式的"增强"成为可能，但他主要是将历史运动看作极性之间的摆动。

这一点在一项著名的判断中最强烈地表达了出来，这项判断认为，世界和人类历史独特的、唯一的和最深刻的主题——所有其他的东西都从属于它——只能是无信仰和信仰之间的冲突（《〈西东合集〉注释》）。人们在这句话里可以很容易地——正如所发生的（布尔达赫，《浮士德与摩西》，第3卷，第742页）——察觉到某种宗教激情的回响，而德意志18世纪日益上升的精神生命就扎根于此。但是歌德自由发展着的宇宙宗教只能在最宽广的意义上来理解信仰和无信仰，没有局限于特定的内容，而是作为拥有丰富的或不丰富的内容的积极或否定的力量，向上升入精神的更高世界，或下降进入物质的和自私的世界。歌德根据这一倾向或那一倾向占主导地位的情形来划分时代的极性。他相对地把他所理解的主观的衰落和瓦解的时代，与理解为客观的进步时代区分开来（埃克曼，1826年）；或者把内向行动的、自由的和友好地建构起来的理性时代，与外向行动的、实用的、好战的、技术的和知识的知性时代区分开来。不过歌德是通过其自身青年和晚年时期的生命经验熟悉这两种有关理性和知性（也许在术语上受到了黑格尔的影响）的因素的，他不仅把它们看作相继而起的，而且也把它们看作同时发生的，它们有时候相互分离，有时候彼此紧密缠绕，不仅影响着民族，而且也影响了个体（《色彩学·历史卷》）。因此，他满足于一般性地承认这些真理，而感到并不需要据此来划分整个的世界历史。他确实做出了一些创造性的努力，来建构那些特别使他感兴趣的历史生命中不同的发展阶段——除了业已提到的1817年的"精神时代"、1831年的"社会文明时代"和在《色彩学·历史卷》中提到的意义重大的、激动人心的和历史性的时代——他所做的区分努力主要存在于普遍的理念类型构造的领域中，这种区分仅仅微微地透过实际历史闪烁其光芒。在这里再一次地，提起科尔夫的话是恰如其分的，他说，相比于实际中的也就是说时间中的类的发生，歌德对源自于神的类的发生更感兴趣。在数千年异常宏伟的外观中，实际的历史时间遭到了忽略。它们没有彻底消失，因为他为了发展的法则需要运用它们。然而对于现象的丰富性来说，在宏伟的总体时间的进程的普遍性构造中缺乏一些什么，这是歌德的眼睛——其丰富性和深邃性要远高于所有同时代人——在其中觉察到的。对他来说,世界历史不是像对后来的兰克那样是一种个别现象的总和。他不能把历史,正如不能把整体的理性世界当作一个巨大的、不死的个体来观察。他虽然生活在历史的千年之中,但出于最深的需要,把它们推入了无始无终的永恒之中。

> 你不再能够清点,也无法计算时间,
> 因为每一步都是不可穷尽的。

究而言之,对歌德来说,历史是一出永恒戏剧的一部分,历史中的时间进程是朝向永恒再生着的创造之目的的工具。

我们必须在这种意义上来理解这段激动人心的话,这段话是歌德在最后的岁月中像一段美妙的自白那样充满信任地向友人威廉·洪堡说出来的:"我最可尊敬的朋友,请允许我出于年深日久的友情向你坦率地承认,在我后来的岁月中,所有事物对我而言是变得越来越历史性了……是的,甚至我对于我自身而言也变得越来越历史性了。"然后,出现了富有特征的话语,所有这一切都再一次地超越了时间–历史:"不管是发生在过去的遥远帝国的事情,还是此刻发生在我眼皮底下的事情,都完全是一样的事情。"伴随着万事万物同一的神秘感受和对于自身的崇高反讽,他继续说道:"每当我的好女儿夜幕降临时分为我朗读普鲁塔克时,我常常会自嘲地想象我以这种方式和意义来讲述我的一生的情形。"

我们接近了研究的终点,正如歌德在晚年将世界图像的线索连接起来一样,终点又再一次与开端连接了起来。歌德在其中成长的世界是一个过去与现在交织在一起的世界,但对他来说,完全原始的自身性感受是神秘的感受,他在1774年科隆大教堂的体验中第一次意识到了它。我们把它解释为一种超逾了过去和富有意义的现在的在超时间领域中获得的提升性感受,能够给他带来友好或战栗的感受。我们在歌德进一步的发展过程中一再地或清楚或模糊地听到了这种回声,在发展中,它采取了各种各样的形式、表现出各种各样的应用——也就是有关原始形式的各种各样的变形。我们在其中看到了歌德与历史世界之间的基本关系。

为此,所需要的仅仅是补充性的评注。关于歌德,齐美尔(《歌德》,第190页)曾讲到了其幸运的本能,即首要地通过将过去当前化来克服过去。在把这一点应用于过去的历史时,我们可以发现歌德的许多判断首要地证实了,他热衷于通过几乎栩栩如生的感受来把历史现象变成自己的东西。他讲到了"将过去当前化的喜悦"(《纪年》,1811年),赞颂了语言学家沃尔夫"几乎魔术般的技巧",他"能够最高程度地将过去当前化"(《纪年》,1805年)。"将过去编织进画面中"在《潘多拉》的情节演进中起了作用。这是最重要的需要,即他的感受在克服和重获过去的事物方面,以其对于直观性的热烈要求作用于过去。但这仅仅是他对于过去和现在一体化的感受的第一阶段。第二和更高的阶段是在其自身中超逾过去和现在,将两者同时经验为永恒创造着的神圣自然的象征。以此方式,歌德历史同情的能力成为了将人类生命以象征意义理解为一个整体的方法,不管这种人类生命是过去的还是现在的。

精力充沛的人无法满足于人们为他描述的东西,他把一切呈现于其眼前的感觉看作一张面具，在其后狡猾地-顽固地隐藏着一个更高级的精神生命，为的是吸引我们，并将我们带向更高贵的领域。(《〈西东合集〉注释》)

"是怎样的生命，"威廉·麦斯特在《学习年代》中呼喊道（第8卷，第5页），"存在于过去的殿堂中。人们同样能够将其称呼为现在和未来的殿堂。因此一切过去是，将来还会是如此！在欣赏和直观它们的唯一者看来，没有东西是会消逝的。"

这样的一种具体应用可见于歌德对过去时代伟大的艺术作品的欣赏。对歌德而言，根据过去的最初不假思索的赞赏，这样的艺术作品是绝对性的；从它的起源的根基和发展的情境来理解，它是历史性的；并且，歌德把它当作一度当前化的存在而重新将其"当前化"。因此在《诗与真》（第3部，第12页）中他讲述了他和他的同伴是如何通过伍德（参看上文第254页）来重新理解荷马的。"现在，我们在诗行中不再仅仅看到怒目的和夸张的英雄，而是看到了在远古时代的当前上演的真理，并致力于使之成为我们自身的东西。"他就是这样在意大利第一次学会了从其来源的地点和时间的背景来理解艺术作品。然后他继续以一种崭新的激情来强调它们，在它们中看到超越时间和空间的——我们在以前就听说了这种方式——"根据真实的和自然的法则而创造出来的人类最卓越的自然作品"，并且情不自禁地呼喊道："这就是必然性，这就是神。"

温克尔曼早就已经首先学会了以批判性的目光来观察事物，然后以柏拉图的爱若斯来直观和感受它。我们由此回忆起歌德在意大利曾有意识地追随了这种步伐。从精神史的角度来看，温克尔曼和歌德的观察方式之间的区别在当时并不是非常大。然而在歌德的成熟时期，相较于温克尔曼，他不仅学会了更一般性地观察事物，而且学会了更为历史性地观察事物。

在某一种情形上，歌德已经在意大利偏离了温克尔曼的感受方式。这种情形，正如我们看到的，是以只能被称为浪漫的渴望回溯于古希腊艺术。由于歌德对于过去和现在一体化感受的独特结构，在他身上不管是在年轻的时候还是在晚年的时期，从来不曾存在这样的危险，即屈从于复活理想化的过去的浪漫渴望。甚至对于他衷心热爱的过去时代——古希腊时代和早期的《圣经》时代——他也是完全不带多愁善感地和一无私心地爱着。"如果我爱你，这对你又有何影响呢？"这句话也适用于这种对过去的爱慕。端坐在将过去和现在感受为一体的崇高境界上，他把过去时代提供的美妙作品变成了活生生的财富。既然他的深思从不曾是单纯的沉思，而且他对永恒创造的凝视始终是与自身创造的脉搏交织在一起的——这就是他与浪漫主义者最深刻的区别所在——所以他断然拒绝向着过去而逃遁。"不存在人们需要回头观看的过去，存在的始终是永恒的新物，它从极其丰富的过去时代的因素中被构造出来，而且，真实的渴望必定始终是创造性的，必定始终在创造新鲜的更好的事物。"（冯·穆勒，1823年）

这种对过去和现在一体化的感受为自身创造了一种独特的描述方式和一种独特的历史风格。那些对过去事件进行纯粹叙述的人把过去仅仅看作过去而非更多的东西，他们简单地满足于讲述故事，以或多或少生动的方式和一种相当连贯的模式来连接这些事件。另一方面，那些试图把过去拉向现在的人们使过去对现在成为有用的东西,或者甚至于在一种更高的层次上把过去与现在融合起来,他们这样做也无非是为事件的过程提供了一种反思性的伴奏,也无非是有时力拔千钧、有时春风拂面地来对之加以描述。波利比乌斯,还有马基雅维里和圭恰迪尼就是这样做的。他们从人类事物永恒的相似性和循环出发,感到有必要对历史加以评论和从中引出教训。这种倾向在启蒙运动时代增强了,因为启蒙主义者更加强烈地感觉到人类事物的一体性和相似性,不管这是过去的还是现在的人类事物。伏尔泰以其启蒙主义的历史哲学一元化的回复法则来陪伴对历史的叙述,他以这种历史哲学为标准来评判事件。伴随着狂飙突进运动而生长起来的新颖的生命感受,一当狂飙突进运动掌握了历史领域时,这种生命感受就必须将此新鲜的空气吹入历史领域之中。就赫尔德来说,只要他描述历史,历史事实总是频繁地彻底地消失在普遍的理念化直观之中。而变得成熟的歌德,当他描述历史时,总是能够在事实和理念之间重新建立平衡。歌德在《诗与真》中把直观的对个别事件的叙述与普遍的仰视和鸟瞰交织在一起的教导方式,总是一再地被注意到。但是,这种情形需要与历史风格的发展联系在一起,然后,人们会知道,在这里,未来的历史主义所需要的描述方式已经形成了。它提供了一种事实和理念之间的杠杆——为了立刻感受到这一点,人们只要想一想兰克就够了。但人们在歌德那里也听到了同样的摆动,不仅是在《诗与真》中,而且在对切利尼的评论中,在《色彩学·历史卷》中和在《〈西东合集〉注释》中。他不像伏尔泰那样将源自不同参照体系的僵硬法则应用于事物之上,而是让理念从自由的生动的现实中生长起来,并且与现实一起运动和变化。"从经验中寻找理念",这就是歌德不仅对于自然研究，而且也是对于所有涉及人的研究的要求，"他确信……人类在一切他所开创的事业中都在追随着理念"（《论形态学·格言》）。这是一种"微妙的经验知识，它与对象最内在地结合在一起，并由此而成为真正的理论"（致泽尔特，1828年）。人们大可以将其命名为理念的现实主义——或者也可以再次称之为一体化的过去和现在，因为两者，即已生成的现实及其观察者，在一个共同的更高的层次上相遇了。

我们将大胆地试着涉猎相对于其特定的历史作品和判断而言更高的成就，因为在这里也值得做出类似的观察。例如，在《浮士德》中过去和现在是如何相互作用的？人们为此满可以写一本小书出来，但我们将满足于片断的富有意义的评论，这些评论来自一些最近对《浮士德》所做的研究。对于《浮士德》中个别主题的历史来源，几十年来业已得到了博学的和创造性的审察。不过自世纪之交以来，在方法和观点上存在着一种显著的变化。早期的带有相当实证倾向的研究在《浮士德》中揭示出无数的与世界文学中古老的、通常是远古的主题相似的地方，揭示出与古代思想家的某些思想相似的地方，这些相似的思想常常被看作借用于古代的思想家，并得到如此的对待，就好比文献批判主义指证某位作者利用了古老的文献资源并且理应将其价值归于这古老的文献资源。自此以后，有关借用和对于借用来的东西进行单纯改造的观点，特别是自布尔达赫的深刻研究以来，越来越被深刻的和生动的有关思想孕育的观点所代替。这是因为吸收了许多历史回忆的歌德精神的镜子，始终是一面"创造性的镜子"。这种吸收了三千年的传统和文化价值并将它们重新诞生出来的力量，要远远超群于更为传统的和不自

第十章 歌德

由的方式,以此方式,文艺复兴以来的诗人和人文主义者运用了它们——唯有莎士比亚是除外的。莎士比亚,与他之前的但丁和之后的歌德堪称世界诗人,因为他们通过精神的气息将川流于周遭的生命与他们可通达的世界历史和世界文学编织成为一个新的世界,这个世界虽说源自主观的生命,但依然堪称符合伟大的客观性。在此崇高的水平上,主观和客观,还有过去和现在交融为一。但丁和莎士比亚以无意识的和素朴的方式达致此境界。就歌德把过去的种子重新播撒于自身的花园而言,他在创造性方面也是天真质朴的。但是在这样做的时候,他是高度地意识到过去和现在之间的关系是为历史的新感受所解释过的。正是出于这个原由,他称自己为伟大的集体性生命,从成千上万的个人中,从过去和现在中汲取养料。

歌德与那些他由于亲和力而将其纳入自己思想血液中的历史世界现象之间的关系,自始至终既是天真自然的又是自我克制的、既是历史的又是超历史的,这种关系只有在历史观和世界观的联系、在对微小之物海纳百川式的尊重和对于包罗万象的伟大整体的辉煌预知之间的联系深植于他内心时,才是可能的。这种联系在19世纪随后的阶段中变得日益松散。首先为了取悦于专业化及其他恶魔般的力量,曾经在歌德时代相互交织在一起的精神生命的线索又再次分崩离析了。实证主义要求的是,科学和世界观只要可能的话就不应该彼此关涉。虽然这种要求没有贯彻到底——这是由于人类的本性阻止了它的彻底实行——不过却深深地影响了历史研究的实践。结果是,作为同时渗透到历史和自然中去的世界观研究的其他动机必须成为滋养性的思想基础,例如对于色彩斑斓的过去的审美愉悦，对精确的事实研究的满足，并相信这种研究有助于一种纯粹因果性的知识，例如政治的-实际的思考，而最终在大多数的情形中都混合了一种长期的古物研究的热望。然而进一步的结果是，当这些动机在我们的时代开始捉襟见肘或令人起疑时，对于这样一种阴森神秘的专业研究的成果就产生了四处弥漫的手足无措的感受。诚然，从来没有彻底缺乏过一种实证的、更深地扎根于世界观的反运动和成就。但是同时，怨诉之声变得愈益响亮，它们抱怨历史主义滑入了无根无基的相对主义深渊，虽然理解所有的世界观，却不再拥有属己的世界观。

正如我们经常注意到的，相对主义早在历史主义之前就已然存在了。存在着政治家的和治国才能学说的政治相对主义。怀疑精神和宽容的观念两者与启蒙运动的开端联系在一起，它们尽管与此同时持续地具有对于永恒理性真理的信念，却同样具有相对主义倾向，从而发现了新的历史领域和错综复杂的因果关系。但是，新近生长起来的个体意识及其无限的多样性为相对主义提供了更为深刻的基础。因此，历史主义与相对主义当然是相互依赖的。这一点在歌德身上也表现了出来，即使他只是新近出现的历史主义的最伟大的开路先锋，而自己尚未完整地将历史主义实现出来。他在作为狂飙突进运动追随者的时期就已然发表了倾向于相对主义的判断，认为恶与善极为必然地相互依赖着，就像必须存在着热带地区和寒冷的拉普兰地区一样，为的是产生一个颇合人意的天堂般美妙的地区（《在莎士比亚纪念日的讲话》[*zum shakespearetag*]，1771 年）。作为更加成熟的思想家，他后来经常认识到，必定存在着千差万别的思想方式，存在自相矛盾的信念，这是因为它们扎根于千差万别的人性的缘故。

第十章 歌德

> 面对令我反感的事物，我会移开目光，但是面对大多数我不那么厌恶的事物，我会乐意承认它们的独特性；因为这种独特性情形很大程度上表明了，其他事物就像我根据自己独特的形式一样，也同样有权利根据它们的独特形式存在。(《战记》)

他持有这种观点，亦即人们天生就具有这样或那样的哲学倾向（致法尔克，无日期），并由此预见到了一个结论，即现代人自狄尔泰以后又会走上坡路，自从他们着手研究哲学家天生的思想形式之后。歌德最内在的本质预先注定了他会倾向于相对主义，他身上的浮士德与梅菲斯托互为根基，他身上的塔索则与安东尼奥互为根基。"拿我自己来说，"他向雅各比承认（1813年），

> 由于我的本质中的不同倾向，我就无法满足于单一的思想方式……天堂和尘世事物形成了一个如此辽阔的王国，以至于只有联合所有生命的器官才能理解它。

正是从歌德基本的天性中才一以贯之地产生了个体性、极性、收缩和舒张，产生了只有联合所有人类才能形成人性的观点。

不过，借着狂飙突进运动和歌德的圆满实现，思想革命如今也主要相对主义地作用着。由于释放出一种更加深刻的主体性，它就动摇了每一种对于绝对标准的教条化信仰，不仅动摇了基督教信仰，也动摇了与世界–自然法联系在一起的信仰。当歌德在晚年将自己的时代称为主体性时代时（埃克曼，1826年），他在很大程度上是正确的。这个时代是否如他同时指出的那样是一个退化的和趋向

于瓦解的时代,却是难以轻易地下判断的。这取决于是否能够再次筑坝阻拦新型的个人主义、主观主义和相对主义,此种阻拦当然不是通过一种过时的已然不再可能的信仰进行,而是通过一种崭新的实际有效的信仰进行,这种信仰相信与终极的绝对者联系在一起的事物,自身产生于崭新的观察世界的方式。正如歌德的例子所表明的,脱缰而出的主观性为此必须,并且也能够转向一种客观的世界理解,而同时并不失去个体体验和个体努力的源头活水。自从转向古典主义以后,歌德就走上了这条道路。他的客观的世界理解——尽管这种理解在细节上是相当相对主义的,因为它穿越了主观性的中介——就世界整体而言却转向了一种新型的信仰,"在创造性的使命中从永恒中创造了自身"。

因此,歌德的相对主义就像默泽尔的一样,是一种积极的相对主义,只是植根更加深厚,它免于感染对于个体意愿价值的软弱的怀疑,不至于在面对历史的基本力量时茫然失措或者陷入动摇不定的机会主义。相对主义要么进入最伟大的深度,要么流于最肤浅的表面——这得取决于在它背后是否有一种终极性的坚强和富有创造性力量的信仰在支撑着,取决于这种相对主义世界观在面对不可穷尽的不可知结果时是否是谦卑的和敬畏的;或者是否人们以为运用人类的洞察力只能不折不扣地看到价值的混乱状态,从而缺乏这种敬畏和谦卑之情。歌德具有这种谦卑之情,因此他不是把生命和历史的二律背反感受为混乱状态,而是感受为世界总体和谐内部的必然的不和谐音,他由此产生了强劲无畏的决定,亦即不管各种各样的攻击性强力而坚持自身的有限的、片面的和仅仅承认为相对有效的个体性——为的是行动时合乎天意。他让帖木儿–拿破仑说出来

第十章 歌德

的话，同样可以由自己这样说出来："倘若安拉想要我成为虫子，他就会把我造成虫子。"对歌德，同样对我们有可能的解决问题的方法是，把自身的个体性和人性看作神意设定的相对的生命任务，从而将它理解为绝对的。"精神和物质、灵魂和身体、思想和外延、意志和行动，"他在1812年致信克内贝尔时这样写道，"过去是、现在是并将永远是宇宙中必然的二元性组分，两者一起都可以被看作上帝的代表。我们人类在行动时是片面的，并且必定这样行动，但是我们应该这样行动，以便于我们的仅仅片面性的方法可以由我们这一面向另一面冲刺过去，有可能的话就穿刺过去，直至我们的双脚有朝一日可以再次正确地站在与我们相反的一方。"歌德把这种辩证性处方传递给了正在兴起的历史主义。因为它的任务也是运用相对化的世界理解，同时认识到自己的有限性，并且不因这种认识而离开幽深的力量源泉，正是从这种力量源泉中产生了对于终极性的绝对价值的信仰，对一种所有生命由之发源而出的终极性的绝对源泉的信仰。这种绝对者既无法被展示出来，也无法接受定义，因为它正如歌德所说的，"它的本质是永远无法被认识的"。就像柏罗丁已经做过的，歌德比起自然法和基督教所做的，把绝对者推移到了思想完全无法达到的因而更崇高的远方区域。但是他也因此挽救了自然法和基督教中的一种永久性的核心。所以，在歌德身上出现了一种相对的和绝对的、理念的和个体的思想方式之间的也许是唯一可能的综合。人们或许会指摘这种综合体系的逻辑。但是在决定我们的思想与意志之间最终和最内在的联系是什么时，知性就丧失了指使灵魂的资格，因为灵魂不愿意在面对富有丰满意义的整体生命时拱手相让自己分享的有限的个体性。

4 概述与结论

让我们做一个回顾。我们为自己设定的任务是,揭示出历史世界是如何从僵硬状态中摆脱出来的,它是由于自然法、实用主义和启蒙运动的理智主义而陷入僵硬状态的。说到自然法和实用主义-理智主义的思想方式,它们自古以来就存在了,要么与基督教的启示信仰联系在一起,要么与它相互对立。正是这些思想方式决定了对历史生命的解释。因此,我们在这里站在了一般而言的西方思想史上的一次最深刻的重大事件面前,站在了一次决定性的行动面前,借此,西方世界的天才们以有别于古代天才的方式,在没有失去与他们之间活生生的连续性的情形之下,塑造出了他们自己的个体性。中世纪的独特精神、文艺复兴、宗教改革和启蒙运动是这种西方世界的个体化进程中先行的主要阶段。历史主义不仅是历史学家新的观察方式,而且是整个人类生命的新的观察方式。它使得这种个体化过程意识到了自身,因为它教会人们把所有的历史生命看作某种个体的发展,虽然这种个体化过程始终受限于类型化的事件和法则。

我们仅仅把历史主义的兴起追溯到了它的基本观念的决定性突破,而没有追溯到它的完全展开。我们目睹了一个欧洲规模的思想过程,它在德意志达到了成熟,而在歌德的作品中则登上了巅峰。我们看到了,尤其是在歌德的古典主义时期,历史主义依然为按部就班的传统思想的滞后性作用所渗透。但是,我们在历史主义的兴起中所追溯的所有主要线索,都在歌德思想中汇聚起来而成为最坚固的纽带。首先出现的是到处传播的前浪漫派的渴望,指向远古和早期的人类历史和各民族生活，虽然它对它们进行了理想化，但它奉献了一幅与自己的僵硬文明相对的具有更加纯朴和更加丰富人性的别样画卷，从而教会了人们如何更加温情脉脉地感受过去。接着，在新教德意志出现了受到神秘主义滋养的虔敬主义运动。它对精神生命进行了深耕细犁，在人与人之间的接触中唤起了主观性，但与此同时却也指出了形而上学–宗教的联系，以此方式，它变得更加能够接纳一般意义上的新思想，甚至是非虔敬主义的思想。第三种因素是由温克尔曼开一代风气之先的与古代艺术之间新颖的精神关系，这种关系尽管带有片面性的经典化倾向，却增强了精神接受新事物的意愿。最后的却具有最强大的形式化力量的是古老的柏拉图主义–新柏拉图主义的理念世界，它在莱布尼茨的单子论学说与沙夫茨伯里的内在形式学说中获得了新生，它已然指向了个体性，指向了它扎在与神联系在一起的生命基础中的根苗。

这四种精神因素中的每一种，都表现了西方尤其是德意志思想发展内部的唯一的基本过程，也就是说，思想的钟摆从启蒙运动的自然法的夸张性高度，摆向了不满足的灵魂深处，接着再摆向了已然为新教的人–神关系准备妥当的新个人主义，这种新个人主义本质上从属于更高的联系。而与历史主义来自同一源泉的德意志新文学，也为它贡献了一种无可比拟的推动力。

在默泽尔那里，我们看到了四种因素中的第一种起着特殊的作用，第三种和第四种因素至少可以被清楚地注意到。他的整体成就却具有一种异乎寻常的实际意义，向实际生命中的特殊形态现实地开放着。他凭着与同时代所有思想家之间的友善–敌意的交流，才学会了新的诗歌语言。

赫尔德为这四种因素描绘了第一个卓越的和创造性的综合体系，不是尽善尽美的，而是充满了缺点和裂缝，但就它的积极特征而言，却堪称开拓者的天才之作。

实际的情形正是如此，这个由四种因素组成的综合体系在赫尔德的学生歌德那里，在最后的因素柏拉图主义–新柏拉图主义的引导下达致了最高的完满形态。歌德关于创造性的神圣自然的伟大理念，将永恒的存在与永恒的生成结合在一起，是"自足独立的、生动活泼的，按照法则产生着从最深层的到最高的事物"，在具有繁衍力的原型中敞开了类型与个体——这种新颖的，却受到了所有世纪滋养的世界感，在自身中同样包含着新颖的历史感情，为他提供了强大的解决办法，以便将历史世界从僵硬状态中解放出来。

歌德在这场智识观点的革命中是最强有力的和最活跃的力量，这一点已然获得了广泛的承认。不过人们尚未恰如其分地阐明歌德对历史主义兴起的作用。人们有时未能认识到歌德在这个领域中的成就，这是因为歌德自己由于基本天性的压制而分裂了历史世界，同时把它感受为僵死的和鲜活的，从而把新近发现的知识原理仅仅运用到了部分的历史世界中去。历史中的国家和战争，还有受到完全忽略的经济，被歌德搁置在了一边，只是通过某些思想的火花才偶尔注意到它们，这表明他也有能力用新型的思考方式来探索这些领域，至少比赫尔德要有能力。对于大众和人们称之为客观精神的构成物，亦即最宽泛意义上的制度领域和人们创造出来的文化作品领域的重要性，歌德虽然也通常对之进行了深刻的理解，但在大多数情形之下，只是在它们作为环绕和限制行动着的个人的环境时才会予以注意。对他而言，创造性人物才是最重要的，正如他从柏罗

第十章 歌德

丁那里注意到的，行动比行动的产物更为卓越。但是，为了用新的思想探索整个历史世界，首先就必须以新方法来观察高深莫测的人类自身，观察在人类的幽深处进行的恶魔与命运女神之间的相互作用。而且，人类不是像启蒙思想家认为的那样是原子群中的一颗原子，而是必定会在一种普遍的生命和生成河流中交织起来，从这里出发，人类将获得特殊的和更加深刻的观照。正如我们所说的，为了能够成为历史主义的养料，歌德的个人主义就得成为一种普遍的个人主义。当这种支配性的超个体力量，这种把一切个体编织进一个普遍的生成过程中的力量被歌德如此尖锐地感受到时，那么他搁置一边的历史世界领域就会被重塑为具有饱满生命的历史构造物，并被吸纳进普遍的生成潮流之中。被他应用于自然研究的方法，认为"不应该被描绘为相互分开的和个别偶然的东西，而是活跃的和生机勃勃的东西，在部分中力图表现出整体"（《纪年·补遗》），这种方法也适用于历史世界。历史学不必害怕歌德的自然科学方法，因为它自身已然历史化了、脱机械化了。

歌德谴责了启蒙运动机械化的理智主义，却把它的口号"理性"当作自己的思想，虽然启蒙思想家也很喜欢用这个词。正是在这里显示出他与启蒙运动表面上的连续性，尽管他发动过针对启蒙运动的革命。使他把历史世界感受为分裂的天性的倾向，与启蒙运动的作用产生了接触。我们在较早的章节中曾经指出过，启蒙运动是如何已经超越了自身并提出了新的问题，然而它自己却只能提供无法令人满意的答案。尤其是两种因素促使它朝向新的解决方案。一种因素是，他们在分析精神时难堪地遭遇了人性中神秘莫测的混合现象，所谓"我不知道其为何物"（休谟）的现象。接着，他们做出了伟大的努力，把所有具有人类面貌的东西抬升到一种普遍性的统一体的水平，运用他们的自然法和机械主义的认识手段，将这种统一体理解为过去与当前之间的一种超时间的统一体。他们为整体的人类精神和人性从外部出发所从事的研究，歌德是从内部出发进行的。从他的最个性化、与神圣自然天然地联系在一起的经验的核心出发，歌德也把过去和当前交织成为一个超时间的统一体。他因此获得了超拔于历史之上的最崇高的位置，也许有可能的是，它本质上也优越于黑格尔的崇高位置，因为他并不试图通过一种猜想性的救赎计划来支配历史生命。作为历史思想家，歌德不仅站在启蒙运动与后来的历史主义中间，而且在一定程度上同时超越了这两者。因为后来的历史主义仅仅在它最杰出的代表人物那里，才成功地在每一个时刻不仅把历史生命看作时间-个体的，而且看作超时间的、永恒的。显然，它是必然的发展部分，本质上日益深化着寻根问底的归纳研究，时间-个体的历史方面应该遏制住追求超时间的历史方面的热望。而最终对歌德来说，尤其在他的圆满成熟的时期，运动中的永恒，老年时神秘的安慰，这些都将永远比观察变化本身更为重要。对于那些负载着19世纪的经验主义和20世纪的问题的后来者来说，歌德通向思想高峰的特殊道路并不是直接可用的。但是，他确实是我们通向高处的指路人。

附　录

利奥波德·冯·兰克
纪念演说

1936年1月23日发表于普鲁士科学学会

兰克逝世于1886年5月23日，享年90岁。他作为我们协会成员的时间长达54年。那时，年轻的柏林历史学家们怀着庄严肃穆的心情追随着他的灵柩，从他位于路易大街的住所一直到教堂。我们那时知道，虽然还不是完全清楚，我们正在陪伴一位永垂不朽的人物走完他最后的旅程。倘若一个时代能够以为万世保存有效性的方式，将经验的总体传递给其继承者，从而这种经验总体得以超越浮华变幻的当前时刻而永保其意义，那么兰克就会称誉其为精神在尘世上的不朽性。为了理解他的不朽性，人们也许还可以再增加些东西。兰克去世时，他对我们的影响尚未去掉校园的喧嚣。他因此被我们首先只是尊崇为一门科学的伟大教师。今天，我们在一连串伟大的人类精神的成就之中来看待他，认为他是其中伟岸峻拔的人物，我们尊崇他的作品是为自从古典世界以来人类一直与之作搏斗的古老问题找到的最伟大的解决方案之一。为了充分地理解他,我们的观察就必须追随这种连续性。但是最重要的是,倘若我们想要在今天的时代关联中去理解他,就必须根据其内在内容对他的历史著述进行考察。

我最好从他可能会给今天敏于感悟的读者所造成的直接印象开始,这种印象也许不是瞬间形成的,而是一种反复熟读的结果。在暌隔一段为时颇长的时间之后重新亲近一位伟大的和备受爱戴的作者,是一种愉悦无比的阅读经验。因为我们自己在与时俱进,不再是完全同样的读者,然而在本质上仍然是同一个人,所以我们的作者也仿佛向我们重新地并以更新的深度绽放,但他对我们来说仍是熟悉的。因此,我们的耳朵如今对于兰克语言的异乎寻常的铿锵音调,对于不是单调乏味的相互并置而是彼此交错摆动着的句子,对于宛转流动的节奏,亦即在精妙地编织起来的叙述之后会从其织体中突然地接替而起崇高瑰丽的沉思的节奏,变得更加善于领悟了。在兰克和歌德之间有一种相似性:运用看似极为质朴的语言,只是问或以异乎寻常的语词来衬托整体,宛如宝石点缀于优雅的衣服之上,这种方式能够表达出深邃无比的观念。倘若人们把它们改编为一种现代的概念化语言,那么就会立刻缺乏一种精神的气息,一种难以模仿的东西。内容也许有时,虽然或许不是通常如此,会显得有点普通平淡,而不是特别的富有创造性。但是,在这里,我们必须再次想到兰克自己的声明:"我们常常由于一个本身并没有特殊价值的词语感动不已,这是因为那个说出此词语的伟人,是他站在这个词语的后面并赋予它以生命。"为了再次回到节奏这个主题,回到介于严谨客观的叙述与突然出现的升华了它的高昂的凝视沉思之间的变换，人们可以立刻看到，在他的生命中，在这个领域曾发生过某种变化。在他1824年论罗马–日耳曼民族的青年时代作品中，突出地存在着一种相当华美的、栩栩如生的和激情昂扬的叙述。说栩栩如生，并不是沉醉于隐喻象征，而是满意于能够从源泉中生动地召唤出生活的彩色画面。不过，在此之旁，这种需要也发展为从特殊到普遍的进步，我们在他当时几乎热情洋溢的信件中与对于罗马和日耳曼民族的统一的著名倡导中可以极为明显地察觉出来。接着，在他成熟时期的关于教皇和宗教改革的历史杰作中，我们发现叙述、伟大的崇高洞察和宽广的视野都紧密地和有机地彼此交织在了一起。仿佛汹涌狂暴的海洋中的巨大波浪，总是经由泡沫飞溅的浪尖达于圆满之境，兰克的事件叙述和对于它们而发的崇高沉思总是相继而起。在他晚年的巨著《英国史》和《世界史》中，这种节奏又有所不同了。大海似乎平静一些了，波浪进行着悠长的和更加从容不迫的运动，叙述自身中就充满了沉思。即使在描述巨大的和激荡的事件时，兰克以其晚年的智慧，也能为节奏上的转换赋予某种慰藉性的圆融。

不仅在兰克仰望的能力和宽阔的视野中，而且在客观的叙述中，读者也通常会感受到被提升进了另一个世界中。人和事仿佛是以一种异乎寻常的美妙材料制成的。倘若人们快速地阅读其作品，事物有时就好像失去了通常的清晰面目，变得模糊朦胧了，迅速地彼此交融，其色彩也汇聚在了一起。人们必须更加机敏地和深刻地钻研这位作者，才能认识到，是一种极其精确和敏锐的洞察力支配着这些微妙的暗示，这些对不同的叙述线索所进行的相互交织和区别。相当矛盾的是，历史如今似乎既变得更清晰晓畅又变得神秘莫测了。不过我们接着就不仅认识到了一种异乎寻常的高度艺术，而且首先认识到了一个严肃的意志，亦即以所有用得上的认识工具来科学地再现历史的事实。兰克总是呕心沥血地想要显示出"事物所曾经是的真实样子"，为了使各个世纪的所有生机勃勃的力量完全表现出来，他甚至可以消除自己的个性。正如人们常常正确指出的，这是一个无法完全实现的愿望。然而无论听起来是多么的荒谬不堪，他需要这个愿望来激励他，以创造出他所能创造出的最高贵非凡的认识成就。在这个愿望中隐含着一种严肃的和庄重的意味。而兰克也确实充满了某种庄重的崇高感受。对他而言，他把事物提升进入的更崇高的和更美好的世界，也是真实的和本质的世界，因为他能够以更深刻的和更清晰的洞察力看到它。在他这里，批判与直觉在每个瞬间都在密切的联系中共同起着作用。

比起他的充满了更多个性的直觉才能来说，兰克的批判性作品对历史学产生了一种更强烈的影响。人们正确地注意到了，兰克的材料批评方法本质上深深地受惠于尼布尔，这种材料批评方法最初创立于他的堪称范本的罗马–日耳曼民族研究的附录之中（《近代历史学家批判》[*Zur Kritik neuerer Geschichtsschreiber*]）。但是，无论这种批判方法自身是多么普遍的有效和不容拒绝，在它之后还是有着一些兰克自身的独特个性。在作为一个相当年轻的研究者的兰克身上，人们就能够清楚地察觉到一种与生俱来的意识，一种在面对一切人类生活的证据时要求严格的精确性意识，一种对于最真实的和原始的素材的无条件要求，和一种对于所有模糊不清的或扭曲的事物的深恶痛绝。当他在历史传承中接触到任何这样的因素时，他的眼中会喷出怒火，这位其他场合中温文尔雅的历史学家会爆发出一种强烈藐视的调子。在一个读者们的批判标准日益松懈的世界中，他对于大量在多年中提供给我们的而如今业已表现为历史的东西，变得更加愤愤不平。那么，这种对于真理的特殊要求应当仅仅限制于材料批判和运用吗？难道从这里到理解我们在他的历史解释中感受为神秘莫测的东西之间，并没有线索可寻？我们将从兰克丰富的思想中选择一些至关重要的和他屡次涉及的问题，以开启并阐明其中的一些情形——鉴于今天的时间并不允许我们做得更多。

我将再次从一项独一无二的直截了当的观察出发。我们看到了，也许是在他的有关宗教改革时期的历史著作中，对于两个德意志公国宫廷之间的政治斗争与错综复杂的关系的描述。他的18世纪的前辈，虽然熟稔历史于心，或者他的19世纪晚期和今天的后继者，通常从档案馆中更加广博地了解到最新的材料，这两者对我们所造成的印象是颇为不同的。在兰克这里不再有18世纪单调乏味的实用主义，这种实用主义以清晰的法律语言详细描绘了对立诸侯各自的利益，承认或批评了政治人物在观察这些利益时所采用的明智或盲目的方式。但是也还没有任何我也许会大胆地称之为实际政治的势利的通常出现于后来的历史学家身上的东西，这些历史学家认为他们从俾斯麦那里懂得了政治家实际上是如何处理事情的。在兰克这里，无论这些利益的实际基础被描绘得多么清晰明了，它们还是立即被赋予了一定的精神性，代表它们的人物以一种高贵的自信行动着，犹如得到了一种在这些利益之中和背后的不可见力量的支撑。人们可以看到实际的东西和精神的东西不可分割地交织在一起。这种情形让我们想起了兰克曾经写下的一句最伟大的话。这句话出现于1836年的《政治问题对话录》（*Politisches Gespräch*）中，他在其中展示着按照无论自由主义还是正统主义的抽象原则行动的政治家，都可以说是充满了相当虚幻的气息，却同时声称纯粹野蛮的权力政治也同样是无效的："突然以其难以言喻的原初性升起于你眼前的现实精神，是不可能从任何高级的原理中推演出来的。"这种在实际利益中活动着，同时支撑着那些受到它引导的人的不可见的精神力量，按兰克的说法，不是别的，就是被理解为独特个体的特定的国家。同样地，尽管它有着种种可比较的相似之处，有着种种高级的生命联系，这个国家还是内在地有别于所有其他的国家，因为一种特殊的精神原则在它内部起着作用，在它的宪法和政治中公开地表达着自身。"对于国家原理，"他说道，"我们理解的不是一些抽象的观念，而是它确实的内在生命。"就像屡次发生的，在这里，我们再次被引向了一些难以用通常的逻辑定义的东西。不过他指示了一条可以通向它的道路。"唯有广泛的历史研究和综合才会提升我们，使我们直觉地领悟到在深层次的生命中起着支配作用的精神法则。""直觉的领悟"，一个多么伟大的无所不包的表达啊！它并不意味着预测看来将要发生的结果，就像一位自然研究者期待着沿着其筹划的路线而达到终点。甚至以这种方式获得的最新知识也还是一种有限的和具体的知识片断，而不完全是一种直觉的领悟。然而在兰克这里，知识的道路开始于颇为经验化的严格批判的方式，在一种直觉与知识的内在融合中得到完成。他以直觉的猜测把国家看作活生生的个体，同时又把它们称为"上帝的思想"，他也以直觉的方式说到了内在的形式法则或"最高的理念"："理念是神圣的开端"。作为个体性的活生生实体并拥有自己特殊的生命法则的国家学说，虽然兰克没有立即将其坚持到底，却注定要在科学和政治领域中产生划时代的影响。但是，要在鲁道尔夫·克吉伦所复兴的生物学化的和形态学的观察方式中去寻找这种学说在兰克那里最终获得的形而上学色彩，却是徒劳的。在我们现在要再次深入兰克实际–精神性的历史思想更为实质性的层次时，我们会将他牢记于心中。

兰克总是倾向于把某种高贵的因素归于政治人物的行动，尤其是处于决定性时刻的政治人物的行动，倾向于把这些行动从崇高的动机中推演出来，而不是从像道德化的实用主义所醉心其中的琐碎的个人动机中推演出来。这些崇高的动机产生于一个国家内在的生命原则，与所有内部的和外部的事务交织在一起，并始终在一个世界性的规模上与整个动机的联合体交融在一起。毫无疑问，其中有一种强调，甚至有时过分强调这些动机的倾向，这种强调处处导致了一种对于刺耳的历史矛盾过分的缓和，这种缓和部分地来自天生的激情。这是兰克辉煌的语言倒退性的一面，他认为对于历史学家正确和妥当的做法是，要做到仁慈和宽容。在他的晚年，这种倾向甚至有所增强。这点能够在他对拿破仑的描绘的变化中看得出来。他的早期评判将拿破仑表现为一个妄图统治全世界的贪得无厌的征服者。然而在后期的描述中，他尖锐地批评了那些把他当作"野兽般的征服者"的人，而赞扬了支配着他的行动并把法国带入与英国的决定性斗争的世界局势。但是，对于那些宏伟的超个人动机的渴求，作为他的精神构成的一部分，就像他对于素材的真实性的要求一样强烈。在他作为一个21岁的年轻人，在1817年为自己写下了一些关于路德的札记时，这种渴求就已经在起作用了——这些札记是后来成为其《宗教改革时期的德意志史》的雏形。在这中间，他探讨了查理五世在施马尔卡尔登战争之后关于帝国的联邦制改革的计划，一项力图获得更大统一的计划，并呼喊道："一个历史学家竟然可以大胆地把对于民族福祉至关重要的伟大观念归属于自私的利益！"

这种观察一定程度上阐明了19世纪早期的一个热烈争论着的问题，一个实际上受到错误表述的问题：历史学家应该以个体的方式，还是应该以集体的方式来解释历史？他应该把伟大的事件和成就解释为创造性人物的作品，还是解释为存在于人类共同体中的需要和倾向的产物？这种集体主义还可能会转变为在马克思主义中表现出来的一种经济的阶级斗争理论。但是在兰克这里，看来有一种远为精致得多的集体主义，表现为他所偏爱的从国家宏伟的至关重要的必然性中推演出政治人物的行动。他不会毫不犹豫地承认特赖奇克关于人类创造历史的豪言壮语，不过他承认了其中有一定分量的真理。对他而言，在这里并不存在不同解释原则之间的对立，同样的解释原理能够使他辨别出一种愈益活跃的两极对立，一种介于一方面为创造性个体与另一方面为集体精神和普遍趋势之间的对立。虽然其中有着一种持续不断的往返运动，不断产生着令人叹为观止的形形色色的新结合体，但是其中一极离开了另一极是不可思议的。因此可以说，他的认识方法混合了个人的、道德化的哲学及其观念。兰克在其《英国史》中写道："在人类身上所能发生的最伟大事件就是，他们在捍卫自己的利益时也保卫了一项普遍的事业。个人的存在接着就融合进了一个世界历史的瞬间之中。"人们也许会从这样那样的表述中得出印象，认为兰克赋予了普遍的事业和超个人的观念以首要的位置，而历史英雄们必须为此奉献出他们的生命。然而他从不曾以一种片面的或机械化的方式来解释这种首要性，在其《罗马教皇史》中的另一个著名段落中，他怀着深挚的感情肯定了"拥有卓越的内在力量的强大人物"所表现出来的创造性作用，这些人物"从人类精神深不可测的幽深处"创造了观念。同时我们在其《世界史》中再次读到："普遍的趋势不是历史进步中决定性的因素，这种进步始终需要伟大人物把它们实现出来。"

谁会忘记他对于历史人物个体性的和独特的生命的深邃洞察所产生的思想财富呢？这些洞察播撒于他的全部作品之中，它们往往暗示着某种隐蔽的和本质性的东西，接着，尤其在早期的作品中，就迅速地转化为对于个性极为丰富多彩的描绘，这种描绘如此栩栩如生地展现出来，以至于你几乎可以用手触摸到这个人——说几乎，是因为某种精妙的保护性介质阻止了读者靠得太近。在他年轻时忙忙碌碌的日子里，当他以极为狂热的激情创作他的第一部作品时，他怀着一种半是绝望与半是希望的语气呐喊道："每一天，对于世界历史的知识和见解都在扩大着。谁能揭示出个体的内核、性格和跳动着的生命呢？"就同情地洞察人类灵魂以揭示出其内核而言，鲜有人能够超越兰克。不过，在他的人物刻画中有着另一个独特的因素。把它们从他的作品中断章取义地剪辑下来并把它们作为某种肖像画图库提供给读者的行为，原本是一种不折不扣缺乏趣味的举动。这违背了兰克最内在的直觉。因为兰克的野心及其内在要求是，应该在他们完全充分饱满的个体性中来描绘个人，然而同时全然地与宽广的历史事件进程交织在一起。这种使他们免于过近接触的精妙的保护性介质，也围绕和渗透于他的整个历史著述中。"震撼世界的时代事件"，普遍的趋势或观念和活跃的个体，作为独特的和强有力的过程出现于其情境中，这种过程由于构成它的丰富的个体动机，摆脱了所有抽象的概念形式，而作为仍然拥有个体统一性的永无止境的丰富的生命川流为我们所熟知。因为在趋势或观念中，而且更多地在每个单独的事件中有着个体性，而尤为特别的是在兰克称之为"（历史）时刻"的情境中，这时所有个别的线索蜂拥着汇聚起来，以一种宽阔的方式决定了将要来临的事物的轮廓。

这就把我们带到了他的历史解释的总体性的和普遍的论点上来了，这个论点是他为《英国史》构想出来的，不过对于所有他看到的东西也是有效的。其表述如下："一切事物都是精神生命普遍性的和个体性的表达。"

这句话首先必须借助于我们已经讲过的话进行补充加强。在兰克这里，一切精神事物都是与现实紧密结合在一起的；他在1836年所运用的"现实–精神"这个表述，对于他晚年所撰写的作品也是有效的真实口号，当时他的见解已经更加强烈地精神化了。接着，我们必须解释他在这里用"普遍"这个词所真正意味的东西。他是在两种迥然不同的意义上运用这个词的。其中的一种意义他很少使用，出于自己特殊的目的，他一般是敬而远之的；另一种意义随着他年龄的增长得到了愈益频繁的运用，表达了他自己最高的知识目的。"形式的就是普遍的，真实的就是特殊的、有生命的，"他在1836年的《政治问题对话录》中如是说道。他把这种思考国家时的形式化的和普遍的抽象方法留给了其他人，却对他们能否好好地应用它缺乏深刻的信心。他自己倾向于反对把历史隶属于过度抽象的观念，诸如进步、衰落、自由主义、专制主义等等，因为他仅仅乐意赞许"为了支配权而互相搏斗的""生机勃勃的力量"的有效性。然而他也始终要求"历史学家理应敏感于普遍之物"。然而这种普遍的因素首先仅仅是宏观规模上的事件过程，或多或少是历史山脉轮廓中的顶峰和山脊。在世界史方面，民族彼此之间的联系，与那些对于其他民族有着突出影响的民族的命运得到了显著的强调，成为了"普遍"景观的一部分。当涉及各民族和民族国家或教皇历史时，他发自肺腑地大表赞颂之情的西方的民族共同体，一度被表现为罗马–日耳曼民族的共同体，就成为了普遍的领域。这种普遍之物——如果允许我们更加精确地表述的话——是所有显而易见的历史个体中的最高之物，涵括了所有其他的事物。既然所有其他的事物都依赖于它，而同时也有助于它的形成，我们现在才第一次能够充分理解兰克的话："一切事物都是精神生命普遍性的和个体性的表达。"这种深邃的和炽热的德国精神感受到了它的个体性和个体化的民族是一个更高共同体的一部分，不管是福还是祸，它们都与这个共同体紧密地交织在一起。尽管在它们之间发生了许多冲突，兰克还是在这个过程中看到了更多的福祉而非灾祸，因为他知道，斗争和对立通常是生命和更高级的生命的标志，认识到这个共同体中的联合力量要强于各自为政的力量。他相信这种西方天赋的未来。

兰克历史著述中受到批判的某些缺点，不可避免地与这个伟大的观念联系在一起。人们说过，兰克追随着一种过时的历史传统，过多地着墨于重要人民和国家的行动，虽然在世界文学中确实有着描述伟大人物的辉煌篇章，不过人民的生命却没有以任何的深度加以描绘过，尽管关于这些主题有着许多重要的离题的地方，对社会和经济的力量和基础论述仍然太少。但是兰克的目的正在于通过包含于历史中的所有个别的事件、情势、文化、公众和精神的运动，来集中关注这条崇高的普遍性道路。他只能通过突出其他一切事物都依赖于其上的民族和国家的宏伟命运来做到这一点。这一倾向甚至在其生涯的早期就愈益增强了。翁肯先生就曾富有教益地证实，兰克的《南欧诸王和民族》(Fürsten und Völker Südeuropas)的最初计划，就像他所称呼的，是更加静态的，更加关注于这些民族各自的和内部的生活。但是总体上来说西方发展生机勃勃的性质，开始愈益强烈地使兰克为之痴迷，从而打乱了这项最初的计划。这部作品吻合于最初计划的部分，"奥斯曼和西班牙王朝"，对我们思考方式来说也不全然是静态的。倒不如说，它们给出了一幅关于被认为一个有限的个体性共同体的内部生活的生动画卷，这个共同体内部力量的发展在每个阶段都被栩栩如生地摆放在了我们的眼前。因此，它实际上是一个从个体发展向普遍发展提升的问题。但是，兰克甚至从一开始就把个体看作自身发展的事物。同时，正如我们业已看到的，普遍的发展也被解释为一种个体现象——事实上是一切之中最大的个体现象。

无论如何，个体性和个体发展是两个联合起来刻画了在最好的意义上称之为历史主义的历史方法的基本观念，它在兰克的成就中达到了顶峰。个体的历史发展并不仅仅是早已存在于细胞中的倾向的演化。倒不如说，在它为始终变化着的时间力量所作用时，它具有很大的可塑性、很大的改变和重塑的能力。这就是为什么个体和普遍如此难解难分地相互交织在一起的缘由，是历史发展的洪流为什么是一个统一体的因由。否则的话，我们将具有数不胜数的不同的进化过程。就像《罗马教皇史》中所说的：

也许特殊的生命按照作用根植于其特殊的精神基础的内在法则而发展着,它根据自己的模式在岁月的流逝中前进着。不过它也无穷无尽地服从于对其发展进程具有强烈作用的影响。

因此,这种发展的结果是无法预测的,它所产生的现象具有无尽的多样性:"人性在形式方面是不可穷尽的。"那么,这是否意味着历史生命只能瓦解于无边无际的海洋中呢?难道观察历史的高级方式别无选择地只能是兰克年轻时很感兴趣的对于诸多世纪的丰富生命审美上的沉湎吗?这种危险只是对于具有较弱世界观的后来的历史学家才存在,但是对兰克却不存在。他拥有一种非常强烈的对于"普遍"的意识,对于把所有一切结合在一起的世界历史总体的个体性的意识,对于他所钟爱的"罗马–日耳曼民族"的价值和未来的前景有一种极为正确的评价,所以具有对于整体的意识,对于把所有一切联结为一体的精神纽带的意识。但是,他没有像年长的同时代人黑格尔那样,或者如许多想要殚精竭虑地与它同在的年轻的同时代人那样,寻求这种精神纽带。他不能像前者那样束缚于无情的自然法,也不能像后者那样束缚于坚定不变的精神法则。因为他们就像18世纪的启蒙运动一样,以这样那样的方式相信他们能够沿着这些路线指出一种确定无疑的人类进步,一种人类向着更高阶段的攀升。确实,兰克自己也把某种向着始终更高的力量的向上运动设想为人类历史理想化的核心。但是对他来说,这些运动完全是个体类型的运动,因此以始终新颖的和个体的方式塑造着普遍的发展,这些运动不能被摆放进任何直线性的和可预测的向上进步的道路之上。在这一点上，他非常接近于歌德的观点，认为没有世界进步，而只有一种"循环运动"。兰克因此基于批判性的理由，正如出于同情的普遍性洞察，主张不能赞成任何对于一往无前的人类进步潮流的信念——除却物质领域的事物——倘若人们想要允许每个时代所产生的道德和精神价值具有其自身恰当的和与众不同的分量的话。除非人们必须要归并每个较早的时代并削弱其重要性，使其成为更高事物的一块纯粹的垫脚石。"但我主张：每个时代都是直接与神相系的，它的价值并不依赖于它所产生的东西，而依赖于它的存在本身和自己与众不同的特性。"

这是他的历史思想浓缩于其中的第二条伟大的普遍性格言。第一条格言把普遍性和个体性的统一看作历史生命的一个根本标志，第二条格言表明了它的价值和意义。它既包含了一种哲学，也包含了一种宗教，特别是宗教，一种自由的宗教。因为它把精神从隐含于所有基于持续进步的教义，并且更多地是基于西方世界衰落的教义的历史中的自惭形秽的情感中解放了出来。它不仅赋予每个时代，而且赋予每起人类行动以精神或道德的意义，用兰克的话来说就是，给予所有的道德力量以摆脱了其生命中任何兴衰起伏的与上帝之间的直接关系。"在上帝面前，"兰克说道，"人类的所有世代都是平等的，历史学家也必须这样来观察事物。"

我们现在必须继续追问，这种显得把所有历史生命再次分解为单个的个体价值的观点，是如何与庄重宏伟的"普遍"观念，与历史性人类共同的个体性观念，与其无穷无尽的生机勃勃的共同发展协调一致的。人们意识到，在兰克关于神的话语背后有着更为深入的宗教观念。人们会记得，他曾经称国家为上帝的思想，是隐含于神圣源泉中的理念。我们在这里更加接近了终极的隐蔽着的光源，这道光源在他所有的作品和语词中照耀着，以我们感受到的精妙介质围绕着人与事。这与泛神论无关。他果断地拒绝了黑格尔以进化着的神塑造人类的泛神论教义。人们也不能把他归为教条化的路德宗基督教徒，虽然它对其内在的性格起了很大的作用，他认为自己是一个好的福音派基督教徒。他为这些隐秘的事物覆上了一层面纱，而通过这些面纱我们能窥见一种相当积极的万有在神论。上帝君临于世界之上，世界是他所造的，也是为他的精神所激励的，因此它与上帝有关，与此同时也是世俗的和不完美的。这种造物主和受造物之间的清晰区别，是他的路德宗的一种回响，使得他对批判的和经验的真理的渴求能够非常自由地和高度地对充满物质和精神的实际世界产生作用。这种高度的自由是可能的，为了不把上帝和世界完全分开，为了使世界重归上帝的庇护，他坚守于基本的基督教哲学的观念、上帝的天意和他对于整个人类历史戏剧的引导。这确实提供了一种摆脱某些困难问题的方法。然而他没有彻底克服它们，而是以真正兰克的方式，出于对神圣秘密的敬畏，也出于批判性的责任感，通过抗拒在每场历史运动中追溯上帝的干预的诱惑而缓和了这些困难。在伟大的历史性时刻，兰克不时地相信他能够辨别出活跃的上帝之手，不过这是信仰，而不是知识。在他的普遍历史的结构中，就像从古代世界的民族，通过罗马帝国和基督教，直至罗马-日耳曼民族共同体展示历史发展的意义所表明的，也有一些微弱的目的论动机在起着作用。他把如今变得非常重要的史前史留给了其他人，虽然他丝毫没有忽略其价值，这不仅是因为不情愿离开文献传统的背景，而且是由于特定的宗教和批评性的理由而不愿意去科学性地审察人类最初的一神教，这种一神教是他所乐意信仰的对象。为了为他的世界历史确保一个自足独立的结构并赋予其共同的个体性，他不得不把远东的民族和文化搁置一边。他认为他们比起实际所是的情形来更缺少发展。但是，正是在这种特殊的共同的个体性中，他感受到了直接作用着的神圣呼吸，把生机勃勃的历史发展力量注入于其中，这就是为什么他从所有其他的人类事迹中选择它，并把它称之为世界历史普遍运动的原因。这种普遍力量也是他自己生活于其中的个体世界的命运的力量。这就是为什么他把他所描绘的世界事件的片断称为世界历史的第二个原因。对他而言，普遍的并不仅仅自身就是个体的，而是也灌注着个体性，一切事物来源于生命，这种生命确实是世俗的，然而也与上帝相关，这就解释了兰克为什么没有像黑格尔那样神化普遍的世界进程，而是倾向于以一种混杂着自豪与谦卑的心情赋予所有历史事件一种与上帝的直接关系。

　　这种结合了对于历史及其背景的形而上的崇敬，与一种明察秋毫的经验式的和批判的审察及其对于历史进程艺术化的欣赏，其中也密切结合了宗教，不仅仅是纯粹的灵知式宗教或思辨式宗教，而且是一种结合了现实主义的实际的虔诚，这是全然个体化的，是难以模仿的。因此，尽管兰克的成就高耸于前无古人后无来者之境，然而不可能简单地把这些成就当作其他人的一个典范，不可能不费周章地就经典化他的作品。他的作品也有独特的弱点，对此我已经指出过，这些弱点主要与他特殊的力量源泉联系在一起，与他对于激励了所有世俗生物的神圣呼吸的也许过于天真诚挚的信仰联系在一起。因此我们可以问一问，兰克是否真正深刻地理解了强大的神正论问题,亦即世界上邪恶的存在这个问题,他是否为此深深地激动过、体验过。我们可以继续追问,他是否感受到了历史中偶然性的神秘力量,正是这种力量妨碍了歌德完全地献身于历史研究。而且,一再为人所察觉的是,他与19世纪历史性的形式化力量之间的关系这一特殊弱点,尤其是与他自己民族中施加于民族主义和政治统一之上的运动之间的关系。鉴于他自己的政治寄托是在王朝复辟的贵族统治之上,所以他只能犹犹豫豫地追随这些运动,而各自为政的德意志城邦内部的民族化就足够满足他自己的要求了。因此,兰克在整个领域中为其他的处理历史的方法留下了足够的空间,那些方法同样是科学的、同样受到一种创造性的和强有力的世界观的滋养,然而所有的时代都将无可估量地受惠于他。

这不是通过模仿,而是通过始终新鲜的并以其自身独特的品质对类似于它们的生命所施加的富有成效的影响,这些伟大的精神成就才能影响继之而起的时代——它们自己也是这样兴起的。我将克制自己不去考察进一步的思想景观,不去追溯从兰克通向我们的历史著述的道路,我也不拟继续追问,他的思想遗产在我们卷入于其中的巨大的历史和精神变迁中,在我们中间仍然多么意味深长地起着作用。我们的心中也许充满了这样的问题,我们或许很可能会感到我们中的每个人在其最内在的自我中能够找到一个明确的答案,然而在这个场合避免一切争论,让我们的思想栖息于纯粹沉思的恬静中,是正确的和妥当的。我将仅仅试图以几句话来说明兰克的成就在思想史中所属的环境。

兰克从属于伟大的德国运动所涵盖的第三次特别富有创造性的时期和世代。第一个时期是狂飙突进运动时期;第二个时期从

1795年直至1805年，以早期浪漫主义和唯心主义学派的兴起为标志；第三个时期开始于1815年。第三个时期紧接着解放战争的经验而兴起，深深受到了这种经验和前两个世代的观念的影响，这个新的世代如今寻找着他们自己的恰当任务，这项任务不再首先是诗歌和哲学，而是政治和科学。德国精神如今开始献身于具体现实的世界，要么塑造它，要么获得关于它的知识。我们现在通过已经出版的兰克身后问世的材料了解了一些兰克年轻时的思想。他生长于萨克森选帝侯领地，虽然没有亲身经历过解放战争，但是，他在追溯中深深地体验了它们。虽然他并不从属于德国学生社团运动，不过他毫无疑问地要比从前所认为的那样更加热情地同情其中的某些观点，例如对于一个繁荣强大的民族国家的渴望。这条从这里通向1836年的《政治问题对话录》中的思想的道路，如今变得一目了然了。但是需要比年轻人难以满足的政治渴望更多的东西来唤起包含于这场对话中的基本观念，需要更深地了解他的所有关于国家及其与上帝之间根本性关系的物质的和精神的、个体性的特征的历史著述的形成，了解它们产生朝气蓬勃的个体结构的能力。首先我们看到，彼此相遇的唯心主义和浪漫主义是青年兰克向之敞开心灵的精神力量。费希特和弗里德里希·施莱格尔对他产生了强烈的影响。在费希特那里，他特别注意到了这样的格言："神圣的观念对于所有生命现象都是根本性的。"但是，费希特很难满足他对于一种相当严厉苛刻的、混合了经验与观念的经验主义的要求。施莱格尔的《印度的语言与智慧》在这方面赐予他更多。一种应用于历史写作中的精神化的现实主义，通过尼布尔和修昔底德的榜样已经在他眼前展现了出来。但是，也许迄今为止，人们还很少注意到兰克最伟大的同时代人歌德对他意味着什么。"你的精神以七十岁的智慧造访了我,"他在1817年关于路德的札记中如是写道,"那种观念建立在坚实的历史基础之上,而从出现于这里的形式中或许会迸发出意料之外的东西!"在这个时期的另一篇文章中,甚至有着更加确信无疑的关于歌德联结了实际的和精神的观点的例子的证据:

> 是的,我们频繁地受到误传和误解的歌德,确实仅仅由于他对于自然忠诚的和坚定的依赖而实现了其伟大性。观念以其所有的丰富性和形式,简单地、清晰地、和谐地、有秩序地出现在他心里,正如他按照栖息于每个人心中的原始的自然形象从自己的心灵中塑造了其形式一样。

无论如何,德国伟大的精神革命在歌德这里达到了最高峰,这场革命必须先行发生,为的是产生一个兰克。在这里,我们再次触及了所有历史下面伟大的神秘事实,亦即同一个现象既完全是个体性的和不可模仿的,然而又是一个普遍联系的部分。我们没有削弱兰克的个体性成就,倘若我们提出这样一个原理,亦即正是18世纪德国精神的努力才使得他的历史著述如此栩栩如生和富有成效。我把这样的原理看作一种个体意识,一种对从内部塑造人与事的力量的感受,一种对于特殊的个体发展与对于把一切事物凝聚在一起的生命中的共同基础的领悟。欧洲贡献了它的影响,在伟大的罗马–日耳曼民族中,到处都看得到朝着这个方向的开端。沙夫茨伯里以其教义的内在形式赠予了德国运动以重要的思想材料,与此同时,莱布尼茨在德国以单子论和他的关于"复原一切事物"的话点燃了新的思想火焰,这团长时间被遮蔽的火焰,在青年赫尔德身上再次熊熊燃烧,赫尔德再次欢欣鼓舞地接受了莱布尼茨所说的话,发现了不同民族扎根于与上帝之间的一种共同的朝气蓬勃的关系之中的个体性。接着歌德,又以相当个体性的方式接受了这些话,并为它们赋予了一种崭新的内在深度和清晰性。频繁地为人提及的歌德对历史的厌恶,不应该使我们盲目于这个事实,正如兰克年轻时的话语所认识到的,歌德显示了理解历史的新方式,并赋予其以更丰富的内容。然而在赫尔德和歌德两人的青年时期,还缺乏一种强劲有力的推动力,需要这种推动力在历史中揭示出观念与现实的交融,尤其是在国家和国家奠基于其上的民族性力量中。由于导致了民族和政治运动的解放战争的经验,青年兰克获得了这种推动力。

这项在观念与现实之间产生一种婚约的任务,使我们甚至更远地回到了古典世界,回到了以这种或那种方式致力于这项任务的早期的先驱那里,我们被带回到了柏拉图和柏罗丁和整个柏拉图化的思想道路面前,这条思想道路从他们开始,直至沙夫茨伯里、莱布尼茨和歌德,我们现在必须补充说,直至兰克。兰克对弥尔顿所做的断言,亦即所有世纪在塑造他的世界观时都起了作用,对兰克自己也是真实的。人们可以认为,历史主义诞生于柏拉图精神持续不断的作用。历史主义受到了德国新教的内在化原理的滋养,新教为个体及其发展赋予了崭新的意义,为我们今天所有的研究奠基于其上的东西奠定了基础。这是在结合观念与现实的道路上迄今为止所达到的最高阶段。这条高贵的纽带,这条黄金的链条,既是普遍的,然而在每个时刻又是个体的。在我们的时代还有更多的环节要加以锻造。尽善臻美!

人名索引

（条目后的数字为原书页码，见本书边码）

Abbt, Thomas 阿贝特（1738—1766）313—314, 326, 327, 402, 528

Adam 亚当 47, 251

Addison, Joseph 艾迪生（1672—1719）245, 259

Adelard 阿代拉尔（死于826年）324

Agathokles 阿加托克利斯（前361—前289）293

Alexander der Große 亚历山大大帝（前356—前323）44, 161

Arbuthnot, John 阿巴思诺特（1667—1735）140

Ariost, Lodovico 阿里奥斯托（1474—1533）97, 256

Aristoteles 亚里士多德（前384—约前322）49, 468, 538

Arnold, Gottfried 阿诺尔德（1666—1714）15, 45—53, 72, 83, 416

 Unparteiische Kirchen-und Ketzerhistorie 《公正的教会史和异端史》45, 47—51

Attila, König der Hunnen 匈人王阿提拉（死于453年）161

Augustinus, Aurelius 奥古斯丁（354—430）54, 58, 82, 392

Augustus, Römischer Kaiser 奥古斯都（前63—公元14），罗马皇帝（自前27年）171

Bacon, Roger 罗杰·培根（1214—1294）550—551

Ball, John 巴尔（死于1381年）270

Baumgarten, Alexander Gottlieb 鲍姆加登（1714—1762）285

Bayle, Pierre 培尔（1647—1706）37, 44

 Dictionnaire historique et critique《历史与批判辞典》37

Beaufort, Louis de 博福尔（死于1795年）86

Bentley, Richard 本特利（1662—1742）253

Bernays, Jacob 伯奈斯（1824—1881）234—235

Bernhard von Weimar 魏玛的伯恩哈德

（1604—1639）466，553

Bernini, Lorenzo 贝尼尼（1598—1680）294

Bielfeld, Jakob Friedrich Freiherr von 比尔费尔德（1717—1770）127

Biondo, Flavio 比翁多（约1392—1463）142

Bismarck, Otto Fürst von 俾斯麦（1815—1898）588

Blackwell, Thomas 布莱克韦尔（1701—1757）248—249，251—254，256

Boccalini, Trajano 博卡利尼（1556—1613）62，121

Bodin, Jean 博丹（1530—1596）139，322

Böhme, Jakob 波墨（1575—1624）39

Böttiger, Johann Friedrich 伯蒂格（1760—1835）519

Bolingbroke, Henry Saint-John Viscount 博林布鲁克子爵（1678—1751）73，150，270，271

 Letters on the study and use of history《历史研究及应用书简》120，197

Bossuet, Jacques Bénigne 波舒哀（1627—1704）66，75，82，84，85—86，387，564

 Discours sur l'histoire universelle《论普遍历史》82，84，102，142—143

Botero, Giovanni 博特罗（1540—1617）113

Boulainvilliers, Henri de 布兰维利耶（1658—1722）102，168—171，176，187，219，326

 Histoire de l'ancien gouvernement de la France《法国古代政府史》168—171

Boulanger, Nicolas Antoine 布朗热（1722—1759）185—187，264，388

Brown, John 布朗（1715—1766）251

Bruno, Giordano 布鲁诺（1548—1600）17

Brutus, Marcus Junius 布鲁图斯（约前85—前42）459

Buffon, Georges Louis Leclerc Comte de 布丰（1707—1788）182

Burckhardt, Jacob 布克哈特（1818—1897）190

Burke, Edmund 柏克（1729—1797）7，224，233，261，267—281，321，323，333，342，347，351，353

 Essay towards an abridgement of the English history《论英国简史》268—269

 Reflections on the Revolution in France《反思法国大革命》273—274，277—281

 Vindication of natural society《为自然社会辩护》270—271

Burnet, Gilbert 伯内特（1643—1715）38

Caesar, Gaius Julius 恺撒（前100—前44）44，266，347，459，517

Cagliostro, Alexander Graf von 卡里奥斯特罗（1743—1795）487

Calvin, Johann 加尔文（1509—1564）93

Cardanus, Hieronymus 卡尔达诺（1501—1576）563

Caylus, Anne-Claude-Philippe Comte de 凯吕斯（1692—1765）292

人 名 索 引

Chatelet, Gabrielle Emilie Marquise du 夏特莱侯爵夫人（1706—1749）75
Chladenius（Chladni）,Johann Martin 克拉德尼乌斯（1710—1759）285
Chlodwig I., fränkischer König 克洛维一世，法兰克国王（466—511）171, 174
Christine, Königin von Schweden 克里斯蒂娜，瑞典女王（1626—1689）106
Clarendon, Edward Hyde First Earl of 克拉伦登（1609—1674）225
Cœur, Jacques 克尔（约 1395—1456）106
Condorcet, Antoine Marquis de 孔多塞（1743—1794）97, 180—182, 200
Christ, Johann Friedrich 克里斯特（1700—1756）285
Columbus, Christoph 哥伦布（约 1447—1506）442
Commodus, Römischer Kaiser 康茂德（161—192），罗马皇帝（自 180 年）232
Constantin der Große, Römischer Kaiser 君士坦丁大帝（280—337），罗马皇帝（自 306 年）230, 234
Croce, Benedetto 克罗齐（1866—1952）55—56, 66, 253
Cromwell, Oliver 克伦威尔（1599—1658）91, 224, 262
Cusanus, Nikolaus 库萨的尼古拉斯（1401—1464）468

Daniel, Gabriel 达尼埃尔（1649—1728）169
Dante, Alighieri 但丁（1265—1321）576
Davila, Amigo Caterino 达维拉（1576—1631）225
Decius, Römischer Kaiser 德西乌斯（约 200—251），罗马皇帝（自 249 年）113
Descartes, René 笛卡儿（1596—1650）13, 146, 158
Diderot, Denis 狄德罗（1713—1784）182
Dilthey, Wilhelm 狄尔泰（1833—1911）8, 20, 31, 36, 181, 200, 235, 289—290, 304, 469, 471, 578
Diokletian, Römischer Kaiser 戴克里先（243—316），罗马皇帝（自 284 年）113
Dionysius, Areopagita 丢尼修（6 世纪）17, 46
Domitian, Römischer Kaiser 图密善（死于 96 年），罗马皇帝（自 81 年）232
Dopsch, Alfons 多普施（1868—1953）171
Doria, Andrea 多里亚（1468—1560）126, 150
Dubos, Jean-Baptiste 迪博（1670—1742）99, 100, 102, 140, 168, 170—175, 176, 326
Histoire critique de l'établissement de la monarchie francaise dans les Gaules《高卢时期法国君主政体确立的历史考证》168, 171—174

Eckermann, Johann Peter 埃克曼（1792—1854）449, 489, 497, 499, 500, 503, 507,

508, 516, 523, 549, 554, 565, 568, 570, 578

Eichstädt, Heinrich Kark Abraham 艾希施泰特（1772—1848）533

Elisabeth, Königin von England 伊丽莎白（1533—1603），英国女王（自 1558 年）113, 202, 220, 224

Elisabeth, Kaiserin von Rußland 伊丽莎白（1709—1762），俄罗斯女皇（自 1741 年）512

Engelbert von Admont 恩格尔贝特（约 1250—1331）147A

Epikur 伊壁鸠鲁（前 341—前 271）23

Erwin von Steinbach 埃尔温（死于 1318 年）455

Eusebius von Caesarea 奥泽比乌斯（约 260—339）82

Ferguson, Adam 弗格森（1723—1816）231, 241—242, 261—267, 268, 281, 290
- *Essay on the history of civil society*《文明社会史论》262, 266, 392
- *History of the progress and termination of the Roman Republic*《罗马共和国兴衰史》266

Fichte, Johann Gottlieb 费希特（1762—1814）448, 564, 600

Florus, Lucius Annäeus 弗洛鲁斯（2 世纪）163, 392

Forkel, Johann Nicolaus 福克尔（1749—1818）286

Franck, Sebastian 弗兰克（1499—1543）83

Franz I., König von Frankreich 弗朗索瓦一世（1494—1547），法国国王（自 1515 年）113, 239

Friedrich der Große, König von Preußen 弗里德里希大帝（1712—1786），普鲁士国王（自 1740 年）109, 137, 144, 257, 293, 323—324, 338—339, 353, 354, 368, 401, 409, 453, 456, 479, 485, 488, 489—490, 517

Gatterer, Johann Christoph 加特雷尔（1727—1799）286, 326

Gellert, Christian Fürchtegott 格勒特（1715—1769）318

Gentz, Friedrich von 根茨（1764—1832）278

Germanicus, Gaius Julius 格马尼库斯（前 15—公元 19）152

Gibbon, Edward 吉本（1737—1794）73, 192, 193, 220, 226—227, 229—236, 237—239, 261, 292, 339, 416, 437, 442, 480, 505
- *The decline and fall of the Roman empire*《罗马帝国衰亡史》229—230

Giesebrecht, Wilhelm von 吉泽布雷希特（1814—1889）9

Giotto di Bondone 乔托（约 1266—1337）476

Gobineau, Joseph Arthur 戈比诺（1816—1882）170

Goethe, Johann Wolfgang von 歌德（1749—

1832）2, 7, 8, 20, 45, 51—52, 55, 65, 80, 84, 182, 191, 254, 257, 260, 275, 287, 288, 290, 300—302, 305, 309, 311, 329, 332, 335, 354—356, 358, 362, 397, 402, 405, 411, 412—413, 415, 418, 424, 431, 433, 443—444, 445—584, 586, 596, 599, 600—601, 602

Benvenuto Cellini《本韦努托·切利尼》491, 500, 535, 537, 542, 575

Des Epimenides Erwachen《埃庇米尼德斯的觉醒》494

Dichtung und Wahrheit《诗与真》51—52, 451, 452, 455, 463, 464, 493, 494—495, 499, 509, 512, 515, 520, 523—524, 527, 532, 534, 537, 542, 545, 547, 552, 555, 559, 560, 562, 573, 574—575

Egmont《埃格蒙特》459—462, 465, 466, 494, 516

Faust《浮士德》459, 497, 516, 524, 529, 551, 568, 575—576

Filippo Neri《菲利波·内里》495, 537, 552, 560

Fragment über die Natur《自然札记》469—470

Geistesepochen《精神时代》559, 570

Geschichte der Farbenlehre《色彩学·历史卷》484, 491, 500, 509, 511, 525, 526, 532, 533, 537, 538, 545, 546, 549, 550, 553, 555, 563, 570, 575

Gespräche mit Falk《与法尔克的谈话》481, 545, 558, 568, 578

Götz von Berlichingen《铁手骑士葛兹·冯·贝利欣根》459—462, 465, 466, 494, 516

Iphigenie auf Tauris《伊菲格涅在陶里斯》466, 518

Leiden des jungen Werther《少年维特之烦恼》454, 462, 530

Maximen und Reflexionen《箴言与反思》510, 520—522, 524, 529, 539, 544, 545, 556

Natürliche Tochter《私生女》488, 516

Noten zum West-östlichen Divan《〈西东合集〉注释》495, 499, 537, 555, 556—557, 559, 569, 572, 575

Philosophische Studie《哲学研究》471

Shakespeare und kein Ende《说不尽的莎士比亚》541, 549

Stella《斯台拉》530

Torquato Tasso《托夸多·塔索》466

Unterhaltungen deutscher Ausgewanderten《德意志逃亡者的谈话》490

Urfaust《原浮士德》458, 469, 504, 506, 525, 567

Von deutscher Baukunst《论德国的建筑》455, 571

Wahlverwandtschaften《亲和力》498, 503, 522, 541, 559

West-östlicher Divan《西东合集》494, 555

Wilhelm Meisters Lehrjahre《威廉·麦斯特的学习年代》514, 521, 527, 541, 554,

572

Wilhelm Meisters Wanderjahre《威廉·麦斯特的漫游年代》519, 554

Zahme Xenien《温和的讽刺诗》489, 520, 566

Goguet, Antoine-Yves 戈盖（1716—1758）184—185, 187, 331, 379

Gordon, Thomas 戈登（死于1750年）121

Gottsched, Johann Christoph 戈特舍德（1700—1766）308

Gray, Thomas 托马斯·格雷（1716—1771）246, 255

Grimm, Jakob 格林（1785—1863）546

Grotius, Hugo 格劳秀斯（1583—1645）70

Günther, Johann-Christian 京特（1695—1723）308

Guicciardini, Francesco 圭恰迪尼（1483—1540）83, 225, 574

Hackert, Philipp 菲利浦·哈克特（1737—1807）553

Hagedorn, Friedrich von 哈格多恩（1708—1754）308

Haller, Karl Ludwig von 哈勒（1768—1845）308, 321, 344

Hamann, Johann Georg 哈曼（1730—1788）54, 186, 248, 251, 255, 359, 362—366, 370, 374, 376, 381, 386, 389, 396, 398, 407, 450, 476, 531, 555

Hampden, John 汉普登（1594—1643）202

Hannibal 汉尼拔（前246—前183）477—478

Harrington, James 哈林顿（1611—1677）218

Heeren, Arnold 黑伦（1760—1842）286—287

Hegel, Georg Wilhelm Friedrich 黑格尔（1770—1831）7, 59, 229, 290, 323—324, 389—390, 391, 393, 445, 558, 564, 570, 584, 595, 597, 598

Heinrich IV., König von Frankreich 亨利四世（1553—1610），法国国王（自1589年）105—106, 113—114, 228

Heinrich VII., König von England 亨利七世（1457—1509），英格兰国王（自1485年）220

Heinrich VIII., König von England 亨利八世（1491—1547），英格兰国王（自1509年）224

Helvetius, Claude Adrien 爱尔维修（1715—1771）179

Hénault, Charles Jean François 埃诺（1685—1770）124

Heraklit 赫拉克利特（约前540—前480）502

Herbert Edward Lord of Cherbury 切伯里的赫伯特勋爵（1583—1648）206

Herder, Johann Gottfried von 赫尔德（1744—1803）7, 8, 16, 20, 33, 39, 51, 54, 55A, 59, 66, 72, 74, 179, 181, 182, 184—186, 188, 191, 196, 206, 248, 251, 254, 255, 267,

人名索引

275, 287, 304, 313, 332, 346, 348, 354, 355—444, 445, 446, 448—450, 453, 456, 460, 468, 469, 476, 481—484, 495—496, 497, 500, 501, 515, 518, 519, 525, 529, 530, 532, 542—548, 555—558, 561, 562, 564, 565, 568—569, 574, 582, 601

Adrastea《阿德拉斯忒亚》359, 432, 433—434

Älteste Urkunde des Menschengeschlechts《人类最古老的文献》370, 375, 381—385, 499

Auch eine Philosophie der Geschichte zur Bildung der Menschheit《关于人类发展的另一种历史哲学》358, 380, 386—410, 414, 418, 431, 557

Briefe zur Beförderung der Humanität《关于促进人道的信札》359, 432, 433, 438, 441

Fragmente zu einer Archäologie des Morgenlandes《东方考古学札记》370, 380—381

Geist der ebräischen Poesie《希伯来诗歌的精神》422—423, 532

Ideen zur Philosophie der Geschichte der Menschheit《关于人类历史哲学的观念》358—359, 410—411, 481—482, 505

Herkules 赫拉克勒斯 62

Herodot 希罗多德（约前500—约424）70, 155, 436

Heyne, Christian Gottlob 海涅（1729—1812）254, 286

Hiero II., König von Syrakus 喜厄隆二世（约前306—前215），叙拉古国王（自前269年）293

Hippokrates 希波克拉底（约前460—前377）33

Hobbes, Thomas 霍布斯（1588—1679）130

Hölderlin, Friedrich 荷尔德林（1770—1843）301

Homer 荷马 55, 62, 214, 248—249, 252—254, 257, 268, 300, 308, 365, 450, 492, 519, 555, 573

Horaz, Quintus Flaccus 贺拉斯（前65—前8）250, 371—372

Hotman, Franz 奥特芒（1524—1590）167

Humboldt, Wilhelm von 威廉·洪堡（1767—1835）301, 418, 443, 545, 571

Hume, David 休谟（1711—1776）73, 96, 108, 193, 194—229, 230, 231, 236—239, 242, 244, 250, 256, 258, 261, 262, 266, 268—270, 272—273, 275—277, 280, 291, 293, 299, 303, 327, 339, 342, 347, 357, 359—361, 370, 375, 378, 381, 404, 425, 437, 556, 562, 584

Enquiry concerning the principels of morals《道德原则研究》194, 198, 205

Enquiry concerning human understanding《人类理解论》194, 196, 198

Essay of national characters《论民族性格》199, 216

Essay of the original contract《论原始契约》211, 212

Essay of the origin of government《论政府的起源》210, 212

Essay of civil liberty《论公民自由》213, 214

Essay of refinement in the arts《论艺术中的文雅》201, 222

Essay of the sceptic《怀疑论者》198

Essay of the Protestant succession《论新教徒继位》201

Essay of the superstition and enthusiasm《论迷信和狂热》202—205

History of England《英国史》200—202, 215 及下页

Natural history of religion《宗教的自然史》201, 205—220, 216, 224, 360

Hurd, Richard 赫德（1720—1808）255—258, 263, 456

Letters on chivalry and romance《关于骑士精神和传奇文学的通信》255—258, 404

Iselin, Isaak 伊瑟林（1728—1782）241, 303, 392, 396

Jacobi, Friedrich Heinrich 雅各比（1743—1819）289, 463, 464, 468, 530, 538, 550, 559, 578

Jakob I., König von Schottland, König von England 詹姆斯一世（1566—1625），苏格兰国王（自1567年），英格兰国王（自1603年）202

Joseph II., Deutscher Kaiser 约瑟夫二世（1741—1790），神圣罗马帝国皇帝（自1765年）152, 479, 488

Julian, Römischer Kaiser 朱利安（332—363），罗马皇帝（自361年）393

Justinian, oströmischer Kaiser 查士丁尼（死于565年），东罗马皇帝（自527年）171, 235

Kant, Immanuel 康德（1724—1804）38, 56, 85, 196, 198, 287—288, 421, 428, 433, 445, 448, 532, 564

Karl der Große, fränkischer König, Kaiser 查理大帝（742—814），法兰克国王（自768年），皇帝（自800年）73, 75, 76, 94, 161, 168, 328, 334, 337, 338, 348

Karl V., Deutscher Kaiser 查理五世（1500—1558），神圣罗马帝国皇帝（自1519年）94, 234, 239, 590

Karl I., König von England 查理一世（1600—1649），英格兰国王（自1625年）220, 227

Karl XII., König von Schweden 查理十二世（1682—1718），瑞典国王（自1697年）436

Karl August, Herzog von Sachsen-Weimar 卡

尔·奥古斯特（1757—1828），萨克森－魏玛公爵（自 1758 年）473, 478, 479, 517, 523, 562

Katharina II., Kaiserin von Rußland 叶卡捷琳娜二世（1729—1796），俄国女皇（自 1762 年）479

Kjellén, Rudolf 克吉伦（1864—1922）590

Klopstock, Friedrich Gottlieb 克洛普施托克（1724—1803）51, 285, 308

Knebel, Karl Ludwig von 克内贝尔（1744—1834）469, 518, 579

Konfuzius 孔子（约前 551—前 479）88—89

La Curne Sainte Palaye, Jean-Baptiste de 拉屈尔尼·圣帕莱（1697—1781）187—188, 255, 257

Lafitau, Joseph François 拉菲陶（1670—1740）70—72, 86, 185, 242, 262, 291, 381, 383

  Mœurs sauvages Amériquains comparées aux mœurs des premiers temps《美洲野人风俗与原始风俗之比较》70—72

Lappenberg, Johann Martin 拉佩伯格（1794—1865）540

Larochefoucauld, François Duc de 拉罗什富科（1613—1680）560

Lavater, Johann Kaspar 拉瓦特尔（1741—1801）363, 398, 459, 468, 487

Leibniz, Gottfried Wilhelm 莱布尼茨（1646—1716）2, 15, 16, 27—45, 46, 52, 54, 56, 69, 72, 86, 88, 102, 103, 119, 218, 290, 300, 304, 310, 311, 324, 326, 363, 373, 375, 376, 378—379, 389, 403, 434, 450, 471, 545, 581, 601, 602

  Accessiones historicae《历史附录》36

  Annales imperii occidentis Brunswicenses《西部帝国的布伦瑞克家族编年史》35—36, 41

  Brevis Synopsis historiae Guelficae《韦尔夫家族简史》40

  De principio individui《个体性原则》30

  Discours de Métaphysique《形而上学谈话》44

  Ermahnung an die Teutsche, ihren Verstand und Sprache besser zu üben《劝请德国人更好地运用理智和语言》40

  Monadologie《单子论》31—32

  Nouveaux essays sur l'entendement humain《人类理智新论》27—28, 31—33, 38—40, 43—44

  Protogaea《原始地球》39

  Système nouveau de la nature《有关自然的新系统》34

  Theodizee《神正论》15, 29, 36, 44

Le Nôtre, André de 勒诺特（1613—1700）158

Lessing, Gotthold Ephraim 莱辛（1729—1781）172, 267, 287—291, 297—298, 328, 351, 564

Erziehung des Menschengeschlechts《论人类教育》289—291, 416

Livius, Titus 提图斯·李维（约公元前59—17）124, 164, 482

Locke, John 洛克（1632—1704）14, 82, 164, 193, 198, 244, 276

Lowth, Robert 洛思（1710—1787）249—252, 254, 256, 258, 422

De sacra poesi Hebraeorum《论希伯来的神圣诗歌》249—252

Lucretia 卢克雷蒂亚 508

Lucrez, Titus Lucretius Carus 卢克莱修（死于前55年）61

Luden, Heinrich 鲁登（1780—1847）507

Ludwig der Fromme, Kaiser 虔诚者路易（778—840），皇帝（自814年）316, 324

Ludwig XIV., König von Frankreich 路易十四（1638—1715），法国国王（自1643年）75, 90, 105—106, 121, 168, 187

Ludwig XVI., König von Frankreich 路易十六（1754—1793），法国国王（自1774年）274

Luise, Herzogin von Sachsen-Weimar 路易丝，萨克森-魏玛公爵夫人（1757—1830）473

Luther, Martin 马丁·路德（1483—1546）47—48, 50, 105, 223, 238, 318, 391, 401, 450, 462, 552, 597

Lykurg 莱库古 60, 506

Lyttelton, Charles 利特尔顿（1714—1768）258

Mabillon, Jean 马比荣（1632—1707）37, 86

Mably, Gabriel Bonnot de 马布利（1709—1785）192, 230, 233

Machiavelli, Nicolo 马基雅维里（1469—1527）58, 63, 83, 111, 123—127, 129, 130, 135—137, 139, 142—143, 146, 147, 149, 156, 161, 177, 181, 206, 225, 265, 310, 333—334, 339—340, 347, 349, 389, 436, 457, 517, 535, 574

Macpherson, James 麦克弗森（1736—1796）260

Maintenon, Françoise d'Aubigné Marquise de 曼特农（1635—1719）90

Malebranche, Nicole 马勒伯朗士（1638—1715）148

Mallet, Paul Henri 马莱（1730—1807）189—191, 255, 258, 259, 313

Introduction à la Histoire de Dannemarc《丹麦史导论》189—191

Mantegna, Andrea 曼特尼亚（1431—1506）476

Maria Stuart, Königin von Schottland 玛丽-斯图亚特（1542—1587），苏格兰女王（自1561年）228

Marie Antoinette, Königin von Frankreich 玛丽·安托瓦内特（1755—1793），法国王后 488

Marivaux, Pierre Carlet 马里沃（1688—1763）

304, 308, 309

Maximin, Römischer Kaiser 马克西米努斯（死于 313 年），罗马皇帝（自 307 年）113

Medici, Lorenzo di 罗伦佐·迪·梅迪奇（1449—1492）536

Melanchthon, Philipp 梅兰希通（1497—1560）50

Mendelssohn, Moses 门德尔松（1729—1786）376, 377

Meyer, Ernst Heinrich Friedrich 迈尔（1791—1858）511

Meyer, Hans Heinrich 迈尔（1760—1832）535

Michaelis, Johann David 米夏埃利斯（1717—1791）254, 286

Michelangelo Buonarroti 米开朗琪罗（1475—1564）294

Milton, John 弥尔顿（1608—1674）256, 602

Minos 米诺斯 60

Möser, Justus 默泽尔（1720—1794）33, 171—172, 173, 268, 287, 302—354, 355, 356, 369, 384, 401, 402, 405—406, 407, 414, 446, 450, 451—452, 460, 462, 468, 478, 481, 487, 496, 500, 505, 515, 525, 528, 530, 537, 546, 547, 558, 562, 579, 582

An den Herrn Vikar in Savoyen-abzuge-ben bei Herrn J. J. Rousseau《致萨沃伊的神甫，待交卢梭》347—348

De veterum Germanorum et Gallorum Theologia mystica et populari《古代日耳曼人和高卢人的神秘主义神学和大众神学》347

Osnabrückische Geschichte《奥斯纳布吕克史》307, 309, 327, 329, 334—335, 336, 340

Patriotische Phantasien《爱国想像》307

Montaigne, Michel Eyquem de 蒙田（1533—1592）128, 560, 563

Montesquieu, Charles Louis de Secondat Baron de la Brède 孟德斯鸠（1689—1755）54, 92, 103, 116—179, 180, 181, 187, 189, 190, 193, 197, 220, 222, 223, 225, 226, 229, 231, 232, 233, 235, 240, 252—253, 262, 265, 266, 268, 269, 286, 289, 292, 303, 304, 306, 312, 315, 319, 322, 324, 334, 339, 347, 348, 359—362, 379, 388, 428—429, 478, 499, 512, 546, 547, 562

Considerations sur la grandeur et la décadence des Romains《罗马盛衰原因论》116, 118, 124—125, 131, 135—138, 142—146, 151, 152, 154, 156, 161, 163, 164

De la politique《论政治》122, 144

Esprit des lois《论法的精神》116, 118, 124, 125—127, 131—134, 136—141, 148, 149—154, 159, 160 及下页, 163, 165—166, 175—179, 187, 189, 197

Lettres persanes《波斯人信札》118, 122, 125, 135, 136, 148

Montezuma, Herrscher der Azteken 蒙特祖

马（死于1519年），阿兹特克国王（自1502年）150
Moses 摩西（约前13世纪）349, 457
Mosheim, Johann Lorenz von 莫斯海姆（1694—1755）326
Müller, Adam Heinrich 亚当·穆勒（1779—1829）352, 514
Müller, Friedrich von 弗里德里希·冯·穆勒（1779—1849）470, 497, 499, 500, 504, 511, 515, 516, 517, 520, 568, 569, 574
Müller, Johannes von 约翰内斯·冯·穆勒（1752—1809）287, 528, 561
Muhamed 穆罕默德（约570—632）89, 426, 558
Mutius Scävola 穆奇乌斯·斯凯沃拉 508

Napoléon Bonaparte, Kaiser der Franzosen 拿破仑（1769—1821），法国皇帝（自1804年）485, 492, 516, 517, 523, 590
Naudé, Gabriel 诺代（1600—1653）121
Newton, Sir Isaac 牛顿（1643—1727）77
Nicolai, Friedrich 尼古莱（1733—1811）311, 316, 342
Niebuhr, Barthold Georg 尼布尔（1776—1831）164, 226, 314, 319, 505, 510, 549, 588, 600
Nietzsche, Friedrich 尼采（1844—1900）206
Novalis, Freiherr Friedrich von Hardenberg 诺瓦利斯（1772—1801）448
Numa Pompilius 努马 506

O'Connor, Charles 奥康纳（1710—1797）258
Otto von Freising 奥托·冯·弗赖辛（约1114—1158）82
Palladio, Andrea 帕拉迪奥（1508—1580）246
Papebroch, Daniel 帕佩布洛赫（1628—1714）37
Percy, Thomas 珀西（1729—1811）260
Perthes, Friedrich Christoph 佩尔特斯（1772—1843）227
Pertz, Georg Heinrich 佩尔茨（1795—1876）36
Peter I., Kaiser von Rußland 彼得一世（1672—1725），俄国沙皇（自1682年）152, 436
Petrarca, Francesco 彼特拉克（1304—1374）356
Pfenninger, Johann Konrad 普芬宁格（1747—1792）457
Phidias 菲迪亚斯（约前500）295
Philipp II., König von Spanien 菲利普二世（1527—1598），西班牙国王（自1556年）113—114, 220
Pinkerton, John 平克顿（1758—1826）258
Platon 柏拉图（前427—前347）54, 91, 101, 131, 188, 298, 302, 363, 444, 468, 538, 602
Plinius, Gaius Secundus 普林尼（23—79）

468

Plotin 柏罗丁（约205—270）17, 33, 54, 389, 502, 580, 602

Plutarch 普鲁塔克（约46—约125）148, 482, 571

Polybios 波利比乌斯（约前200—前120）58, 125, 135, 143, 146, 163, 387, 566, 574

Pope, Alexander 蒲柏（1688—1744）244, 245, 259

Praxiteles 普拉克西特列斯（约生于前330）295

Pseudo-Longinus 伪朗吉努斯（约1世纪）16

Pufendorf, Samuel Freiherr von 普芬多夫（1632—1694）120, 121, 225, 340

Pym, John 皮姆（1584—1643）202

Raffael, Santi 拉斐尔（1483—1520）294—295, 476

Ranke, Leopold von 兰克（1795—1886）7, 40, 62, 66, 112, 221, 224, 227, 229—230, 231, 239, 265, 268, 275, 287, 290, 300, 330—332, 340, 353, 394, 406, 438, 514, 517, 538, 540, 544, 564—566, 571, 575, 585—602

Deutsche Geschichte im Zeitalter der Reformation《宗教改革时期的德意志史》586, 588, 590

Die römischen Päpste《罗马教皇史》586, 591, 595

Englische Geschichte《英国史》587, 591, 592

Fürsten und Völker Südeuropas《南欧诸王和民族》594

Geschichten der romanisch-germanischen Völker《拉丁民族和条顿民族史》586

Lutherfragmente《路德研究札记》590, 600

Politisches Gespräch《政治问题对话录》589, 593, 600

Weltgeschichte《世界史》587, 591, 597—598

Zur Kritik neuerer Geschichtsschreiber《近代历史学家批判》588

Rehberg, August Wilhelm 雷贝格（1757—1836）287, 309

Reinhard, Karl Friedrich Graf 赖因哈德（1761—1837）528, 530, 540, 550

Richard II., König von England 理查二世（死于1399年），英格兰国王（自1377年）270

Richelieu, Armand Jean du Plessis Duc de, Kardinal 黎塞留（1585—1642），红衣主教 113, 149, 168, 329

Richter, Jean Paul Friedrich 里希特（1763—1825）565

Rickert, Heinrich 李凯尔特（1863—1936）5

Riemer, Friedrich Wilhelm 里默尔（1774—1845）497, 520, 545, 560

Rienzo, Cola di 里恩佐（1313—1354）236

Robertson, William 罗伯逊（1721—1793）
73, 193, 232, 234, 236—242, 261, 262,
326, 431, 437, 442, 552
  History of America《美洲史》237—238,
    241—242
  History of the Reign of the Emperor Charles
    the Fifth《查理五世统治史》237—238
  History of Scotland《苏格兰史》237—
    238, 240—241
Rochlitz, Friedrich 罗赫利茨（1769—1842）
  506, 509, 515, 555
Rohan, Henri Duc de 罗昂（1579—1638）
  111, 121
Romulus 罗慕路斯 60, 235
Rosa, Salvator 萨尔瓦多·罗莎（1615—
  1673）246
Rotteck, Karl von 罗特克（1775—1840）431
Rousseau, Jean Jacques 卢梭（1712—1778）
  72, 100, 135, 180, 183—184, 185, 187,
  241, 248, 264, 270—271, 304, 318, 335,
  346, 356, 359, 360—361, 366, 367, 370,
  371, 386, 396, 423, 429, 440, 450, 477, 482
  Contrat social《社会契约论》184
  Discours sur les arts et les sciences《论科
    学和艺术》86, 183
  Discours sur l'origine et les fondements de
    l'inégalite parmi les hommes《论人与
    人之间不平等的起因和基础》86,
    87, 183
Rousset, Jean 鲁塞（1686—1762）120

Ruysdael, Jacob van 勒伊斯达尔（约
  1628—1682）246

Saint Evremond, Charles de Marguetel de
  Saint-Denis 圣埃夫勒蒙
  （1610—1703）102, 142—144, 304, 308
Saint-Pierre, Charles-Irénée Castel, Abbe de
  （1658—1743）圣皮埃尔（1658—1743）
  97, 121
Salomo, König von Israel 所罗门（约前
  960—前927），以色列国王 44
Sartorius, Georg S. von Waltershausen 萨托里
  乌斯（1765—1828）526
Savigny, Friedrich Kark von 萨维尼（1779—
  1861）134, 546
Savonarola, Girolamo 萨佛纳罗拉（1452—
  1498）500, 536
Schiller, Johann Friedrich von 席勒（1759—
  1805）220, 287—288, 301, 418, 432, 443,
  445, 447, 448, 466, 489, 491—492, 503,
  526, 531, 558, 561—562, 564
Schlegel, Friedrich von 施莱格尔（1772—
  1829）600
Schlözer, August Ludwig von 施勒策（1735—
  1809）286
Schlosser, Friedrich Christoph 施洛瑟（1776—
  1861）431, 548
Schmoller, Gustav 施莫勒（1838—1917）1
Scipio, Publius Cornelius 西庇阿（约前
  235—前183）459

人名索引

Scott, Sir Walter 司各特（1771—1832）247, 452, 517

Semler, Johann Salomo 泽姆勒（1725—1791）286, 347

Settala, Ludovico 塞塔拉（1552—1633）124

Shaftesbury, Anthony Ashley Cooper Earl of 沙夫茨伯里（1671—1713）1, 15, 16—27, 28, 29, 33—35, 45, 46—47, 52, 54, 56, 69, 72, 102, 193, 195, 198, 211, 213, 231, 236, 244, 245, 247, 265, 275, 293, 297, 302, 308—310, 324, 326, 363, 364, 375, 378, 389, 403, 418—419, 423, 444, 450, 469, 581, 601, 602

   Essay on the freedom of wit and humour 《论机智与幽默的自由》22, 25, 26

   Inquiry concerning virtur or merit《论美德或德性》19, 22

   Letters concerning enthusiasm《关于热情的通信》23

   Miscellaneous reflections《诸多反思》18, 24, 26

   Moralists《道德主义者》15, 18, 20—23

   Soliloquy《独白》26, 27

Shakespeare, William 莎士比亚（1564—1616）26, 97, 220, 244—245, 256, 259, 288—289, 308, 364—365, 391, 441, 450, 453—454, 460, 546, 576

Smith, Adam 亚当·斯密（1723—1790）262

Sokrates 苏格拉底（约前470—前399）409—410

Solon 梭伦（约前640—约前560）48, 506

Sophie Charlotte, Königin Von Preußen 索菲（1668—1705），普鲁士王后 32

Spenser, Edmund 斯宾塞（约1552—1599）256

Spinoza, Baruch (Benedictus) 斯宾诺莎（1632—1677）130, 289, 365, 457, 468, 471, 501, 502

Spittler, Ludwig Timotheus Freiherr von 施皮特勒（1752—1810）286

Städel, Rosette 罗塞特·施塔德尔（1782—1845）5, 508

Stein, Charlotee von 冯·施泰因夫人（1742—1827）475, 478, 479

Stein, Karl Reichsfreiherr vom und zum 冯·施泰因男爵（1757—1831）227, 287, 353, 369

Stuart, Gilbert 吉尔伯特·斯图尔特（1742—1786）258

Sully, Maximilien de Beéthune Baron de Rosny, Duc de 萨利（1560—1641）228

Tacitus, Publius Cornelius 塔西佗（约55—120）121, 308, 347

Tasso, Torquato 塔索（1544—1595）97, 256

Theseus 忒修斯 60

Thomas Becket 托马斯（约1118—1170）269

Thomasius, Christian 托马修斯（1655—1728）51

Thuanus, Jacques Auguste de Thou 雅克·奥

古斯特·德·杜（图阿努斯）(1553—1617) 225

Thukydides 修昔底德（约前470—前403）228, 600

Tiberius, Römischer Kaiser 提比略（前42—公元37），罗马皇帝（自14年）171, 459

Tillemont, Louis-Sébastien Le Nain de 蒂耶蒙（1637—1698）229

Timur 帖木尔（1336—1405）517

Titus, Römischer Kaiser 提图斯（39—81），罗马皇帝（自79年）459

Tizian, Vecelli 提香（1476—1576）476

Treitschke, Heinrich von 特赖奇克（1834—1896）591

Troeltsch, Ernst 特勒尔奇（1865—1923）2, 3, 130

Turgot, Anne Robert Baron de 杜尔哥（1727—1781）97, 180—182, 200

Vergil, Publius Varo 维吉尔（前70—前19）254

Vico, Giovanni Battista 维柯（1668—1744）1, 15, 53—69, 71, 72, 86, 146, 160, 185, 187, 191, 248, 253, 263, 375, 389, 475—476, 556, 566

Scienza nuova《新科学》53, 59, 70

Voltaire, Françcois Marie Arouet 伏尔泰（1694—1778）41, 73—115, 116—119, 123, 128—129, 130, 133, 135, 140, 141—142, 150, 153—154, 162, 166, 170, 177, 180, 184, 187, 190—191, 192, 193, 212, 218, 222, 223, 225—228, 230, 233, 234, 238—241, 256, 292, 299, 303, 313, 320, 326, 329, 330, 379, 387, 388, 393, 396, 404, 431, 442, 450, 499, 500, 505, 512, 515, 542, 547, 562, 574, 575

Annales de l'Empire《帝国编年史》115

Candide《老实人》77

Dictionnaire Philosophique《哲学辞典》78—80, 90—93, 95, 99—100, 102—103, 115

Essai sur les mœurs et l'esprit des nations《风俗论》73, 75—76, 78, 79, 81, 87, 89—90, 92—94, 96, 97, 101—108, 111, 113, 114, 116

Histoire de Charles XII《查理十二史》116

L'Ingénu《天真汉》75

La Pucelle《圣女贞德》106

Pyrrhonisme de l'histoire《历史怀疑论》94

Sieècle de Louis XIV《路易十四时代》73, 90, 97, 99, 103—104, 106, 111, 116, 215, 234, 547

Voß, Johann Heinrich 福斯（1751—1826）248

Walpole, Horace 荷拉斯·沃波尔（1717—1797）246—247, 255, 257

Walpole, Sir Robert 沃波尔（1676—1745）246—247, 255, 257

Warburton, William 沃伯顿（1698—1779）150

人 名 索 引

Warton, Josef 约瑟夫·沃顿（1722—1800）258, 425—426

Warton, Thomas 托马斯·沃顿（1728—1790）258, 425—426

Wesley, Charles 查尔斯·卫斯理（1707—1788）249

Wesley, John 约翰·卫斯理（1703—1791）249

Wieland, Christoph Martin 维兰德（1733—1813）468

Wilhelm der Eroberer, König von England 征服者威廉（1027—1087），英格兰国王（自1066年）222

Wilhelm III. von Oranien, König von England, Schottland, Irland, Erbstat-thalter der Niederlande 威廉三世（1650—1702）英格兰、苏格兰、爱尔兰国王，荷兰执政 91

Winckelmann, Johann Joachim 温克尔曼（1717—1768）26, 287—288, 291—302, 328, 331, 364, 374, 403—404, 443, 472, 473, 476, 491, 496—497, 535, 548, 549, 466, 573, 581

Geschichte der Kunst des Altertums《古代艺术史》291

Wolf, Christian 克里斯蒂安·沃尔夫（1679—1754）376

Wolf, Friedrich August 弗里德里希·奥古斯特·沃尔夫（1759—1824）572

Woltmann, Karl Ludwig von 沃尔特曼（1770—1817）492

Wood, Robert 伍德（1717—1771）252—254, 256, 573

Wundt, Wilhelm 冯特（1832—1920）59, 390

Xerxes, Perserkienig 薛西斯一世（死于前465年），波斯国王（自前485年）140

Young, Edward 扬（1683—1765）259—260, 455

Conjectures on original composition《试论独创性作品》259

Zelter, Kark Friedrich 泽尔特（1758—1832）447, 491, 507, 509, 517, 519, 524, 527, 529, 539, 544, 552, 567, 575

Zoroaster 琐罗亚斯德（约前7世纪）558

Zuccoli, Ludovico 祖科利（1568—1630）124

内容索引

（条目后的数字为原书页码，见本书边码）

Aberglaube 迷信 24—25, 77, 202—203, 323, 552

Aktientheorie 股份理论 345—346, 351—352

Analogie, historische 历史类比法 68, 319—320

Annalistik 编年史编纂 41

Anthropomorphismus 人神同形同性论 29

Antiquarischer Urtrieb 好古者的原初激情 37, 38—39, 108, 307, 312—313, 451, 481, 498, 577

Aufklärungshistorie 启蒙历史学 73 及以下诸页, 111 及以下诸页, 180 及以下诸页, 193 及以下诸页, 216 及以下诸页, 229 及以下诸页, 294 及以下诸页, 312—313, 316, 326, 339, 442, 455, 480, 498—499, 503—504, 528, 583—584

Außenpolitik, Primat der 外交政策至上 137, 353

Chaldäer 迦勒底人 87

China 中国 88—89, 150

Christentum 基督教，基督教信仰 47, 68, 77—78, 80—81, 149—150, 206, 233 及以下诸页, 347 及以下诸页, 390—391, 393, 398, 415—416, 500, 518 及以下诸页

Deismus 自然神论 78 及以下诸页, 204, 206—207, 208—209, 390

Deutschland 德意志，德国 166, 304, 352, 413—414, 445, 452—453, 492

Dialektik 辩证法 243, 298, 393, 440—441, 558—559

Eigenwert 内在固有价值 240—241, 303, 406, 407

Einfühlung, Methode der 移情法 299 及以下诸页, 357—358, 378, 401, 414

Empirismus 经验论，经验主义 14, 96, 213—214, 272

England 英国 16, 90—91, 136, 164—165, 193, 244—245, 268, 352, 452

Engländer 英国人 254

Entfaltung 发展，进化 5, 65, 373, 560—561, 595

Enthusiasmus 热情，狂热 23—24, 202 及以下诸页, 538

Entwicklungsgedanke 发展观念，发展思想 4—5, 159, 595
- bei Arnold 阿诺尔德的 48
- bei Burke 柏克的 279—280
- bei Ferguson 弗格森的 263—264
- bei Goethe 歌德的 455—456, 458—459, 476, 484, 558 及以下诸页
- bei Herder 赫尔德的 373—374, 375 及以下诸页, 383—384, 386 及以下诸页, 405—406
- bei Hume 休谟的 207—208, 216 及以下诸页
- bei Leibniz 莱布尼茨的 32 及以下诸页
- bei Lessing 莱辛的 289—290
- bei Möser 默泽尔的 314—315, 343
- bei Montesquieu 孟德斯鸠的 159 及以下诸页
- bei Ranke 兰克的 594 及以下诸页
- bei Shaftesbury 沙夫茨伯里的 27
- bei Vico 维柯的 61, 63 及以下诸页, 69
- bei Voltaire 伏尔泰的 94 及以下诸页, 98—99
- bei Winckelmann 温克尔曼的 297

Erziehungplan, göttlicher 神圣的教育计划 290—291, 388, 390 及以下诸页

Fortschrittsgedanke (s. a. Perfektion) 进步观念（参阅完美状态）42 及以下诸页, 162, 180 及以下诸页, 184—185, 238 及以下诸页, 387, 396—397, 565—566, 569, 595—596

Frankreich 法国 147, 304, 479—480

Franzosen 法国人 90

Freiheit 自由 16, 126—127, 165—166, 202—203, 212—214, 292 及以下诸页, 334—335, 454, 541—542

Ganzheitsgedanke 整体观念，整体思想 299, 456—457, 475

Genealogie 家系学，系统学，谱系学 39

Genie 天才，天赋，精神 99—100, 172, 259—260, 321—322, 455

Genossenschaftsprinzip 协作原理 353

Geschichtsvernunft 历史理性 323—324

Gleichgewichtslehre 平衡学说 423—424, 435

Gotik 哥特式 148, 187, 246—247, 255 及以下诸页, 404, 456

Griechen 希腊人 140, 295—296, 403—404, 472, 548—549

Harmonie 和谐 22—23, 434, 579
- prästabilierte 前定和谐 29—30

Heilsplan 救赎计划 348, 387, 398, 407—408, 416—417, 564—565

Heterogonie der Zwecke 目的的多样性，目的的异质性 59, 390, 409, 414, 415, 423, 564

Homerdeutung 荷马解释 62, 248—249, 252 及以下诸页

Humanität (s. a. Neuhumanismus) 人性，道，博爱（参阅新人性，新博爱）67—68, 409—410, 417—418, 424—425, 430, 482

Immanenz 内在（性），固有（性）56, 58—59, 275—276, 391, 408

Immediatverhältnis zu Gott 与上帝的直接关系 31, 52, 565, 596, 598

Individualitätsgedanke 个体观念，个体思想 2 及以下诸页, 50, 155—156, 159, 288, 303, 501, 595

bei Arnold 阿诺尔德的 49—50

bei Burke 柏克的 278—279

bei Goethe 歌德的 456, 461, 468 及以下诸页, 484, 527, 537, 540 及以下诸页, 556—557, 583

bei Herder 赫尔德的 371—372, 375, 377, 399 及以下诸页, 429, 439—440

bei Hume 休谟的 198—199, 221 及以下诸页

bei Leibniz 莱布尼茨的 28, 30 及以下诸页, 44

bei Lessing 莱辛的 288—289

bei Möser 默泽尔的 319 及以下诸页

bei Montesquieu 孟德斯鸠的 153 及以下诸页, 178

bei Ranke 兰克的 591 及以下诸页

bei Rousseau 卢梭的 183—184

bei Shaftesbury 沙夫茨伯里的 20, 26

bei Vico 维柯的 65 及以下诸页

bei Voltaire 伏尔泰的 90—91

bei Winckelmann 温克尔曼的 297, 299—300

Irrationalismus 非理性主义，反理性主义 23, 46, 96, 135—136, 172, 303, 362, 375—376, 438

Italien 意大利 472—473, 490

Juden (auserwähltes Volk) 犹太人（选民）57, 65—66, 88, 94—95, 250—251, 381

Kausalität, geschichtliche 历史的因果关系 13—14, 39, 92, 94, 123, 132 及以下诸页, 142 及以下诸页, 158—159, 196, 240—241, 292, 295, 339, 360, 395—396

Klassizismus 古典主义 25—26, 295 及以下诸页, 301—302, 403—404, 442—443, 472—473, 493—494, 519

Klimalehre 气候学说 64, 91—92, 139 及以下诸页, 172, 181, 428—429

Kollektivismus 集体主义 63, 65, 134, 399, 543—544, 591

Kontinuität, historische 历史的连续性 29, 38, 67—68, 74, 171, 397, 500, 503, 533

Kreislauftheorie 循环理论 57—58, 146, 161—162, 174, 201, 208, 211, 387, 566—567

Krieg 战争 121, 239, 265, 319, 422, 514—515

Kritik, historische 历史批判 37—38, 86, 331—

332, 482—483, 507 及以下诸页, 587—588
Kritizismus 批判主义 85
Kulturgeschichte 文化史 41—42, 106 及以下诸页, 226, 330
Kulturideal 文化观念 88, 515—516

Lebensaltertheorie 生命阶段理论 291—292, 373, 392
Liberty and letters 自由与文学 16, 231, 293
Lokalvernunft 地方性理性 322 及以下诸页

Mechanismus 机械论 79—80, 81, 85—86, 91, 97
Methodismus 方法论 249
Milieutheorie 环境理论 91, 542
Mittelalterauffassung 中世纪观 26, 41, 94, 104, 166—167, 176—177, 222—223, 404 及以下诸页, 425—426, 455, 549 及以下诸页
Monadologie 单子说 31 及以下诸页, 44, 56, 373—374, 434, 601
Moralismus 道德主义 36, 79—80, 81, 91, 123, 528
Morgenröte 黎明 370
Mutterrecht 母权 71
Mystik 神秘主义 45—46, 47, 50 及以下诸页, 363, 501

Nationalgedanke 民族观念, 民族思想 338—339, 366 及以下诸页, 409—410, 421—422, 430, 452—453, 455, 485—486, 545—546, 599
Naturalismus 自然主义 14—15, 131—132, 248, 344, 417
Naturbegriff 自然观 26, 131, 134—135, 325, 385, 407, 411 及以下诸页, 424, 454, 455, 469—470, 472 及以下诸页
Naturmensch 自然人 71—72, 86, 360—361, 370—371
Naturrecht 天赋人权 3—4, 13, 18, 20, 25—26, 33—34, 45 及以下诸页, 60—61, 66—67, 79—80, 88—89, 120, 128—129, 130 及以下诸页, 170, 183, 189, 191—192, 194, 198, 206 及以下诸页, 242, 271 及以下诸页, 304, 314 及以下诸页, 324, 329—330, 384, 387, 419, 438, 471, 472, 527, 530, 580
Naturvölker 原始民族 44, 61, 70—71, 241—242, 394
Nemesis (s. a. Schicksal) 复仇女神（参阅命运）435—436
Neuhumanismus (s. a. Humanität) 新人性, 新博爱（参阅人性，人道，博爱）301, 442—443, 472
Neuplationismus 新柏拉图主义 17 及以下诸页, 29, 45—46, 52, 56, 72, 101, 275, 302, 363, 378, 380, 389, 403, 412, 414, 424, 434, 450, 455, 501 及以下诸页, 539, 581, 582, 601—602
Normativität (s. a. Naturrecht) 规范（参阅

自然法) 131 及以下诸页, 232—233, 296—297, 301—302

Öffentliche Meinung 公众意见 108—109
Organismuslehre 生物学说, 有机体学说 471

Palingenesie 转生, 轮回, 重演性发生 421, 567
Panentheisums 万有在神论 597
Pantheismus 泛神论 79, 412, 456, 597
Perfektionsgedanke (s. a. Fortschritt) 至善论观念, 至善论思想 (参阅进步) 34, 96 及以下诸页, 217—218, 290, 297, 476
Periodisierung 周期性 40—41, 218—236, 235 及以下诸页, 326 及以下诸页
Philosophie der Geschichte 历史哲学 76
Platonismus 柏拉图主义 17—18, 56, 302, 359, 363, 378, 602
pietismus 虔诚 45, 50 页及以下诸页, 72, 249, 286, 359, 361-362, 381, 382, 450, 501, 581
Polarität 极性, 对立性 212, 243—244, 470, 520—521, 524—525, 532—533, 559—560, 567, 569—570, 591
Postivismus 实证论, 实证主义 65, 79, 172, 180 及以下诸页, 200, 262, 513, 576—577
Prähistorie 史前史, 太古史 597—598
Präromantik 前浪漫派 55, 148, 188, 243 及以下诸页, 200, 262, 513

Pragmatismus 实用主义 5, 43—44, 48, 51, 60, 108, 110—111, 138—139, 145, 160, 174, 262—263, 300, 324—325, 384, 393, 436, 506, 528—529, 588
Protestantismus 新教 (教会) 52, 72, 300—301, 363, 450—451, 602
Providenz 天意 43, 58—59, 61, 66, 181, 238, 275, 390—391, 393, 397, 565—566, 597

Rationalismus (s. a. Vernunft) 理性主义 (参阅理性) 136 及以下诸页, 208—209, 213—214, 271—272, 376, 417, 500
Reformation 宗教改革 233, 238, 518
Relativismus 相对主义 4, 31—32, 92—93, 127, 147 及以下诸页, 354, 372—373, 406 及以下诸页, 439—440, 577 及以下诸页
Religion, natürliche 自然宗教 71, 347—348, 499
Religion, positive 天启宗教 298 及以下诸页, 347—348
Religionsgeschichte 宗教史 24—25, 71, 95, 204—205, 207, 291
Rittertum 骑士制度, 骑士精神 187—188, 239, 255 及以下诸页, 281, 404
Rom 罗马 142 及以下诸页, 163—164, 231—232, 235—236, 314, 477—478, 479—480, 483, 549
Römer 罗马人 65, 124—125, 135—136
Romantik 浪漫派 404—405, 427, 493

Säkularisierung 世俗化 36—37, 59—60, 82—83, 85—86, 381, 408, 416—417, 564
Schicksal 命运 145—146, 220, 233, 394 及以下诸页, 435, 458, 512—513
Seele 灵魂, 精神, 心灵 14—15, 17—18, 46—47, 49—50, 195—196, 298—299, 303, 358, 361, 375—376, 378—379, 501
Skeptizismus 怀疑主义 37, 98, 109, 195, 272, 396—397
Sozialkontrakt 社会契约 276, 343—344
Spiritualismus, mysticsher 神秘主义的唯灵论 45, 48
Staatensystem, europäisches 欧洲的国家制度 239
Staatsauffassung 国家观
 bei Burke 柏克的 273—274
 bei Ferguson 弗格森的 264 及以下诸页
 bei Goethe 歌德的 483, 486, 514 及以下诸页
 bei Herder 赫尔德的 368—369, 408—409, 421—422, 437—438
 bei Hume 休谟的 210 及以下诸页, 272—273
 bei Möser 默泽尔的 315—316, 321—322, 330, 332 及以下诸页, 351 及以下诸页
 bei Montesquieu 孟德斯鸠的 121 及以下诸页, 127 及以下诸页, 159 及以下诸页, 175 及以下诸页
 bei Ranke 兰克的 589—590
 bei Shatesbury 沙夫茨伯里的 25
 bei Voltaire 伏尔泰的 110—111
Staasträson 国家理性 111 及以下诸页, 120 及以下诸页, 136—137, 147, 149, 224—225, 333—334, 339 及以下诸页, 349—350, 353, 436—437, 460—461, 516
Staatsvertragstheorie 国家契约理论 25, 60, 131, 211, 263, 276
Stammbaumhypothesen 谱系假说 39—40, 70—71, 242
Sturm und Drang 狂飙突进运动 50, 74, 321, 405, 461, 578
Subjektivität, moderne 现代的主观性 30, 85, 476—477, 578—579
Symbolik 象征性 539
Systole und Diastole 收缩和扩张 532, 559—560, 567

Teleologie 目的论 348, 386 及以下诸页, 417—418, 564—565, 569, 597—598
Tendenzen 趋势、趋向 221, 591—592
Theismus 有神论, 一神论 205—206, 208, 351, 412
Theodizee 神正论 21, 29, 289—290, 598
Toleranz 宽容 149—150, 205—206, 577
Totaleindrücke 总体印象 33, 310 及以下诸页, 317
Traditionalismus 传统主义 168 及以下诸页, 219, 276 及以下诸页, 307, 353—354, 464—465

Typus und Individualität 类型和个体性 26, 64 及以下诸页, 159, 174, 484, 492, 513, 541, 562

Universalgeschichte 普遍历史 82—83, 84—85, 181, 229—230, 236 及以下诸页, 313—314, 386 及以下诸页, 494, 537—538, 562 及以下诸页

Urform 原型 474—475, 531 及以下诸页, 556—557, 566—567

Urmenschheit 原始人 60 及以下诸页, 205, 366—367, 370—371, 384—385

Urmonotheismus (s. a. Uroffenbarung) 原始的一神论（参阅最初的启示）70, 189, 597—598

Uroffenbarung (s. a. Urmonotheismus) 最初的启示（参阅原始的一神论）70 及以下诸页, 375, 381 及以下诸页

Urpoesie 原诗歌 55, 60, 248, 250—251, 366

Urtypus 原型 474—475

Urzeit (Frühzeit) 史前时代, 原始时代 55, 60—61, 69, 70, 86—87, 184 及以下诸页, 255, 360, 373—374, 554 及以下诸页, 581

Verfallstheorie 衰落理论 47—48, 384—385, 386

Vernunft 理性 46, 80 及以下诸页, 95—96, 131—132, 177, 194—195, 303—304
und Unvernunft 和非理性 80 及以下诸页, 95—96, 177, 498—499

Verstehen 理解 378, 530

Völkergemeinschaft, abendländische 西方的民族共同体 230—231, 430—431, 593—594

Volksgeist 民族精神 65, 101 及以下诸页, 134, 150 及以下诸页, 329—330, 374—375, 402—403, 426—427, 546—547, 557

Wahrheit, historische 历史真理 85, 506 及以下诸页

Weltfrömmigkeit 世界性虔诚 16, 274—275

Weltmonarchien, Lehre von den vier 关于四大世界性帝国的学说 40—41, 394

Wiedergeburt 再生，轮回 49—50

Zeitalter, goldenes 黄金时代 48, 57, 168—169, 347, 384, 387, 555—556

Zeitgeist 时代精神 101 及以下诸页, 153—154, 221—222, 294—295, 329—330, 402 及以下诸页, 547

Zufall 偶然, 偶然事件 88, 199, 435, 511 及以下诸页, 521—522, 598—599

附 迈内克与历史主义的命运

> 生活在世界历史中的人,
> 是否应以面对瞬间为准则?
> 唯有透视时代而奋斗的人,
> 才有讲话、作诗的资格。
>
> ——歌德

作为历史学派殿军,1862年10月30日,迈内克诞生于普鲁士的萨尔茨维德尔(Salzwedel)。其时,兰克学派和普鲁士学派正如日中天。19世纪60年代,俾斯麦的普鲁士通过对丹麦战争、对奥地利战争和建立北德意志联邦,正在日益接近统一德国的伟大目标;历史学派的精神领袖、被誉为"历史学中的歌德"的兰克,正在撰写《16、17世纪英国史》;深具悲剧精神的布克哈特完成了名著《意大利文艺复兴史》;悲剧哲学家尼采正忙于发现荷尔德林和叔本华,谈论俾斯麦和普鲁士的民族主义。当其时,德国的历史画面呈现出了明暗交织的迷离特质。以英国和法国为代表的西方资本主义文明正进入帝国主义阶段,运行在下降轨道上。与此形成鲜明对照的是,作为后发资本主义国家,德国的政治、经济和军事力量无不处于方兴未艾的振兴阶段,运行在冉冉上升的轨道上。对奉行知性真诚的尼采和布克哈特来说,不祥之兆业已出现,西方文明悲剧性的风雨飘摇时代正愈行愈近、势不可挡;而对于主要关注政治事务的德国历史学派来说,德意志的命运却宛如朝阳初升,前景正不可限量。可以说,西方文明总的阴郁主题与德意志民族恢宏自信的主题相互交织,似乎命中注定要在德意志这片神秘奇幻的土地上演一波三折的悲喜大剧。

兰克学派和普鲁士学派的强劲崛起其来有自。众所周知,德国近代史肇端于路德的宗教改革。路德被称颂为近代德国的精神之父。他声称,每个人都可以直接面对上帝,从而既削弱了教会权威,又推动了近代精神的崛起。路德的精神发展以恐惧为特征,自觉不自觉地体现了当时德意志的普遍心理。在宗教改革运动前的十年,德意志正经历一场真正的普遍的宗教兴奋,其根本动力似乎就是一种恐惧感。[①]路德直觉地天才地表达出了围浸着德意志心灵的恐惧。构成新教基础的,正是对人性的怀疑、对自我的否定与对上帝的虔敬。作为宗教哲学,它通过开显个体与上帝之间的巨大深渊,召唤人类进行精神上的终极追求。

从政治角度来说,专注内在精神和灵魂救赎的结果,是把现实的生活世界托付给任何一种政治权威。禁欲自律的宗教伦理却在社会实践中导致世俗权威的恣意横行,展现了道德的个人与不道德的社会的强烈对比。天意信仰的强化,最终使得绝对服从上帝意志与

---

① 〔美〕威利斯顿·沃尔克,《基督教会史》,孙善玲、段琦、朱代强译,中国社会科学出版社1991年版,第377页。

无条件崇拜世俗权威成了一回事。在战栗的阴影之下，世俗权威被涂上了神圣性的色彩。

初次萌动而觉醒过来的德意志民族意识，恰恰是在虔诚而独断的新教呵护下成长起来的。就路德宗教改革的初衷来说，确然是强烈反对天主教廷的腐败与堕落。但是，当批判的锋芒与怒火逐渐指向罗马时，德意志民族国家的意识就开始苏醒和抬头了。在德意志新教徒的心灵中，新教信仰与狭隘的民族情绪交织在一起，从而既导致新教与天主教的对峙，又使宗教事务受制于世俗的王侯。新教一方面制造了权威崇拜，另一方面又滋养了神秘主义与浪漫主义。

由此可见，在宗教改革后的德意志心灵与文艺复兴所倡导的世俗精神之间，存在深刻差别。正因为如此，直至18世纪中叶，德意志新教地区才出现文艺上的突破性发展，也就是以歌德和席勒为代表的德国古典文化。在温克尔曼的启迪和感召下，莱辛、歌德、席勒、荷尔德林等德国文化精英纷纷把目光从阴郁的德国转向阳光明媚的古希腊，以自由的饱满人性为理想重建德国文化。创造古典文化的一代人杰在摆脱狭隘民族意识的同时，自称为世界公民，醉心于希腊–拉丁传统。

历史的吊诡之处在于，正当创造古典文化与古典哲学的一代文学与思想伟人欢呼世界公民理想时，法国大革命及其后的拿破仑征服战争却深深震撼了德意志心灵。他们始而欢呼，继而迷茫，最后陷入痛苦的沉思之中。古典的道德理想与现实的权力政治之间的残酷斗争，从此成为了德国知识分子深思的主题。拿破仑发动的连绵不断的征服战争，导致了德意志与法国之间的长期民族斗争。正是这样的民族斗争，促使德意志民族主义逐渐由文化性的转变为政治性的。德国近代的主题曲演奏出了救亡逐渐压倒启蒙、统一逐渐取代自由的慷慨而悲壮的乐章。由于救亡与统一主题是由法国的征服战争所导致的,因此在德国的政治与思想传统中,自由主义往往被等同于法国人,而浪漫主义与政治保守主义则成为了高尚的德意志民族主义。①

从深受法国大革命与拿破仑征服战争影响的歌德时代起,德意志大地上的权力原则与道德理想逐渐开始分裂。作为精神文化象征的奥地利,一步步被排挤出了德意志政治的中心舞台,而普鲁士则缓慢而坚定地上升为德意志权力政治的明星。普鲁士位于德意志伸向斯拉夫文明的边疆地区,素以军国主义立国,强调以军队与权力为核心的强权政治。在弗里德里希大帝的率领下,普鲁士通过与奥地利之间长期而残酷的战争,崛起为欧洲大陆上新的列强。到了俾斯麦时代,普鲁士最终以铁血政策统一德国。但是,在普鲁士全力以赴成长为欧陆强权的同时,文化却始终显得贫瘠不堪。德意志思想与文化界的巨星大多来自南部,如歌德和席勒,黑格尔、谢林与荷尔德林,莫扎特与贝多芬等。普鲁士通过铁与血的强力崛起,深刻影响了德意志灵魂深处权力与精神的平衡,使他们开始醉心于强权。在世界公民理想逐渐日薄西山的同时,倡导国家理性的马基雅维里主义则受到了德国知识界相当公开的欢迎。

德国的国家主义、民族主义是与浪漫主义,尤其是与浪漫主义史学携手诞生的。浪漫主义对独特的民族历史与文化传统的苦苦追

---

① 〔美〕科尔佩·S.平森,《德国近现代史》(上册),范德一译,商务印书馆1987年版,第75页。

寻,浪漫主义史学对民族历史连续性的浓墨重彩的强调,深刻影响了民族主义。可以说,浪漫主义正是德国民族主义史学兴起的深厚文化背景。值得注意的是,德国浪漫主义的源头虔敬主义,乃是路德宗的一个分支。虔敬主义热烈推崇人与上帝之间直接的关系,具有反智倾向,强调内向的精神生活。就虔敬主义的初衷来说,是为沉沦于苦难与屈辱之中的人们寻求慰藉与救赎。因此,在某种意义上,不妨把浪漫主义看作高尚的逃避,看作补偿民族苦难与屈辱的产物。当时,德意志杰出的文学家与思想家大都来自社会中下阶层,如席勒、荷尔德林、谢林与黑格尔;有的甚至来自卑微的社会底层,如康德、费希特与赫尔德等。这与德国的老冤家法国恰恰形成了鲜明对比。法国思想界与文学界的卓越人物,大都来自社会上层,非富即贵,可以说是含着金钥匙出生的天之骄子,比如孔狄亚克(修道院)院长、孟德斯鸠男爵与孔多塞侯爵等。作为知名的异见人士,这些通身闪着金光的知识分子所反对的,无非是本阶级营垒中的人。因此,德国知识分子在法国知识分子面前,往往既怀有民族怨恨,又掺杂着阶级嫉恨。赫尔德曾在18世纪70年代初访问巴黎。面对仪表堂堂、谈吐高雅的法国沙龙人士,赫尔德无法真正进入他们的心灵,深感其中横亘着鸿沟。在他眼中,法国知识分子虽然表面上执知识界牛耳,却自负无趣而矫揉造作,丝毫不理解人类深沉的灵魂世界,不懂得人类生活于世上的真正使命。

因此,德国知识分子在面对先进的法国启蒙运动时,一方面受到影响,吸收了诸多有益的营养;另一方面却也感受到深深的刺激,驱使他们转向本民族,努力寻找甚至建构有关本民族语言、历史、神话与英雄等的独特传统。拿破仑对德意志地区的征服,更是持久激发起了德意志知识分子对本民族历史有意识的系统研究,促使浪漫主义与民族主义更深入地结合起来,并且使民族主义带上日益浓重的政治色彩。

从发生角度来说,历史主义的兴起显然受到了普鲁士民族解放战争的影响。曼海姆认为,在19世纪的第一个十年,普鲁士在意识形态上对启蒙主义的呼应与社会上贵族的复古并驾齐驱,浪漫主义与等级制思想互相吸收借鉴,由此产生了德意志思想的特点:一方面是浪漫特质,另一方面就是历史主义。[①]历史主义本质上具有保守主义根源,反对与过去实施革命性的决裂。在解放战争的刺激之下,历史学研究有意识地为政治目的与公共需要服务,努力塑造德意志人民的历史意识。在欧洲民族主义浪潮的推动之下,各国的历史学家相继致力于编辑与出版民族历史资料。1848年以后,欧洲历史研究的专业化事实上是与民族主义交织在一起的。历史学家以科学与客观的名义,在古色古香的档案馆中孜孜不倦地爬梳资料,其实心中却各怀民族主义偏见。由兰克及其门生创建的普鲁士学派,在历史研究中就奇特地混合着科学与民族偏见。

兰克坚定地认为,历史是精神王国,是以个体化形式表现出来的精神王国。在历史中活动的人有个体性,在历史进程中产生的建构物也具有个体性,而每个历史个体都拥有内部结构,都洋溢着独特的意义与目的。这些历史个体组成一个梯队,从单独的个人直到民族、时代和人类本身,隐秘地以莱布尼茨方式预定和谐地结合在

[①] 〔德〕卡尔·曼海姆,《保守主义》,李朝晖、牟建君译,译林出版社2002年版,第121—122页。

一起,成为一个活的整体。①既然历史个体是独特的,那么就无法通过因果关系分析来理解,而只能通过同情式的理解与叙述。随着兰克式的解释学历史方法被应用于所有人类活动的领域,德国的精神科学慢慢地都演变成了历史科学。

狄尔泰的抱负是成为精神科学中的康德,也就是撰写"历史理性批判"。在他看来,一切思想无不是某个历史语境的一部分,因此哲学问题不可能具有先天的解答,而只可能具有发生论的解答。他要解决的矛盾是,客观知识可能性与一切认识的主观起源之间的矛盾。他解决矛盾的方法就是把主体和客体摆放在一个共同基础即生命之上。这就是他著名的生命自身认识自身的生命哲学。狄尔泰试图从兰克和德罗伊森为反对德国唯心主义而主张的见解中推导出认识论上的结论。可以说,19世纪成为认识论世纪的原因,是由于黑格尔哲学的崩溃所导致的逻各斯和存在之间的自明的符合关系最终遭到了摧毁。②对唯心主义基础的批判和否定危及了对历史发展统一性和方向性的信奉,因为唯心主义事实上是历史主义观念的基础。狄尔泰认为,历史学派的缺陷在于,把自身的认识论前提与古典唯心主义的认识论前提无批判地结合在一起。因此,狄尔泰为自己提出的任务就是:在历史学派的历史经验与唯心主义的遗产中间建构新的认识论基础。用来完成这个任务的就是历史理性批判。

在他的认识论中,表现概念和对表现的理解概念处于核心位

---

① 〔美〕格奥尔格·G.伊格尔斯,《欧洲史学新方向》,赵世玲、赵世瑜译,华夏出版社1989年版,第21页。

② 〔德〕伽达默尔,《诠释学Ⅰ:真理与方法》,洪汉鼎译,商务印书馆2010年版,第316页。

置。历史中的人受到个性和客观精神的关系所决定。个体在历史实在里表现自身和重新发现自身。历史实在是生命的客观化物。狄尔泰改造和扩展了黑格尔的客观精神概念,使它包括语言、习俗与各种生命形式,包括家庭、市民社会、国家和法律,而且包括艺术、宗教和哲学。在这种改造中显然潜伏着走向相对主义的可能性。如果说在黑格尔看来,精神的家园是在哲学中,那么在狄尔泰看来,哲学并不是绝对的唯一的真理,而只具有表现意义。从根本上来说,狄尔泰是用历史意识取代了绝对精神在黑格尔那里的核心地位。

在德国逐渐走向统一的进程中,历史学的一个重要使命无疑是论证统一的必要性与合理性,是提升德意志民族的认同感。正是在此种使命的呼召之下,普鲁士学派应运而生。有趣的是,普鲁士学派在欧洲的影响力远逊于兰克,而在德国的影响力却明显高于兰克。正是在1848年法兰克福国民议会不幸失败之后,德国知识分子转而把统一德国的希望倾注于普鲁士。与此同时,普鲁士学派开始倾心于普鲁士。围绕着德国统一问题,普鲁士学派精心结撰了几部杰出作品,如特赖奇克(Heinrich von Treitschke)的《十九世纪德国史》、西贝尔(Heinrich von Sybel)的《威廉一世建立德意志帝国史》与德罗伊森(Gustav Droysen)的《普鲁士政治史》等。这些历史著作细致地梳理了德意志成为一个民族,继而成为一个国家的道路,认为国家的统一同时意味着自由的实现,国家本身结合了权力与道德。在这些历史作品中,普鲁士学派将宪制自由主义与对霍亨索伦家族的推崇结合了起来,论证了君主立宪制的合法性与必然性。在他们看来，自上而下的带有保守色彩的改革，是德意志政治的必由之路。

　　普鲁士学派诚然认可德意志历史仅仅是整个人类历史长河之中的一个环节。但是，由于他们在历史研究中沉醉于对德意志民族认同的建构，沉醉于为德国统一进程服务，因此作为整体的人类历史就实际上沦为了宏伟却抽象的背景。借助个体性观念，普鲁士学派一方面积极反对把英法的政治理论运用于德意志，另一方面又积极证明德意志民族的独特性与优越性。通过运用连续性观念，他们有效缓和了德国历史上的分裂与离心倾向，消除现实的分裂与未来的统一之间的鸿沟。可以说，德意志当时的政治现实需要历史连续性观念，历史主义也需要历史连续性观念。与兰克类似，普鲁士学派虽然在表面上拒斥以黑格尔历史哲学为代表的先验历史哲学，但是在实际上，出于对历史连续性观念的依赖，他们却还是在形而上学框架之内建构历史。在某种程度上可以说，德国历史学之所以热衷于个体性与差异性，是因为通过它们既可以在内部寻求自我认同，又可以在外部树立形象。

　　普鲁士学派具有强烈的现实关怀与政治干预意识，他们的研究可以说完全是围绕德意志的社会政治问题而进行的。他们的历史研究可称之为历史–政治研究。在他们看来，历史展示了精神实体的自我发展，国家是道德与自由的化身，通过理解历史发展趋势可以有效干预现实。只有在强大而独立的国家中，个人才能实现自由。因此，国家不仅是政治实体，而且也是精神家园。在普鲁士学派看来，德意志国家洋溢着浪漫的民族精神，而那些历史上的英雄正是民族精神的化身。作为历史的浪漫产物，国家同时也是道德化身。

1883年，迈内克进入柏林大学攻读日耳曼学、历史和哲学，受教于普鲁士学派三杰德罗伊森、西贝尔和特赖奇克及布雷斯劳（Harry Bresslau）。德罗伊森是布吕歇尔军团一位随军牧师的儿子，最早的回忆正是宣布联军开进巴黎的隆隆炮声。他在《论民族解放战争时期的历史》的序言中声称，他的目的就是要表彰对祖国的热爱和信念，并表明这种感情是妥当的。①他相信，一切事情都是由上帝引导的，而历史学的崇高任务就是证明这种信念的正确性。②在石勒苏益格-荷尔斯泰因危机中，他呼吁德意志必须团结在普鲁士周围，而普鲁士也绝不应该满足于作为德意志二等国家的地位。他撰写《普鲁士政策史》的目的主要就是提醒普鲁士，只要它觉悟到自己的责任，那么帝国就会出现。这本著作的主导思想是黑格尔的哲学，不过他也强调自由意志和个人的责任。德罗伊森强调国家的权力，认为权力是国家生活的精髓。至于历史研究的作用，他甚至认为它是政治进步和文化教益的基础，而政治家正是实践中的历史家。德罗伊森的"历史方法与历史百科全书"讲座对自由意志和人格秘密的强调，对迈内克的个体观念产生了影响；他对作为问题史的思想史的强调，对迈内克后来的思想史研究倾向产生了深远影响。在青年迈内克看来，在讲座中，伟大的德国唯心主义为科学事业投下了最后一抹温暖明亮的光辉。

德罗伊森谦卑地坦承，人类无法彻底理解历史的终极意义。他认为，这是因为历史的终极意义与目的乃是上帝才能知晓的秘密。

---

① 〔英〕乔治·皮博迪·古奇，《十九世纪历史学与历史学家》（上册），商务印书馆1998年版，第257页。

② 同上书，第257—258页。

渺小的人类所能理解的，仅仅是历史长河中某一时刻或时段的意义与趋势。对于人类来说，这就是所能体察到的整体。但是，即使如此，在历史研究中却必须怀抱整体历史观念的理想，不断地接近它。在德意志民族的历史研究中，这样的理想无疑就展现为民族精神整体的彰显。

迈内克自幼沉浸于虔敬主义、保守主义与基督教–社会主义信念。在成长过程中，家庭所施加的过分宗教压力产生了适得其反的结果，而后两者却接受考验并保留了下来。虽然丧失了对人格化上帝的传统信仰，不过迈内克依然对在理念世界中彰显出来的神圣的世界背景怀有信念。他深刻体验到了事物的两面性，即自然科学所教导的因果联系，以及在永恒源泉中被体验为神圣之物的火花。与此同时，通过若隐若现的泛神论，自然与精神结合在了一起。德罗伊森对人格的强调，深深影响了青年迈内克，预示着未来的个体观念。困扰迈内克一生的问题在于，洋溢着道德和创造性的自由精神与具有因果关系的世界结构的共生共长的交织关系，情感和道德意识与理性的关系，自由与普遍法则的关系，自由与必然的关系，个体的直觉精神力量与遵循法则的智性力量的关系，自然与文化的关系，等等。

迈内克其生也晚，等他亲近普鲁士学派时，后者业已度过如日中天的岁月。当时，普鲁士学派的主要代表人物大都白首苍苍。但即使如此，他们对现实政治的热情关怀与严谨而不失浪漫的治学方法，依然深深影响了迈内克。

1886年，迈内克在赖因霍尔德·科泽（Reinhold Koser）的指导下完成研究普鲁士17世纪早期历史的博士论文。随后进入普鲁士档案馆工作。在西贝尔指导下，迈内克着手撰写并完成了大学教授资格论文《陆军元帅赫尔曼·冯·博延传》。在这个过程中，他产生了对于19世纪德意志历史的巨大兴趣。1859年，西贝尔创办了《历史杂志》，并成功地使它成为德意志历史研究领域的核心刊物。1893年，西贝尔推荐迈内克担任《历史杂志》编辑。1896年，他继特赖奇克之后担任主编。此后直到1935年被纳粹政府解职之前，迈内克一直主持《历史杂志》，对德国的历史主义和历史研究产生了巨大而又深远的影响。

迈内克在撰写《博延传》时，显然受到了德罗伊森和狄尔泰的影响。历史科学在《博延传》中占据了一个崇高的文化地位。他意识到，博延同时接受了康德哲学与弗里德里希大帝的思想，博延的思想是以理性主义与自然法观念作为对手的，同时结合了自然法思想方式与历史思维方式，目的观念与发展观念。《博延传》无疑预告了在未来的《历史主义的兴起》中拥有类似思想主题形态的思想人物。

在迈内克思想的形成阶段，深受狄尔泰《精神科学导论》的影响，由此得以进入堂皇玄奥的精神哲学与文化哲学殿堂。在个体是不可言说的这一狄尔泰的观念的影响之下，迈内克把早先道德化的个体观念拓展为精神-物质整体性的个体观念，在其中建构了生物学、机械和精神的三位一体的因果关系。狄尔泰提出了精神科学的自然体系观念，深入而细致地展示了中世纪对历史、对国家与社会的形而上学解释是如何被建基于自然法观念的自然体系所取代的。在精神科学自身中，也长久存在自然法与个体化思想之间的矛盾。在这样的矛盾中，自然与文化的矛盾得到了进一步彰显。

迈内克不是绝对效忠于普鲁士的顽固保守派人士,而是温和的保守派人士。他很早就对普鲁士精神有所质疑,甚至撰文批判威廉二世的社会政策改革。1901年,他获得斯特拉斯堡大学的历史学教授席位,1906年,又转任为弗莱堡大学历史学教授。这两所大学都属于"上莱茵文化圈",分别坐落于莱茵河的右岸和左岸,并都处于西南德意志文化圈之中。彼时,新康德主义的西南学派正如日中天,马克斯·韦伯和特勒尔奇也正处于各自思想活跃的创造阶段。西南学派对历史主义具有相当重要的影响。在法国的实证主义思潮面前,西南学派为德意志唯心主义传统进行了积极辩护。就方法论来说,西南学派的相关探讨实际上也为历史主义通过主观直觉寻找客观性的道路进行了辩护。

迈内克接受了新康德主义价值哲学的影响,认为价值是最高意义上的文化。历史学家通过寻找价值,可以在历史中窥见神,能够目睹神圣启示。迈内克建构了独特的文化价值体系,区分了自由创造出来的富有目的性的文化价值,如宗教、哲学、政治、艺术、科学等,与为实际生活所推动而产生的文化价值,如国家等。

在治学道路上,迈内克无疑是幸运的。他一方面由普鲁士学派诸大师亲炙,另一方面又在与德意志西南学派诸学者的交流中受益良多,从而能够将德国两大学派的内在思路融会贯通,进而展现出精深而开阔的学术视野与格局。

迈内克在这时期除了与上述诸人有密切交往之外,还结识了不少具有自由主义倾向的知识分子,其中就包括瑙曼。正是在瑙曼等人的影响之下,迈内克开始致力于思考"德意志-普鲁士"问题,并撰写了一系列著作。包括《德意志的崛起时代,1795—1815年》

(*Das Zeitalter der deutschen Erhebung, 1795—1815*),《1914 年德意志的崛起》(*Die deutschen Erhebung von 1914*),《19—20 世纪的普鲁士与德意志》(*Preussen und Deutschland im 19. und 20. Jahrhundert*)。其中最闻名遐迩的当属 1908 年出版的《世界主义与民族国家》(*Weltbuergertum und Nationalstaat*)。

在第一次世界大战之前,迈内克与当时大多数的德国知识分子一样,乐观地看待权力与文化之间的关系。即使察觉到现实政治中权力所显露的丑的一面,他也能相当轻松地以类似历史神正论的说辞缓和过去。1907 年,迈内克出版《世界主义与民族国家》,明确肯定个体性观念,肯定每个国家都具有独特的生活法则,甚至认为从存在物个性中产生的一切都必定是道德的。此书甫一出版,就深受西南学派诸学者的欢迎。狄尔泰不吝激赏,而特勒尔奇与韦伯也一前一后地送上祝贺。

《世界主义与民族国家》这本著作要回答的中心问题乃是:德意志文化是如何形成的? 在结构上,它分为上下两编。上编区分了国家民族与文化民族,梳理了世界主义观念与民族国家观念之间相互交织的发展线索。迈内克认为,德意志从文化民族向国家民族的转变,是通过逐步克服世界主义观念并逐渐建构民族国家观念而完成的。其中,在建构民族国家观念中居功至伟的是黑格尔、兰克和俾斯麦。黑格尔运用辩证法,将世界主义观念与民族观念交融在一起,并在历史哲学中将德意志民族推崇为世界历史民族。兰克进一步论述了民族特性、国家与民族国家观念之间的关系。俾斯麦则首先认识到特殊的普鲁士精神的现实意义,声称普鲁士应当肩负起统一德意志的使命。下编探讨了普鲁士–德意志问题。迈内克揭示了普鲁士精神的两面性，揭示了普鲁士与德意志之间极其错综复杂的相互融合的历史进程。

值得指出的是，早在这本著作中，迈内克就洞察到普鲁士统一德意志的方式掺杂着一定的毒性，认为普鲁士的三级选举制妨碍了普鲁士与德意志两大议会和睦相处的可能性。不过总的来说，迈内克当时对德国现状心满意足，认为在国家权力和道德、在民族主义和个人之间不存在根本性冲突。与西方的古典自由主义者不同，他相信唯有一个强大而统一的民族才能在宪制政府内为人民带来自由。迈内克尚未充分认识到普鲁士–德意志军国主义传统对德国前途潜在的巨大危害性。当时的德国盛行着泛日耳曼主义的强权文化意识、混杂着种族主义的民族观念与唯意志哲学和生命哲学。与大多数德国历史学家一样，迈内克没有洞察到这些思潮下面隐藏的有害一面。同样，他也没有足够清醒和充分地意识到，就在以民族英雄俾斯麦为代表的"英雄时代"和以威廉二世为代表的"暴风雨时代"的下面，潜伏着威胁德国前途的阴暗根源。随着普鲁士对德意志的统一，随着统一所激发的民族主义和爱国主义狂热，普鲁士来源于古代条顿部落精神和中古日耳曼骑士文化的军国主义和民族主义思潮迅速向整个帝国渗透，日益壮大的资产阶级及其对财富和市场的渴望与容克贵族尚武好战精神的结合，加速形成了帝国统治阶层独特的冒险和自大倾向。

第一次世界大战的爆发，使几乎全体德国人卷入了不可遏止的激情之中。德国的诗人们纷纷颂扬战争。高贵的神秘主义诗人里尔克,一向予人不食人间烟火的印象,此时甚至也唱起了战争颂歌:"传说中的战神,遥远,难以置信,/初视你的崛起。"德国的教授们也不甘落后,纷纷表达战争热情。杰出的神学家和哲学家舍勒,发表了长篇论文"战争守护神"。特勒尔奇相信,战争引爆的激情意味着精神信仰的回归,是精神对金钱拜物教、对怀疑主义、对享乐主义和屈从于自然的规律性的伟大胜利。① 即使一贯清醒而克制的韦伯,此时也在诸多信件中大谈战争的所谓伟大和神奇。他认为,正是在现代政治共同体中,战争作为现实暴力的恐怖力量,创造出了激情和集体感,导致了献身精神,还往往把宗教引入充满博爱精神的英雄团体之中。②

迈内克与当时几乎所有知识分子一样,卷入了战争的狂热之中。迈内克在战争期间发表大量政治性著述,清晰表现出了思想的演变过程。一开始,迈内克自信满满地相信,德国民族观念的性质本身使德国不会采取冷酷的帝国主义政策,因为在德国,权力和精神、国家和文化彼此交织在一起。1915年时,他还不相信第一次世界大战意味着欧洲文化衰落的开端。到了次年,他首度承认,相较于西方功利主义,德国民族文化或许更倾向于滥用精神价值为权力效劳。1917年德国败局已定时,他悲哀地意识到,国家和民族之间的权力斗争是人类的一种悲惨处境。就这样,战争粉碎了迈内克在《世界主义与民族国家》中所表达的客观唯心主义,粉碎了他对精

---

① 〔德〕萨弗兰斯基,《海德格尔传》,靳希平译,商务印书馆1999年版,第84—87页。

② 〔德〕汉·诺·福根,《马克斯·韦伯》,刘建军译,河北教育出版社1999年版,第110—111页。

神与权力、非理性与理性之间和睦相处的乐观假定。① 德国的历史研究曾经在处于民族上升期的 19 世纪成为民族和社会认同感的中心。一战后，历史主义的危机在德国却被感受得越来越深刻。特勒尔奇坦承，历史研究倾向于表明一切价值的相对性。不仅根植于德国古典唯心主义的作为世界观和生命哲学的历史主义面临了危机，而且德国市民阶层文化教养的理想也面临了危机。②

魏玛时代是一个充满幻灭、失望和矛盾的动荡时代，是一个德意志民族自俾斯麦统一之后又陷入民族屈辱的时代。这时候的文化领域盛行的是以斯宾格勒为代表的悲观主义。许多知识分子变成韦伯所谓的"书斋先知"，急于把被近代理性祛魅的世界重新浸泡到形形色色、光怪陆离的世界观中去。这也是一个圣徒贬值的时代。在大街上，在小树林里，在集市上，在马戏团的帐篷里，在小酒店乌烟瘴气的暗室里，到处都看得见圣徒们拯救德国或拯救全世界的活动。救世主、先知和代神降福者们，犹如雨后的春笋般到处出现。③

对迈内克来说，这种战后的幻灭感集中表现在 1924 年出版的《马基雅维里主义》之中。这本著作研究的对象是国家问题，是权势政治，亦即马基雅维里主义。不过，迈内克在撰写这本著作时，显然还有一个未曾言明的动机，那就是向全世界表明，德国不是现代

---

① 〔德〕格奥尔格·G.伊格尔斯，《德国的历史观》，彭刚、顾杭译，商务印书馆 2020 年版，第 271 页。
② 〔德〕格奥尔格·G.伊格尔斯，《二十世纪的历史学：从科学的客观性到后现代的挑战》，何兆武译，商务印书馆 2020 年版，第 35 页。
③ 〔德〕萨弗兰斯基，《海德格尔传》，靳希平译，商务印书馆 1999 年版，第 129 页。

史上贯彻权势政策的唯一国家。在《马基雅维里主义》中，迈内克坦率地指出，追逐权势是人类的本原性冲动。这样的冲动不仅指向生存，而且使人沉醉于对权势的行使。通过权势冲突，人类才能觉悟与开展历史活动。当然，国家要真正建立起来，权势还得与道德携起手来。因此，正是权势与道德共同塑造了历史、建构了国家。国家理由就存在于权势与道德之间，如雅奴斯神一般具有两面性。因此，在国家理由中，精神与自然混合在一起。受到国家理由激励的行为，也不断摇摆于光明与黑暗、理性与兽性之间。

在迈内克看来，在国家中，民族的原始权势冲动最终可以转化为道德上的自觉，进而将民族国家视为永恒价值的象征。与此同时，统治者在服务于国家生命的过程中，也可以升华为权势与道德之间的联结纽带。

由于德意志的独特历史，知识分子面对的是国家四分五裂的现实。迈内克认为，在这种情况下，德意志知识分子唯有两条路可以走，其中一条道路是把个人命运与国家命运区分开来，在自己渊深的心灵中寻求避难所，建构纯精神的桃花源；另一条道路是在现实世界与理性理想之间寻求统一纽带，以便建构全新的关系。在迈内克看来，黑格尔所选择的就是后一条道路。黑格尔努力寻求与建构历史现实内在的理性，把理性理解为历史的存在法则。在这样的理解中，历史成为了理性的化身，国家理由与权势政策由此展现出了崭新的面貌。与此同时，理性也成为历史的流动的理性，个人主义崇拜升华为超个人实体即国家崇拜。黑格尔同样怀有关于历史个性的新意识，因此也是历史主义的先驱之一。但是，在德国古典哲学时代的两大主导观念即同一性观念与个性观念当中，黑格尔显然更强调同一性观念。黑格尔的历史哲学展现了旺盛的内在生命力与持久价值，展现了历史个性意识。不过毫无疑问，历史个性意识从未成为黑格尔历史哲学中的最重要观念，黑格尔也从未以浪漫主义与德意志历史学派那样深沉的热情倾心于个性观念。黑格尔最醉心的，显然还是融合自然与精神的神圣的同一性观念。

迈内克在1936年出版了《历史主义的兴起》。在一战的强烈刺激之下，迈内克对政治现实深感失望，因此对文化与权力的关系不再怀抱乐观的态度。为此，为了挽救历史主义所遭遇的危机，迈内克开始有意识地将历史主义看作较为纯粹的文化现象。迈内克把历史主义的兴起追溯到活跃于德国古典时期的新柏拉图主义，尤其是歌德，而曾经在他早期著作中占有重要地位的政治，却遭到了有意忽视。

迈内克强调个体中存在永恒价值，并且通过绝对精神来理解个体。历史主义的政治观洋溢着乐观主义的基调，强调国家是历史发展的产物，具有道德价值。伴随着自然法观念所支配的欧洲古老世界观的日薄西山，民族国家观念冉冉上升，关于民族国家的个性意识日益兴起。

在追溯历史主义的兴起时，迈内克指出，沙夫茨伯里通过剑桥大学的哲学流派接受了新柏拉图主义，得以从人类灵魂中汲取更深的力量。沙夫茨伯里认为，我们人格中的理念统一性产生于内在形式。他心目中的宇宙基本上是一个审美式的宇宙，是统一性与多重性处于圆满和谐之中的令人狂喜出神的宇宙。同时在这之中，沙夫茨伯里表达了对个人主义原则最早的承认。他对历史思想的贡献在于：他经验为原初的与深邃的基督教与新柏拉图主义；他那与新柏拉图主义的宇宙构想密切相关的审美才能。它们共同开启了历史观照的新的可能性。①他对历史思想的贡献还在于他所传导的热情。对更深刻地直观与理解历史事件来说，历史学家的热情必不可少，是一切高尚精神–道德生活的氛围。沙夫茨伯里在柏拉图–新柏拉图主义的思想土壤中建构起来的新自然法，也在一定程度上松动了旧自然法僵硬的观念，从而有利于历史主义的产生。沙夫茨伯里不仅成功成为了具有第一流趣味的人物，而且不是单纯地享受趣味，而是在一种深刻的形而上学水平上理解他所享受的东西，以一种在其理解范围中实际上是宗教的开阔世界观来进行理解。但是以典型的英国方式，它似乎以一种相当非理论化的方式更为贴切地满足了这些新的生命激情，以一种本能的安全感优雅地抛弃了所有横陈于路上的绊脚石，却没有发生与它的重要冲突。

莱布尼茨是一位对德国运动拥有持久影响的思想巨人。他的格言是"精神，就是在多中挚爱着一。"②在他的单子学说和"前定和谐"体系中渗透着新柏拉图主义世界观。莱布尼茨的神以卓越的智慧无微不至地考虑到所有后果，将所有可能世界中最好的世界实现出来。在这样的神身上，无疑投射着崇高君主或伟大建筑师的品质。莱布尼茨有关特定个体的观念对历史主义的兴起意味深长。这样的个体是依据自身法则运动和发展的。依据新柏拉图主义观念，个体观念设想出了源于终极源泉的无限多样的运动与能量。个体灵

---

① 〔德〕萨弗兰斯基，《海德格尔传》，靳希平译，商务印书馆1999年版，第21—22页。

② 同上书，第28页。

魂依赖于神与它自身，而神也在无穷无尽的不同个体中表现自身。单子与宇宙、个体与无限彼此归属。每个单子都是映射宇宙的一面镜子，每个个体在自身中就包含着无限性。莱布尼茨使科学之光照进了灵魂的无意识生命领域，在无意识生命领域与理解和理性之间架设了桥梁，在灵魂的内在生命中展示了从低级阶段向高级阶段发展的过程。遗憾的是，由于特定的单子无法转变为其他单子，这导致莱布尼茨只能以发展概念为代价而提升个体观念。

迈内克指出，阿诺尔德身上展现出了德国思想史上最奇特和最重要的现象，彰显了虔敬主义对历史主义的伟大影响。阿诺尔德的唯心主义软化了奠基于自然法之上的思想，使经由神启示出来的灵魂的绝对价值成为世界历史的奠基石。他是第一位将人类灵魂摆放在历史舞台中心的历史学家。作为一个整体来看，虔敬主义者，神秘主义者和唯心论者代表了新柏拉图主义精神传统香火世代流传的影响。虔敬主义在对个体施加严厉限制的同时，却出乎意料地在灵魂最深邃的秘密花园激荡起强烈的生命活力，从而促使个体觉醒并逐步走向新个体主义，最终成为滋养历史主义的温床。因此，德意志的虔敬主义及其养育的神秘主义，为对于人性和历史世界的新颖洞察作好了准备。生前籍籍无名的维柯，教导了种类的发展与民族的发展，却没有教导个体的发展。因此，仅仅是在展示种类发展的意义上，维柯才是历史主义的先驱。

总的来说，沙夫茨伯里和莱布尼茨通过综合新柏拉图主义与新教哲学获得了个体观念，却由于至善论理念而未能获得发展观念。维柯以巴洛克和天主教方式获得了发展观念，却没有获得个体观念。迈内克意识到，这四位杰出的思想家共同表现了历史主义将奠基于其上的基本因素：新柏拉图主义，虔敬主义和新教，新颖的审美感受能力，对与原始人类相联系的崭新和深刻的感受。

启蒙运动在历史领域中的巅峰成就表现在伏尔泰的作品中。伏尔泰的作品犹如一面镜子反映了时代的政治、社会和知识因素，满怀信心地使整个历史舞台服从于自身的标准。值得注意的是，还从来没有一个时代以如此独立自足的态度和如此彻底的自信来看待历史。伏尔泰最早创造了历史哲学这个名词。不过略感遗憾的是，他认为历史哲学的作用就是从历史事件中抽绎出有用的真理。在伏尔泰的历史世界中，充斥着理性与非理性之间的矛盾，道德主义与机械主义之间的矛盾。伏尔泰认为，每一个伟大的新观念都必须奠定在历史的基础之上，都必须受到历史天平的审查。他有力地激发起了历史研究对中产阶级的兴趣。他钟爱的历史主题是时代精神、民族精神与历史构成物的精神，他偏爱戏剧性历史场面和绚丽多彩的历史生活，他对所有与历史相关的事物都充满了好奇心。他走到了历史主义的门槛上。留给未来历史主义的使命，就是在浩如烟海的历史素材中灌注生命。

从现实主义立场出发，伏尔泰以道德主义方式承认了政治与国家在历史生活中的重要性。他在历史著述中清醒而果断地运用了国家理性学说。通过理性的完全理想，伏尔泰展现了对世界历史的感受，尤其是对其个别表现的感受，倾向于把西方历史视为向上的缓慢攀升。遗憾的是，伏尔泰在个体问题上没有找到满意的解决方案，没有提供有关个体的发展观念，却仅仅提供了有关完美状态的机械论替代品。

孟德斯鸠的著作显现着对历史宇宙的敬畏，对受到基本法则主宰的历史戏剧的敬畏。在理性主义的思想外壳之下，孟德斯鸠拥有一种原初的历史感受，对丰饶的多样性个体的喜悦感受。他最钟爱的三个历史性世界是罗马共和国，立宪制英国与中世纪的日耳曼–法兰西。遗憾的是，孟德斯鸠往往从政治功利主义与理性主义角度来看待个体与历史之间的关系。迈内克指出，惟独在中世纪研究中，孟德斯鸠才展现出个体观念与发展观念的苏醒。孟德斯鸠促使历史研究更彻底地深入历史个体现象之中，美中不足的是，他还未能感受到历史中的个体的创造性，在发展方面过于关注类型与对环境的适应。对历史主义的兴起来说，孟德斯鸠激励人们对历史创造物产生了前所未有的尊敬，对迄今未曾注意到的事件的意义和结构做出了新的发现。

在伏尔泰与孟德斯鸠的时代，还有三种思潮对历史主义的兴起做出了贡献，即对如其所是的古代的兴趣；对中世纪世代传承的贵族的兴趣；一种大约在18世纪中期新兴的对几乎整个欧洲的兴趣，对各民族最初历史的兴趣。同时，也出现了对中世纪骑士制度的热爱，这种热爱表现于文学和艺术趣味之中。

在休谟看来，历史研究的益处在于愉悦想象力，在于改善理解力和强化美德。休谟可能是首位肯定最好的学习就是历史学习的哲学家。他从类型化心理学出发，把整个生命和世界历史转变成了无数受普遍法则支配的心理情结。虽然如此，休谟同时也具有丰富而深刻的真实经验。在他的众多随笔与《英国史》中，洋溢着多姿多彩的具体经验，渗透了独特的个体感受。休谟肯定多神教或偶像崇拜是最早和最古老的宗教，认为人类是从低级阶段通过缓慢的发展上升到高级阶段的。遗憾的是，由于还残存着循环观念，休谟未能彻底贯彻发展观念。正是在尚未具有个体观念与个体的发展观念的情形之下,休谟拥有了新的历史意识。对历史中权力因素的深邃理解,使新的历史意识圆满地形成。休谟意识到,在每个国家中,权威需要与自由需要之间存在着永久斗争,而权威应当是更重要的。在《英国史》中,英国人民就是历史个体。由于受制于人性理想观念,英国历史被表现为朝向完美状态的发展过程。休谟肯定历史的主要因素是国家与宗教。但是,由于机械心理学的影响,休谟没有把国家与宗教带入有机的联系之中,没有把它们带入与整体的联系,最终未能为历史生命灌注内在的灵魂。

历史的一个引人深思的本质在于,唯有通过极端对立的张力及过程,才能产生发展的可能。精神运动刚兴起的时候,往往倾向于绝对性地去战胜反对力量。但是在精神运动的边缘地带,事实上总会活动着一些朝向不同方向的精神力量。因此并不令人意外的是,在启蒙运动与理性主义的内部,一开始就孕育了浪漫主义、非理性主义和历史主义的思想胚芽。启蒙时期的英国人,在热衷于经验主义与感觉主义的同时,也发展了共通感,醉心于浪漫与美,寻觅英国花园与哥特式建筑。洛思在《论希伯来的神圣诗歌》中,将纯粹的虔敬与新颖的、初生和创造性的趣味奇妙地结合了起来。通过表现单纯的人和历史的内容与《圣经》的价值,洛思的著作间接地有助于历史研究摆脱神学的束缚。迈内克认为,洛思的著作也许是英国整个前浪漫派运动中最重要的产物。布莱克威尔、洛思和伍德重新阐释了《圣经》与荷马史诗,在一定程度上摆脱了自然法观念。那些敏感的富有才情的人们,开始陶醉于人类原始时期和早期的非理性现象所提供的差异之中,尤其陶醉于他们自己特殊的民族性和早期的种族成分之中。

在迈内克看来，历史主义注定将在德国运动中获得最初的恢宏表达。历史主义虽然在较晚的时候才翩然降临德意志，却获得了迅速发展，并奋力臻于成熟。正是在西欧启蒙运动历史学家的激励之下，在英国历史学家的世界历史的影响之下，德国的历史学思想转向普遍性领域，从而开始拥抱整个人类。德国运动的激动人心之处在于，柏拉图主义与新柏拉图主义生命态度所产生的理想化与人格化影响共同作用，直至在歌德那里交融在一起。

伟大的启蒙思想家伏尔泰、孟德斯鸠和休谟，都曾经注意到历史中理性与非理性彼此混合的现象。但是，他们没有意识到，通过机械式方法无法理解这样的历史现象，唯有通过深入个体生命的过程才能理解。做出这样努力的德国思想家就是默泽尔。通过与启蒙思想家既友好又不乏敌意的接触，默泽尔从对古文物的沉醉中找到了通向历史主义的道路。他阐述的总体印象观念正是进入历史主义大门的钥匙。根据总体印象观念，整体公正美好，而组成整体的个别线条却可能颇为丑陋。因此，我们应当遵从整体并陶醉其中。默泽尔要求凝神深入主题进行体验，认为如此才能"切入"事物。在撰写《奥斯纳布吕克史》时，默泽尔把整个德意志民族装在了心中，从而得以描述一个民族完整的政治发展。在其中，出现了有关个体的新意识，出现了作为个体的国家观念。他将诗意的爱倾注于地方性理性观念。在这种观念背后，闪烁着遵循自然必然性的信念。默泽尔洞察了自然与必然性，洞察了推动历史变化的内在原因，为真正的起源学理解准备了道路。他获得了有关个体发展的观念，有关个体发展的内在目标的观念。自然和必然观念与国家理性和国家利益观念交融在一起,从中彰显了对历史命运的深沉领悟。他强调,基督教通过千年传承,业已成为地方性理性的一部分。由于与国家的职务联系,默泽尔在进入历史世界方面显然要优于赫尔德和歌德,能够迅速理解政治生活中的激情。但遗憾的是,他缺乏出色的批判能力,缺乏唯有卓越的创造性天才才拥有的情感之激荡,因而无法进入历史世界那最隐秘深邃的幽微之地。他主要关注国家内部事务,却忽视了外部事务。他身上的传统主义倾向,使他乐于接受所有历史制度。他的相对主义倾向,则使他相信世上万事万物只是相对的美妙与高贵。

赫尔德虽然遗憾地带有纯粹学者类型的片面性格,个性的诸多因素之间难以协调一致,欠缺在具体的实际性中观察生命与历史的感性力量,想象力漫无节制,概念往往不够清晰,逻辑连贯性也通常付之阙如,但他却能够以真正天才的灵感发现历史生命中的新领域。赫尔德铸造了移情认同方法,借此探索自己没有涉及的历史领域。在考察人类的原始阶段时,他运用了起源原理。他的发展观念受到了当时生物学的影响,认为发展才能产生奇妙的事物。在赫尔德看来,一个处于人生不同时期的人并不是同一个人,因为在学会不同的感觉之后,他业已学会了不同地思考。迈内克为此指出,这是个体观念和发展观念相互综合所能产生的最高结果,表现了对个体微妙差别的细腻感受。赫尔德强调,对他人的理解在根本上来源于自我理解。这种理解方式发源于柏拉图主义与新柏拉图主义的生命哲学,进而把人类历史理解为交织着生命力和必然性的统一体。

在《关于人类发展的另一种历史哲学》中,赫尔德把自己的教育学伦理和时代的伦理投射进上帝观之中,因而把世界历史视为一座剧院。借助发展观念,他洞察了每个民族内的善与恶、行动与结果之间的内在联系。他强调,唯有通过观察整体、通过超个人的判断才能解释历史。个体对总体历史进程的依赖,赫尔德是通过依赖于上帝的宗教意识表现出来的。他在研究中世纪时,提出了对个体精神的同情式重估,洞察了联结一切事物的精神纽带。遗憾的是,伦理观念妨碍了赫尔德,使他未能彻底实现历史主义。赫尔德对后世产生了四种堪称伟大的持久影响,即对浪漫主义的影响,对斯拉夫民族性的影响,对总体上的人文科学和自然科学的影响与对歌德的影响。

迈内克无疑崇敬歌德。他认为歌德无与伦比地融合了思想与情感。歌德将生命与自然融为一体,强调它们共同形成了涵盖历史世界在内的活生生的自然。在歌德这里,观察、感觉与反思的三位一体得以发展为充分的历史观。歌德具有一种世所罕见的天才,即将无止境的接受性与重铸接受物并转化的力量结合起来。童年歌德曾以强烈的好奇心吸纳了16世纪的历史经验。这是一种极其重要的过去与现在同一的感受。这种有时温暖仁慈的有时幽灵般的感受,表现于1774年的科隆大教堂经验和雅巴赫经验中。这种一体感受推动歌德进入历史主义最为深邃的问题之中,同时也把他提升入超时间的和永恒的世界之中。

在歌德看来,个体是不可言说的,甚至最为简单的生物体也是如此的。所有力量之间的交互作用是为了形成一个整体,而个体化观念正是进入整个世界的钥匙。衡量活的事物的标准应当来自事物自身。歌德对历史主义的伟大贡献在于，唯有所有的人一起才能形成人性，个体的快乐在于与整体之间的内在共鸣与和谐。个体唯有通过内在发展，才能从原始形式进入生命的完整流动。一切存在的生命流，无不浸润着个体性与潜能。个体性由此在历史领域中强有力地首次得以彰显。

歌德强调，生命中最重要的不是结果，而是生命本身。因此，我们应当以彼此作用的力量来阐释历史现象。歌德的发展观念具有强烈的生命力与无与伦比的深度。构成事物生长的方式是，心脏收缩与舒张的节奏，有时反向拉扯有时协调行动的力量的极性。在发现普遍法则的同时，歌德也揭示了特定现象中的个体性。

历史主义兴起中的主要线索，终于在歌德的思想中百川汇海般地会聚了起来：教导人们温情地感受往昔的前浪漫派、虔敬主义运动、温克尔曼和古代艺术之间新颖的精神关系，最后是柏拉图主义-新柏拉图主义的理念世界。引人深思的是，正是在柏拉图主义-新柏拉图主义的引导下，由这些线索汇聚成的综合体系，在歌德这里达到了最高的圆满形态。德国伟大的精神革命在歌德这里达到了最高峰，这场革命进而影响和造就了兰克。简而言之，历史主义诞生于柏拉图精神的持续作用，并受到了德国新教的内在化原理的滋养。新教为个体观念和发展观念赋予了崭新的意义，为历史主义奠定了基础。

历史主义要求我们怀着同情与尊敬生命的情感去看待历史个体，相信个体内涵发展的潜力。从根本上来说，所有历史个体发展的终极根据乃是上帝的存在或称神秘的天意。因此，积极的相对主义显然是以上帝信仰为前提的。真正的历史主义意味着，诸个体在最高层面上是同一的，只是这种同一人类无法窥见，唯有上帝才能知晓。因此，历史主义并不会导致相对主义与虚无主义。这种古典的历史主义的代表就是兰克。兰克的历史主义中洋溢着乐观，闪耀着历史神正论的色彩。但是在普鲁士学派中，历史神正论就逐渐开始显得摇摇欲坠了。这是因为，他们实际上将历史神正论转变为了历史−政治神学，使历史研究有意识地服务于德国的现实政治与文化认同。一战对德国历史研究与历史主义之所以造成严重打击，与此不无关系。

在迈内克看来，历史主义是对个体的价值肯定。作为个体的国家，有机地将权力与道德结合起来，孕育着不断发展的内在力量。古典历史主义没有沉沦于相对主义的原因，是德国作为后发国家，一直较好地保持了新教与古典的唯心主义传统。极而言之，正是在宗教信仰与古典哲学的支撑之下，历史主义能够轻易地对历史进行历史神正论的论证，能够坚信历史发展的连续性。迈内克在乐观的时候倾向于相信，马基雅维里为近代欧洲政治所带来的道德与政治之间的分殊，已经被黑格尔通过综合道德与政治而成功治愈。即使黑格尔没有完全成功，那么歌德通过卓越的直觉也成功治愈了道德与政治。但是，一旦在现代性浪潮的反复冲击下宗教信仰与古典哲学分崩离析，历史主义就无法再对历史进行乐观的历史神正论论证，从而将陷入虚无主义的命运之中。

文艺复兴以来，西方的近代政治史一直困扰于理想的自然法观念与现实的历史政治生活之间持续不断的冲突。就实际历史情形而言，民族国家正是在对自然法传统的克服中兴起的。但是，倘若民族主义在不受制衡的情形下走向极端，那么就会引发诸民族之间、各个国家之间连绵不断的战争。在迈内克看来,唯有历史主义才能真正有效地克服自然法与历史政治之间的矛盾,才能协调理想与现实。

在撰写《历史主义的兴起》时,德国正处于危机四伏的时代。在西方,德国面对着迈内克心目中浅薄的自由主义;在东方,面对着大国的威胁。迈内克寄望于在民族国家中将个人自由与公共价值结合起来。因此,在阐述德国历史时,迈内克一方面担忧碰上自然法这样的永恒而抽象的原则,另一方面又忧虑堕入相对主义的旋涡,从而把道德降格为主观性的东西。迈内克在一战之后敏锐地意识到,历史主义由于倾心政治而容易导致狭隘的民族主义与国家主义感情。为了制衡这种感情,为了在国家权力中加强道德维度,迈内克有意地殚精竭虑地论证权力与道德可以统一这一命题。

历史主义在20世纪遭到的一个尖锐指责,是它的相对主义问题。施特劳斯认为,德国思想在抛弃自然权利观念的同时创造了历史意识,并最终走向了相对主义。迈内克清醒地意识到历史主义与相对主义之间错综复杂的关系,也清楚现代人对历史主义滑入相对主义深渊的指责,即理解所有世界观,却悲哀地丧失了属己的世界观。即使在谈到个体观念和发展观念时,他也寻幽入微地洞察了其中的相对主义倾向。迈内克绝不讳疾忌医,而是怀着坦诚的勇气直面问题:倘若一切都是遵循自身法则的个体,一切都是相对的流动的,那么如何才能摆脱价值的无政府状态?如果接纳一切个体的生命倾向,而不再承认历史中绝对的东西,那么我们是否将陷入信念的无政府状态?对相对主义问题的解决之道,迈内克似乎不假思索地求助于柏拉图主义和新柏拉图主义，求助于形而上学世界，甚至最终是某种真诚的不可知论立场。类似于"是的，我不知道，但我相信"。迈内克坚信，只有丧失信仰的虚弱苍白的心灵才会被相对主义压垮，而卓越的文化精英由于拥有形而上学的世界性慰藉与对绝对者的信仰，将会巍然挺立于相对主义之中。真正的历史主义唯有文化精英才能聆听得到。同样，历史学家在貌似相对主义的个体性价值表达中，可以洞察到历史中的绝对之物、神圣之物和永恒之物。

在迈内克看来，相对主义早在历史主义兴起之前就存在了。显然，一直存在着政治家的政治相对主义。倾向怀疑和宽容的启蒙运动，也具有相对主义倾向。莱布尼茨对历史主义的兴起具有深远影响。莱布尼茨认为，神是在无穷无尽的不同个体之中表现自身的，而个体在自身中就包含着无限性。从这里显然可以得出积极的相对主义结论，因为每个单子都是宇宙的镜子，所以通过每个单子不同的角度，就存在不同的表现宇宙的图像。伏尔泰本来可以运用积极的相对主义观点，这种相对主义观点与历史主义一道发展着，表现出了对历史结构中个体生命的尊重。但是，迈内克认为，启蒙运动的相对主义只能以一种来自于机械式因果关系的外在方式运作，从而缺乏内部基础也就是形而上学基础。孟德斯鸠也接触了相对主义问题。他认为，在政治领域，考虑到时间和所有的条件，政治人物的目标不应该是绝对和永恒的最好，而应该是相对的最好。迈内克相信，这种政治相对主义对历史主义而言是一块里程碑。但由于这种相对主义满足于实际解决方案，所以无法打破自然法观念的权势。在谈到赫尔德时，迈内克认为，如果赫尔德没有对历史中神圣天意的信仰，那么他的发展观念就很可能会沦为毫无希望的相对主义。赫尔德正处于摆脱自然法观念束缚而进入个体和发展世界的阶段，他面临的问题是：如何为直接产生于历史主义的相对主义设置限制，如何在流变之中保存不变的东西？

特勒尔奇认为，价值相对性不是相对主义、无政府状态、偶然性、任意，而是意味着持续不断的运动和新创造。[1]毫无疑问，历史主义的个体观念及其无限的多样性，为相对主义提供了更深刻的基础。在这一点上，历史主义与相对主义彼此依赖。歌德在狂飙运动时期就发表了倾向相对主义的判断，认为善与恶必定相互依赖。迈内克认为，歌德最内在的本质注定了他会倾向于相对主义，因为他身上的浮士德与靡菲斯特互为根基。歌德时代的德意志思想革命也主要在相对主义方向上进行。由于释放出更加深刻的主体性，它动摇了一切对于绝对标准的教条化信仰，既动摇了基督教信仰，也动摇了自然法观念。歌德的相对主义是一种根基深厚的积极相对主义，因为它是通过对终极的绝对者的信仰进行的。迈内克因此指出，相对主义要么进入最伟大的深度，如果在它背后有一种富有创造性的终极信仰的话；要么流于最肤浅的表面，如果没有这种信仰的话。真正历史主义的积极相对主义，必定会在世界的不可知现象面前保持谦卑和敬畏之情，而不是只看到价值的混乱状态，从而丧失这种谦卑和敬畏之情。迈内克认为，我们最好把自身的个体性和人性看作神意设定的相对的生命任务，从而把它理解为绝对的。历

---

[1] Ernst Troeltsch, *Der Historismus und seine Probleme*, Tuebingen Verlag von J. C. B. Mohr (Paul Siebeck), 1922, S. 211.

史主义的任务应该是运用相对化的世界理解，同时认识到自己的有限性。历史主义不会因这种对有限性的认识而离开幽深的力量源泉。正是从这种力量源泉中产生了对终极性的绝对价值的信仰，对所有生命由之发源而出的终极源泉的信仰。迈内克相信，这种绝对者既无法被展示出来，也无法被定义。正如歌德声称的，绝对者的本质永远无法被认识。因此，相较于自然法和基督教，歌德事实上把绝对者抬升到了思想完全无法达到的无比崇高的区域。迈内克认为，歌德达到了相对和绝对、理念和个体思想方式之间的或许唯一可能的理想综合。

迈内克在阐述历史主义的兴起时，始终清醒地意识到，在历史主义的兴起中，与自然法观念的斗争起到了至关重要的作用。显而易见，迈内克与施特劳斯的观点初看起来恰好相反。迈内克承认，类似施特劳斯的理想主义观点，应该予以认真聆听，并且怀着一种世界不可能被它改变的悲哀感。即使抱持这种观点的激进主义，也有内在的正确性，因为它至少激励了良知，使人注意到单纯相对主义的缺陷。迈内克坦承，由于与自然法观念的决裂，导致了德意志思想的孤立，历史主义的确需要进行深刻反思，需要反躬自省。但这显然不意味着要放弃历史主义，而是要清醒认识到历史主义的限度，认识到历史主义应该警惕的相对主义甚至虚无主义问题。

施特劳斯指责历史主义者把自然乃是规范这一前提当作神话而加以拒斥，他们相反地把人及其产物看作与其他一切实在事物同等地自然，指责他们认为人的世界、人类创造性的世界要比自然高超得多。施特劳斯进一步谴责说，按照历史主义者的看法，所有人类思想都是历史性的，因而无力把握任何永恒的东西。施特劳斯甚至不无刻薄地说,对古典派来说,哲学化就是要走出柏拉图所谓的洞穴;而对历史主义者来说,所有哲学本质上都属于某一历史世界、文化或世界观,也就是属于洞穴。显然,在他看来,历史主义者是在愚蠢地开历史倒车。① 迈内克和历史主义确实抛弃了僵硬的自然法观念,但他们,包括赫尔德和歌德在内,在根本上把自然看作是神圣自然的,把人及其产物看作是从属于神圣自然的。某种意义上,迈内克和历史主义在终极问题和信仰上更加谦卑,他们事实上持有的是一种交织了高贵的不可知论和敬畏于绝对者的信仰。他们绝不认为自己是在开历史倒车,而是更加精妙地在事实与理念之间建立平衡,是在具体的相对性中彰显那绝对者,是在历史中追寻神圣者。

在施特劳斯看来,历史学派由于否定普遍规范的意义,也就摧毁了所有超越现实的努力的唯一根基。因此,历史主义可以被看作比18世纪法国启蒙运动远为极端的现代此岸性的形式,它的所作所为仿佛是要使得人们在此世就有完全的家园之感。② 迈内克和历史学派并没有一味地否定普遍规范,而是认为抽象的脱离实际的普遍规范毫无意义,必须在具体情境中认识普遍规范。当然,他们也没有摧毁超越现实的根基。他们的精神根基和思想秘密本就是柏拉图主义和新柏拉图主义,这是西方思想中超越现实的努力的大本营所在,又何谈摧毁。所谓的极端此岸性和完全的家园之感,也不尽然如此,无非是对历史学派和历史主义在内在和超越的新柏拉图主

---

① 〔美〕列奥·施特劳斯,《自然权利与历史》,彭刚译,生活·读书·新知三联书店2003年版,第12—14页。
② 同上书,第17页。

义引领下的深厚根基感的一种错位判断。

施特劳斯确信,历史主义就像是实证主义的一种特殊形式,由于历史主义认为自身超越了实证主义,所以它现在就认为只有它才提供了唯一经验性的可靠的有关人之为人的知识。由此,摆脱了所有可疑或形而上学假定的历史学就成为了最高权威。[①] 在迈内克看来,历史主义恰恰是在与自然法观念、与实证主义思维方式的搏斗中才形成和兴起的,它当然不是实证主义的某种特殊形式。历史主义是一种认识历史的方法,也是一种生命哲学和世界观,它当然不是经验性的知识。历史主义的历史学自有形而上学的幽深背景,一直对可能的相对主义倾向保持警惕,自然不会认为自己就是现成的最高权威。

对施特劳斯来说,历史指示的标准终归含糊不清,历史过程是一张毫无意义的网,纯粹由偶然织成,宛如一个白痴所讲的故事。历史标准纯属主观性的标准,除了个人的自由选择外别无依据,因而在好的与坏的选择之间的分别并无客观标准可言。施特劳斯最激烈的抨击就是,历史主义的顶峰就是虚无主义。[②] 施特劳斯在这里充满了历史悲观主义的论调,就像一位看破一切的虚无主义者。也许,这种激烈的指责很难说没有表现他自己的某种虚无主义的自我投射。事实上,他在这里的后半段话是对所谓海德格尔式生存论历史主义的谴责。即使生存论历史主义的背后也并非没有根基,对海德格尔来说就是基督教的神秘主义传统,与后期对东方古老思想

[①] 〔美〕列奥·施特劳斯,《自然权利与历史》,彭刚译,生活·读书·新知三联书店2003年版,第18页。

[②] 同上书,第19页。

犹抱琵琶半遮面的隐秘呼唤。施特劳斯的确是一位极其敏锐的思想批判大师，但他有时候是否有点为批判而批判，而在不自觉的抽象化的批判之舞中，偏离了批判的初衷？真正的批判乃是为了澄清思想、深入思想的根基，而非为了在批判中压倒并完全压制思想对手。如果是这样，那就是思想和语言的暴力和暴行，而不是海德格尔所谓的为了澄清和深化思想的亲密的争执。

在施特劳斯看来，历史主义批判的结论就是，一切的人类思想包括哲学思想，关切的都是相同的根本主题，或者说问题，因此在人类知识的一切变化中都潜藏着某种不变的结构。由此，人类思想就有可能超越历史局限或把握住某种超历史的东西。[①]看来，这就是施特劳斯历史主义批判的底牌了。从本质上说，这也是迈内克和历史主义所承认的。不如说，在某种意义上，历史主义是改头换面过的形而上学和信仰，是相对和绝对、事实和理念的一种动态平衡，是在流变的可能性中追寻绝对者的不懈努力。它恐惧和反对的是僵硬的现成的静态的东西，它渴望和肯定的是充满可能性的生动的生命。在根源性意义上，施特劳斯与迈内克和历史主义颇有相通之处。诚如海德格尔所言，一切伟大的思想都在思考同一个东西。

为了更好地理解施特劳斯对历史主义的批判，我们最好记住他的多重身份：哲学家，犹太人，德国后裔与美国公民。他的青年时期生活在最终失败和无能的魏玛共和国，中年时期目睹纳粹上台和对犹太人的疯狂迫害，经历了两次世界大战，焦灼地感受到希特勒

---

① 列奥·施特劳斯，《自然权利与历史》，彭刚译，生活·读书·新知三联书店2003年版，第25页。

暴政和对西方文明和宗教传统的威胁。他批判历史主义的一个重要原因，显然是因为他相信历史主义没有能够足够深刻地把希特勒政体理解为暴政。施特劳斯因此确信，认为所有人类思想本质上是历史性的信念，已经削弱了政治理论真正目标的合法性，这个目标就是寻找有效的准则。① 施特劳斯极其严肃地对待历史主义挑战，他坚决主张政治哲学与历史主义水火不相容。他认为，政治哲学的重大对手不是实证主义，而是历史主义。

众所周知，早在第一次世界大战之前的四分之一世纪中，欧洲思想界就爆发了一场危机。它起源于对意识的自我审察，标志着传统哲学的终结。它对理性局限性的认识很容易触及极端相对主义的立场。这场危机在历史学中的表现就是对历史研究方法和认识论原则的重新审视。这种审视主要由哲学家进行，并为历史学家所追随。柯亨比康德更为彻底，甚至拒斥了物自体概念，认为唯有意识才是真实的，整个世界都内在于先验意识之中。在柯亨哲学中，我们可以聆听到与佛教唯识论和胡塞尔现象学的某些相通之处。柯亨认为，使历史科学区别于自然科学的，是前者不仅涉及自然或逻辑的规律，而且还涉及价值问题。柯亨实际上否定了兰克学派对价值判断的回避。作为西南学派的后起之秀，文德尔班和李凯尔特更加关注价值问题，更加关注社会科学的方法论和认识论问题。文德尔班把自然科学看作是制订规律的，而把历史科学看作是描述个别

---

① Nasser Behnegar, *Leo Strauss, Max Weber, and the Scientific Study of Politics*, The University of Chicago Press, 2003, p.29.

的。他认为,历史科学之所以可能,是因为有一种理性的意旨支配历史,有一种逻各斯使得历史世界成为了和谐的实在,是因为人类是一个价值实体。文德尔班对欧洲文明所面临的危机具有更深沉的感受。他对现代技术性大众社会对传统价值的侵蚀深怀恐惧。李凯尔特认为历史科学与自然科学共属一个实在,它们的区别只是方法上的。他的内在价值论声称,一种文化所表达的价值是永恒有效的规范的体现。他认为,包括历史科学在内的文化科学必须假定绝对和普遍有效的价值。这些规范和价值是纯粹形式化的。李凯尔特相信,只有历史性的研究方法才是研究文化价值的正确方法。但是这样一来,他就很难逃脱历史相对主义的指责。这场危机在韦伯身上获得了更为充分的体现,因为他斩断了伦理、价值与理性之间的脆弱联盟,从而呈现了一个二元化的断裂世界:理性的认知世界和非理性的价值世界。韦伯深受自然科学和实证主义的影响,因而缺乏对超越性宇宙实在的信仰。在韦伯看来,上帝死了,历史不再有意义,而是一个充满无法解决的价值冲突亦即诸神之争的领域。

在特勒尔奇看来,历史哲学是一种现代创造,正如诸多其他事物一样,也是18世纪之子。[①]它进入了世界观的中心并产生了最强有力的作用。有一种不曾间断的变得日益丰富的内在联系,从伏尔泰和赫尔德出发,向上提升至黑格尔和孔德。现代文化的缠绕,现代文化反对基督教和古代的批判性立场,历史视域变动不居的广度

[①] Ernst Troeltsch, *Der Historismus und seine Probleme*, Tuebingen Verlag von J. C. B. Mohr(Paul Siebeck), 1922, S.11.

和历史性文化因素的深度，革命性的动荡和受到历史支持的反应：所有这些都渴望着历史和历史哲学。① 就它们意愿普遍和绝对的权威而言，不是自然科学，也不是形而上学，而是历史和批判瓦解了支配性的宗教。②

由此可见，历史主义从属于现代性洪流，是现代性的表现形式之一。所谓现代性，施特劳斯把它理解为对前现代政治哲学的激进变革。据施特劳斯申言，现代性具有三次浪潮。第一次浪潮的代表人物是马基雅维里和霍布斯。马基雅维里关注事实性的或实践性的真理，提出实践政治事务的现实主义途径。他拒绝传统的哲学与神学，重新解释德性，认为德性不是国家为之而存在的东西，恰恰相反，德性为了国家而存在。结论因此就是，政治实践得当与否并不受制于道德性。③ 现代性的第二次浪潮开始于卢梭。他进一步重新解释德性。在施特劳斯看来，历史概念正是卢梭将霍布斯自然状态观念彻底化的结果。人性并不归因于自然，而是归因于历史过程。卢梭用普遍意志观念解决存在与应当之间的鸿沟问题。康德和黑格尔则把普遍意志观念与历史过程联系起来，认为公正的社会必须通过历史过程获得实现。黑格尔以思辨方式解释基督教，把天意改造成"理性的狡计"，使世界历史成为基督教精神的世俗化和实现，从而成为真正的神正论，成为了对上帝的辩护。他把基督教对终极实

---

① Ernst Troeltsch, *Der Historismus und seine Probleme*, Tuebingen Verlag von J. C. B. Mohr(Paul Siebeck), 1922, S.20.
② 同上书，第164—165页。
③ 《西方现代性的曲折与展开》，贺照田主编，吉林人民出版社2002年版，第93页。

现的期待转移到了历史进程自身之中,把世界历史看作是自我称义的。①德国古典唯心主义接受并彻底化了普遍意志观念及其逻辑结论。第三次浪潮的代表人物是尼采。它的基本生存情绪是恐惧与焦虑,是悲剧性的历史性生存情绪。在施特劳斯看来,卢梭与尼采之间的世纪充满了历史意识。黑格尔是最强有力的历史哲学家。黑格尔之后的思想拒绝了历史终结或顶峰的观点,把历史过程理解为不可完成的,同时保留对历史过程的合理性与进步性的无根基信念。②尼采意识到,所有思想准则与行动准则都是历史性的,一切都是人类的创造。他由此要求重估一切价值,提出了权力意志学说和超人的自由决断。

施特劳斯曾在命名为《剖白》的访谈中,坦承他与尼采哲学之间的内在相关性。他说:"尼采让我魂牵梦绕,完全主宰了我的思想。毫不夸张地说,对他的思想中我能弄懂的东西我都深信不疑"。③施特劳斯与尼采一样,终生都在思考如何反思与克服西方现代性,并且都将虚无主义视为现代性最严重的病症。当然,在如何克服虚无主义的问题上,他们之间的相异之处也颇为重大。尼采强调发挥积极虚无主义,以权力意志和重估一切价值克服虚无主义。施特劳斯则提倡重返古典政治理性主义,重新寻求自然正当,以便彻底克服虚无主义。关于虚无主义的起源问题,尼采与施特劳斯之

---

① 〔德〕卡尔·洛维特,《世界历史与救赎历史》,李秋零、田薇译,商务印书馆2016年版,第72—73页。

② 《西方现代性的曲折与展开》,贺照田主编,吉林人民出版社2002年版,第98页。

③ 〔美〕朗佩特,《施特劳斯与尼采》,田立年、贺志刚等译,上海三联书店、华东师范大学出版社2005年版,第1页。

间存在深深的对立。在尼采看来，虚无主义的源头在于柏拉图主义，是西方形而上学与神学演进的最终产儿。尼采因此把柏拉图与基督教看作现代性困境的根源。施特劳斯的看法与尼采恰恰形成鲜明的对照。在他看来，虚无主义之所以产生，是由于现代人背离了柏拉图的形而上学与超验世界。从这个角度来看，尼采所声称的"上帝死了"，尼采对形而上学的激烈批判，倒进一步加剧了虚无主义困境，使虚无主义变得更加极端了。

尼采关注个体自由，而施特劳斯更忧虑政治秩序问题。如果说尼采偏好于克服感性生命所面临的虚无问题，那么施特劳斯则致力于克服价值与道德所面临的虚无问题。在施特劳斯看来，尼采为了追求个体自由而解构形而上学与超验上帝的做法，无疑会导致价值与道德领域的虚无主义，从而威胁政治秩序的存在与合理演进。毫无疑问，在自由与秩序之间，尼采更想要自由，而施特劳斯更偏好秩序。在施特劳斯看来，只想要自由，那么最终可能自由与秩序都无法得到，只会陷入虚无主义的深渊之中。而优先追求秩序，那么最终有可能秩序与自由都可以获得。这是因为，在人的感性生命与政治秩序之间，并不存在非此即彼的零和冲突，相反，它们可以双赢。唯有在价值与道德上有所保障，人类的政治共同体才可能存在并得到合理演进。倘若政治共同体都无法存在，又何谈个体自由。为了在价值与道德上有所保障，我们又必定需要形而上学的先验秩序，需要重返自然正当。

尼采哲学在根本上继承了近代哲学与启蒙理性对个体自由的强烈关注。他的与众不同之处在于，他要求为了所谓真正的自由精神而解构传统价值与道德，并以权力意志取而代之。尼采极力主张知性真诚。施特劳斯强调，一味追求知性真诚，却可能因为知识与意见之间的冲突，而严重损害政治社会或危害哲学家自身。不懂得隐微之道的纯哲学思考，对政治社会来说，是极其不负责任和天真的。施特劳斯在政治哲学研究中更多地关注政治社会秩序问题，主张在探讨理想政制时应当虑及当下政治社会的秩序问题。由此可见，尼采哲学与施特劳斯政治哲学体现了一味追求绝对主体性及自由与探寻合理秩序之间的差异。自意大利文艺复兴以降，政治哲学就高扬主体性，强调人的权利、个体性与自由。尼采将这种主体性倾向进一步极端化，在对超人权力意志的极度彰显中，彻底完成了主体性形而上学。与尼采沉醉于主体性形而上学、沉醉于超人浪漫的权力意志不同，施特劳斯清醒地意识到，现代政治哲学的困境在于它对古典政治哲学的背叛，在于过度膨胀的绝对主体性。

在尼采哲学中，在主体性被强调到无以复加地步的同时，人也被看作是完全活动于历史性之中的。尼采认为，人的本质乃是不断自我超越的权力意志，是酒神精神。与此相对，尼采激烈批判形而上学对人性本质的探究。在他看来，道德支配了形而上学。如果说传统政治哲学致力于寻找规范社会的道德法则，那么尼采要做的就是彻底揭露这些道德法则的虚伪性。在尼采看来，真理并不存在，或者说，真理乃是出于生命意志的阐释。因此在人的生存中，重要的是筹划与创造，是与权力意志相关的抉择。从这种以筹划与创造为中心的新历史观出发，尼采否定了传统的神、理性与自然，并"使得一种全新的筹划得以可能，即重估一切价值"。相对主义的重估一切价值所导致的，乃是无政府主义的绝对自由状态。在这种状态中，普遍的冲突难以避免。施特劳斯因此指出："第三次浪潮的政治信义已经被证实为法西斯主义",尼采应对"法西斯主义负责,其分量之多,一如卢梭之于雅各宾主义"。①

作为尼采哲学的继承者与批判者,海德格尔强调尼采哲学依然活动于主体形而上学的轨道之上,甚至把尼采称为最后一个形而上学家。从存在史的角度出发,海德格尔更彻底地解构了西方形而上学史。在晚期,海德格尔致力于解构主体性,从而让人顺从于存在与天命的召唤。在这种颇具神秘色彩的存在之思中,不仅强调恒定的自然正当失去了存在理由,而且人类主体性的筹划与计算也丧失了存在合理性。

伊格尔斯认为,一战后德国历史思想产生了决定性的变化,表现于迈内克的《马基雅维里主义》与奥托·辛策20世纪20年代和30年代早期的文章和书评中。迈内克在《马基雅维里主义》中虽然再次重申德国唯心主义的个体性观念,继续把国家视为一个个体,不过却同时沉痛地洞察到国家权力与精神之间悲剧性的两歧。② 辛策则认为国家并不具备神圣性。一战的失败在德国知识分子中间带来了强烈的相对主义和悲观主义论调。战后关于历史的哲学思想主要存在三种论调。第一种认为历史不是一个客观过程。第二种认为,不存在什么单一的人类历史,而只存在各个单独的文化的历史;

---

① 〔美〕列奥·施特劳斯,《现代性的三次浪潮》,载于列奥·施特劳斯,《苏格拉底问题与现代性》,刘小枫编,彭磊、丁耘等译,华夏出版社2008年版,第46页。

② 〔德〕格奥尔格·G.伊格尔斯,《德国的历史观》,彭刚、顾杭译,商务印书馆2020年版,第312页。

一切价值都是相对于特定文化而言的。第三种是对一切政治和社会规范的价值重估,这在斯宾格勒的著作中获得了最激进的表达。如果说迈内克和特勒尔奇试图从历史主义信念的废墟中拯救出一些东西,那么在斯宾格勒、海德格尔和施密特这些较为激进的思想家看来,人的历史性则意味着价值的无政府状态。

海德格尔《存在与时间》中历史性概念的诞生,标志着对古典历史主义的否定。他认为,此在伸展开来的自身伸展的行运就是此在的演历。对演历结构及其诸生存论时间性的可能条件的剖析,意味着获得对历史性的存在论领会。① 历史性扎根于操心。此在向来是本真的或非本真的历史性此在。此在并非因为处在历史中而是时间性的,相反,只因为它是时间性的,所以它才能够历史性地生存。② 海德格尔指出,他的历史性研究是建立在狄尔泰研究基础上的,是为了进一步推进狄尔泰研究任务的完成。海德格尔声称,首要地具有历史性的是此在。世内照面的东西则是次级具有历史性,包括上手用具与作为历史土壤的自然的周围世界。非此在式的存在者由于属于世界而具有历史性,可以把它们称之为世界历史事物。流俗的世界历史概念的源头正是依赖这种次级的历史事物而制订方向的。③ 历史性此在生存的实际展开的诸可能性不能从死中获得,它必得回到实际的"此"上面来。此在的决心作为被抛的决心承受遗业,并从这一遗业中开展当下实际生活的种种可能性,包括把从

---

① 〔德〕海德格尔,《存在与时间》(中文修订第二版),陈嘉映、王庆节译,商务印书馆2016年版,第508页。
② 同上书,第509—510页。
③ 同上书,第516页。

历史中流传下来的可能性承传给自己。生存的有限性把此在带入命运的单纯境界之中。"只有这样一种存在者,它就其存在来说本质上是将来的,因而能够自由地面对死而让自己以撞碎在死上的方式反抛回其实际的此之上,亦即,作为将来的存在者就同样源始地是曾在的,只有这样一种存在者能够在把继承下来的可能性承传给自己本身之际承担起本己的被抛境况,并当下即是就为'它的时代'存在。只有那同时既是有终的又是本真的时间性才使命运这样的东西成为可能,亦即使本真的历史性成为可能。"① 本真地重演一种曾在的生存可能性,包括此在选择自己的英雄榜样。海德格尔的核心观点是:本真的向死存在,亦即时间性的有终性,是此在历史性的隐蔽根据。②

此在的历史性,根本上就是世界的历史性。历史学在生存论上来源于此在的历史性。历史学是从本真的历史性中生长出来的,它有所重演地就可能性揭示曾在此的此在,因此它也就在一次性的事物中把普遍东西彰显出来了。历史学的课题和对象不是一次性的事物或事件,也不是普遍的东西,而是实际生存曾在的可能性。海德格尔认为,历史学的重演是客观的,因为一门科学的客观性取决于它能否在其存在的源始性中领会存在者。"'历史主义'问题的兴起倒是再清楚不过的标志,说明历史学致力使此在异化于其本真的历史性。本真的历史性不一定需要历史学。"③ 生命在存在的根子上就

---

① 〔德〕海德格尔,《存在与时间》(中文修订第二版),陈嘉映、王庆节译,商务印书馆2016年版,第520—521页。
② 同上书,第522页。
③ 同上书,第534页。

具有历史性。约克认为"不再有任何现实的哲学活动竟会不是历史的。系统哲学与历史表现的分野从本质说来就是不正确的"。①

对海德格尔来说,时间意味着时间性,意味着绽放或历史性的发生。唯有从时间视域出发,才能领悟此在中显露出来的存在的微言大义。面对皇皇巨著《存在与时间》中有关时间的精义,施特劳斯深感惶惑的是,在如此的时间视域中正义是否还有可能,此在还能否担当正义。海德格尔所探讨的问题,诚然对人类来说至关重要。他那向死而生的决断与筹划,也确实散发着无可抵挡的魅力。施特劳斯敏锐地洞见到,海德格尔虽然大谈特谈决断,却对决断的基础与对象讳莫如深。在施特劳斯看来,如果丧失了道德标准与政治正确的规范,那么决断就会堕落为虚无主义,甚至加速极端思潮的形成与演变。从这个角度出发来看,海德格尔与纳粹的一度亲近,与其思想中的极端历史主义维度不无关系。

正如斯宾格勒的《西方的没落》一样,海德格尔以隐晦方式揭示了西方文明的思考方式和生活方式在可能性上业已走到了尽头。他曾经怀着希望至为荒唐地欢迎纳粹的上台。幸运的是,他很快清醒地意识到,这是一种不折不扣的幻想。自此以后,他对希望敬而远之。在他看来,"二战"后的世界不管是受到华盛顿的宰制还是莫斯科的支配,都无关紧要,因为这样的世界无非就是"世界的黑夜"。现代技术世界毁灭倾向的根源在于古希腊哲学中的宰制倾向。正是这种在无限面前的自我控制和自我保护倾向,最终导致了现代

---

① 〔德〕海德格尔,《存在与时间》(中文修订第二版),陈嘉映、王庆节译,商务印书馆 2016 年版,第 542 页。

人的堕落。重要的是学会敬畏，学会恰当的沉默与警觉，学会虚怀若谷的谦卑与聆听。事实上，所有真正伟大的思想和信仰总是在思想和信仰那唯一者，那绝对的他者，那太一，那最终不可言说者。

陆月洪
辛丑夏于南京建邺路

译 后 记

《历史主义的兴起》译于2005年。转眼已是十六年,我也从头发蓬勃的年轻人,变成了两鬓略显斑白的中年人。感谢彭刚先生与胡传胜先生,使我有机会翻译本书。感谢迈内克,使我在翻译过程中得到许多乐趣,那是思想与文笔之间的曼妙舞蹈。迈内克推崇的思想史研究方法,是"山脊踏勘法"。跋涉于思想的山脊与山脉,有必须付出的辛劳,也有深沉涌动的喜悦。时代需要思想的守夜人与守林人,需要保存心魂火种的人,需要传承文化的历史责任感。

感谢我在南京大学求学时的导师倪梁康先生,感谢先生对此书的挂念。先生若干年前曾想把本书纳入某译丛,只是由于某些技术原因而未果。感谢帮助过本书翻译与出版的王蕾、陆志宙、续文、陈新、岳秀坤、张巍和谢芬芬等。尤其要感谢商务印书馆的编辑,他们的真诚与细致周到的作风,使我备受感动。应商务印书馆的要求,本书作者译名改为"迈内克",与商务印书馆的其他同作者书籍一致,译者署名为"陆月洪",即"陆月宏"的原名。

从着手翻译到现在在商务印书馆出版修订版,十六年间,世事风云变幻。有一些亲爱的人离开了我。但在我心里,他们没有离开我的世界,因为我依然不时地思念着他们,与他们对话。生命不死,生命永在,生生不息。因为:

神是

一条永恒的河流

他面前变换着

许多波浪：

波浪举起我们，

波浪吞没我们，我们于是下沉了。

但是下沉，正是为了新生！

陆月洪
辛丑年夏于南京建邺路

图书在版编目(CIP)数据

历史主义的兴起 / (德) 弗里德里希·迈内克著；陆月洪译. —北京：商务印书馆，2022
（汉译世界学术名著丛书）
ISBN 978-7-100-20911-3

Ⅰ.①历… Ⅱ.①弗… ②陆… Ⅲ.①历史主义—研究 Ⅳ.①K03

中国版本图书馆CIP数据核字（2022）第043925号

权利保留，侵权必究。

汉译世界学术名著丛书
历史主义的兴起
〔德〕弗里德里希·迈内克 著
陆月洪 译

商 务 印 书 馆 出 版
（北京王府井大街36号 邮政编码100710）
商 务 印 书 馆 发 行
北京新华印刷有限公司印刷
ISBN 978-7-100-20911-3

| 2022年11月第1版 | 开本 850×1168 1/32 |
| 2022年11月北京第1次印刷 | 印张 26 |

定价：128.00元